PICASSO

CRÉATEUR ET DESTRUCTEUR

Née en Grèce, Arianna Stassinopoulos a fait ses études à Cambridge. Elle a débuté comme écrivain à vingt-quatre ans avec La Femme, Femme, *un pamphlet contre les excès du féminisme militant. Elle vit aujourd'hui tantôt à Houston, au Texas, et tantôt à Santa Barbara, avec son mari, Michael Huffington, et leur fille, Christina.*

« Quand j'ai commencé ma biographie de Picasso, raconte Arianna Stassinopoulos je croyais qu'il y avait trois grands génies qui dominaient tous les autres : Picasso, Mozart et Shakespeare. Aujourd'hui, je vois qu'il n'y en a que deux. »
Il est vrai qu'elle ne le ménage pas. Pour elle, c'est un homme déchiré entre la puissance créatrice et l'instinct de destruction.
Après tout ce qu'on a dit sur sa peinture, voici enfin un regard lucide et sans complaisance sur l'homme. Pendant cinq ans, Arianna Stassinopoulos Huffington a consulté des centaines de livres, d'essais, d'articles; elle a interrogé ceux qui ont partagé la vie de Picasso, ceux qui l'ont bien connu. C'est en même temps une fabuleuse galerie de portraits de tous les génies créateurs de son époque : Matisse, Braque, Cocteau, Gertrude Stein, Hemingway, Juan Gris, Max Jacob, Giacometti, Diaghilev...
Ecrite avec force et brio, cette surprenante biographie n'est pas que l'histoire d'un homme extraordinaire : elle se confond avec l'aventure de son siècle, un siècle tumultueux et étincelant dont Picasso a été le constant reflet dans son éclat comme dans son côté sombre et tragique.
Choquant et irrévérencieux, mais toujours fascinant, *Picasso, créateur et destructeur* a été porté aux nues par les uns, vilipendé par les autres. Il suffit de lire le livre d'Arianna Stassinopoulos pour comprendre qu'il ait déchaîné les passions.

DU MÊME AUTEUR

LA FEMME FEMME, Robert Laffont, 1975.
MARIA CALLAS PAR-DELÀ SA LÉGENDE, Fayard, 1981.

ARIANNA STASSINOPOULOS HUFFINGTON

Picasso

Créateur et destructeur

TRADUIT DE L'AMÉRICAIN
PAR JEAN ROSENTHAL

STOCK

Titre original :

PICASSO, CREATOR AND DESTROYER
(Simon and Schuster, New York, 1988)

Pour mon mari, Michael.

PRÉFACE

La surprise est une caractéristique de l'art de Picasso et ce fut l'émotion la plus durable qu'il évoqua en moi durant les années que j'ai mises à écrire ce livre. Comme tant de gens de ma génération, on m'a élevée dans l'idée que Picasso était l'artiste le plus extraordinaire du XXe siècle, le plus impressionnant, le plus original, le plus divers, le plus marquant, le plus séduisant et certainement le plus idolâtré. Après avoir passé une journée à visiter l'immense rétrospective Picasso au Grand-Palais en 1980, je marchais dans les rues de Paris comme si j'avais besoin d'une réaction physique pour absorber l'énergie sans limite qui avait déferlé sur moi, jaillissant de près d'un millier de Picasso qui constituaient l'exposition : les tableaux et les dessins, les sculptures, les gravures et les céramiques. La légende de Picasso, le sorcier et le magicien, était confirmée; mais enfouie sous l'admiration, la fascination et le simple épuisement physique, il y avait aussi un sentiment de malaise.

Deux ans après cette rétrospective, je me mis au travail sur ce livre. Cinq ans et d'innombrables surprises plus tard, le Picasso légendaire semblait le héros imaginaire né d'un phénomène de crédulité collective comparé au Picasso que j'en étais arrivée à connaître et que j'ai tenté de recréer dans les pages qui suivent. Je me sentais comme Henry James confrontée avec « un joyau dur et étincelant... Il scintillait, il tremblait, il semblait fondre; et ce qui un moment semblait être tout à la surface semblait l'instant d'après tout en profondeur[1] ». L'homme qui un jour faisait figure d'immense génie créateur se révélait un autre jour un manipulateur cruel. Ce qui semblait une vie guidée par des passions ardentes – pour la peinture, pour les femmes, pour les idées – paraissait un moment plus tard l'histoire d'un homme incapable d'aimer, acharné à séduire et non à rechercher l'amour, pas même habité par le désir de posséder mais par l'instinct de détruire. « Je crois, dit-il un jour, que je mourrai sans jamais avoir aimé[2]. »

En fait, ce combat entre l'instinct de créer et l'instinct de détruire était au cœur de sa vie; et c'est ce combat qui est au cœur de ce livre. Les témoignages laissés par Picasso le créateur sont nombreux et magnifiques, sa créativité prolifique est presque mythique. Il a influencé de ses images et de sa vision non seulement le monde de l'art, mais tout le XXe siècle. Les marques laissées par Picasso le destructeur sont tragiques : suicide de sa seconde femme, de son petit-fils et de Marie-Thérèse Walter, sa maîtresse pendant de nombreuses années, désintégration psychologique de sa première femme, dépressions nerveuses de Dora Maar, la brillante artiste qui fut sa maîtresse à l'époque de *Guernica*. Formidable liste de victimes des retombées destructrices de sa personnalité. Il y avait bien plus de traces de Picasso le destructeur sur lesquelles je tombai à l'improviste et tout d'abord à regret, au cours des centaines d'entretiens conduits par moi ou par l'un de mes documentalistes à Paris, à Barcelone, dans le sud de la France, partout où l'on pouvait trouver ceux qui avaient connu Picasso de son vivant et qui, soit par inadvertance, soit parce qu'ils n'avaient pas été aveuglés par la légende, révélaient des faits qui montraient le côté sombre de son génie.

Les faits ont leur indéniable autorité. Mais ils ne font pas à eux seuls une vie ni une biographie. Ils s'entrelacent avec l'amas de convictions, d'émotions et d'idées qui, consciemment ou non, pour le bien ou pour le mal, constituent la vision qu'a le biographe de la vie et du monde. En racontant l'histoire de Picasso, j'ai été guidée par une phrase de lui que j'ai trouvée enfouie dans un ouvrage français; je l'ai traduite et je l'ai gardée encadrée sur mon bureau jusqu'au moment où son message a commencé à m'apparaître comme une instruction personnelle que m'aurait donnée Picasso : « Ce qu'il faudrait, c'est parler de quelqu'un comme on fait un tableau de quelqu'un. Plus on se met dedans, plus on est comme on est, plus on approche d'une vérité. Si on essaie de rester anonyme, par la haine ou par le respect, alors c'est là qu'on est le plus mauvais. Quand on se fait disparaître. Il faut être là comme on est, il faut en avoir le courage, alors ça risque de devenir intéressant et d'apporter quelque chose[3]. »

Je me mis à l'ouvrage jusqu'au jour où je découvris qu'il éveillait en moi toutes les émotions qui font la trame d'une relation intime. J'étais séduite par son magnétisme, par son intensité, par ce qu'il y avait de mystérieux dans l'inépuisable fécondité qui jaillissait du regard pénétrant de ses yeux d'un noir de marbre tout comme de son œuvre. J'étais tout à la fois fascinée et horrifiée par la faculté sans pareille qu'il avait d'inventer la réalité dans sa vie non moins que dans son art et de persuader ses femmes d'habiter la réalité qu'il avait créée, si vaste qu'y fût le gouffre qui la séparait de la vérité. « Je t'aime chaque jour davantage, tu es tout pour moi, je sacrifierai tout ce que j'ai pour toi, pour notre amour, pour toujours[4] », écrivait-il à Marie-Thérèse en même temps qu'il avait choisi de s'installer avec Françoise Gilot. Cherchant à expliquer son invincible séduction, je remontai jusqu'aux premiers récits en espagnol de *Don Juan* et jusqu'aux mythes indiens de Krishna, le dieu amant pour l'amour de qui, si bref et si partagé fût-il, les femmes étaient prêtes à tout abandonner; et je compris que Picasso était pour les femmes et pour bon nombre d'hommes dans sa vie tout à la fois le don Juan d'une sensualité et d'une séduction irrésistibles et le divin Krishna qui promettait l'accès à une réalité supérieure. Le résultat fut que bien des êtres se trouvèrent envoûtés par lui et disposés à payer – même au prix de leur vie ou de leur santé mentale – le prix élevé de leur intoxication.

Je fus frappé par son talent instinctif à utiliser la publicité pour bâtir sa célébrité, puis sa légende. « Un tableau ne vit que par celui qui le regarde, disait-il. Et ce qu'il voit, c'est la légende qui entoure le tableau[5]. » J'aimais – avec une certaine réticence, je l'avoue – ses contradictions : l'homme du monde plein de superstitions paysannes, l'homme du peuple qui dépensait des millions pour se maintenir dans une splendide bohème; l'égoïste monumental qui devint un membre convaincu du parti communiste.

Mais il y avait d'autres aspects chez lui, et plus sombres. Je fus glacée par la façon dont il mena tout au long de sa vie les profonds combats existentiels de notre siècle jusqu'au jour où il finit par être vaincu. Cette découverte fut pour moi le tournant du livre. Je constatai tout à coup que la vie de Picasso n'était pas simplement la vie d'un des artistes les plus doués qu'on ait connus; ce n'était pas que la vie d'un homme extraordinaire et extraordinairement complexe qui aurait été fascinant même s'il n'avait jamais tenu un pinceau; c'était, véritablement, l'autobiographie du XXe siècle. Et c'est en reflétant et en incarnant notre siècle avec tous ses tourments, aussi bien dans sa vie que dans son art, qu'il devint un héros culturel et la personnification légendaire de notre époque tumultueuse.

Champion et troubadour des aspirations de notre siècle à explorer les limites de la sexualité humaine, il débordait d'une puissance sexuelle primitive, libre de toute contrainte, en même temps qu'il vilipendait les femmes en les traitant de monstres dévorateurs.

Une autre façon profonde qu'il avait de refléter notre siècle, c'était l'ambivalence fondamentale de ses sentiments envers Dieu et le divin. Il repoussait la religion par la porte pour la regarder revenir par la fenêtre. Il proclamait son athéisme en même temps qu'il s'identifiait avec le Christ en croix et qu'il reprenait ce thème dans son œuvre, lors de toutes les grandes épreuves de sa vie. Il fut le principal témoin de l'obscurité et de l'inhumanité de ce siècle, un siècle dominé par des idéologies politiques au nom desquelles se commettaient d'indicibles atrocités. De son vivant, il adopta l'une de ces idéologies en s'inscrivant de façon tapageuse au parti communiste en 1944. Dans son œuvre, il projeta la lumière éblouissante de son génie sur les profondeurs du mal tel qu'il existe dans l'homme et dans notre temps. Comme Freud, cet autre grand rapporteur de nos mécontentements, son regard pénétrant discerna la sexualité tourmentée, la violence et la souffrance qui s'abritaient sous le toit percé de la civilisation. Ce fut son triomphe.

Sa tragédie, ce fut que tout en consacrant la destruction dans son art, il la pratiqua sans merci dans sa vie. Terrifié par la mort et convaincu que l'univers était mauvais, il maniait cet art comme une arme et déchaîna sa rage et sa vengeance sur les gens comme sur les toiles. « Une bonne peinture, expliquait-il, devrait être hérissée de lames de rasoir[6]. » Et une bonne relation avec autrui également.

La seule femme qui survécut aux lames de rasoir pour s'épanouir aussi bien comme être humain que comme artiste, ce fut Françoise Gilot. Dès que je commençai à travailler sur ce livre, je demandai à la rencontrer. Elle me dit qu'elle ne voulait pas rouvrir le chapitre Picasso et elle refusa. Deux ans plus tard, elle et son mari, le Dr Jonas Salk, vinrent passer un week-end chez moi à Los Angeles. Ce week-end fut le début d'un étonnant voyage de découverte. Elle avait brusquement décidé, pour obéir à une « voix intérieure », expliqua-t-elle, de me parler et de me révéler les nombreux faits et détails délibérément exclus du livre qu'elle avait écrit sur Picasso, publié du vivant du peintre et à une époque, estimait-elle, où ses enfants étaient encore trop jeunes pour être exposés à toute la vérité. Pendant l'année suivante, je passai bien des jours et bien des nuits à bavarder avec elle à Los Angeles, à La Jolla, à New York et à Paris. Elle ne se contentait pas de recréer pour moi, dans leur intimité, les années qu'elle avait passées avec Picasso, mais elle me donna accès à des lettres, à des dossiers et à des photographies qui enrichirent considérablement ma compréhension de ces années-là. Elle me pria aussi de ne pas écrire sur le Picasso mort, symbole et légende, mais d'accepter une confrontation personnelle avec l'homme et l'artiste : « Il ne faut pas que ce soit une biographe écrivant à bout de bras sur Picasso, me dit-elle, mais toi, Arianna, qui aies une relation vivante et actuelle avec lui[7]. »

J'eus certaines rencontres clés qui renforcèrent mon impression d'avoir avec lui une relation vivante. Maya Picasso, la fille que Picasso avait eue de Marie-Thérèse Walter, fut l'une de celles-là. « Voici les Picasso auxquels je tiens le plus[8] », me dit-elle dans son appartement du quai Voltaire en me montrant son fils et sa fille qui venaient d'entrer dans le salon. Picasso avait toujours refusé de rencontrer ses petits-enfants et, en les regardant, j'éprouvai un serrement de cœur à voir toute cette vie vibrante dont il s'était privé durant ses dernières années d'isolement et de désespoir.

A Mougins, non loin de l'endroit où mourut Picasso, vit encore Inès Sassier, qui pendant plus d'un quart de siècle fut la femme de chambre, la gouvernante et la confidente de Picasso. Elle n'avait répondu à aucune de mes lettres, à aucun de mes coups de téléphone, et ce fut seulement quand je me présentai à sa porte qu'elle finit par accepter de me parler de l'homme qui était devenu sa vie, et, durant des années, lui avait offert son portrait comme cadeau d'anniversaire. L'écouter revivre sa vie avec Picasso fut une expérience profondément émouvante pour nous deux. Comme elle me raccompagnait jusqu'à ma voiture, un soir, après notre dernière rencontre, elle prit le châle de tricot qu'elle portait et le drapa autour de mes épaules. « Vous en aurez besoin pour vous protéger de l'air froid à cette époque de l'année, dit-elle. Moi, j'y suis habituée[9]. » Je compris à ce seul geste tout ce qu'elle avait apporté d'enrichissant à Picasso et je compris ce qu'il voulait dire lorsqu'il déclara un jour : « Je lui dois toute ma vie[10]. »

« Gardez le châle », dit Inès, quand nous fûmes arrivées à la voiture. Je ne protestai pas. « Et vous, gardez mes boucles d'oreilles », dis-je, en lui donnant celles qu'elle avait admirées un peu plus tôt. Cet échange était le symbole d'un autre, infiniment plus important, qui s'était opéré entre nous au cours de ces derniers jours.

Il y en eut bien d'autres qui, de façon fugitive ou durable, avaient été proches de Picasso et qui me fournirent cette connaissance irremplaçable, cette abondance de détails intimes qu'il me fallait si je voulais avoir le moindre espoir de faire de l'homme qui était devenu un symbole une réalité vivante : Me Bacqué de Sariac, qui fut son avocat à des moments cruciaux de sa vie – notamment lors des procès qu'il intenta contre Françoise Gilot à propos de son livre *Ma vie avec Picasso* et lorsqu'elle s'efforça de lui faire reconnaître ses enfants, Claude et Paloma; Geneviève Laporte, toujours convaincue sur ses vieux jours qu'elle avait été le seul authentique amour de Picasso; la comtesse de Lazerme, qui lui avait donné refuge dans son château près de Perpignan; Kostas Axelos, le philosophe existentialiste grec avec qui Françoise Gilot eut une liaison lorsqu'elle quitta Picasso; Maurici Torra-Bailari, un ami de jeunesse qui lui rendait souvent visite sur ses vieux jours; Hélène Parmelin, une des rares intimes dans les vingt dernières années de sa vie; son coiffeur, le seul homme à qui Picasso faisait assez confiance pour le laisser lui couper les cheveux : un grand honneur, puisqu'il était persuadé que, tombés en de mauvaises mains, les cheveux qu'on lui coupait pouvaient servir à le contrôler; son jardinier, habitant dans le sud de la France une modeste maison pleine de toiles de Picasso – tous ceux-là et bien d'autres me donnèrent les faits et la compréhension grâce auxquels je commençai à édifier ce livre.

Plus j'en découvrais sur sa vie et plus je fouillais les secrets de son art, plus je voyais les deux converger : « Ce n'est pas ce qu'un artiste fait qui compte, mais ce qu'il est[11] », a dit Picasso. Mais son art était si profondément autobiographique que ce qu'il faisait était ce qu'il était. Il eut un destin qui transcenda ses bonheurs et ses malheurs. En le recréant, j'ai fait une rencontre non seulement personnelle mais passionnée avec un homme dont la vie s'étendit sur quatre-vingt-onze ans d'un extraordinaire voyage de création et de destruction.

I

« MOI, LE ROI »

IL était mort-né – ou du moins le crut-on. Pas un souffle, pas un mouvement chez le bébé du sexe mâle que mit au monde doña Maria Picasso Ruiz, à 11 h 15 le soir du 25 octobre 1881. Après de vains efforts pour ranimer le bébé, la sage-femme finit par abandonner le corps sans vie sur une table afin de prodiguer ses soins à doña Maria. Don José Ruiz, le mari de doña Maria, et les nombreux membres de la famille qui s'étaient rassemblés pour assister à la naissance considéraient l'enfant comme mort-né. Mais pas don Salvador, le frère cadet de José, remarquable médecin. Se penchant sur le bébé, il lui souffla dans les narines la fumée de son cigare. Là où la sage-femme avait échoué, la bouffée de cigare produisit une réaction. Le premier héritier mâle de la famille Ruiz, le garçon qu'ils allaient baptiser Pablo, fit son entrée dans le monde « avec une grimace et un rugissement de colère[1] ».

Le 10 novembre, il fut baptisé à l'église de Santiago : Pablo en mémoire de son oncle défunt; Diego, en l'honneur de son grand-père paternel et du plus âgé de ses oncles; José, en l'honneur de son père; Francisco de Paula, en l'honneur de son grand-père maternel; Juan Nepomuceno, en l'honneur de son parrain, un avocat ami de son père; et

Maria de los Remedios, en l'honneur de sa marraine qui lui donnait le sein ainsi qu'à son premier enfant, doña Maria étant restée physiquement et affectivement épuisée par cet accouchement traumatisant. Les derniers prénoms de la longue liste étaient Cipriano et Santissima Trinidad (la très sainte Trinité), pour respecter une vieille coutume selon laquelle le prénom le plus saint était réservé pour la fin, comme pour déclarer « Voilà jusqu'où nous pouvons aller[2] ». Pablo Diego José Francisco de Paula Juan Nepomuceno Maria de los Remedios Cipriano Santissima Trinidad Ruiz y Picasso. Mais la plupart de ces noms ne devaient avoir d'autre place dans sa vie que celle qu'ils occupèrent sur le registre de la mairie de Malaga où ils figurèrent. C'est en tant que Pablo Picasso qu'il allait être connu.

Le monde avait été tout d'une pièce pour Pablo Ruiz, l'oncle en mémoire de qui l'on prénomma l'enfant. Homme de Dieu, docteur en théologie et chanoine de la cathédrale de Malaga, cet homme comprenait ses semblables, leurs fragilités et leurs rêves. Lorsqu'en octobre 1878, il était mort brusquement à l'âge de quarante-six ans, ce fut un sombre moment pour la famille Ruiz; pour ses deux sœurs célibataires, Josefa et Matilda qu'il faisait vivre; pour ses frères et sœurs mariés, car il était la présence tangible de Dieu dans l'existence de ces familles et surtout pour son frère cadet. José – ou Pepe, comme tout le monde l'appelait – était le rêveur de la famille. De six années plus jeune que son frère, il dépendait en tout de lui. Sa passion, c'était la peinture. Il ne l'aimait pas comme une façon agréable de passer une heure de loisir; il l'adorait avec passion, avec obstination, avec ténacité. Et le chanoine ne s'était pas contenté de fournir l'argent qui permettait à José de poursuivre ses études et d'améliorer les maigres revenus qu'il tirait de l'enseignement et de la vente de ses toiles, il lui avait donné aussi l'encouragement, la vision et la foi qu'il fallait à José pour poursuivre son œuvre. Car José était assailli de doutes sur son talent et sur lui-même, de doutes alimentés par la sagesse conventionnelle de Malaga qui tenait qu'« un peintre et un bon à rien, c'est exactement la même chose[3] ».

Pablo Ruiz comprit que, pour son frère, peindre était une vocation aussi importante que l'était pour lui la religion, et il n'avait rien de ce froid dogmatisme de l'Eglise qu'il servait et qui rabaissait l'humain afin d'exalter le divin. Qui plus est, il éprouvait une tendresse toute particulière pour son rouquin de frère. A Malaga, on surnommait José l'« Anglais »; grand, mince, pâle, avec des yeux bleus, une barbe foncée, il était très distingué. Il avait un charme tranquille que les femmes adoraient et un côté étonnamment espiègle qui trouvait à s'exprimer dans de joyeuses farces dont certaines étaient devenues légendaires dans la petite ville. On parlait encore du jour où il avait acheté à une crémière un œuf frais et où, après l'avoir avalé tout cru devant elle, il avait sorti de sa bouche une pièce de cinq pesetas. La stupéfaction de la crémière ne fit que croître en voyant José gober un œuf après l'autre, retirant chaque fois de sa bouche une nouvelle pièce de cinq pesetas. En partant, il entendit la crémière casser l'un après l'autre seize œufs, cherchant frénétiquement ceux qui contenaient des pesetas. Mais, s'il aimait jouer des tours, il préférait encore s'asseoir au café Chinitas pour discuter peinture avec d'autres artistes. Et, plus que tout, il aimait être seul, à travailler sur ses toiles minutieuses – qui représentaient surtout des lis et des pigeons. C'est quand ils étaient partis, disait-il, qu'il aimait le mieux ses amis. Il comprenait pourquoi l'un de ses ancêtres, qui vivait encore lorsqu'il était né, avait choisi de passer soixante ans comme un ermite, dans les montagnes près de Cordoue.

Devant ce goût de solitude, Pablo Ruiz avait toujours réagi en cherchant à protéger son frère des difficultés et des écueils de la vie. Mais Pablo maintenant n'était plus et José avait perdu son professeur et son conseiller, le seul homme dans la confiance duquel il pouvait se plonger pour renouveler la sienne. C'était une époque particulièrement difficile de sa vie car, à peine six mois plus tôt, il avait découvert la femme dont il voulait faire son épouse. Il avait rencontré Maria Picasso López dans la maison de sa cousine Amelia que sa famille insistait pour lui faire épouser. Au lieu de cela, il tomba amoureux de Maria et elle fut aussitôt attirée par le mélancolique « Anglais ». De dix-sept ans plus jeune que José, elle semblait appartenir à une autre race : petite, trapue, le cheveu noir et l'œil sombre, un grain de beauté au-dessus de la lèvre supérieure. Ils n'étaient pas moins différents de caractère. Si elle manquait d'imagination, dont José avait d'amples réserves, elle était pleine de détermination, alors que lui avait toujours dépendu de Pablo. Et s'il abordait le monde avec le détachement affiché de quelqu'un qui n'en fait pas tout à fait partie, elle regardait autrui avec scepticisme et méfiance. La vie l'avait blessée de bonne heure. Son père, don Francisco Picasso Guardenso, s'était embarqué pour un voyage aux Antilles dont il n'était jamais revenu. Sa mère, doña Inès López Picasso, abandonnée avec quatre filles, les avait élevées du mieux qu'elle pouvait tout en engraissant davantage à chaque année qui passait. La sœur aînée de Maria était morte, et les deux autres, toujours célibataires, partageaient avec sa mère et elle un modeste appartement proche de la place de la Merced.

Maria accepta avec entrain la demande en mariage de José, et Pablo commença ses préparatifs dans l'église paroissiale de la Merced. Au lieu de cela, ce fut lui qui, en octobre 1878, y fut enterré. Il fallut reculer le mariage, tout à la fois à cause du grand deuil dans lequel était plongée la famille et parce que José, ne pouvant plus compter sur Pablo, devait trouver une source régulière de revenus avant de pouvoir se marier. En juillet 1879, il fut nommé professeur auxiliaire de dessin à l'école des Beaux-Arts de San Telmo, mais son traitement était bien maigre. Son frère cadet, Salvador, devenu le chef de famille officieux à la mort de Pablo, usa de ses relations pour trouver un autre emploi à José. Don Salvador, marié et père de deux filles – Concepción et Maria –, était inspecteur de la santé pour la région, médecin principal du service d'hygiène du port de Malaga, cofondateur du centre de vaccination de la ville et médecin à titre gracieux des religieuses augustiniennes de l'Assomption et des Capucines. Déjà accablé de charges, il n'en faisait pas moins grand cas de ses obligations familiales. Il fallut son influence considérable dans la ville pour trouver à son frère un second travail comme conservateur du nouveau musée municipal. José fut nommé en juin 1880. Il était enfin prêt à se marier, mais pas avant que ne fussent écoulées les deux années de deuil imposées par le décès d'un membre de la famille, et pas à l'église de Merced, liée maintenant au douloureux souvenir de l'enterrement de son frère Pablo.

Le 8 décembre 1880, José Ruiz et Maria Picasso devinrent mari et femme à l'église de Santiago. Le marié avait quarante-deux ans et son épouse vingt-cinq. Un mois après leur mariage, doña Maria était enceinte. C'est ainsi que le rêveur célibataire devint un mari et bientôt le père d'un petit garçon. Au début, l'univers de Pablito ne comptait que des femmes. Avec la domestique, elles étaient cinq à le cajoler, à s'occuper de lui et à obéir à ses caprices. Sa mère, sa grand-mère doña Inès, extrêmement grosse et extrêmement imposante, et ses deux tantes célibataires Eladia et Heliodora. Elles étaient toutes venues s'installer avec les nouveaux mariés et passaient maintenant une grande partie de leur temps à gâter Pablito. Le phylloxéra qui s'était abattu sur Malaga avait ravagé certaines des vignes que possédaient les femmes Picasso. Leur seul revenu maintenant était ce qu'elles pouvaient gagner par leurs travaux de broderie et de passementerie. Don José était donc tout à la fois responsable de quatre femmes et de son jeune fils. Il y avait bien Salvador, sur qui il pouvait parfois s'appuyer, mais personne sur qui il pouvait compter comme il l'avait fait avec son frère aîné.

Et voilà que soudain le poste de conservateur du musée municipal fut supprimé. Ce fut un terrible coup pour don José qui avait déjà du mal à joindre les deux bouts. Il ne pouvait éviter maintenant de s'endetter et son univers semblait plus menaçant que jamais. Il protesta auprès du conseil municipal et offrit même de rester à sa place sans être payé, dans l'espoir que, s'il y avait un changement, du moins n'aurait-il pas de concurrence pour la place. Tout en restaurant les toiles du musée, il pourrait aussi peindre là-bas et c'était un précieux avantage maintenant que la tranquillité de la maison familiale était un luxe du passé. Un nouveau conseil municipal le rétablit en effet à son poste, ce qui améliora ses revenus, mais sans effacer ses dettes. Une chance, en revanche, fut d'emménager dans un nouvel appartement de la place de la Merced, dont le propriétaire était d'accord pour accepter des toiles au lieu du loyer souvent en retard.

Pablito fut tout de suite un merveilleux cadeau

pour doña Maria, à qui sa vie trop ordinaire n'avait pas permis d'être reconnue comme elle en rêvait. Maintenant elle pouvait du moins se vanter d'avoir un petit garçon d'une exceptionnelle beauté, dont les yeux vifs et brillants magnétisaient les gens : « C'était un ange et un démon de beauté, devait-elle dire plus tard. Personne ne pouvait se lasser de le regarder[4] ! » Doña Maria, tour à tour souffreteuse et entêtée, léthargique et dominatrice, n'avait qu'une constante dans la vie : un dévouement total à son fils.

En décembre 1884, alors que Pablito avait trois ans, elle mit au monde une fille, Lola. Ce fut un événement bouleversant pour Pablo, et rendu d'autant plus traumatisant qu'un tremblement de terre avait secoué Malaga quelques jours plus tôt et que la naissance de Lola y serait à jamais associée dans son esprit. Dès les premières secousses, don José se précipita chez lui et emmena tout le monde dans la maison d'Antonio Muñoz Degrain, un ami cher et qu'il considérait comme son maître en peinture. Les pièces là-bas étaient plus petites, assura-t-il, et la maison bâtie sur du roc. Ce qui le guida dans sa décision, sinon dans son raisonnement, ce fut le sentiment de solidité et de sécurité qu'éveillait chez lui la seule pensée d'Antonio, même si Antonio lui-même se trouvait alors à Rome.

Pablo gardait un souvenir vivace du moment où ils quittèrent leur maison pour fuir le tremblement de terre : « Ma mère portait un fichu sur la tête. Je ne l'avais jamais vue comme ça. Mon père saisit sa cape au portemanteau, la jeta sur ses épaules, me prit dans ses bras et m'enroula dans ses plis, ne laissant dépasser que ma tête[5]. » Ils passèrent des jours d'angoisse dans la maison de don Antonio – d'angoisse car les secousses continuaient – et d'inquiétude pour doña Maria, qui était si près d'accoucher. Ils ne purent même pas fêter Noël. Et trois jours plus tard, le 28 décembre, « au milieu de toutes ces tribulations[6] », comme s'en souvenait Pablo, Lola vint au monde. Pour le petit garçon habitué à des attentions sans limites, c'était la pire des situations.

Le retour de don Antonio chez lui, où don José et sa famille séjournaient encore, coïncida avec l'arrivée à Malaga du roi Alphonse XII, venu visiter la ville après les dévastations causées par le tremblement de terre. Malaga arborait des bannières et des drapeaux en l'honneur du roi. Pablo, fasciné, vit arriver don Antonio. « On ne peut pas s'imaginer, c'était incroyable[7] », devait-il dire cinquante-sept ans plus tard, encore abasourdi par l'apparition simultanée de don Antonio et d'« une procession de voitures à cheval pleines de messieurs en haut-de-forme[8] », venus là, il en était sûr, pour raccompagner don Antonio chez lui. Il était non moins convaincu que tout ce déploiement de drapeaux et de bannières célébrait le retour du grand peintre à Malaga. Lors de cet épisode mouvementé de sa jeune vie, il semblait « incroyable » de voir tant d'honneurs rendus au peintre que son père avait toujours idolâtré. Il devait plus tard décrire don Antonio comme « couronné de lauriers[9] » et, que les détails dont il gardait le souvenir fussent réels ou inventés, une association d'idées capitale se fit à cet instant, dans l'esprit de ce garçon de trois ans, entre la peinture et la gloire.

Avant même de pouvoir parler, il apprit à faire connaître ses désirs par des dessins. Il dessinait des spirales qui représentaient pour lui les *churros*, « les longs beignets contournés et saupoudrés de sucre qu'on achète brûlants aux éventaires dans toute l'Espagne[10] ». Cela devait paraître tout à fait miraculeux pour un petit garçon de découvrir qu'il pouvait se procurer des beignets couverts de sucre en les dessinant.

A quatre ans, il se mit à créer des animaux, des fleurs et d'étranges créatures sorties de son imagination en les découpant dans du papier et en les éclairant pour projeter sur le mur leurs ombres chinoises. Il découpa ainsi la silhouette fort ressemblante du jeune homme dont sa tante Heliodora était secrètement amoureuse et la projeta sur le mur, faisant éclater de rire toute la maison, au courant, bien sûr, de son « secret » – tout le monde, enfin, sauf Heliodora qui rougit jusqu'aux oreilles. D'autres fois, il dessinait ces créatures au crayon. Le premier mot qu'il avait prononcé était *piz,* traduction en babil enfantin de *lapiz,* ce qui en espagnol veut dire crayon. « Piz, piz[11] », réclamait-il, et sa mère lui donnait un crayon.

Comme tous les magiciens, Pablo avait besoin d'un public, et ses jeunes cousines Concha et Maria furent les premières à succomber à la fascination de choses jaillies du néant. « Fais-nous un portrait du terre-neuve de doña Tola Calderón », criaient-elles; ou bien : « Découpe-nous la silhouette du coq que tante Matilda a envoyé d'Alhaurinejo[12]. » « Et quoi maintenant? demandait-il. Par quoi voulez-vous que je commence? » Maria adorait qu'il dessine pour elle des ânes, en commençant tantôt par le dos, tantôt par les pattes, tantôt par les oreilles. Où qu'il commençât, que ce fût avec un crayon ou des ciseaux, cela se terminait toujours par l'apparition magique de la créature qu'elles avaient demandée.

L'école fut, depuis le début, une épreuve pour Pablo. Petit garçon remuant, il avait horreur d'obéir à des règles, et le plus souvent, s'y refusait. Chaque fois que l'envie l'en prenait il se levait, allait jusqu'à la fenêtre et tapait au carreau dans l'espoir que son oncle Antonio, marié à l'une des sœurs de son père et qui habitait en face de l'école, l'apercevrait. C'était souvent le cas. Il venait alors sauver son jeune neveu de l'ennui et l'emmenait faire une promenade. Mais il arrivait une longue heure après, parce que c'était ce que Pablo lui avait demandé, croyant que, comme le chiffre un était le plus petit, cela signifiait aussi qu'il aurait le moins longtemps à attendre. L'impatient Pablo n'arrivait pas à comprendre pourquoi une heure prenait si longtemps; pourquoi, en fait, cela semblait une éternité. Il avait ce qu'il demandait, mais pas ce qu'il voulait vraiment.

Son insubordination allait de pair avec une crainte profonde de rester tout seul. Depuis que Lola l'avait détrôné de la place qu'il occupait au centre de l'existence de sa mère, il se cramponnait farouchement à son père qu'il s'était mis à adorer. Il aimait le regarder peindre et, plus tard, il décrivait souvent à ses amis « l'énorme toile représentant un pigeonnier grouillant de pigeons[13] » que son père avait peinte. « Imagine, disait-il, une cage avec des centaines de pigeons. Avec des milliers et des millions de pigeons[14]... » Quand on la déterra au musée de Malaga, elle était loin d'être « énorme » et on n'y comptait que neuf pigeons. Pablo avait idéalisé le tableau de la même façon qu'il idéalisait alors don José.

On avait parfois l'impression qu'il ne pouvait pas vivre hors de la présence de son père. Il n'acceptait de lâcher la main de don José, une fois qu'ils étaient arrivés à l'école, qu'après avoir obtenu de son père quelque garantie tangible qu'il n'oublierait pas de revenir le chercher : ses pinceaux, sa canne ou un pigeon empaillé qu'il utilisait comme modèle et que Pablo posait alors sur son pupitre et dessinait, sans se soucier de l'enseignement qu'on dispensait dans la salle. « S'il me laissait la canne ou le pigeon, j'étais certain qu'il reviendrait, racontait-il plus tard. Mais, plutôt que la canne, je préférais le pigeon ou les pinceaux, parce que je savais qu'il ne pouvait pas s'en passer[15]. »

Dans un vain effort pour permettre chez lui une certaine indépendance, son père demanda à Carmen Mendoza, la domestique « hommasse et moustachue[16] », de le conduire à l'école. Mais Pablo pleurait si fort et faisait des scènes si épouvantables, qu'au bout du compte ses parents le mirent au Colegio de San Rafael, « un établissement privé, clair et aéré, le meilleur de la ville[17] ». Il était dirigé par un ami de la famille, tout disposé à se montrer indulgent pour Pablo, si bien qu'ils pensaient qu'il serait sans doute plus heureux là-bas. En fait, il finit par passer le plus clair de son temps à suivre la séduisante épouse du directeur « comme un petit chien ». « Si tu veux que ton fils, dit le directeur à don José, apprenne de ma femme à faire la cuisine ou à baigner notre bébé, nous pouvons continuer dans les mêmes conditions, mais, si tu en attends davantage, il va falloir procéder à quelques changements[18]. » Les changements n'étaient pas faciles. Pablo était terrifié à l'idée qu'on le laisse tout seul à l'école, assommé par les leçons et assez déterminé et séducteur pour savoir comment faire bouger son monde dans la direction qu'il souhaitait. Et, quand son énergique volonté n'arrivait pas à produire sur les adultes l'effet désiré, il la tournait contre lui-même et tombait malade, assez malade parfois pour que sa mère le garde une journée à la maison, et parfois vraiment malade. Une infection rénale le tint un long moment absent de l'école et lui valut de la part de ses parents de nombreux privilèges supplémentaires lorsque le courageux petit garçon fut suffisamment rétabli pour retourner en classe. Un de ces privilèges était d'envoyer la bonne avec lui pour qu'elle pût tenir le pigeon que Pablo voulait dessiner; un autre fut, dans la mesure où leurs finances le permettaient, d'essayer de lui faire donner des leçons particulières à la maison.

A l'école, toute son attention était absorbée par l'horloge dont il suivait le mouvement des aiguilles, comme s'il pouvait par la force de sa volonté faire passer plus vite l'heure pendant laquelle il attendait que son père revienne le chercher. « C'est incroyable, se rappelait-il plus tard. Je fixais la pendule comme un idiot, les yeux levés, la tête de côté... comme un idiot[19]. » Malgré tous ses efforts, il n'arrivait pas à assimiler les rudiments de la lecture, de l'écriture et de l'arithmétique. « Un et un, deux..., se rappelait-il. Deux et un... etc. Ça n'entrait jamais. Ne croyez pas que je n'essayais pas. Je me donnais beaucoup de mal pour me concentrer. Je me disais : maintenant je vais faire attention. Voyons... Deux et un... une heure. Ah! ce n'est pas ça. Et je recommençais depuis le début, mais tout de suite j'étais perdu, ne pensant qu'à l'heure de rentrer, me demandant si on allait ou non venir me chercher. Alors je me levais et j'allais aux toilettes ou ailleurs, sans prendre la peine de demander la permission[20]. » Ou, alors, il se mettait à dessiner le maître, la table, la pendule – n'importe quoi, dès l'instant qu'il n'avait pas à apprendre des mots ou à retenir des chiffres.

La dyslexie – peut-être la cause des problèmes scolaires de Pablo –, était, bien sûr, inconnue à l'époque et tous autour de lui étaient confondus et préoccupés. « Qu'allons-nous faire? se demandait-on. Il apprendra plus tard. L'enfant n'est pas stupide. Un jour tout lui deviendra clair tout d'un coup[21]. » Et l'école continuait d'être un cauchemar et la lecture et l'écriture d'insondables mystères. Pour dissimuler ses problèmes scolaires, il avait tendance à esquiver tout ce qu'il n'arrivait pas à accomplir avec le brio qu'il déployait dans ses dessins. C'est ainsi qu'il manqua l'occasion, à partir des petites victoires remportées en maîtrisant ces problèmes précoces, de donner une base solide à sa confiance en soi.

Le 30 octobre 1887 – Pablo avait six ans – doña Maria donna naissance à une seconde fille. Elle fut baptisée Concepción et l'oncle Salvador fut son parrain. Depuis qu'il avait donné le souffle de la vie au petit Pablo, il était comme un bon génie pour la famille de don José, accourant chaque fois que Pablo ou Lola avaient la fièvre ou semblaient malades, aidant par ses relations à trouver un meilleur établissement ou un nouveau poste pour José, ou encore une élève de plus pour des leçons de dessin. Don José trouvait humiliant de courir après des situations et décourageant de peindre les toiles qu'il avait envie de peindre mais que presque personne ne voulait acheter. Quant à ses élèves, le seul qu'il appréciait, c'était son fils. « C'est assez curieux, devait dire plus tard Pablo, que je n'aie jamais fait de dessins enfantins. Jamais. Même pas quand j'étais un tout petit garçon[22]. » Le premier tableau qu'il peignit représentait le port de Malaga avec son phare. Mais la première peinture à l'huile qui comptât suffisamment pour qu'il la gardât toute sa vie, ce fut un tableau représentant un picador à cheval dans une arène. Il la réalisa vers 1889, à huit ans, époque à laquelle son père, grand *aficionado,* l'avait initié aux rituels et aux passions de la tauromachie.

« Quand j'étais petit garçon, racontait Pablo des années plus tard avec un orgueil enfantin, Carancha, qui était un grand toréador, venait fréquemment à la maison, parce que c'était un bon ami de mon père, et il me laissait souvent m'asseoir sur ses genoux[23]. » Un jour, il fut si fasciné par l'habit de lumière du matador qu'il ne cessa de pleurer que lorsqu'on l'eut laissé le toucher. Don José, incapable de calmer son fils, avait fini par emmener Pablo à la pension de famille où était descendu le matador. « Etes-vous un père? lui demanda-t-il. – Oui, monsieur, répondit le toréador, un peu surpris. – Eh bien alors, je suis sûr que vous allez comprendre. Mon fils insiste pour toucher votre habit de lumière. – Venez donc », dit le matador, et il attendit pendant que Pablo, émerveillé, explorait la tenue magique[24].

Peindre et dessiner était déjà la façon qu'avait Picasso de déployer ses talents magiques et de créer sa propre réalité. En novembre 1890, il fit un dessin d'*Hercule avec sa massue,* qu'il signa P. Ruiz Picasso et qu'il data. « Je me souviens encore d'un de mes premiers dessins, dit-il plus tard. J'avais environ six ans à l'époque, ou moins. Dans le couloir, à la maison, il y avait un tableau d'Hercule avec sa massue. Eh bien, un jour je m'assis dans le couloir et je dessinai cet Hercule. Mais ce n'était pas un dessin d'enfant, c'était un vrai dessin, une représentation authentique de cet Hercule-là, avec sa massue et tout[25]. » Il avait trois ans de plus qu'il ne l'imaginait, mais c'était quand même un dessin d'une stupéfiante maîtrise pour un garçon de son âge. Même la feuille de vigne qui recouvrait les parties génitales du héros semblait étrangement bienvenue.

Cependant que Pablo dessinait le provocant Hercule, le musée municipal de Malaga annonça qu'il allait fermer. En décembre 1890, le père de Pablo n'avait plus de travail et il était si désespéré qu'il était prêt à accepter un poste n'importe où, même loin de sa Malaga bien-aimée. Lorsqu'il apprit qu'il y avait un poste de professeur de dessin au nouvel institut Da Guarda, qui allait bientôt ouvrir ses portes à La Corogne, il décida de poser sa candidature. En avril 1891, sa nomination fut confirmée.

La Corogne est située sur la côte atlantique, dans le coin le plus nord-ouest de l'Espagne. Tandis que la famille faisait ses préparatifs pour le long voyage, un des principaux soucis de don José était de voir Pablo passer son examen d'entrée à l'école secondaire. Il savait que jamais son fils n'y parviendrait sans un peu de piston, et ce ne serait plus possible dès l'instant qu'ils auraient quitté Malaga. Il alla donc trouver l'examinateur local qui, en bon ami andalou, accepta de donner à Pablo le certificat nécessaire. Il voulait toutefois lui poser « deux ou trois questions pour empêcher les mauvaises langues de se déchaîner[26] ». « Voyons, demanda-t-il à don José, que sait-il? – Rien[27] », répondit carrément le père. Le jour de l'examen bidon, on demanda à Pablo d'additionner quelques nombres. Comme tous ses totaux étaient faux, l'examinateur lui demanda de se concentrer. « Vous ne pouvez pas vous imaginer, racontait Picasso plus tard, ce que j'ai souffert à essayer de faire attention. À peine m'étais-je mis à penser qu'il fallait faire attention que j'étais distrait par la pensée qu'il était nécessaire de faire attention, et cela me faisait perdre mes moyens[28]. » Le seul point sur lequel il put se concentrer durant l'examen, ce fut sur la promesse de son père que, s'il le passait, il pourrait faire une peinture à l'huile. L'examinateur comprit très vite qu'il allait devoir se montrer encore plus indulgent s'il voulait obtenir du fils de son ami la réponse correcte : il dut lui laisser y jeter un coup d'œil.

Le diplôme qu'il serrait dans sa main en rentrant à la maison était pour Pablo la preuve tangible de l'importance de la concentration. « S'il ne s'était pas concentré, devait écrire plus tard son ami Jaume Sabartés, il n'aurait pas remarqué la feuille de papier sur le bureau du professeur, il n'aurait pas pu apprendre par cœur le total[29]. » Ainsi la leçon qu'il tira de l'examen fut que même tricher nécessitait de la concentration. Mais cette leçon aussi se traduisit rapidement dans sa réalité à lui. « Je vais leur montrer ce que je peux faire ! » résolut-il sur le chemin de la maison, en imaginant le pigeon qu'il allait peindre en utilisant les nombres de son examen. « Ils vont voir comment je peux me concentrer. Il ne va pas manquer un seul détail... Le petit œil du pigeon est rond comme un 0. Sous le 0, un 6, et en dessous un 3. Les yeux sont comme des 2, ainsi que les ailes. Les petites pattes sont posées sur la table comme sur une ligne horizontale... et sous tout cela, le total[30]. »

En octobre 1891, vers l'époque du dixième anniversaire de Pablo, don José et sa famille embarquèrent sur le navire qui devait les conduire à La Corogne. Pour la première fois ils étaient seuls tous les cinq, loin de tous ceux qui les avaient aidés : loin d'oncle Salvador, de grand-mère Inès, de tante Heliodora et de tante Matilda, loin d'oncle Antonio et de toutes les petites cousines. La tempête qui se déchaîna en mer au cours de la traversée convenait au désarroi que devaient éprouver don José et doña Maria lorsqu'ils pensaient à tout ce qu'ils avaient laissé derrière eux.

La Corogne ne se révéla pas plus accueillante que la mer qui les avait amenés jusque-là. Don José trouva tout abominable : le vent, la pluie, le brouillard, le ciel gris, le dialecte galicien, si différent de l'andalou; les Galiciens eux-mêmes, subtils comme leur langue et beaucoup moins directs que les Malaguéniens. Pour don José, La Corogne, c'était l'exil. On l'avait amputé d'une partie vitale et, avec chaque année qui passait, il devenait de plus en plus effacé; son principal soin maintenant était de protéger au mieux et de servir son fils. Ce dut être un changement fort troublant pour Pablo dont l'attachement à son père était prodigieux : « À La Corogne, mon père ne sort pas, si ce n'est pour aller à l'école des Arts et Métiers. À son retour il peint. Mais sans plus. Le reste du temps il regarde par la fenêtre tomber la pluie... Ni Malaga, ni taureaux, ni amis, ni rien[31]. »

Sa mère, méfiante de nature, s'aigrit et devint plus méfiante encore. Elle enseigna à son fils « à ne rien dire sur personne ni sur rien[32] ». Il fut profondément touché par les contraintes qu'elle lui imposait, mais malgré cela il découvrait les joies du jeu et de la camaraderie. Il montra à ses condisciples comment organiser des courses de taureaux sur la place Pontevedra, devant leur école. L'un d'eux serait le taureau, un autre le matador, et la veste d'un troisième, quelle qu'en fût la couleur, remplacerait la cape rouge. Lorsque Pablo n'improvisait pas de corrida, il aimait emmener sa bande donner l'assaut aux chats errants, en tirant sur eux avec leurs fusils d'enfants. « Un jour, dans la rue de Damas, nous fîmes un vrai massacre, dit-il en évoquant ces rites de passage tribaux. Tout le quartier s'affola si bien qu'on me surveilla davantage. Ma mère me guettait soigneusement, inquiète à l'idée de ce que je faisais dans la rue. Mais sa vigilance était limitée par le fait qu'elle ne pouvait voir qu'une partie de la place Pontevedra où nous jouions. Elle devait monter sur le siège des toilettes et se mettre sur la pointe des pieds pour me regarder par la petite fenêtre de la salle de bains[33]. »

À l'école, il griffonnait machinalement, emplissant de dessins les marges de ses cahiers et transformant les taches d'encre en animaux et en personnages. À la fin de son exemplaire de *Literatura Preceptiva o Retorica y Poetica,* il dessina deux ânes en train de s'accoupler et écrivit quelques vers de mirlitons plutôt gaillards :

Sans même le temps d'un bonjour,
L'ânesse offre son beau derrière.
Sans même le temps d'un au-r'voir
L'âne enfonce alors sa rapière[34].

Les punitions devinrent une autre source d'amusement : « Pour avoir été mauvais élève, on m'envoyait aux " cellules ". C'étaient des pièces aux murs blanchis à la chaux, avec des bancs. J'adorais quand on m'envoyait là-bas, parce que je pouvais prendre un bloc de papier et dessiner sans arrêt. Ces punitions étaient des vacances pour moi, et je provoquais même des situations qui obligeaient les professeurs à me punir. Je pouvais être isolé sans personne pour me déranger, et dessiner, dessiner, dessiner[35]... »

En septembre 1892, don José décida qu'il était temps pour son fils de commencer de vraies études artistiques et il s'adressa au principal de l'école des Beaux-Arts : « Don José Ruiz Blasco, résident de cette ville, sollicite, par la présente, que vous ayez la bonté d'admettre son fils, Pablo Ruiz, comme élève dans cette école que vous dirigez avec une telle compétence[36]. » Il avait utilisé pour cette demande son nom complet – le nom de famille à la fois de son père et de sa mère, comme c'était la coutume en Espagne – mais seulement le nom de famille paternel de son fils. La candidature fut acceptée et Pablo fut tout d'abord inscrit dans la classe de dessin décoratif de son père.

Don José poursuivit donc son double rôle de père et de professeur, et peut-être même, avant que le père s'autorisât à le croire, le professeur savait-il qu'il avait dans sa classe un prodige. Pablo suivit le sévère entraînement académique de l'école, copiant des moules en plâtre, s'inscrivant aux cours de dessin de modèles vivants, exécutant des études au fusain du pied droit, de la main gauche, de la jambe droite. Il raconterait plus tard qu'« on devrait arracher les yeux des peintres, comme on le fait aux rossignols pour les faire mieux chanter[37]. » Mais, pour le moment, la coordination de ses yeux et de sa main produisait des dessins qui témoignaient de stupéfiants pouvoirs d'observation. Les résultats de ses examens variaient d'« excellent » à « excellent avec mention honorable ».

Don José continuait sa formation à la maison. « Mon père coupait les pattes d'un pigeon mort, se rappelait Picasso. Il les clouait avec des épingles sur une planche, dans la position qui convenait, et je les copiais minutieusement jusqu'à ce qu'elles lui plaisent[38]. »

Bientôt, don José était si satisfait qu'il chargeait Pablo de peindre les pattes des pigeons sur ses propres toiles. Les pattes de pigeons semblaient être une des obsessions de don José. Les mains en étaient une autre. « C'est dans les mains qu'on voit la main de l'artiste[39] », disait-il à son fils.

Dans les albums que ses parents offraient à Pablo pour qu'il y fît ses dessins, reconnaissant de toute évidence la valeur de ce qu'il allait produire, des dessins disciplinés et traditionnels voisinaient avec des croquis dans lesquels son besoin instinctif de briser tous les moules commençait à se faire sentir. Dans le second album de La Corogne, Hercule fait une nouvelle apparition, mais cette fois la feuille de vigne n'est plus là. Il y a une vigueur et une audace neuves dans cet Hercule et dans tout ce que Pablo fit à La Corogne, dans ses paysages et dans ses portraits de sa sœur Lola, dans *Le Vieux Couple* et même dans le bulletin qu'il confectionna à l'automne 1893 pour envoyer à Malaga. Il s'appelait *Azul y Blanco* (« Bleu et Blanc ») comme le plus populaire hebdomadaire d'Espagne, et il était plein de dessins et de quelques articles signés « P. Ruiz, *el director* », sur la vie à La Corogne. « Le vent souffle et va continuer à souffler jusqu'à ce qu'il ne reste plus rien de La Corogne », annonçait une légende sous un dessin représentant une tempête qui faisait voler les jupes des femmes et qui montrait des gens essayant de garder leur équilibre. Il y avait même une partie réservée à la publicité, avec une annonce payée par le toujours fidèle supporter de Pablo, don José : « Désire acheter pigeons de race. S'adresser 14, rue Payo-Gomez, deuxième étage[40]. »

Si le véritable lieu de naissance est celui où les yeux s'ouvrent pour la première fois aux trésors cachés en soi, alors, malgré la pluie, le froid et le vent, La Corogne fut la vraie ville natale de Pablo. Ce fut là qu'il reconnut le mystérieux don de création qu'il portait en lui et l'intérêt qu'il inspirait. Ce fut aussi à La Corogne qu'il découvrit pour la première fois le mystère de l'amour. Il était fasciné par l'histoire du général anglais sir John Moore, glorieux vainqueur de l'empereur Napoléon à la bataille de La Corogne, qui était mort de ses blessures en prononçant le nom de sa bien-aimée. Pablo n'avait pas encore treize ans, mais précoce dans ses désirs comme dans ses talents, il choisit pour bien-aimée l'une des deux seules filles de sa classe. Elle s'appelait Angeles Mendez Gil, et il transforma ses initiales, les mêla aux siennes dans les dessins qui ornaient ses cahiers : cela donnait AP, ou bien, quand il rêvait d'une union plus officielle, APR : Angeles Pablo Ruiz.

Il ne fallut pas longtemps pour que leur innocent amour attirât l'attention désapprobatrice des parents d'Angeles. Trop conscients, dans une petite ville de province, des différences sociales qui séparaient leur famille semi-aristocratique de la famille du nouveau professeur de dessin, ils étaient décidés à ne pas laisser les sentiments de leur fille l'empêcher de parvenir à une union bien assortie. Ils placèrent toutes sortes d'obstacles sur les pas des jeunes amoureux et, comme Angeles et Pablo continuaient à échanger des lettres et semblaient déterminés à poursuivre leur « amour maudit », les parents de la fillette décidèrent de prendre des mesures plus radicales. À la dernière page d'un des cahiers de Pablo, auprès des initiales d'Angeles, on lit le mot « Pamplona ». La famille d'Angeles, ne lui faisant pas confiance tant qu'elle serait dans la même ville que Pablo, l'avait éloignée de la tentation en l'expédiant à Pampelune.

Le secret dont Pablo entourait son amour donnait la mesure de l'importance qu'il lui accordait. Le fils de doña Maria avait déjà appris à ses dépens à se méfier suffisamment et à faire de tout ce qui comptait, de tout ce qui le touchait profondément un secret bien gardé. Il n'avait que treize ans mais, comme Palau i Fabre, le chroniqueur catalan de ses années de jeunesse, l'expliqua : « Quelque chose de très tendre et de très profond fut détruit chez lui[41]. » Et, comme on l'avait repoussé parce qu'il était pauvre et d'une classe sociale inférieure, parce qu'on l'estimait indigne, la douleur n'en fut que plus forte et la blessure plus profonde. Maintenant, il avait des raisons de se méfier même de l'amour.

L'année 1895 vit son initiation à deux autres mystères : le mystère du pouvoir et le mystère de la mort. Le 10 janvier, Conchita mourut de la diphtérie. Pablo vit la souriante petite fille aux boucles blondes qu'il avait dessinée avec tant de tendresse dépérir jusqu'à n'être plus que l'ombre d'elle-même, qu'il dessina juste avant que la mort ne l'emportât. Il suivait les allées et venues désespérées du Dr Ramón Pérez Costales, un ami de son père et « un républicain bon teint[42] »; il suivit les efforts de ses parents pour sauver sa sœur; et il les vit avec stupéfaction célébrer Noël et l'Epiphanie et offrir des cadeaux à tous les enfants, essayant de cacher à Conchita la certitude de sa mort prochaine.

Dans son angoisse, Pablo fit avec Dieu un pacte terrible. Il proposa de Lui sacrifier son talent et de ne jamais reprendre un pinceau s'Il sauvait Conchita. Il se trouva alors déchiré entre l'envie de la voir sauvée et le désir de la voir morte pour protéger son don. Quand elle mourut, il décida que Dieu était mauvais et que le destin était un ennemi. Il était convaincu en même temps que c'était l'ambivalence de ses sentiments qui avait permis à Dieu de tuer Conchita. Son remords était immense, c'était le revers de la croyance qu'il avait dans son pouvoir formidable de toucher le monde autour de lui. À cela se mêlait sa conviction primitive, presque magique, que la mort de sa petite sœur l'avait libéré en lui permettant d'être peintre et d'obéir au pouvoir qui lui avait été conféré, quelles qu'en fussent les conséquences.

Le mystère de ce pouvoir, il en eut l'éclatante révélation peu après la mort de Conchita, lorsque son père lui fit cadeau de ses pinceaux et de ses couleurs, et jura de ne plus jamais peindre. C'était une confession, une abdication et un sacre qui durent grandement impressionner ce garçon de treize ans. L'homme qui n'était pas seulement son père, mais son professeur, s'inclinait devant le génie qu'il avait engendré. Peindre, son premier amour, il l'avait sacrifié sur l'autel de Pablo; Conchita, l'enfant qui lui ressemblait le plus, n'était plus là; Malaga, sa ville natale, appartenait à son passé perdu. Seul maintenant Pablo comptait pour don José et il prodigua à son fils un dévouement sans limites.

En février 1895, don José sollicita un transfert. Dès le début, La Corogne l'avait accablé, mais après l'exil d'Angeles et la mort de Conchita, il sentait à quel point elle était devenue accablante pour Pablo. Et cela, il ne pouvait pas le tolérer. En mars, on arrangea un échange de poste avec un professeur d'art de Barcelone qui souhaitait rentrer chez lui à La Corogne. Avant leur départ, don José organisa une exposition des toiles de Pablo dans l'arrière-boutique d'un magasin qui vendait des tissus, des parapluies et des colifichets. Bien peu de toiles furent vendues, surtout lorsque l'on découvrit au petit vernissage que le peintre n'avait pas encore quatorze ans, mais ce fut quand même la première exposition de Pablo organisée par son père, qui n'en avait jamais connu pour lui-même. La famille comptait passer l'été à Malaga avant d'aller s'installer à Barcelone. On prit le train pour le sud et en route on s'arrêta un jour à Madrid, où don José fit connaître à son fils les gloires du Prado : Goya, Zurbarán et Vélasquez.

À Malaga, ils descendirent chez l'oncle Salvador. Quand Pablo était parti c'était un garçon de dix ans qui n'arrivait pas à passer ses examens, et voilà qu'il revenait en peintre dont les parents reconnaissaient avec orgueil l'extraordinaire talent dans les toiles qu'il rapportait de La Corogne. C'étaient *La Fillette aux pieds nus, Tête de vieillard, L'Homme à la casquette, Le Vieux Pèlerin, La Tête d'une femme galicienne,* et de nombreux portraits de vieillards barbus qui figuraient parmi les œuvres que don José accrocha fièrement dans la maison de son frère. Pablo n'avait encore que treize ans, mais il y avait une compassion profonde et une grande tendresse dans les portraits qu'il avait faits de ces hommes et de ces femmes que l'âge, la pauvreté ou la résignation avaient réduits à l'état de marginaux. Malgré les fardeaux qu'ils portaient, ils restaient enracinés dans leur humanité et il y avait une richesse inépuisable dans les visages même des plus misérables. Don Salvador fut si impressionné que, pendant le séjour de Pablo à Malaga, il lui alloua cinq pesetas par jour, lui trouva un atelier au bureau de l'Inspection de la santé et engagea un vieux matelot pour lui servir de modèle. Il insista aussi pour que son neveu allât régulièrement à la messe. « Mon oncle Salvador, racontait Pablo, me dit un jour que, si je n'allais pas communier, il ne m'emmènerait pas à la corrida, alors, bien sûr, je suis allé communier. Je serais allé communier pour une chance d'aller à la corrida[43] ! »

Quand la famille arriva à Barcelone, le prodige qui avait ébloui Malaga dut redevenir un élève ordinaire, et passer son examen d'entrée à la Llotja (la Bourse) comme on appelait l'école des Beaux-Arts de Barcelone, installée dans l'imposant bâtiment néo-classique de la Bourse de Barcelone. Il n'aimait pas avoir à descendre des hauteurs du génie jusqu'au monde prosaïque des examens et des étudiants médiocres, et en deux esquisses qu'il donnât du modèle qu'on lui avait demandé de dessiner, de toute évidence il faisait un pied de nez à ceux qui avaient le toupet de lui faire passer un examen. Il dessina le modèle une fois nu et apparemment de mauvaise humeur, et une fois plus ridicule encore enveloppé dans un drap, censé être une toge revêtant un digne et noble Romain. Il laissa les pieds inachevés, comme s'il ne pouvait pas s'ennuyer à de pareils détails pour une simple épreuve d'admission. « Picasso était pressé, écrivit Sabartés, bien plus pressé que les membres de la commission d'examen, bien plus pressé qu'aucun d'entre nous... À cet égard, sa façon de présenter l'exercice qu'on lui avait imposé avait des airs de défi; c'est comme s'il disait que son temps était bien plus précieux que celui des examinateurs[44]. » Il voulait dire que, s'ils désiraient le déclarer admissible, ce serait à ses conditions à lui et que, s'ils refusaient, ce seraient eux les perdants.

Cet examen ne tarda pas à devenir un épisode de la légende qu'il commençait à se créer, légende composée en partie de ce qu'il avait fait et dit, et essentiellement de ce que les autres répétaient. Il prétendait qu'on lui avait donné un mois pour terminer les dessins mais qu'il les avait finis « le premier jour[45] ». « J'ai regardé longuement le modèle, j'ai bien réfléchi à ce que je pourrais encore y ajouter, je ne voyais rien, vraiment rien[46]. » Et tout le monde se fit l'écho de cette histoire jusqu'au jour où l'on retrouva les dessins : ils portaient le cachet officiel avec deux dates différentes, le 25 septembre et le 30 septembre.

Sous les inventions et l'arrogante assurance, se cache le profond sentiment d'inadaptation de l'élève, incapable de se faire aux règles, aux règlements, à l'organisation et à la structure des cours. Si on lui demandait de faire quelque chose, le simple fait qu'il s'agît d'une requête plutôt que de son choix à lui provoquait aussitôt sa mauvaise humeur et faisait un problème de la tâche la plus simple. En outre, il méprisait les domaines dans lesquels il n'arrivait pas à exceller. Il transforma donc en véritable médaille d'honneur son incapacité à maîtriser les concepts les plus élémentaires ou la moindre analyse. Souvent, il se vantait de n'avoir su ni lire ni écrire quand il était jeune; à Barcelone; il proclamait tout aussi souvent avec la même fierté qu'il n'y avait rien que les professeurs de la Llotja pouvaient lui enseigner, rien qu'il ne dût à ses aînés ou au passé.

C'était une attitude qui convenait à merveille à l'atmosphère de rébellion et d'anarchie où baignait alors Barcelone. Les soulèvements des paysans espagnols qui travaillaient toute la journée pour une miche de pain allaient de pair avec la révolte des intellectuels contre les conventions politiques, culturelles et esthétiques. Barcelone était la capitale anarchiste de l'Europe et chaque jour les journaux étaient pleins d'informations sur des attentats à la bombe, des arrestations, des tortures et des exécutions publiques. À côté du mouvement qui réclamait l'indépendance de la Catalogne, avec sa langue, ses traditions et Barcelone pour capitale, il existait un mouvement anarchiste nourri de la conviction passionnée que « le gouvernement espagnol a toujours été le principal ennemi de l'Espagne[47] ».

Deux ans avant l'arrivée de Pablo à Barcelone, la bombe lancée par les anarchistes sur le Gran Teatre del Liceu, l'Opéra de Barcelone, avait tué vingt-deux personnes et en avait blessé cinquante. La terreur engendrait la terreur et on racontait que « des centaines, voire des milliers de personnes avaient été arrêtées et jetées dans les cachots de Montjuich, la prison forteresse perchée à plus de deux cents mètres au-dessus de la mer, dont les canons dominent le port et la ville de Barcelone et condamnent d'avance toute révolte qui pourrait secouer cette ville en état chronique de rébellion[48] ». L'exécution publique au garrot de Santiago Salvador, l'anarchiste qui avait lancé une bombe à l'Opéra, devint le sujet d'*Infâme Garrot,* une toile de Ramón Casas qui, comme nombre de jeunes peintres travaillant à Barcelone, s'identifiait avec les anarchistes en politique, les nihilistes en philosophie et les symbolistes en art. « Mieux vaut être symboliste et déséquilibré, voire fou et décadent, qu'infâme et lâche[49] », déclarait le peintre Santiago Rusiñol, un des dirigeants du mouvement « moderniste » qui s'efforçait d'introduire, au besoin par la folie et la décadence, l'Espagne dans le XXe siècle. « Le bon sens nous étouffe; la prudence ici n'est plus de mise. »

Lors de ses premiers jours à Barcelone, Pablo réalisa le stupéfiant dessin du *Christ bénissant le diable,* qui témoignait du profond conflit qui faisait rage en lui. Le Christ, la tête entourée d'une auréole, bénit de sa main gauche un diable accablé. À la même époque, il peignit *La Sainte Famille en Egypte* et *Autel à la Sainte Vierge,* tandis qu'en 1896 il produisait en abondance des tableaux religieux représentant le Christ à qui la Vierge apprenait à lire, le Christ apparaissant à une religieuse, le Christ adoré par les anges, l'Annonciation, la Cène, la Résurrection. La plupart de ces toiles sont trop intimes pour qu'on puisse y voir les exercices routiniers d'un peintre adolescent dans un pays catholique. Pablo était-il déchiré entre le Christ et le diable qu'il avait peint béni par le Christ ? Le diable, dans son esprit, était-il associé à l'audacieuse rébellion et au génie provocant ? Lui aussi était un génie rebelle, mais c'était également un jeune homme avide d'expérimenter qui le dépasserait et qui dépasserait sa vie quotidienne.

Sa crise religieuse naquit de la crise religieuse que traversait l'Espagne. « La colère des anarchistes espagnols contre l'Eglise, écrivait l'historien Gerald Brenan, est la colère d'un peuple profondément religieux qui a l'impression d'avoir été abandonné et trompé[50]. » Il n'y avait qu'un pas de l'anticléricalisme à l'antichristianisme, et un pas encore plus court de l'antichristianisme au rejet de Dieu. Pablo hésitait. Un an après avoir dessiné *Le Christ bénissant le diable,* il exprima avec tendresse certains des symboles les plus forts du culte religieux, mais il peignit aussi une toile d'un Christ sans visage, impersonnel, irréel et qui n'apportait aucune réponse. Le catholicisme, avec sa façon d'insister sur les règles morales et les récompenses du paradis, n'apportait aucune réponse à Pablo plein d'une passion débordante pour la liberté et pour le monde où il était. Il voulait bien rejeter l'Eglise, mais tout au long de sa vie il ne put s'empêcher de revenir à la figure du Christ comme symbole de sa propre souffrance, tout comme il allait enfouir ses désirs de transcendance sans parvenir parfaitement à les étouffer.

C'était une atmosphère de rejet et de déracinement que Pablo respirait lorsqu'il commença à rôder dans les rues et les cafés de Barcelone. La Llotja, bien plus qu'un lieu d'enseignement, devint un endroit où il rencontrait des amis avec lesquels explorer les secrets qui se trouvaient en dehors de ses murs. Manuel Pallarès fut le premier ami proche de Pablo à Barcelone. Ils étaient voisins dans la classe de dessin anatomique et, bien que Pallarès fût son aîné de cinq ans, ils devinrent aussitôt amis. Dans le portrait que fit Picasso de lui peu après leur rencontre, Pallarès a un air solide et sérieux, il est beau et distingué avec ses cheveux châtain clair et sa bouche aux lèvres pleines. « Il était séduisant et très en avance sur les autres, dit Pallarès de Pablo. Il comprenait tout très vite; il n'attachait aucune attention à ce que disaient les professeurs... Parfois il était très excité et, à d'autres moments, il pouvait passer des heures sans dire un mot[51]. » Pallarès accepta dès l'abord que, pour être l'ami de Pablo, il fallait aussi être son disciple, se plier à ses humeurs, à ses exigences et à ses caprices.

L'Eden Concert, un café chantant, devint leur lieu de rendez-vous favori. Avant de changer de nom, il s'appelait café de la Alegría (le café du Bonheur), mais, sous un nom ou sous un autre, on le considérait comme un « lieu de perdition[52] », que devaient ignorer les bien-pensants de Barcelone et qu'on disait fréquenté seulement par ceux qui avaient perdu tout espoir de salut. Ce fut là que Pablo fit la connaissance d'Angel de Soto et de

Ramón Reventós, qui travaillait pour une compagnie d'importation de produits alimentaires et, par Angel, de son frère Mateu, qui était sculpteur. Les jeunes gens déambulaient sur les Ramblas, la grande artère de Barcelone, grouillante de monde, dans les rues étroites de la vieille ville et dans le quartier chinois malfamé, où se côtoyaient les bordels. Ce fut dans l'un de ces établissements, où il était le plus souvent accompagné par un autre étudiant de la Llotja, Joaquim Bas, que Picasso connut ses premières expériences sexuelles. Avant quinze ans, il passait des heures dans un bordel après l'autre, à apaiser tout à la fois sa furieuse sexualité et son besoin de dépenser ses talents seulement dans des domaines où il excellait.

La curiosité jouait un aussi grand rôle que l'ardeur sexuelle dans ces rencontres où les femmes affichaient la passion comme elles se mettaient du rouge aux joues : l'amour ne tenait aucune place. L'affection et l'intimité étaient en fait beaucoup plus présentes dans les relations de Pablo avec ses amis masculins. Pallarès et lui se déguisèrent en femmes pour le carnaval de Barcelone en 1896, mais ce qui pouvait exister d'attirance physique dans ses rapports avec ses amis se trouvait sublimé dans sa passion pour son travail et dans ses fiévreux rêves de gloire.

Cette gloire le fuyait. En avril 1896, il présenta *La Première Communion* à l'exposition des Beaux-Arts de Barcelone, en même temps que Rusiñol, que Casas et que les plus connus des peintres catalans. Il aurait beaucoup aimé remporter un des prix, ou tout au moins vendre la toile estimée à quinze cents pesetas, mais, à part l'honneur d'être admis à exposer, il n'eut droit qu'à une brève mention dans le *Diario de Barcelona : « La Première Communion* de Pablo Ruiz Picasso, œuvre d'un néophyte, où l'on peut distinguer un certain sentiment dans les principaux personnages et certains détails esquissés d'une main ferme[53]. »

Ce fut *La Science et la Charité* qui lui valut un début de notoriété, une mention honorable à la grande exposition des Beaux-Arts de Madrid de 1897 et une médaille d'or à l'exposition provinciale de Malaga. Don José lui servit de modèle pour le médecin qui, en train de prendre le pouls d'une femme malade, représentait la Science, tandis qu'une religieuse, un garçon vêtu d'une robe empruntée, représentait la Charité. Le modèle de la femme malade, il l'avait trouvée mendiant dans les rues avec son enfant dans les bras. Pablo avait peint *La Science et la Charité* dans l'atelier que son père lui avait trouvé à l'automne 1896. Il était situé avenue de la Plata, entre la Llotja et la nouvelle résidence de la famille, avenue de la Merced. Lorsque la nouvelle que Pablo avait eu un prix à Madrid parvint aux amis peintres de son père, l'un d'eux, don Joaquim Martínez de la Vega, proposa de le baptiser peintre en lui versant du champagne sur la tête.

La génération de son père l'avait reconnu comme un des leurs, ses amis de l'école l'avaient introduit dans la « communauté des génies », mais Pablo n'était pas encore sûr de la direction qu'il allait prendre. Il était partagé entre la révolte contre la tradition et la création de grandes toiles conventionnelles susceptibles de lui valoir des récompenses dans les expositions. Il aimait parfois s'abandonner à des rêves de pouvoir et de gloire, et imaginer le moyen le plus rapide de les réaliser. A d'autres moments, il était tout entier possédé par son œuvre, et rien ne comptait. Il peignit coup sur coup l'*Autoportrait à la tête rasée,* songeur, puéril et manquant d'assurance, et l'*Autoportrait en gentilhomme du* XVIII*e siècle,* digne, imposant et un peu dédaigneux, avec une perruque blanche.

L'équilibre précaire entre l'adolescence et la maturité basculait vers la puérilité quand Pallarès et lui s'amusaient à lancer des cailloux sur les malheureux passants du toit de son atelier. Leur cible un jour se trouva être le haut-de-forme d'un monsieur qui passait. Ils parvinrent à le toucher mais pas à se cacher à temps. Leur victime les aperçut et courut chercher un policier. Tapis derrière la toile de *La Science et la Charité,* ils entendirent le sergent de la ville frapper à plusieurs reprises à la porte de l'atelier. Les coups finirent par cesser, mais ils ne se montrèrent pas avant d'avoir entendu le concierge leur crier que la voie était libre.

Nombre des conflits de Pablo se concentraient depuis quelque temps sur son père. Dans ses efforts pour se libérer de la passion qu'étant enfant il avait portée à don José, il essayait de le diminuer dans son esprit et dans son œuvre. Cette ambivalence se manifesta pour la première fois de façon évidente dans les deux derniers portraits qu'il peignit de son père dans son album de La Corogne. « Ces deux dessins, écrivait Palau i Fabre, semblaient avoir été faits l'un juste après l'autre – on serait tenté de dire simultanément, si la chose était possible. Dans l'un d'eux, don José manifeste encore une certaine euphorie en regardant la toile qu'il peint ou qu'il vient tout juste de terminer. Mais dans le second, son visage arbore – très délibérément – une expression pessimiste : il a radicalement changé. La position du modèle sur le papier (la chaise, l'attitude du corps, des mains et des jambes) est identique dans les deux portraits, mais l'état d'esprit du personnage qu'il représente est totalement différent[54]. »

Etait-ce l'état d'esprit du père qui avait changé de façon si saisissante en un jour, ou l'état d'esprit du fils envers son père ? A Barcelone, Pablo continuait à peindre son père désespéré et sans vie. La cruauté de ces portraits, était-ce la vérité ou un mensonge? Peut-être était-ce une dramatique exagération qui, pour Pablo, devenait une vérité dont il espérait qu'elle le libérait de tout ce qu'était et de ce que représentait don José : un perfectionniste qui vénérait la précision et l'ordre; un peintre qui peignait des toiles intimes et réalistes; qui néanmoins conférait à son réalisme une qualité métaphysique en accroissant la sensation de profondeur et d'espace; un homme d'intégrité, qui faisait grand cas de vertus simples comme la modestie et le désintéressement; un gentleman, calme, courtois et un peu détaché qui avait même l'apparence du gentleman dans l'imagination populaire : grand, bel homme, élégant et digne. Jeune homme, Picasso commençait à considérer comme un rival le père qu'il adorait. Petit et trapu, jamais il ne pourrait égaler le physique ni l'élégance de son père. « Chaque fois que je dessine un homme, raconterait-il plus tard, je pense à mon père. Pour moi, l'homme c'est don José et ce le sera toute ma vie[55]. »

Mais don José était un enseignant de profession et un pédagogue par vocation, et Pablo commençait à se lasser de ses conseils et de ses critiques. Don José ne comprenait sans doute que trop bien les forces et les faiblesses de son fils, et Pablo ne tarda pas à trouver l'incompréhension adoratrice de sa mère beaucoup moins pesante. Aussi, même si dès les premières années de sa jeune vie, ce fut son père qui soutint, souvent à ses propres dépens, chacun de ses pas comme peintre, ce fut sa mère qu'il idéalisa plus tard quand il recréa son passé; et ce fut le nom de sa mère qu'il finit par adopter.

Il se souvenait de sa mère comme étant « si petite que ses pieds ne touchaient pas le sol lorsqu'elle était assise[56] ». Il y avait pourtant chez elle quelque chose de dominateur et, malgré son intelligence limitée, elle régnait sur son mari introverti et sur toute la maisonnée. Dans une aquarelle peinte par son fils en 1896, elle est assise, l'air dur et les mâchoires serrées, une colère inconnue bouillonnant en elle. Mais Pablo était rarement la cible de cette colère. Elle croyait en lui sans condition. « Si tu deviens un soldat, lui dit-elle, tu seras général. Si tu deviens un moine, tu finiras pape[57] ! » Si son fils n'avait rien appris à l'école, elle était certaine qu'il savait déjà tout – ou du moins tout ce qui était important. Quant à son égocentrisme, il semblait parfaitement naturel aux yeux de sa mère en extase.

Si elle ne comprenait rien et adorait tout, don José, quoiqu'en encourageant son fils, lui trouvant un atelier et posant sans trêve pour lui, continuait à distinguer entre ce qui était réussi dans son œuvre et ce qui ne l'était pas tout à fait. Sur certains croquis tracés à la va-vite, il écrivit : « excellent » sur six d'entre eux et « raté[58] » sur quatre. Mais son fils ne voulait pas qu'on le notât. Dans sa *Fuite en Egypte,* Joseph est Don José – dans tous les détails, jusqu'à la barbe rousse –, agenouillé auprès du Christ enfant. Peut-être donc a-t-il reconnu don José comme une entité protectrice, peut-être même indispensable à sa vie. Et ce fut ce sentiment de dépendance qui finit par lui donner d'autant plus envie de se libérer. Il était forcé de diminuer et de détruire son père de façon à pouvoir émerger en tant que créateur autonome qui ne devait rien à la tradition, au passé ni à ses ancêtres. Dans ses tableaux où il représente don José comme un homme vaincu, le fils, rebelle et impatienté par ces vertus mineures, ne pouvait pas attendre d'émerger de l'ombre de son père. Et ce fut ce portrait de son père – aussi bien en mots qu'en images – sous les traits d'un homme inefficace et brisé qui fut accepté plus tard comme étant le vrai don José.

Pablo avait seize ans à l'automne de 1897, lorsqu'il arriva pour continuer ses études à l'Académie royale de San Fernando, où l'on donnait la meilleure formation artistique d'Espagne. Il se décrivit sur les formulaires officiels comme un élève, non de son père, mais de don Antonio Muñoz Degrain, qui enseignait le paysage à l'Académie. C'était un de plus dans cette succession d'actes par lesquels il désavouait son père, en même temps qu'un acte d'identification avec le héros de son enfance. Mais ce héros allait à son tour être bientôt détrôné. Picasso avait trouvé don Antonio beaucoup trop pédagogue et trop étroitement attaché au passé académique. « Cette période de mes études à Barcelone, je la déteste[59] », devait-il dire en évoquant ses années à la Llotja. Il espérait que Madrid serait très différent ; une évasion et l'occasion d'étendre et d'explorer sa propre vision artistique.

Presque tout le monde, des deux côtés de la famille de Pablo, avait fourni sa contribution pour couvrir les dépenses considérables que cela impliquait d'envoyer l'espoir de la famille chercher la gloire à Madrid – chacun selon ses moyens, d'oncle Salvador aux tantes Eladia et Heliodora, qui fournirent une peseta par mois. Mais la reconnaissance forge des liens et, plus que tout, Pablo voulait être libre. Il minimisa donc l'aide qu'il recevait : « Bah ! Une pitance ! » dit-il quand on lui parlait de la belle pension qu'on lui versait. « Quelques pesetas. Juste assez pour ne pas mourir de faim. Pas plus[60]. » Dans une lettre à Joaquim Bas, son ami de la Llotja, il parlait aussi d'un ton désapprobateur de tous les maîtres de l'Académie qui s'imaginaient lui donner, à lui, des leçons de peinture :

Quels peintres, mon cher Bas! Ils n'ont pas un grain de bon sens! Ils se contentent de rabâcher, comme je le soupçonnais, la même vieille rengaine : Vélasquez pour la peinture, Michelangelo pour la sculpture, etc. Moreno Carbonero m'a raconté l'autre soir, au cours de modèle vivant où il enseigne, que la silhouette que je traçais était bien dans ses proportions et dans son dessin, mais que je devrais tirer des traits droits, ce qui était préférable, parce que ce qu'il faut soigner avant tout c'est l'emboîtage : il veut dire qu'il faut dessiner une sorte de boîte dans laquelle on cadre la silhouette. On a du mal à croire les absurdités qu'il débite, tu te rends compte? Mais il ne fait aucun doute que cela compte pour peu ou pour beaucoup dans sa façon de penser, il en sait certainement davantage et il ne dessine pas mal. Et je vais te dire pourquoi c'est celui qui dessine le mieux ici : parce qu'il est allé à Paris où il a fréquenté plusieurs académies. Mais ne t'y trompe pas, car ici, en Espagne, ce n'est pas que nous sommes aussi stupides qu'on nous a toujours présentés, c'est simplement que nous sommes très mal instruits. Et c'est pourquoi, comme je te l'ai déjà dit, si j'avais un fils qui voulait être peintre, je ne le garderais pas une seconde ici en Espagne. Et je ne l'enverrais certainement pas à Paris non plus (bien que ce soit là où j'aimerais me trouver aujourd'hui), mais à Munik (si c'est comme ça que tu l'épelles) car voilà un endroit où on étudie la peinture sérieusement, sans s'encombrer la tête d'idées conservatrices sur le pointillisme et tout ça. Ce n'est pas qu'à mon avis peindre de cette façon soit nécessairement mal : ce que je n'aime pas, c'est l'idée que, parce qu'un peintre a réussi dans un style, ils doivent tous marcher sur ses pas. Je ne crois pas qu'il faille suivre une école particulière, car tout ce à quoi cela mène, c'est au maniérisme et à l'affectation chez les peintres qui le font.

Le musée de peinture est magnifique : les Vélasquez, de première classe; certaines têtes d'El Greco, superbes;

quant à Murillo, je ne suis pas sûr d'aimer du tout sa peinture... Et puis il y a partout dans Madrid des filles qui laissent dans l'ombre les plus jolies houris de Turquie.

Je m'en vais t'envoyer un dessin pour le *Barcelona Comica*; s'ils l'achètent, tu vas bien t'amuser. Il faudra que ce soit de l'Art nouveau, puisque la revue est dans cette ligne. Ni Nonell, ni le jeune Mystic, ni Pichot, ni personne d'autre n'a jamais rien fait d'aussi baroque que ce que va être mon dessin. Tu verras.

Adieu donc. Excuse-moi, je t'en prie, de ne pas t'avoir dit au revoir à Barcelone. Baisers à (ici, le dessin d'une petite main tenant une fleur) del (ici le dessin d'une pièce de monnaie avec un profil de femme et, en dessous, les mots « une once » entre guillemets). Bien à toi. P. Ruiz Picasso[61].

Bas avait été son principal compagnon lors de ses sorties nocturnes, dans le Barrio Chino, le Chinatown de Barcelone, et les baisers étaient destinés à la favorite de Pablo, auprès de qui il devait retourner maintes fois dans sa tournée des bordels. Elle était connue sous le nom de Rosita del Oro, un nom que l'amour des codes de Pablo transformait sur le papier en une fleur et une pièce d'or.

Pablo n'était peut-être guère connu encore à Madrid, mais il était déterminé à se dispenser des pesants conseils qui à l'Académie passaient pour de la sagesse. En fait, après les quelques premiers jours décevants, ce fut à peine s'il mit les pieds à l'Académie. Il explorait les filles de Madrid qui laissaient « dans l'ombre les plus jolies houris de Turquie »; se levait rarement avant midi; il passait beaucoup de temps au parc du Retiro et remplissait un carnet de croquis après l'autre à observer ses semblables et son environnement; il déménageait d'un logement à l'autre, peut-être parce qu'il ne tenait pas en place ou peut-être parce que ses propriétaires n'approuvaient pas son style bohème. Il peignait très peu. Il ne fallut pas longtemps pour que parvinssent à Malaga des nouvelles de sa vie désordonnée et moins de temps encore pour voir don Salvador et le reste de ses oncles et tantes supprimer sa pension. Leurs règles des convenances et du travail sérieux s'appliquaient tout aussi bien au génie qu'au commun des mortels. Seul son père continua à lui envoyer « tout ce qu'il pouvait se permettre[62] ».

Au printemps, Pablo tomba malade : scarlatine, dirent les uns, pleurésie et même syphilis, dirent les autres. Quoi qu'il en fût, son séjour à Madrid finit de façon peu glorieuse. Dès qu'il se sentit assez bien, il regagna Barcelone. *Portrait de l'artiste,* l'autoportrait qu'il fit à l'époque, le montre émacié, les joues creuses, les yeux scrutant l'avenir avec angoisse. Avec Pallarès, il quitta presque aussitôt Barcelone pour Horta de Ebro, le village de Pallarès dans les montagnes. Là, non seulement il recouvra ses forces, mais il passa huit des mois les plus importants de sa vie. « C'est à Horta, dit-il plus tard, que j'ai surtout appris tout ce que je sais[63]. » Il ne parlait pas seulement de découvrir la nature, les animaux, d'apprendre à faire un feu de bois et à préparer des repas simples, de prendre des douches sous une cascade. Il parlait d'une profondeur intime qu'il n'avait encore jamais connue : il parlait de se découvrir lui-même.

Après quelques jours passés dans la maison de famille des Pallarès, Pablo et Manuel s'en allèrent avec un jeune gitan explorer les montagnes. Ils s'installèrent d'abord dans une grotte de Santa Barbara puis, en quête d'aventures encore plus rudes, grimpèrent jusqu'aux Ports del Maestrat et passèrent près d'un mois à côté d'une source, dans une caverne formée par un amoncellement de rochers. Tous les quelques jours, Salvadoret, le jeune frère de Manuel Pallarès, faisait à dos de mule la douzaine de kilomètres, puis à pied la longue ascension jusqu'à leur grotte pour leur apporter du ravitaillement. Ils dormaient sur des lits d'herbe et chaque soir faisaient un grand feu pour se réchauffer.

Le gitan avait deux ans de moins que Pablo et il était peintre aussi : ils passaient tous les trois une grande partie de la journée à peindre, jusqu'à ce que Pablo apprît à différencier les arbres, comme un Esquimau qui a des noms différents pour la neige. Le gitan lui enseigna à déchiffrer le pépiement des oiseaux, le lointain mouvement des étoiles et à forger une alliance avec la nature, les animaux, les arbres et l'invisible. Ensemble, ils observaient le miracle quotidien de l'aube et faisaient de longues marches sur les sentiers de montagne. Ce devint bientôt entre eux une amitié brûlante et, qu'ils fussent dans leur caverne ou de retour au village, ils étaient toujours ensemble. Pallarès, se sentant soudain déplacé et exclu, prit sa revanche plus tard en omettant toute mention du gitan dans son récit de la vie de Pablo à Horta. D'après le récit de Pallarès, seuls lui et Pablo explorèrent Horta; d'après le récit de Pablo, et ce fut la seule occasion où il évoqua son amitié passionnée, c'était toujours lui et le gitan. « Pallarès restait là comme un vieux vaniteux[64] », ajoutait-il.

« Je n'ai pas de vrais amis, je n'ai que des amants[65] », devait dire Pablo des années plus tard. Dans ses rapports avec le gitan, sans doute était-ce vrai physiquement aussi bien que métaphoriquement. Picasso était amoureux : amoureux du gitan et du monde. Pour célébrer cet amour, il peignait des paysages, des bergers, des animaux et des paysans au travail. « La note prédominante dans ce qui reste de la production de cette période est une grande tendresse, écrivit Palau i Fabre. Jamais plus peut-être Picasso ne devait décrire des paysages aussi idylliques, des paysages où le mal n'avait pas de place... Pour une grande partie de sa vie – peut-être pour toujours –, Horta devait être synonyme pour lui d'un paradis perdu[66]. »

Pablo et le gitan étaient au centre de ce paradis. Le gitan était pour le garçon de la ville un symbole de liberté aussi bien que l'incarnation d'un monde sacré et impressionnant. Pour bien marquer leur fidélité par un antique rituel, ils prirent le couteau que le gitan ne quittait jamais, s'entaillèrent le poignet et mêlèrent leur sang qui coulait. Mais il y avait un serpent dans leur paradis : le monde en dehors de Horta. Le gitan fut le premier à le comprendre et décida d'agir de la seule façon qu'il connaissait : avec violence et décision. Il tira son couteau et s'écria avec la même passion que Patrocle éprouvait pour Achille bien des siècles et bien des cultures plut tôt : « Je t'aime trop, il faut que je parte. Sinon, il faudra que je te tue parce que tu n'es pas un gitan[67]. »

Il ne pouvait pas rester l'intime d'un homme qui n'était pas un gitan et qui, il le savait, ne partagerait pas beaucoup plus longtemps avec lui l'existence d'un gitan. Il ne l'en aimait pas moins, mais son amour était devenu un poids insupportable; aussi, cette même nuit, il disparut à tout jamais, blessant les sentiments de Picasso et, plus encore, le laissant stupéfait. Tout dans Horta lui semblait maintenant vide. Il partit pour Barcelone, seul cette fois, bien décidé à se jeter dans le monde qui l'avait séparé du gitan et, comme Achille, à en faire la conquête. « Dans la grande nation des gitans de l'art, Picasso est le plus gitan de tous[68] », devait dire de lui un poète castillan en 1932 et Pablo fut toujours secrètement ravi de cette remarque. Sa relation avec le gitan avait été un tournant dans sa vie, l'instant où le fils plein de dons d'une famille bourgeoise conventionnelle trouvait une justification à sa rébellion et découvrait le gitan qu'il y avait en lui.

Lorsqu'il arriva à Barcelone vers la fin de février 1899, l'humeur sombre et pessimiste de Pablo était en même temps celle qui prévalait dans le « monde en dehors de Horta ». En décembre précédent, le traité de Paris avait déclaré l'indépendance de Cuba; la chute de Manille aux mains des Américains sonnait la fin de l'Espagne impériale, une fin survenue dans les désastres militaires et dans l'humiliation. Les rues de Barcelone grouillaient de soldats démobilisés et d'invalides réclamant la charité, cependant que les écrivains et les artistes qui s'intitulaient la « génération de 98[69] », dégoûtés par « une société moribonde, menée par un gouvernement suicidaire », ralliaient en masse les rangs du socialisme et de l'anarchisme. A peine sorti de l'ardeur et de la vitalité de la vie qu'il avait connue à Horta, Picasso se trouva partout confronté avec la mort : la mort dans la déchéance et la décadence d'un siècle finissant, la mort sur le visage squelettique des soldats rapatriés; la mort dans la tristesse ambiante.

La mort envahit son œuvre aussi. Ce fut sa période noire, pleine de personnages mourants, d'autoportraits sinistres et de visages blêmes émergeant d'horribles ténèbres. *Le Baiser de la mort, Le Cri de la mort, Deux Agonies, Devant la tombe de Luisa, Prêtre visitant un mourant, Présence de la mort,* tous étaient imprégnés de la présence et de l'esprit de la mort. Dans les diverses versions de *Femme priant au chevet d'un enfant,* il peignit ce qu'il se rappelait de la mort de sa sœur Conchita, avec sa mère agenouillée auprès du lit de l'enfant.

Ce fut aussi l'époque de la rébellion ouverte contre son père. Malgré l'insistance de don José, il refusa de s'inscrire de nouveau à la Llotja, et commença à travailler dans le minuscule atelier du peintre Santiago Cardona dans la rue d'Escudillers-Blancs. Le reste de l'étage était occupé par un atelier de corsetterie et, parfois, Picasso s'arrêtait de travailler pour s'amuser à percer des œillères dans les corsets. Don José, qui se trouvait à Madrid juré d'un concours de peinture, écrivit à sa femme : « Je suis content d'apprendre que Pablo travaille... J'ai montré [à don Antonio] les dessins qu'il aimait beaucoup, mais il m'a dit que l'année dernière il n'avait rien fait de bien; tout cela est bien fini aujourd'hui[70]. » Il avait beau être constamment désobéi et déçu par lui, il continuait à faire de son fils le centre de sa vie.

Dans un monumental acte de défi, Pablo quitta la maison quelques semaines et alla s'installer dans le bordel où travaillait Rosita del Oro. La saleté plutôt que la sensualité régnait dans les bordels du Barrio Chino. Bien sûr, il n'y avait pas d'électricité ni d'eau courante, et d'âcres odeurs d'ordures, d'urine, de sperme et de sueur emplissaient l'air. Les rideaux étaient usés jusqu'à la corde, les couvertures mangées aux mites, les miroirs ternis, les murs croulants couverts de dessins obscènes. Tel était le monde où Picasso choisit d'habiter un moment. « Voilà comment vous êtes, vous ne voulez jamais faire comme les autres[71] », écrivit-il sur un bout de papier, affirmant là son credo qui se formait. Son farouche sens de l'indépendance en même temps que ses yeux noirs au regard brûlant et que sa grisante vitalité constituaient déjà les éléments dominants de sa personnalité.

« Il voyait plus loin que nous... il nous fascinait[72] », dit Pallarès. Mais c'est un homme que Picasso rencontra en 1899 dans son nouvel atelier qui fut le premier à se faire le chantre fanatique de Pablo comme héros de l'art. Jaume Sabartés était un écrivain et un poète aux cheveux longs et aux lunettes rondes, fier d'être catalan et profondément porté vers le culte des héros et le romantisme de la fin du siècle. « Je me rappelle encore comment je pris congé de lui après ma première visite dans son atelier de la rue des Escudillers-Blancs, écrivit-il près de quarante ans plus tard. Il était midi. Mes yeux étaient encore éblouis de ce qu'ils avaient vu au milieu de ses papiers et de ses carnets. Picasso, planté à l'angle du couloir qui longeait son atelier et de celui qui menait à la porte, accentuait ma confusion par la fixité de son regard. Comme je m'avançais devant lui pour lui dire adieu, j'étais prêt à m'incliner, abasourdi par le pouvoir magique qui émanait de tout son être, l'étonnant pouvoir d'un mage offrant des dons si riches en surprises et en espoir[73]. »

C'était là le ton qu'employait Sabartés dans toute conversation à propos de Pablo. « Nous parlions de lui comme d'un héros de légende[74] », expliqua-t-il plus tard. Et ce fut Sabartés qui montra le chemin pour bâtir la légende. Dès cette première rencontre, bien que le peintre se fût présenté comme Pablo Ruiz Picasso, Sabartés l'appela Picasso. Ruiz était un nom commun en Espagne, Picasso, un nom peu commun, qui convenait à la légende. Quant à Pablo, il accepta l'adulation de Sabartés comme son dû et fit une caricature de lui le représentant sous les traits d'un poète décadent, parcourant un cimetière, vêtu d'un long manteau noir, coiffé d'une couronne de roses et tenant une rose à la main.

Au début du nouveau siècle, Picasso, comme de plus en plus de gens l'appelaient maintenant, trouva un atelier bien plus vaste au 17, chemin Riera-de-San-Juan, qu'il partagea avec son nouvel ami intime, Carles Casagemas, peintre lui aussi. Casagemas venait d'une famille riche et connue (son père était le consul des États-Unis à Barcelone) si bien que partager, en l'occurrence, signifiait que Casagemas payait le loyer et que Picasso travaillait. Il commença par peindre sur les murs tout ce qu'ils auraient aimé avoir si seulement ils avaient pu se le permettre : « un grand lit, une table chargée de mets exquis, un coffre-fort et même un serviteur et une servante (cette dernière dotée d'une poitrine plus que plantureuse) attendant les ordres des deux nouveaux locataires[75] ». Casagemas était un surprenant compagnon pour Picasso. L'explication de Sabartés fut qu'« il se prêta mieux que n'importe lequel de ses camarades à seconder ses plans ou à écouter les propos que lui suggérait son infatigable imagination[76] ». La principale façon dont il pouvait l'aider à réaliser ses projets, c'était financièrement : si Picasso entendait rompre avec son père, c'était une bonne idée que d'avoir un ami qui pouvait le subventionner. Picasso en fait ne travaillait pas seulement dans l'atelier de Casagemas : il y dormait souvent, chaque fois qu'il n'avait pas envie de rentrer à la maison. Quant aux « propos que lui suggérait son infatigable imagination », la plupart d'entre eux tournaient autour de Paris et, plus précisément, de l'exposition universelle de Paris où son *Derniers Moments* avait été choisi comme une des toiles pour représenter l'Espagne.

Casagemas, qui avait un an de plus que Picasso, était un homme complexe, raffiné et peu sûr de sa virilité. Il était enclin aux passions platoniques, et celle qui l'occupait actuellement le portait vers la fille de sa sœur, Neus. Picasso fit de son mieux pour initier son ami à ses plaisirs habituels dans les bordels du Barrio Chino, mais Casagemas ne l'accompagnait généralement pas plus loin que le seuil de la porte. Pablo le présenta même à sa favorite et fit un croquis pour commémorer l'événement, *Picasso présentant Casagemas à Rosita,* mais il semble que le dessin fut le seul résultat de cette rencontre. Casagemas se mit à la mélancolie comme d'autres se mettaient à boire, et il partageait un certain goût morbide de l'époque pour les cimetières. Après une visite au cimetière proche de la propriété de ses parents, à côté du Badalona, Casagemas demanda à son ami de poser pour lui. Mais, quand Picasso se leva au bout d'un moment pour voir comment son portrait progressait, il découvrit que Casagemas n'avait rien peint. C'était le néant qu'il célébrait dans son indolence, dans son indifférence à la vie et dans le nihilisme philosophique auquel il adhérait.

Des conversations sur le nihilisme, le nationalisme catalan, l'anarchisme et le modernisme emplissaient l'atmosphère enfumée d'Els Quatre Gats, le cabaret qui devint le lieu de rendez-vous habituel de Picasso à son retour de Horta. Il avait été fondé par Pere Romeu et inspiré par Miguel Utrillo qui, en 1899, lança le *Pel y Ploma* qui devait devenir bientôt le magazine d'art le plus important de Barcelone. Le nom du cabaret fut choisi en souvenir du séjour que Romeu avait fait précédemment au Chat noir de Paris et à cause de l'espoir que, comme disait le proverbe catalan, il n'y aurait que « nous autres quatre chats » dans le nouveau cabaret. Cette triste prophétie fut vite démentie. Els Quatre Gats fut dès l'ouverture un énorme succès, « une taverne gothique pour les amoureux du Nord[77] », où Utrillo montait des spectacles de marionnettes, où Rusiñol, Casas et Nonell, entre autres, exposaient leurs œuvres et où quiconque avait une lueur dans le regard se sentait attiré pour venir discuter les idées nouvelles. L'enthousiasme y luttait avec un sentiment de futilité et le besoin de créer avec le désir de détruire. L'anarchiste Bakounine était un des héros importés à Els Quatre Gats : « Mettons notre confiance dans l'esprit éternel qui détruit et qui anéantit seulement parce que c'est l'insondable et éternellement créatrice source de toute vie. Le besoin de détruire est aussi un besoin créatif[78]. »

Tel était le lait intellectuel auquel se nourrissait Picasso à Barcelone à la fin du siècle. Sans éducation, mais prompt à apprendre, Picasso dévorait les idées et les philosophies grâce à ses amis qui les avaient lues et absorbées. Pompeu Gener, qui le premier introduisit Nietzsche à Barcelone, et Jaume Brossa, un autre propagandiste nietzschéen et anarchiste déterminé, devinrent les amis de Picasso et, grâce à de longues discussions, le familiarisèrent avec les principes nietzschéens de la mort de Dieu et de la naissance du surhomme, cet être extraordinaire qui, seul sur son sommet montagneux, peut survivre au trépas de Dieu. *Yo* – le « je » ou l'ego – était le maître mot qui, parmi les jeunes artistes et les intellectuels d'Els Quatre Gats, résumait le culte nietzschéen de l'homme extraordinaire à qui tout était permis. « Je suis moi-même le destin et j'ai conditionné moi-même mon existence pour toute l'éternité[79] », avait déclaré Nietzsche, et Picasso était tout prêt à répondre à ce coup de clairon pour la liberté absolue. *La Volonté de puissance,* de Nietzsche, éveilla aussi un écho dans son cœur. La puissance était la seule valeur mise en avant par Nietzsche pour prendre la place de l'amour et des valeurs fondamentales qui avaient perdu toute signification pour l'homme moderne. Et Picasso, pour qui les valeurs transcendantales étaient associées à l'Église répressive d'Espagne, et qui croyait avoir essayé l'amour et y avoir échoué, trouvait que cette philosophie convenait à merveille à ses besoins et à ses rêves de puissance.

La première épreuve de pouvoir que s'imposa Picasso, ce fut le statut de ce qui était déjà devenu *sa* bande à Els Quatre Gats en face du statut des aînés déjà établis menés par Rusiñol, Casas et Nonell. Cela dut sembler tout d'abord une bataille inégale. Même Nonell, qui n'avait que huit ans de plus que Picasso, avait déjà exposé à Paris, tandis que ses expositions à Barcelone, où l'on voyait des soldats hagards, des crétins, des mendiants et des prisonniers politiques avaient fait de lui le champion des opprimés. Les festivals organisés par Rusiñol à Sitges, où il avait sa propriété, avaient fait de lui le champion de l'art nouveau, « l'esprit quasi officiel d'Els Quatre Gats[80] ». Quant à Casas, qui avait étudié à Paris, où il avait assimilé l'enseignement de Steinlen et de Lautrec, il dominait Els Quatre Gats non seulement par son influence artistique mais très directement par le grand panneau, accroché à l'entrée du café, où on le voyait avec Pere Romeu enfourchant un tamdem : « On ne peut pas monter à bicyclette en se tenant droit[81] », disait la légende. Mais un groupe d'hommes plus jeunes, qui comprenait Pallarès, Casagemas, Sabartés, les frères de Soto, Reventós et Junyer-Vidal avaient leurs tables et se tenaient un peu à l'écart de leurs brillants aînés d'Els Quatre Gats. Ils cherchaient leur direction artistique auprès de Pablo Ruiz Picasso, qui n'avait pas encore dix-neuf ans.

Le 1er février 1900, Picasso eut sa première exposition à Els Quatre Gats, organisée par son groupe. Comme le dit Sabartés : « Nous voulions que le public sache qu'un autre que Casas dessinait, que Casas n'était pas le portraitiste de tout le monde et que ses expositions ne représentaient pas le seul art existant à Barcelone... Nous voulions surtout mettre Picasso en face de l'idole de Barcelone et faire enrager le public[82]. » Et Picasso choisit par provocation d'exposer surtout des dessins, un art que Casas avait réhabilité, et surtout des portraits pour lesquels Casas était connu. Mais ce fut à peine si Barcelone s'en aperçut. La critique de l'exposition qui parut, sans signature, dans *La Vanguardia,* était rédigée par Manuel Rodriguez Codolà, un maître assistant à la Llotja, qui reconnut chez Picasso « une extraordinaire facilité de crayon et de coup de pinceau », mais qui déplora l'« inégalité », les « influences extérieures », le « manque d'expérience et de soin[83] ». C'était la critique condescendante d'un professeur incapable d'accepter le fait qu'un artiste pouvait trouver sa voie sans terminer ses études à la Llotja.

Picasso était maintenant prêt à partir pour Paris. Depuis des mois il était plongé dans les revues d'art françaises auxquelles Els Quatre Gats était abonné, il étudiait les illustrations de Steinlen et de Lautrec, se délectant de leur vivacité. Pour une affiche qu'il fit pour la publicité d'Els Quatre Gats, il laissa son imagination créer un monde de confort et de loisir, de hauts-de-forme et de fleurs à la boutonnière, un monde que sans nul doute il espérait habiter. Pere Romeu fut si conquis par l'ambiance de charmante oisiveté de l'affiche qu'il l'utilisa pour les menus.

Le rêve de Paris devint plus proche de la réalité quand don José accepta de faire tous les sacrifices nécessaires pour acheter un billet de train aller et retour. La perspective du voyage chassa l'obsession de Picasso pour la mort et la maladie et, ce printemps-là, il fit quelques toiles vibrantes de corridas, pleines de soleil et qui reflétaient son propre sentiment de renouveau. En juillet, on les exposa à Els Quatre Gats, mais elles n'eurent droit qu'à une brève mention dans un obscur quotidien.

Picasso ne s'en souciait guère. Il avait déjà la tête pleine de vapeurs parisiennes. Il aurait voulu voir Casagemas et Pallarès l'accompagner, mais

Pallarés devait terminer la décoration d'une chapelle à Horta et Picasso était pressé. Il s'apprêta donc à conquérir la capitale française avec seulement Casagemas. Ils se firent faire chacun le même costume de velours noir et, le jour de leur départ, don José et doña Maria vinrent à la gare leur dire adieu. Mais, pour Picasso, le rituel le plus important fut un dessin qu'il avait fait de lui-même avec l'inscription *Yo Rey* – « Moi, le Roi[84]. » C'était un talisman, l'affirmation de ses pouvoirs pour apaiser les craintes et les doutes qui l'assaillaient au moment où il allait pour la première fois franchir la frontière espagnole.

II

« C'EST LA VIE »

PICASSO arriva à Paris quelques jours à peine avant son dix-neuvième anniversaire, sans parler français et sans avoir d'endroit où loger. « Je ne cherche pas. Je trouve[1] », dit-il un jour en faisant allusion à son art. En l'occurrence, il trouva coup sur coup trois adresses : un atelier au 9, rue Campagne-Première, à Montparnasse, l'atelier de Nonell au 49, rue Gabrielle, à Montmartre, que Nonell allait abandonner avant de rentrer à Barcelone, et l'hôtel du Nouvel-Hippodrome où Casagemas et lui restèrent quelques nuits avant de s'installer dans leur premier atelier en attendant que Nonell libérât le sien.

Au début, peu importait, semblait-il, l'endroit où il vivait. Il passait la plupart de son temps dans les rues, les cafés, au Louvre, à l'Exposition universelle, au Grand et au Petit-Palais, dans un bordel ou dans un autre, au cabaret, à la rétrospective de peinture française du Champ-de-Mars, dans les théâtres populaires où il applaudissait des farces jouées dans une langue qu'il ne comprenait pas. Paris lui-même était un théâtre pour le jeune homme aux yeux ébahis qui arrivait de Barcelone. Les Parisiens vivaient dans les rues, ils chantaient au coin des rues, ils s'embrassaient sur les bancs, aux terrasses des cafés et dans les calèches qui passaient, ils utilisaient les pissotières publiques, ils achetaient à des marchands ambulants non seulement leurs marrons rôtis, leurs fruits, leurs viandes et leurs fromages, mais aussi leurs lits, leurs casseroles, leurs chapeaux et leurs buffets. Et partout il y avait de la couleur, de la couleur et du bruit : des affiches publicitaires aux couleurs vives, des cochers criant après leurs chevaux et claquant du fouet, des tramways qui faisaient tinter leurs cloches et des vendeurs de journaux qui hurlaient les nouvelles. Tout autour de lui, il respirait soudain la liberté. « Si Cézanne avait travaillé en Espagne, disait-il, on l'aurait brûlé vif.[2] »

A l'ombre du Sacré-Cœur, il jeta par-dessus bord les influences étouffantes de l'Espagne; mais, comme il se sentait encore très étranger, il se cramponna au ghetto catalan, prenant ses repas, chantant et s'enivrant avec Casagemas, Utrillo, Alexander Riera, le collectionneur d'art catalan, et Manuel Hugué – ou Manolo comme tout le monde appelait le sculpteur espagnol qui parvenait à survivre à Paris aux dépens de nombreux gogos. Partout ailleurs, Picasso avait paru bizarre : court et trapu sous sa casquette de toile, avec ses cravates colorées et ses carreaux voyants, une écharpe autour du cou pour le protéger du vent d'octobre; mais à Paris personne ne semblait s'en soucier ni même le remarquer.

Le 25 octobre, jour du dix-neuvième anniversaire de Picasso, Casagemas écrivit à Ramón Reventós, à Barcelone, une lettre pleine de détails vivants et d'excitation sur leur vie nouvelle. « Le lendemain, nous sommes allés ensemble au Petit-Pousset, qui n'est pas la même chose que la taverne de Ponset, et nous nous sommes tous enivrés. Utrillo a écrit des comptines, Peio a chanté des chansons gaillardes en latin, Picasso a fait des croquis des consommateurs et j'ai écrit des vers de onze, douze, quatorze syllabes, et encore plus... Il n'y a personne qui puisse nous dépasser pour ce qui est de commérer sérieusement à propos des gens[3]. » Il priait Ramón de dire à Perico, à Manolo, à Romeu et à Opisso qu'ils devaient venir à Paris, et pourtant la lettre est pleine d'un mépris juvénile et chauviniste pour tout ce qui est français.

Certains soirs nous allons dans les cafés – des cafés-concerts ou des cafés-théâtres, c'est pareil. Ce n'est pas désagréable, mais ça se termine généralement mal. Parfois, ils croient qu'ils font de la danse espagnole et hier l'un d'eux est arrivé avec une espèce de *Ollé ollé caramba caramba* qui nous a laissés froids et nous a fait douter de nos origines. Le style militaire est également très en vogue partout. Dis à Romeu qu'il est fou de ne pas venir ici ouvrir boutique – il doit réunir l'argent par n'importe quel moyen – voler, tuer, assassiner, faire n'importe quoi parce qu'ici il gagnerait de l'argent. Le boulevard de Clichy est plein d'endroits insensés comme Le Néant, Le Ciel, L'Enfer, La Fin du monde, Les 4-z'Arts, le Cabaret des arts, le Cabaret de Bruant et un tas d'autres qui n'ont pas le moindre charme mais qui gagnent des tas d'argent. Un Quatre Gats ici serait une mine d'or. Pere serait apprécié et non pas insulté par la racaille qui passe comme à Barcelone. Il n'y a rien d'aussi bien que ça, ni rien de comparable. Ici tout est fanfare, clinquant et décors en carton et en papier mâché bourré de sciure. Et, par-dessus tout cela, a l'autre avantage d'être d'un goût déplorable : *cursi, vaja, bunyol, carquinyol.* Le Moulin de la Galette a perdu tout son caractère et l'*idem* Rouge coûte trois francs l'entrée et certains jours cinq. Les théâtres aussi. Les endroits le meilleur marché et les théâtres les moins chers coûtent un franc.

Et il concluait sur une note philosophique qu'« il n'y a rien d'autre à faire que de s'adapter aux circonstances : fais ce que tu peux parce que tout se passe comme le veut le Seigneur ». La lettre était parsemée d'énergiques protestations sur l'acharnement avec lequel ils travaillaient : « Chaque fois qu'il y a de la lumière (la lumière du jour, parce qu'on peut trouver l'autre lumière partout et tout le temps) nous sommes dans l'atelier à peindre et à dessiner[4]. » La contribution de Picasso à la lettre, qu'ils signèrent tous les deux, était un dessin représentant une femme accorte et souriante, dont la présence donnait le parfum de ces jours bien plus éloquemment que les mots de Casagemas.

Picasso se sentait peut-être mal à l'aise hors des limites du ghetto catalan, mais pas lorsqu'il s'agissait de femmes. Son charme, son physique puissant, sa séduction et son magnétisme animal comblaient sans mal le gouffre du langage et de la nationalité. Parmi les femmes dans les bras desquelles il améliora son français, assouvit son désir et nourrit son machisme, il y avait un modèle français du nom d'Odette, qui trouva une place un peu plus permanente dans son lit, sinon dans son cœur. Alors que Picasso jouait au sexe sans conséquence, Casagemas tombait amoureux d'un modèle d'origine espagnole, Germaine Gargallo. « Germaine est pour le moment la femme de mes pensées[5] », écrivit-il le 11 novembre à Ramón Reventós, la nonchalance masquant le tourment que lui inspirait le comportement cavalier de Germaine. « La semaine qui commence demain, poursuivit-il avec toute la force de sentiment réservé aux résolutions qui n'exigent rien d'aujourd'hui, nous allons pleinement emplir nos vies de paix, de tranquillité, de travail et d'autres choses qui comblent l'âme de bien-être et le corps d'énergie. Nous sommes parvenus à cette décision après une réunion officielle avec ces dames. » Les dames en question étaient Germaine et Odette.

Dans la même lettre, Picasso se donnait beaucoup de mal pour expliquer que les femmes ne gênaient en rien la tâche importante qui leur incombait. « Toutes ces histoires de femmes, comme on le voit dans nos lettres, et comme Utrillo doit vous le raconter, semblent ou doivent sembler prendre toutes nos forces, mais pas du tout ! Nous ne passons pas seulement nos vies en " câlineries " mais j'ai presque fini une toile – et, pour être franc, je crois que je l'ai pratiquement vendue. Pour cette raison, en tant qu'amoureux des traditions de notre pays bien-aimé (!) ce qui est le cas de bien peu d'entre nous, nous disons adieu à la vie de célibataires : à dater d'aujourd'hui, nous allons au lit à 10 heures et nous ne sortons plus pour aller *Calle de Londres*. Aujourd'hui Pajaresco a affiché un avis dans l'atelier décrétant que nous allons nous lever de bonne heure et que nous allons même essayer de " batifoler " à des heures régulières[6]. » Calle de Londres était un célèbre bordel de la rue de Londres où Picasso faisait de fréquents arrêts – du moins pendant quelque temps – après que Pallarès ou Pajaresco, comme il l'appelait dans la lettre, était arrivé de Barcelone et avait essayé de mettre un peu d'ordre dans l'existence de ses amis. Germaine lui avait trouvé pour un prix raisonnable un lit qu'ils avaient installé rue Gabrielle. Et, tout aussi rapidement, elle lui trouva une jeune femme pour occuper son lit tout neuf : sa sœur Antoinette.

Picasso déformait peut-être un peu la vérité en parlant d'aller au lit à 10 heures, mais il disait vrai en annonçant qu'il avait presque fini et presque vendu une toile. Le tableau en question était *Le Moulin de la Galette*. « C'est à Paris que j'ai appris quel grand peintre Lautrec avait été[7] », dit plus tard Picasso, et cette première exposition parisienne montre combien il avait été ému par Lautrec, par Renoir et par les impressionnistes en général. Cela montre aussi combien il se révoltait contre leur influence alors même qu'il l'assimilait.

Parmi les Catalans qui étaient attirés par Picasso, se trouvait Pere Manyac, un marchand de tableaux d'une trentaine d'années qui avait commencé à se faire un nom dans le milieu artistique de Paris, tout à la fois par le soutien qu'il accordait aux jeunes artistes, par sa belle allure moustachue, sa vigueur et son sens de la mise en scène. Il était propriétaire d'une usine à Barcelone, et surtout à cause de sa préférence pour les jeunes hommes, il était « la brebis galeuse d'une famille respectable[8] ». Lorsque Nonell le présenta à Picasso, il fut aussitôt fasciné par ce dernier. Picasso était comme un pur-sang tenu en rênes, intense mais avec un air de tendresse juvénile, certain de ses dons extraordinaires et pourtant plein de doutes et perdu dans la cité grouillante et indifférente dont il avait entrepris la conquête. Manyac arriva et lui offrit cent cinquante francs par mois pour les toiles qu'il peignait. Il se proposa aussi comme protecteur et comme guide dans le monde de l'art parisien. Alors que la plupart de ses camarades artistes de Montmartre vivaient dans une noire pauvreté, Picasso grâce à Manyac se trouva pour la première fois financièrement indépendant. Et cent cinquante francs par mois était une somme substantielle quand on pouvait trouver un atelier à louer pour quinze francs et vivre avec deux francs par jour.

Ce fut Manyac aussi qui présenta Picasso à Berthe Weill dont l'audace et la volonté de soutenir les jeunes artistes faisaient de sa galerie du 25, rue Victor-Massé un centre influent dans le monde artistique de Paris. On l'appelait la « Mère Weill » mais, bien qu'elle fût petite et trapue, elle était en fait jeune et pleine de vie. Lorsqu'elle arriva rue

Gabrielle un jour à l'heure fixée par Manyac pour voir l'œuvre de Picasso, il n'y eut aucune réponse malgré les nombreux coups qu'elle frappa à la porte. Elle repartit, furieuse, alla chercher Manyac qui avait une clé de l'atelier de Picasso; ils revinrent ensemble rue Gabrielle et entrèrent dans la pièce. Ils le trouvèrent caché sous les couvertures avec Manolo – puérile plaisanterie aux frais du marchand, mais en même temps façon pour Picasso d'affirmer que, si Manyac était peut-être responsable de sa survie à Paris, lui-même n'en était pas moins lié à personne et ne devait rien à Manyac, pas même la simple courtoisie de venir lui répondre à la porte quand il avait pris un rendez-vous pour lui. Sa dépendance très réelle à l'égard de Manyac réveillait chez lui l'enfant rebelle, et ce fut une des raisons pour lesquelles il voulait quitter Paris.

Il y en avait d'autres. « C'est un homme, écrivit plus tard Gertrude Stein, qui a toujours besoin de se vider, il lui est indispensable d'être stimulé de façon qu'il puisse être assez actif pour se vider complètement[9]. » Et il était assez actif et assez stimulé pour se vider de Paris, dans un déferlement de travail, moins de deux mois après son arrivée; il était maintenant prêt à rentrer chez lui. Et puis, comme Noël approchait, il se sentait de plus en plus étranger dans une ville qui, à tous les coins de rue, proclamait Noël, les cadeaux de Noël, les galas de Noël et la célébration de Noël. Il ne se sentait pas chez lui à Paris, et même s'il n'avait pas plus l'impression d'être chez lui à Barcelone, du moins pour l'instant était-ce là sa maison. Qui plus est, Casagemas et lui avaient des problèmes avec les femmes, qui ne se conduisaient pas comme elles étaient censées le faire. Une prostituée, une autre Rosita avec qui Picasso avait eu une liaison, commençait à trop s'attacher à lui, alors que

Germaine avait des sentiments très incertains envers Casagemas, ce qui le poussait à boire et à parler de suicide. Aussi, le 20 décembre, en compagnie de Pallarès, s'en alla-t-il pour Barcelone.

Une fois Picasso à Barcelone, sa nostalgie se dissipa; il avait hâte de partir et, avec Casagemas, il fit le voyage de Malaga. Ils arrivèrent le 30 décembre et essayèrent de trouver une chambre à l'hôtel des Tres Naciones. À cette époque, l'Espagne vivait dans la hantise des anarchistes, et les cheveux longs et l'air mal soigné des jeunes gens éveillèrent les soupçons. On les éconduisit sans cérémonie. Picasso ne peut pas avoir été surpris d'une telle réaction : il avait voulu choquer, déranger l'image conventionnelle de la réalité. Mais il demandait aussi à être accepté. Aussi, à peine éconduit de l'hôtel, se rendit-il chez doña Maria, sa tante qui vivait tout à côté, pour qu'elle se portât garante de lui et de Casagemas. Il voulait avoir l'air d'un anarchiste mais quand même descendre aux Tres Naciones.

Le plan qu'il avait conçu pour apaiser le feu dont Casagemas se consumait pour Germaine en l'arrosant de danseuses, de spectacles de cabarets et de petites aventures sexuelles ne fonctionna pas. Casagemas, suivant ses démons, regagna Paris, laissant ses amis faire tout seuls la tournée des bordels et des cabarets. Picasso s'amusa et peignit, dessina et s'amusa pendant deux semaines jusqu'au moment où il se sentit l'envie de bouger et de nager dans un étang plus vaste. Il décida de chercher à Madrid la reconnaissance et le succès qu'il n'avait pas trouvés à Barcelone ni à Paris. Au lieu de cela, ce furent la pauvreté et le rejet qu'il trouva.

C'était un hiver glacial et, dans sa mansarde de la rue Zurbano, qu'il travaillât à la lueur d'une unique bougie ou qu'il essayât de dormir sur sa paillasse, Picasso souffrait terriblement du froid mordant. Les cent cinquante francs que Manyac continuait à lui envoyer représentaient son seul moyen de subsistance. Il ne dépendait donc pas moins de Manyac à Madrid qu'à Paris. C'était bien l'intention de Manyac. Il ne pouvait pas contrôler Picasso, mais il était décidé à le garder dans son orbite en se rendant indispensable. Pour être tenu au courant de ses déplacements, il se fit l'ami de Pallarès, qui se souvenait de lui comme d'un de ses « plus fréquents visiteurs... [il] voulait toujours avoir des nouvelles de Picasso[10] ».

Manyac aidait Picasso à survivre, mais seulement survivre n'avait jamais été le but de Picasso. Il voulait laisser son empreinte, être entendu, secouer Madrid – et le monde – de leur torpeur. Un projet qui avait vaguement commencé à se former dans son esprit, lorsqu'il avait rencontré pour la première fois le jeune écrivain catalan Francex d'Assis Soler, ne tarda pas à se réaliser. Le projet était un magazine, *Arte Joven* (« Le Jeune Art »), avec une mission bien claire : fournir une tribune aux jeunes artistes et intellectuels où ils pourraient inventer leurs dieux et brandir le poing contre les gens déjà établis. Comme tant de tentatives révolutionnaires, *Arte Joven* était financé par une entreprise commerciale, en l'occurrence les ventes d'une ceinture électrique inventée par le père de Soler et que l'on présentait comme une panacée contre tous les maux et désordres, y compris l'impuissance. Les bénéfices, toutefois, ne suffirent qu'à subventionner quatre numéros du magazine. Picasso essaya bien d'en prolonger la vie en envoyant un exemplaire à l'oncle Salvador avec une demande de soutien financier. Il n'eut pour toute réponse qu'une lettre furibonde : « À quoi penses-tu? Où va donc le monde? Pour qui me prends-tu? Ce n'est pas ce que nous attendions de toi. Quelle idée! Et quels amis! Continue comme ça et tu vas voir[11]... » L'oncle Salvador n'était pas disposé à accorder son appui à des tentatives aussi irresponsables pour bouleverser le statu quo. En fait, les révolutionnaires d'*Arte Joven* faisaient plus de bruit que de mal. Les dessins de Picasso montraient son impitoyable don d'observation et son envie de choquer plutôt qu'un désir réel d'anéantir l'establishment.

À la fin de février, alors qu'il travaillait sur le premier numéro d'*Arte Joven*, il reçut de Paris une lettre de Ramón Reventós qui le laissa aussi pantelant que lorsque sa petite sœur était morte. Casagemas venait de mourir. Le 17 février, il avait invité Germaine, Odette, Pallarès, Manolo et Riera à un dîner d'adieu, avant de rentrer à Barcelone. Cela se révéla être un adieu beaucoup plus définitif. En s'écriant : « Voilà pour toi ! », il avait brandi un pistolet et tiré dans la direction de Germaine. « Et voilà pour moi[12] », avait-il crié ensuite, et il s'était tiré une balle dans la tête. Germaine s'en était sortie sans dommage, mais lui était mort à l'hôpital quelques heures plus tard.

La mère de Casagemas fut tuée par le choc lorsqu'elle apprit la nouvelle de la mort de son fils. Le coup qu'éprouva Picasso était comme une explosion à retardement qui ne le frappa que des mois plus tard, lorsque l'incrédulité qu'il ressentait à l'annonce du suicide de son ami se fut émoussée. Le portrait de Casagemas accompagnant la notice nécrologique publiée par *Catalunya Artistica* ne fut que la première d'une série d'œuvres par lesquelles il chercha à exorciser la douleur et le remords qu'avait éveillés en lui la mort de son ami.

Le 10 mars, le premier numéro d'*Arte Joven* parut, avec Picasso figurant au sommaire comme critique d'art. Il devait y avoir trois autres numéros, mais la vie mondaine de Madrid ne convenait plus à l'humeur de Picasso, devenu beaucoup plus introverti et angoissé depuis l'annonce de la mort de son ami. Il partit pour Barcelone et se jeta fébrilement dans le travail. Et quand il ne travaillait pas, il passait son temps à arpenter les Ramblas plutôt que de faire sa tournée habituelle des cabarets et des bordels.

En périodes de crise, Picasso préférait la catharsis à la consolation. Ce fut donc dans le travail plutôt que dans une activité sans but ou auprès de ses amis qu'il chercha refuge. Juste à point nommé, Manyac lui écrivit de Paris pour lui parler de la perspective d'une exposition de ses œuvres chez Ambroise Vollard, le marchand de Cézanne et de Gauguin. Il y avait aussi une exposition locale de son œuvre organisée à la Sala Pares par Utrillo, mais Picasso avait les yeux fixés sur Paris. Il refusa même d'assister au vernissage à Barcelone lorsqu'il apprit que les toiles de Ramón Casas étaient accrochées auprès des siennes. Utrillo avait vu cela comme un compliment mais le sens de la destinée qu'avait Picasso, nourri par son orgueil, s'était emparé de lui et il refusait d'être identifié à aucun artiste local, si célèbre et admiré qu'il fût.

En juin 1901, il était de retour à Paris. Il avait été absent six mois, mais il avait beaucoup mûri. On aurait dit qu'il avait dépouillé encore une peau de son adolescence et qu'il l'avait laissée derrière lui sur les Ramblas. Son compagnon cette fois était Jaume Andreu Bonsoms, un vieil ami d'Els Quatre Gats. Mais quelqu'un restait encore plus présent que lorsqu'il s'était embarqué dans leur première aventure parisienne : c'était Casagemas. Manyac s'était arrangé pour qu'il eût l'atelier de Casagemas, au 130, boulevard de Clichy, juste à côté de L'Hippodrome, le restaurant où il avait mis fin à ses jours.

Manyac s'était arrangé aussi pour habiter le petit

studio qui comprenait une minuscule entrée et une chambre, avec une salle de bains sur le palier. Peu après qu'il eut emménagé avec Manyac, Picasso peignit un portrait de lui, l'air farouchement viril et maître de lui, son attitude provocante et sa cravate rouge lui donnant l'air d'un matador. Picasso était-il le taureau ? S'il l'était, il semble s'être fait à l'idée d'être acculé. En même temps qu'il était le protecteur et le gardien, Manyac était le stratège. Il présenta son jeune protégé à ses amis, l'emmena aux courses et dans des endroits à la mode comme Le Jardin de Paris et lui demanda de dessiner les gens qu'il considérait comme des clients potentiels. Il lui fit rencontrer Ambroise Vollard qu'il avait persuadé d'organiser une exposition. Il lui dit de faire un portrait de Gustave Coquiot, le critique d'art qui devait présenter l'exposition de Picasso, et de le lui offrir. Et il contribua à sélectionner les soixante-cinq toiles qui représenteraient la riche diversité du génie de Picasso. Il y avait des prostituées et des femmes du monde, des portraits et des paysages, des intérieurs et des scènes de rues qui s'entassaient sur les murs de la galerie de Vollard.

Le poète symboliste Félicien Fagus, parlant de l'exposition Vollard dans *La Revue blanche,* décrivit Picasso comme « un brillant artiste[13] », mais dont la personnalité était enracinée « dans sa juvénile et impétueuse spontanéité ». Il écrivit aussi qu'« il est de toute évidence la proie d'une hâte si fébrile qu'il n'a pas encore eu le temps de se forger son style... Le danger pour lui réside dans cette impétuosité même, qui pourrait aisément le mener à la virtuosité complaisante et au succès facile. C'est une chose que de produire et c'en est une autre que de produire quelque chose de valeur, tout comme la violence et l'énergie sont deux qualités différentes ».

La critique donna à Picasso un avant-goût de la reconnaissance qu'il cherchait. Pour le reste, il n'en tint pas compte, tout comme il n'avait tenu aucun compte des réactions défavorables d'une partie du public à l'exposition de son œuvre à Barcelone. En fait, le 13 juillet, il écrivit à son ami Vidal Ventosa en en faisant des gorges chaudes : « J'imagine sans mal la réaction des illustres bourgeois en voyant mon exposition à la Sala Pares, mais ce devrait être aussi important pour nous que des applaudissements, c'est-à-dire comme tu le sais déjà : si l'homme sage n'approuve pas, c'est dommage; si l'imbécile applaudit, c'est pire encore. Donc, je suis content[14]. » Il continuait en résumant modestement l'exposition de Paris comme « ayant eu un certain succès, presque toute la presse l'a traitée favorablement, ce qui est déjà quelque chose ».

L'exposition avait bel et bien été un succès; mais – ce qui eut encore plus de signification pour la vie de Picasso –, elle l'amena à rencontrer l'homme qui, dans les quelques années suivantes, allait satisfaire à deux de ses trois exigences les plus constantes et les plus urgentes : Max Jacob qui allait devenir son gardien et son adorateur. Quant au troisième besoin de Picasso pour une activité sexuelle constante et facilement accessible, il n'aurait assurément pas demandé mieux que de le satisfaire aussi, si seulement Picasso avait bien voulu. Max Jacob alla voir l'exposition à la galerie Vollard et peu après, frappé par le « feu » et le « réel éclat » de Picasso, il débarqua boulevard de Clichy pour présenter ses respects au jeune maître.

Max avait vingt-cinq ans lorsqu'il rencontra Picasso. Il était arrivé de Bretagne à Paris trois ans plus tôt, décidé à devenir un « artiste » – un poète et un peintre. « Vis en poète[15] » fut le conseil que lui donna Picasso et, dans une très grande mesure, Max le suivit. Il appelait Picasso « mon petit garçon », mais il écoutait avec soin ce que le petit garçon avait à dire. Au début, bien sûr, ce qu'il y avait à écouter et à dire devait se passer par signes; ainsi se rappelait-il plus tard leur première rencontre à l'atelier du boulevard de Clichy : « Picasso ne savait pas plus le français que moi l'espagnol, mais nous nous regardions et nous nous serrions la main avec enthousiasme[16]. » Malgré l'absence d'une langue commune, ils sympathisèrent aussitôt et, dès le lendemain matin, Picasso tomba sur Max avec ses amis espagnols. « Picasso peignit sur une grande toile, écrivit-il plus tard, perdue ou recouverte depuis, mon portrait assis à terre, au milieu de mes livres et devant un grand feu. Je me souviens de lui avoir donné une gravure sur bois de Dürer qu'il a encore. Il admira aussi mes images d'Epinal que j'étais seul à collectionner alors, je crois, et toutes mes lithos de Daumier; je lui ai donné tout cela, je pense qu'il l'a perdu[17]. »

A bien des égards, Max en effet lui donna tout, et bien plus que son Dürer et ses Daumier. Ce petit intellectuel prématurément chauve, qui portait un monocle avec la sensualité d'une femme arborant un porte-jarretelles, avait déjà acquis une influence considérable dans le monde des poètes et des peintres où il avait élu domicile. Il en lançait certains et favorisait la carrière d'autres déjà lancés, mais il n'en aimait aucun aussi profondément et aussi absolument qu'il n'aima Picasso. Pour Max Jacob, homosexuel tourmenté toute sa vie, l'homosexualité était « un accident affreux, un accroc dans la robe de l'humanité[18] » et il ne confondit jamais l'affection qu'il portait à Picasso avec les élans homosexuels qui l'entraînaient dans de brèves rencontres suivies de longues confrontations avec lui-même où le remords l'obsédait.

Ce fut un été diaboliquement créatif. Le critique d'art François Charles conseillait à Picasso « pour son bien de ne plus faire une toile par jour[19] », mais Paris avait déchaîné en lui une vague d'expérimentation. Ce fut un été qu'il passa à faire ripaille dans la ville, à célébrer sa libération de la moralité conventionnelle espagnole, un été où il peignit des natures mortes de fleurs, des danseuses de cancan, les courses, de jolis enfants et des femmes du monde. Pourtant un changement perceptible commençait à s'opérer tout à la fois dans son humeur et dans son travail. Il avait laissé Manyac organiser sa vie et influencer son œuvre, mais il acceptait de plus en plus mal son contrôle. De toute évidence, il avait été ravi quelque temps de prolonger son adolescence en confiant les rênes de son existence à un homme plus âgé, ayant plus d'expérience et une plus grande habitude du monde, mais quelle que fût la nature exacte de ses rapports avec Manyac, il était déchiré entre les besoins qu'elle satisfaisait et ceux qu'elle décevait : « J'ai essayé d'exprimer les terribles passions de l'humanité avec le rouge et le vert[20] », écrivait Van Gogh en 1888 et, en 1901, Picasso, éperonné par ses tourments intérieurs et par la douleur lancinante que lui laissait le suicide de Casagemas, se concentra dès lors sur la solitude et la souffrance humaine qu'il essaya d'exprimer avec le bleu. Ainsi commença la procession de mendiants, d'arlequins esseulés, de mères tourmentées, de malades, de faméliques et d'estropiés. Et, au milieu d'eux, se trouvait Picasso lui-même, sa propre souffrance s'étalant dans un autoportrait bleu.

C'était avec un grand sentiment de soulagement qu'à la fin octobre il attendait à la gare d'Orsay pour accueillir Jaume Sabartés qui arrivait de Barcelone. Avec lui se trouvait Mateu de Soto, arrivé quelques jours plus tôt. « Tout ce à quoi je pouvais penser, écrivit Sabartés quelques années plus tard, c'était à l'effort qu'il avait dû faire pour être à la gare à 10 heures du matin, et tout ce que je trouvai à dire ce fut : " Pourquoi t'es-tu levé si tôt? "[21]. » « Pour venir t'accueillir », répondit simplement Picasso, mais derrière cette réponse toute simple se cachait son besoin que quelqu'un le sauve de son désarroi et de son isolement croissant, maintenant qu'il essayait de passer de moins en moins de temps avec Manyac. Max Jacob s'était proposé pour être un ami intime, un protecteur, un tampon entre Picasso et le monde extérieur hostile, mais Picasso était encore trop enraciné dans l'Espagne et trop mal à l'aise avec son français pour pouvoir accepter pleinement son offre. « Nous étions aussi enfants perdus l'un que l'autre[22] », disait Max.

Picasso avait besoin de ses amis espagnols autour de lui, et il leur fallait à tous un point dont ils puissent faire le noyau de leur existence centrifuge, un petit bout d'Espagne au milieu d'une ville qui tout à la fois les hypnotisait et les accablait. Ils le trouvèrent place Jean-Baptiste-Clément, à Montmartre. L'endroit s'appelait Zut, et Frédé, le propriétaire, avec son béret et sa guitare, se trouva bientôt pris dans la joie de vivre et l'extravagance dont rayonnaient les Espagnols, « mes petits », comme il les appelait. Il passa à la chaux les murs de son établissement mangé aux vers et Picasso et Ramón Pichot commencèrent à peindre cet espace vide. Pichot peignit la tour Eiffel avec l'aéroplane de Santos-Dumont planant au-dessus, tandis que Picasso peignait ce que ses amis surnommèrent « la tentation de saint Antoine », un ermite entouré de femmes nues et un portrait de Sabartés dans l'attitude d'un orateur, tenant un livre à la main.

Mais même le Zut transformé et la présence de Sabartés et de ses autres amis ne pouvaient empêcher les ombres de s'épaissir autour de Picasso. Il ne supportait plus maintenant d'être seul et, même quand il travaillait – ce moment sacré où normalement il ne tolérait pas la présence de quiconque – il avait besoin de Sabartés près de lui. Le soir aussi, lorsqu'ils revenaient du Zut ou de La Lorraine, Picasso et Soto, qui était souvent avec eux, accompagnaient Sabartés jusqu'au Quartier latin où il habitait et ensuite il les raccompagnait à son tour; puis ils revenaient tous ensemble sur leurs pas jusqu'au moment où, épuisés, tantôt ils se séparaient et tantôt, quand Manyac était absent, ils s'installaient tous dans la chambre de Picasso. Ils dormaient là sur le plancher, utilisant des livres comme oreillers et les vêtements qu'ils trouvaient comme couvertures tandis qu'on coinçait les toiles de Picasso contre les fentes et les ouvertures pour empêcher le froid d'entrer.

L'âpre hiver parisien n'était qu'un des ennemis dont Picasso sentait les attaques. Les rapports entre Manyac et lui étaient de plus en plus tendus. Non seulement leurs relations personnelles constituaient une source d'incessants conflits, mais ses dernières œuvres avaient grandement déçu Manyac, qui estimait qu'il n'y avait pas de demande pour des toiles représentant la souffrance et la résignation, et qui n'arrivait pas à comprendre pourquoi son protégé, qu'il avait si brillamment guidé pendant tous ces mois dans le monde de l'art parisien, avait renoncé à ces sujets joyeux et colorés pour quelque chose d'aussi morbide et, plus grave encore, d'aussi invendable.

Picasso commençait à brûler d'envie de quitter l'atelier du boulevard de Clichy qui, depuis ces derniers mois, était dominé de façon assez sinistre, par la plus grande toile qu'il eût peinte à Paris : *L'Enterrement de Casagemas*. Grâce à sa taille, elle pouvait servir aussi de paravent, cachant toutes sortes d'objets que Picasso ne pouvait pas supporter de jeter. Obsédé par le souvenir de Casagemas, il était obsédé maintenant par la présence de son enterrement dans sa propre chambre. Et puis il avait de nouveaux remords à exorciser pour avoir, après son retour à Paris, couché avec Germaine, la femme que son ami avait si désespérément aimée. Travaillant dans l'atelier qui avait été le dernier domicile de Casagemas, il fit plusieurs étranges portraits de son ami dans son cercueil. Dans *L'Enterrement de Casagemas,* il luttait avec une réalité inaccessible ouverte par la mort, tout en se permettant encore l'espoir qu'il existait un au-delà où pouvaient régner la paix et l'amour. Sa bataille contre la mort et un dieu inconnu se poursuivait, transportée dramatiquement au premier plan par l'obsession continuelle qu'était devenu pour lui le suicide de Casegemas. L'humeur de Picasso reflétait celle de l'époque : « Un grand nombre de savants et d'érudits aujourd'hui se sont arrêtés, découragés[23] », écrivait à la fin du siècle le jeune poète symboliste Albert Aurier. « Ils n'ont rien à mettre dans le vieil Olympe, dont ils ont chassé les divinités et décroché les constellations. » C'était cette ambiance de néant existentiel qui s'était emparée de Picasso. Las de ce va-et-vient entre sa passion pour la vie et sa hantise de la mort, et sans savoir quelle autre voie tenter, il en vint bientôt à se dire que quitter Manyac et l'atelier ne suffirait pas. Il lui fallait quitter Paris. Malgré tout ce qui en lui le poussait à couper le cordon ombilical avec sa famille, il écrivit à son père en lui demandant l'argent dont il avait besoin pour rentrer à Barcelone.

Sa vie soudain se mit à tourner autour de l'arrivée du courrier. Dans son besoin de se libérer de Manyac, il s'était adressé à don José. Dépendre de son père lui semblait pour l'instant un faible prix à payer pour échapper à son protecteur. « De toute évidence, écrivait Sarbartés, il ne travaillait plus parce que quelque étrange préoccupation entraînait ses pensées dans une direction différente; mais, malgré nos exhortations, il refusait de quitter l'atelier en prétextant qu'il attendait le facteur. Manyac aussi se comportait bizarrement. Il semblait éviter l'atelier chaque fois que nous étions là; mais Picasso insistait pour que nous restions[24]. »

« Manyac et lui étaient brouillés[25] », ce fut tout ce que, toujours loyal, Sabartés dit avec délicatesse sur ce sujet. En fait, c'était plutôt la guerre ouverte et de quel côté irait la victoire dépendait de l'arrivée d'une lettre envoyée de Barcelone avec de l'argent. L'argent était la seule emprise que Manyac avait conservée sur le jeune homme autour duquel s'organisait sa vie, et il espérait que don José ne voudrait pas une fois de plus payer la caution de son fils rebelle. Quant à Picasso, le monde entier se réduisait à l'attente dans laquelle il vivait d'une lettre de Barcelone. Rien, pas même le travail, ne pouvait le distraire, comme si, faute d'y mettre toute son attention, il ne pouvait y avoir ni lettre ni évasion.

Un soir de janvier 1902, Picasso et Sabartés se trouvaient dans l'atelier de Paco Durio, le sculpteur et céramiste qui exécutait les bas-reliefs de Gauguin en argile rouge et vernis coloré. En temps normal, Picasso était complètement absorbé par les conversations qu'il avait avec Durio – principalement à propos de Gauguin, de Tahiti et de la sculpture. Mais, ce soir-là, il était nerveux et il avait hâte de rentrer pour vérifier son courrier. Sabartés et Durio l'accompagnèrent jusqu'au boulevard de Clichy. En entrant dans sa chambre, ils trouvèrent Manyac allongé sur le lit, le visage enfoui dans les couvertures et qui répétait, comme en transe : « La lettre! la lettre[26]! » Sur le plancher, il y avait la lettre de Barcelone.

Avec l'argent de don José en poche, Picasso refusa de passer une nuit de plus sous le même toit que Manyac. Il avait gagné. Il se tourna vers Manyac qui gisait vaincu et à plat ventre, il lui lança « un regard mauvais, il lui fit une grimace méprisante » et quitta pour toujours l'atelier et la vie qu'ils avaient partagés.

Quelques jours plus tard, il partit, à vingt ans, prématurément blasé et sans illusions, pour retourner vers la ville où il se sentait encore chez lui. Sa rupture avec Manyac allait contre toutes ses ambitions et contre son intérêt d'artiste. Il y avait dans ce geste l'urgence et la dévorante intensité d'un homme qui a désespérément besoin d'air. Etait-ce seulement contre Manyac qu'il luttait, ou bien aussi contre ses propres penchants homosexuels, qu'il trouvait impossible de concilier avec l'image d'« homme » qu'il se faisait de lui-même?

Les conséquences pratiques de ce qu'il venait de faire ne lui apparurent que lorsqu'il se retrouva chez ses parents. Il avait maintenant l'assurance d'être logé et nourri gratis, mais c'était profondément blessant pour son orgueil de se retrouver dans un état de dépendance infantile. A Paris, Barcelone s'était parée d'un éclat né de son pressant besoin de s'échapper et du sentiment qu'il avait d'être un paria dans la capitale française. En réalité, son soulagement se noyait dans l'humiliation de dépendre encore de don José. Le second retour au foyer était bien plus blessant que le premier. Le premier avait paru un renversement provisoire de fortune, de cette fortune dont il savait qu'elle lui était promise, qu'elle lui appartenait et qu'il avait revendiquée comme étant sienne lorsqu'il avait écrit « Moi, le Roi » sur son autoportrait. Du moins alors avait-il gagné assez d'argent pour payer son billet de retour; cette fois il avait dû faire appel à l'inépuisable bonne volonté de son père et attendre que celui-ci eût péniblement mis de côté le prix du billet. Déchiré entre la colère et la résignation, il ne supportait pas l'idée d'être à la maison et, le soir, il était prêt à faire n'importe quoi plutôt que de rentrer alors que ses parents n'étaient pas encore couchés. Il quittait le plus tard possible le café ou le cabaret où il se trouvait et, s'il n'était pas encore assez tard, il arpentait les Ramblas, en discutant avec tous ceux qui voulaient bien l'écouter, plutôt que de courir le risque de rentrer chez lui avant que ses parents ne fussent endormis.

Comme la fortune n'était pas arrivée à la date prévue par lui, il avait la désespérante impression qu'elle allait lui échapper à jamais. « *C'est la vie** », écrivit-il à Max. *C'est la vie* de ne pas encore être reconnu, de toujours dépendre de ses parents, de vivre entre de mauvais écrivains et des peintres idiots qui ne comprenaient rien. « Je montre ce que je fais aux artistes ici, mais ils estiment qu'il y a trop d'âme et pas de forme. C'est très drôle. Tu sais comment parler à des gens pareils; mais ils écrivent de très mauvais livres et peignent des toiles stupides. C'est la vie. C'est comme ça[27]. » Mais ni la colère ni la résignation ne l'empêchaient de travailler. Et, même si les dieux ne lui avaient peut-être pas donné ce qu'il voulait ni quand il le voulait, ils continuaient à lui fournir tout ce dont il avait besoin pour travailler : par exemple, son atelier à Barcelone. Ce n'était pas du tout son atelier, en vérité, puisque le loyer était partagé entre Angel de Soto, le frère de Mateu de Soto et Joseph Roquerol i Faura, mais il n'y avait quand même aucun doute sur l'auteur des toiles,

* En français dans le texte. *(N.d.T.)*

des tableaux et des démons qui le dominaient et même Soto en parlait comme de l'« atelier de Picasso ».

L'expressionnisme, tantôt désespérant, tantôt d'une tendresse un peu amère, de la période bleue de Paris ne fit que s'accentuer à Barcelone. Les pauvres femmes de Paris paraissaient, dans leur incarnation barcelonaise, totalement broyées par la vie et par un monde hostile. Dans *Les Deux Sœurs,* sa toile qui représente une putain et une religieuse – à l'origine une putain et une mère – Picasso exprima à jamais sa vision des femmes qu'il divisait radicalement en madones et en prostituées. Et, dans sa vie, ayant idéalisé sa mère jusqu'au point où il ne pouvait même pas supporter de parler à la vraie doña Maria, avec toutes ses imperfections, il passait son temps à observer, à peindre ou à séduire des femmes qui, dans son esprit, occupaient la case réservée aux putains. Deux des plus petits nus dessinés, il voulut les garder pour sa collection personnelle – toujours le signe qu'une œuvre avait pour lui une signification particulière. Sur l'un des dessins, il avait écrit : *Cuando tengas ganas de joder, jode* – « quand tu es d'humeur à baiser, baise ». Dans sa lutte pour se définir en tant qu'homme, la robuste concupiscence lui semblait l'émotion la plus appropriée envers les femmes.

Il avait barricadé son cœur contre l'amour, mais il ne pouvait pas barricader son esprit contre l'obsession. Et, ce printemps-là, il se trouva obsédé par la Bella Chelito, qui défrayait la chronique de Barcelone avec ses chansons risquées, sa sensualité sans frein et, surtout, avec « La Puce », un sketch au cours duquel elle se déshabillait en essayant de se débarrasser de l'insecte qui la mordait. Tandis que la Chelito se dévêtait, le public se déchaînait. Picasso, qui ne manquait pas un seul spectacle, se déchaînait plus tard dans la tranquillité de sa chambre, dessinant comme un obsédé la Chelito dans toutes sortes de gestes et de poses suggestives. Un jour où Sabartés arrivait pour voir son ami, vers midi, doña Maria le fit entrer dans la chambre où son fils dormait encore, entouré de dessins de la Chelito qui s'entassaient sur la table et le fauteuil, et débordaient jusque sur le sol.

« Le charme de la belle chanteuse-danseuse l'avait ensorcelé au point que son seul recours était de faire ces croquis afin de se débarrasser de son obsession, écrivit plus tard Sabartés. Délicats, pleins de grâce, exquis, pleins de charme, ils étaient un fidèle compte rendu de ses impressions et une inépuisable source de suggestions. Chacun d'eux bâclé d'un coup, sans lever le crayon, ils étaient comme l'essence d'une idée jetée au courant de la plume, sans une pause afin de ne pas manquer le plus infime aspect d'un geste, le plus minime détail de la superbe forme de ce corps féminin, ardent et souple, ondulant, voluptueux et tout le reste[28] ! » Le trait continu, la signature de bien des chefs-d'œuvre de Picasso, était déjà un élément pleinement développé de son art. Certains le comparaient aux calligraphes espagnols du XVIIe siècle, qui traçaient des ornements baroques sans lever la plume, mais Picasso, plus prosaïquement, faisait remonter cette habitude à Malaga et à tous les enfants qu'il avait vus dessiner dans le sable d'un seul coup.

Sabartés était arrivé à Barcelone au début du printemps, rappelé par Picasso à qui son adulation manquait. Après s'être arrêté chez lui juste assez longtemps pour couper ses cheveux d'une longueur scandaleuse, il vint frapper à la porte de son ami, content de le surprendre au lit. Mais Picasso était déjà dans son atelier, plongé dans le travail – si plongé, en fait, que ce fut à peine s'il leva les yeux pour dire « Holà ! Comment ça va[29] ? » C'était un signe de sa formidable puissance que de se donner totalement à ce qu'il était en train de faire, mais c'était aussi une façon d'affirmer son pouvoir sur son ami. Sabartés pouvait quitter Paris pour être avec lui, se précipiter tout droit pour le voir – un point que Picasso ne fut pas long à découvrir –, il lui faudrait encore attendre que le maître fût prêt à l'accueillir. Et Sabartés, loin d'en être offensé, était flatté d'être admis dans le saint des saints et se contentait de regarder les toiles devant lui afin de ne pas distraire son ami, son idole, plus que ne le faisait déjà le fait qu'il devait respirer dans la même pièce. « Je savais très bien que, si je me mettais à retourner une toile ou à prendre un papier dans mes mains, le cours de ses pensées allait être interrompu et qu'il pourrait être perturbé dans ses émotions[30]. »

Sabartés décrivit plus tard le programme quotidien, sa volonté et ses désirs s'identifiant si bien à ceux de Picasso qu'il ne trouvait pas étrange ni discutable que ses jours et ses nuits, son existence tout entière se trouvaient à la disposition de son ami. « Après le déjeuner, nous sommes allés à Els Quatre Gats et de là je l'ai accompagné à l'atelier. Ensuite, chaque jour était le même. Parfois, je le quittais au pied de l'escalier; d'autres fois, il insistait pour que je monte avec lui. S'il me demandait de rester, je restais car, s'il le souhaitait, il était plus à l'aise dès qu'il commençait à travailler que s'il avait été seul; car, avec moi à ses côtés, il n'avait pas besoin de penser à moi[31]. » C'était une relation de roi à courtisan, le genre de rapport que, peu à peu, Picasso trouvait de plus en plus confortable.

Lorsqu'il n'était pas d'humeur à travailler, Picasso allait souvent rendre visite aux frères Junyer-Vidal. Il aimait particulièrement Sebastià, peintre lui aussi, qu'il immortalisa et rendit célèbre grâce à de nombreux croquis : en torero, drapé dans une toge, avec une lyre et un rouleau de parchemin, ou bien entouré de sages vieillards et de femmes voluptueuses. Il imagina même une joyeuse séquence de bande dessinée qui les représentait, Sebastià et lui-même, et dont le point culminant était la scène où le marchand de tableaux Durand-Ruel, impressionné par l'œuvre de Sebastià, lui en offrait un plein sac d'argent. Voilà que Picasso rêvait à Paris, aux marchands, à la reconnaissance et au succès. Mais, profondément superstitieux, il n'osait pas tenter le sort en représentant ce succès.

Paris devint encore plus séduisant lorsque Picasso apprit que Manyac avait renoncé au commerce des tableaux et qu'il rentrait à Barcelone « pour raisons de famille[32] ». Picasso eut un problème immédiat à résoudre avant de refaire le voyage en sens inverse : il lui fallait une exemption de service militaire. Don José dans son dévouement à son fils, continuait à rester insensible à l'ingratitude de ce dernier. Il persuada son frère Salvador d'oublier combien il désapprouvait le style de vie de son neveu et de lui donner l'argent dont il avait besoin. Picasso se rendit au conseil de révision accompagné de Josep Rocarol, lui aussi peintre, de six ans plus jeune que lui. Là, ils payèrent la somme convenue pour éviter le service militaire et, le 19 octobre, quelques jours avant le vingt et unième anniversaire de Picasso, ils prirent le train pour Paris en troisième classe avec trente-cinq pesetas dans la poche de Rocarol. Une fois de plus, Picasso avait choisi un ami qui pourrait lui assurer à la fois une compagnie et un soutien financier, si minime fût-il.

Ils louèrent à Montparnasse une chambre trop petite pour un écureuil et, comme Picasso l'avait imaginé dans sa bande dessinée, il s'en alla aussitôt voir Durand-Ruel. Mais la réalité avait beaucoup de retard sur ses fantasmes et ni la reconnaissance ni la fortune ne se présentaient. La galerie de Durand-Ruel était voisine de celle de Vollard, mais Picasso répugnait à frapper à des portes qui lui avaient précédemment été ouvertes par Manyac. Ce fut seulement une semaine plus tard, une fois l'argent de Rocarol épuisé, qu'il trouva le courage d'aller voir Berthe Weill. Elle acheta une toile de Rocarol vingt-cinq francs, ce qui régla pour quelques jours encore leur chambre d'hôtel et leurs repas. Puis l'argent s'épuisa et les deux compères s'en allèrent chacun de leur côté lutter de leur mieux contre la faim et le froid d'un nouvel hiver parisien.

Déguerpissant d'un hôtel à l'autre, Picasso n'avait jamais été plus seul, moins certain du repas suivant et moins sûr de son avenir, pour ne pas parler de son destin. Un soir qu'il n'avait pas réussi à trouver preneur pour un charmant pastel peint peut-être avec l'intention de le vendre, il s'en alla rendre visite à Rocarol dans l'atelier de Mateu de Soto où il était installé. Il n'y avait personne, mais un peu plus tard il rencontra Rocarol dans la rue. « J'arrive de ton atelier[33] », dit-il, puis il poursuivit en avouant : « La porte était ouverte, j'ai trouvé du pain sur la table et je l'ai mangé. J'ai trouvé quelques pièces aussi et je les ai prises. »

C'était une époque de tourment intérieur aussi bien que d'épreuves physiques. Dans les nus qu'il dessina de lui-même, il a l'air vulnérable, hirsute et désemparé. Quant aux aquarelles qu'il peignit d'un couple faisant l'amour, Palau i Fabre a décrit les corps comme « deux vers entrelacés et s'entrelaçant... Peut-être Picasso, qui se cache la tête dans le corps de sa maîtresse, est-il déjà en train de se cacher quelque chose à lui-même, quelque chose qu'il ne veut pas voir complètement ou dont il veut chasser l'idée[34] ».

Cherchait-il à se cacher les doutes qui l'obsédaient sur l'homme qu'il était? La technique extrêmement brouillée de ses dessins reflète-t-elle la propre confusion de sa sexualité, des sentiments incertains qu'il avait éprouvés pour le jeune gitan et pour Manyac, de la crainte qu'il éprouvait à les affronter? Les interminables tournées des bordels et la vigoureuse masculinité étaient-elles une expression de ses appétits volcaniques ou bien masquaient-elles un conflit plus profond? Un grand nombre des dessins de cette période, il les a brûlés à l'hôtel du Maroc, rue de Seine. C'était, a-t-il dit, pour se chauffer; mais peut-être était-ce aussi pour détruire la preuve d'une tourmente intérieure à laquelle il refusa résolument d'être confronté.

Ce fut à l'hôtel du Maroc que Max Jacob vint lui rendre visite avec un jeune homme à qui il donnait des leçons. « J'imagine que ce jeune monsieur n'oubliera jamais qu'il a vu la pauvreté accouplée avec le génie[35] », observa-t-il plus tard. Max, une fois de plus, se désigna comme le protecteur du génie et n'eut de cesse qu'il ne lui eût fait quitter cette chambre misérable. « La pédagogie est l'œuvre de ma vie[36] », écrivait-il quelques mois avant sa mort, mais, pour son « petit garçon », il abandonna l'enseignement et la pédagogie et prit un emploi d'aide-vendeur dans le grand magasin de son oncle Gimpel. Dès qu'il eut touché son salaire, il loua un cheval et un buggy et déménagea toutes les affaires de Picasso dans la chambre qu'il avait louée au 137, boulevard Voltaire : « Tout naturellement, écrivit-il, Picasso vint habiter dans ma chambre. Il dessinait toute la nuit. Et, quand je me levais pour aller au magasin, il se couchait pour se reposer[37]. »

Le fait qu'il n'y eût qu'un lit ne posait donc pas

de problème. Ce qui en posait, c'était le caractère de Max. Il était par tempérament incapable de garder un emploi régulier. Il pouvait, par à-coups, faire à peu près n'importe quoi pour gagner un peu d'argent – faire du baby-sitting ou être l'assistant d'un notaire, jusqu'à donner des leçons de piano et lire les lignes de la main –, mais il était incapable de pointer dans un grand magasin, si désespérée que fût leur situation. Et désespérée, elle l'était. Lorsque Max, comme on pouvait s'y attendre, fut congédié, ils mirent cette fois toutes leurs affaires sur une charrette à bras qu'ils tirèrent jusqu'au 35, boulevard Barbès, où le loyer était bien moins cher, mais où ils ne pouvaient même pas se permettre d'acheter de la paraffine pour que Picasso pût travailler le soir. Au lieu de cela, il passa de nombreuses heures dans l'obscurité à écouter Max réciter ses poèmes favoris. L'un d'eux était « Croyances », de Verlaine, que Max aurait pu écrire lui-même pour décrire les sentiments que lui inspirait Picasso[38] :

Tu crois au marc de café,
Aux présages, aux grands yeux :
Moi je ne crois qu'en tes grands yeux.

Tu crois aux contes de fées,
Aux jours néfastes, aux songes,
Moi je ne crois qu'en tes mensonges.

Tu crois en un vague Dieu,
En quelque saint-spécial,
En tel Ave *contre tel mal.*

Je ne crois qu'aux heures bleues
Et roses que tu m'épanches
Dans la volupté des nuits blanches!

Et si profonde est ma foi
Envers tout ce que je croi
Que je ne vis plus que pour toi.

Tous les espoirs de Picasso s'accrochaient maintenant à la nouvelle exposition organisée par Berthe Weill, et qui comprenait certaines de ses toiles que Manyac lui avait laissées et quelques-unes de ses œuvres plus récentes. Les autres artistes de l'exposition étaient Launay, Pichot, et Girieud, et la préface du catalogue vantait chez Picasso « son infatigable ardeur à tout voir et à tout montrer[39] » et la « folle lumière » qui imprégnait son œuvre. Mais rien ne se vendit. Picasso était d'humeur encore plus nihiliste, et Max décrivit un soir où tous deux étaient penchés au balcon de leur cinquième étage et où, un instant, la même idée d'en finir avec tout ça leur traversa l'esprit. Mais cela ne dura qu'un instant. « Il ne faut pas que nous ayons des idées comme ça[40] », déclara brusquement Picasso, comme s'il voulait les faire tous deux sortir d'une sombre transe.

Ce qui contrastait vivement avec cette sombre existence, c'était l'avenir brillant que lui prédisait Max en lui lisant les lignes de la main : « Toutes les lignes semblent naître de la ligne de chance dans cette main. C'est comme la première étincelle d'un feu d'artifice; on ne trouve que très rarement une formation en étoile comme celle-là et seulement chez des individus prédestinés[41]. » La main de Picasso confirmait donc ce que Max savait déjà.

Mais de brillantes prophéties ne faisaient rien pour apaiser le mortel désespoir de Picasso, qui éclatait dans son œuvre. Charles Morice insista sur ce point dans l'article qu'il écrivit pour *Le Mercure de France* au moment de l'exposition Weill. « Elle est extraordinaire, la tristesse stérile qui pèse sur l'œuvre entière de ce très jeune homme. Cette œuvre est déjà innombrable. Picasso, qui peignit avant d'apprendre à lire, semble avoir reçu la mission d'exprimer avec son pinceau tout ce qui est. On dirait d'un jeune dieu qui voudrait refaire le monde. Mais c'est un dieu sombre. Les centaines de visages qu'il a peints grimacent; pas un sourire. Son monde ne serait pas plus habitable que ces maisons lépreuses. Et sa peinture elle-même est malade : incurablement? Je ne sais. Mais, à coup sûr, il y a là une force, un don, un talent. Tel dessin – une femme nue accroupie – donne la sensation d'une merveille presque accomplie. Telle composition – au théâtre, deux spectateurs, un homme et une femme, dans une loge, se détournant de la scène où évolue la danseuse, lointaine, en pleine clarté – inquiète et attire comme une fleur du mal. Faut-il au bout du compte que cette peinture guérisse? Ne serait-il pas destiné, cet enfant d'une précocité effrayante, à donner la consécration du chef-d'œuvre au sens négatif de vivre, à ce mal dont plus que pas un autre il souffre[42]? »

C'était un article d'une force remarquable et qui ébranla Picasso. Il voulut rencontrer Morice, comme si l'homme qui avait avec une telle exactitude diagnostiqué son état d'esprit pourrait être capable aussi de lui apporter la guérison. Morice, un bon ami de Gauguin, lui fit connaître *Noa Noa*, un poème autobiographique de Gauguin. Le pessimisme bien enraciné de Picasso se heurtait à l'optimisme primitif et interrogateur de Gauguin. « D'où venons-nous? Qui sommes-nous? Où allons-nous? » demandait Gauguin et, bien que Picasso ne formulât jamais ces questions en mots, elles étaient toutes là, dans son œuvre et dans la vibrante agitation de sa vie.

Il était toujours hanté par Barcelone, comme s'il n'avait pas encore épuisé les leçons que la ville pouvait lui enseigner et les questions auxquelles elle pourrait répondre. En janvier 1903, il réussit enfin à vendre une toile, *Maternité au bord de la mer,* à la femme de son marchand de couleurs et ainsi du moins n'eut-il pas à affronter l'humiliation de demander à son père le prix du billet de retour. Il roula le reste de ses toiles et les laissa à la garde de Ramón Pichot, qui, à son tour, les laissa sur le haut d'une armoire. « S'il les avait perdues, raconta plus tard Picasso, il n'y aurait pas eu de période bleue. Tout ce que j'avais peint jusqu'alors se trouvait là[43]. »

Juste avant de partir, il tenta une fois encore de combler le gouffre qui séparait ses espérances de la réalité en imaginant une bande dessinée à la gloire de Max : élu à l'Académie française, conduit sur un chariot jusqu'à l'Arc de Triomphe, et enfin, drapé dans une toge et portant un parapluie, recevant une couronne de lauriers de Pallas Athénée sur les Champs-Elysées. C'était une marque de la reconnaissance qu'il vouait à Max, comme un roi décernant des honneurs à un loyal sujet par le dessin, puisqu'il ne pouvait pas encore les lui conférer dans la vie. À Barcelone, les portraits de ses amis fournirent à Picasso un lumineux soulagement de la tragique intensité de cette période bleue. Il peignit Corina Romeu, la femme de Pere Romeu, Angel de Soto, Sebastià Junyer-Vidal et le portrait de famille délicieusement naïf du tailleur Soler savourant un déjeuner sur l'herbe, et qui lui valut quelques costumes qui furent les bienvenus. Il fit aussi une série de brillantes aquarelles de paysans catalans et quelques pétillants portraits de jeunes femmes. Mais, à part cela, ses toiles étaient encore empreintes d'un esprit tragique.

Il travaillait dans l'atelier qu'il avait partagé avec Casagemas dans le chemin Riera-de-San-Juan. Angel de Soto s'était installé là pendant que

Picasso était à Paris, nouvelle coïncidence apparemment préparée par les dieux qui veillaient sur sa vie. Ce fut là qu'en mai 1903, il peignit *La Vie,* le chef-d'œuvre somptueusement symbolique de sa période bleue avec un Casagemas idéalisé, se confrontant à une femme plus âgée et désapprobatrice tenant dans ses bras un bébé endormi, pendant qu'une jeune femme nue se penche sur son épaule dans un tendre abandon. Au milieu du tableau, une toile pas encore encadrée montre deux nus s'étreignant et une autre, une femme nue recroquevillée dans une attitude de profond désespoir. *La Vie* semble avoir été le seul point de contact entre Picasso et son père durant son séjour à Barcelone. Ce fut don José personnellement qui prépara l'immense toile, comme il l'avait fait pour *La Science et la Charité,* sept ans plus tôt. Mais Picasso était décidé à éviter toute intimité plus grande qui aurait pu rendre son départ plus difficile.

Il quitta la maison de ses parents pour emménager dans une chambre louée près de son atelier et il peupla son univers bleu d'hommes âgés, pathétiques, découragés, souvent aveugles ou atteints d'une infirmité mentale. La présence dans nombre de ses œuvres de jeunes garçons, tantôt réconfortant les vieillards et tantôt les ignorant, était un élément du combat que menait Picasso entre son remords de la souffrance que son éloignement causait à son père et sa détermination à ne pas se laisser détourner du cours de sa vie et de sa vision. La lutte devait être très âpre : vers la même époque, il fit une petite étude de crucifixion, s'identifiant lui-même au Christ en croix.

Max lui manquait, avec ses tendances mystiques qui étaient un autre lien tacite entre les deux amis. Picasso n'était peut-être pas prêt à suivre les élans de sa nature spirituelle, mais il devait toujours y avoir dans sa vie une place particulière pour ceux qui le faisaient. « Mon cher Max, lui écrivit-il de Barcelone, cela fait longtemps que je ne t'ai pas écrit, et ce n'est vraiment pas parce que je ne pense pas à toi. C'est parce que je travaille et que, quand on ne travaille pas, ou bien on s'amuse ou bien on devient fou. Je t'écris de l'atelier, j'y ai travaillé toute la journée. N'as-tu jamais de congés de *Paris-Sport* ou *Paris-France?* Si oui, tu devrais venir me voir à Barcelone. Tu ne peux pas t'imaginer combien cela me ferait plaisir[44]. »

Maintenant que de nouvelles pressions pesaient sur lui, Paris baignait de nouveau dans la lumière de souvenirs heureux choisis par sa mémoire : « Mon cher vieux Max, continuait-il dans sa lettre, je pense à la chambre du boulevard Voltaire, aux omelettes, aux haricots, au brie et aux frites. » Il concluait en rappelant à son ami la misère qu'ils avaient aussi partagée, et il signait : « ton vieil ami, Picasso ». Il n'était pourtant pas encore prêt à rentrer à Paris. Il restait baigné dans un sentiment d'absurdité et d'incompréhension devant toutes les souffrances que subissaient le monde et lui-même. Les plus anciennes questions, nées de la lutte de l'homme devant l'épreuve de la misère humaine, planaient sur *L'Enfant malade, L'Ascète, Maison de pauvres gens, Le Vieux Guitariste, Le Repas du gueux, Vieux Juif, Pauvres au bord de la mer,* et sur la plupart des toiles peintes à Barcelone : pourquoi y a-t-il tant de maladies, de souffrances et de tristesse partout? Pourquoi les enfants doivent-ils avoir faim? Et, s'il y a un Dieu, pourquoi laisse-t-il ses enfants souffrir à ce point?

Pourtant, au milieu de la pauvreté et de la souffrance, il y avait les solides paysans de Horta de Ebro, où il avait connu la vraie joie, les nus sensuels et les croquis satiriques, comme si la vie était trop mystérieuse, trop contradictoire, trop vaste pour être contenue dans un seul point de vue philosophique, et l'homme trop plein de passions pour sombrer dans un pessimisme tragique. Les passions contradictoires de sa propre nature l'emportèrent quand il décida de peindre les murs blancs passés à la chaux du petit appartement de Sabartés sur le chemin d'El Consulado. Ses fenêtres donnaient sur la Llotja et, dans la guerre qu'il continuait à mener contre son père, Picasso tirait un plaisir particulier de savoir que, comme disait Palau i Fabre : « Tandis que don José Ruiz donnait des classes de dessin à de jeunes personnes, presque sous son nez – ou derrière lui – Picasso décorait les murs de peintures bleues fort inconvenantes pour de jeunes personnes[45]. » Sur un mur qui faisait face à la fenêtre, il peignit un Maure à demi nu pendu à un arbre. Sur le sol, sous les yeux du pendu, un jeune couple complètement nu faisait passionnément l'amour. Du hublot aménagé dans la cloison, il fit un œil grand ouvert et dessous il écrivit en majuscules : « Les poils de ma barbe sont des dieux comme moi, bien qu'ils soient séparés de moi[46]. »

Sabartés, qui se trouvait là tandis que Picasso transformait ses murs, décrivit la scène, très impressionné : « Il gardait les yeux fixés sur le mur; il semblait ignorer tout contact extérieur. C'était à croire qu'une puissance occulte guidait sa main et lui faisait suivre, du bout de son pinceau, un chemin de lumière que lui seul percevait, car le pinceau ne quittait jamais le mur et le trait qu'il laissait derrière lui ne semblait procéder d'aucune intention mais émaner du mur lui-même[47]. »

Sabartés voyait Picasso chaque soir et était toujours disponible chaque fois que son ami était trop agité pour travailler. Il raconte même qu'un soir Picasso l'invita dans son atelier en ajoutant : « Qu'est-ce que tu as à faire? Allons, monte un moment[48]. » Picasso de toute évidence ne pouvait imaginer que son ami pût avoir quelque chose de plus important que d'être avec lui. Et il avait raison. Si forte était sa personnalité que non seulement c'était Picasso qui décidait de ce que Sabartés faisait de son temps, mais aussi de l'humeur dans laquelle il était. « S'il était content, nous l'étions tous[49] », rappela-t-il plus tard évoquant leurs réunions dans l'atelier de Picasso. « Car c'est sa chance, ou sa malchance, de pouvoir tout à fait inconsciemment égayer ou déprimer l'esprit de ceux qui l'entourent puisqu'il lui est impossible, même s'il voulait essayer, de dissimuler son état d'esprit. »

Picasso ne cessait de créer. Quand il ne créait pas dans son œuvre, il créait des humeurs qui affectaient son entourage, transformaient le monde et tout ce qu'il contenait jusqu'au moment où la réalité correspondait à son état intérieur. Quand cet état était négatif, les gens étaient des « imbéciles » et le monde un lieu sombre et morose. Quand il changeait d'humeur, c'était, comme l'expliqua Sabartés, « comme si ce n'était pas le même homme que nous avions vu une heure plus tôt. S'il lui arrivait alors de rencontrer les " imbéciles " il conversait avec eux avec le plus grand naturel, il les trouvait même plaisants, et ils étaient charmés par lui... Tout maintenant semblait magnifique de divertissement[50] ».

A la fin de 1903, Picasso loua un atelier au sculpteur Gargallo, qui avait gagné une bourse pour aller à Paris. Il était ravi d'avoir, pour la première fois de sa vie, sa propre clé, la *seule* clé, symbole d'une nouvelle indépendance qui semblait coïncider avec un renforcement de sa propre identité, loin de sa famille et loin de Barcelone. Il commençait aussi à faire des plans pour s'en aller à Paris, louer l'atelier de Paco Durio à Montmartre et envoyer ses toiles là-bas. De toute évidence, il ne s'agissait pas d'une décision hâtive ou impulsive, mais d'une réaction aux difficultés de la vie à Barcelone, d'une décision sur laquelle il reviendrait dès que les difficultés de la vie à Paris lui donneraient envie de battre en retraite. La façon délibérée dont il faisait ses plans montrait que cette fois il était prêt à s'étendre au-delà des limites de son pays natal et à suivre son destin, au prix de n'importe quelle souffrance.

Le 12 avril 1904, accompagné de Sebastià Junyer-Vidal, il partit pour Paris. Dans un croquis qu'il fit vers cette époque, un homme nu saute dans le vide, les bras le long du corps. A vingt-trois ans, Picasso était prêt à sauter dans l'inconnu – un saut dont il était convaincu que, malgré ses craintes, mais avec cette foi dont la raison ne sait rien, il allait le conduire à la gloire.

III

LA PORTE DE L'ÂGE VIRIL

LA nouvelle adresse de Picasso à Montmartre était le numéro 13, rue Ravignan. C'était en fait une façon de vivre plus qu'une adresse. L'immeuble délabré que Max Jacob baptisa le Bateau-Lavoir, car il ressemblait à ce genre de péniches sur la Seine où les femmes avaient coutume de faire leur lessive, avait abrité une longue succession d'artistes faméliques, parmi lesquels Renoir, le peintre Manine Maufra et le producteur de théâtre Paul Fort. La construction était aussi peu conventionnelle que les occupants des quelque deux douzaines d'ateliers. On entrait par le dernier étage et on descendait la colline pour gagner les trois autres étages. Il y avait des escaliers secrets, des chausse-trappes, des planchers grinçants et, à en croire la légende, des cachots destinés aux épouses criardes et aux maîtresses jalouses. L'architecture était fondée sur le principe que la vie privée était une invention bourgeoise démodée. « Les soupirs d'amour traversaient les cloisons, écrivit Roland Dorgelès, le chroniqueur de Montmartre, les scènes de ménage, à plus forte raison, s'entendaient de l'écoutille jusqu'aux cales. Alors les chiens de Picasso se mettaient à hurler, la petite fille de Van Dongen éclatait en sanglots, le ténor italien s'arrêtait de chanter, l'homme-sandwich rentré soûl menaçait de tout démolir[1]. »

Il y avait deux chiens dans l'atelier de Picasso : Gat, un petit fox-terrier qu'Utrillo lui avait donné et qu'il avait amené avec lui de Barcelone, et Fricka, une bâtarde qu'il gardait attachée à une chaise branlante. Il y avait une souris blanche dans un tiroir, qui parfumait l'air de son odeur âcre. L'atelier, déjà envahi de toiles d'araignée et de poussière, devint en quelques jours un capharnaüm d'une saleté totale. Le plancher était jonché de mégots de cigarettes et de tubes de peinture à demi usés, il y avait des toiles partout, y compris sur le lit et dans la baignoire. Tel était le royaume sur lequel régnait Picasso; mais, même au bord de la famine, il était toujours l'hôte. Très peu de temps après son arrivée au Bateau-Lavoir, les Espagnols qui étaient déjà à Paris se rassemblaient autour de lui pour se chauffer au feu de son génie et veiller à son bien-être comme s'ils le devaient, non à lui, mais à la postérité.

Manolo fut un des premiers à se mettre au service du jeune maître. Il n'avait aucun scrupule à vivre aux dépens de ses amis, volant les pantalons de Max Jacob, vendant la collection des Gauguin de Paco Durio quand celui-ci était en Espagne, ou bien organisant une loterie avec une de ses statues comme premier prix et le même numéro sur tous les billets. Mais s'il n'avait que mépris pour la moralité, il était un adorateur devant l'autel du génie. Pour Manolo, le génie était un état de grâce et il reconnaissait chez Picasso, de huit ans son cadet, non seulement un peintre de génie, mais un créateur d'univers sans limites.

Pour meubler son atelier du Bateau-Lavoir, Picasso décida de payer huit francs pour tout ce que laissait derrière lui Gargallo, qui retournait à Barcelone. Avec Manolo et un jeune Espagnol qu'il connaissait, encore plus pauvre qu'eux, il traîna une charrette à bras jusqu'à la rue Vercingétorix, à l'autre bout de Paris, y chargea le bain de pieds de Gargallo, sa chaise, sa table et son matelas, et entama l'épuisant voyage de retour à travers les rues de Paris et jusque sur les pentes abruptes de Montmartre. Ils avaient promis cinq francs au jeune Espagnol, mais une fois que tout fut déchargé, ils durent lui avouer qu'ils n'avaient à eux deux que cinq francs pour acheter de quoi manger. Au lieu de le payer, ils l'invitèrent donc à partager un repas avec eux.

La vie au Bateau-Lavoir était une série de pareilles négociations : pour du mobilier, pour de la nourriture, pour des toiles, parfois même pour la vie. Les rues de Montmartre grouillaient d'apaches et de criminels de bas étage et Picasso ne quittait jamais son atelier le soir sans un pistolet et, même ainsi, toujours accompagné. Max Jacob était devenu son ombre, toujours en adoration. Avec Manolo et Angel de Soto, il entreprit d'essayer de vendre certains des dessins de Picasso, tâche qui se révéla bien plus difficile qu'ils ne l'avaient cru.

L'été arriva et, dans l'atelier de Picasso qui était glacial en hiver, la chaleur devint si oppressante qu'il était impossible d'y travailler. Il ouvrit donc toute grande la porte et n'ayant pour tout vêtement qu'un pagne, il se planta devant son chevalet, exposant tout à la fois aux yeux des passants son œuvre et sa personne. Assez impressionné par sa musculature, il voulut se mettre à la boxe; mais, après seulement quelques rounds d'entraînement, il dut convenir que de toute évidence boxer ne faisait pas partie de son destin.

Le bleu dominait toujours sur ses toiles, mais une lueur rose commençait à s'y introduire, annonçant un changement capital dans son existence. L'après-midi du 4 août 1904, au milieu d'un orage inattendu, il regagnait son atelier, portant un petit chat qu'il avait sauvé de la tempête, quand une femme superbe et sculpturale se précipita dans le Bateau-Lavoir, trempée jusqu'aux os. Il lui barra le chemin et lui jeta le chaton dans les bras en guise de cadeau et de présentation. Il éclata de rire et elle rit avec lui. Puis il l'emmena visiter son atelier. Elle s'appelait Fernande Olivier. Dans un dessin de nu autobiographique, daté d'août 1904, ils viennent de faire l'amour et il est encore allongé sur elle, ses pieds effleurant ceux de la jeune femme dont les yeux en amande sont fermés et dont l'abondante crinière brune est répandue sur le lit. Il commémora l'occasion comme s'il avait su aussitôt qu'il ne s'agissait pas d'une simple rencontre sexuelle parmi d'autres. C'était en fait le début de sa première véritable liaison, la première fois de sa vie qu'il s'engageait envers une femme, non pas « jusqu'à ce que la mort nous sépare », mais du moins jusqu'à ce que leur union cesse d'être passionnée, inspiratrice ou commode.

Fernande était née à Paris le 6 juin 1881, quatre mois avant la naissance de Picasso à Malaga. Son vrai nom était Fernande Bellevallée, et elle était la fille de parents juifs qui confectionnaient de savants chapeaux ornés de plumes et de fleurs artificielles. A dix-sept ans, elle était devenue la maîtresse d'un employé de magasin, Paul-Emile Percheron, dont elle avait eu un fils. Quand l'enfant eut cinq ans, Percheron épousa la mère mais, peu après, le père et le fils disparurent sans laisser de traces et Fernande épousa le sculpteur Gaston de Labaume. Dans la version pleine d'invention que Fernande donnait de sa vie, elle n'avait jamais eu d'enfant ni de mari employé de magasin. Au lieu de cela, elle avait fait à dix-sept ans ce qu'elle décrivait comme « un essai matrimonial des plus malheureux[2] », mais, il l'avait laissée, à vingt-deux ans, comme elle disait, « déjà un peu déçue par la vie »; et habitant seule au Bateau-Lavoir en tant que Mme de Labaume. Elle fut introduite dans le monde artistique, tout à la fois par son mari et par sa sœur, qui était la maîtresse du peintre Othon Friesz.

« En bien ou en mal[3], disait Gertrude Stein, tout chez Fernande était naturel. » Elle était naturellement belle, naturellement intelligente, naturellement créatrice et naturellement paresseuse. Elle peignait et dessinait, mais elle préférait utiliser son talent créateur à s'inventer une vie, un passé et un nouveau nom. Le nouveau nom était Olivier et ce fut en tant que Fernande Olivier qu'elle entra dans l'univers de Picasso pour devenir sa première maîtresse officielle et lui ouvrir la porte de l'âge viril. « Il n'avait rien de très séduisant quand on ne le connaissait pas, écrivit-elle des années plus tard de sa rencontre avec Picasso, pourtant son étrange regard forçait l'attention. On ne pouvait guère le situer socialement, mais ce rayonnement, ce feu intérieur que l'on sentait en lui dégageaient une espèce de magnétisme à quoi je ne résistai pas[4]. »

Lui eut le sentiment qu'il la reconnaissait et que leur rencontre était inévitable. Et puis c'était grisant d'avoir auprès de lui une femme aussi belle, aussi habituée aux usages du monde, comme une glorieuse affirmation de sa virilité. Il aimait son allure, sa façon de s'habiller et les immenses chapeaux qu'elle portait avec une grâce si instinctive. Mais il y avait aussi chez lui de la peur et de l'angoisse devant le défi de la sexualité adulte et la perspective de nouer une vraie relation. A l'automne 1904, Fernande vint s'installer avec lui. Les craintes de Picasso n'étaient pourtant pas apaisées. Dans *Femme endormie,* il se peignit assis auprès du lit, perdu dans des pensées et des rêves anxieux, pendant que Fernande est allongée, béatement endormie. Elle avait capitulé, alors que lui était encore troublé par ce changement spectaculaire dans son existence.

Un rideau était tout ce qui séparait l'atelier de Picasso et le refuge de Fernande lorsque ses amis tombaient sur eux à l'improviste. Picasso eut tôt fait de transformer leur cachette en un autel à leur amour. Il tendit de tissus rouges une caisse en bois et, au beau milieu de cet autel, il posa un dessin de Fernande et un vase bleu avec des fleurs artificielles. Auprès du dessin était niché le corsage de toile blanche froissée qu'elle portait l'après-midi d'orage où ils s'étaient rencontrés, avec une rose rouge épinglée dessus. « Quand on est amoureux à cet âge-là, expliquait Picasso, on fait des gestes comme ça[5]. »

Ayant surmonté son inquiétude à l'idée de la voir vivre avec lui, il était maintenant tout aussi anxieux de la savoir avec lui *tout* le temps. Il ne demandait rien à Fernande que d'exister comme un élément de sa vie. Peu lui importait qu'elle sût faire la cuisine, il n'attendait pas d'elle qu'elle gardât leur chambre impeccable ni même qu'elle balayât le plancher, et il lui interdisait catégoriquement de faire les courses, sa jalousie créant des visions cauchemardesques de Fernande abordée dans les rues de Montmartre et succombant aux avances d'autres hommes. Les besoins de Picasso convenaient parfaitement au caractère de Fernande. « Par une sorte de jalousie morbide, écrivait-elle, Picasso m'obligeait à vivre comme une recluse. Mais avec un peu de thé, des livres, un canapé, pas trop de ménage à faire, j'étais très, très heureuse. J'étais, j'en conviens, extrêmement paresseuse[6]. » Son indolence juvénile et sa sensualité constituaient les pierres angulaires de leurs rapports. Elle offrait à Picasso une sexualité passionnée et pleine d'abandon, à tout moment qui convenait au rythme imprévisible de son travail et de son humeur tout aussi imprévisible. En régulant ainsi sa vie sexuelle, elle apportait dans toute son existence une certaine stabilité. En fait, elle apportait bien plus que cela. Son égalité d'âme faisait contrepoids à la perpétuelle anxiété de Picasso et son robuste optimisme était l'antidote des dépressions du peintre – mais pas un antidote assez puissant, comme elle eut l'intelligence de le remarquer. « Cet homme assez triste, sarcastique, un peu hypocondre parfois, s'est non pas consolé (car il a toujours semblé porter en lui une grande douleur), mais s'est oublié dans son travail, dans l'amour de son travail[7]. »

Avec Fernande, Picasso devenait un homme. Ce n'était plus l'adolescent qui recherchait des femmes dans les bordels et ne pensait qu'à lui-même. Il vivait maintenant avec une femme qui semblait sortie d'une toile de Lautrec, qui parlait un beau français, plein d'élégance, qui attirait les regards envieux des hommes partout où ils allaient et que, si peu que ce fût, il devait entretenir. Elle était plus grande et paraissait sensiblement plus âgée que Picasso qui, avec son visage enfantin et une mèche noire qui tombait perpétuellement sur son front, avait l'air encore plus jeune qu'en réalité. « Oui, elle est très belle », concédait-il à ses amis qui s'émerveillaient de la beauté de sa maîtresse, « mais elle est vieille[8] ». C'était en partie du sarcasme et en partie la vieille superstition espagnole de protéger ce qu'on possède en en sous-estimant la valeur.

Mais la valeur de Fernande s'étalait aux yeux de tous dans la métamorphose que subit l'œuvre de Picasso. Le rose devint la couleur dominante et des artistes de cirque, des arlequins et des saltimbanques remplacèrent les épaves du monde bleu. Il peignait encore des tocards, mais il y avait plus de tendresse et de compassion dans ce monde du cirque. Charles Morice, qui avait en 1905 blâmé Picasso pour sa « tristesse stérile[9] », écrivit une autre critique en mars 1902 dans laquelle il saluait la nouvelle maturité de Picasso, sa sensibilité approfondie et faisait la comparaison avec ses œuvres antérieures où « il semblait prendre plaisir à la tristesse sans sympathiser avec elle... Il n'y a plus ce goût de la tristesse, de la laideur en soi; à cette dépression prématurée, qui en toute logique aurait dû le mener aux ténèbres d'un mortel désespoir, succède aujourd'hui une bienfaisante anomalie, un rayon de lumière : c'est l'aube de la pitié qui arrive – c'est l'espoir[10] ».

L'espoir apparaissait souvent sous la forme d'enfants, comme dans le tableau du jeune père arlequin qui, avec la mère, prend soin de leur bébé. Un de ces dessins était dédié à Fernande : une jeune femme, qui lui ressemble, s'amuse avec son enfant tandis que son mari joue joyeusement de l'accordéon.

Un autre personnage qui commença à apparaître, encore que fortement déguisé, dans l'œuvre de Picasso au printemps de 1905, ce fut le jeune poète Guillaume Apollinaire. Il était représenté pour la première fois dans la *Famille de Saltimbanques* comme un grand bouffon qui préside le groupe et combine les qualités de deux grands archétypes, celui du fou et celui du sage vieillard. Il apparut aussi sous les traits d'un jeune géant : ce n'était guère le reflet exact du physique plutôt dodu d'Apollinaire, mais plutôt un portrait subjectif né de l'admiration de Picasso pour les facultés intellectuelles de son ami et pour sa façon de comprendre le monde : qualités sur lesquelles Picasso s'appuierait souvent en négociant son chemin à travers le champ de mines de sa vie à Paris.

Apollinaire, naturellement brillant et très intuitif, avait dès sa naissance bénéficié d'une connaissance intime du monde et de ses vicissitudes. Sa mère, Angelica de Kostrowitsky, fille d'un chambellan papal polonais, fut chassée de son école à Rome quand, en 1880, elle donna naissance à un enfant adultérin, baptisé en l'honneur de son père napolitain, Guglielmo Alberto Dulcini. Quelques années plus tard, après qu'elle lui eut donné un autre fils, son amant la quitta et elle changea le nom de son premier-né qu'elle baptisa Guillaume Albert Vladimir Alexandre Apollinaire de Kostrowitsky, une façon de rejeter l'homme qui l'avait rejetée. Il fut élevé tour à tour à Monte-Carlo, où sa mère se prit d'une passion pour le jeu, à Cannes, à Nice, à Aix-les-Bains, à Lyon et dans les Ardennes. N'ayant pas réussi à passer le baccalauréat, il trouva un poste de précepteur qui l'entraîna en Allemagne et à Prague – un des premiers exemples de la suprême habileté d'Apollinaire à bluffer, non en affichant des prétentions ridicules, mais en absorbant sur-le-champ toutes les informations, les impressions ou les connaissances auxquelles il se trouvait exposé. Cela, allié au mépris de l'étranger pour les règles du monde et à un talent de jongleur à les manipuler à son avantage, lui donna un talent consommé pour la survie et un sens aigu de la promotion. Quelques jours après avoir fait la connaissance de Picasso, il écrivait déjà son premier article promotionnel sur lui. Qui se trouva être aussi son premier article de critique d'art. Jamais auparavant il ne s'était intéressé aux arts visuels et il en avait même une connaissance encore plus superficielle que lorsqu'il était à Prague, ville sur laquelle il écrivit une brève nouvelle qui donnait aux lecteurs la conviction qu'il avait passé toute sa vie là-bas.

Ce qu'il avait fait pour Prague, Apollinaire le fit

pour la période bleue. Quand il en découvrit l'existence dans l'atelier de Picasso au Bateau-Lavoir, deux jours après leur rencontre, cela ne ressemblait pour lui à rien de ce qu'il avait jamais vu ou pensé. Mais, quand il écrivit là-dessus, c'était comme s'il en avait été le créateur. Il évoquait assurément en mots ce que Picasso avait exprimé en images. Et, ce faisant, il recréa la période bleue non seulement pour ses lecteurs, mais même pour son créateur, qui lui avait donné naissance avec ses reins plutôt qu'avec sa tête.

Picasso avait trouvé son interprète et les habitants de son monde bleu avaient trouvé leur champion dans une prose qui était véritablement de la poésie : « Ces enfants qu'on n'embrasse pas comprennent tant. Ces femmes qu'on n'aime plus se rappellent. Elles se blottissent dans le crépuscule comme une ancienne église. Avec le jour elles disparaissent, elles se sont consolées dans le silence. Enveloppés de brume glacée, des vieillards attendent. Ces vieillards peuvent mendier sans humilité[11]. »

En Apollinaire, Picasso avait trouvé aussi un avocat assez fort pour contenir ses contradictions. « On a dit de Picasso écrivit-il dans le premier numéro d'une petite revue qu'il dirigeait, que ses œuvres témoignaient d'un désenchantement précoce. Je pense le contraire. Tout l'enchante et son talent incontestable me paraît au service d'une fantaisie qui mêle justement le délicieux et l'horrible, l'abject et le délicat. Son naturalisme amoureux de précision se double de ce mysticisme qui, en Espagne, gît au fond des âmes les moins religieuses... Sous les oripeaux éclatants de ses saltimbanques sveltes, on sent vraiment des jeunes gens du peuple, versatiles, rusés, adroits, pauvres et menteurs[12]. »

Les mêmes mots auraient pu servir à décrire ces

deux étrangers si brillamment doués à l'époque de leur rencontre, vers la fin de 1904, dans un petit bar anglais près de la gare Saint-Lazare. Apollinaire était là chaque soir, attendant le train du Vésinet, la banlieue où il habitait avec sa mère et son frère. L'argent qu'il gagnait avec ses travaux d'édition et d'écriture ne lui permettait pas la liberté de vivre à Paris, loin de sa mère, de plus en plus excentrique, et de ses amis artistes. Picasso n'oublia jamais la première vision qu'il eut d'Apollinaire : il se trouvait dans un groupe comprenant deux femmes noires coiffées d'extravagantes plumes d'autruche et un grand Anglais roux, tous plongés dans une partie de dés et trop absorbés pour donner à Picasso l'attention extasiée à laquelle il commençait à s'habituer.

Une autre rencontre fut arrangée, où Picasso était accompagné de Max Jacob, qui, en même temps que bouffon en titre, poète et pourvoyeur, avait, en l'absence de Sabartés, assumé avec une étonnante aisance le rôle de principal courtisan. Les premières impressions de Max à propos d'Apollinaire étaient au moins aussi colorées que celles de Picasso : « Sans interrompre un discours tout à la fois doux et passionné à propos de Néron, et sans me regarder, il tendit une main courte et large (elle faisait penser à une patte de tigre). Lorsqu'il eut fini son discours, il se leva et nous entraîna dans la nuit avec de grands éclats de rire et alors commencèrent les plus beaux jours de ma vie[13]. »

Il n'y avait guère de place dans ce triumvirat pour Fernande. Explorer les secrets de l'univers dans les cafés, dans l'atelier mal chauffé de Picasso, dans les rues de Montmartre était strictement une affaire d'hommes. Fernande n'était pas non plus la seule femme de sa vie. Il y avait un modèle bisexuel du nom de Madeleine, et il y avait

Alice Princet, avec ses longs cheveux sombres et ses lèvres sensuelles. Depuis qu'elle avait dix-sept ans, elle vivait avec Maurice Princet, un actuaire qui avait la passion des mathématiques et, comme disait Gertrude Stein, elle « lui était fidèle à la façon de Montmartre, c'est-à-dire qu'elle ne l'avait jamais quitté dans les bons comme dans les mauvais moments, mais elle s'était amusée en chemin[14] ».

Picasso était d'humeur à explorer et à expérimenter, et son expérimentation ne s'arrêtait pas à la peinture, pas plus que ses explorations ne s'arrêtaient aux conversations et au sexe. Dans cette colonie d'artistes où il n'y avait ni règle ni frein, l'opium était la porte ouverte sur de nouveaux mondes et des visions plus vastes. Picasso l'essaya, l'apprécia et l'abandonna après l'avoir loué pour avoir « la plus intelligente de toutes les odeurs[15]. » L'effet paralysant qu'il avait sur son travail, en même temps que son caractère hypocondriaque qui le supportait mal se révélèrent plus forts que sa quête de nouvelles expériences.

Ce fut durant l'été 1905, alors qu'il se sentait déprimé et prêt à un nouveau départ que Tom Schilperoot, un riche Hollandais qu'il avait rencontré en train de s'encanailler avec les artistes de Montmartre, l'invita à passer quelque temps chez lui en Hollande. « Je n'avais pas d'argent, raconta Picasso, et il m'en fallait pour le voyage. Max Jacob n'en avait pas non plus, mais il descendit voir le concierge. Il revint avec vingt francs[16]. » C'était une époque insolite pour Picasso, une époque où il avait besoin de rompre avec l'opium et les résidus de la période bleue, et de se débarrasser, du moins pour un moment, de la croyance qui flottait à Montmartre selon laquelle seule la souffrance peut produire du grand art. Ainsi, avec vingt francs en poche, accompagnant un homme qu'il connaissait à peine et sans la femme de sa vie, il franchit la frontière d'un pays nouveau.

« J'avais un sac à dos et je mis mes couleurs dedans[17] », dit-il en évoquant ce départ désorganisé. « Tout d'abord les pinceaux ne voulaient pas tenir, mais je cassai les manches, les fourrai dans le sac et je partis... Avant de partir, je dessinai un avocat, qui braquait un doigt menaçant, à la manière de Daumier, et je le signai " H. Daumier ". Quand je rentrai de Hollande, je découvris qu'ils l'avaient vendu pour un Daumier et maintenant, quand j'entre dans un musée, j'éprouve une certaine appréhension à l'idée de tomber dessus[18]. » Il revint avec, entre autres toiles, *La Belle Hollandaise* et *Femme nue au bonnet*, des femmes bien en chair et à la poitrine généreuse, maternelles plus que sensuelles, bien qu'il affirmât que « les plus beaux seins de femmes sont ceux qui donnent le plus de lait[19] ». Mais devant Fernande, qui l'avait patiemment attendu dans la fournaise de son atelier, il minimisa la séduction de ces scènes laitières. « C'est ridicule, dit-il, dans les rues ces défilés de jeunes pensionnaires aux tailles de cuirassiers[20]. » Ridicule ou non, c'était un changement radical et bienvenu après les créatures émaciées du royaume bleu qu'il avait quitté. Ce fut un changement qui hâta le passage de la pauvreté à la prospérité.

Les messagers annonciateurs de ce nouvel état où il serait enfin affranchi du besoin étaient Gertrude et Leo Stein. Gertrude Stein, que Picasso décrivit plus tard comme sa seule amie femme, était en fait plus masculine que nombre de ses amis masculins. « Masculine dans sa voix, dans toute son allure, ainsi la décrivait Fernande. Grosse, courte, massive, belle tête, forte, aux traits nobles, accentués, réguliers, les yeux intelligents[21]. » Elle disposait aussi d'importants revenus, habilement gérés par son frère aîné, Michael, aux États-Unis, qui lui permettaient de supporter plus facilement ses rébellions aussi bien que ses opinions indépendantes et sa vie de bohème. Elle avait vingt-neuf ans lorsqu'elle quitta Baltimore, ayant terminé ses études de médecine avec une spécialité en chirurgie. Un autre de ses frères, Leo, chauve et barbu, avec des lunettes à monture d'or, vivait pendant ce temps à Florence, où il peignait et s'immergeait dans l'art. Lorsqu'ils arrivèrent ensemble à Paris, ils formaient un couple formidable, objet tout à la fois de ricanements et de fascination. Fernande était de ceux qu'ils fascinaient : « Tous deux étaient vêtus de velours côtelé marron, se rappelait-elle, chaussés de sandales à la Raymond Duncan, dont ils étaient les amis. Trop intelligents pour se soucier du ridicule, trop sûrs pour se préoccuper de ce que pensaient les autres, ils étaient riches, et lui voulait faire de la peinture[22]. » Ils ne tardèrent pas à donner son siège officieux à l'art contemporain. Ils inspiraient, catalysaient et fécondaient – et, ce qui était plus important encore à ce stade de l'existence précaire de Picasso, ils achetaient.

Picasso fit la connaissance des Stein chez Clovis Sagot, l'ancien clown qui avait transformé une pharmacie en galerie d'art improvisée. « Qui est cette femme ? demanda Picasso à Sagot. Demande-lui si elle veut poser pour moi[23]. » Leo Stein raconta plus tard qu'« à l'instant où Picasso attendait timidement qu'elle accepte, Gertrude exprimait sans équivoque sa totale aversion pour la peinture qu'ils étaient venus voir[24] ». La toile en question était la *Fillette au panier de fleurs,* et Gertrude détestait si fort les pieds de la fille qu'elle suggéra même de les couper pour ne garder que la tête. L'avis de Leo finit par prévaloir et le premier Picasso « avec des pieds comme ceux d'un singe » fit son entrée dans l'appartement des Stein, 27, rue de Fleurus, intact.

« Picasso peu à peu était de plus en plus français », écrivit Gertrude Stein évoquant le début d'une amitié qui fut au moins aussi importante pour elle qu'elle le fut pour lui. « Et ce fut le début de la période rose ou des arlequins. Puis il se vida de cette tendance, de la douce poésie de France et du cirque, il se vida de tout cela de la même façon qu'il s'était vidé de la période bleue et je fis sa connaissance à la fin de cette période des arlequins[25]. » La version officielle de ses souvenirs était, comme il convenait, teintée de rose. « La première toile que nous achetâmes de lui est, si vous voulez, rose ou arlequin, c'est la *Fillette au panier de fleurs,* elle fut peinte au grand moment de la période arlequin, c'est une toile pleine de grâce, de charme et de délicatesse. Après cela, peu à peu, son dessin se durcit, son trait devint plus ferme, son coloris plus vigoureux, naturellement ce n'était plus un enfant, c'était un homme[26]... »

Au début de 1906, Picasso éprouvait à propos de ce changement des sentiments ambivalents. Son œuvre se trouva soudain peuplée de jeunes garçons nus et de chevaux : *Meneur de cheval nu, Cavalier vu de dos, Cavalier nu, Garçon nu à cheval,* pour culminer dans *L'Abreuvoir,* dépeignant un monde arcadien de beauté mâle, d'instincts et de chevaux à qui l'on laisse la bride sur le cou. Les femmes étaient absentes de toutes les versions de cette œuvre, à l'exception d'une dans laquelle de vagues silhouettes pourraient être féminines, mais elles sont à l'arrière-plan et ne jouent aucun rôle dans l'action. C'était un autre moment d'hésitation, de nostalgie du monde idéalisé que le fait de vivre avec Fernande, ou avec n'importe quelle femme, lui fermait à tout jamais.

L'esprit de Picasso était peut-être ailleurs, mais

Fernande continuait d'être la principale présence dans sa vie. Elle était toujours à son côté chez les Stein, où il était maintenant un visiteur habituel, et Gertrude l'avait classée comme une « femme décorative ». Ce fut rue de Fleurus que Picasso rencontra Matisse. Ils étaient les deux grands amours de Gertrude, et elle écrivit une nouvelle : « Matisse, Picasso et Gertrude Stein » pour célébrer cet amour : « Tout ce qu'on pouvait savoir, c'était ce que tous disaient qu'ils savaient et ils savaient en effet ce qu'ils savaient et ils disaient tout ce qu'ils pouvaient dire en disant tout ce qu'ils disaient en effet[27]. »

Fernande, qui était bien trop intelligente pour n'être qu'une femme décorative, observait tout cela et se souvenait de Matisse comme « très maître de lui-même. Contrairement à Picasso qui était en général maussade et intimidé à des réceptions comme les samedis des Stein, Matisse brillait et impressionnait les gens. Avec ses traits réguliers et son abondante barbe dorée, il avait vraiment l'air du patriarche des arts. Mais il semblait se cacher derrière ses épaisses lunettes, son expression était impénétrable, il ne livrait rien, même s'il parlait pendant des heures dès que la conversation s'orientait vers la peinture. Il discutait, affirmait et s'efforçait de persuader. Il avait une stupéfiante lucidité : il était précis, concis et intelligent... C'étaient là les deux peintres dont on pouvait attendre le plus[28] ».

Pour Matisse, Picasso et lui étaient « aussi différents que le pôle Nord l'est du pôle Sud[29] ». Alors que Matisse poursuivait la sérénité non moins que dans son art, Picasso était un sismographe enregistrant les conflits, les tourmentes, les doutes et les angoisses de son époque. Le but de Matisse était d'exprimer « le sentiment pour ainsi dire religieux que je possède de la vie... Ce que je rêve, c'est un art d'équilibre, de pureté, de tranquillité, sans sujet inquiétant ou préoccupant... Un lénifiant, un calmant cérébral[30] ». Picasso n'avait pas d'objectifs intellectuels clairs, mais seulement un besoin vague et dévorant de défier, de choquer, de détruire et de recréer le monde. La fascination que chacun exerçait sur l'autre fut la première pierre sur laquelle s'édifia cette relation qui naquit dans le salon de Gertrude Stein et qui, malgré des hauts et des bas, dura jusqu'à la fin de la vie de Matisse. C'était la fascination des contraires.

Alors que Matisse éblouissait le monde artistique avec ses folles explosions de couleurs et de joie, Picasso peignait le portrait de Gertrude Stein dans un monochrome d'un gris brunâtre. C'était devenu un rituel quotidien. Gertrude traversait les jardins du Luxembourg jusqu'à l'Odéon, prenait l'omnibus jusqu'à Montmartre, grimpait jusqu'au Bateau-Lavoir, puis descendait un étage jusqu'à l'atelier de Picasso. Sur la porte où Picasso avait écrit en bleu « Au rendez-vous des poètes », il y avait toujours une foule de messages griffonnés par des poètes ou d'autres amis : « Manolo est chez Azon... Totote est passée... Derain vient cet après-midi[31]... » Il y avait beaucoup d'allées et venues dans l'atelier, pendant que Gertrude posait des heures durant dans le fauteuil délabré, parlant et écoutant en même temps, talent qu'elle considérait comme le cachet du génie. Picasso, en salopette bleue de mécano, s'asseyait au bord d'une chaise de cuisine, fixant la toile et, chaque fois qu'il y avait une trêve dans l'échange d'idées et de commérages, Fernande s'avançait pour lire des contes de La Fontaine. Elle avait une voix magnifique et une diction sans défaut. Un après-midi, Gertrude Stein et ses deux frères vinrent à l'atelier avec Andrew Green, un de leurs amis de Chicago. Il fut abasourdi par la beauté de Fernande. « Si je savais parler français, dit-il à Gertrude Stein, je lui ferais l'amour et je l'enlèverais à ce petit Picasso[32]. » « Tu fais l'amour avec des mots? » demanda Gertrude en riant. Andrew Green fut également impressionné par le portrait de Gertrude et « supplia qu'on le laissât comme il était. Mais Picasso secoua la tête et dit : non ».

Il y eut plus de quatre-vingts séances de pose et pourtant Picasso n'arrivait pas à créer une tête qui disait ce qu'il avait envie de dire. Finalement, un après-midi de mai, il barbouilla toute la tête de peinture : « Je ne peux plus te voir quand je regarde[33] », dit-il à une Gertrude stupéfaite. Il savait que les formes qu'il créait n'exprimaient pas ce qui restait en lui d'inexprimé. Comme ce serait toujours le cas, même après des années passées en France, chaque fois qu'il se sentait coupé de la source de création qu'il avait en lui, son sentiment d'être exilé loin d'Espagne s'intensifiait, comme si le retour dans son pays natal allait lui fournir le renouveau dont il avait besoin.

Une visite inattendue plus tard en avril lui permit de partir pour l'Espagne et même d'y amener Fernande. Apollinaire arriva au Bateau-Lavoir, emmenant avec lui Ambroise Vollard. Picasso était dans son atelier avec Fernande, Max Jacob et André Salmon, un jeune poète qu'il avait rencontré à l'automne de 1904. À la stupéfaction de tous les assistants, le marchand qui, peu de temps auparavant, avait traité Picasso de fou, entreprit d'acheter trente toiles et de laisser derrière lui deux mille francs, une somme incroyable pour ce qu'était alors leur rythme de dépenses, plus qu'il n'en fallait pour couvrir les frais du ménage pendant les trois prochaines années. Ce fut un moment particulièrement émouvant pour Max qui, quelques années plus tôt, quand Picasso était malade, avait essayé de vendre à Vollard un des paysages de son ami. « Le clocher est de travers[34] », s'entendit-il dire avec dédain et là-dessus le marchand, refusant de perdre davantage de temps, lui avait tourné le dos. Aujourd'hui, Max regardait triomphalement Vollard charger dans le fiacre qui l'avait amené à Montmartre les trente toiles jusqu'au moment où il n'y eut plus de place derrière et où il dut s'asseoir avec le cocher. « Max et moi, écrivit Salmon, regardions bouche bée cette scène. [Il] me serra la main sans dire un mot, sans me regarder, absolument ravi, ses yeux comme des marines, pleins de larmes[35]. »

Avec sa fortune nouvellement acquise dans la poche intérieure de sa veste et fixée à la doublure par une épingle de sûreté, Picasso partit avec Fernande pour Barcelone. Fernande s'était préparée à son premier voyage en Espagne en achetant « une robe, un chapeau, des parfums et un fourneau pour faire la cuisine[36] ». Ils arrivèrent le 20 mai et, sitôt qu'il respira l'air d'Espagne, il parut reprendre vie. Fernande était stupéfaite par cette transformation : « Le Picasso que j'ai vu en Espagne était totalement différent du Picasso de Paris; il était gai, moins fou, plus brillant et plus animé et capable de s'intéresser aux choses de façon plus calme, plus équilibrée; en fait, il était à l'aise. Il rayonnait de bonheur et son caractère et ses attitudes étaient transformés[37]. »

Une partie de cette transformation se manifestait dans son attitude envers Fernande. Il semblait en effet plus à l'aise aussi bien avec lui-même qu'avec elle. Il était ravi de lui faire découvrir la ville où il avait grandi, ses anciens ateliers, les rues qu'il avait arpentées, les cabarets qu'il avait fréquentés et il aimait présenter Fernande à ses amis et à ses parents. L'avoir à ses côtés, si chic dans ses robes et ses grands chapeaux était, malgré l'ambivalence qu'il éprouvait, la preuve visible et délicieuse que, depuis son dernier séjour à Barcelone, il avait franchi la frontière qui sépare l'adolescence de la virilité. Maintenant qu'il était un homme financièrement indépendant avec une femme superbe à son bras, il était encore plus distant avec son père. Don José ne posa pas de questions et on ne lui proposa aucune réponse. Doña Maria était fascinée par Fernande, à qui, puisqu'elle était l'élue de son fils, elle prêtait les qualités d'une déesse.

Mais montrer Fernande à Barcelone et Barcelone à Fernande ne suffisait pas à lui redonner les forces qu'il avait perdues. Il lui fallait aller plus loin et creuser plus profond. Il décida donc de franchir la frontière de la civilisation et de partir avec Fernande pour Gosol. Son ami, le Dr Cinto Reventós lui avait recommandé Gosol comme il le faisait souvent à ses patients, pour « son bon air, sa bonne eau, son bon lait et sa bonne viande[38] ». À cent soixante kilomètres seulement de Barcelone, mais nichée haut sur les pentes méridionales des Pyrénées, Gosol était inaccessible autrement qu'à dos de mule. Une atmosphère sauvage baignait tout à la fois le paysage et les habitants, dont un bon nombre profitait de la proximité de la frontière d'Andorre pour s'adonner à la contrebande.

L'euphorie que Picasso avait partagée avec le gitan à Horta, il la partageait maintenant avec Fernande à Gosol. Ils passèrent bien des jours à explorer les montagnes et bien des nuits à écouter les récits des contrebandiers. Il était fasciné par leur puissance primitive, tout comme ils étaient attirés par son inépuisable vitalité. L'aubergiste, Josep Fontdevila, un ancien contrebandier lui-même, fut si impressionné par Picasso qu'il voulut le suivre à Paris. Le portrait et les études de nus de l'aubergiste sont un témoignage de la fascination que le vieux contrebandier à son tour exerça sur le jeune peintre. « Il aimait tout ce qui avait une forte couleur locale, se rappelait Fernande, et une odeur caractéristique pouvait l'emplir d'extase. On aurait dit que rien d'abstrait ni d'intellectuel ne pouvait le toucher[39]. » Il avait d'autant plus besoin d'exubérance qu'il était de nature renfermé, réservé et même morose. En fait, Fernande, dont les jugements qu'elle portait sur Picasso se faisaient plus perspicaces avec le temps et l'absence, le décrivit des années plus tard comme poussé par nature « vers tout ce qui était tourmenté[40] ».

Mais ce n'était pas le cas à Gosol. Gosol fut un de ces heureux interludes où il savourait la vie, la nature, l'aventure et son amour pour Fernande. Il la peignait sans relâche, se délectant de sa beauté et de sa féminité. Mais dans cette délectation, il y avait une certaine distance. Même dans *Le Harem,* où les quatre nus sont Fernande dans des poses différentes, elle demeure l'« autre », la femme contemplée plutôt que la femme possédée.

La nature du village, cerné de montagnes sauvages et de roches qui jaillissaient vers le ciel, ajoutait l'effet d'une exposition de sculptures ibériques récemment découvertes et qu'il venait de voir au Louvre à son propre désir intérieur d'exprimer un primitivisme sans sentiment. C'était une époque véritablement expérimentale, profondément créatrice, et aussi une époque de rare contentement. Il se rasa la tête, renonça à ses humeurs maussades et, dans le carnet de croquis qu'il gardait, le Cahier Catalan, il nota une phrase qui témoignait de sa bonne humeur et de sa confiance en soi : « Un ténor qui atteint une note plus haute que celle écrite dans la partition. Moi[41] ! » Et les paroles de Fernande faisaient écho à ses sentiments : « Dans ce vaste paysage vide et magnifique, ou bien dans ces montagnes, avec leurs sentiers bordés de cyprès, il ne semblait plus, comme à Paris, être en dehors de la société[42]. » Enfin, dans un monde qui était étranger à la société, l'étranger était à sa place.

Tout cela finit brutalement au début d'août, quand la fille de l'aubergiste tomba malade, atteinte de la fièvre typhoïde. Picasso, affolé à l'idée d'attraper la maladie, poussa Fernande à se préparer au milieu de la nuit. Ils partirent à 5 heures du matin à dos de mule pour Bellver, puis voyagèrent en diligence jusqu'à Ax, d'où ils prirent le train pour Paris. Sa crainte profonde de la maladie lui faisait imaginer que la typhoïde s'était maintenant répandue dans toute l'Espagne, mais peut-être était-ce aussi son désir d'emmener avec lui l'Espagne brute et primitive, pas encore affaiblie par la Barcelone civilisée, qui lui fit éviter la ville.

De retour à Paris, encore plongé dans l'atmosphère de Gosol, il se jeta dans le travail, peignit *Les Paysans* et, en une seule séance, la tête de Gertrude Stein. « Il peignit la tête sans m'avoir revue, écrivit-elle, puis il me donna le tableau et j'étais et je suis encore satisfaite de mon portrait, pour moi, c'est bien moi, et c'est la seule représentation qui est toujours moi à mes yeux[43]. » Quand Alice B. Toklas arriva de San Francisco et devint une habituée de la rue de Fleurus, elle dit à Picasso un soir au dîner combien elle aimait le portrait. « Tout le monde dit qu'elle ne l'aime pas, répondit-il, mais ça n'a pas d'importance, elle l'aimera[44]. » Et ce fut le cas. Un portrait de Dorian Gray à l'envers. La tête était un masque, et pourtant c'était elle, et elle annonçait une nouvelle direction dans l'art de Picasso : « Je n'utilisai plus de modèle après Gosol. Parce qu'à cette époque, je travaillai à l'écart de tout modèle. Ce que je cherchais, c'était autre chose[45]. » Cette autre chose s'était éveillée en lui à Gosol et se trouva nourrie, lorsqu'il eut regagné Paris, par l'enthousiasme croissant autour de lui pour l'art primitif. Les salles d'art primitif du Louvre et du musée d'ethnographie du Trocadéro bénéficiaient de plus en plus d'attentions et nombre de ses amis artistes commençaient à acheter des masques et des statuettes primitives chez les marchands de bric-à-brac. Surtout Matisse et André Derain qui, âgé d'un peu plus d'un an que Picasso, venait de s'installer à Montmartre où il avait rejoint la bande du Bateau-Lavoir. Son occupation favorite, quand il ne peignait pas, était de parler peinture. Salmon, en fait, l'accusait « d'essayer de forcer ses amis à méditer sur tout le problème de l'art chaque fois qu'ils prenaient un pinceau à la main[46] ». En 1906, c'était le problème de l'art africain et oriental sur lequel il voulait faire réfléchir ses amis.

« Rue de Rennes, écrivit Matisse, je passais souvent devant la boutique du père Sauvage. Il y avait dans sa vitrine des statuettes nègres. Je fus frappé par leur caractère, leur pureté de ligne. C'était aussi beau que de l'art égyptien. J'en achetai donc une et je la montrai à Gertrude Stein à qui j'allais rendre visite ce jour-là. Là-dessus, Picasso arriva. Il fut aussitôt enthousiaste[47]. » Max Jacob avait de cette scène un souvenir encore plus spectaculaire. « Matisse prit sur une table une statuette de bois noir et la montra à Picasso. Picasso la tint dans ses mains toute la soirée. Le lendemain matin, quand j'arrivai à son atelier, le plancher était jonché de feuilles de papier à dessin. Chaque feuille avait pratiquement le même dessin, un grand visage de femme avec un seul œil, un nez trop long qui se fondait dans la bouche, une mèche de cheveux sur l'épaule. Le cubisme était né[48]. »

Le cubisme n'était pas encore né mais, à l'automne et durant l'hiver de 1906, Picasso assurément le portait en lui. Et des préparatifs se faisaient pour cet événement capital. Il fit monter une toile sur un cadre particulièrement solide pour le renforcer et commanda un châssis de dimensions massives. Des années plus tard, il parla à André Malraux du moment de la conception : « Tout seul dans ce musée affreux, avec des masques, des poupées peaux-rouges, des mannequins poussiéreux. *Les Demoiselles d'Avignon* ont dû arriver ce jour-là mais pas du tout à cause des formes : parce que c'était ma première toile d'exorcisme, oui !

« Quand je suis allé au Trocadéro, c'était dégoûtant. Le marché aux Puces. L'odeur. J'étais tout seul. Je voulais m'en aller. Je ne partais pas. Je restais. Je restais. J'ai compris que c'était très important : il m'arrivait quelque chose, non ?

« Les masques, ils n'étaient pas des sculptures comme les autres. Pas du tout. Ils étaient des choses magiques. Et pourquoi pas les Egyptiens, les Chaldéens ? Nous ne nous en étions pas aperçus. Des primitifs, pas des magiques. Les Nègres, ils étaient des intercesseurs, je sais le mot en français depuis ce temps-là. Contre tout; contre des esprits inconnus, menaçants. Je regardais toujours les fétiches. J'ai compris : moi aussi, je suis contre tout. Moi aussi, je pense que tout, c'est inconnu, c'est ennemi ! Tout ! pas les détails ! les femmes, les enfants, les bêtes, le tabac, jouer... Mais le tout ! J'ai compris à quoi elle servait, leur sculpture, aux Nègres. Pourquoi sculpter comme ça, et pas autrement. Ils étaient pas cubistes, tout de même ! Puisque le cubisme, il n'existait pas. Sûrement, des types avaient inventé les modèles, et des types les avaient imités, la tradition, non ? Mais tous les fétiches, ils servaient à la même chose. Ils étaient des armes. Pour aider les gens à ne plus être les sujets des esprits, à devenir indépendants. Des outils. Si nous donnons une forme aux esprits, nous devenons indépendants. Les esprits, l'inconscient (on n'en parlait pas encore beaucoup), l'émotion, c'est la même chose. J'ai compris pourquoi j'étais peintre[49]. »

Tout, l'ensemble de la création, était un ennemi et il était un peintre pour façonner non pas des œuvres d'art – il méprisa toujours l'emploi de ce terme – mais des armes : des armes défensives pour lutter contre l'ensorcellement de l'esprit qui emplit la création et des armes de combat pour lutter contre tout ce qui est extérieur à l'homme, contre toute émotion qui appartient à la création, contre la nature, la nature humaine et le Dieu qui a créé tout cela. « De toute évidence, dit-il, la nature doit exister pour que nous puissions la violer[50] ! »

C'était un manifeste artistique profondément destructeur mais il fut accepté, intégré et admis, en partie parce qu'il reflétait l'esprit de destruction du plus destructeur de tous les siècles, en partie parce qu'il était interprété comme une moindre destruction et un moindre rejet, non de l'« ensemble », mais, selon l'interprète, de la société bourgeoise, de l'art traditionnel, des inhibitions sexuelles, des mœurs et des conventions démodées. On ignora donc ou on délava son ultime message jusqu'à n'y voir qu'un audacieux appel à libérer l'art et la société de toutes leurs entraves.

C'était beaucoup, beaucoup plus que cela. C'était un rejet de la vie et de la création, qu'il voyait comme des ténèbres inévitables et un mal désespérant, un mal qui était le produit non seulement de l'homme et des systèmes politiques, mais des forces derrière la création. Il n'y avait donc pas d'espoir au-delà de ce rejet existentiel, pas de lumière au-delà de ces ténèbres anonymes et impitoyables, pas de beauté au-delà de la laideur et pas de nouveau matin de la création au-delà de l'apocalypse menaçant. Tout cela – l'« ensemble » – était fermé, condamné et damné.

Il y avait heureusement un autre monde de beauté, de tendresse et de douceur presque pastorale dans lequel il pouvait parfois se retirer, aussi bien dans son œuvre que dans sa vie. Il n'y avait pas de frontière entre les deux mondes, pas de rédemption à trouver, mais du moins l'existence de cet autre monde lui permettait-elle de survivre à l'orgie de destruction qu'il allait déchaîner dans son œuvre.

Les Demoiselles d'Avignon ont peut-être été conçues par Picasso au Trocadéro, mais il y avait des influences ibériques, des influences égyptiennes et bien des influences philosophiques inconscientes, dont le principal auteur était un homme d'à peine un mètre cinquante, aux longs cheveux noirs coiffés avec une raie au milieu sur sa grosse tête et tombant sur ses épaules étroites, un homme qui avait aussi des yeux noirs au regard profond et fou. C'était Alfred Jarry, le créateur du Père Ubu, qui dans sa pièce *Ubu Roi,* résumait sa philosophie de la destruction : « Sac à papier ! Nous n'aurons pas tout démoli si nous ne démolissons pas même les ruines[51] ! » Jarry abhorrait chaque aspect de la société contemporaine, ses prétentions bourgeoises, son chiqué et son hypocrisie, et il consacrait sa vie non moins que son art à la destruction de tout cela. Il se promenait avec une paire de pistolets et recherchait les occasions de les utiliser pour souligner son rôle social. Quand quelqu'un l'arrêta une nuit dans la rue en lui demandant du feu, Jarry murmura poliment : « Voilà », tout en exhibant son pistolet et en produisant un éclair de feu en tirant en l'air. Il avait offert à Picasso un automatique Browning qu'il se plaisait à trimbaler et à utiliser dans des occasions tout aussi peu appropriées. C'est ainsi qu'il tira en l'air avec une délectation particulière un jour pour répondre à certains admirateurs qui ne cessaient de l'interroger sur sa

« théorie de l'esthétique ». Les admirateurs furent réduits au silence et Picasso fut enchanté de cette manifestation outrancière qui, comme le prêchait Jarry, qu'on la pratiquât dans l'art ou dans la vie, aidait à repousser les frontières de l'art et de la société au-delà de l'actuelle et méprisable réalité.

L'instinct de détruire était le cri de ralliement de Jarry, et il y avait un instinct de destruction profond et barbare au cœur même des *Demoiselles d'Avignon.* Mais, alors même que Picasso travaillait sur *Les Demoiselles,* Jarry, qui n'avait que trente-quatre ans, gisait sur son lit de mort, s'étant détruit à grand renfort d'alcool et d'éther avant d'être parvenu à détruire la société. L'homme qu'Apollinaire avait décrit comme « le dernier des sublimes débauchés dans une orgie d'intelligence[52] » céda à un désir plus profond que son caractère flamboyant juste avant de mourir et demanda qu'un prêtre vînt lui administrer les derniers sacrements. Le grand cynique qui avait déclaré que « Dieu est le plus court chemin de zéro à l'infini... et donc définitivement le point tangent de zéro et de l'infini[53] », se sentit obligé sur son lit de mort de rechercher cette présence de Dieu sous sa forme la plus consacrée et la plus conventionnelle. Ce n'était qu'un paradoxe de plus dans une vie qui en était tout emplie. L'homme qui avait vécu et qui était mort vierge avait, dans ses pièces, souvent opposé la sexualité brute et le pouvoir primitif des Noirs d'Afrique à la décadence et à la faillite de ceux qui les dirigeaient. Et, dans *Les Demoiselles d'Avignon,* Picasso, qui n'était pas moins obsédé de sexualité brute pour s'y adonner avec entrain, choisit, selon la formule d'André Salmon, des artistes sauvages comme guides. Il était « l'apprenti-sorcier interrogeant toujours les enchanteurs océaniens et africains[54] ».

Quand Jarry fit cadeau à Picasso de son propre

revolver, il savait qu'il avait trouvé l'homme qui mènerait à bien sa mission de destruction. C'était un acte rituel et c'est ainsi que cela fut perçu par tous ceux qui assistèrent au souper à l'occasion duquel Jarry lui transmit le symbole sacré. « Le revolver, écrivit Max Jacob, cherchait son propriétaire naturel... C'était vraiment la comète annonciatrice du siècle nouveau[55]. » Il en était de même de l'explosion baptisée *Les Demoiselles d'Avignon* : cinq femmes horrifiantes, des prostituées qui repoussent plus qu'elles n'attirent et dont les visages sont des masques primitifs qui mettent au défi non seulement la société mais l'humanité même. Même la bande de Picasso fut horrifiée : « C'est la hideur des faces, écrivit Salmon, qui glaça d'épouvante les demi-convertis[56]. » Apollinaire parla tout bas de révolution; Leo Stein éclata d'un rire embarrassé; Gertrude Stein tomba dans un silence inhabituel; Matisse jura de se venger de cette raillerie barbare de la peinture moderne et Derain exprima son inquiétude ironique de « trouver un jour Picasso pendu derrière sa grande toile[57] ».

« Il n'est pas nécessaire, dit plus tard Picasso, de peindre un homme avec un fusil, une pomme peut être tout aussi révolutionnaire[58]. » Tout comme un bordel. Georges Braque, qui venait de rencontrer Picasso lorsqu'il vit *Les Demoiselles d'Avignon* à l'automne de 1907, sut tout de suite que ce n'était rien moins qu'une révolution qu'on projetait là. « Ta peinture, dit-il à Picasso, c'est comme si tu voulais nous faire manger de l'étoupe ou boire du pétrole pour cracher du feu[59] ! » Il était choqué, mais il était ému aussi comme il ne l'avait jamais été. De sept mois le cadet de Picasso, il allait devenir son compagnon non seulement dans la grande aventure de l'art du XXe siècle, mais aussi dans une intimité partagée qui était rare dans les relations de Picasso et unique dans ses relations avec d'autres peintres. « On s'est dit avec Picasso, pendant ces années-là, racontait Braque, des choses que personne ne se dira plus, que personne ne saurait plus comprendre. C'était un peu comme la cordée en montagne[60]. »

Haut d'un mètre quatre-vingts et très beau, Braque était bon boxeur, bon danseur et musicien accompli, capable de jouer des symphonies de Beethoven sur son accordéon. « Je n'ai jamais eu l'idée de devenir peintre, pas plus que de respirer, dit-il. De ma vie je n'ai pas le souvenir d'un acte volontaire[61]... » Son père avait été peintre, bien qu'il gagnât sa vie comme décorateur, et Braque avait été son apprenti avant de quitter Le Havre en 1900 pour s'installer à Montmartre. Il fréquenta l'école des Beaux-Arts et l'Académie Humbert et, en 1906, il exposa pour la première fois au salon des Indépendants. « Quelle belle chose, ce Salon! se rappelait Braque des années plus tard. Je n'ai rien connu de mieux. Tous ceux qui y exposaient ne pouvaient réellement être admis à aucun autre salon[62]. » En 1907, lorsqu'il exposa de nouveau, en même temps que Matisse et Derain, toutes ses toiles se vendirent. Lorsqu'il commença à fréquenter le groupe du Bateau-Lavoir, il s'intéressait plus à ses expériences artistiques qu'à la vie. Et même alors, il insistait sur l'importance de savoir comment contrôler son inspiration avec un mètre. Il ne lui fallut pourtant pas longtemps pour quitter son costume bleu bien convenable, pour enfiler la salopette bleue qui était l'uniforme de Picasso et commencer à explorer le monde des cafés, des écrivains et des poètes. En compagnie de Picasso, d'Apollinaire et de Salmon, il traversait Paris pour se rendre à La Closerie des Lilas où, tous les mardis soir, artistes et écrivains se rassemblaient pour écouter de la poésie, boire et discuter jusqu'à

2 heures du matin – à moins qu'il n'y eût un programme spécial qui les gardait là jusqu'à l'aube.

Le cercle des amis se développait, tout comme les querelles et les chamailleries. « Il n'y a jamais eu un groupe d'artistes, devait se souvenir Fernande plus tard, plus enclin à la moquerie et aux mots méchants et intentionnellement blessants[63]. » Jean Moréas était un des poètes de ces soirées du mardi qui aimait particulièrement harceler Picasso : « Dites-moi, Picasso, demandait-il d'un ton sarcastique, Vélasquez avait-il du talent[64] ? » « Ce qui m'agace avec la peinture, ajouta-t-il un jour, c'est tout le matériel dont on a besoin... des chevalets, des tubes de peinture, des pinceaux... un atelier ! Moi, j'ai composé mes *Strophes* tout simplement en marchant sous la pluie. » La riposte de Picasso fut de ridiculiser Moréas en faisant son portrait. Il n'était pas assez sûr de son français ni de lui-même pour lui répondre en face. Ce n'était qu'au sein de sa propre bande qu'il était, pour le moment, l'artiste souverain autour duquel les autres gravitaient, non seulement convaincus de son génie, mais touchés par son incroyable faculté d'enchanter.

Ce fut Apollinaire qui présenta Picasso à Braque et Picasso qui présenta Apollinaire à Marie Laurencin, en lui promettant, tout excité, qu'il lui avait trouvé une fiancée. Elle étudiait la peinture à l'Académie Humbert où elle avait déjà fait la connaissance de Braque et, en 1907, elle avait exposé pour la première fois au salon des Indépendants. Elle avait vingt-deux ans lorsqu'elle rencontra Apollinaire et, comme lui, c'était une enfant illégitime qui vivait avec sa mère dans un petit appartement. Elle ne devint jamais sa fiancée, mais ils ne tardèrent pas à prouver que Picasso avait raison en devenant inséparables pour les cinq années à venir – au grand déplaisir de Fernande. Elle décrivait Marie Laurencin à Gertrude Stein comme « une femme horrible et mystérieuse, qui faisait des bruits d'animaux et agaçait Picasso[65] ». Lorsque Apollinaire finit par l'amener rue de Fleurus, Gertrude Stein la trouva en fait très jeune, très chic et très intéressante. « Marie Laurencin, écrivit-elle, était terriblement myope et, bien sûr, elle ne portait jamais de lunettes : aucune Française et très peu de Français le faisaient en ce temps-là. Elle utilisait un face-à-main[66]. » Malgré l'antipathie de Fernande pour Marie Laurencin, les deux couples étaient souvent ensemble et dans *Apollinaire et ses amis*, Marie Laurencin immortalisa le quintette : Apollinaire et elle, Picasso, Fernande et leur chien bien-aimé Fricka. Ce fut le premier tableau qu'elle vendit et il fut acheté par Gertrude Stein.

Un soir de 1908, se rappelait Fernande, tous les quatre, ainsi que Max Jacob et Princet, dont la femme, Alice, venait de s'enfuir avec Derain, se retrouvèrent au restaurant Azon, à prendre des pilules de hachisch. La soirée s'acheva dans la chambre abandonnée de Princet où, chacun ayant baissé sa garde, plongea dans l'univers de ses propres fantasmes. Princet éclata en sanglots, Max Jacob était assis silencieux dans un coin, rayonnant de bonheur, Apollinaire s'amusait comme un fou dans un bordel imaginaire; Marie Laurencin, toujours digne et maîtresse d'elle, partit de bonne heure pour retourner auprès de sa mère et de son chat, et Picasso était perdu dans une horrible vision qui avait surgi contre un mur et qu'il n'arrivait plus à faire progresser ni se développer. Dans son cauchemar, il hurlait qu'il avait découvert la photographie, qu'il ne lui restait plus rien à apprendre, qu'il était condamné à peindre indéfiniment le même sujet et qu'il voulait se tuer.

Ses fantasmes démoniaques ne tardèrent pas à

trouver leur écho dans la réalité. Par une brûlante nuit de juin, il peignait avec la porte de son atelier ouverte, quand Fricka se mit à aboyer éperdument. Il sortit de l'atelier, sur les traces du chien, et découvrit Wiegels, le peintre allemand, pendu à une poutre de son atelier. Se trouver confronté avec la mort de façon si inattendue et si proche fut pour Picasso une expérience traumatisante. Il était de plus en plus déprimé et s'inquiétait chaque jour davantage de sa santé. Son régime se fit plus ascétique; il remplaça ses apéritifs par de l'eau minérale et renonça au hachisch comme il avait renoncé à l'opium, pour toujours. Mais toutes les craintes qu'il pouvait avoir pour sa santé ne le firent pas renoncer à sa pipe et à ses cigarettes, même après qu'il se fut convaincu que sa toux de fumeur était le premier signe d'une tuberculose. Il aurait voulu fuir le Bateau-Lavoir, mais il se sentait trop accablé et effectivement trop épuisé pour entreprendre un long voyage vers le Midi. Il se trouva une petite chaumière dans une ferme de la Rue-des-Bois, à une quarantaine de kilomètres seulement de Paris. Entouré de prés et de forêts, il fut vite fasciné par le paysage comme motif à peindre et le vert commença à dominer les toiles de la Rue-des-Bois.

Tandis que Picasso explorait une déviation, à l'Estaque, dans le Midi de la France, Braque réinterprétait le paysage familier qui jadis avait captivé Cézanne. Le salon d'Automne de toute évidence n'était pas prêt pour cette réinterprétation. Il soumit six paysages qui tous furent refusés, même si le salon d'Automne avait été fondé, comme le beaucoup plus rebelle salon des Indépendants, afin de fournir un contrepied au traditionalisme étouffant des expositions officielles. Matisse, Rouault et Marquet parvinrent à persuader le reste du jury de revenir sur sa décision pour au moins deux de ces toiles, mais, pour Braque, c'était trop peu et trop tard, et il retira tous ses tableaux.

Ce fut Henry Kahnweiler qui organisa la première exposition cubiste : une exposition Braque qui eut lieu en novembre 1908 dans sa galerie de la rue Vignon. La galerie, tendue de velours gris, était aussi discrète que son propriétaire qui, âgé d'à peine plus de vingt ans, était un modèle d'élégante réserve. Après avoir quitté son Allemagne natale, il avait été banquier à Londres et, se mêlant à son audace artistique et à sa profonde curiosité intellectuelle, il y avait chez lui une méticulosité prudente de banquier. Louis Vauxcelles, dans sa critique de l'exposition Braque, parlait avec mépris de la manie qu'avait Braque de tout réduire à de « petits cubes ». Plus tard, dans un autre article, il se montra encore plus dédaigneusement précis en parlant de cubisme péruvien. Kahnweiler était ravi. Avec son sens de l'histoire bien enraciné, il considérait comme un très bon signe que le mouvement artistique dont il était un si fervent champion eût été baptisé par un adversaire : « Les mouvements qui choisissent eux-mêmes leur nom, dit-il, révèlent soit leur caractère artificiel, soit leur domination par un chef ambitieux[67]. »

Dans la mesure où Picasso se sentait faire partie d'un mouvement, c'était un mouvement qui regroupait deux personnes : « Braque et moi, dit-il, travaillions avec enthousiasme et c'est là ce qui reste : l'essentiel; bien plus que ce que l'on met d'habitude dans les efforts, car nous nous y donnions corps et âme[68]. » C'était une quête qui dépassait l'ambition personnelle et, pour bien montrer que ce qu'ils recherchaient, c'était « la pure vérité sans prétention, tour ni malice », ils ne signèrent leurs toiles qu'au dos afin de sauvegarder un anonymat qui ne fût pas teinté de gloire personnelle. « Picasso et moi, dit Braque, étions engagés dans ce que nous sentions être une recherche de la personnalité anonyme. Nous étions enclins à effacer nos propres personnalités afin de trouver l'originalité. C'est ainsi qu'il est arrivé souvent que des amateurs aient pris une toile de Picasso pour une des miennes et l'une des miennes pour un tableau de Picasso. Cela nous était indifférent, car ce qui nous intéressait avant tout, c'était notre travail et le problème nouveau qu'il présentait[69]. »

Picasso adorait naviguer sur des mers inexplorées, affronter l'inconnu avec Braque comme compagnon et comme confident. « Picasso, peintre amateur », voilà comment il signa à l'époque un mot adressé aux Stein. « Nous nous étions si fort éloignés de tous les modes d'expression jusque-là connus et appréciés, dit plus tard Picasso, plein de nostalgie pour cette période, que nous avions l'impression d'être à l'abri de tout soupçon d'avoir des motifs ultérieurs[70] ». Et, en 1931, lors d'une période particulièrement heureuse de sa vie, il dit à des amis : « Je me sens à nouveau aussi heureux qu'en 1908[71]. »

C'était un bonheur né de l'absorption d'un savant dans ses expériences de laboratoire, quand le tourbillon affectif et les mesquines irritations de la vie quotidienne n'ont plus cours. Sa relation avec Fernande passait aussi à l'arrière-plan de sa vie, le premier plan étant occupé par Braque, par leurs explorations et leur intimité. Fernande, qui depuis le début se méfiait de Braque, voyait maintenant clairement en lui un rival. La passion de Picasso se trouvait canalisée dans le travail qu'il faisait avec Braque, et le rôle de Fernande dans sa vie était devenu, comme l'observa Gertrude Stein, plus maternel que sexuel. « Braque est la femme qui m'a le plus aimé[72] », devait dire plus tard Picasso. C'était en partie un commentaire sur l'intimité de leurs rapports, en partie aussi une affirmation de sa propre suprématie et enfin un témoignage sur le don de dévouement de Braque. Il s'était mis à appeler Braque « cher maître », pour se moquer de Juan Gris, le jeune peintre qui venait d'arriver de Madrid au Bateau-Lavoir et qui s'adressait cérémonieusement à Picasso, qui n'avait que cinq ans de plus que lui, en l'appelant justement « cher maître ». Picasso était furieux, d'autant plus que c'était l'époque où il était dévoré par l'effort qu'il faisait pour chasser tout geste vain et poseur. « Ce que je veux, dit-il à Kahnweiler, c'est un ingénieur capable d'exécuter les objets figurés dans mes tableaux[73]. »

En novembre 1908, Picasso et Braque abandonnèrent leurs expériences pour se laisser emporter par une vague de sentimentalité envers un homme dont la peinture célébrait l'innocence enfantine, la spontanéité, l'imagination. Henri Rousseau, qu'on appelait le Douanier à cause de son poste dans les douanes, était un petit homme timide d'une soixantaine d'années, qui vivait seul dans une chambre minuscule de la rive gauche et qui peignait aussi naturellement qu'il vivait. Il avait exposé pendant des années au salon des Indépendants et au salon d'Automne, mais ses toiles, si éloignées de l'esprit de l'époque, étaient dans le meilleur des cas considérées comme charmantes mais sans intérêt et, dans le pire des cas, on en faisait des gorges chaudes. Jusqu'au jour où Apollinaire décida de s'intéresser à Rousseau en même temps qu'il s'intéressait au marquis de Sade : il était fort occupé à écrire une introduction à ses œuvres complètes qui devaient paraître l'année suivante. Il ne voyait aucune contradiction à proclamer simultanément le soin de faire connaître les œuvres de Sade et celui de célébrer la pureté et l'enfantine innocence de Rousseau et de son œuvre. Il ne tarda pas à enrôler Picasso dans cette croisade et tous deux commencèrent à préparer un grand banquet en l'honneur du Douanier, qui devait se tenir dans l'atelier de Picasso.

On accrocha une grande banderole à l'entrée du Bateau-Lavoir, pour ne laisser de doute à personne sur le motif de la soirée : « Hommage à Rousseau ». Il y avait une trentaine de convives, dont Marie Laurencin et André Salmon, Pichot, le peintre espagnol, et sa femme Germaine – la même Germaine pour laquelle Casagemas s'était suicidé – et aussi Gertrude Stein et Alice B. Toklas, devenue maintenant son amante nourrie et logée, et Maurice Raynal, auteur d'un des nombreux récits détaillés du banquet qui devint aussitôt légendaire : « Aux murs de l'atelier de Picasso que l'on avait débarrassés de leur parure coutumière, ne pendaient que quelques beaux masques nègres, un tableau monétaire, et en place d'honneur le grand portrait d'Yadwigha (l'institutrice polonaise qui était sa maîtresse) peint par Rousseau. On avait décoré la salle avec des guirlandes de lampions. Sur des tréteaux était disposée la table que parait un service composé de toutes sortes d'accessoires [...] On réquisitionna deux ateliers voisins, l'un destiné au vestiaire des dames, l'autre à celui des messieurs. Les places furent indiquées protocolairement. Tandis que des réclamations sillonnaient la salle, l'on entendit soudain frapper à la porte quelques coups qui, de timides, devinrent violents, et finirent à la longue par faire cesser tout bruit. La porte s'ouvrit. C'était le Douanier, coiffé de son feutre mou, sa canne dans sa main gauche et son violon dans sa main droite[74]. »

Il reçut un accueil enthousiaste et on l'installa sur un trône composé d'une chaise posée sur une plate-forme. Conformément à l'esprit surréaliste de la cérémonie, il devint bientôt évident que ça allait être un banquet sans nourriture. On l'avait commandée chez Félix Potin, mais, comme Picasso s'en rendit compte soudain, pour le lendemain soir. Alice Toklas proposa aussitôt qu'on téléphone à Félix Potin, mais on lui rappela qu'on était à Paris, pas à San Francisco et qu'« on ne téléphonait jamais à un magasin d'alimentation[75] ». Heureusement, Fernande avait préparé un énorme plat de riz « à la valencienne » et une expédition dans les boutiques du quartier encore ouvertes permit de rapporter assez de sardines, de saucisses, de tartes et de choux à la crème pour constituer des provisions qui, si elles ne convenaient peut-être pas à un banquet, suffisaient en tout cas pour un repas. Apollinaire, en maître de cérémonie, présenta dans les formes l'hôte d'honneur et, entre les plats aussi bien qu'après le dîner, il y eut des discours, des poèmes, de la musique et des danses, tout cela en hommage à Rousseau. Pichot dansa une danse rituelle espagnole, Braque joua de l'accordéon, André Salmon grimpa sur une table pour réciter une ode à Rousseau et Apollinaire dit un poème célébrant Rousseau, qu'il avait écrit pour l'occasion. Pendant tout ce temps, le Douanier était assis sur son trône, un sourire d'extase sur le visage, tandis qu'un lampion au-dessus de sa chaise faisait goutter de la cire juste sur sa tête, formant peu à peu une petite calotte de clown qui resta là jusqu'au moment où le lampion finit par prendre feu. « Il ne fallut pas beaucoup d'efforts, écrivit Fernande dans ses mémoires, pour persuader Rousseau que c'était son apothéose[76]. » Après quoi il joua sur son violon le répertoire complet de ses airs favoris et il fit danser les dames au son de sa musique.

Aux premières heures du petit matin, comme Picasso aidait le Douanier épuisé à monter dans un taxi, Rousseau se tourna vers lui, le remercia de lui avoir donné le plus beau jour de sa vie et dit :

« Vous et moi sommes les plus grands peintres de notre époque, vous dans le style égyptien, moi dans le style moderne[77] ! »

Picasso et Braque, œuvrant côte à côte, poursuivirent leur lutte pour effacer de leurs toiles la personnalité individuelle. Et, comme c'était souvent le cas quand il explorait des terres vierges et qu'il créait un langage nouveau, Picasso avait envie de revenir en Espagne, comme si sous la lumière d'Espagne, il pouvait distinguer plus clairement la direction dans laquelle il allait. Durant l'été de 1909, alors que les questions sur sa peinture devenaient de plus en plus impitoyables, et sa querelle avec l'univers de plus en plus intense, il avait la nostalgie pas seulement de l'Espagne, mais de l'harmonie et de l'exaltation qu'il avait connues, plus que nulle part ailleurs, à Horta, dix ans plus tôt. Après avoir passé aussi peu de temps que possible à Barcelone, Picasso et Fernande partirent pour Horta avec Pallarès. « Il ne mentionna jamais le cubisme[78] », dit Pallarès. C'était pourtant la nouvelle vision qui dominait son œuvre. Fernande prit des photographies de la ville et, lorsqu'on les montra plus tard aux soirées du samedi chez les Stein, elles confirmèrent éloquemment les propos de Gertrude Stein : « Cela m'a toujours amusée d'entendre chacun protester contre la fantaisie des tableaux pour leur faire regarder les photographies qui leur faisaient voir que les toiles étaient presque exactement comme les photographies... Les villages espagnols étaient aussi cubistes que ces toiles[79]. »

A Horta, même sans le jeune gitan, Picasso se retrouvait renouvelé, inspiré et revigoré. Il faisait des parties de dominos au café du village, il écoutait le patron jouer de la guitare, il bavardait avec les paysans, il ranimait son amour pour Fernande. Il était heureux et rien, pas même le lapidage de ses carreaux par quelques villageois irrités qui avaient découvert son horrible secret – que Fernande et lui n'étaient pas vraiment mari et femme –, rien ne parvenait à le rendre malheureux. A vrai dire, il était plutôt amusé par le caractère mélodramatique de la situation et il réagit en tirant en l'air avec le revolver que lui avait offert Alfred Jarry. Cela suffit à calmer les villageois et Picasso se remit à peindre et à se promener dans le village, avec Fernande à son bras.

Dans son art, il avait réussi à renier les détails déroutants de tout ce qu'il voyait pour parvenir aux formes essentielles qu'ils dissimulaient. Il voulait maintenant découvrir un ordre similaire dans la confusion de son existence. Lorsqu'il revint à Paris, les murs du Bateau-Lavoir le fixèrent de façon oppressante. Il dut partir et, au début de septembre, Fernande et lui vinrent s'installer au 11, boulevard de Clichy, près de la place Pigalle. Le contraste était si spectaculaire que les déménageurs étaient convaincus qu'il avait gagné à la loterie. « Ces gens-là ont dû toucher le gros lot[80] », s'exclama l'un d'eux devant Maurice Raynal qui aidait Picasso à déménager. Et dans une certaine mesure, c'était vrai. Le gros lot, c'était essentiellement le collectionneur russe Serge Chtchoukine, qui avait acheté d'un coup cinquante toiles de Picasso, en partie pour le plaisir de choquer ses amis aristocrates et sa famille de Moscou. Les jours d'artiste pauvre de Picasso étaient terminés.

L'immeuble dans lequel il vint s'installer appartenait à Théophile Delcassé, un ancien ministre des Affaires étrangères qui avait été l'artisan de l'Entente cordiale. L'appartement-atelier de Picasso avait une élégance du temps jadis un peu soulignée et un peu diminuée par sa collection de plus en plus importante de mobilier et de bibelots. Un trait unique les liait entre eux. Chacun avait, pour une raison quelconque, éveillé sa curiosité. Il y avait une petite chauffeuse au capitonnage usé jusqu'à la trame auprès d'un énorme canapé Louis-Philippe tapissé de velours pourpre avec des boutons d'or, des tapisseries anciennes aux murs, un immense buffet en cerisier pour la salle à manger, les chaises Chippendale que ses parents lui avaient envoyées de Barcelone, des sculptures et des masques africains, des flacons de sirop, des instruments de musique, un petit portrait d'une jeune femme par Corot avec un tas de mauvaises gravures aux couleurs vives dans des cadres de paille. Présidant à l'entretien de tous ces trésors, une domestique en tablier blanc, qui ne tarda pas à découvrir que de nombreuses et rigoureuses conditions étaient attachées à la place qu'elle occupait. Elle n'avait pas le droit de faire le ménage le matin, car le bruit risquait d'éveiller le jeune couple qui souvent ne se levait pas avant midi, et elle n'était jamais autorisée à balayer l'atelier, car Picasso avait horreur qu'on dérange la poussière qui se levait alors et se vengeait en se collant à ses toiles humides. La domestique, apprenant à se plier aux habitudes de son employeur, en vint à se lever elle-même de plus en plus tard et à travailler le moins possible, ce qui arrangeait tout le monde.

Fernande s'habitua sans problème à avoir quelqu'un qui préparait leurs repas, à les prendre dans une vraie salle à manger, servis par leur femme de chambre et à recevoir comme une dame le dimanche après-midi. « Malgré tout cela, écrivit-elle dans ses mémoires, Picasso était moins heureux ici qu'il ne l'avait été jadis[81]. » Elle se serait davantage approchée de la vérité en disant qu'ils étaient moins heureux ici ensemble qu'ils ne l'avaient été auparavant. Ils s'éloignaient de plus en plus et, dans un effort pour réveiller l'intérêt de Picasso et peut-être, croyait-elle, la passion d'antan, Fernande se mit à avoir des aventures. Mais tout ce qu'elle réussit à éveiller chez Picasso, ce fut de temps en temps une crise de colère.

Il avait l'esprit ailleurs, son être tout entier absorbé par le voyage que Braque et lui avaient entrepris. Ses besoins d'intimité auxquels Fernande avait largement suffi jusqu'alors se satisfaisaient maintenant de ses rapports avec Braque, et la vieille camaraderie romantique qu'il avait partagée avec elle, nourrie par la pauvreté, avait été érodée par la prospérité et la célébrité croissantes. C'étaient les moments des plus grands succès qu'il avait connus jusque-là, mais pas les plus heureux. Et l'absorption de Picasso dans son œuvre se faisait sentir : sa digestion en souffrait et il avait dû renoncer à boire du vin et à rien manger d'autre que des légumes, du poisson, du raisin et du gâteau de riz.

Moins le monde autour de lui réagissait à ce qu'il faisait, plus il s'acharnait dans son engagement « à aller jusqu'au bout », comme il le disait alors. Dans une lettre à Kahnweiler, qui venait de lui dire qu'un de ses plus fidèles collectionneurs n'aimait pas ses œuvres récentes, il répondit : « C'est très bien. Je suis enchanté qu'il ne l'aime pas ! A ce train-là, nous allons dégoûter le monde entier[82]. » Le monde ne l'avait pas pleinement adopté : il allait totalement le rejeter. C'était la logique d'un enfant blessé, mais elle impliquait une arrogance qui lui servait bien durant cette période d'isolement où si peu de gens pouvaient suivre ce qu'il était en train de faire.

Apollinaire était aussi fidèle que jamais, et acceptait tout ce que faisait Picasso en disant : « On s'achemine ainsi vers un art entièrement nouveau, qui sera à la peinture telle qu'on l'avait envisagée jusqu'ici ce que la musique est à la littérature. Ce sera de la peinture pure, de même que la musique est de la littérature pure[83]. » Sa préface aux œuvres complètes de Sade venait d'être publiée quand Picasso emménagea boulevard de Clichy. Aucun chaos sadien toutefois ne régnait dans le petit appartement extrêmement conventionnel et méticuleusement rangé qu'il occupait rue des Martyrs et où il explorait avec Marie Laurencin sa propre sexualité. Elle se plaignit par la suite que souvent ils faisaient l'amour dans un fauteuil inconfortable plutôt que de chiffonner son beau dessus-de-lit.

Tandis qu'Apollinaire célébrait Sade – du moins intellectuellement –, Max découvrait le Christ. Cela faisait longtemps qu'il penchait vers l'occulte, lisant dans les cartes et le marc de café, tirant des horoscopes, confectionnant des talismans que même les plus rationnels de ses amis ne voulaient pas risquer de jeter et lisant les lignes de la main. Mais il y avait un pas important entre s'intéresser à l'occulte et une conversion. Cela se passa le soir du 7 octobre, alors que Max rentrait de la Bibliothèque nationale. « Je cherchais mes pantoufles, raconta-t-il, et, quand je levai la tête, il y avait quelqu'un sur le mur. Il y avait quelqu'un ! Il y avait quelqu'un sur le papier peint cramoisi. Mon fauteuil se renversa, un éclair m'avait laissé nu. Oh, moment immortel ! Oh, vérité ! vérité, pleurs de vérité ! Joie de la vérité ! Inoubliable vérité ! Le corps céleste était là sur le mur de ma pauvre chambre. Pourquoi, ô Seigneur ? Oh, pardonne-moi ! Il était là dans un paysage que j'avais peint moi-même, mais c'était Lui ! Quelle beauté, quelle élégance et quelle douceur ! Ses épaules, Ses mouvements ! Il portait une robe de soie jaune avec des broderies bleues[84]. »

Un peu à cause du côté mélodramatique de son expression religieuse et un peu à cause de son style de vie dissolue, les prêtres auxquels il fit appel, même ceux qui se spécialisaient dans la conversion des Juifs, répugnaient à le recevoir. Alors Max lut tous les livres sacrés, alla prier dans la plupart des églises de Paris et attendit. Les prêtres hésitaient à accepter l'authenticité de sa conversion, et ses amis avaient tendance à l'attribuer à sa consommation d'alcool et à son penchant pour le drame et l'exhibitionnisme, pourtant il était difficile de nier le désir de vérité spirituelle de Max : un véritable cri de douleur contre la futilité qu'il y a à vouloir transcender la condition humaine sans l'intercession du divin.

Picasso, qui s'efforçait de transcender tout à la fois lui-même et la condition humaine tout en se qualifiant d'athée, fut néanmoins attiré vers les dispositions mystiques de son ami et ses efforts pour trouver une expression plus haute qui dépassait la révolte. Quant aux rapports de Max avec Picasso, ils connurent une transformation subtile mais radicale après sa conversion. Avant cette soirée fatale où le Christ lui apparut, il s'était confessé à Picasso : « Tu es ce que j'aime le plus au monde après Dieu et les saints, qui te considèrent déjà comme l'un des leurs[85]. » Sa conversion avait imprégné sa vie d'une signification qu'il avait jadis recherchée en servant Picasso. Elle lui fit aussi clairement comprendre que l'art n'était pas pour lui une religion assez puissante, même s'il continua à exhorter Picasso à bannir toute sensibilité symboliste et romantique de son art cubiste de la même façon que lui-même revenait à une forme primitive de christianisme, débarrassée de siècles de conventions fatiguées.

Ses rapports avec Braque continuaient à dominer la vie de Picasso. Pas un jour ne se passait sans que l'un allât rendre visite à l'atelier de l'autre et aucune toile n'était considérée comme terminée avant que tous deux ne l'eussent déclarée telle. « Un soir, raconta Picasso des années plus tard, j'arrivai à l'atelier de Braque. Il travaillait sur une grande nature morte ovale avec un paquet de tabac, une pipe et tout l'attirail habituel du cubisme. Je regardai le tableau et dis : " Mon pauvre ami, c'est épouvantable, je vois un écureuil sur ta toile. " Braque dit : " Ce n'est pas possible. " Je répondis : " Si, je sais, c'est une vision paranoïaque, mais il se trouve que je vois bel et bien un écureuil. Cette toile est faite pour être une peinture, non pas une illusion d'optique. Puisque les gens ont besoin d'y voir quelque chose, tu veux qu'ils y voient un paquet de tabac, une pipe et les autres objets que tu mets dedans. Mais, au nom du ciel, débarrasse-toi de cet écureuil. " Braque recula de quelques pas et regarda attentivement, et ne voilà-t-il pas qu'à son tour il vit l'écureuil, parce que ce genre de vision paranoïaque est extrêmement communicable. Jour après jour Braque lutta contre cet écureuil. Il modifia la structure, la lumière, la composition, mais l'écureuil revenait toujours, car dès l'instant qu'il était dans nos esprits, c'était presque impossible de l'en faire sortir. Les formes avaient beau être différentes, l'écureuil on ne sait comment réussissait toujours à revenir. Finalement, au bout de huit à dix jours, Braque parvint à ses fins et le tableau redevint un paquet de tabac, une pipe, un jeu de cartes et surtout une toile cubiste[86]. »

Pour Picasso cette anecdote était une parfaite illustration des relations de jumeaux qu'il entretenait avec Braque, de la symbiose par laquelle tous deux prospéraient. La création venait de cette rencontre des contraires : Picasso, intense, changeant et capricieux; Braque, délibéré, introverti et méthodique, mais avec de grandes qualités de loyauté et d'amour. « Malgré nos tempéraments très différents, disait Braque, nous étions guidés par une idée commune. On l'a bien vu par la suite,

Picasso est espagnol, moi je suis français; on sait toutes les différences que cela comporte, mais, pendant ces années-là, les différences ne comptaient pas[87]. »

La stabilité enrichissante offerte par sa relation avec Braque permettait plus facilement à Picasso de se retirer du monde et de laisser cette nouvelle phase de son œuvre fermenter et se développer. Ses amis ne pouvaient manquer de remarquer à quel point il semblait absorbé et lointain, même quand physiquement il était avec eux. S'ils osaient faire intrusion dans ses silences pour savoir s'il allait bien, il répondait souvent comme du fond d'une grotte profonde : « Je pensais à mon travail[88] », et il se retirait de nouveau dans sa grotte. Il ne pouvait résister à fréquenter les soirées du samedi chez Gertrude Stein ou les jeudis d'Apollinaire, mais lorsqu'il était là, l'irritation semblait être son humeur dominante. Il était irrité si Matisse était le centre de l'attention, et irrité si l'attention se portait sur lui, accompagnée de questions sur son œuvre, irrité aussi au plus léger signe qu'on comprenait mal son travail ou, pire encore, qu'on le maltraitait. De fait, il explosa de colère lorsqu'il découvrit que Stein avait fait vernir deux de ses toiles et il fallut le retenir pour l'empêcher de partir en les emportant sous son bras. Un soir, son irritation tourna à la rage lorsque le critique d'art allemand Wilhelm Uhde et un groupe de jeunes étudiants allemands, venus à Paris spécialement pour le voir, tombèrent sur lui au Lapin agile et le portèrent en triomphe jusqu'à la place du Tertre en chantant des airs populaires allemands et en épuisant d'abord son sens de l'humour, puis sa patience. Il dégaina son revolver Alfred Jarry et tira plusieurs coups de feu en l'air. Cela réussit. Les Allemands se dispersèrent aussitôt et lui retourna au Lapin agile – pas plus heureux mais bien heureusement seul.

Ce fut une phase particulièrement misanthropique; mais aussi tout le monde dans la bande Picasso était maintenant moins disponible et se plaignait que les autres le fussent moins aussi. Apollinaire était plus pris que jamais entre ses livres et ses articles, Marie Laurencin et ses soirées du jeudi, et en même temps il était mûr pour le genre de stabilité qu'un an seulement plus tôt il aurait ridiculisée comme désespérément bourgeoise. La bande mûrissait et Apollinaire, qui avait écrit « ... Nous qui nous battons constamment aux frontières de l'infini et de l'avenir[89] », exprimait maintenant dans un petit poème ce changement d'humeur :

Je souhaite dans ma maison
Une femme ayant sa raison
Un chat passant parmi les livres,
Des amis en toute saison
Sans lesquels je ne peux pas vivre[90].

Picasso partageait ces sentiments, mais il savait maintenant que, bien que son chat boulevard de Clichy fût celui qu'il fallait pour passer parmi les livres, Fernande n'était pas la femme qu'il fallait pour emplir la maison. Il était pourtant trop absorbé dans son travail pour accorder beaucoup d'attention à la désintégration progressive de leurs rapports. Quant à y mettre un terme, ce n'était pas, et ce ne deviendrait jamais, le style de Picasso. Il allait simplement trouver quelqu'un d'autre et inclure parallèlement à la relation mourante celle qui était en train de naître.

IV

PASSIONS ET TRAHISONS

En juin 1910, Fernande écrivit à Gertrude Stein, qui avait quitté Paris pour Fiesole : « Nous sommes devenus très amis avec des clowns, des acrobates, des écuyers de cirque et des funambules que nous avons rencontrés au café et nous passons toutes nos soirées avec eux[1]. » Parmi les nouveaux amis qu'il s'était faits grâce au cirque se trouvaient Louis Marcus et Marcelle Humbert. Marcus était un peintre polonais fort doué qu'Apollinaire baptisa Marcoussis, d'après le nom d'un petit village des environs de Paris. Il avait vingt-cinq ans lorsqu'il arriva à Paris en 1903, idéaliste et avide de consacrer sa vie à l'art. Jusqu'au jour où il tomba amoureux de Marcelle Humbert, la peinture avait occupé la première place dans sa vie. Mais, depuis trois ans qu'ils vivaient ensemble, il lui donnait la préséance sur tous ses projets et toutes ses ambitions. Marcelle était de santé délicate et, bien décidé à ce qu'elle ne manquât de rien et à la protéger des assauts du monde, il se mit à faire des dessins et des travaux de journaliste, ce qui était plus sûr et plus lucratif que ne l'avait jamais été sa peinture.

Ils avaient rencontré Apollinaire au cirque Médrano et par lui Braque, Picasso et Gertrude Stein. Marcoussis, troublé et inspiré par la révolution cubiste, était un grand admirateur de Picasso, alors que Fernande était fascinée par Marcelle. N'ayant rien en commun, les deux femmes devinrent bonnes amies. Marcelle rappelait à Fernande sa grande héroïne, Evelyn Nesbitt, l'ancien mannequin et chorus girl pour laquelle son riche mari, Harry Thaw, avait tué l'architecte Stanford White. Fernande, d'après Gertrude Stein, adorait Evelyn Thaw, que l'on décrivait dans le *New York Times* le premier jour du procès de son mari comme « un petit bout de femme qui semblait incapable d'être jamais la cause de toute cette histoire... La régularité de ses traits qui faisaient d'elle le délice de l'artiste demeure. Mais les couleurs ont disparu, et les sept mois épuisants de suspense lui ont fait perdre pour toujours cet air enfantin qui était une de ses principales séductions[2] ».

Gertrude Stein résumait Evelyn Thaw en la qualifiant de « petite et négative[3] ». « Elle était une petite Evelyn Thaw française, disait-elle de Marcelle, menue et parfaite. » Cela faisait exactement écho aux impressions de Fernande – et de Picasso. Mais, pour le moment, il avait une aventure avec une autre charmante Marcelle, Marcelle Dupré qu'il avait rencontrée lors de ses tournées à Montmartre.

Les brèves aventures n'étaient pas assez toutefois pour l'apaiser. Cherchant à se renouveler, il repartit une fois de plus avec Fernande pour l'Espagne. Ils se rendirent cette fois à Cadaquès, un petit port de la Costa Brava, où Ramón et Germaine Pichot allaient chaque année. Ils furent rejoints par les Derain et ensemble ils passaient leur temps sur la plage, dans les cafés et à danser la sardane. André Salmon appelait Picasso l'Animateur et Derain le Régulateur, mais, pour l'instant, ils étaient unis par leur enthousiasme pour les possibilités révolutionnaires qu'ils exploraient dans leur art.

Alice Princet fournissait entre eux un lien de plus. Alice avait été la maîtresse de Picasso et était maintenant la femme de Derain. Partager une femme – même si c'était à des époques différentes – créait toujours pour Picasso un lien particulier avec ses amis hommes. « Je ne peux pas avoir d'amis s'ils ne sont pas capables de coucher avec moi, disait-il. Non que je le demande des femmes ni que je le veuille des hommes – mais il devrait y avoir au moins ce sentiment de chaleur et d'intimité qu'on éprouve en couchant avec quelqu'un[4]. » Dans ce cas, c'était comme s'il couchait avec Derain par le truchement d'Alice et cela eut pour résultat que leur amitié devint plus intense, plus intime – presque tangible. Mais, malgré ce nouveau rapprochement, Braque manquait à Picasso; il aurait voulu qu'il fût dans le voisinage plutôt que si loin, à l'Estaque, pour qu'il pût l'aider à résoudre les doutes et les questions au milieu desquels il s'enfonçait de plus en plus profondément dans son analyse de la forme. Il rentra à Paris mécontent de ce qu'il avait accompli et avec de nombreuses toiles pas même terminées. Pourtant, comme le dit Kahnweiler, « il avait franchi le grand pas, il avait transpercé la forme close[5] ».

Pendant toute l'année, Picasso avait lutté pour donner une nouvelle expression aux visages et aux corps humains. « Espagnol comme il est, résumait Gertrude Stein, il a toujours su que les gens étaient le seul sujet qui l'intéressait... Les âmes des gens ne l'intéressent pas, c'est-à-dire que pour lui toute la réalité de la vie est dans la tête, le visage et le corps et c'est cela qui est pour lui si important, si constant, si complet qu'il n'est absolument pas nécessaire de penser à autre chose, et l'âme, c'est autre chose[6]. »

L'âme, pour Picasso, était une autre chose utilisée, maltraitée et falsifiée par les gens d'Eglise de son enfance, par l'Eglise rétrograde, bourrée de préjugés de son pays natal. Il avait pourtant soif de substance et de réalité. « Il faut toujours commencer par quelque chose. On peut ensuite enlever toute apparence de réalité[7] », dit-il plus tard. Quant à l'apparence superficielle des objets et des gens, quant à leurs formes visibles, il cherchait à leur substituer un ordre et une réalité cachés. « Je travaille comme les Chinois, disait-il, pas d'après la nature, mais *comme* la nature[8]. »

Vers la fin de 1910, quand Picasso eut terminé son portrait de Kahnweiler, il avait complètement transpercé et fragmenté la forme humaine, sacrifiant la profondeur, le volume, la couleur, la sensation et la perspective à cette recherche sacrée de la pure réalité. Ces expériences sur la désintégration de la forme atteignirent leur triomphal apogée dans le portrait de Kahnweiler, et pourtant l'année nouvelle le trouva de plus en plus inquiet et nerveux. Profondément superstitieux, il voyait la désintégration de la forme dans son sens littéral, comme ayant un pouvoir magique d'affecter aussi bien les sujets qu'il peignait que lui-même, et c'est peut-être pourquoi il ne peignit jamais un autoportrait cubiste. Même pour le portrait de Braque, il utilisa un homme qui lui ressemblait, plutôt que Braque lui-même, comme modèle.

Kahnweiler parla plus tard de « l'incroyable héroïsme d'un homme comme Picasso, dont la solitude morale à cette époque était effrayante[9] ». Et Picasso avait conscience des risques héroïques qu'il prenait. « La peinture, c'est la liberté, dit-il un jour à Malraux. A force de sauter, on peut retomber du mauvais côté de la corde. Mais si on ne risque pas de se casser la gueule, comment faire?, on ne saute pas du tout.

« Il faut réveiller les gens. Bouleverser leur façon d'identifier les choses. Il faudrait créer des images inacceptables. Que les gens écument. Les forcer à comprendre qu'ils vivent dans un drôle de monde. Un monde pas rassurant. Un monde pas comme ils croient[10]... »

Mais une rupture aussi totale avec le passé l'inquiétait. Bien que de son propre aveu il fût subversif dans son œuvre, bien qu'il voulût choquer et troubler, il était tout aussi passionnément résolu à toucher un large public plutôt que seulement l'élite raffinée. « Je n'ai jamais cru à la peinture pour les " happy few ", disait-il. J'ai toujours eu le sentiment que la peinture devait éveiller quelque chose, même chez l'homme qui en général ne regarde pas les tableaux, tout comme dans Molière il y a toujours quelque chose pour faire rire celui qui est très intelligent et aussi le spectateur qui ne comprend rien. C'est la même chose avec Shakespeare. Et dans mon œuvre, tout comme dans Shakespeare, il y a souvent des choses burlesques et des choses relativement vulgaires. De cette façon, je touche tout le monde. Ce n'est pas que j'aie envie de me prosterner devant le public, mais je veux fournir quelque chose pour tous les niveaux de pensée[11]. »

La description par Picasso de son combat intérieur pendant qu'il peignait le portrait de Kahnweiler révélait sa détermination de ne pas laisser son art devenir une activité privée, isolée et capricieuse. « Sous sa forme originale, il me semblait que c'était un art sur le point de partir en fumée, dit-il, mais, quand je peins de la fumée, je veux qu'on puisse planter un clou dedans. Alors j'ai ajouté les attributs : des yeux suggérés, une ondulation des cheveux, un lobe d'oreille, des mains serrées – et maintenant on peut. [...] Si on veut donner une nourriture [...] sous forme de peinture, qui n'est pas facile à absorber pour la plupart des gens qui n'ont pas les organes qu'il faut pour l'assimiler, il faut recourir à un subterfuge. C'est comme quand on donne une explication longue et difficile à un enfant : on ajoute certains détails qu'il comprend tout de suite afin de maintenir son intérêt en éveil et de le soutenir dans les passages difficiles. La grande majorité n'a aucun esprit de création ni d'invention. Comme le dit Hegel, ils ne peuvent connaître que ce qu'ils savent déjà. Alors comment s'y prend-on pour leur enseigner quelque chose de nouveau ? En mélangeant ce qu'ils savent avec ce qu'ils ne savent pas. Alors, quand ils aperçoivent vaguement dans leur brouillard quelque chose qu'ils reconnaissent, ils pensent : " Ah ! Je connais ça. " Et ensuite, il n'y a plus qu'un pas de plus pour arriver à : " Ah ! Je connais tout cela. " Et leur esprit fonce dans l'inconnu, ils commencent à reconnaître ce qu'ils ne connaissaient pas avant et ils développent leur pouvoir de compréhension[12]. »

Il y avait pourtant bien des gens, et parmi eux des collectionneurs, des peintres et des marchands, dont l'esprit ne « s'enfonçait pas dans l'inconnu ». Même Vollard cessa d'acheter des toiles cubistes en 1910. Quant à Manolo, bien que pour Picasso il fût sans conteste un homme de création et d'invention, il ne laissait aucun doute à personne sur ses sentiments : « Pour être honnête, le cubisme, je ne l'ai jamais compris et je ne sais pas ce que c'est. En regardant un des premiers portraits cubistes de Picasso, je lui ai demandé ce qu'il dirait si le lendemain – imaginons –, en allant à la gare accueillir sa mère, elle lui apparaissait sous la forme d'un personnage cubiste[13] ! »

La patience de Picasso comme professeur s'épuisait très vite et sa réaction devant ceux qui ne comprenaient pas était le plus souvent de les congédier. « Pourquoi reprocherais-je à un autre que moi-même si je n'arrive pas à comprendre quelque chose dont je ne sais rien[14] ? » dit-il un jour, faisant allusion à son incapacité de comprendre l'anglais. Il y avait aussi dans sa personnalité un côté obsessionnellement secret qui aimait le lien particulier qu'il y a entre quelques initiés, les noms de code, les tics de langage et les termes spéciaux qui affirmaient leur éloignement des non-initiés. Quand le roman de Max Jacob *Saint-Matorel* fut publié en février 1911, la dédicace à Picasso célébrait leur relation hermétique :

A Picasso,
pour tout ce que je sais qu'il sait,
pour tout ce qu'il sait que je sais.

Il y avait dans la vie de Picasso une tension intérieure constante entre sa prédilection du secret et de l'exclusivité et son goût presque tolstoïen pour toucher le paysan espagnol le moins instruit, l'ouvrier le moins sophistiqué, et leur donner l'impression qu'eux aussi faisaient partie du même groupe. Cette tension le plus souvent aboutissait à ce qu'il se retirait dans le monde qu'il avait créé en compagnie des quelques élus qu'il avait choisi d'y admettre. Les élus n'étaient pas toujours les mêmes. « J'apprécie les choses selon le degré d'amour que j'ai pour les choses[15] », déclara-t-il un jour. Et l'on avait l'impression qu'il évaluait les gens d'après le besoin qu'il avait d'eux. Depuis qu'il avait découvert Braque (événement que suivit bientôt la découverte du Christ par Max) il ne dépendait plus tant de Max pour satisfaire ses besoins d'intimité. Peu après que Max se fut installé à Quimper pour vivre avec ses parents, il écrivit avec inquiétude à Kahnweiler : « Pourquoi Picasso ne m'écrit-il pas ? Est-ce qu'il est fâché[16] ? »

Max dramatisait toujours le moindre changement dans ses rapports avec ses amis, car il vivait dans une dépendance pathétique de leur approbation, sinon de leur amour. Mais Picasso n'était pas fâché contre lui : il n'avait tout simplement pas besoin de lui pour le moment. Quant à sa colère, son irritabilité et son humeur sombre, il fallait les attribuer plutôt à son mécontentement cosmique qu'à un individu en particulier, et surtout pas à Max, qui n'avait jamais été rien d'autre qu'une source constante d'apports et de soutien.

Cela ne faisait qu'un an qu'il avait quitté le Bateau-Lavoir, mais l'endroit baignait déjà dans une lumière dorée et romancée qui allait devenir plus dorée avec chaque année qui passait. Pour échapper à Fernande, à la femme de chambre en tablier blanc et au mobilier en acajou massif du boulevard de Clichy, il retournait souvent rue de Ravignan travailler dans son ancien atelier qu'il avait conservé comme garde-meubles.

Il quitta Paris plus tôt que d'habitude cette année-là, avec son chat, son singe, ses toiles et ses chevalets, mais sans Fernande. Sa destination était un monastère abandonné du XVIIIe siècle, à Céret, une petite ville des premiers contreforts pyrénéens, en Catalogne française, où Manolo vivait depuis trois ans avec son épouse, Totote, une femme vivante et gaie avec une voix un peu rauque. Braque et Max Jacob ne tardèrent pas à venir les rejoindre et, quand il ne travaillait pas dans son grand atelier dominant le jardin avec ses cerisiers, il jouait l'hôte catalan avec ses amis à la terrasse du Grand Café, dans la rue principale, ou bien il se promenait parmi les vergers d'abricotiers et les vignobles au flanc de la colline, près de la frontière espagnole. Mais au début d'août, Fernande lui manquait, le temps et la distance ayant effacé dans son esprit les problèmes de leur relation. Le 8 août, il lui écrivit une lettre douce, tendre et ardente dans un français puéril et trébuchant :

Ma chère Fernande,

Ier de toute la journé, je ne ai pas de letre de toi et ce matin que je l'atandais non plus. Esperons que cete après-midi je serai plus eureux.

Dans une letre que j'ai reçu ce matin de Braque que K. est arrive déjà à Paris allors je espere que dans tres peu de jours vous serez ici.

Il fait ici un peu plus frais et le soir ont est bien de chaleur.

Ne te preocupe trop pour l'argent ont le arrangera.

Prenez le train que je ai pris il et le meilleur. Maintenant je crois que tu vas venir bientott. Braque me dit que la semaine prochaine vous arriverez ici.

Ma famille sont à Mahon depuis quelque temps déjà.

Tu ferais bien de porter ton ombrelle si tu veux sortir dans la journé.

Le singe il est assez rigolo, ont le a donné une couvercle de un boite en fer blanc et il pase sa journé à se regarder il et très inteligent.

Le trabail marche toutjour je trabail toujours à les mêmes choses.

Je te embrasse et t'aime toutjours

PABLO[17].

La lettre eut l'effet escompté : Fernande arriva enfin et resta avec lui jusqu'au 5 septembre. Lorsqu'ils regagnèrent Paris, venant de la paix bucolique de Céret, ils se trouvèrent catapultés dans le second acte d'un drame relaté dans la presse française, avec le Louvre et *La Joconde* comme principaux personnages.

Le 21 août, on avait volé *La Joconde* au Louvre, vol qui déchaînait l'indignation de tout le pays à propos des mesures de sécurité prises dans le grand musée national. Lorsque Picasso arriva à Paris, le drame s'était rapproché de lui. Le 28 août, Géry Pieret, un jeune dilettante belge, à califourchon sur la barrière séparant un esprit amusant, inventif et peu scrupuleux de l'escroquerie bénigne, se rendit au bureau de *Paris-Journal,* avec une statuette ibérienne qu'il avait volée au Louvre, démontrant ainsi fièrement combien c'était facile de commettre un vol dans le musée. Apollinaire lut la manchette dans le *Paris-Journal* du lendemain et fut horrifié. Géry Pieret avait été quelque temps son secrétaire et la statuette se trouvait chez Apollinaire depuis le jour où Pieret l'avait retirée du Louvre. Pire encore : quelques années auparavant Pieret avait vendu à Picasso deux autres statuettes ibériennes qu'il s'était procurées de la même façon, c'est-à-dire en les subtilisant au musée. Picasso était enchanté de ces deux objets d'art et, suivant le conseil de Pieret, les avait gardés cachés au fond d'un vieux buffet normand. Il n'y pensait plus guère jusqu'au jour où « les cambriolages du Louvre » firent la une de la presse française.

Apollinaire et Picasso, complètement affolés, tinrent une conférence secrète boulevard de Clichy. Terrifiés à l'idée qu'ils pourraient être impliqués, poursuivis, jetés en prison ou peut-être même, dans le climat de xénophobie grandissante qui régnait, expulsés de France, ils décidèrent qu'il fallait agir. Leur première pensée, née dans la panique, fut de quitter la France. Par bonheur, le bon sens de Fernande prévalut et ils décidèrent au lieu de cela de se débarrasser de la preuve accusatrice en jetant les statuettes dans la Seine. « Je suis sûre, se rappela Fernande des années plus tard, que, sans s'en rendre compte, ils se voyaient comme les personnages d'une pièce; à telle enseigne que, alors qu'aucun d'eux ne connaissait rien aux cartes, durant les heures d'angoisse où ils attendaient le moment fatal pour aller jusqu'à la Seine, ils avaient fait semblant de jouer aux cartes comme des gangsters[18]. »

A minuit, ils fourrèrent les statuettes dans une valise et s'en allèrent vers la Seine. La peur à ce moment avait envahi leur esprit, chassant toute réalité, et la ville entière leur semblait grouillante d'ombres suspectes. Ils marchaient le long de la Seine, attendant le bon moment pour se débarrasser de leur fardeau compromettant, mais chaque instant leur semblait lourd de risques. Pour finir, épuisés physiquement et moralement, ils renoncèrent et regagnèrent l'appartement de Picasso où ils passèrent le reste de la nuit à préparer une ligne de conduite. De bonne heure le lendemain matin, Apollinaire alla aux bureaux de *Paris-Journal* où il remit les objets d'art volés, donnant ainsi au quotidien un scoop de première grandeur à condition qu'on ne révélât pas la source. On accepta cette condition... pour aussitôt ne pas la respecter. Le soir du 8 septembre, la police se présenta à l'appartement d'Apollinaire, fouilla dans tous ses papiers, découvrit des lettres de Géry Pieret et l'arrêta en l'accusant d'avoir hébergé un criminel, d'être complice du vol des statuettes et d'appartenir à une bande internationale de voleurs d'objets d'art. Pendant ce temps, Pieret, qui avait quitté Paris, n'avait cessé d'écrire au procureur de la République, dans chaque ville qu'il traversait pour se rendre dans le Midi, afin de lui donner des versions de plus en plus folles de ses vols aboutissant à l'aveu pathologique que c'était lui qui avait volé *La Joconde*.

« Dès que la lourde porte de la Santé se fut refermée derrière moi, écrivit plus tard Apollinaire, j'eus une impression de mort. Pourtant, c'était une nuit fort claire et je pouvais voir que les murs de la cour dans laquelle je me trouvais étaient couverts de plantes grimpantes. Je franchis ensuite une seconde porte et quand celle-là se referma, je compris que la zone de végétation était derrière moi et j'eus l'impression d'être maintenant dans un endroit hors des limites de la terre où j'allais être totalement perdu. On m'interrogea à plusieurs reprises et un gardien m'ordonna de prendre mon “ paquetage ” : une chemise de grosse toile, une serviette, une paire de draps et une couverture; puis on me conduisit par d'interminables couloirs jusqu'à ma cellule, numéro quinze, section II. Là il me fallut me mettre tout nu dans le couloir et me laisser fouiller. Puis on m'enferma. Je dormis très peu à cause de la lumière électrique qu'on laissa brûler toute la nuit dans les cellules [19]. »

Deux jours plus tard, à 7 heures du matin, on frappa à la porte de Picasso. « Comme la bonne n'était pas encore descendue, se souvint Fernande, ce fut moi qui ouvris la porte à un policier en civil qui exhiba sa carte, se présenta et ordonna à Picasso de le suivre pour comparaître devant le juge d'instruction à 9 heures. Tremblant, Picasso s'habilla en hâte et je dus l'aider, car il était presque fou de peur... Pendant des jours ces déplorables souvenirs hantèrent l'omnibus qui va de Pigalle à la Halle aux vins, et dans lequel il dut monter. L'inspecteur n'était pas autorisé à prendre un taxi aux frais de son client [20]. »

L'inquiétude qui n'avait fait que monter au cours des derniers jours, la longue attente au commissariat de police et finalement le spectacle d'Apollinaire amené dans le cabinet du magistrat, « pâle, le cheveu en désordre et pas rasé, avec son col déchiré, sa chemise déboutonnée et pas de cravate, l'air hagard et décharné, comme un lamentable épouvantail dont la seule vue vous attristait [21] », tout cela démonta complètement Picasso et chassa de son esprit toute notion d'amitié, tout vestige de loyauté et tout sens de la vérité. Il ne restait plus qu'un instinct animal de survie et, si cela voulait dire renier son ami, eh bien, tant pis. Et il le renia bel et bien en proclamant qu'il ne connaissait que très vaguement l'homme qui se tenait devant lui, de toute évidence dans le pétrin et ayant besoin d'aide. Apollinaire éclata en sanglots et Picasso, pour ne pas être en reste, se mit à trembler et à sangloter en même temps. Le juge le congédia en lui demandant de ne pas s'éloigner au cas où on aurait encore besoin de lui et l'on renvoya Apollinaire à la prison de la Santé.

On le retint là cinq jours en tout, durant lesquels il fut interrogé inlassablement à propos du vol non seulement des statues, mais de *La Joconde.* Ses accusateurs le décrivirent comme « le chef d'une bande internationale venue en France dépouiller nos musées[22] ». Le 12 septembre enfin, il fut transféré de la Santé au palais de justice. « Ce fut à 3 heures, racontait *Paris-Journal* le lendemain matin, qu'Apollinaire, se frayant un chemin à travers la foule des journalistes, des photographes et de ses amis du monde de la presse, des lettres et des arts venus lui apporter le réconfort de leur compassion fit son entrée dans le cabinet du magistrat. Un policier l'accompagnait. Apollinaire – et nous déplorons cette sévérité inadmissible de la part des autorités pénitentiaires – avait les menottes[23]. »

Ce fut l'expérience la plus accablante de toute la vie du poète. Depuis le moment où on l'avait photographié pour les archives criminelles, menottes aux mains et sans ceinture, cravate ni lacets, jusqu'à sa trahison par l'homme dont il s'était fait l'ami et le champion, puis jusqu'à sa libération provisoire par le juge à 7 heures, le 12 septembre, il avait enduré un cauchemar qui donna forme à ses craintes et à ses appréhensions les plus profondes. L'image de respectabilité sociale et de prestige intellectuel qu'il avait cherché à se créer se trouvait atteinte à ses racines. Même après qu'on l'eut relâché, ils furent nombreux dans la presse, dans les salons et dans les cafés à se moquer de l'« esprit internationaliste[24] », à défendre le « génie de la France contre l'invasion étrangère », et à vouloir utiliser l'« affaire des statuettes », comme on l'appelait, pour discréditer non seulement Apollinaire mais toute l'avant-garde artistique et son infiltration par des étrangers indésirables.

« Je ne suis pas encore remis, écrivit Apollinaire à un ami d'enfance trois mois après sa libération. J'attends toujours le dénouement avec anxiété. Tâche de savoir comment et dans quelles conditions je peux me faire naturaliser. Que m'arriverait-il si j'étais expulsé de France ? Ces doutes m'empêchent de trouver une paix d'esprit suffisante pour travailler. Je ne demande que la tranquillité et l'obscurité et je suis l'objet de constantes persécutions[25]. » Même après qu'on eut prononcé un non-lieu en janvier, il ne se remit jamais complètement de l'humiliation de s'être retrouvé un étranger et un hors-caste. « Ça l'étouffait, écrivit André Salmon dans ses mémoires. Il était comme un homme qui aurait avalé une arête[26]. »

Ce qui était plus difficile encore à avaler, c'était la trahison de Picasso. Mais il avait tant investi de lui-même, de sa vie et de son œuvre dans sa relation avec Picasso qu'il finit bien par l'avaler. « Guillaume, écrivit le peintre Albert Gleizes, avait beaucoup souffert au cours des interrogatoires auxquels le magistrat instructeur l'avait soumis. Surtout dans ses affections. L'un de ses plus chers amis ne l'avait-il pas renié lorsqu'on les avait confrontés, perdant la tête au point de déclarer qu'il ne le connaissait pas ? Apollinaire me parla de cela avec amertume et sans dissimuler son chagrin[27]. » Mais, en public, il agissait comme si rien n'avait changé, cachant à la fois sa peine et son humiliation. Même lorsqu'il écrivit à un ami pour lui raconter toute l'affaire, il appelait Picasso « X » et jamais par son nom.

Son amertume toutefois trouva à s'exprimer dans son œuvre. Il donna une conférence sur « Le démembrement du cubisme », sous l'égide de Robert Delaunay et du nouvel art qu'il avait inventé et qu'Apollinaire baptisa orphisme. Il avait donc maintenant un nouveau peintre à défendre, un nouvel « isme » dont se faire le champion et un nouvel ami avec qui jouer. Jacques Villon, reconnaissant que c'était là Apollinaire en train de lécher ses plaies, décrivit la conférence comme n'ayant « absolument rien à voir avec la peinture[28] ». Mais Picasso choisit d'ignorer ce qu'elle recouvrait. Il y eut abondance de protestations mutuelles d'admiration et d'amitié et tout était comme avant, sauf, bien sûr, que rien n'était comme avant et ne le serait jamais plus, mais les deux hommes s'efforçaient de la façon la plus civilisée à prétendre le contraire.

Picasso se jeta d'autant plus passionnément dans son travail avec Braque, l'amenant à son étape suivante à un nouveau langage par signes qui introduisait le collage dans le monde de plus en plus sévère et ascétique du cubisme analytique. Les critiques d'art furent scandalisés. « Un retour à la barbarie et la sauvagerie primitives, une répudiation et un total affaiblissement de toutes les beautés de la vie et de la nature[29] », s'écria *Le Journal,* alors qu'après la première exposition Picasso à New York, à la galerie Photo-Sécession en avril 1911, *The Craftsman* exprimait son inquiétude en disant que « si Picasso révèle sincèrement dans ses études ce qu'il éprouve pour la nature, on a du mal à comprendre pourquoi il n'est pas un fou déchaîné, car il serait difficile d'imaginer quelque chose de plus disjoint, de plus désuni, de plus incohérent et de plus laid que la présentation qu'il donne de ses émotions ». On prit un nu de l'exposition pour un escalier d'incendie, alors qu'une des choses les plus aimables qu'on ait dites à propos des natures mortes cubistes, c'était qu'elles ressemblaient à « des frontispices symboliques et coloriés d'une édition d'Euclide[30] ».

A la fin de novembre 1911, toutefois, parut à Londres un article dans *The New Age*[31], du critique John Middleton Murry, éveillant un écho qui devait résonner au long des années en réaction à l'art de Picasso. « Franchement, écrivit-il, je ne prétends aucunement comprendre ni même apprécier Picasso. Je suis fasciné par lui... Je me tiens à l'écart en sachant trop pour condamner, trop peu pour louer – car la louange implique la compréhension si elle veut être plus que des paroles en l'air[32]. » C'était la première fois que le futur leitmotiv de la fascination mêlée à l'incompréhension était proclamé aussi nettement à propos de l'œuvre de Picasso. A l'avenir, la louange, et pas seulement la fascination, allait sans vergogne accompagner constamment l'incompréhension. La raison de cet étrange appariement, Middleton Murry l'expliqua en comparant Platon et Picasso : « Je demeure convaincu, écrivit-il, que seule ma faiblesse m'empêche de les suivre dans les hauteurs qu'ils atteignent[33]. »

Platon, dans *La République,* chassait tous les artistes de son Etat idéal parce qu'ils copiaient simplement la nature qui, à son tour, n'était qu'une copie de l'ultime réalité. « En effet, dit Picasso, on ne copie jamais la nature, on ne l'imite pas davantage... Pendant de longues années, le cubisme n'avait d'autre objet que la peinture pour la peinture. Il rejetait tous les éléments qui n'entraient pas dans la réalité essentielle[34]. » Comme le disait Middleton Murry, « Platon cherchait un Picasso[35]... Il essayait de trouver une différente forme d'art[36] et cette forme c'était l'art des essentiels de Picasso ».

Lorsqu'en 1912 Picasso peignit le premier collage du XXe siècle, *Nature morte à la chaise cannée,* avec une toile cirée imprimée tendue sur le fond d'une toile ovale et entourée d'un journal, d'un verre, d'une pipe, d'une tranche de citron et d'une coquille Saint-Jacques, il n'imitait pas la réalité, il la déplaçait. « Quand les gens croyaient à la beauté immortelle et à toute cette foutaise, disait-il, c'était simple. Mais aujourd'hui?... Le peintre prend les choses. Il les détruit. En même temps, il leur donne une autre vie. Pour lui. Plus tard, pour les gens. Mais il faut transpercer ce que les gens voient, la réalité. Déchirer. Démolir les armatures[37]. »

C'était le début du cubisme synthétique, la voie sur laquelle Picasso s'était engagé vers un art de l'essentiel plutôt qu'un art d'imitation. En même temps, il s'était lancé dans un autre voyage. Il tombait amoureux. Au cours des nombreuses soirées passées avec Fernande, Marcoussis et Marcelle à L'Ermitage, sa nouvelle brasserie favorite près du boulevard de Clichy, son attachement déclinant pour Fernande se trouvait remplacé par une passion naissante pour Marcelle.

Les deux femmes étaient aux antipodes l'une de l'autre. Gertrude Stein disait toujours de Fernande qu'elle était « très forte[38] », mais elle ne l'était jamais plus que quand elle se trouvait auprès de Marcelle, toute petite. Fernande était plus âgée que Picasso – de quatre mois seulement –, mais elle semblait soudain beaucoup plus vieille. Marcelle était plus jeune que Picasso – de quatre ans seulement –, mais auprès de Fernande elle faisait beaucoup plus jeune. Fernande était capricieuse, parfois infidèle, parfois coléreuse – si coléreuse qu'une fois elle secoua Picasso avec tant de vigueur qu'elle fit sauter un bouton de sa veste. Marcelle était douce, si douce et délicate qu'elle en était presque éthérée. Fernande avait un jour dépensé quatre-vingts francs, alors que quatre-vingts francs pour eux était une fortune, pour un flacon de parfum qui ne sentait même pas grand-chose mais qui, selon l'expression de Gertrude Stein, ressemblait à « de la vraie fumée liquide mise en bouteille[39] ». Elle avait le chic d'être extravagante, même quand elle n'avait rien à manger, alors que Marcelle avait le talent, à partir du plus minuscule budget, de préparer des repas délicieux et d'avoir une maison confortable. Fernande était une séductrice qui se laissait séduire, mais toujours les yeux ouverts : « La seule chose qui te distingue, dit-elle un jour à Picasso, c'est que tu es un enfant précoce[40]. » Marcelle était prête à se laisser enlever, à capituler, à aimer sans condition. Fernande vivait comme si le monde devait la faire vivre; à l'époque où ils n'avaient pas de quoi acheter du pain, elle commandait un repas somptueux et, quand le marmiton arrivait, son panier sur la tête, elle lui criait à travers la porte d'une voix pleine d'autorité et de séduction : « Je ne peux pas t'ouvrir, je suis toute nue... Pose ça là... Je passerai payer[41]. » Et il obéissait. Marcelle n'avait pas la force d'affronter le monde. Elle avait besoin de quelqu'un pour la protéger et, en retour, elle se donnait tout entière. Fernande se donnait si elle en avait envie et savait qu'elle pouvait s'en tirer toute seule : en donnant des leçons de français, en mettant ses boucles d'oreilles au mont-de-piété ou en enfreignant les règles.

Lorsque la distance de plus en plus grande qui la séparait de Picasso devint trop dure pour elle à supporter, Fernande se laissa succomber aux charmes d'Ubaldo Oppi, un jeune peintre italien que leur avait présenté à L'Ermitage le futuriste Gino Severini. « Vivre en n'ayant qu'une femme, devait dire Picasso plus tard, n'était pas pensable[42]. » Mais quitter une femme n'était pas moins difficile pour lui sur le plan émotionnel. Il laissa donc Fernande faire le premier pas. « Fernande est partie hier avec un peintre futuriste, écrivit-il à Braque. Qu'est-ce que je vais faire du chien[43]? » Cela ne faisait pas vingt-quatre heures que Fernande s'en était allée avec Oppi qu'il avait arraché Marcelle à Marcoussis. Le 18 mai, ils partirent pour Céret où étaient déjà Manolo et les Pichot « Je l'aime beaucoupé, écrivit-il à Kahnweiller et je le écrirais sur mes tableaux[44]. »

C'était une des quarante lettres que Picasso adressa à Kahnweiler entre le jour de son arrivée à Céret et le début 1912. À cette époque de bouleversements affectif et physique, Kahnweiler devint tout à la fois son point d'ancrage et sa liaison avec le monde extérieur. Les lettres énuméraient ses préoccupations et ses obsessions. La première commençait par les dispositions qu'ils avaient prises pour qu'on fît venir Fricka, son singe et ses chats, et se terminait sur un catégorique : « À personne ne donnez mon adresse pour le moment[45]. » Il ne faisait que de rares et réticentes allusions à l'origine de tout ce bouleversement, c'est-à-dire sa relation avec Marcelle. De caractère secret, il le devenait doublement chaque fois qu'il avait quelque chose de particulièrement précieux à protéger.

Pour démontrer à quel point Marcelle lui était précieuse, Picasso la rebaptisa Eva. C'était le nom qu'on lui avait donné lorsqu'elle était née à Vincennes de Marie-Louise et d'Adrien Gouel. Mais, suivant la mode de l'époque, elle s'était inventé un nouveau prénom et personne ne la connaissait plus sous le nom d'Eva Gouel. En la rebaptisant Eva, Picasso non seulement lui rendait son prénom original, mais aussi marquait la place qu'elle occupait dans sa vie comme la première femme qu'il aimait vraiment. « En effet, nous sommes ensemble et je suis bienheureux[46] », voilà tout ce qu'il était disposé à révéler même à un ami aussi sûr que Kahnweiler. « Mais ne dites rien à personne[47] », demanda-t-il une fois de plus à son marchand.

Une semaine après qu'il se fut enfui avec son nouvel amour, sa lettre à Kahnweiler montre un homme obsédé par son œuvre plutôt que par la passion qui venait d'envahir sa vie. « La palette de la rue Ravignan aussi, il faudrait la envoyer, elle et sale vous le envelopperez avec les châssis dans du papier. Et les lettres et les numéros et les peignes pour faire le faux bois. Pour les couleurs il faut envoyer celles de la rue Ravignan et celles du boulevard de Clichy, je vais vous dire où ils sont et je vais vous donner la liste (au fond je suis bien géné de vous donner tant de envêtements)[48]. »

Quelques jours plus tard, à peine pour la lettre le temps d'arriver à Paris, il écrivit de nouveau à son « cher ami » en se plaignant de l'absence du matériel dont il avait besoin pour peindre. Picasso ne supportait aucun retard entre une demande qu'il formulait et sa satisfaction : « J'ai bien besoin de mes affaires de peinture[49]. Manolo m'a bien donné quelques couleurs mais je ne trabail que avec du vert composé de violet de cobalte du noir de vigne du brun momie et du cadmium pâle et je n'ai pas de palette... Malgré tout je trabail. »

Pendant ce temps Kahnweiler qui ne voyait aucun inconvénient à transporter toiles, tubes de peinture et pinceaux sales à condition d'avoir le produit terminé, écrivit à Picasso une lettre poliment suppliante à propos des toiles entassées dans ses ateliers : « Dites-moi, vous me rendriez le plus grand service en me disant dans votre prochaine lettre quels sont les tableaux que vous considérez comme terminés pour que je puisse en disposer, puisque en somme dans huit jours vous n'en saurez pas plus qu'aujourd'hui et qu'il ne s'agit que d'une décision à prendre. Merci d'avance[50]. » Croisant la lettre de Kahnweiler arrivait une lettre de Picasso énumérant toutes toiles qu'il était disposé à lui vendre et en fixant le prix. « Les autres, ajoutait-il, ne sont pas encore présentables[51]. »

Quand Fernande, lasse de son escapade avec le jeune Italien, regagna le boulevard de Clichy, elle constata que Picasso n'y était plus. S'accablant de reproches et refusant d'accepter la défaite, elle décida de partir aussitôt pour Céret, de descendre chez les Pichot et d'essayer de regagner le cœur de Picasso. La nouvelle de son arrivée imminente parvint très vite à Céret et plongea Picasso dans des crises successives de fureur et d'angoisse. « Je suis bien embêté de tout ça[52] » écrivit-il à son marchand-confesseur le 12 juin, « de abbord » parce-que je ne voudrais pas que mon grand amour pour Marcelle soufre en rien des histoires que ils pourraient me causer et je ne voudrais pas non plus qu'elle soit du tout embêté et il faut que je soit tranquille pour mon trabail. J'ai bien besoin depuis quelque temps. »

Oubliant ses problèmes avec Fernande, il entreprit de donner à Kahnweiler un rapport sur les progrès de son œuvre, ce qui parut le mettre de meilleure humeur et l'incliner à cancaner et à régler quelques comptes : « À part tout ça je trabail beaucoup j'ai fait pas mal de dessins et j'ai commencé déjà huit toiles. Je crois que ma peinture gagne côme robustesse et clarté enfin nous verrons et vous verrez mais tout ça ne est prêt de être fini et pour tant j'ai plus de sûreté. Et l'exposition de Cologne? J'ai reçu ce matin *La Voce.* Vous me dites que le tableau genre Chtchoukine vous l'aimez beaucoup *(Les Demoiselles d'Avignon).* Je me rappelle quand j'étais en train de le faire un jour son venus Matisse et Stein et ils ont rigolé carrément devant moi. Stein me dit (je lui disais quelque chose pour essayer de lui expliquer) mais ce la quatrième dimension et se mettant à rire à ce moment-là. Ça pour la histoire[53]... »

Comme il le redoutait, Fernande arriva pour affronter l'homme dont elle partageait la vie depuis sept ans. Elle eut recours à toutes les armes de son arsenal théâtral, depuis la rage et la récrimination jusqu'aux supplications et à la séduction. Mais quand Picasso et Eva quittèrent Céret pour lui échapper, elle dut reconnaître que ses efforts avaient été vains : la liaison de Fernande avec Picasso était terminée. Dans une certaine mesure, bien sûr, elle l'était depuis quelque temps, ne tenant que par les liens fragiles de l'habitude, de l'inertie et de l'horreur qu'éprouvait Picasso pour les séparations et pour le vide qu'elles laissaient derrière elles. Mais Eva maintenant comblait ce vide et dans le havre de leur nouvel amour il n'avait rien à craindre. Il devait plus tard avouer à Gertrude Stein que « la beauté de Fernande le tenait toujours mais qu'il ne pouvait plus supporter ses petites façons[54] ».

« À part tout ça je trabail », écrivait-il à Kahnweiler. Et cela continuait d'être le grand thème de ses lettres. Même à la veille de sa fuite de Céret, sa lettre ne parlait presque que de ses tableaux. « Je ne les trouve pas trop mal[55] », répétait-il à deux reprises dans la même lettre, parlant des toiles qu'il envoyait à son marchand – mélange d'une fausse modestie bien inhabituelle et du plaisir réel devant le fait que ses expériences réussissaient.

« Tout doit avoir une fin, écrivait Fernande dans ses mémoires à propos du Lapin agile où ils avaient l'habitude d'aller, et tout ça s'est terminé vers 1912[56]. » Après l'épisode de Céret, elle accepta avec la même philosophie la fin de sa liaison avec Picasso. Comme c'était une lutteuse, elle s'était battue pour le reprendre; comme elle avait l'art de survivre, elle céda avec dignité à l'inévitable, comme on le voyait clairement dans la lettre qu'elle envoya à Gertrude Stein. Elle y parlait du plaisir que leur amitié lui avait procuré, mais reconnaissait qu'« elle comprenait parfaitement que cette amitié s'était toujours adressée à Pablo et que, bien que Gertrude lui eût toujours donné toutes les preuves de sympathie et d'affection, maintenant que Pablo et elle s'étaient séparés, il était naturellement impossible qu'à l'avenir il y eût la moindre relation entre elles car, cette amitié s'adressant à Pablo, il ne pouvait bien entendu être question d'un choix[57] ».

Marcoussis se vengea par une caricature publiée dans *La Vie parisienne* où il se dessina en train de regarder jubilant Picasso se traîner chargé de lourdes chaînes. Pour surmonter sa colère et sa douleur, il représentait toutes les responsabilités qu'il avait endossées et les sacrifices qu'il avait faits pour s'occuper de Marcelle comme un fardeau. C'était sa façon à lui d'essayer de se libérer du profond amour qu'il portait à la femme qu'on appelait maintenant Eva.

Picasso et Eva allèrent se réfugier à Perpignan puis à Sorgues, près d'Avignon où, loin de Fernande et du poids du passé, il loua une petite villa, Les Clochettes. « J'ai commencé déjà trois toiles, une Arlésienne, une nature morte et un paysage avec des afiches[58]... » Et, quelques jours plus tard, il exprima le soulagement qu'il éprouvait de lui avoir envoyé les toiles qu'il avait peintes à Céret :

« Je les aurais abimées probablement si je les avais continuées ici[59]. » Mais il ne les avait pas signées. Ç'aurait été le signe d'un achèvement trop définitif, trop irréversible et permanent, qui aurait ressemblé trop à une petite mort. Peut-être parce qu'il ne voulait pas affronter sa crainte des conclusions, Picasso attribua piteusement l'absence de signature à un oubli de sa part et approuva aussitôt la décision de Kahnweiler de les faire imiter. « Vous avez bien fait de faire signer mes récents tableaux de Céret par Boischaud. J'avais oublié de le faire en partant de là[60]. »

Il travaillait bien, il aimait Eva, il aimait le temps superbe, la belle lumière, les figuiers du jardin et les corridas de Nîmes. « Mais quelle chose rare la intelligence propre à un art dans un art il ne a eu que Manzantinito que ai fait quelque chose mais malgré tout la course a été agréable et la journée a été très belle j'aime Nîmes[61]... » Mais Braque lui manquait. « Dites à Braque que je lui ai écrit et que me écrit et me dise quand il pense venir me voir[62]... », dit-il à Kahnweiler.

À la fin de juillet, Braque finit par faire le voyage de Paris. C'était à la fois une visite à son partenaire... et son voyage de noces. Quelques mois plus tôt, Picasso l'avait présenté à Marcelle Dupré, la jeune femme avec qui il avait une aventure. Il déclara à Braque qu'il le présentait à sa future femme et, que ce fût une prophétie, un ordre ou une plaisanterie, cela se révéla être la vérité. Picasso avait fait tout ce qu'il pouvait pour encourager Braque et faire arriver ce qu'il avait annoncé; il les accompagna même quand Braque emmena Marcelle au Havre pour la présenter à ses parents. Une fois de plus, il avait renforcé son intimité avec un ami masculin en lui passant une femme qui était sa maîtresse. Il avait renforcé aussi ses liens avec Marcelle, qui avait l'impression de lui être redevable de son mariage; et comme Braque ne savait pas qu'ils avaient été amants, ils partageaient un secret qui les unissait encore davantage. « De cette façon, raconta plus tard Picasso, je n'aurai pas un ennemi dans la maison de mon ami[63]. »

Les habitudes de travail de Picasso furent bouleversées par l'arrivée de Braque beaucoup plus qu'elles ne l'avaient été par sa fugue avec Eva. Il abandonna son atelier pour au moins une semaine et se mit à bavarder, à marcher, à passer son temps avec Wilbur, comme il appelait Braque, traçant un affectueux parallèle entre leur association aux frontières de l'art et celle des frères Wright dans le ciel. « Il y a bien des jours que je ne vous ai pas écrit mais avec Braque nous avons fait tellement de promenades et des causeries d'art que le temps a filé. Nous avons été passer deux jours à Marseille. Wilbur Braque voulait chercher une maison à l'Estaque ou dans un autre endroit près de Marseille mais il est revenu à Sorgues et il a loué une maison. Nous avons acheté des nègres à Marseille et j'ai acheté un masque très bien et une femme avec des grands nichons et un jeune nègre[64]. »

C'était une période idyllique avec Picasso et Eva aux Clochettes et les Braque tout près à la villa Bel-Air. « Wilbur Braque est déjà installé, écrivit-il, il abite la ferme japonaise. Et pas autre chose de nouveau apart que je fais ma rai au milieu. J'ai acheté les brosses à dents que je vous avais dit je vous les conseille. Si vous seriez fumeur, je vous conseillerais aussi les pipes de Marseille[65]... »

Eva occupait peut-être une grande place dans la vie de Picasso, mais il n'y avait dans son œuvre que d'énigmatiques références à elle. Elle était trop précieuse pour lui, son œuvre était trop fragmentée et lui-même trop superstitieux pour peindre son image dans un portrait cubiste. Mais il écrivait son amour sur ses toiles : « J'aime Eva », inscrivit-il sur un pain d'épice en forme de cœur dans une nature morte. « Ma jolie », titre d'une chanson d'amour populaire, « Jolie Eva » et « Pablo-Eva » étaient d'autres façons pour lui de proclamer avec une joie enfantine son amour pour Eva dans son œuvre. Il alla même jusqu'à peindre sur un mur blanchi à la chaux de leur villa une nature morte avec une bouteille de Pernod, une mandoline et une partition musicale portant en titre « Ma jolie ». Mais le temps était passé où ses peintures sur des murs blanchis à la chaux étaient abandonnées et perdues à jamais. Sur les instructions de Picasso un maçon du pays maroufla la nature morte qu'on envoya à Kahnweiler dans un emballage spécialement conçu à cet effet.

Pendant ce temps, Kahnweiler s'était occupé de déménager les affaires de Picasso du boulevard de Clichy au 242, boulevard Raspail à Montparnasse. C'était un geste qui marquait bien des ruptures : avec Fernande et le dernier domicile qu'ils avaient partagé, avec le monde de bohème de Montmartre et avec les endroits qu'il fréquentait jadis. Cela marquait aussi le transfert du centre de gravité du monde artistique de Montmartre jusqu'aux quelques mètres carrés que constituait le carrefour Montparnasse avec le café du Dôme d'un côté et La Rotonde de l'autre. Ils devinrent bientôt les deux principaux points d'eau de Picasso et des nouveaux envahisseurs venus des quatre coins du monde à Paris en quête de ce qu'Apollinaire appelait un « refuge de belle et libre simplicité[66] », à partir duquel lancer leurs tentatives révolutionnaires pour réviser le passé. Poètes, peintres et exilés politiques comme Trotski se mêlaient et se lançaient dans des discussions passionnées en vue de refaire le monde, parfois en moins de sept jours.

La guerre et la révolution étaient dans l'air. Le premier bout du journal que Picasso utilisa dans ses collages annonçait : « La bataille est commencée. » C'était l'automne 1912 et la phrase faisait allusion à la guerre des Balkans, mais elle reflétait aussi le combat qui se déchaînait en lui pour comprendre et exprimer dans son œuvre le premier pas qui l'éloignerait du passé. La sérénité de ses natures mortes, des premiers mois d'espoir éveillé par son nouvel amour et renforcé par son séjour à Sorgues se trouva troublé par l'intrusion de la guerre et de la violence autour de lui et en lui. « Un chauffeur tue sa femme[67] », proclamait le gros titre dans *Journal et Violon,* alors que dans *Bouteille et Verre de vin,* la coupure de presse concernait un soldat rejetant une balle qu'il avait reçue dans la tête vingt-six ans plus tôt. Dans le bout du journal de *Bouteille, Tasse et Journal,* « la bande noire » se livrait à des actes de vandalisme sur les monuments publics, dans *Bouteille de vieux marc, Verre et Journal,* une artiste empoisonnait son amant, et dans *Bouteille et Verre de vin,* un vagabond s'accusait de meurtre. Le monde que dépeignait Picasso était malade, et la maladie était rendue d'autant plus troublante par la juxtaposition d'objets de la réalité quotidienne avec la violence et la décadence qui les entouraient.

C'était une juxtaposition qui ne lui était que trop familière dans sa vie personnelle. La stabilité et la prospérité croissante de son existence de plus en plus bourgeoise avec une maîtresse qui se comportait comme la plus compréhensive des épouses, côte à côte avec la cohorte disparate de fantômes et de monstres qu'il abritait en son sein. Il y avait un paradoxe encore plus marqué : entre le sentiment profond qu'il éprouvait pour Eva, ses poussées de lyrisme, même lors des phases les plus austères du cubisme et l'œil froid d'analyste avec lequel il disséquait le monde. « Picasso étudie un objet comme un chirurgien dissèque un cadavre[68] », écrivait Apollinaire à Paris à peu près à la même époque où Josep Junoy à Barcelone déclarait : « A chaque nouvelle tentative, il perd ses yeux, sa compréhension, son art. Seules ses mains, d'une magnifique habileté lui obéissent... Picasso comprend les choses sans les aimer; il les interprète sans pitié. Son amour est domination[69]. »

Son besoin de dominer et de posséder était un inévitable sous-produit de l'égocentrisme croissant qui imprégnait toutes ses relations, que ce fût avec les femmes de sa vie ou avec ses amis hommes. Là où jadis il avait simplement accepté l'adulation, aujourd'hui il l'exigeait. C'était avec Braque qu'il arrivait le plus près d'une profonde communion d'égaux avec un autre être humain, et même cette relation, après leur retour à Paris, commença à perdre un peu de son intensité. Bien sûr, les circonstances avaient changé : il y avait la jeune épouse de Braque et l'Eva de Picasso et son déménagement à Montparnasse loin de son ancien quartier. Mais par-delà les circonstances, il y avait l'envie irrésistible qui possédait Picasso de fuir, si subtile, progressive ou déguisée que fût la fuite, toute relation qui promettait ou menaçait d'atteindre d'inconfortables profondeurs d'intimité. Et lorsqu'il ne fuyait pas ou bien qu'il ne pouvait incontestablement pas posséder ni dominer, il boudait.

Juan Gris était fréquemment la cause de son agacement dès l'instant où il devint clair que, bien qu'il appelât Picasso « Cher maître » et qu'il exposât son portrait sous le titre de *Hommage à Pablo Picasso*, Gris était devenu sans contexte un peintre et un homme ayant leur propre réputation. Gris était un Espagnol et pourtant il s'était attaché à Matisse ce qui, dans la guerre qui se livrait dans l'esprit de Picasso, signifiait qu'il avait franchi les lignes ennemies et qu'il était passé dans le camp du Français. Gris jouissait aussi de l'admiration de Gertrude Stein, qui devait écrire plus tard que, « le seul vrai cubisme est celui de Picasso et de Juan Gris. Picasso l'a créé et Juan Gris l'a imprégné de sa clarté et de son exaltation[70]. » « Dites-moi pourquoi vous défendez son œuvre, vous savez bien que vous ne l'aimez pas[71] », lui demanda un jour Picasso furieux. Juan Gris, déclarait Gertrude Stein, était la seule personne que Picasso aurait voulu voir ailleurs[72]. »

Comme un enfant gâté qui ne supporte pas de partager l'affection, il geignait auprès de Kahnweiler qui aimait Gris et son œuvre : « Vous savez très bien que Gris n'a jamais peint de toiles importantes[73]. » Il ne parvenait pas à diminuer par ses paroles l'importance de Gris, mais il ne pouvait pas non plus apprendre à coexister avec son cadet espagnol que Kahnweiler appelait le « génie modeste[74] », sans doute pour le distinguer de son compatriote. C'était Picasso qui avait présenté Gris, peu après son arrivée au Bateau-Lavoir, à Kahnweiler. Mais à cette époque, Gris était encore trop peu reconnu et jouait trop le disciple dévoué pour que Picasso s'inquiétât d'un talent rival. Mais le moindre soupçon de rivalité, et surtout avec un compatriote de six ans son cadet, amenait Picasso à faire la moue, à aboyer et à mordre.

Au printemps 1913, lorsque Picasso et Eva quittèrent le boulevard Raspail pour retourner à Céret, Gris vint leur rendre visite. Il y avait quelque chose chez Gris qui continuait à attirer Picasso, malgré son hostilité irrationnelle. Kahnweiler devait plus tard décrire Gris comme « une main ferme au service d'une âme pure et d'un esprit clair[75] » et c'était cette pureté qui attirait Picasso, le même genre de pureté qui l'avait attiré vers Eva. Dans son œuvre, Picasso s'efforçait de représenter l'essence des choses et dans sa vie, malgré toutes ses dénégations, il était sans cesse attiré vers des gens qui semblaient plus près de cette essence. Si Fernande avait été pour lui la porte de la virilité, alors chez Eva il recherchait la porte du mystère d'une autre réalité, que Gris avait décrite comme « produite uniquement par les éléments de l'esprit humain[76] ». C'était cette réalité qu'évoquait Eva alors même qu'elle se plongeait dans les tâches ménagères les plus vulgaires. Elle ne semblait pas être entièrement de ce monde et Picasso, qui y était solidement enraciné, espérait posséder son mystère en la possédant elle-même. Max, qui en avril 1913 vint aussi rendre visite à Picasso et à Eva à Céret, la décrivait ainsi à Kahnweiler : « Eva est d'un dévouement admirable dans les humbles travaux ménagers. Elle aime écrire et rit facilement. Son caractère est égal et elle porte son attention à satisfaire un hôte assez sale naturellement et flegmatique, quand il n'est pas ridiculement fou et imbécile[77]... »

Les sentiments de Kahnweiler à propos de Gris correspondaient à ceux de Max concernant Eva : « Je sentais toujours autour de nous sa présence amicale, son affection[78] » écrivait-il. « Il était doux, affectueux, discret, mais il savait que son travail était important et il défendait ses idées avec fermeté... C'est ce qui fait de Juan Gris un personnage aussi remarquable dans l'art : *la complète identité de sa vie et de son art*. Son art est pur tout comme était sa vie. Ce n'était pas seulement un grand peintre mais un *grand homme*[79]. » C'était un hommage que le marchand ne décernerait jamais à Picasso. Et l'hostilité de Picasso envers Gris allait devenir encore plus virulente à mesure qu'il se trouvait confronté avec de nouvelles preuves de l'intégrité et de la bonté du jeune peintre. On aurait dit qu'il lui fallait dénigrer et détruire ce qu'il n'avait pas ou ce qu'il ne pouvait pas posséder aux conditions qu'il souhaitait.

On retrouvait dans ses rapports avec Juan Gris des échos de ses rapports avec son père : le dénigrement de ce qu'il n'arrivait pas à égaler. Le 2 mai, il apprit à Céret que son père était gravement malade. Le 3 mai, don José était mort. Picasso arriva à Barcelone juste à temps pour voir son père une dernière fois. Depuis un âge étonnamment et cruellement précoce, il ne reconnaissait plus d'autre autorité que la sienne propre, et le dévouement désintéressé de son père lui inspirait plus de ressentiment que de gratitude. Mais maintenant il n'était plus là et le remords de Picasso était énorme. « Vous pouvez imaginer dans quel état je suis[80] », écrivit-il à Kahnweiler de Barcelone. Lorsqu'il revint à Céret, il était dans un tel désarroi affectif qu'il n'arrivait pas à travailler. « J'espère, écrivit avec inquiétude Eva à Gertrude Stein, que Pablo va se remettre à travailler car il n'y a que cela qui puisse lui faire un peu oublier son chagrin[81]. »

Picasso franchit plusieurs fois la frontière au cours de l'été, mais pas une fois il n'alla rendre visite à sa mère. Il savait bien que se trouver tout près du chagrin ne lui rendrait que plus difficile de se trouver confronté au sien. Et, ayant évité presque toute sa vie d'avoir des relations avec son père, il était tout aussi déterminé à éviter de se retrouver devant son remords. Il choisit donc plutôt de passer son temps aux corridas et au cirque de Céret où il se lia vite avec les clowns qui, à en croire Max Jacob, « semblaient maquillés par une farce d'atelier cubiste[82] ». Mais, malgré tous les efforts qu'il déployait pour leur échapper, la maladie et la mort ne voulaient pas le laisser tranquille. Eva tomba malade, atteinte de ce que les docteurs diagnostiquèrent comme une bronchite. Et, en juillet, Picasso lui-même tomba malade et découvrit que sa santé était examinée à la loupe dans les journaux de Paris. Il avait à n'en pas douter franchi le pont séparant l'obscurité de la banalité de la gloire. En septembre, comme si la mort l'attirait autant qu'elle le repoussait, il vint s'installer avec Eva, qui semblait incapable de se débarrasser de sa maladie, rue Schoelcher, où la seule vue qu'on avait de leurs fenêtres était une perspective interminable sur le cimetière Montparnasse.

L'énorme et nouvel atelier ne tarda pas à s'encombrer de toiles terminées et inachevées, de bouts de fil métalliques, de cartons et de bois qu'il utilisait pour ses collages ainsi que d'un stock de tubes de peinture dont il voulait s'assurer qu'il durerait toujours. Gardant le souvenir des jours où il n'avait pas les moyens d'acheter assez de peinture pour travailler, il était décidé à ne plus jamais en manquer. Et comme il y avait des fois où il ne pouvait pas supporter de regarder une surface vide, il peignait sur des boîtes de cigares, sur les murs, même sur un tabouret cassé sans autre raison apparente que c'était ce qui se trouvait là.

Picasso était maintenant un des héros artistes de Montparnasse, on le désignait comme une curiosité locale parmi ceux qu'Apollinaire avait baptisés les « Hommes du Futur[83] ». Il portait avec nonchalance un complet d'allure anglaise et se coiffait d'une casquette à carreaux, abandonnant la tenue traditionnelle de la bohème à ces artistes conventionnels qui comptaient encore sur le passé pour y trouver l'inspiration. Modigliani était un des rares jeunes peintres qui se souvenaient d'avoir été encouragés par le Maître. A l'époque, il luttait encore et il était méconnu sauf comme arbitre des élégances, et même l'imagination inventive de Picasso n'arrivait pas à concevoir assez de raisons pour se sentir menacé par lui. Ils se rencontraient donc à la Rotonde, ce qui accrut aussitôt le prestige de Modigliani aux yeux des habitués. Picasso lui conseilla de continuer à dessiner : « On ne dessine jamais assez. Personne n'a fait plus de dessins que moi. Je me rappelle mon père me disant : " Je suis tout à fait disposé à ce que tu deviennes un peintre, mais tu ne dois pas commencer à peindre avant de savoir bien dessiner, et c'est très difficile... " A quinze ans, je pouvais dessiner des portraits, des personnages et même des grandes compositions – souvent sans modèle – parce que simplement en m'entraînant sur des pattes de pigeons, j'avais appris à capturer le mystère des lignes, même des nus[84]. »

Peu à peu, grâce aux efforts de Kahnweiler, la renommée de Picasso franchissait les frontières de la France, précédée par ses œuvres, qui en 1913 furent exposées à Munich, à Berlin, à Cologne, à Prague et à New York. Le 2 mars 1914, à l'hôtel Drouot, il y eut une vente aux enchères qui consacra Picasso en tant que peintre qui réussissait de façon triomphale sur le marché. La Peau-d'Ours, un club de collectionneurs fondé en 1904, organisait une vente des œuvres qu'il avait amassées au cours des dix dernières années, et la presse avait claironné l'événement en en faisant un baromètre de la valeur de l'art contemporain. La première surprise ce fut quand une nature morte de Matisse fut achetée cinq mille francs : mille francs de plus que les sommes atteintes par Gauguin et par Van Gogh. Puis, au milieu d'une excitation grandissante et en présence de nombreux amis et d'au moins autant d'ennemis, *Les Saltimbanques* de Picasso, qui s'étaient vendus mille francs en 1908, furent achetés par Heinrich Thannhauser de Munich pour onze mille cinq cents francs, somme spectaculaire à l'époque pour une œuvre moderne.

Le génie de Picasso avait maintenant un cours légal. C'était une apothéose et une validation de tout ce qu'il faisait, même si *Les Saltimbanques* et toutes ses autres œuvres en vente précédaient sa période cubiste bien plus controversée.

Cela déclencha un déferlement d'analyses sur la signification de tout cela. La conclusion la plus absurde était due à la xénophobie hystérique de l'époque. « D'énormes prix ont été atteints, déclara *Paris Midi,* par les œuvres grotesques et infâmes d'étrangers indésirables, et ce sont les Allemands qui les ont payés ou qui ont contribué à leur faire atteindre ces sommets, leur plan devient plus clair[85]. » Picasso refusa résolument de se laisser entraîner dans la controverse. « On peint tout simplement, dit-il; on ne colle pas ses idées sur un tableau[86]. » Et ce fut dans cet esprit de détachement olympien qu'il partit avec Eva pour Avignon où vinrent bientôt les rejoindre les Braque et les Derain. Il créa là-bas des tableaux et des collages colorés et joyeux. C'était une explosion de lyrisme qu'on décrirait plus tard comme du « cubisme rococo[87] ». Picasso célébrait son amour et peut-être en même temps défiait-il ou tentait-il d'exorciser la situation politique de plus en plus menaçante. Mais si c'était un exorcisme, il demeura inopérant. Au début d'août la guerre que bien des gens avaient déclarée impossible « au stade actuel de la civilisation », fut bel et bien déclarée.

Pour certains, c'était le début de la Grande Aventure; pour d'autres, c'était « la légitimation du retour à l'état sauvage[88] ». Apollinaire, qui avait passé les jours précédant la déclaration de guerre au casino de Deauville, à regarder le tango qu'on venait tout juste d'importer en France se répandre comme un feu de brousse sur la piste de danse, partit pour Paris avec le sentiment de renaître : « Je sentais en moi des êtres nouveaux pleins de dextérité qui bâtissaient et organisaient un nouvel univers[89]. » Il était décidé à s'engager et, quand sa première tentative eut échoué, il essaya de nouveau cette fois à Nice. Le cosmopolite apatride, que ses amis pressaient de venir les rejoindre en Suisse ou en Espagne, avait décidé au contraire de se donner à sa France bien-aimée « J'étais ivre de joie, écrivit-il, quand le conseil de révision de Nice me déclara bon pour le service[90]. »

Telle était l'atmosphère de patriotisme passionné qui entourait Picasso. Braque et Derain répondirent aussitôt à l'appel et, le 2 août, le jour où la France déclara la guerre, Picasso vint les accompagner à la gare d'Avignon. « Je ne les ai jamais retrouvés[91] » confia-t-il à Kahnweiler après la guerre. Tout le monde était revenu – et pourtant personne n'était revenu le même.

V

UNE FEMME POUR LA SAISON NOUVELLE

LORSQUE Picasso et Eva rentrèrent à Paris en novembre 1914, Max Jacob, Gertrude Stein et Juan Gris étaient les seuls amis proches restés dans la ville à demi abandonnée. Même Kahnweiler, qui avait toujours été un élément si stable dans la vie de Picasso, était parti. Etant toujours citoyen allemand, il s'était enfui à Rome et de là à Berne, et tous ses tableaux étaient saisis par la ville comme bien ennemi.

En tant que citoyen de l'Espagne neutre, Picasso n'avait aucune obligation de partir pour la guerre. Mais dans l'ambiance dominante de chauvinisme exalté, son attitude nécessitait des explications. Ce furent ses amis qui les fournirent. « Nous n'avons jamais rêvé, écrivit le peintre Jacques Villon, de retenir contre lui le fait qu'il ne s'était pas engagé. Nous savions qu'il valait bien plus que cela. Et d'ailleurs, ce n'était pas son pays qui avait besoin d'être défendu[1]. » Apollinaire, dressant une liste de qui était où parmi l'avant-garde française écrivait : « Derain est dans une unité de motocyclistes dans le Nord, Georges Braque était récemment sous-lieutenant au Havre, Fernand Léger est au front avec l'intendance, Albert Gleizes est au front depuis le début de la guerre et Dufy est au Havre à attendre… Picasso, dont la santé est trop chancelante pour lui permettre de rien faire d'autre que son précieux travail d'artiste a " dépassé Ingres dans ses admirables dessins sans même essayer ", d'après une lettre que j'ai reçue[2]. »

La principale faiblesse de la santé de Picasso, c'était son hypocondrie, mais Apollinaire n'avait jamais laissé l'exactitude venir gêner un argument qu'il était en train de développer. Il avait toutefois raison de décrire la tendance naturaliste qui venait d'apparaître dans l'œuvre de Picasso et qui accompagnait le style cubiste le plus austère. « Si on sait exactement ce qu'on va faire, dit un jour Picasso, à quoi bon le faire? Puisqu'on le sait, ça n'a aucun intérêt il vaut mieux faire autre chose[3]. »

Il n'avait jamais été prisonnier d'un style particulier, encore moins d'une école et, dès l'été 1914, il travaillait à une œuvre extrêmement naturaliste, *Le Peintre et son modèle,* qui restait inconnue et inachevée dans son atelier. Tout comme Picasso explorait un nouveau naturalisme, le monde autour de lui semblait de plus en plus cubiste. « Si on veut rendre une armée invisible, dit-il, il n'y a qu'à habiller les hommes en arlequins[4]. » Se promenant un soir sur le boulevard Raspail avec Gertrude Stein, il vit un convoi d'artillerie camouflé, peinturluré de formes et de couleurs cubistes. « C'est nous qui avons créé cela[5] », lui dit-il fièrement.

Un des passe-temps favoris de Picasso durant ce premier hiver de la guerre fut d'apprendre le russe. C'était un projet né en partie de la fascination qu'exerçait sur lui la Russie et surtout la baronne Hélène d'Oettingen. Eva et lui dînaient souvent avec la baronne et Serge Ferat, qui était officiellement son frère, même si l'on disait qu'ils n'avaient partagé qu'une nourrice et non pas une mère et si d'autres assuraient qu'il était en fait son amant. Quelle que fût la nature exacte de leurs rapports, ils formaient un couple charmant, riche et intelligent, lui peintre et elle écrivain sous divers pseudonymes. Une partie de la séduction de Picasso c'était son envie d'être séduit, et la baronne et lui passèrent bien des longues soirées occupés à développer sa connaissance du russe. Eva, abandonnée rue Schoelcher, se trouvait de plus en plus souvent à la merci de quintes de toux. Douce et taciturne, elle était sans ressources pour affronter le code de Picasso qui consistait à suivre sa dernière envie quel qu'en fût le prix pour ceux qui l'entouraient. Elle l'acceptait tout simplement et en même temps la souffrance que lui causaient leurs relations, c'était sa santé qui en supportait le choc.

Les soirs où ils étaient ensemble, Eva et lui dînaient souvent avec Gertrude et Alice rue de Fleurus. Leurs dîners étaient comme une ombre tragique des brillantes soirées de Gertrude avant-guerre. Les Zeppelins survolaient la ville et leurs conversations étaient ponctuées par les hurlements des sirènes et les quintes de toux d'Eva. A plusieurs reprises elle quittait précipitamment la salle à manger pour la salle de bains afin de dissimuler à Picasso le fait qu'elle crachait du sang. Un soir, il y eut une alerte aérienne et tous les quatre coururent au rez-de-chaussée s'abriter avec la concierge. Au bout d'un moment, ils regagnèrent la salle à manger où Eva et Alice essayèrent de dormir tandis que Gertrude et Picasso, les lumières éteintes, à la lueur d'une unique bougie posée sur la table, bavardèrent jusqu'à ce que la fin de l'alerte sonnât à deux heures du matin.

Les années de guerre étaient rendues plus pénibles pour Gertrude par l'absence de la rue de Fleurus de certaines de ses toiles favorites. Leo Stein était allé s'installer à Florence et ils avaient partagé leur collection comme il le lui expliquait en janvier 1914 : « J'ai tenu avant tout, écrivait-il, à ce que chacun eût raisonnablement tout ce qu'il voulait et, tout comme j'étais ravi que Renoir te fût suffisamment indifférent pour que tu fusses prête à les abandonner, je suis tout aussi heureux que Picasso me soit assez indifférent pour que je sois prêt à te laisser tout ce que tu veux de lui[6]. » Il prit les Renoir et les Matisse; elle garda les Picasso et les Cézanne, à la déchirante exception d'une nature morte de Cézanne avec des pommes. « Les pommes de Cézanne ont pour moi une importance unique que rien ne peut remplacer, écrivit Leo. Je crains qu'il ne te faille considérer la perte des pommes comme un cas de force majeure[7]. » Gertrude avait du mal à se montrer philosophe et, quand Picasso vit à quel point il était bouleversé, il intervint. « Je vous peindrai une pomme et elle sera aussi belle que toutes les pommes de Cézanne[8] », déclara-t-il et il tint sa promesse pour Noël. « Une œuvre sort toujours plus ou moins d'une autre[9] », dit-il en lui offrant sa pomme de Cézanne, avec l'inscription : « En souvenir, pour Gertrude et Alice. »

La guerre avait rapproché Picasso et Gertrude et c'était Picasso qui abusait de cette proximité. Matisse se rappelait être arrivé rue de Fleurus pour mettre au point les dispositions dont il avait parlé avec Gertrude pour aider Juan Gris qui, maintenant que Kahnweiler était parti, était près de mourir de faim dans le Paris en guerre. Lorsque Matisse arriva à l'appartement de Gertrude pour leur rendez-vous, il croisa Picasso qui en sortait. Une fois entré, il découvrit que Gertrude avait changé d'avis. Après tout, elle n'allait pas aider Gris. Picasso avait employé tout son charme pour persuader Gertrude de l'abandonner. En fait, ce fut Leonce Rosenberg qui intervint pour reprendre les peintres de Kahnweiler : il signa un contrat avec Gris et l'aida à survivre.

L'isolement croissant de Picasso, la dispersion de ses amis, la guerre et l'angoisse qui le rongeait à propos de la santé déclinante d'Eva firent apparaître à la surface l'aspect le plus sombre, le plus impitoyable de sa personnalité. Il y avait une autre raison plus profonde. Il avait espéré par Eva s'approcher d'une réalité intangible qu'elle représentait pour lui et, pendant quelque temps, il y parvint. Mais, peu à peu, d'autres forces se révélèrent plus puissantes et, au lieu qu'Eva l'éloignât de ses démons, elle regardait ses propres forces s'en aller. « Tout le monde parlait de toute la réalité qu'il y avait dans le cubisme, devait dire Picasso plus tard. Mais on ne le comprenait pas vraiment. Ce n'est pas une réalité qu'on puisse prendre dans sa main. C'est plutôt comme un parfum : elle est devant vous, derrière vous, sur les côtés, l'odeur est partout, mais on ne sait pas très bien d'où elle vient[10]. » Il savait que grâce à Eva il était plus conscient du « parfum ». Il soupçonnait Gris d'avoir accès lui aussi à cette réalité et plus lui-même s'en sentait éloigné, plus il s'acharnait contre Gris.

C'était Eva qui avait inspiré *La Table de l'architecte,* une nature morte cubiste, portant l'inscription « Ma jolie », et que Picasso choisit pour évoquer l'essence qu'il brûlait de capturer. Il l'avait peinte au début de leur relation, alors qu'il était en contact avec l'harmonie et la lumière qu'elle incarnait à ses yeux mais cela semblait il y a bien longtemps et la tendresse était maintenant bannie de son univers. Eva, qui le connaissait bien et qui était profondément sensible à ses crises de dépression et de rage et qui en restait péniblement affectée, devenait chaque jour plus fragile. Elle faisait tout son possible pour cacher à Picasso le fait qu'elle souffrait, non pas d'une bronchite passagère, mais de tuberculose. Elle dissimulait les mouchoirs tachés de sang et appliquait des couches de rouge de plus en plus épaisses pour masquer la pâleur de ses joues. Elle était terrifiée à l'idée que, s'il savait, il allait la quitter.

La mer sans fin de croix de pierre à laquelle ils étaient confrontés à chaque fois qu'ils regardaient par la fenêtre rendait plus intense encore la sensation d'étouffement qui pesait sur eux deux. Ce n'était pas moins étouffant lorsqu'ils sortaient. Dans les cafés, dans les rues, les hommes et les femmes le considéraient avec tout le mépris qu'ils avaient pour un homme en pleine santé qui était resté à l'arrière. C'était comme s'ils mettaient en doute sa virilité, et lui se réfugiait dans le sarcasme : « Est-ce que ce ne sera pas terrible, dit-il à Gertrude Stein, quand Braque, Derain et tous les autres poseront leur jambe de bois sur une chaise et raconteront leurs combats[11] ? » Son humour noir parut plus noir encore lorsque la nouvelle parvint à Paris que Braque et Apollinaire avaient été grièvement blessés à la tête et que tous deux avaient dû être trépanés. Braque fut transféré d'hôpital en hôpital avant l'opération, mais pas une fois il n'eut de nouvelles de Picasso.

Il y avait quelque chose de froid comme la glace au cœur de la vie de Picasso et quelque chose de tout aussi froid au cœur de son art. « Un vent cosmique d'hiver a arraché l'un après l'autre les voiles du feuillage, écrivait en 1914 le critique d'art russe Nicolas Berdiaev. Toutes les fleurs et toutes les feuilles sont tombées, les objets sont privés de leur couverture; toute la chair, exhibée en images d'une beauté impérissable, s'est désintégrée. On a l'impression qu'il n'y aura plus jamais un printemps cosmique... On dirait qu'après le terrible hiver de Picasso rien ne fleurira jamais comme avant... Il dénude sans merci les illusions de la beauté synthétique personnifiée, matérielle. Derrière la beauté captivante et fascinante de la femme, il voit l'horreur de la désintégration et de la décomposition. Comme un voyant, il voit à travers tous les voiles, les vêtements et les couches protectrices, son regard plonge dans les profondeurs du monde matériel où il aperçoit ses monstres composites[12]. »

Depuis le début de la guerre, Picasso semblait ne voir que les démons derrière les voiles. Max Jacob peut-être aurait pu lui apporter quelque consolation durant cette époque d'amère solitude, mais il était trop absorbé par ses relations avec le Christ. Et puis, comme il l'écrivait à Maurice Raynal : « Les Juifs sont des hommes de l'esprit; j'ai besoin des hommes du cœur[13]. » Il avait été instruit pour préparer sa conversion, et même ses visions n'étaient pas orthodoxes et avaient lieu dans des endroits théologiquement peu conventionnels. Il avait eu sa dernière vision dans une salle de cinéma lors de la projection d'un film de Paul Féval intitulé *La Bande des hommes en noir*. Par bonheur, les pères du monastère Notre-Dame-de-Sion étaient si désireux de convertir des Juifs au christianisme qu'ils donnèrent le baptême à Max.

Il choisit Picasso pour parrain, nullement démonté par le fait que, si Picasso croyait à quelque chose, c'était à ce qu'il y avait une force mauvaise qui régnait sur l'univers. « Un bon catholique, dit-il à Max, est un homme qui a un grand appartement, une famille, des domestiques et une auto[14]. » Comme prénom chrétien, Picasso voulait choisir Fiacre, d'après le saint patron des chauffeurs de taxi français, ce qui fit soupçonner que son parrain ne traitait pas l'occasion avec la solennité qu'il convenait. Ils finirent par se mettre d'accord sur Cyprien – un des propres prénoms de Picasso. Le baptême eut lieu le 18 février au monastère Notre-Dame-de-Sion, et Picasso offrit à son filleul un exemplaire de *L'Imitation de Jésus-Christ*, avec en dédicace : « À mon frère Cyprien Max Jacob. Souvenir de son baptême, jeudi 18 février 1915. » En guise de cadeau prébaptismal, il fit le portrait de Max. « Je pose chez Pablo, écrivit Max à Apollinaire qui était au front. Il a fait un portrait de moi au crayon qui ressemble beaucoup à celui d'un vieux paysan; on dirait en même temps mon grand-père, un vieux paysan catalan et ma mère[15]. »

Picasso continuait à travailler, mais son ardeur habituelle avait cédé la place à un sentiment croissant de futilité. Ce fut son année la moins féconde depuis qu'il s'était installé à Paris et pourtant il n'avait jamais passé autant de temps chez lui et dans son atelier, surtout après que Gertrude eut quitté la France en guerre pour l'Espagne neutre. Lorsqu'il devint impossible, même pour Eva si résolue de lui cacher la nature de sa maladie, Picasso, terrifié à l'idée de la contagion, fuyait souvent leur appartement et passait des heures à travailler dans son garde-meubles du Bateau-Lavoir.

À l'automne, il fallut hospitaliser Eva dans une clinique d'Auteuil. Picasso vivait seul pour la première fois depuis des années. Il allait chaque jour à la clinique, mais il lui fallait quelqu'un pour le consoler durant les longues nuits solitaires. Il trouva ce quelqu'un en la personne de Gaby Lespinasse, une belle parisienne de vingt-sept ans, qui était sa voisine boulevard Raspail. Elle avait pris le nom de Herbert Lespinasse, l'artiste de nationalité américaine qui était son amant lorsque commença sa liaison avec Picasso. Entre les moments qu'il passait avec Gaby et les longs trajets aller-retour en métro pour aller voir Eva à la clinique, il avait de moins en moins de temps pour travailler.

« Ma vie est un enfer[16] », écrivit-il à Gertrude

Stein. Mais les croquis sensuels de Gaby nue et les aquarelles fantasques comme *La Chambre au clair de lune, La Cuisine provençale* et *La Salle à manger provençale* démentent ses protestations par leur côté folâtre et leurs ardentes inscriptions : « ... Gaby mon amour mon ange je t'aime ma chérie et je ne pense qu'à toi je ne veux pas que tu sois triste pour te faire oublier les choses désagréables regarde la petite salle à manger je serai si heureux avec toi... Tu sais combien je t'aime... À demain mon amour il est très tard avec tout mon cœur Picasso[17]. » Il se dessina aussi sous l'horloge au carrefour du boulevard Raspail et du boulevard Edgar-Quinet avec une boîte de chocolats et la silhouette de Gaby à sa fenêtre. « Le dessin, écrivit l'historien d'art Pierre Daix, dit ici avec une clarté remarquable que, à ce moment-là, c'est l'enfer qui est abstraction et le plaisir qui éclôt en un classicisme à peine piégé de cubisme[18]. »

« Comme toujours, je n'arrête pas[19] », écrivait-il de façon ambiguë à Gertrude Stein. Et il n'arrêtait pas de travailler ni d'aller rendre visite à Eva mourante pas plus qu'il n'arrêtait de la trahir. « J'ai fait un tableau d'un arlequin que je crois à mon avis et de l'avis de plusieurs personnes être le mieux que j'ai fait. » C'était assurément une des toiles les plus sinistres qu'il eût jamais peintes, avec son arrière-plan noir et le sourire menaçant de l'arlequin.

En décembre, quand le compositeur Edgar Varèse amena Jean Cocteau, la coqueluche des salons, pour lui faire rencontrer Picasso, l'arlequin dominait son atelier. À vingt-six ans, on avait décrit Cocteau tantôt comme marchant « avec la fierté d'un oiseau sauvage tombé par hasard dans un poulailler[20] », tantôt comme évoquant mieux que tout autre jeune homme le « quelle bénédiction c'était d'être vivant en cette aurore » de Wordsworth, ou tout simplement comme le « prince frivole », titre d'un recueil de poèmes qu'il avait publié à vingt et un ans. D'une élégance impeccable, il portait à la boutonnière un gardénia que, racontait-on, il recevait chaque jour de Londres. Picasso raconta à ses deux visiteurs qu'il était très amoureux d'une jeune femme qui était sur le point de mourir. « Je n'ai jamais oublié l'atelier de Picasso, se rappelait Cocteau quarante ans plus tard, car toute la hauteur de sa grande baie vitrée donnait comme une proue sur le cimetière Montparnasse... Picasso et moi nous dévisageâmes un long moment. J'admirai son intelligence et je m'accrochai à tout ce qu'il disait, car il parlait peu; je restai silencieux pour ne pas en perdre un mot. Il y avait de longs silences et Varèse n'arrivait pas à comprendre pourquoi nous nous regardions l'un l'autre sans mot dire. En parlant, Picasso utilisait une syntaxe visuelle et on pouvait tout de suite *voir* ce qu'il disait. Il aimait les formules et se résumait dans ses déclarations comme il se résumait et se sculptait dans les objets qu'il rendait aussitôt tangibles[21]. »

Les longs silences, les regards échangés sans un mot, cette façon de s'accrocher à tout ce que disait Picasso à cette première rencontre : Cocteau était amoureux et sur la piste de quelque chose de profond. « Il tomba sous le charme de Picasso et y resta jusqu'à la fin de ses jours[22] », écrivit Francis Steegmuller, le biographe de Cocteau, alors que ce dernier décrivait leur rencontre comme « inévitable, écrite dans les étoiles ». Pour Picasso, le prince frivole était son pont vers un monde qu'il avait à peine entr'aperçu, un monde de réceptions, de bals et de banquets, de princesses et de comtes, de virtuosité et d'idéalisation encore plus dénuée de critique. Mais pour le moment Cocteau devait repartir pour le front et Picasso revenir au chevet d'Eva. Mais pas pour longtemps.

Quelques jours plus tard, le 14 décembre, Eva mourut. « Ma pauvre Eva est morte, écrivit-il à Gertrude Stein, ça a été une grande douleur pour moi... Elle a toujours été si bonne pour moi[23]. » Bien qu'il ressentît sa mort comme le soleil pourrait pleurer la perte d'une planète dans son orbite, son chagrin n'en était pas moins réel. Depuis que sa petite sœur était morte si brusquement, il semblait que c'était toujours la mort qui l'emportait.

Kahnweiler, qui avait connu Eva lorsqu'elle était avec Marcoussis et qui avait suivi depuis le début le développement de sa liaison avec Picasso, fut horrifié par l'annonce de sa mort. Il dit que c'était un grand crime et il reprocherait toujours à Picasso d'avoir enlevé Eva à l'homme qui l'avait soutenue et protégée, d'autant plus que de toute évidence elle n'était pas assez robuste pour supporter les vicissitudes de la vie avec lui.

L'enterrement d'Eva, loin d'être l'occasion d'un deuil apaisant, ne fit qu'aggraver le sentiment croissant de culpabilité et d'isolement de Picasso. Il n'y avait que sept ou huit amis à l'enterrement et le triste temps d'hiver ajoutait au sentiment général d'accablement. Juan Gris, qui était assez indulgent pour se retrouver aux côtés de Picasso, écrivit à Maurice Raynal : « C'était une triste histoire et les plaisanteries ajoutaient énormément à l'horreur[24]. » Max, qui s'était accordé quelques libations pour se réchauffer du long trajet glacial de la clinique jusqu'au cimetière, finit par faire des propositions au beau cocher du corbillard, transformant la tragédie en burlesque.

Ce fut le plus triste Noël de la vie de Picasso. Tout seul rue Schoelcher; hanté par le souvenir d'Eva, par sa maladie et par sa mort, il était trop désemparé pour même pouvoir trouver refuge dans le travail. Le soir, par habitude plus que par envie, il se traînait jusqu'à La Rotonde, vêtu d'un imperméable en loques et coiffé d'une casquette à carreaux noir et blanc. Il s'asseyait dans la salle du fond, perdu dans ses sombres pensées. Très épisodiquement, quelque chose attirait son attention et il s'enflammait. Un soir, ce fut le ruban de la médaille militaire sur la vareuse d'un soldat. On aurait dit qu'une décharge électrique l'avait secoué. « Ce jaune entre les rayures vertes, cria-t-il, me paraît rouge, c'est bien rouge[25] ! » Puis il retomba dans son accablement.

Le seul coin de lumière de son univers était habité par Gaby. C'était un coin plein d'entrain, de tendresse et, comme il n'avait aucun lien avec le reste de sa vie, plein d'irréalité. Il prenait grand soin de ne pas ajouter à ses propres remords la désapprobation du monde à propos d'une aventure qui avait commencé alors que son grand amour mourait et qui se poursuivait alors qu'il pleurait sa disparition. Personne donc ne savait rien à propos de Gaby.

Le 29 décembre, alors que Picasso vivait encore avec le pont-levis levé, inaccessible même aux quelques amis qui lui restaient à Paris, le ballet russe de Diaghilev donna un brillant gala pour la Croix-Rouge britannique. Ce fut une exubérante représentation de *L'Oiseau de feu* de Stravinski, dirigé par le compositeur en personne et qui captiva le Tout-Paris fatigué par la guerre. Serge de Diaghilev, qui avait échoué comme chanteur, comme compositeur et comme administrateur des théâtres impériaux russes, réussit brillamment comme imprésario des Ballets russes. Ce fut lui qui amena Nijinski et Pavlova à Paris, qui éblouit les balletomanes des spectacles somptueux et qui fit la conquête des « chers snobs », l'élite parisienne qui accourait à ses galas.

L'un de ceux qui étaient le plus enchantés par Diaghilev, ses ballets et ses danseurs, c'était Cocteau, qui devint bientôt pratiquement un membre de la troupe. Avec une affection très slave, Diaghilev se mit à l'appeler « Jeanchik », ne le surveillant du coin de l'œil que quand il s'agissait de Nijinski, « son jeune et fascinant léopard apprivoisé[26] ». « Etonne-moi! J'attendrai que tu m'étonnes[27] », lança Diaghilev à Cocteau, un soir qu'ils traversaient la place de la Concorde après une représentation. « Je ne tardai pas à me rendre compte qu'on n'étonne pas un Diaghilev en une semaine ou deux, raconta Cocteau. Dès cet instant, je décidai de mourir et de renaître. Ce fut un long effort épuisant. Cette rupture avec la frivolité spirituelle... je la dois, comme bien d'autres, à cet ogre, à ce monstre sacré, au désir d'étonner ce prince russe pour qui la vie n'était tolérable que dans la mesure où il pouvait faire appel à des merveilles[28]. »

Diaghilev avait constamment besoin de sang nouveau; et l'avant-garde française avait besoin d'un nouvel aiguillon et de façons nouvelles d'exprimer ses dons. Ce fut Cocteau, cet autre grand imprésario, qui fut l'artisan de cette alliance entre deux groupes qui au début se méfiaient l'un de l'autre et même se méprisaient. Démobilisé des fusiliers marins, sa guerre à lui terminée alors que pour les autres elle faisait encore rage, Cocteau décida d'amener Picasso dans le cercle de Diaghilev. Il commença par le présenter à Erik Satie, le célèbre compositeur français qui venait de Normandie mais dont l'excentricité de pince-sans-rire était, selon Cocteau, « héritée d'ancêtres écossais... Il avait l'air d'un petit fonctionnaire, avec une barbiche en pointe, des lunettes, un parapluie et un chapeau melon[29] ». Souvent, après qu'ils avaient dîné ensemble, Picasso raccompagnait Satie à

Arcueil où il habitait, une promenade de deux heures depuis Montparnasse par des rues de banlieue désertes. Il y avait dans leur intimité un certain formalisme, en partie parce qu'à cinquante ans Satie avait quinze ans de plus que Picasso. Leurs adieux après ces promenades marathons étaient typiques de l'étrange raideur de leurs rapports. « Bonsoir, monsieur Picasso. – Bonsoir, monsieur Satie[30] », disaient-ils en ôtant leurs chapeaux. Personne n'était jamais invité dans le saint des saints de Satie. Ses amis en fait en franchirent pour la première fois le seuil après sa mort, et y découvrirent plus d'une centaine de parapluies, dont certains n'avaient jamais été sortis de leur emballage. Ce fut au cours d'une de ces promenades vespérales que Picasso commença à caresser l'idée d'aller s'installer en banlieue. Il savait qu'il devait quitter la rue Schoelcher et il voulait déménager assez loin pour que les démons avec qui il avait cohabité dans cet appartement ne pussent plus l'atteindre.

Gertrude Stein était de retour à Paris, présidant à ses soirées avec une vigueur renouvelée. Satie n'était pas le seul nouvel ami que Picasso amena rue Fleurus. Gertrude se souvenait de « Paquerette, une fille très charmante[31] », et d'« Irène, une femme ravissante qui venait des montagnes et qui voulait être libre ». En même temps, sa liaison secrète avec Gaby se poursuivait. « J'ai demandé ta main au bon Dieu[32] », lui avait-il écrit sur un petit bout de papier le 22 février 1916. Avait-il aussi demandé à Gaby sa main – ou bien demandait-il au bon Dieu de lui donner un nouveau rêve avec le chapelet, le petit chérubin et les intérieurs de maison de poupée qu'il peignait pour elle ? Dans le vaste arsenal de Picasso le séducteur, la vérité était un article négociable, il dit un jour que « l'artiste doit connaître la façon de convaincre les autres de la vérité de ses mensonges[33] ». Et l'homme était aussi convaincant que l'artiste. Il inventait la réalité non moins que dans son art et les mots faisaient partie du faire semblant. Il écrivait à Gaby qu'il ne pensait qu'à elle et qu'il demandait sa main au bon Dieu, mais il demandait en même temps à une superbe Martiniquaise de venir s'installer avec lui. Son aventure avec Gaby fut bientôt terminée et la belle Martiniquaise repartit au bout de quelques semaines seulement, ne voulant pas supporter ses humeurs sombres, ses crises de rage et ses silences. « Il était sinistre[34] », dit-elle simplement.

Ils étaient pourtant nombreux ceux qui étaient parfaitement disposés à payer le prix d'être son ami et qui trouvaient même fascinant l'aspect sinistre de sa nature. Cocteau était non seulement prêt à payer le prix, il était prêt à jouer n'importe quel rôle, si flagorneur et même absurde qu'il fût pour courtiser Picasso et le tirer de son isolement. Lorsqu'il grimpa les marches qui menaient à l'atelier de Picasso déguisé en arlequin, ce n'était qu'un des hommages les plus colorés qu'il rendait à l'homme qu'il décrivit comme « *la* grande rencontre[35] » de sa vie. Heureusement, son adulation ne le privait pas de son irrévérence. Le Premier mai, le jour où Picasso fit son portrait dans un uniforme de style militaire, il écrivit à sa grande amie, Valentine Gross, une belle jeune femme au port splendide et à l'intelligence acérée, qui était peintre elle-même et qui avait dessiné nombre des danseurs de Diaghilev : « Ce matin, pose pour Picasso dans son atelier. Il commence une tête de moi dans le style Ingres : parfait pour le portrait d'un jeune auteur destiné à accompagner des œuvres posthumes après un décès prématuré[36]. »

C'était la rencontre de deux mondes et de deux cultures, et ce fut Picasso qui le premier introduisit

Cocteau dans son monde à lui. Montparnasse était un pays exotique pour le poète mondain. « Picasso, écrivait-il à Valentine Gross, au milieu d'août, ne cesse de m'emmener à La Rotonde. Je ne reste jamais plus qu'un moment, malgré l'accueil flatteur que me réserve le cercle de ses amis (peut-être devrais-je dire le cube). Des gants, une canne et un col dur étonnent ces artistes en manches de chemise : ils ont toujours pris cela pour les insignes de la faiblesse d'esprit[37]. »

Picasso n'était plus chez lui non plus à Montparnasse. A la surprise générale, il trouva une petite maison Second Empire avec un jardin au 22, rue Victor-Hugo, à Montrouge, derrière la porte d'Italie. Avant de déménager, il reçut rue Schoelcher la visite d'Axel Salto, directeur de la revue d'art danoise *Klingen,* qui écrivit un article décrivant l'atelier de Picasso et faisant de l'homme un portrait où bien des images allaient se retrouver couramment plus tard dans la littérature consacrée à Picasso : « Il portait un chandail vert pré et un large pantalon de velours marron comme en portent encore les artistes français. Il est de petite taille et bâti comme un matador. Il a le teint olivâtre et ses yeux noirs au regard perçant sont rapprochés, la bouche est ferme et bien dessinée. Il me fit penser à un cheval de course, à un étalon arabe au cou bien formé. Les gens disaient qu'il avait des pouvoirs secrets et qu'il était capable de tuer un homme en le regardant; on racontait bien d'autres choses étranges. Il y avait chez lui quelque chose de massif et de surnaturel. Il fut l'amabilité même, me montrant toutes ses possessions, y compris un kaléidoscope où, en regardant par un verre, on voyait un ciel étoilé où volaient des anges[38]. »

A la fin de l'été, le kaléidoscope avec les anges, *Les Demoiselles d'Avignon,* les aquarelles de

Cézanne, les Matisse, les Derain avec le tableau de Rousseau représentant les potentats européens et *La Fille aux pieds nus,* qu'il avait peint à douze ans et qui était accroché au-dessus de son lit – tout cela et le reste de ses affaires furent mis en caisses et transportés à Montrouge. Picasso, qui avait horreur de déménager, joua de son charme irrésistible et une fois de plus fit appel à Max pour l'aider, alors qu'en même temps, dans un geste de réciprocité, il envoyait à son filleul l'argent qu'il lui avait demandé pour secourir le futuriste Severini, qui souffrait de tuberculose :

Mon cher filleul Max,

Je t'envoie l'argent que tu me demandes et je serais très content de te revoir bientôt. Je suis en plein dans les installations déménageoires et tu arriveras à point pour le coup de main que tu m'as toujours prêté en ami. Tu sais le peu de chose que je te demande en ce cas : seulement ton appui moral, des encouragements, enfin, la main amie de Max Jacob. En attendant, voici la mienne.

Ton vieil ami,

Picasso[39].

Max, bien sûr, répondit à l'appel et vint prêter bien plus qu'un coup de main. Comme il l'avait écrit à Tristan Tzara, un des fondateurs du mouvement Dada au début de l'année, « Picasso est mon ami depuis seize années, nous nous sommes haïs et nous nous sommes fait autant de mal que de bien, mais il est indispensable à ma vie[40]. »

Picasso avait à peine emménagé dans sa nouvelle demeure que des cambrioleurs vinrent voler tout son linge, laissant les toiles intactes. Pendant ce temps, Cocteau avait réussi à le persuader d'entreprendre une nouvelle et audacieuse aventure qui ferait plus largement connaître son œuvre, peut-être même à des cambrioleurs de banlieue. L'idée de Cocteau, suivant l'injonction de Diaghilev de l'étonner, était qu'Erik Satie écrivît la musique et que Picasso dessinât les costumes et les décors d'un nouveau ballet. Cela paraissait assez simple. C'était en fait un projet d'une audace inouïe. « Montmartre et Montparnasse, écrivit l'homme qui osa faire cette tentative, vivaient sous une dictature. Nous traversions la phase puritaine du cubisme. On ne tolérait que des objets comme on peut en trouver sur une table de café, avec une guitare espagnole. C'était une trahison que de peindre un décor de théâtre, surtout pour les Ballets russes. Même les propos blasphématoires de Renan n'auraient pas pu scandaliser davantage la Sorbonne que Picasso ne bouleversa le café de La Rotonde en acceptant mon invitation. Le pire était qu'il nous fallait rencontrer Diaghilev à Rome, alors que le code cubiste interdisait tout déplacement, sauf du nord au sud de Paris, de la place des Abbesses au boulevard Raspail[41]. »

Mais le seul code que suivait Picasso, c'était celui que lui dictait son cœur. Et il y avait quelque chose d'irrésistible dans cette occasion de se trouver une nouvelle famille alors que la guerre l'avait rendu orphelin. A la fin d'août Cocteau et Satie envoyèrent à Valentine Gross une carte postale : « Picasso fait *Parade* avec nous[42]. » Satie était ravi, Cocteau en extase. Séduire le grand prêtre du cubisme pour lui faire réaliser un décor de théâtre resterait pour Cocteau jusqu'à la fin de ses jours une source d'orgueil enfantin. Des années plus tard, il ne se lassait d'évoquer et de romancer chaque détail de cette aventure : « A Montparnasse, en 1916, l'herbe poussait encore entre les pavés. Les marchandes de quatre-saisons poussaient leurs charrettes, les gens palabraient au milieu des rues. Ce fut au milieu de la rue, entre La

Rotonde et Le Dôme que je demandai à Picasso de faire *Parade* [43]. »

Ce fut Cocteau qui les rassembla mais, avant longtemps, des querelles de famille commencèrent à éclater. « Fais comprendre à Satie, si tu peux percer la brume de l'apéritif, écrivait Cocteau exaspéré, à son amie et confidente Valentine Gross, que je compte vraiment pour quelque chose dans *Parade* et que Picasso et lui ne sont pas les seuls à y tenir un rôle... Ça me vexe quand il danse autour de Picasso en hurlant : " C'est toi que je suis... C'est toi qui es mon maître ! " et qu'il a l'air d'entendre de la bouche de Picasso des choses que je lui ai répétées cent fois. Entend-il rien de ce que je dis[44] ? »

Dix jours plus tard, Satie à son tour se déchargeait auprès de sa « chère et douce amie[45] », Valentine Gross : « Si vous saviez combien je suis triste ! *Parade* s'améliore derrière le dos de Cocteau. Picasso a des idées que je préfère à celles de notre Jean ! Comme c'est épouvantable ! Et je suis à fond pour Picasso et Cocteau ne le sait pas ! Qu'est-ce que je dois faire ? Maintenant que je connais les merveilleuses idées de Picasso, j'ai le cœur brisé d'avoir à mettre en musique les idées moins merveilleuses de notre bon Jean – oh ! oui ! moins merveilleuses. Qu'est-ce que je dois faire ? Qu'est-ce que je dois faire ? Ecrivez-moi pour me conseiller. Je suis hors de moi. »

Moins d'une semaine plus tard, il écrivit de nouveau à Valentine Gross pour lui dire que tout était arrangé. Picasso et lui l'avaient emporté contre Cocteau qui voulait introduire un mégaphone distribuant des phrases et des sons et intervenant dans la musique, la chorégraphie et le décor. « Quand même, c'est une grande chose que d'être au cœur des batailles du grand art[46] », avait écrit Cocteau avant d'être vaincu dans cette bagarre-là.

Le 7 octobre, les quatre dînèrent ensemble pour discuter des progrès de leur travail chez Mme Errazuriz, une très riche mécène chilienne, qui était devenue la dernière pourvoyeuse et organisatrice de la vie de Picasso, achetant ses toiles, lui trouvant une domestique pour Montrouge et lui faisant même cadeau d'un somptueux dessus-de-lit rose. Diaghilev venait d'arriver de Rome avec Leonid Massine, qui avait remplacé Nijinsky comme danseur étoile et chorégraphe, maintenant que Nijinsky avait été annexé par une ballerine hongroise en Amérique du Sud. Cocteau qualifia le dîner de *soirée Babel :* Mme Errazuriz criait en espagnol avec Picasso, Diaghilev en russe avec Massine, et Satie en dialecte du Sauternes avec Cocteau.

Picasso était enchanté de faire de nouveau partie d'une famille travailleuse de monstres sacrés. Mais Braque, de retour à Paris, ne voyait aucun pont entre son monde, sa guerre et la nouvelle orientation flamboyante prise par son partenaire d'avant-guerre. De son côté, Apollinaire, avec sa croix de guerre, son crâne rasé et le bandeau de cuir entourant sa blessure à la tête, ne demandait qu'à se joindre à la troupe. Cocteau l'appelait « Apollinaris » et le trouvait plutôt fatigant avec « sa barbe à la Bolivar, sa cicatrice et sa stupide guerre[47]... ». Mais il n'avait d'autre choix que de l'accepter dans la « famille » puisque c'était la volonté de Picasso et, le 31 décembre 1916, il alla avec Picasso et Max Jacob rendre hommage à Apollinaire à un grand banquet organisé en l'honneur du poète pour la publication de son dernier livre, *Le Poète assassiné.*

Apollinaire qui, malgré la fascination qu'exerçait sur lui Picasso, les quatre années passées et la guerre, était encore profondément blessé par sa trahison dans l'affaire des statuettes volées, choisit *Le Poète assassiné* pour régler son vieux compte. Picasso apparaît dans le livre comme l'Oiseau du Benin, alors que la petite amie du poète, Tristouse, est un portrait assez peu flatteur de Marie Laurencin qui avait quitté Apollinaire malgré ses supplications. Le Poète assassiné, Croniamantal, était de toute évidence Apollinaire lui-même. Dans le livre, l'Oiseau du Benin séduit Tristouse, puis propose de sculpter une statue pour commémorer le souvenir de Croniamantal :

« – Une statue en quoi? demanda Tristouse. En marbre, en bronze?

« – Non, c'est trop vieux, répondit l'Oiseau du Benin, il faut que je lui sculpte une profonde statue en rien, comme la poésie et comme la gloire.

« – Bravo! Bravo! dit Tristouse en battant des mains. Une statue en rien, en vide, c'est magnifique[48]. »

C'était une amère allégorie du vide qui se dissimulait derrière les protestations de loyauté et d'amitié de Picasso, mais Picasso choisit de l'ignorer et de s'unir aux amis d'Apollinaire pour fêter la publication de son livre.

Malgré les protestations scandalisées des habitués du Dôme et de La Rotonde, Picasso se lança avec enthousiasme dans sa nouvelle aventure. « Je travaille à notre projet presque chaque jour, écrivit-il à Cocteau. Inutile de s'inquiéter[49]. » Plus tard, il dit au jeune compositeur, Francis Poulenc : « Longue vie à nos partisans[50]! C'est grâce à eux que nous cherchons autre chose! » Et il cherchait bel et bien autre chose. Le 16 février, il emmena Cocteau chez Gertrude Stein pour le présenter et annoncer qu'ils partaient le lendemain pour Rome.

« Voilà! s'exclamèrent-ils en arrivant rue de Fleurus. Nous partons en voyage de noces[51]. »

Cela se révéla être une remarque quelque peu prophétique. « J'ai soixante danseurs, écrivit Picasso à Gertrude Stein. Je me couche tard. Je connais toutes les femmes de Rome[52]. » Ce qu'il n'écrivait pas à Gertrude Stein, c'était que, parmi les soixante danseurs du Ballet russe de Diaghilev, se trouvait une ballerine de vingt-cinq ans, dont la délicate beauté et le maintien réservé avaient aussitôt intrigué Picasso et lui avaient fait oublier Eva, Gaby, Irène, Pâquerette et les innombrables rencontres fugitives qui avaient empli le vide depuis la mort d'Eva. Olga Koklova était la fille d'un colonel de l'armée impériale russe, elle était née à Niezin, en Ukraine, le 17 juin 1891. Elle était partie de chez elle à vingt et un ans pour entrer au Ballet Diaghilev et se consacrer à la danse. Son talent n'était pas assez grand pour compenser le fait que, pour une danseuse, elle avait commencé trop tard, mais Diaghilev aimait avoir dans sa compagnie des filles d'une classe sociale plus élevée, même si elles n'étaient pas très bonnes danseuses.

Olga Koklova était avant tout moyenne : ballerine moyenne, de beauté moyenne et d'intelligence moyenne, avec les ambitions moyennes de se marier et de s'installer. Pour Picasso qui avait essayé des prostituées, des modèles bisexuels, de jeunes bohèmes flamboyantes, des beautés tuberculeuses et des filles noires de la Martinique, Olga était si conventionnelle à tous égards qu'elle en était pratiquement exotique. Et il y avait aussi chez elle une touche de mystère. Cette fois, ce n'était pas le mystère d'une autre réalité dont Eva rayonnait, mais le mystère d'un autre pays. Picasso avait toujours aimé ce qui était russe, et plus encore depuis sa rencontre avec la baronne d'Oettingen. Lui qui, même en pleine guerre, ne lisait que les potins et les bandes dessinées, n'en trouvait jamais assez dans les journaux sur les récents développements de la situation en Russie, les soulèvements, le sort du tsar, les espoirs du peuple. Au printemps 1917, la Russie le fascinait plus que jamais. La révolution venait de se déclencher, le tsar avait abdiqué et un gouvernement provisoire s'était installé au pouvoir.

Il y avait donc bien des éléments différents qui, à ce moment particulier de l'histoire et de la vie de Picasso, se combinèrent pour transformer une ballerine russe moyenne en une créature ensorcelante, choisie dans le corps de ballet pour être l'objet de ses constantes attentions. Il y avait le romantisme de la vieille Russie, de l'Ukraine et de l'armée impériale russe, il y avait les convulsions de la révolution dont on comptait qu'elle allait construire un nouveau monde sur les ruines de l'ancien; il y avait l'intense excitation qui entourait toujours Diaghilev, qui se proclamait lui-même un « sensualiste incorrigible » dans son art comme dans sa vie; et puis il y avait Picasso, lassé de la lutte où l'entraînait son génie, fatigué de l'intensité désordonnée de ses passions, las de sa solitude intérieure et aspirant à un peu de normalité, tout cela rassemblé dans un petit mystère russe, impérial, révolutionnaire et artistique.

Ce que Picasso était pour Olga était beaucoup plus simple. Les femmes – et les hommes – étaient fascinées par son regard de marbre noir, charmées par « ses mains si brunes, si délicates et si vives[53] », enchantées par la mèche rebelle de ses cheveux noirs. Certains, comme Cocteau, avaient ressenti « une décharge électrique[54] » en le rencontrant; d'autres, comme Fernande, avaient été magnétisés par « ce rayonnement, ce feu intérieur qu'on sentait en lui[55] ». D'autres encore étaient fascinés par ce superbe bohème qui connaissait l'opium et les femmes, les cabarets et les bordels, ils étaient ensorcelés par sa vigueur, les secrets qu'il semblait connaître et cacher, son flair et son sens de la mise en scène. Et il y avait ceux qui étaient tout simplement impressionnés de se trouver en présence du monstre sacré de Montmartre et de Montparnasse et de l'inventeur révolutionnaire du cubisme. Mais Olga ne se souciait guère de l'art, elle ne voyait qu'un moyen de décorer un appartement, elle était révoltée par la vie de bohème et bien maîtresse d'elle-même pour se laisser envoûter par ce magnétisme animal. Et puis c'était une artiste et son narcissisme était égal à celui de Picasso. Elle répondit donc à ses avances parce qu'il était important dans son univers immédiat, c'était quelqu'un d'assez valable pour avoir été choisi par le légendaire Diaghilev pour dessiner les décors et les costumes de *Parade*. Et elle répondit avec prudence et calcul.

Les danseurs étaient descendus à l'hôtel Minerva, derrière le Panthéon. Diaghilev, Massine, Cocteau et Picasso à l'hôtel de Russie, sur la Piazza del Popolo. Picasso passait une grande partie de son temps à parcourir la distance entre les deux hôtels, traversant « une ville de fontaines, d'ombres et de clairs de lune[56] », pour aller rendre visite à sa ballerine. Cocteau, enflammé par le désir de l'imiter plus que par tout autre désir, s'attacha à une autre ballerine russe et accompagnait Picasso à ses rendez-vous romanesques. Cocteau en fait trouvait que sa petite Shabeska ressemblait au chien de Buster Brown. Mais ils s'entendaient très bien et le jour où ses collègues en riant lui ouvrirent les yeux, elle se lança avec entrain dans le jeu qui consistait à suivre Pablo et Olga. Eux aussi se promenaient dans Rome, eux aussi dînaient en tête-à-tête dans la Campagna, eux aussi allaient au cinéma, eux aussi s'assuraient que le visage et la veste de Cocteau étaient maquillés de maquillage de ballerine, comme ceux de Picasso. En même temps, et pas seulement pour la galerie, Cocteau s'employait à séduire Diaghilev, n'hésitant pas à se mettre un peu de rouge aux joues et aux lèvres chaque fois qu'il était près de lui. Diaghilev était déjà très occupé avec un de ses danseurs étoiles et un valet italien, mais tout le monde était de trop bonne humeur, travaillait trop dur et était trop impressionné par tous les autres pour trouver à redire quand des excursions amoureuses ne suivaient pas exactement le cours prévu.

Picasso travaillait dans un atelier via Margutta, à une table qui donnait sur la villa Médicis, mais le parquet de sa chambre d'hôtel et les tables sur lesquelles il prenait ses repas se trouvaient aussitôt jonchés de dessins des personnages de *Parade,* d'esquisses et de caricatures de ses collaborateurs et nouveaux amis. Il dessinait sur toute surface vierge : sur des menus, sur des serviettes, et même sur le pommeau d'ivoire de la canne de Diaghilev. Il était particulièrement fasciné par le visage de Stravinski, avec ses grosses lèvres, son nez crochu et ses grandes oreilles. Stravinski était arrivé en mars pour diriger son *Oiseau de Feu* et ses *Feux d'artifice* au gala donné par Diaghilev pour la Croix-Rouge italienne et la représentation ne s'ouvrit pas, comme d'habitude, sur l'hymne impérial russe « Dieu protège le tsar », puisqu'il n'y avait plus de tsar à protéger mais sur l'orchestration faite par Stravinski des « Bateliers de la Volga ».

Stravinski était une nouvelle découverte pour Picasso et Picasso pour Stravinski. Cocteau, se sentant abandonné et nostalgique, fit un dessin d'eux, avec Stravinski en haut-de-forme se penchant pour parler à Picasso coiffé d'un chapeau melon. L'affinité entre Picasso et Stravinski était, comme le dit Francis Steegmuller, « une conjonction de planètes majeures qui semblent avoir laissé les autres un peu à l'écart[57] ». Picasso, qui se vantait de détester toute musique à l'exception du flamenco, était fasciné par le compositeur qui, six ans après que lui-même eut consterné ses amis avec *Les Demoiselles,* avait scandalisé le monde avec son *Sacre du printemps.* Il était fasciné aussi par le côté dandy de Stravinski, qui allait jusqu'à ses pantalons jaune moutarde et ses chaussures jaune clair et à la certitude dont il rayonnait qu'il était un des hommes du futur.

Lorsque la compagnie quitta Rome pour Naples au milieu de mars pour venir danser à l'opéra San Carlo, les deux hommes suivirent et passèrent le plus clair de leur temps à explorer ensemble l'aquarium, le Vésuve, Pompéi, les petites boutiques, les aquarelles napolitaines et à s'explorer l'un l'autre. « Le pape est à Rome, Dieu est à Naples[58] », ainsi Cocteau résumait-il leur escapade napolitaine. « On s'excite à Naples, mais on couche avec Rome », était le commentaire de Picasso. Il était d'une curiosité inlassable à propos de ce qu'il voyait : « L'artiste doit se promener avec un centimètre pour se rendre compte de tout, il doit toucher tout[59]. » Et il dit à un Italien qu'ils avaient rencontré que le but de l'artiste est de s'« efforcer de chercher la cachette de Dieu[60] ».

Stravinski quitta bientôt l'Italie pour retourner en Suisse avec dans ses bagages le portrait que Picasso avait dessiné de lui. Mais au poste frontière de Chiasso, les douaniers italiens, examinant ses bagages, refusèrent de laisser passer le portrait. « Ce n'est pas un portrait, c'est un plan, déclarèrent-ils. – Oui, le plan de mon visage, mais pas autre chose[61] », répondit Stravinski, mais en vain. Pour finir, comme on n'allait pas le laisser franchir la frontière avec le portrait, Stravinski le renvoya à

Rome et l'ambassadeur britannique le lui réexpédia en Suisse par la valise diplomatique.

Le 30 avril, après une représentation à Florence, toute la troupe accompagnée de Picasso et de Cocteau partit pour Paris. Il régnait une ambiance de vacances au studio des Buttes-Chaumont où une équipe de décorateurs de théâtre travaillait dur sous les ordres de Picasso pour terminer le décor, les costumes et le magnifique rideau de scène qui, avec ses arlequins et ses « silhouettes géantes fraîches comme des bouquets[62] », évoquait l'amour et la nostalgie de Picasso pour le monde féerique du cirque. L'ambiance de vacances se poursuivait après le travail. Olga était déjà venue à Paris avec le Ballet russe, mais cette fois c'était tout à fait différent. Son rêve alors avait été d'être danseuse étoile. Aujourd'hui, c'était d'être la femme de Picasso, ou plutôt d'accéder au rang social qu'elle convoitait en devenant sa femme.

Quant à Picasso, depuis deux mois, il s'adonnait à un nouveau jeu et il l'adorait. Il avait été physiquement obsédé par les femmes, fasciné par elles, il leur avait fait l'amour passionnément, il avait eu des aventures fugitives avec des femmes dont il avait oublié le visage, le nom et le corps mais il n'avait jamais fait la cour à une femme. Et, si Olga était peut-être peu expérimentée sexuellement et si elle ne connaissait guère les hommes, elle était née avec tous les instincts de la survie féminine et savait quand il fallait donner un peu, garder beaucoup et promettre tout. « Non, non, monsieur Picasso, l'entendait-on dire de sa chambre d'hôtel. Je ne vais pas vous laisser entrer[63]. » À ce jeu de l'amour courtois, elle était la partenaire parfaite. « Attention, dit Diaghilev à Picasso. Les filles russes, il faut les épouser. – Vous plaisantez[64] », répondit cavalièrement Picasso. Après tout, il avait atteint l'âge de trente-six ans en évitant le mariage et, comme toujours, il se vantait d'être parfaitement maître de n'importe quelle situation.

Enfin, le 18 mai 1917, ce fut la première de *Parade* au théâtre du Châtelet. À deux cent cinquante kilomètres de là, des soldats français tombaient par milliers dans leurs assauts contre les lignes allemandes. Il y avait des mutineries parmi les troupes, la Russie s'était effondrée et le moral des Alliés était au plus bas. À l'intérieur du Châtelet, une foule extrêmement hétérogène rassemblée pour la première éclata en applaudissements frénétiques lorsque apparut le rideau de scène de Picasso. Parmi ceux qui battaient des mains et qui acclamaient se trouvaient la princesse de Polignac, le comte et la comtesse de Beaumont, Misia Sert, Debussy, André Gide, Apollinaire, Juan Gris, E.E. Cummings, des soldats russes en permission et tout un assortiment de poètes et de peintres de Montmartre et de Montparnasse que Diaghilev avait invités personnellement dans un effort pour combler l'abîme qui séparait la haute société de l'ascétique avant-garde.

Puis le rideau se leva, le ballet commença et avec lui le drame dans le public. L'apparition des gigantesques régisseurs devant la tente du cirque, vantant bruyamment les numéros qui devaient donner aux passants imaginaires un avant-goût du spectacle imaginaire qui se déroulait à l'intérieur, fut saluée par des « Vive Picasso » venant du poulailler et par des huées lancées par les balletomanes conventionnels. « Pour la première fois, écrivait Poulenc – il s'est bien rattrapé depuis –, le music-hall envahissait l'art – avec un grand A[65]. » Mais le public n'était pas encore prêt à accueillir cette invasion et à se rallier à l'appel de Cocteau pour « réhabiliter le lieu commun[66]. » Le régisseur américain surtout, une construction cubiste de près de trois mètres cinquante, faite de gratte-ciel, de tubes métalliques, chaussée de bottes de cow-boy et d'un haut-de-forme, insultait toute idée préconçue sur l'aspect que devraient avoir des personnages de ballet. Et les régisseurs ne se contentaient pas de « danser » : ils rugissaient par-dessus le rugissement de la musique de Satie, où l'on retrouvait le crépitement de machines à écrire qui évoquait désagréablement des rafales de mitrailleuses. Il y avait aussi une construction de deux mètres cinquante en forme de cheval, dont la comtesse Anna de Noailles, grande dame des salons littéraires, assurait qu'elle aurait fait rire un arbre, et la jeune Américaine qui « monte un cheval de course, roule à bicyclette, tremble comme les films sur l'écran, imite Charlie Chaplin, poursuit un voleur avec un revolver, boxe, danse un ragtime, s'endort, fait naufrage, roule sur l'herbe d'un matin d'avril, achète un Kodak, etc.[67] ».

Le public en eut bientôt assez. Au milieu des sifflets, des huées et du chahut, on entendit même les cris de « sales Boches » en partant du principe qu'en ces terribles années de guerre, tout ce qui était déplaisant et incompréhensible devait être l'œuvre de l'ennemi. « S'il n'y avait pas eu Apollinaire en uniforme, écrivit Cocteau, avec son crâne rasé, sa cicatrice sur la tempe et son bandage autour de la tête, les femmes nous auraient arraché les yeux avec des épingles à cheveux[68]. »

Picasso observait le drame qui se déroulait dans la salle comme si cela n'avait aucun rapport avec lui. Il était assis dans la loge de Diaghilev auprès de Misia Sert, la grande amie de l'imprésario. De descendance en partie polonaise, on la décrivait comme « la reine du Ballet Russe[69] », ou, pour reprendre la formule plus pittoresque de Valentine Gross, comme « une fée un instant et une sorcière l'instant suivant, terriblement malicieuse, adorablement généreuse, décidée à tout détruire dans l'art qui n'avait pas été conçu ou du moins nourri entre ses quatre murs[70]. » En grande tenue de soirée, parée de diamants et d'une tiare d'argent, on aurait dit, à la première de *Parade,* qu'elle se trouvait à une soirée différente. Picasso arborait un polo rouge, mais, comme devait le dire de lui plus tard Pierre Mac Orlan, le romancier et chroniqueur de Montmartre : « Il ressemblait à un prince vêtu en mécanicien non pour garder l'incognito, mais pour être à l'aise. En somme, il dominait nettement son groupe, peut-être aussi parce qu'il était marqué par le signe mystérieux et magnifique de la Fortune[71]. » Et c'étaient les princesses autour de lui qui n'avaient pas l'air à leur place.

Cocteau, par contre, à en croire André Gide, qui s'en alla le trouver dans les coulisses « avait l'air tendu, peiné et prématurément vieilli. Il savait que le décor et les costumes étaient de Picasso et la musique de Satie, mais il se demandait si Picasso et Satie n'étaient peut-être pas de lui[72] ». La lecture du programme de *Parade* aurait eu tôt fait de lui faire renoncer à pareille idée. Apollinaire y célébrait « le musicien novateur Erik Satie[73] » et « le plus audacieux des chorégraphes Leonid Massine » et, bien sûr, Picasso, qui, provoque un étonnement qui tourne vite à l'admiration, mais il ignorait ostensiblement Cocteau. La bataille se poursuivait entre Montparnasse et l'éclat facile et mondain incarné par Cocteau. Picasso et Massine, écrivait Apollinaire, « ont consommé pour la première fois cette alliance de la peinture et de la danse, de la plastique et de la mimique, qui est le signe de l'avènement d'un art plus complet. [...] De cette alliance nouvelle – car jusqu'ici les décors et les costumes d'une part, la chorégraphie d'autre part, n'avaient entre eux qu'un lien factice, il est résulté dans *Parade* une sorte de sur-réalisme où je vois le point de départ d'une série de manifestations de cet Esprit nouveau[74] ».

Pour Apollinaire, *Parade* était le triomphe de l'Esprit nouveau. Pour Debussy, aux portes de la mort, il était arrivé trop tard : « Peut-être! peut-être, l'entendit-on murmurer en quittant la salle, mais je suis déjà trop loin de tout cela[75]! » Pour un des spectateurs, c'était tout simplement ridicule : « Si j'avais su que c'était si idiot, dit-il à sa compagne, j'aurais amené les enfants[76]. » Quant à ceux qui avaient sifflé, hué et qui avaient été scandalisés, *La Grimace* résumait leurs sentiments : « L'inharmonieux clown Erik Satie a composé sa musique sur des machines à écrire et des klaxons... son complice, le barbouilleur Picasso, spéculant sur l'éternelle stupidité humaine[77]... »

Satie était si furieux de ce qu'écrivirent les critiques qu'il adressa à l'un d'eux une carte postale : « *Monsieur et cher Ami,* vous n'êtes rien d'autre qu'un trou du cul et un trou du cul qui n'est même pas musicien[78]. » Le critique l'attaqua en diffamation et Satie fut condamné à une semaine de prison. Cocteau devait plus tard qualifier *Parade* de « gros jouet[79] »; mais c'était aussi le début symbolique de l'art moderne, avec tous les éléments d'un mythe moderne, y compris le scandale, un chahut retentissant – qui devait être bientôt suivi de son acceptation comme un chef-d'œuvre retentissant – de nouveaux héros et même un nouveau martyr en la personne de Satie emprisonné.

Tandis que Satie se retrouvait en prison, Picasso était parti avec Olga et toute la troupe de Diaghilev pour Barcelone. On l'accueillit là-bas en héros. C'était sa première visite depuis la mort de son père, et ses amis en firent une grande fête. On donna des soirées en son honneur, il y eut des pèlerinages nostalgiques au rendez-vous favori de sa jeunesse, des soirées de flamenco et des conversations se poursuivaient tard dans la nuit avec Pallarès et de Soto et Reventós, les frères Junyer-Vidal, Utrillo et Iturrino. Ils se réunirent tous pour donner le 12 juillet un banquet en l'honneur de Picasso où Iturrino proposa des toasts, où l'on chanta avec enthousiasme « La Marseillaise » et « Els Segadors », et dont la presse rendit compte abondamment.

Picasso n'arrêtait pas de travailler et pour l'essentiel il dessinait Olga dans un style toujours réaliste, l'air toujours élégante et digne. Elle insistait pour que son portrait fût fait dans un style naturaliste. « Je veux reconnaître mon visage[80] », lui dit-elle. Elle insista aussi pour qu'on la représentât portant une mantille, aussi dans *Olga à la mantille,* il l'hispanisa et, comme il n'avait pas de mantille sous la main, il en improvisa une avec un dessus-de-lit. Sous les accessoires et derrière son sourire esquissé, l'artiste révélait chez Olga une dureté, un esprit possessif et une obstination que l'homme lui-même ne percevait pas, ou que, si c'était le cas, il choisissait d'ignorer. Malgré ce qu'il avait dit à Diaghilev et ce qu'il s'était dit à lui-même, la décision d'épouser Olga se précisait.

Pourtant, dans ce qu'on percevait sous l'apparence d'*Olga à la mantille,* et plus encore dans la série qu'il peignit à Barcelone d'un taureau éventrant un cheval, il y avait, fût-ce à un niveau profondément subliminal, une ambiance sombre, un doute, un soupçon qui imprégnaient la clarté de cette décision. C'était un soupçon que partageait sa mère. Peu après qu'il lui eut présenté Olga, elle l'avait prise à part et l'avait prévenue qu'aucune femme ne pourrait être heureuse avec son fils parce qu'il n'était disponible que pour lui-même et pour personne d'autre. Elle savait aussi que son fils ne pourrait pas être heureux avec cette femme-là; mais elle fit bon accueil à Olga et alla la voir danser *Les Sylphides* et *Les Menines*. Et elle accepta avec reconnaissance le portrait d'Olga en mantille que son fils lui offrit, peut-être parce qu'il n'avait pas envie de se trouver confronté à l'évidence de ses propres intuitions.

Depuis la mort de son mari, doña Maria vivait avec sa fille, qui était mariée à un médecin, don Juan Vilato Gomez. Mais, lors de sa visite à Barcelone, son fils choisit de descendre à la pension Razini sur le port où séjournait Olga. Un jour que Picasso et Olga se promenaient, ils furent abordés par une gitane qui proposa à Olga de lui dire la bonne aventure. « Comment t'appelles-tu? demanda la gitane. – Je m'appelle Carmen », répondit Olga, qui adorait prétendre qu'elle était espagnole. « Et toi? – Je m'appelle Olga[81] », dit la gitane, lui renvoyant la balle.

Le jour où la troupe partit pour continuer sa tournée en Amérique du Sud, Olga était sur le quai pour dire adieu à ses collègues. Le choix n'avait pas été difficile à faire entre une médiocre carrière de danseuse et un brillant mariage. À la fin de l'automne, ils revinrent à Paris et commencèrent à vivre ensemble dans la petite maison de Montrouge. Il y a un dessin d'eux qui les montre assis à chaque bout de l'énorme table de salle à manger, Picasso flanqué de ses deux chiens, Olga de la femme de chambre, toute la scène baignant dans une ambiance étrangement domestique. Il y a aussi une photographie d'eux montrant Olga, d'une élégance un peu collet monté avec une robe à rayures et un bonnet, assise auprès d'un Pablo échevelé entouré du chaos habituel de son atelier. Ils n'avaient même pas une langue en commun que tous deux parleraient bien, aussi en étaient-ils réduits à parler français avec un fort accent russe ou espagnol. Vivre ensemble à Montrouge n'était pas facile, mais elle savait qu'il était en train de lui commander toute une nouvelle garde-robe et que Paul Rosenberg, qui devait bientôt devenir le marchand officiel de Picasso, leur avait trouvé un nouvel appartement superbe à Paris. Elle avait le sentiment que, très bientôt, l'ordre et l'élégance règneraient sur toute leur vie.

Qu'importait si d'horribles toiles disloquées s'entassaient dans son atelier de Montrouge? Ne lui avait-il pas offert pour Noël le plus joli petit tableau de leur maison, avec des toiles et flocons de neige et qui ressemblait tant à quelque chose venant de sa Russie natale? Mais les ouvriers qui travaillaient à leur nouvel appartement de la rue La Boétie prenaient beaucoup trop leur temps et Olga s'impatientait. Aussi au printemps allèrent-ils s'installer dans une vaste suite au très chic hôtel Lutetia, où elle pouvait recevoir sans être gênée et où Picasso avait un atelier où il pouvait travailler. Mais de temps en temps, à la fin d'un dîner élégant, il quittait sa future épouse au Lutetia pour fuir à Montrouge où la maison, qu'il conservait comme entrepôt, faisait office d'atelier nocturne et de retraite bien nécessaire.

Les signes avant-coureurs d'un futur désastre étaient visibles aux yeux de tous, mais Picasso avançait comme un somnambule vers le jour de leur mariage comme s'il suivait un cap qu'aucune main humaine ne pouvait modifier. C'était la route fixée par un homme las et déçu. Fatigué de toujours oser et brûlé par son propre feu sacré, il espérait trouver avec Olga un havre de dignité tranquille et même une excuse pour ne plus oser. Il voulait échapper à la quête épuisante de la peinture absolue et de l'absolu en peinture pour se réfugier dans un monde d'une luxueuse banalité. Il avait cherché à libérer l'art de la réalité matérielle et voilà maintenant qu'il s'avançait volontairement dans un monde de frontières, de limites et de conventions artificielles. Les deux tendances de sa personnalité – son mysticisme espagnol, qui persistait malgré toutes ses dénégations, et son réalisme français – qui en fin de compte ne le satisfaisait pas malgré toutes les concessions qu'il lui avait faites – avaient convergé sur la conjonction la plus fragile et la plus improbable : une aristocrate de toute petite noblesse.

Des années plus tard, il dirait qu'il avait fixé son choix sur Olga parce qu'elle était jolie et qu'elle appartenait, même si c'était par la tangente, à la noblesse russe. Tout jeune, à Corogne, il avait été rejeté par la famille d'Angeles parce que son milieu social n'était pas assez distingué. Un quart de siècle plus tard, il allait régler ce compte-là. Il y avait aussi le désir de s'allier à la haute société, à une élite riche et nantie, à un monde qui était encore pour lui un territoire inconnu. S'il devait s'y lancer, il avait besoin de quelqu'un auprès de lui. Qu'Olga fût ou non la partenaire qui lui convenait pour la vie, il savait qu'elle était à n'en pas douter celle qui lui fallait pour le monde. Elle compensait son ignorance de l'art par sa connaissance profonde de la science du maintien, et son manque d'intérêt pour les idées par son fanatisme en matière d'habillement. Bien élevée et suprêmement gracieuse, qu'elle entrât dans une pièce ou qu'elle en sortît, ou qu'elle tînt une coupe de champagne, elle semblait la femme qu'il lui fallait pour la nouvelle saison de sa vie. Mais était-elle aussi la femme pour toutes les saisons ? Il avait dû se convaincre que oui, car il accepta de signer un contrat de communauté des biens d'après lequel tout ce qu'ils possédaient, y compris toutes ses toiles, serait divisé en parts égales en cas de divorce – une éventualité que de toute évidence il ne considérait pas comme probable, sans quoi il n'aurait pas consenti à se séparer de la moitié de sa production pas encore vendue.

Grandissant à Barcelone, Picasso avait rêvé de faire sauter les limites et les conventions de son milieu bourgeois pour devenir un gitan sans racines. Il cherchait maintenant à se renouveler en se lançant dans la vie brillante qu'il avait jadis ridiculisée. Incapable de trouver des raisons suffisantes pour s'accepter dans ses accomplissements et dans son génie, encore moins dans sa fortune grandissante, il comptait sur le mirage de la société pour combler la brèche. Le grand révolutionnaire de l'art du XXe siècle retombait dans sa vie sur un des plus mornes des mornes espoirs : faire un mariage aristocratique. « Un peintre est-il quelqu'un de sérieux[82] ? » demanda avec angoisse l'aristocrate qu'était la mère d'Olga à Diaghilev lorsqu'elle apprit la nouvelle du mariage imminent de sa fille. « Au moins aussi sérieux qu'un danseur ! » répliqua-t-il.

Ce fut le début de ce que le peintre surréaliste Matta appela la période *Harper's Bazaar* de Picasso. « Il était si flatté, dit-il, de toute cette attention que dès lors une sorte de schizophrénie envahit sa vie : le conflit entre son besoin d'avoir une vie privée et son besoin de recevoir de plus en plus d'attention[83]. » « Picasso, écrivait Juan Gris à Kahnweiler, fait encore de bonnes choses, quand il en trouve le temps entre un ballet russe et un portrait mondain[84]. » Le principal lien qui demeurait avec son œuvre et son monde passé, c'était Apollinaire, et le 2 mai, en l'église Saint-Thomas-d'Aquin, Picasso était auprès de lui comme garçon d'honneur, avec Vollard, autre figure fantomatique de son passé. Apollinaire épousait Jacqueline Kolb, la belle rousse qui l'avait ramené à la santé et qui allait inlassablement ranimer son moral défaillant.

Le 12 juillet, Apollinaire lui rendit la politesse. Avec Max Jacob et Jean Cocteau, ambassadeurs du passé et de l'avenir, il était témoin au double mariage de Picasso avec Olga : d'abord à la cérémonie civile, à la mairie du VIIe arrondissement, puis à une somptueuse cérémonie religieuse à l'église orthodoxe de la rue Daru. Matisse, Braque, Gertrude Stein et Alice B. Toklas, Diaghilev, Massine, Vollard, Paul Rosenberg – tous faisaient partie de l'assistance tandis que Picasso épousait Olga en grande pompe, avec encens, fleurs et cierges.

A un moment du service, un rite émouvant et hautement symbolique de l'église orthodoxe, Cocteau et Apollinaire tenaient des couronnes au-dessus de la tête des deux époux tandis qu'ils faisaient trois fois le tour de l'autel. Selon une superstition associée à ce rite, si à la fin des trois tours, le pied de la mariée se pose le premier sur le tapis, c'est elle qui dominera le mariage. Max, l'incontestable autorité en matière de superstition, était le seul à connaître ce détail folklorique et, lorsque son œil qui observait la scène avec anxiété, vit le mince pied d'Olga fouler le premier le petit tapis doré, cela vint confirmer toutes ses prémonitions négatives à propos du mariage de son ami. Il n'avait jamais aimé Olga et elle ne l'avait jamais aimé. Elle toléra le rôle qu'il joua au mariage, mais une fois qu'elle fut bien installée comme madame Picasso, elle fit clairement comprendre que Max n'était nullement le bienvenu rue La Boétie.

Les jeunes mariés prirent le Sud-Express pour Biarritz, où ils passèrent leur lune de miel à la Mimoseraie, la luxueuse villa de Mme Errazuriz. Picasso se montra l'invité parfait, peignant des fresques sur les murs blanchis à la chaux de la villa de son hôtesse et charmant leurs amis en faisant des portraits d'eux et de leurs enfants. Charmant du moins *la plupart* de leurs amis. La femme de

Paul Rosenberg, raconta plus tard qu'« elle lui dit fermement qu'elle aurait préféré être peinte par Boldini, le portraitiste parisien à la mode en ce temps-là. Sans un mot, Picasso prit une autre toile et, quelques minutes plus tard, lui offrit un parfait exemple de ce qu'elle désirait, signé Boldini[85] ».

Mme Errazuriz n'eut pas à se plaindre des fresques qui ornaient désormais ses murs. Elles célébraient la féminité et Apollinaire. Entre deux nus féminins, Picasso écrivit un verset des *Saisons* d'Apollinaire :

C'était un temps béni nous étions sur les plages
Va-t'en de bon matin pieds nus et sans chapeau
Et vite comme va la langue d'un crapaud
L'amour blessait au cœur les fous comme les [sages[86].

De Biarritz, il écrivit à Apollinaire, en lui envoyant une fleur de tabac : « Je vois du beau monde. J'ai décoré une chambre ici où j'ai mis des vers de toi. Je ne suis pas très malheureux et je travaille comme je te dis, mais écris-moi de longues lettres. Dis des tas de choses gentilles à ta femme. Pour toi, mon amitié la plus pure[87]. » Il y avait de la nostalgie dans cette lettre, dans la fleur séchée et dans les vers peints sur la fresque. Il y avait aussi un effort pour ressaisir une intimité perdue que de toute évidence il ne trouvait pas ni auprès du beau monde ni auprès de son aristocratique épouse. Ce n'était guère la lettre d'un homme plongé dans l'extase d'une lune de miel, mais celle plutôt d'un homme satisfait de n'être pas trop malheureux.

Reconnaissant, Apollinaire répondit de Paris : « Je suis très heureux d'apprendre que tu as décoré comme ça la villa de Biarritz et je suis fier que mes poèmes y figurent. Ceux que j'écris actuellement seront plus en harmonie avec tes préoccupations présentes. Je m'efforce de renouveler le ton poétique, mais dans un rythme classique[88]. » Il continuait en parlant de la nouvelle tendance de son œuvre et terminait sa lettre en chantant les louanges de l'homme qui savait que le cœur a ses raisons que la raison ne connaît pas. « Quelle œuvre aujourd'hui est plus neuve, plus moderne, plus économe de moyens et pleine de richesse que celle de Pascal ? Je crois que tu l'aimes bien et tu le devrais. C'est un homme que nous pouvons aimer. » Picasso et lui partageaient tous deux la conviction de Pascal que l'intuition est plus puissante que la raison, mais Picasso niait énergiquement la foi de Pascal dans l'existence d'une force bienfaisante au sein de l'univers. « Il n'y a pas de bon Dieu[89] », ne cessait-il de répéter, comme si cette négation répétée ferait taire ses élans qui lui soufflaient qu'il pourrait en être autrement.

Deux mois plus tard, Apollinaire était mort. Affaibli par sa blessure à la tête, il succomba à la grippe espagnole qui balaya l'Europe vers la fin de la guerre. Picasso, rentré à Paris, se rasait dans sa salle de bains de l'hôtel Lutetia, quand vint le coup de téléphone lui annonçant la nouvelle. Son expression terrifiée dans le miroir le bouleversa et sa réaction instinctive, immédiate fut de dessiner son autoportrait avec cette expression non dissimulée de mortalité qu'il avait vue le dévisageant. C'était tout à la fois un exorcisme et un *memento mori.* Pendant les vingt années suivantes, Picasso ne montra jamais aucun de ses autoportraits et répandit même la fausse rumeur que celui qu'il avait peint au moment où il avait appris la mort d'Apollinaire était son dernier. « Quelle stupide invention[90] ! » disait-il des miroirs. La glace lui avait renvoyé une image de lui-même qu'il préférait ne pas connaître : vulnérable, fragile et craignant ce que le destin lui réservait peut-être. Il ne pouvait pas supprimer les miroirs, mais ce ne fut que bien des années après la mort d'Apollinaire qu'il se sentit assez sûr pour lever son tabou de secret à propos de ses autoportraits.

Le 11 novembre 1918, deux jours après la mort d'Apollinaire, c'était l'armistice. La guerre était finie, la France triomphante. Tandis qu'Apollinaire gisait sur son lit de mort couvert de fleurs, les foules exultantes qui se rassemblaient sous sa fenêtre boulevard Saint-Germain pour célébrer la fin de la guerre, criaient : « A bas Guillaume » – invectivant l'homonyme d'Apollinaire, le Kaiser Guillaume II d'Allemagne. Ce fut cette cruelle ironie qui scella la vie d'un homme qui avait toujours désiré appartenir à la France.

Pour Picasso, qui redoutait la mort comme le fait le plus horrifiant de l'existence, la disparition à l'âge prématuré de trente-neuf ans de l'homme avec lequel il avait si étroitement partagé les quatorze dernières années de sa vie, fut un choc atroce. Ce fut aussi un nouveau chaînon dans la succession des morts soudaines – sa sœur, Casagemas, Eva et maintenant Apollinaire – qui brusquement lui arrachait des gens qu'il avait intégrés à son être. A chaque mort, quelque chose se flétrissait en lui, quelque chose se brisait, et la chaîne de mortalité autour de son cœur devenait un peu plus lourde et plus dure à porter.

VI

UN GÉNIE EN SMOKING

La guerre était finie et le monde moderne, désorienté et ayant perdu ses illusions, était né. Rien n'était comme avant et on avait l'étrange soupçon que rien n'était ce qu'il semblait être. Le poids de l'histoire s'était déplacé de l'ordre existant vers ceux qui se rebellaient contre lui. Le rebelle d'Els Quatre Gats et du Bateau-Lavoir choisit ce moment pour évoluer parmi les antiquaires et les galeries d'art à la mode de la rue La Boétie.

Gertrude Stein avait décrit les débuts du cubisme comme une époque où les toiles commençaient à avoir envie de quitter leurs cadres. Avec son mariage avec Olga et son installation rue La Boétie, l'homme qu'on avait tout à la fois célébré et ridiculisé comme l'inventeur du cubisme avait choisi un cadre doré dans lequel s'enfermer. L'ironie de son choix se reflétait dans son œuvre. Dans un dessin d'Olga recevant rue La Boétie, Satie, Cocteau et le critique anglais Clive Bell sont inconfortablement assis dans des fauteuils à l'air inconfortable disposés dans le salon méticuleusement rangé d'Olga. Toute trace de désordre – et de Picasso – a été éliminée. Dans leur chambre à coucher, dominée par deux lits de cuivre, tout était aussi impeccable. Quand le règne de l'ordre imposé par Olga eut fini par confiner son mari et l'œuvre de celui-ci dans une seule pièce, il loua un appartement à l'étage au-dessus dont il fit un entrepôt et un atelier. Il s'installa avec son chevalet dans ce qui était le grand salon où « la fenêtre donnait au sud et offrait une magnifique vue des toits de Paris, hérissés d'une forêt de cheminées rouges et noires avec au loin la silhouette élancée de la tour Eiffel qui se dressait entre elles[1] ». Chaque pièce avait une cheminée de marbre surmontée d'un miroir et chacune fut bientôt encombrée de tas de peintures, de cartons, de masques nègres, de livres et de toutes sortes de bibelots plus ou moins délabrés, appuyés contre les murs ou répandus sur le parquet qui lentement évolua en un collage de taches de peinture, de mégots de cigarettes et de poussière. Les portes entre les pièces restaient ouvertes, mais la porte de son atelier-appartement était toujours fermée à clé, et personne – certainement Olga ni la femme de chambre en tablier blanc avec son plumeau – n'avait le droit d'y entrer à moins d'y être précisément invité par lui.

Au début de l'été, il partit pour Londres avec Olga, pour les répétitions du *Tricorne*. Un autre Espagnol, Manuel de Falla, avait écrit la musique et Diaghilev avait demandé à Picasso de dessiner les décors et les costumes. Dix-neuf ans plus tôt, quand il avait pour la première fois quitté Barcelone, Picasso avait rêvé de s'installer à Londres. Il y arrivait maintenant, non pas en artiste qui cherche à percer, mais en visiteur distingué qui s'installa dans une suite au Savoy et se lança dans une tournée de soirées élégantes. Le dandy qu'il y avait en lui, repoussé à l'arrière-plan, d'abord par la pauvreté, puis par l'uniforme de la vie de bohème, se libérait maintenant dans Saville Row. Le côté narcissique de sa personnalité qui l'avait amené à parader sur les ramblas quand il avait quinze ans, partageant avec de Soto la seule paire de gants qu'il pouvait se permettre, pouvait enfin se déchaîner. Il commanda d'innombrables vestes, portait une montre en or dans la poche de son gilet et se plaisait à être vêtu avec une audacieuse élégance à tous les dîners auxquels, qu'ils fussent donnés pour lui ou pas, il était toujours le centre de l'attention.

La transformation spectaculaire de son apparence et de son style de vie était encore rehaussée par la présence à Londres de son vieil ami Derain, venu dessiner les décors d'un ballet, *La Boutique fantasque.* Antibourgeois avec provocation, Derain était descendu dans un modeste garni près de Regent Park et, comme le disait Clive Bell, « leurs modes de vie à Londres étaient aussi éloignés que leurs adresses. Mme Picasso n'avait aucune intention de se mêler à la vie désordonnée de la bohème, fût-elle huppée[2]. » A la soirée que Clive Bell et John Maynard Keynes donnèrent pour Picasso et Derain dans leur maison de Gordon Square, Derain arriva arborant le même costume de serge bleue qu'il portait partout, refusant de faire la moindre concession aux coutumes tribales de la haute société. Comme Braque, il était convaincu que toute concession, si triviale fût-elle, était un signe de capitulation devant le « despotisme bourgeois » qu'il s'était efforcé de renverser et donc une trahison de ce qui était censé être le but de leurs existences et de leur art. Les trois hommes observaient l'un envers l'autre une parfaite courtoisie, mais derrière leur dos les insultes volaient. « La première fois que je l'ai vue, écrivit Alice Derain, en parlant d'Olga, je l'ai prise pour une femme de chambre; c'était une petite femme ordinaire au visage criblé de taches de rousseur[3]. » La façon dont Picasso parlait de Braque en l'appelant « madame Picasso » était une insulte bientôt plus subtile et infiniment plus difficile à supporter puisqu'elle rabaissait l'œuvre de Braque et masquait sa propre souffrance devant le fait qu'une collaboration aussi extraordinaire se fût réduite à une civilité de surface.

Picasso était peut-être devenu un dandy et une célébrité, mais son perfectionnisme et sa capacité de travail demeuraient intacts. Lorsque eut lieu la première du *Tricorne* à l'Alhambra, le 22 juillet 1919, il était en coulisse, avec un machiniste portant un plateau de maquillage, à refaire le visage de certaines des danseuses et à surveiller les autres. Karsavina, qui dansait la femme du meunier joué par Massine, eut son costume bel et bien créé sur elle, après que Picasso eut passé des jours à la regarder danser aux répétitions. Enchantée de lui et du costume qu'il lui avait dessiné, elle le décrivit comme « un chef-d'œuvre suprême de soie rose et de dentelles noires de la forme la plus simple : le symbole plus que la reproduction ethnographique d'un costume national[4] ». Les décors, les costumes, la musique, la chorégraphie, tout fut un triomphe et Picasso vint saluer dans son nouvel habit impeccablement coupé agrémenté d'une large ceinture de toréador : correct et exotique tout à la fois. Picasso le magicien était né. Quelles que fussent les angoisses, les craintes et les doutes qui le tourmentaient, il rayonnait une confiance en soi irréversible et presque cosmique. Rien ne semblait pour lui hors d'atteinte. Aux yeux d'un nombre croissant de critiques et d'acheteurs empressés, il était purement et simplement un génie, et ils louaient et achetaient ses toiles parce que c'était un génie qui les avait peintes. Au lieu que ce fût son œuvre qui lui conférât de la grandeur, c'était désormais lui qui donnait de la grandeur à tout ce qu'il touchait. Comme il le disait lui-même : « Ce n'est pas ce que fait un artiste qui compte, mais ce qu'il est[5]. »

A une époque hantée par l'incertitude, il en vint à incarner le génie artistique et son mystérieux pouvoir, comme celui d'un chaman, était rassurant. A une époque obsédée par l'idée de progrès, il osait dire qu'il n'y avait pas de progrès dans son œuvre : « Les différentes manières que j'ai utilisées dans mon art, disait-il, ne doivent pas être considérées comme une évolution ou comme un pas vers une idée inconnue de la peinture. Je n'ai jamais fait d'essai ni d'expérience. Chaque fois que j'ai eu quelque chose à dire, je l'ai dit de la façon dont je croyais qu'il fallait le dire[6]. »

De retour à Paris, à part quelques natures mortes cubistes, la manière exigée par ce qu'il avait à dire alors était le réalisme néo-classique, comme s'il voulait remettre de l'ordre dans son art comme dans sa vie. En fait, ce qu'il fit de plus iconoclaste en 1919, ce fut de passer son été sur la Côte d'Azur, ce qui d'après la sagesse élégante du temps était absolument à éviter en plein été, quand le soleil était dangereusement brûlant. Il revint de Saint-Raphaël avec une moisson de dessins pleins de fenêtres ouvertes par lesquelles s'engouffrait le soleil méditerranéen. Paul Rosenberg les adorait, tout comme la foule qui se pressa à l'exposition qu'il donna dans sa galerie le 20 octobre. La première lithographie qu'il eût jamais faite décorait l'invitation et une fenêtre fermée cette fois avec Olga devant ornait la couverture du catalogue.

Mais toutes les voix désapprobatrices ne s'étaient pas tues. « Quel était le sens de tout cela et des autres toiles? demanda Wilhelm Uhde. N'était-ce qu'un interlude, qu'un geste – splendide mais sans signification – que la main faisait pendant que l'âme, épuisée par son long voyage se reposait... ? Souffrait-il d'isolement moral à vivre dans un pays étranger ? S'efforçait-il résolument de se ranger du côté français ?[7] » André Fermigier alla même plus loin en appelant cette période de Picasso : le « dossier de naturalisation[8] ». En fait, quelle que fût la façon dont il peignait ou dont il vivait, Picasso demeurait l'irrépressible andalou qu'il avait toujours été. « Dans toute l'Andalousie, disait Garcia Lorca, les gens passent sans cesse du *duende* et l'identifient d'instinct chaque fois qu'il se manifeste... Ce " mystérieux pouvoir que chacun ressent et qu'aucun philosophe n'explique " est, en somme, l'esprit de la terre... Le merveilleux chanteur El Lebrijano disait : " Les jours où je chante avec *duende,* personne ne peut me toucher. "[9] »

Et Picasso avait bien le sentiment que personne ne pouvait le toucher. Il savait que, en smoking ou en salopette, il était possédé par le *duende.* « Pour mon malheur et pour ma joie peut-être, je place les choses selon mes amours. Quel triste sort pour un peintre qui aime les blondes mais qui s'interdit de les mettre dans son tableau parce qu'elles ne s'accordent pas avec la corbeille de fruits ! Quelle misère pour un peintre qui déteste les pommes d'être obligé de s'en servir tout le temps parce qu'elles s'accordent avec le tapis. Je mets dans mes tableaux tout ce que j'aime. Tant pis pour les choses, elles n'ont qu'à s'arranger entre elles[10]. »

Le concert de louanges se fit plus fort encore quand, à la fin de l'année, on donna *Le Tricorne* à l'Opéra de Paris. Et la représentation se poursuivit lors de la grande soirée donnée par Misia Sert, après la première. Arthur Rubinstein jouait la musique de Manuel de Falla et Picasso, d'excellente humeur, prit le crayon à sourcils de l'hôtesse et dessina sur le crâne chauve de de Falla une couronne de feuilles de laurier. Les invités étaient enchantés par l'esprit inventif du magicien – mais heureusement pour le compositeur leur enchantement n'alla pas jusqu'à le scalper pour se procurer un Picasso. Comme l'observa Paul Morand, « toutes les femmes qui se trouvaient là étaient un peu amoureuses de Picasso et Picasso était plus qu'un peu amoureux de Misia[11] ».

Les folles et glorieuses années vingt étaient arrivées un peu en avance sur le calendrier. Paris devenait le centre magnétique de la « génération perdue », comme les appellerait Gertrude Stein. Hemingway était là, et James Joyce et Scott et Zelda Fitzgerald avec des millionnaires excentriques et des aristocrates en exil. C'était l'endroit parfait pour le dadaïsme qui, créé à Zurich par Tristan Tzara, grandissait à Paris sous la tutelle de trois Français, Louis Aragon, André Breton, et Philippe Soupault. Ils s'étaient réunis à la fin de la guerre et avaient « découvert qu'ils avaient en commun un accablant sentiment de révulsion envers la culture de leur pays et de leur époque... qu'ils étaient imprégnés de ce mépris pour une société dont les traditions familiales, religieuses et patriotiques ne semblaient rien de plus qu'une façade[12] ». Tzara, petit, juvénile, arborant un monocle et, selon sa propre description, charmant, avait fui sa Roumanie natale pour s'installer à Zurich avant d'arriver à Paris, bien décidé à « tout balayer et à faire table rase de tout[13] » sans manquer de bien s'amuser en chemin. Pour lui, c'était le moment de créer des poèmes en tirant des mots d'un chapeau – ce qu'il fit; le moment d'abattre les temples, le moment de « cracher sur l'humanité[14] » et, surtout, le moment de traiter tout cela comme une grande plaisanterie. Gertrude Stein, à qui Tzara fut présenté dès son arrivée à Paris, n'était pas impressionnée. Mais, comme

Tzara lui-même l'avait proclamé, « les vrais dadaïstes sont contre Dada[15] ».

Au cabaret Voltaire à Zurich, où Tzara avait passé la guerre à proclamer Dada comme la véritable anti-foi et l'anti-art comme l'art authentique, on avait accroché aux murs des toiles cubistes en guise de traitement de choc pour la vieille culture. Le 28 janvier 1920, à Paris, lors d'une grande exposition cubiste aux Indépendants, le choc semblait avoir été absorbé. Picasso était notoirement absent. Sa trahison proclamée du cubisme avait été accueillie avec des soupirs de soulagement par certains et des crises de rage par d'autres, consternés par son manque de loyauté. « Ah! non, s'exclama Picasso. N'attends pas de moi que je me répète. Le passé ne m'intéresse plus. Plutôt que de me recopier, j'aimerais mieux recopier les autres. Du moins leur apporterais-je quelque chose de nouveau. J'aime trop la découverte[16]. » Aucune loyauté envers une découverte d'antan ne pouvait survivre à la force de ses impulsions. « Qu'est-ce après tout qu'un peintre? demanda-t-il. C'est un collectionneur qui veut faire une collection en peignant les toiles qu'il a vues dans d'autres collections. C'est comme ça que ça commence, mais ensuite ça devient autre chose[17]. »

En fait, comme le montra le retour à Paris de Kahnweiler en février, il ne se sentait aucune obligation d'être loyal envers un ami non plus. Lorsque son ancien marchand ouvrit une nouvelle galerie au 29 bis, rue d'Astorg, sous le nom de son associé André Simon, Picasso resta avec Paul Rosenberg. C'était une décision qui servait fort bien ses intérêts. Il pouvait obtenir de Rosenberg des prix plus élevés et il pouvait toucher un plus grand nombre d'acheteurs dans la bourgeoisie non initiée mais riche. S'il attachait peu d'importance à la loyauté envers ses amis, il se hérissait à la moindre suggestion, réelle ou imaginaire, de déloyauté de leur part. Quand André Salmon publia son long poème *Peindre,* avec en frontispice le portrait qu'avait fait de lui Picasso à l'époque du Bateau-Lavoir, il le dédia à « André Derain, peintre français ». Picasso était livide. « Vous ne trouvez pas que je suis un peintre français[18] ? » interrogeait-il comme un enfant blessé. Et alors même que Cocteau s'adressait obséquieusement à lui en l'appelant *Cher magnifique,* Picasso adorait le rabaisser : « Cocteau est né avec un pli à son pantalon. Il est en train de devenir terriblement célèbre : on trouve ses œuvres chez tous les coiffeurs[19]. »

Pourtant Olga et lui fréquentaient avec délice le monde étincelant et frivole où Cocteau était son guide. Et bientôt M. et Mme Picasso virent leur nom figurer sur toutes les listes d'invités à la mode, y compris celle de la princesse de Polignac, dont le grand salon de l'avenue Henri-Martin accueillait tout à la fois les riches et les nobles, ainsi que les gens de talent et que les amants de la princesse. Mais ce fut le comte Etienne de Beaumont qui « ouvrit le bal après la guerre[20] ». Galant, raffiné, affecté et imposant, il était marié à Edith de Taisne, qui préférait traduire de la poésie grecque que d'aller à un bal de plus. Pour faire plaisir à son mari, elle faisait les deux. Picasso et Olga étaient souvent conviés aux somptueuses soirées que les Beaumont donnaient dans leur hôtel particulier du XVIIIe siècle, rue Duroc. Un grand nombre d'entre elles étaient des bals costumés extravagants sur des thèmes comme les colonies françaises ou Versailles à l'époque de Louis XIV (dont on disait que le comte l'avait pris pour modèle). Plus curieusement, les invités furent un jour priés d'arriver « en exposant la partie de leur corps qu'ils considéraient comme la plus intéressante[21] ».

De tous ses hôtes et hôtesses distingués, Misia

Sert était la favorite de Picasso. « La relation entre ces deux créatures sans loi, écrivaient Arthur Gold et Albert Fizdale, les biographes de Misia, était compliquée, mais il y avait entre eux une sorte d'entente tacite[22]. » Une partie de cette entente concernait José Maria Sert, le peintre et grand seigneur espagnol que Misia finit par épouser après avoir vécu douze ans avec lui. Picasso et Misia semblaient être arrivés sans se le dire à la conclusion que José Maria était bien meilleur amant que peintre. Picasso l'appelait don José, le sarcasme visant la pédanterie de ses toiles, qui lui rappelaient l'académisme de ses professeurs à la Llotja et de son premier maître, l'autre don José de sa vie. Et Misia, qui mettait une énergie fanatique à intriguer pour la réussite de son mari et qui adorait son *vrai* mâle malgré toutes ses infidélités, était néanmoins forcée de reconnaître que ce n'était pas son mari qui était le génie espagnol résidant à Paris. « Il était un Catalan/ qui n'avait aucun talent[23] », chantonnait Cocteau derrière le dos de Sert. Des potins, une méchanceté pour de l'esprit et qui parfois en était, de l'ironie et des plaisanteries étaient monnaie courante dans ce monde-là, surtout parmi les amis des plus intimes. « Chère madame, écrivit Marcel Proust à Misia, à l'occasion de son mariage avec Sert, j'ai été très touché que vous ayez pris la peine de m'écrire pour m'informer de ce mariage qui a la majestueuse beauté de quelque chose de merveilleusement inutile[24]. »

Picasso échangeait des pointes ironiques et des bouquets d'admiration avec les meilleurs d'entre eux; il assistait aux bals, aux soirées et aux premières; mais le beau monde ne devint jamais une distraction suffisante pour l'éloigner de son travail. Pour Olga, c'était la seule chose qui comptât. Elle mettait autant d'effort dans leur vie mondaine qu'elle en avait déployé dans son entraînement de ballerine. Pour conserver sa silhouette mince, elle continuait à s'exercer chaque jour, entre les séances d'essayage pour ses robes du soir, le choix de ses chapeaux qu'elle adorait, la direction de sa domesticité et les politesses qu'elle devait rendre en donnant de petits dîners, mais d'une impeccable élégance. Elle devait se croire heureuse. Elle avait réussi à éloigner les amis désordonnés de Picasso, elle n'était entourée que d'hommes et de femmes de la plus grande distinction et, au bras de son célèbre mari, elle recevait enfin l'attention et les regards admirateurs dont elle avait toujours eu envie. La vie lui semblait donc dans une ordonnance tout à fait enviable.

Picasso, de son côté, fréquentait la société, mais n'en faisait jamais partie. Le succès lui avait fait rencontrer d'étranges compagnons, mais il prenait fort astucieusement la mesure de ce monde alors même qu'il y habitait. Des années plus tard, regardant une photo de lui entre Olga et Mme Errazuriz, il eut un sourire entendu et résuma d'un mot la situation : « *Commedia...*[25] » Picasso, « n'ayant besoin de personne, devait écrire Everling, la maîtresse de Francis Picabia, s'était toujours tenu à l'écart de ceux qui auraient pu le compromettre[26] ». Contrairement à Cocteau qui, comme le déplorait Misia Sert, se sentait tenu de plaire à tout le monde, Picasso ne succomba jamais à ce virus mondain-là et ce n'était que très rarement qu'il cherchait à plaire à autre qu'à lui-même.

Cela lui arriva quand même au début de 1920. Il avait travaillé une grande partie de l'hiver aux décors et aux costumes de *Pulcinella,* son troisième ballet pour Diaghilev, cette fois avec une musique de Stravinski sur un thème de Pergolèse. Il était excité à l'idée de ranimer une *commedia dell'arte* du XVIIIe siècle avec tous ses personnages préférés, y compris Arlequin. Mais quand il montra à Diaghilev ses esquisses pour les costumes, avec les favoris en guise de masque, Diaghilev fut consterné. Il était même si horrifié par le projet de Picasso qu'au plus fort de leur violente discussion, il jeta les croquis par terre, les piétina et sortit de la pièce en claquant la porte derrière lui. Picasso, non seulement continua à travailler sur le projet, mais il se contenta des boléros familiers et des tutus des personnages de la *commedia dell'arte.* Pour le costume de Massine, il dessina une blouse blanche, des collants rouges et un masque noir avec un nez grotesque. Ce compromis n'était peut-être pas ce qu'il fallait pour l'art, mais il était excellent pour les affaires. Seul Cocteau, d'ordinaire le plus grand conciliateur de tous fut déçu : « Il a improvisé les costumes, déplora-t-il, mais que valent-ils auprès des costumes et de la pantomime qu'il désirait et dont les esquisses existent encore[27] ! »

Le décor final était un mélange de cubisme et de romantisme et, malgré les délais assez courts, les disputes, les compromis et les malentendus, la première à l'Opéra le 15 mai fut un énorme succès. Picasso, qui avait été enchanté de travailler avec Stravinski, fut ravi de la réponse du compositeur à ceux qui ne se joignaient pas au chœur de louanges et qui l'attaquaient pour avoir peu respecté la musique de Pergolèse : « Vous respectez, mais moi, j'aime[28]. » Stravinski écrivit plus tard que *Pulcinella* était « une de ces productions – et elles sont rares – où tout est en harmonie, où tous les éléments – le sujet, la musique, la danse et la direction artistique – forment un ensemble cohérent et homogène[29] ». Il n'en arriva pas moins, « à son regret », à la conclusion que la parfaite exécution de sa musique ne pouvait être obtenue que dans la salle de concert, « car la scène présente une combinaison de divers éléments desquels la musique doit souvent dépendre[30] ».

Picasso déclara que *Pulcinella* était son préféré parmi tous les ballets de Diaghilev sur lesquels il avait travaillé et, comme il était assez mondain pour avoir accepté les limites qu'impose toute collaboration, il semblait bien moins frustré que Stravinski ou même que Cocteau par ce qu'il y avait d'imparfait dans la réalisation de ses idées. Chez Picasso, le génie impossible à tenir en bride coexistait très facilement avec l'habile manipulateur, utilisant ceux qui croyaient l'utiliser. *Parade* l'avait porté à de nouvelles hauteurs de richesse et de célébrité; il savait qu'un nouveau ballet éblouissant de Diaghilev, même s'il nécessitait quelques concessions et compromis, ne pouvait qu'ajouter à sa gloire et au pouvoir qu'elle lui apportait.

La soirée de la première fut suivie par une nouvelle magnifique réception, cette fois plus exotique que d'ordinaire. Elle fut donnée par le prince persan Firouz, dans un petit château du village de Robinson, dans les environs de Paris. A part leur hôte et René de Amouretti, un ancien forçat qui habitait le château et qui accueillait les invités sur le perron, la liste de ceux-ci réservait peu de surprise : il y avait les Beaumont, les Sert, Cocteau et son jeune amant peu loquace mais très malin Raymond Radiguet, qui devait immortaliser la soirée dans son roman *Le Bal du comte d'Orgel;* la princesse Eugène Murat; le peintre Jean Hugo, arrière-petit-fils de Victor Hugo qui avait épousé Valentine Gross; et, bien sûr, Diaghilev, Massine, Stravinski et les Picasso. « Le Prince Firouz, écrivit Jean Hugo dans ses mémoires, était un hôte magnifique. On but beaucoup de champagne. Stravinski s'enivra, monta dans les chambres, y prit les oreillers, les traversins et les matelas et les précipita par-dessus le balcon dans la salle. On se battit à coups de literie et la fête finit à trois heures du matin[31]. »

Dans le monde où évoluait Picasso, son magnétisme et ses bons mots émerveillaient au moins autant que ses toiles et que ses décors. A une représentation de *Pulcinella,* Jean Hugo était assis auprès de Picasso dans la loge de Misia Sert. Picasso soudain se tourna vers lui et demanda : « Alors, vous peignez toujours à la main[32] ? » Hugo, prenant la question pour argent comptant en resta étonné pendant des années : « Que voulait-il dire ? Que, puisqu'on avait inventé la photographie, à quoi bon les pinceaux ? Que notre métier était devenu aussi inutile que doreur de proues ? Je n'ai pas fini de méditer ces mots prononcés dans l'ombre au cours d'un ballet[33]. »

Un mois après la première de *Pulcinella,* Picasso et Olga avaient quitté Paris pour la mer et le calme de Juan-les-Pins. Olga était enceinte et Picasso commençait à s'habituer à l'idée que lui, à bien des égards un éternel adolescent, allait bientôt, à quarante ans, devenir père. Ce n'était pas une perspective joyeuse. Olga était très perturbée par les changements de son corps. Des années durant, elle l'avait religieusement gardé mince et en forme et voilà qu'il devenait quelque chose à ses yeux de volumineux et de grotesque. Son égocentrisme croissant, son irrationalité et son besoin d'attentions exaspéraient son mari et confirmaient tout ce qu'il avait toujours redouté des femmes dévoratrices. Les géantes qui avaient fait leur première apparition dans son œuvre durant sa lune de miel devinrent, avec les progrès de la grossesse d'Olga et la régression de sa personnalité, plus gigantesques et plus menaçantes.

Il y avait quelque chose d'impénétrable chez ces femmes et, malgré leur volume et leur taille, une qualité abstraite, inhumaine dans leurs traits figés de masque et leur placidité. Les difformités physiques et les enflures avaient toujours produit l'angoisse chez Picasso. Enfant, il se rappelait s'être caché sous la table pour observer avec une fascination inquiète les gros mollets de sa tante. « Je rêvais que mes jambes et mes bras prenaient des dimensions énormes puis se rétrécissaient d'autant. Et tout autour de moi, dans mon rêve, je voyais d'autres gens connaître les mêmes transformations, devenir énormes ou minuscules. J'éprouvais une terrible angoisse chaque fois que je rêvais de cela[34]. »

Le 4 février 1921, Olga donna naissance à un fils. Ils l'appelèrent Paulo, et demandèrent à Misia Sert d'être sa marraine. L'orgueil et le ravissement d'être père repoussèrent à l'arrière-plan l'angoisse de Picasso et lui inspirèrent une série de tendres esquisses sur les premiers mois de Paulo. Parfois, comme s'il avait conscience des changements spectaculaires qui s'opéraient durant la première année de l'enfant, il notait non seulement la date mais l'heure à laquelle il avait fait ces dessins. Mais bientôt le sentiment de malaise réapparut dans une succession de toiles représentant la mère et l'enfant, isolés et inaccessibles dans leur univers à eux. Il y a des enfants mâles, mais pas d'hommes dans ce monde-là, où le temps reste immobile – non pas dans une béatitude éternelle mais dans une immobilité lourdaude d'où a disparu la moindre once d'énergie vitale. Et quand il y a activité, c'est au ralenti, une activité traînarde et pesante, une sorte de capitulation distraite à la force de gravité.

Olga, qui n'était capable d'avoir qu'une idée ou qu'un intérêt à la fois, portait une attention léthargique mais obsessionnelle au petit Paulo. Il y avait des domestiques pour la décharger de son fardeau – une nurse, une femme de chambre, un chauffeur, une cuisinière –, et pourtant, sur le plan affectif, elle semblait effondrée, incapable de dépasser la nursery ou les délicatesses fossilisées des grands bals et des soirées de gala. Le 22 mai, il y eut une nouvelle première. *Cuadro Flamenco,* le quatrième ballet de Picasso pour Diaghilev débuta à la Gaîté-Lyrique. Ce n'était pas plus qu'un écho de ce qui avait précédé et, cette fois, Picasso s'était bel et bien proposé pour faire les décors et les costumes – et pour les plus mesquines raisons.

Diaghilev à l'origine avait commandé à Juan Gris les décors et les costumes, mais, lorsqu'il arriva à Monte-Carlo où se trouvait la troupe en avril, Gris découvrit à sa stupéfaction qu'on n'avait plus besoin de lui. « Je ne sais vraiment pas ce qui s'est passé[35] », écrivit-il à Kahnweiler. Picasso, lui, savait. Gris, dont la santé déjà déclinait, était en retard dans ses projets. Et Picasso, passé maître en intrigues, et dont les machinations dépassaient totalement les possibilités de Gris, se mit aussitôt à répandre la rumeur que Gris était trop malade pour faire ce travail. Pour mieux renforcer son point de vue, il envoya à Diaghilev ses propres croquis pour le ballet, qui n'étaient guère plus qu'une nouvelle mouture de ses décors de *Pulcinella* – une scène sur une scène – et que Diaghilev avait commencé par refuser. Cette fois, il les accepta et Picasso remporta une double et vaine victoire : il amena Diaghilev à se soumettre et fit perdre à Gris une commande prestigieuse.

Cuadro Flamenco ne pouvait pas ajouter grand-chose à sa vie, que ce fût sur le plan artistique, financier ou mondain. Le seul motif pour s'imposer, c'était la haine mesquine qu'il portait à Juan Gris. Avec dignité et une tristesse muette, Gris quitta Monte-Carlo pour regagner sa maison de Bandol. L'intrigue de Picasso avait réussi, mais on ne pouvait pas dire de même du ballet. *Cuadro Flamenco,* après avoir été accueilli dans l'indifférence à Paris et à Londres, fut retiré de l'affiche à la fin de la saison.

Mais qu'une production fût un succès ou non ne comptait plus. En 1921, Picasso résumait ainsi le succès artistique. « D'autres artistes ont courtisé le succès, se sont adaptés à la société, ont trahi leurs débuts, écrivit le critique d'art John Berger. Picasso n'a rien fait de cela. Il n'a rien fait de cela. Il n'a pas plus invité le succès que Van Gogh avait invité l'échec. Le succès a été la destinée de Picasso, et c'est ce qui fait de lui l'artiste typique de notre époque, comme Van Gogh l'était de la sienne[36]. » Ses revenus, toutefois, n'avaient rien de typique pour un artiste d'aucune époque. Il estimait lui-même qu'en 1921 il gagnait un million et demi de francs par an.

Son succès incita Aragon à créer dans son roman *Anicet ou le panorama,* publié à Paris la même année, le peintre Bleu, une parodie de Picasso. Bleu se trouve juxtaposé dans toute sa richesse et sa célébrité à Jean Chipre, un personnage inspiré de Max Jacob, qui souffre dans la pauvreté et l'oubli. « Je n'ai jamais peint que pour séduire[37] » conclut Bleu dans le roman. Bleu et Chipre avaient été amis, luttant ensemble dans leur jeunesse et, des années plus tard, lorsqu'ils se retrouvent, Bleu, « le génie de notre temps », a tout – argent, renommée et maintenant enfant – tandis que Chipre, résigné à ne rien avoir, part en exil.

En juin, Max, transformant la fiction en réalité, s'exila de Paris pour aller s'installer dans le petit village de Saint-Benoît, près d'une basilique romane sur les rives de la Loire. De là, il écrivit au peintre Kisling : « Si tu avais vu ma dernière entrevue avec Picasso, tu aurais pleuré! Comme j'ai fait après. Autrefois on s'engueulait, c'était un prétexte pour se raccommoder; maintenant on se rend poliment des services en se regardant avec la plus grande froideur. Ça, c'est la mort de toute ma vie! Il est plus mort qu'Apollinaire[38]. »

Il devait y avoir d'autres rencontres épisodiques, mais quelque chose entre eux s'était brisé et ne guérirait jamais complètement. Pourtant l'adoration de Max pour Picasso persistait et il ne pouvait s'empêcher de parler de lui. Il avait été le premier champion de Picasso et, malgré ce pénible sentiment d'abandon, il resta son champion longtemps après que Picasso eut cessé d'en avoir besoin. Jamais il n'essaya de rendre le mal qu'on lui avait fait. « Il a horreur de l'incompréhension et de l'indiscrétion, dit-il pour expliquer pourquoi il n'avait rien écrit sur Picasso, et j'ai pour lui un tel respect et tant de gratitude que je ne saurais rien faire pour lui déplaire. J'ai vu combien la conduite de nos meilleurs amis l'a chagriné; je ne l'imiterai pas. Certains amis ont vécu de son nom à l'aide d'échos, de chroniques de fantaisie. Enfin... Plus tard... on verra... mais beaucoup plus tard. Et, en fait, jamais, je crois bien. Nos souvenirs communs de très, de très sain et souvent de si triste[39]. »

Mais d'autres avaient déjà commencé à écrire sur lui, et dans des termes qui ajoutaient un nouveau lustre au mythe de Picasso et à sa légende qui commençait. La maison d'éditions de Leonce Rosenberg, L'Effort moderne, publia un album avec quarante-huit illustrations et un texte par un autre des amis de Picasso de l'époque de Montmartre, Maurice Raynal, exaltant les dons de prophète de Picasso qui « hausse l'homme au-dessus de sa condition strictement animale et fait croire chez lui à une apparence de liberté[40]. » André Salmon, un autre ami de jeunesse, l'avait déjà décrit comme « couronné par la grâce, suivi de ceux dont ses pas ont tracé la route et précédé de l'homme qu'il fut[41] ». À Londres, Clive Bell, encore plus passionnément, explorait à son tour le thème du pouvoir de Picasso : « Picasso est le libérateur. Son influence est partout... C'est un chef d'école né. Il possède un des esprits les plus inventifs d'Europe. L'invention est à n'en pas douter son don suprême comme la sensibilité est celui de Matisse[42] ». Et dans le journal de Prague *Nouvelles Directions*, le critique tchèque Vaclav Nebesky, qui n'avait jamais rencontré Picasso, se répandait en propos lyriques sur sa « recherche d'un réalisme plus complet et plus large... Il dispose la lumière et l'ombre à la surface de la réalité, comme s'il distribuait des baisers à sa bien-aimée – une réalité qui sous ses mains devient un monument plus durable que la vie elle-même[43] ».

C'était là le genre de pouvoir que l'on attribuait à Picasso dès 1921 : le pouvoir de libérer, de créer une réalité plus réelle et plus précieuse que la vie, et de faire tout cela seul, « précédé de l'homme qu'il fut ». Un tel concert de louanges n'avait pas son pareil pour aucun artiste contemporain et, dans un pastel daté du 14 septembre 1921, Picasso représentait ses mains avec les articulations proéminentes et l'air d'autant plus puissantes et adaptées au travail surhumain de libération et de création que les critiques lui avaient assigné.

L'été 1921 fut extraordinairement créateur. Pour expliquer ce jaillissement perpétuel, il cita un jour à Cocteau cette devise ajoutée par le duc d'Olivares aux armes du roi d'Espagne et qui s'inscrivait sur la margelle d'un puits : « Plus on lui prend, plus il est grand[44]. » Le lieu qu'il choisit pour se livrer à de nouvelles explorations dans la veine classique et ses récentes expériences dans la veine cubiste fut une grande villa très traditionnelle de Fontainebleau où il passa l'été, installé dans son rôle de pater familias, avec épouse, fils, animaux, domestiques et meubles d'acajou. Un jour que le côté bon chic bon genre de la villa devenait trop oppressant, il dit, rêvant tout haut, qu'il songeait à commander un réverbère et un urinoir parisiens afin de troubler la respectabilité bien ordonnée du voisinage dans lequel se trouvait la villa.

Au lieu de cela, il créa un chef-d'œuvre fort dérangeant, dont il fit aussitôt une seconde version. Dans *Les Trois Musiciens,* trois personnages, l'un vêtu en arlequin, l'autre en Pierrot et le dernier en moine, jouent d'un instrument de musique. Les notes de musique s'imposaient, exigeant d'être entendues, malgré les mains minuscules des musiciens et l'étroit format dans lequel ils étaient comprimés. Les deux personnages de la *commedia dell'arte,* ambassadeurs du monde fragile de la mortalité, se trouvent auprès du moine, représentant de ce qui est éternel dans ce monde changeant de l'illusion. Il y a de l'esprit et il y a de la musique, mais il y a aussi des ténèbres et un sens écrasant de claustrophobie dans *Les Trois Musiciens.* C'était un mélange qui reflétait les sentiments contradictoires de sa propre vie : son délice d'être père, d'observer avec fierté son fils grandir, opposé au sentiment qui le rongeait d'absurdité et à l'impression d'être pris au piège dans le monde artificiel d'Olga, un monde dans lequel il avait été précipité mais qu'il avait aussi choisi.

Picasso et Olga virent arriver 1922 lors d'une splendide soirée de réveillon donnée par les Beaumont. Minuit approchait et l'un des invités de marque n'était pas encore arrivé. L'hôte annonça que Céleste, la servante de Proust, avait téléphoné pour la dixième fois afin de s'assurer qu'il n'y avait pas de courant d'air et que la tisane dont elle avait donné la recette était prête. « Enfin, à minuit, écrivit Jean Hugo dans son journal, il y eut une sorte de remous dans la foule, et l'on sut que Proust était là. Il était entré avec la nouvelle année, celle de sa mort... Son visage blême était devenu bouffi; il avait pris du ventre. Il ne parlait qu'au duc. " Regarde-le, me dit Picasso, il est sur le motif. "[45] » Picasso n'avait peut-être pas lu Proust, mais il l'avait bien compris.

Il était fasciné par la vie littéraire de Paris. Dans l'atelier de Jean Hugo au Palais-Royal, il entendit Cocteau lire *Le Diable au corps,* le roman que Radiguet avait presque terminé. Mme de Beaumont s'endormit pendant la lecture, mais le livre rendit à vingt ans le jeune amant de Cocteau riche et célèbre. Quatre ans plus tôt, alors que Radiguet était un poète de seize ans précoce et pressé, Apollinaire l'avait taquiné : « Ne désespérez pas, monsieur Rimbaud a attendu d'avoir dix-sept ans avant d'écrire son chef-d'œuvre[46]. » Radiguet, lui, dut attendre d'avoir vingt ans.

Alors que Radiguet écrivait « avec une élégance royale[47] » des romans reconnaissables en tant que romans, les dadaïstes continuaient de s'acharner contre toute forme existante de littérature et d'art. Picasso était présent quand Tristan Tzara monta un de ses spectacles dada au théâtre Michel. La soirée comprenait des poèmes de Cocteau, que Breton méprisait. Accompagné d'Aragon, Breton bondit sur la scène pour protester et ce faisant, en balançant sa lourde canne, il cassa le bras d'un des acteurs, Pierre de Massot. Picasso, emporté par le chahut, cria de sa loge : « Tzara, pas de police ici[48]. » Breton jura qu'il avait crié que Tzara devrait appeler la police. Quoi qu'il en fût, la police fit irruption à ce moment précis et Breton, qui savait haïr au moins aussi fort qu'il savait aimer, resta à jamais furieux contre Tzara, qui à son tour, devait considérer Picasso comme la cause – intentionnelle ou non – de sa rupture avec les surréalistes.

La raison était en fait bien plus profonde et datait de bien avant le chahut du théâtre Michel. Depuis quelque temps déjà Breton tendait à écarter Tzara et à agir comme le chef de leur groupe. Au début de 1922, il avait publiquement attaqué « un certain personnage qui criait de Zurich[49] » en le traitant d'« imposteur avide de publicité ». Il voulait aller plus loin que Dada et à cet effet il fonda le groupe surréaliste. Dans la revue *Littérature* qu'il avait ressuscitée, il déclara que le temps de Dada était passé et que son utilité avait été de promouvoir un certain « état d'esprit qui servait à nous maintenir dans un état de préparation – d'où nous allons maintenant partir en toute lucidité, vers ce qui nous appelle[50]. » L'appel auquel répondait Breton c'était de libérer l'homme de sa rationalité prosaïque. Pendant l'été 1921, il s'était rendu à Vienne pour interviewer Freud et il pressait maintenant son groupe croissant de disciples d'explorer le monde des rêves et d'écouter leur subconscient. Le mouvement surréaliste était né et Breton, avec sa passion dévorante, son physique remarquable et son intelligence aiguë en devint le « pape » ou l'« archimandrite », imposant à ses prosélytes une discipline aussi stricte que s'ils appartenaient à l'ordre des Jésuites. Il lui fallait des disciples mais il lui fallait aussi des idoles et Picasso, qu'il avait rencontré en novembre 1918 dans le couloir de la maison d'Apollinaire, se vit attribuer ce rôle, intouchable et au-delà de toutes les contraintes auxquelles il soumettait tous les autres.

En juin 1922, Picasso laissa derrière lui les rebelles chercher une foi nouvelle avec toutes les querelles que cela impliquait pour aller chercher le calme et la paix à Dinard. Dans *Femme et Enfant*, les dessins de Paulo, les paysages de Dinard, les voluptueuses déesses païennes – dans toutes les œuvres de cette époque, il y avait une grâce et un éclat, une sérénité arcadienne, un sentiment de la période rose revisitée par un pater familias qui, aujourd'hui à quarante ans, avait ajouté la solidité à l'introspection et à la richesse de sa vision du monde. Et au milieu de tout cela, il observait avec émerveillement son fils bouche bée devant le monde qui l'entourait. « Je suis cet enfant[51] », disait-il souvent en désignant les enfants qui peuplaient ses toiles. « Vous me voyez ici et pourtant j'ai déjà changé. Je suis déjà ailleurs, je ne suis jamais fixé[52]. » Il semblait regarder le monde comme un enfant, et comme dans un monde d'enfants, tout existait pour la première fois et la seule constance était que tout change.

Parlant un jour à Aragon, alors qu'ils jouaient avec le train électrique de Paulo déployé sur le tapis, il décrivit une toile d'Ingres dans laquelle l'ambassadeur d'Espagne vient d'entrer et a surpris Henri IV à quatre pattes, jouant au cheval avec un enfant sur le dos. « Moi, dit Picasso, je vais peindre un tableau comme ça. On verra le président Poincaré jouant avec un petit garçon de dix ans sur ses épaules et l'ambassadeur d'Espagne, M. Quinones de Leon qui entre à l'improviste. Hein ? C'est peut-être cela qu'il faut peindre aujourd'hui[53] ? »

Il prenait un plaisir enfantin à dénoncer la pompe du monde des adultes. Il adorait désobéir, aussi quand Cocteau lui demanda de faire les décors pour son adaptation d'*Antigone,* la pièce de Sophocle, sur le thème de la désobéissance à l'autorité, il accepta avec entrain. Le propos de Cocteau était de mettre « un costume neuf sur une vieille tragédie grecque en l'adaptant au rythme de notre époque[54] ». Pour cela, il choisit Paul Honnegger pour faire la musique, Picasso le décor et Coco Chanel les costumes car, comme il l'expliquait, « elle est la plus grande couturière de notre époque et je n'imagine pas les filles d'Œdipe mal vêtues[55] ». Le snobisme de Cocteau était si monumental qu'il transcendait sans peine les siècles et les cultures. Quand eut lieu la première d'*Antigone* le 20 décembre 1922, Œdipe, Antigone et Sophocle n'étaient guère ce qui attirait la foule élégante qui grimpait jusqu'au théâtre de Charles Dullin à Montmartre. Ces gens venaient pour s'extasier sur les miracles accomplis par la sainte trinité de Cocteau, Chanel et Picasso, et sur l'insolence et l'esprit qu'ils déployaient pour traiter l'Antiquité et l'art du passé.

Comme un danseur de flamenco, Picasso se piquait au jeu, à cette danse où tour à tour on excite, on exaspère, on étonne et on ravit. Deux jours avant la première, il n'avait pas encore donné de décor ni même des projets de décor. Cocteau et Charles Dullin, qui jouait le rôle principal, étaient dans un état de complet affolement, quand Picasso arriva enfin et leur montra une toile toute froissée. « Très bien. Voilà votre décor[56] », dit-il d'un ton de défi. Lorsqu'on eut déroulé la toile d'un bleu violacé, ce qui fit de la scène une caverne, il commença par créer avec un bâton de sanguine un effet de marbre, puis trois colonnes doriques apparurent. « L'apparition de ces colonnes, écrivit Cocteau, était si brusque, si surprenante que nous applaudîmes. Une fois dans la rue, je demandai à Picasso s'il calculait leur approche, s'il allait vers elles ou s'il en avait eu la surprise. Il me répondit qu'il en avait eu la surprise, mais qu'on calcule toujours sans le savoir, que la colonne dorique résulte comme l'hexamètre d'une opération sensible et qu'il venait peut-être d'inventer cette colonne de la même façon que la découvrirent les Grecs[57]. »

Dans la critique d'*Antigone,* ce fut Coco Chanel qui s'attribua bien des suffrages avec les costumes qu'elle avait coupés dans les lourds lainages écossais que Cocteau avait choisis pour elle. « Chanel devient Grecque », était le titre d'une de ces critiques. Chanel, qui était une intime de Misia

Sert, avait rencontré Picasso à l'une de ces soirées mondaines et, comme elle devait l'avouer plus tard, elle fut aussitôt « entraînée par une passion pour lui. Il était méchant. Il me fascinait à la façon d'un épervier, il me faisait une peur affreuse. Je le sentais quand il arrivait; quelque chose se rétrécissait en moi. Il est là! Je ne le voyais pas encore, mais je savais déjà qu'il se trouvait dans la salle. Puis je le découvrais, il avait une façon de me regarder... Je tremblais[58]. »

Chanel, dont la maison de couture de la rue Cambon était devenue un haut lieu de la mode, vivait dans un appartement somptueusement décoré de la rue du Faubourg-Saint-Honoré. Pour Picasso, il était ouvert à toutes les heures du jour ou de la nuit. Elle avait même une chambre réservée pour lui où il pouvait rester lorsqu'il avait envie de fuir Fontainebleau mais ne pouvait pas être seul rue La Boétie quand toute la maisonnée était absente. Picasso admirait l'astuce, la vision et le talent qui avaient amené Chanel de la pauvreté de paysans d'Auvergne jusqu'aux sommets de la société parisienne. « Ça ne peut pas durer, déclara-t-elle un soir au théâtre en regardant toutes les femmes dans leurs robes trop chargées. Je m'en vais les habiller simplement et en noir[59]. » C'est ce qu'elle fit, faisant d'elle-même une multimillionnaire et de Chanel un nom connu dans le monde entier.

Antigone fut un nouveau succès pour Picasso. Comme des meules de foin s'enflammant l'une après l'autre, sa célébrité se répandit. En mai 1923, une première longue interview de lui parut dans *The Arts* de New York. Elle avait été accordée en espagnol à Marius de Zayas et elle était pleine de ces feux d'artifice de paradoxes qui jaillissaient dans toutes ses déclarations, tantôt illuminant, tantôt obscurcissant ses propos. « Nous savons tous, dit-il, que l'Art n'est pas la vérité. L'Art est un mensonge qui nous fait comprendre la vérité, du moins la vérité qu'il nous est donné de comprendre. J'aimerais savoir si quelqu'un a jamais vu une œuvre d'art naturelle. La nature et l'art étant deux choses différentes ne peuvent être la même chose. Par l'art nous exprimons notre conception de ce que la nature n'est pas... Si nous devons appliquer à l'art la loi de l'évolution et de la transformation, alors il nous faut admettre que tout art est transitoire[60]. » L'interview était bourrée d'autres graves réflexions sur les inévitables limitations de l'art, réflexions qui l'auraient fait lui-même tiquer voilà seulement quelques années. L'homme qui, avec Braque, s'était lancé dans une quête sacrée pour la peinture absolue expliquait aujourd'hui à un monde qui cherchait à vivre en suivant un régime purement esthétique qu'à tout le mieux l'art ne peut que soulever le rideau de fumée et donner à l'homme accès à la vérité – mais qu'il n'est pas la vérité, pas plus qu'il n'est éternel.

Tout autour de lui, on déployait des efforts prodigieux pour donner des soirées brillantes qui n'étaient par définition qu'éphémères. Le 23 juin, après une représentation des *Noces* par les ballets de Diaghilev, les Picasso assistèrent à une réception de ce genre à bord d'une péniche amarrée sur la Seine, réception donnée par un étonnant couple d'Américains, Gérald et Sara Murphy. Beau et riche, Murphy s'était mis à la peinture – jusqu'au jour où il avait compris que « le monde est trop plein de peintres de second ordre[61] » et qu'il y avait renoncé. Ce soir-là, Picasso fut fasciné par Sara, superbe hôtesse et qui enchantait sans effort, avec un don réel pour mêler le luxe à la spontanéité de la bohème. Il admira les jouets miniatures qu'elle avait disposés sur les tables au lieu d'arrangements floraux; il regarda Stravinski essayer de sauter à travers un cerceau de lauriers, il bavarda avec Cocteau habillé en capitaine et avec Chanel en cheveux courts qui devait lancer chez les femmes une nouvelle mode. Il resta jusqu'à ce que l'aube se levât sur la Seine et que la soirée s'achevât.

L'été de 1923, il le passa à Antibes. Il semblait qu'à quarante-deux ans Picasso était parvenu à accéder à tout ce que le monde pouvait offrir et il y avait dans sa vie un côté bien établi qui donnait l'impression que tout cela pourrait bien durer toujours. Sa mère vint passer quelques semaines avec eux pour faire la connaissance de son petit-fils. Gertrude Stein et Alice B. Toklas vinrent rejoindre la famille et s'installèrent très naturellement dans le rôle pourtant peu vraisemblable de tantes célibataires, regardant d'un œil émerveillé Paulo faire des pâtés de sable sur la plage. On ne sait comment et sans l'aide d'une langue commune Gertrude Stein et doña Maria engagèrent la conversation sur Picasso. Gertrude Stein évoqua l'époque où elle l'avait rencontré : « Il était alors remarquablement beau, il était illuminé comme s'il avait un halo. – Oh! répliqua doña Maria, si vous l'avez trouvé beau alors, je vous assure que ce n'était rien auprès de sa beauté quand il était enfant[62]. » Picasso les interrompit, voulant savoir ce qu'elles pensaient de lui *maintenant*. « Ah! Maintenant, dirent-elles. Ah! Maintenant, il ne reste plus pareille beauté. Mais, ajouta sa mère, comme fils, presque parfait. » Il dut donc se satisfaire de cela.

Les portraits qu'il peignit aussi bien de sa mère que de sa femme cet été-là étaient naturalistes et extrêmement flatteurs. Mais sous cette image de carte postale d'un bonheur familial, l'univers bien verni de Picasso commençait à craquer. Le phénomène s'accéléra durant la période qu'il passa à

Antibes avec Breton. Il fit le portrait de ce dernier et passa de longues nuits à écouter le jeune orateur discourir avec son éloquence habituelle en parlant de son engagement fanatique à une « transvaluation » nietzschéenne de toutes les valeurs humaines, « au-delà du bien et du mal » et « au-delà du beau et du laid ». Tout cela rappelait étonnamment les non moins longues nuits qu'il avait passées à Els Quatre Gats, à discuter Nietzsche et à refaire le monde. Ce contact plus profond de Picasso avec le jeune révolutionnaire fit sortir en lui le rebelle antibourgeois qui rôdait juste au-dessous de la surface. Sa volonté de détruire les apparences réapparut et l'enchantement de faire partie d'un clan de monstres sacrés aussi acharnés au plaisir qu'au travail commença à céder le pas à son envie de faire sauter les explosifs qu'il portait dans son cœur. « Lâchez tout. Lâchez Dada. Lâchez votre femme. Lâchez votre maîtresse. Lâchez vos espérances et vos craintes. Semez vos enfants au coin d'un bois. Lâchez la proie pour l'ombre. Lâchez au besoin une vie aisée, ce qu'on vous offre pour une situation d'avenir. Partez sur les routes[63]. »

Picasso était tout prêt à obéir à l'appel du désert. Presque prêt. Il y avait encore un ballet dont il devait faire les décors, cette fois, pour les Soirées de Paris, une compagnie créée par le comte de Beaumont pour concurrencer – ce ne fut en fait que pour une saison de deux mois – les Ballets Russes de Diaghilev. Satie écrivit la musique de *Mercure* et Massine, que Diaghilev avait congédié, en fit la chorégraphie. La colère de l'imprésario s'était abattue sur Massine, quand il était tombé amoureux de Vera Savina, une danseuse anglaise de la troupe. Diaghilev avait perdu tout à la fois un chorégraphe et un amant, et son valet de chambre rapporta qu'il « avait failli en mourir de chagrin[64] ». Son chagrin se transforma en rage lorsque

Massine entreprit d'épouser Savina et d'entrer dans la troupe des Soirées de Paris et, comme la date de la première de *Mercure* approchait, Diaghilev était de plus en plus anxieux. Picasso qui s'était lancé dans son cinquième et dernier ballet comme il ne l'avait pas fait depuis *Parade,* avec un œil sur Breton et ses surréalistes, qui détestaient le ballet considéré comme désespérément bourgeois, et l'autre œil sur Braque, Gris, Derain et Matisse, qui avaient eux aussi à peindre pour le ballet. D'un esprit farouchement compétitif, Picasso voyait là un effort pour marcher dans ce qu'il considérait comme ses plates-bandes. « Matisse ! » s'exclama-t-il, furieux lorsqu'il apprit que Matisse allait faire les décors du *Chant du rossignol* de Stravinski. « Qu'est-ce que Matisse ? Un balcon avec un grand pot de fleurs rouges qui tombent dessus[65]. » Il suivait assidûment les répétitions de *Mercure,* voulant en surveiller chaque détail. A une répétition, il montra à Jean Hugo les longs gants blancs qui faisaient des plis au poignet. « Je n'avais pas fait ça, dit-il. Ils ont cru que j'avais fait des gants, mais c'est bien : c'est ces choses-là qui m'amusent[66]. »

Le soir de la première, le 14 juin 1924, Breton, Aragon et le reste des premiers surréalistes commencèrent par siffler, pour le principe, un spectacle auquel étaient mêlés le comte de Beaumont et l'« aristocratie internationale[67] ». Ils partirent en applaudissant Picasso. Ils écrivirent même une lettre d'éloges sans réserve publiée dans *Paris Journal.* « Nous tenons à exprimer notre profonde et totale admiration pour Picasso qui, méprisant toute convention sacro-sainte, ne s'est jamais arrêté dans sa création perpétuelle de l'inquiétude, de l'angoisse pénétrante de nos temps modernes, ni de lui donner la plus haute forme d'expression... Picasso, *bien au-delà de ses collègues,* doit être considéré aujourd'hui comme l'éternelle incarnation de la jeunesse et le maître incontestable de la situation[68]. »

Dans *Mercure,* Picasso avait rejoint les surréalistes. Il avait abandonné l'angularité et les lignes droites pour les formes ondulantes et hallucinatoires avec lesquelles Breton cherchait à ébranler l'apparente objectivité de la réalité. Enfants, écrivit Breton dans un article sur Picasso et le surréalisme, nous avions des jouets qui aujourd'hui nous feraient pleurer de pitié et de rage... Nous grandissons jusqu'à un certain âge, paraît-il, et nos jouets grandissent avec nous. En fonction du drame qui n'a pour théâtre que l'esprit, Picasso créateur de jouets tragiques à l'intention des adultes, a grandi l'homme et mis, sous couleur parfois de l'exaspéré, un terme à son agitation puérile[69]. »

Picasso commençait à se lasser de sa propre agitation puérile et du bourdonnement mondain du beau monde. Quand Diaghilev lui demanda d'utiliser ses deux géantes courant au bord de la mer pour le rideau de scène du *Train bleu* qui devait débuter à Paris deux jours après *Mercure,* il hésita. Sa romance avec le monde du ballet était bel et bien terminée. Il finit par autoriser l'emploi des géantes, mais il resta totalement à l'écart de l'exécution du projet, que Diaghilev confia au prince Schervachidzé. La seule contribution de Picasso à la réalisation du rideau fut d'écrire « dédié à Diaghilev » sur une œuvre à laquelle il n'avait pas ajouté un seul coup de pinceau et de la signer « Picasso 24 ». C'était un geste qui convenait au ton surréaliste du ballet qui, écrit par Cocteau avec une musique de Darius Milhaud, n'avait vraiment rien à voir avec le ballet classique. « La première chose à propos du *Train bleu,* écrivit Diaghilev, c'est qu'il n'y a pas de train bleu dedans. Comme nous sommes à l'âge de la vitesse, il a déjà atteint sa destination et déchargé ses passagers. On peut les voir sur une plage qui n'existe pas devant un casino qui existe encore moins. Au-dessus passe un aéroplane que l'on ne voit pas. Et l'intrigue ne représente rien. Pourtant, lorsqu'il fut présenté pour la première fois à Paris, chacun fut inexplicablement pris du désir de prendre le train bleu pour Deauville et d'y pratiquer des exercices rafraîchissants[70]. »

Une fois de plus, en 1924, la famille Picasso passa l'été au bord de la mer, cette fois à Juan-les-Pins. Mais le seul exercice auquel Picasso se livrait, c'était de patauger de temps en temps dans l'eau sans guère plus de compétence que son fils de trois ans. L'image athlétique associée à son torse nu, puissant, velu et toujours bronzé, n'avait rien à voir avec des prouesses athlétiques. C'était une image pourtant qu'il cultiva assidûment, car malgré le nombre de femmes qui tombèrent amoureuses de lui, et l'adoration qu'on déposait à ses pieds, il ne se fit jamais à l'idée qu'il n'avait même pas un mètre soixante.

En mars 1925, les Picasso étaient à Monte-Carlo, ils assistaient à de nombreuses soirées et dînaient chez Giardino's, le restaurant à la mode en haut de la colline. Mais Picasso, s'il ne voulait pas de disciple avait pourtant toujours besoin d'une cour, était las de son entourage, surtout qu'il devenait de plus en plus difficile de concilier les exigences du feu qui brûlait en lui avec la vie mondaine qu'ils menaient. Plus Olga le sentait en train de se retirer dans son univers à lui, dont l'accès lui était interdit, plus fréquentes et plus violentes devenaient ses crises de jalousie mesquines et sans fondement. Elle était obsédée par le passé de son mari et faisait tout ce qui était en son pouvoir pour effacer toute trace de l'existence d'autres femmes dans sa vie. Elle déchira des lettres d'Apollinaire et de Max Jacob dans lesquelles figurait le nom de Fernande, fût-ce en passant. Elle contribua à écarter Max de leur existence et sortit même en claquant la porte de chez Gertrude Stein lorsque, durant une lecture de ses mémoires sur le Bateau-Lavoir, elle en arriva à un passage qui mentionnait Fernande.

La considérable volonté de puissance d'Olga avait maintenant changé d'objet; passant d'un désir de reconnaissance sociale à un désir non moins obsédant de posséder son mari, alors que leur mariage passait par un creux comme elle ne l'avait jamais possédé lorsqu'il passait par un sommet. Il était autant le responsable que la victime du comportement exaspérant d'Olga. Il lui avait donné un goût de la vie et un aperçu d'elle-même qu'elle n'avait jamais connus auparavant. Et puis, sans explication et sans raison qu'elle pût comprendre, il se repliait sur lui-même et elle se retrouvait brutalement coupée de cette source où elle puisait joie et affirmation d'elle-même. Mais maintenant il était trop tard. Comme une droguée qui a goûté les joies des paradis artificiels, elle ne pouvait reprendre son existence d'antan. Elle avait besoin de doses de plus en plus fortes de l'attention de son mari, de son intérêt pour elle et quand au contraire, il lui en prodiguait de moins en moins, elle se sentait furieuse et trahie. Exaspérée, elle l'invectivait alors, le forçant à lui donner, ne fût-ce que provisoirement, l'attention qui sans cela lui était refusée.

La colère engendrait la rage et la rage la violence, et, au printemps 1925, il peignit *La Danse.* C'était le début d'une sauvage décomposition du corps humain, et l'évocation de la crucifixion allait avec le sentiment de damnation et de destruction qui imprégnait le tableau. Picasso y travaillait déjà lorsqu'il apprit la mort de son ami Ramón Pichot, qui avait épousé Germaine peu après que Casagemas se fut suicidé à cause d'elle. La mort d'un ami le plaça de nouveau face à face avec cette peur douloureuse que la mort éveillait toujours en lui, et sa vieille angoisse métaphysique, une angoisse toujours renouvelée, commença à le tirailler avec une vigueur renouvelée et à l'irriter. Quant à son envie ambivalente à l'égard des femmes, elle se trouva provisoirement résolue dans une haine sans restriction : de Germaine, qui avait détruit Casagemas et qu'il tenait maintenant pour responsable de la destruction de Pichot, d'Olga dont la présence dans sa vie devenait de plus en plus oppressante, des femmes qui l'avaient obsédé autrefois et des femmes qui pourraient l'obséder dans l'avenir.

Le 15 juillet 1925, alors que Picasso était de nouveau à Juan-les-Pins avec Olga et Paulo, le quatrième numéro de *La Révolution surréaliste* parut avec pour la première fois une reproduction des *Demoiselles d'Avignon,* dix-huit ans après qu'elles eurent vu le jour au Bateau-Lavoir. « Il tenait à une défaillance de volonté de cet homme, écrivit Breton dans le même numéro, que la partie qui nous occupe fût tout au moins remise, sinon perdue[71]... C'est à ces multiples égards que nous le revendiquons hautement pour un des nôtres, alors même qu'il est impossible et qu'il serait du reste impatient de faire porter sur ses moyens la critique rigoureuse que par ailleurs, nous nous proposons d'instituer[72]. » Lui retournant le compliment, Picasso enfreignit son vieux principe qui lui interdisait d'exposer au sein d'un groupe et laissa sa toile figurer à la première exposition surréaliste à la galerie Pierre en novembre.

Tout d'abord la « totale subversion » proposée par Breton était censée être culturelle et personnelle; un appel à « rompre les liens de la raison, du rationalisme étroit[73] ». « Je crois, écrivit Breton, à la future résolution de ces deux états d'esprit, le rêve et la réalité, en apparence contradictoires...

pour former une super réalité[74]. » Cette résolution devait s'opérer au sein de l'individu et puis, grâce à cette transformation personnelle, la transformation sociale si longtemps attendue suivrait. Mais en 1926, la révolution partant de l'intérieur semblait bien trop lente pour changer le monde; Breton publia donc un manifeste appelant les surréalistes à joindre leurs forces à celles des communistes. Il se soumit même à un interrogatoire serré et humiliant des hauts dignitaires du parti communiste, qui n'étaient pas disposés à accepter cette nouvelle brillante recrue avant d'avoir examiné attentivement tout à la fois les publications surréalistes et un de leurs auteurs. Pourquoi publiait-il des reproductions d'œuvres de ce « fou » de Picasso? Pourquoi voulait-il promouvoir la liberté sexuelle et le marquis de Sade? Et, comme ne cessait de le demander Michel Marty, un dignitaire du parti scandalisé : « Qu'est-ce que toutes ces choses-là veulent dire[75]? »

Breton restait ferme sur l'intégrité de la recherche artistique, mais pas quand elle en arrivait à faire naître la désobéissance dans les rangs surréalistes. Ces surréalistes qui n'étaient pas d'accord avec lui pour s'allier aux communistes, et parmi eux Max Ernst, Jacques Prévert et André Masson, furent tout simplement excommuniés. Il eut beau protester qu'il ferait tout en son pouvoir pour s'assurer que l'art « continuerait à être un *but,* et que sous aucun prétexte il ne deviendrait simplement un *moyen*[76] », Breton s'obstina dans la tâche ingrate de chercher à réconcilier le marxisme avec un art qui ne fût pas encombré de réalisme socialiste. Picasso continuait d'être influencé par Breton et par le surréalisme et, de plus en plus, par Miró, le jeune peintre catalan arrivé à Paris en 1919 et qui depuis deux ans enrichissait le mouvement de son œuvre, mais qui restait pour le moment et qui allait le rester longtemps, complètement étranger à tout mouvement politique. « Je l'aime comme le but de ma vie[77] », disait-il de l'art, bien que, comme Breton, il désespérât souvent de la stupidité, de l'incompréhension et de la mauvaise foi de tous ceux qui l'entouraient et qu'il aspirât à la fin rapide de tout ce que les dictatures sont censées apporter. Sa panacée toutefois n'était pas une dictature du prolétariat mais « une dictature totale... une dictature de peintres... la dictature d'un peintre... pour supprimer tous ceux qui nous ont trompés, pour supprimer les tricheurs, pour supprimer les objets de tromperie, pour supprimer les habitudes, pour supprimer le charme, pour supprimer l'histoire, pour supprimer un tas de choses encore. Mais le bon sens l'emportera toujours. On devrait surtout faire une révolution contre lui[78] ! »

Sa révolution contre tout ce qu'il détestait autour de lui s'exprima en une explosion de violence dans son œuvre. *La Guitare,* qu'il créa cette année-là à partir d'une serpillière en lambeaux, d'un cordon, de peintures et de papiers mâchés, était hérissée de dix-sept longues pointes qui traversaient la toile pour venir confronter le spectateur. Il avait au début des intentions bien plus sanglantes : il aurait voulu cimenter sur la toile des lames de rasoir de façon que quiconque y toucherait se ferait bel et bien saigner.

Le 22 novembre 1926, Max Jacob, qui était toujours à Saint-Benoît, écrivit une lettre à Cocteau qui jetait quelque lumière sur la rage en train de secouer Picasso :

Mon Jean,

Tu juges très bien Picasso. Il hait sa peinture comme on hait le démon, son démon et la femme « adorée ». C'est l'homme de toutes les contradictions : à la même minute, il rage de la vie qu'il mène et de l'idée qu'il en pourrait mener une autre. Tu dis bien : il déteste tout et se déteste lui-même : en même temps il aime tout et ses productions admirables aussi. Il est ce qu'on aurait appelé : un abîme, un chaos. Picasso n'est pas, il se fait[79]. »

Les relations de Cocteau avec Picasso s'étaient tendues jusqu'à en arriver à une rupture provisoire à cause d'une remarque faite par Picasso devant un journaliste d'un quotidien de Barcelone. « Il n'y a pas de poète, avait-il dit, Rimbaud est le seul. Jean n'est qu'un journaliste, Apollinaire était idiot et Reverdy ne sait pas ce que c'est que le catholicisme[80] ! » Pendant des jours après la publication de son interview dans un journal français, Picasso avait donné pour instructions à la domestique de dire qu'il était sorti chaque fois que Cocteau se présentait. Et il vint bien des fois, essayant d'obtenir de lui une explication. Faute de le joindre, il inventa sa propre explication et déclara à la presse française que « l'interview qui l'avait si cruellement blessé s'était révélée être une interview de Picabia et non pas de Picasso, son ami[81] ». Picabia protesta et dit que c'était un mensonge, alors que Picasso, malgré les supplications de Cocteau, refusait de revenir sur les déclarations qu'il avait faites dans ce que la mère de Cocteau appelait « cette abominable interview ». A la fin, ce fut Olga qui apporta une solution à cette querelle publique lorsque les Picasso tombèrent un soir sur Mme Cocteau au théâtre. « En tant que mère, raconta Olga à Gertrude Stein, je ne pouvais pas laisser souffrir une mère et j'affirmai bien sûr que ce n'était pas Picasso et Picasso dit mais oui, mais oui, ce n'était pas lui, et ainsi se rétracta-t-il en public[82]. »

« Tu as trinqué, écrivit Max à Cocteau, attisant

les choses en même temps qu'il s'efforçait de calmer le jeu. Picasso comme Pascal est un homme à boutades : Pascal a eu soin de ne publier les siennes que deux cents ans après la mort de Louis XIV[83]. »

Mais Picasso était trop amoureux de ses aphorismes pour être capable d'une telle modération. A tout moment, il était aussi bien prêt à frapper qu'à caresser ceux qui l'entouraient. Et à un moment de sa vie aussi tourmenté, plus on approchait de lui, plus on dépendait de son affection, de son amitié ou de son approbation, plus on avait des chances de recevoir un coup de pied.

VII

DÉESSES ET PAILLASSONS

LE 8 janvier 1927, par un après-midi d'un froid mordant, Picasso déambulait du côté des Galeries Lafayette, dans cet état d'esprit sans but que les Surréalistes proclamaient le plus propice aux découvertes inattendues et aux nouveaux commencements, à l'intervention de la chance et du merveilleux. Dans la foule qui sortait du métro, se trouvait une blonde et belle jeune femme et ce visage avec son nez grec classique et ses yeux gris-bleu, il l'avait déjà vu : dans son imagination et sur ses toiles. « Il m'a tout simplement empoignée par le bras, racontait Marie-Thérèse Walter en évoquant le moment qui transforma sa vie, et dit : Je suis Picasso ! Vous et moi allons faire de grandes choses ensemble[1]. » Pour lui, ce fut un instant de reconnaissance et d'abandon à une passion sexuelle qui ne se laisserait pas entraver par les conventions de l'âge, du mariage, du temps et de la responsabilité.

Si seulement Marie-Thérèse avait émergé des profondeurs du métro sans passé, sans histoire et sans famille, le rêve de Picasso n'aurait pas été troublé par la réalité. Mais elle avait bel et bien un passé, une histoire et une mère, d'origine suédoise, avec laquelle elle vivait à Maisons-Alfort, juste à la sortie de Paris, et qui aimait lire de la littérature classique et jouer au piano de la musique classique. Elle avait aussi un demi-frère et une demi-sœur, ainsi qu'un père dont on disait qu'il était peintre, mais qu'elle n'avait jamais rencontré; son acte de naissance annonçait simplement « de père inconnu ». Elle était née à Perreux, dans le centre de la France, le 13 juillet 1909, l'année où Picasso et Fernande avaient quitté le Bateau-Lavoir pour une existence moins bohème. Elle ne connaissait rien de l'art ni de Picasso. Ses passions jusque-là avaient toutes été athlétiques : la natation, le cyclisme, la gymnastique, l'alpinisme. Son corps vibrait d'énergie aussi bien que de jeunesse et son visage et son épaisse chevelure blonde avaient le sain éclat du grand air.

A dix-sept ans, Marie-Thérèse ne savait peut-être pas qui était Picasso, mais Mme Emilie Marguerite Walter savait, et elle ne fit rien pour décourager la curiosité bien naturelle de sa fille pour cet homme exotique, presque de trente ans plus âgé qu'elle, avec son fort accent et son charme irrésistible. Leur prochaine rencontre, prévue cette fois, eut lieu deux jours plus tard au métro Saint-Lazare. Comme la conversation entre eux était limitée, il l'emmena au cinéma. « J'ai résisté six mois, racontait plus tard Marie-Thérèse, mais on ne résiste pas à Picasso. Vous m'avez bien comprise : une femme ne résiste pas à Picasso[2]. » Le 13 juillet, jour de son dix-huitième anniversaire, il coucha avec elle. Bien des années plus tard, Picasso commémorait dans une lettre qu'il lui adressait l'importance de cette date dans sa vie. « Aujourd'hui, 13 juillet 1944, c'est le dix-septième anniversaire de ta naissance en moi et aussi de ta propre naissance en ce monde où, t'ayant rencontrée, j'ai commencé à vivre[3]. »

La plus grande passion sexuelle de la vie de Picasso, sans frontière ni tabou, avait commencé. C'était une passion alimentée par le secret qui entourait leur relation et par la découverte que Marie-Thérèse avec ses airs d'enfant se révélait comme une élève toujours soumise et docile qui acceptait volontiers toutes les expériences, y compris le sadisme avec une obéissance totale à la volonté de Picasso. Elle était un objet qu'il était seul à posséder, preuve de son pouvoir et de son magnétisme sexuel.

La plupart des gravures avec lesquelles Picasso illustra *Le Chef-d'Œuvre inconnu* de Balzac datent de cette année. Frenhofer, le peintre dans le roman de Balzac, essaie depuis des années de faire le portrait de la femme de son chef-d'œuvre : « Voilà dix ans que je vis avec cette femme, elle est à moi, à moi seul, elle m'aime. Ne m'a-t-elle pas souri à chaque coup de pinceau que je lui ai donné ? Elle a une âme, l'âme dont je l'ai dotée... Ma peinture n'est pas une peinture, c'est un sentiment, une passion ! Née au féminin dans mon atelier, elle doit y rester vierge[4]... » Marie-Thérèse n'était pas moins la création de Picasso que la femme peinte par Frenhofer. Mais le créateur était à son tour obsédé et possédé par sa créature, et l'obsession sexuelle devint le thème dominant de son œuvre. Dans *Femme dans un fauteuil*, peint le même mois où il rencontra Marie-Thérèse, la sexualité et l'horreur se retrouvaient dans un mélange d'abandon et de brutalité, et le ton était donné pour les déformations sexuelles qui allaient suivre.

Le 11 mai, Kahnweiler envoya un mot à Gertrude Stein : « Le pauvre Juan est très bas. Le docteur croit que la fin est très proche[5]. » Juan Gris mourut plus tard ce jour-là à Boulogne, deux mois après son quarantième anniversaire. Picasso qui, à sa façon, avait fait ce qu'il pouvait pour nuire à Gris durant sa vie, fut parmi les premiers à se précipiter à Boulogne dès qu'il apprit la nouvelle de sa mort. « J'avais peint une grande toile noire, dit-il. Je ne savais pas ce que ça voulait dire, mais quand j'ai vu Gris sur son lit de mort, c'était mon tableau[6]. » Ceux qui avaient été les vrais amis de Gris voyaient ce qu'il y avait d'illogique, voire d'hypocrite, dans sa présence là-bas. Alice B. Toklas raconta comment « il arriva à la maison pour y passer toute la journée... Gertrude Stein lui dit d'un ton amer : vous n'avez pas le droit de le pleurer et il dit : vous n'avez pas le droit de me dire ça. Vous n'avez jamais compris ce qu'il représentait parce que vous n'aviez pas cela en vous, dit-elle furieuse. Vous savez très bien que si, répliqua-t-il[7] ». Et, deux jours plus tard, lui qui avait horreur des enterrements et de tout ce qui rappelait officiellement l'existence de la mort, était aux côtés du fils de Gris pour tenir les cordons du poêle à l'enterrement au cimetière de Boulogne. Lui qui durant une grande partie de la vie de Gris avait été son ennemi, voilà maintenant qu'il l'escortait jusqu'à sa tombe.

La réputation de Picasso continuait à grandir. Il avait trouvé un nouveau et fervent champion en la personne de Christian Zervos, le jeune émigré grec qui, un an plus tôt, avait fondé *Les Cahiers d'art* et qui devait consacrer sa vie à faire le catalogue de l'œuvre de Picasso. « La peinture est pour Picasso le crâne de Yorrick, écrivit-il dans *Les Cahiers* créés un an plus tôt. Il la retourne constamment entre ses mains avec une anxieuse curiosité. Personne ne dira assez les inquiétudes de cet homme qui possède toute la peinture et qui sait que celle-ci ne consiste pas en telle ou telle représentation formelle des objets, mais qu'elle renferme toutes sortes de solutions, des possibilités incalculables. Ces possibilités, Picasso les poursuit sans cesse[8]. » Le critique allemand Carl Einstein, parlant la même année de l'œuvre de Picasso, s'extasiait de la façon dont ses « éléments contrastés forment d'admirables harmonies... et la vérité se trouve dans l'identité qui souligne la tension entre les contraires[9] ».

La vérité émergeait peut-être de la tension entre les contraires dans son art, mais guère dans sa vie. Il était déchiré entre sa haine pour Juan Gris et le chagrin que lui causait sa mort, entre son mariage avec Olga et sa passion pour Marie-Thérèse, entre son mépris pour le tourbillon du monde et le rôle qu'il y jouait. Et la tension, la haine, la colère – contre Olga, contre la vie, contre Dieu – jaillissaient pour se déverser dans ses toiles.

Au milieu de juillet, il partit pour Cannes, qui était alors la villégiature d'été à la mode. *Le Littoral* annonça l'arrivée de « M. et Mme Picasso et leur famille », dans le plus luxueux nouvel hôtel de la Croisette. A son entourage habituel d'une épouse, d'un fils et d'une nurse, était venu s'ajouter un chauffeur, Marcel Boudin, qui le conduisait dans son Hispano-Suiza d'un bout à l'autre de la Côte d'Azur. « Dès qu'un peintre a assez d'argent, disait Picasso, il devrait avoir un chauffeur; conduire une voiture est très mauvais pour les poignets d'un peintre[10]. » Il savait, bien sûr, que Georges Braque adorait piloter des voitures de course.

Alors que la saison battait son plein, la presse locale rapportait les activités de Picasso au même titre que les allées et venues du prince Umberto d'Italie, de la princesse Galitzine, du prince de Bourbon-Parme, de Maurice Chevalier, de Somerset Maugham et de toute une foule de titres anciens et d'argent nouveau. Il y avait toutes les semaines de grands bals dans le jardin de l'hôtel, des dîners de gala et, le 18 août, une folle soirée qu'apprécia particulièrement Olga, et où l'orchestre était composé de Russes blancs qui avaient fui la révolution. Cela, c'était ce que Picasso faisait. Ce qu'il peignait reflétait une réalité bien différente. Il enregistrait non pas la surface scintillante de la civilisation, mais ses mécontentements profonds, les ténèbres et la laideur sous les fêtes brillantes rapportées dans la presse mondaine. L'historien d'art William Rubin décrivit Picasso comme « peut-être le plus grand psychologue du siècle, le médecin espagnol qui remplaça le viennois[11] ». Il avait commencé à lâcher sur la toile la souffrance et la fureur révélées chez ses patients de Vienne, donnant une expression visuelle à la violence que le médecin avait découverte dans son cabinet de consultation. Aux dames élégantes et chic « d'au-delà de la mode[12] », comme les appelait Picasso, succédèrent des femmes de cauchemar, terrifiantes et apeurées et aux luxueuses terrasses du Majestic, des cabanes de bois, primitives et élémentaires. Dans cette série de 1927, la première cabane ressemblait plus en fait à une tombe qu'à une cabine de plage : c'était comme un *memento mori* au milieu de la procession triomphale de sa vie.

Cet été frénétique était une sorte de danse désespérée. « Il se sentait emprisonné, dit Matta. Il ne s'intéressait pas à son entourage ; il ne s'intéressait pas à sa femme, il ne s'intéressait pas à ce qu'il mangeait et il ne buvait pas : il aurait pu vivre dans sa cuisine, en dormant pendant la journée et en peignant la nuit[13]. » Indifférent à tous ces luxes conventionnels, il dit un jour à Kahnweiler que ce qu'il voulait c'était « pouvoir vivre comme un pauvre avec beaucoup d'argent[14] ». Le tohu-bohu mondain qu'il avait accueilli avec plaisir, il n'en voulait plus aujourd'hui, de plus en plus conscient qu'il était du nombre de gens attirés vers lui par sa célébrité et par la grandeur qui pourrait rejaillir sur eux, pour la plupart des touristes sur les pics montagneux de la création qui étaient son habitat naturel. Et ces gens, totalement charmés et séduits, étaient aujourd'hui prêts à applaudir tout ce qui venait de la main du sorcier. Mais son mépris pour la routine mondaine qu'il suivait l'étouffait. C'était comme s'il était entouré d'insectes bourdonnants, certains, il est vrai, étaient amusants, certains étaient beaux, certains étaient élégants et certains avaient même du talent, mais le bourdonnement l'étourdissait jusqu'à lui faire perdre la tête.

Au début de 1928, il redécouvrit un vieil ami qui, bien qu'étant aussi adorateur que les autres membres de sa cour, avait le grand avantage de pouvoir enseigner à Picasso quelque chose qu'il voulait connaître. Julio Gonzalez, sculpteur et forgeron, possédait justement le genre de connaissances techniques que Picasso cherchait à acquérir à cette période de turbulence intérieure où la sculpture et la construction avaient la solidité et les qualités quasi thérapeutiques dont il avait besoin. Avec l'aide de Gonzalez, il créa des constructions en fer forgé et, plus tard dans l'année, incité par l'offre qu'on lui avait faite d'ériger un monument à Apollinaire, des projets de sculpture qui pourraient constituer le monument d'Apollinaire ou emplir la longueur de la Croisette à Cannes. Si Braque était « madame Picasso », alors Gonzalez était le neveu doué qu'on laissait assister le maître dans ses efforts pour s'élever.

Au milieu de juillet, Picasso quitta une fois de plus Paris pour Dinard, accompagné d'Olga, de Paulo et de sa nurse anglaise et précédé de Marie-Thérèse cachée non loin de là dans un camp de vacances pour enfants. C'était un arrangement ingénieux qui ravissait Picasso, non seulement à cause de son secret absolu, mais à cause de sa perversité. L'idée d'aller rendre visite à sa jeune maîtresse dans un camp d'enfants ajoutait un frisson de risque, de surréalisme et de mascarade à une relation déjà pétillante de passion sexuelle, une passion qui continuait à s'épanouir dans la soumission souvent violente de la « femme-enfant » à la volonté de son amant. Ainsi, quand Picasso avait eu tout son soûl de flirter avec des filles encore plus jeunes du camp et de s'amuser à regarder sa robuste et athlétique maîtresse nager ou faire des galipettes sur la plage, il l'entraînait dans une cabane où les galipettes devenaient beaucoup plus intenses et plus sérieuses. Sa tâche à elle était claire : se plier à tous les ordres et à tous les caprices de l'homme qu'elle décrivait comme son « merveilleusement terrible[15] » amant. « Je pleure depuis toujours avec Pablo Picasso[16] », avoua Marie-Thérèse plus de quarante ans plus tard. « J'ai toujours courbé la tête devant lui[17] ».

« Certains des souvenirs les plus durables et les plus vivaces de Marie-Thérèse, d'après l'historienne d'art Lydia Gasman, qui bavarda longuement avec elle plus tard, étaient précisément les préférences sexuelles sado-masochistes de Picasso. Elle se rappelait qu'au début de leur liaison, il lui demandait de se plier à ses fantaisies et qu'elle était elle-même à l'époque si naïve que ses exigences la faisaient rire[18]. » « Pablo ne voulait pas que je rie », se rappelait Marie-Thérèse. « Il me disait : sois sérieuse[19] ! »

Explorer les limites de la sexualité était pour Picasso une affaire sérieuse. Il cherchait non seulement à satisfaire ses désirs sexuels mais à parvenir en s'adonnant à ce que la culture interdisait à cet état d'existence exaltée où l'écrivain français Georges Bataille voyait le but de l'érotisme. Bataille, qui était fasciné par le lien entre la sexualité, la transgression et la transcendance qu'expérimentait Picasso, décrivit « le sentiment de violence élémentaire qui enflamme chaque manifestation d'érotisme. Par essence le domaine de l'érotisme est le domaine de la violence, de la violation... Que signifie l'érotisme physique sinon une violation de l'être même de ceux qui le pratiquent, une violation confinant à la mort, au meurtre? Tout le propos de l'érotisme est de frapper jusqu'au noyau même de l'être humain, si bien que le cœur s'arrête[20]. »

C'était le monde de l'érotisme, de la violence et de la violation qu'habitaient à Dinard Picasso et Marie-Thérèse. Et le fait qu'elle fût légalement mineure et dans un camp d'enfants ajoutait encore à son ardeur sexuelle. En France à cette époque le « détournement de mineur » pouvait aboutir à une sévère peine de prison, mais défier la loi faisait partie de l'excitation qui enflammait sa passion. Sade avait parlé du souverain qui a l'autorité de transgresser et d'enfreindre tous les tabous; et Picasso, qui avait toujours cru que tout lui était permis, dans la vie non moins que dans l'art, était en train maintenant de défier tout à la fois la loi, la moralité et la convention dans les cabanes d'un camp d'enfants.

Ce sont des femmes qui détiennent la clé de la cabane dans la série qu'il peignit à Dinard. « J'adore les clés, avait-il dit. Il me semble très important d'en avoir une. C'est vrai que les clés m'ont souvent hanté. Dans la série de baigneurs et de baigneuses, il y a toujours une porte qu'on essaie d'ouvrir avec une grosse clé[21]. » C'était la porte de son propre inconscient et, pendant longtemps, l'espoir persista en lui qu'une femme détiendrait la clé du mystère qu'il restait pour lui-même, malgré ses déclarations péremptoires. Mais dans l'érotisme qui dominait sa vie à l'époque, Marie-Thérèse n'était pas plus que la servante passive de la volonté de son amant.

Dans le texte de la « Cabana » qu'il écrivit en espagnol en 1935, en utilisant l'écriture automatique prônée par les surréalistes, la cabane était une fois de plus le symbole de son inconscient, alors que Marie-Thérèse, dont on ne mentionne jamais le nom, apparaissait à diverses reprises comme « une tranche de melon qui ne reste jamais tranquille, riant de tout tant que l'été dure[22] » comme la plus bleue des bleues, une colombe blanche ou lilas, l'air ou une jument hennissante. Plus les images de sa jeune maîtresse étaient innocentes et virginales, plus il était satisfait de l'avilir. « On désire la beauté pour pouvoir la dégrader, écrivit Bataille. Pas pour elle mais pour la joie qu'apporte la certitude de la profaner[23]. » Picasso avoua un jour que les femmes pour lui se divisaient en « déesses et en paillassons[24] ». Peu de choses lui donnaient un plus grand plaisir que de transformer les déesses en paillassons; et non seulement elles se laissaient piétiner, mais elles y prenaient goût.

Dans la série des « Cabanas » qu'il peignit de 1927 à 1938, la cabine de plage était un symbole de lui-même dressé contre Olga et, surtout, contre les esprits mauvais tissant le terrible destin d'un homme. L'homme, écrivit-il, ne peut rien faire qu'« observer le fil que travaille le destin[25] », menaçant avec ses « mille armes offensives[26] ». Mais il croyait aussi que « les esprits, l'inconscient, l'émotion – tout ça – c'est la même chose[27] ». Et il ajouta dans l'un des commentaires les plus perspicaces qu'il ait jamais faits sur lui-même, que peut-être son inconscient et son ennemi malveillant, le destin, n'étaient après tout que « la même chose ».

« Et les maisons, et les volcans, et les empires... le secret du surréalisme, écrivait Breton vers l'époque de la série des " Cabanas ", tient dans le fait que nous sommes persuadés que quelque chose est caché derrière eux[28]. » Picasso vivait sa vie comme si ce quelque chose était irrémédiablement malveillant, mais il y avait aussi ces rares moments où il entrevoyait la possibilité que ce pourrait être en fait la source du salut. La plupart du temps, bien qu'il sût qu'il existait une essence invisible et intangible au-delà des apparences visibles, il niait, avec l'intensité maniaque de quelqu'un qui essaie de calmer la peur lancinante d'avoir tort, l'existence d'une réalité transcendante.

Picasso avait commencé 1928 avec un collage représentant un minotaure monstrueux. Dans la mythologie antique, le minotaure, moitié homme, moitié taureau, vivant dans un labyrinthe souterrain et se nourrissant de chair humaine, symbolisait la bête dévorante cachée dans le labyrinthe du subconscient de l'homme. Dans le collage de Picasso, rien ne sépare l'énorme tête du minotaure de ses jambes, lorsqu'il fuit, propulsé par le phallus collé entre ses membres. C'était une image qui reflétait son propre comportement cette année-là. En fuyant Olga en même temps que l'angoisse et le remords qui le tenaillaient, il cherchait l'évasion dans la sexualité frénétique de ses rapports avec Marie-Thérèse. Il prouvait, du moins dans sa propre vie, la vérité du dicton qui affirme que l'Espagne est un pays où les hommes méprisent le sexe et vivent pour lui. Mais il payait un prix bien lourd. Car s'il se faisait, et ce qu'il faisait avec acharnement était le mal, alors il était le mal, et si *lui* était le mal, alors *tout* était le mal.

Ce fut avec un plaisir renouvelé qu'il apprit la nouvelle du retour à Paris de Max Jacob. Max n'était pas seulement un émissaire de temps plus heureux, c'était aussi un adorateur résolu devant l'autel du remords sexuel et, de retour dans la « ville inhumaine et monstrueuse[29] », installé à l'hôtel Nollet – qui, comme il l'écrivit lui-même, « n'était pas le centre des vertus » – Max avait bien des occasions de connaître tout à la fois l'indulgence et le remords. Les deux vieux amis se rencontraient souvent maintenant que Picasso ne cherchait plus à se soumettre aux sympathies et aux antipathies d'Olga. Il dessina un portrait de Max avec une couronne de laurier coiffant son crâne chauve, et Max était aussi amoureux de lui que jamais. C'était une forme particulière d'amour, un « amour-dévotion » qu'il avait tenté de définir deux ans plus tôt dans une lettre à Cocteau : « L'amour admiration (genre Madeleine-Christ) que j'ai pour V..., pour Picasso et pour toi et que tu as pour Raymond Radiguet, est un amour admirable, un hommage rendu à Dieu dans ses créations réussies[30]. »

Picasso, en fait, réussissait si bien comme créateur que même l'effondrement de Wall Street en 1929 n'eut aucun effet sur lui. Les collectionneurs américains léchaient leurs plaies, les Français gardaient leur or et bien des artistes dans Paris étaient forcés de vendre ce qu'ils possédaient. Certains, qui n'avaient que peu ou rien à vendre, en étaient réduits à s'inscrire aux soupes populaires ouvertes à Montparnasse et à Montmartre. Picasso, lui, continuait à vendre les quelques toiles dont il était disposé à se séparer à des prix de plus en plus élevés, et les domestiques, la nurse, le chauffeur en livrée, l'Hispano-Suiza, tous les luxes auxquels il avait fini par s'habituer, demeuraient intacts. Lorsque le *Black Sun Press* lui demanda de dessiner un portrait de James Joyce pour le frontispice de *Tales Told of Shem and Shaun,* qui devait paraître cette année-là, il refusa. Il ne travaillait jamais sur commande, répondit-il et dans tous les cas, il n'aimait pas du tout James Joyce.

En 1929, il peignit le dernier portrait de son fils : *Paulo en Pierrot avec des fleurs.* Paulo avait maintenant huit ans, mais dans le portrait que son père peignit de lui comme s'il avait quatre ans, il avait quelque chose de gracieux et d'un peu fantomatique. Il se sentait plus près de la mémoire de son fils enfant que de la réalité du Paulo grandissant. Maintenant qu'il ne le fascinait plus, comme un produit et un prolongement de lui-même, Paulo devenait vite un être humain séparé. Et les êtres humains séparés n'intéressaient pas beaucoup Picasso à moins de ne pouvoir lui être de quelque utilité, intellectuellement, socialement, sexuellement, financièrement ou affectivement. C'était beaucoup demander à un gamin de huit ans.

Paulo en Pierrot était un rare interlude dans une période encombrée de tableaux de monstres femelles, qui ressemblaient de plus en plus à des robots. Ces femmes étaient réduites à l'état de poupées, abusées et subjuguées, et pourtant, dans sa misogynie, Picasso continuait à les craindre et à les représenter comme menaçantes, torturées et destructrices. La torture et la violence trouvèrent leur point culminant dans ses dessins de Marie-Madeleine, dont le corps nu est si convulsé de désespoir qu'il se cambre en arrière jusqu'à ce que sa tête et ses fesses semblent se rejoindre, son nez et ses yeux semblables à des organes génitaux masculins venant se superposer aux siens : le tourment, la frénésie, la souffrance et la sexualité mêlés. Et, comme si souvent dans le passé, en périodes de désespoir, Picasso se tourna vers le thème du Christ en croix. Le 7 février 1930, il termina sa célèbre *Crucifixion,* qui était, comme le dit William Rubin, non pas une crucifixion du point de vue du spectateur, mais une crucifixion « dans la perspective hallucinée de l'homme sur la croix[31] ». Il n'y avait aucune tendresse, aucune place pour la compassion, pas même sur le visage de la Vierge Marie, qui est tout empreint de colère et de férocité.

Les faits pourtant dépassaient le blasphème et le sacrilège. Dans son étude sur la *Crucifixion,* Ruth Kauffman en décrivit le thème comme « l'irrationalité humaine sous forme d'hystérie, de brutalité et de sadisme[32] ». Le choix fait par Picasso des symboles universels du christianisme était tout sauf arbitraire. Il voulait chasser la religion par la porte et la voir revenir par la fenêtre. Il se proclamait athée et pourtant le pire qu'il pouvait dire de Matisse, c'est qu'il était « Van Gogh sans Dieu[33] ». Il se moquait de Dieu et pourtant, dans ses moments de désespoir et d'angoisse, il s'identifiait avec Son Fils et cherchait à en décrire les indescriptibles souffrances. Il voyait le destin comme malveillant et le monde comme grouillant d'esprits mauvais et pourtant il était par moments aussi empli d'un sentiment du miraculeux. « Tout est miracle, disait-il à Cocteau. C'est un miracle de ne pas fondre dans la baignoire comme un morceau de sucre[34]. » Mais il avait besoin de quelque chose à railler, et quelque chose qui devait être assez grand pour en valoir la peine. Il choisit donc Dieu et fit de lui son ennemi de toujours, à jamais présent dans sa vie dans le rôle de l'Adversaire, comme il l'était pour le plus dévot des mystiques, dans le rôle du Bien-Aimé.

La production de la *Crucifixion* fut un tournant. On aurait dit qu'un peu de la rage et du désespoir de Picasso s'était libéré et était resté sur le panneau de la scène du Calvaire – du moins pour le moment. La paralysie de la volonté dont il souffrait quand les ténèbres l'engloutissaient s'apaisa suffisamment pour lui permettre de prendre des mesures afin d'atténuer au moins quelques-unes des complications physiques de son existence. Il acheta un château du XVIIe siècle à Boisgeloup en Normandie, qui n'était accessible qu'en voiture. D'un seul coup, le château de pierre grise lui fournit un espace assez vaste pour ses sculptures monumentales, une retraite où il pouvait légitimement échapper à Olga, qui réagissait à ce repli en devenant de plus en plus instable, et un havre pour lui et pour Marie-Thérèse. Sa nouvelle demeure avait même une chapelle gothique à l'entrée. Comme le lui avait dit Gertrude Stein, « si vous êtes très en avance avec votre tête, vous êtes naturellement vieux jeu et régulier dans votre vie quotidienne[35] ». Il était en effet vieux jeu dans son choix d'endroits où vivre, dès qu'il eut assez d'argent pour pouvoir choisir.

Il passa l'été de 1930 à Juan-les-Pins et, à l'automne, dans un geste encore plus audacieux et en vue de supprimer le temps perdu en déplacements, il installa Marie-Thérèse dans un appartement au rez-de-chaussée du 44, rue La Boétie, juste en face de la maison où il habitait avec Olga. L'efficacité n'était pas, bien sûr, son unique motif. Il y avait aussi le plaisir pervers qu'il prenait à savoir qu'il pouvait tout se permettre, qu'il pouvait étaler son secret sous le nez de sa femme maniaquement jalouse, et que ça reste un secret, qu'il pouvait édicter ses propres lois et enfreindre celles de tous les autres.

En même temps que Marie-Thérèse commençait à vivre rue La Boétie, Picasso accepta l'offre d'Albert Skira, un riche et jeune Suisse, d'illustrer les *Métamorphoses* d'Ovide. Il termina plus de trente gravures entre la mi-septembre et la troisième semaine d'octobre, se purgeant de toutes les déformations et de toute la rage qu'il avait déversées sur ses toiles au cours des quatre dernières années. Les gravures sont de pur style classique, sans rien de fantastique et, en fait, ne montrent qu'une vraie métamorphose : celle des filles de Minias, qui furent transformées en chauves-souris par Bacchus pour avoir choisi de rester chez elles à tisser plutôt que de participer aux orgies bachiques qui faisaient partie du culte du dieu. Picasso montra des ailes commençant à pousser sur les corps des sœurs terrifiées; il savourait apparemment tout à la fois la punition du dieu et la morale du mythe. Pour le reste, la plupart des passages qu'il choisit d'illustrer laissaient de côté les dieux et leurs actes magiques de transformation. C'était une interprétation humaniste et impitoyablement classique de vide, dans le pur style linéaire de la peinture des vases grecs. Elle marquait la métamorphose provisoire de Picasso qui, d'artiste accablé par les sombres créations de son subconscient devenait un artiste au contrôle et aux proportions classiques.

Le 25 octobre, jour de son quarante-neuvième anniversaire, il termina la gravure des *Amours de Jupiter et de Semele*. Dans ce mythe, Semele, une simple mortelle qui devient la maîtresse du dieu, le supplie de se révéler dans toute sa splendeur et sa majesté et, quand il le fait, elle est détruite par le feu de son divin rayonnement. Picasso était bien sûr Jupiter et Marie-Thérèse était Semele. Une fois de plus, il s'était tourné vers le mythe pour exprimer la nature d'une relation réelle.

Pour Marie-Thérèse, Picasso n'était pas moins un dieu que Jupiter ne l'était pour Semele et que Krishna pour les vachères de la mythologie indienne. Il attendait d'elle qu'elle cédât à sa volonté comme un dieu l'attend de ceux qui ont dédié leur existence à son service. Et en retour, comme Jupiter et Krishna, il leur offrait des moments d'exaltation comme il n'en avait pas connus auparavant. « Nous sommes simplement tes servantes et tes esclaves[36] », crient les jeunes femmes à Krishna. Et quand le dieu n'est pas avec elles, la nuit est vide, leurs cris montent sans réponse et, appelant en gémissant le Krishna qu'elles adorent, elles se jettent et se tordent sur le sol[37]. » Si l'une d'elles ose se plaindre de ses absences, sa réponse est toujours la même : on ne doit pas le juger aux étalons ordinaires.

Marie-Thérèse menait une vie qui n'était pas moins dominée, qu'il fût présent ou absent, par la passion dévorante qu'elle portait à Picasso. Le fait qu'il fût un peintre célèbre ne jouait aucun rôle dans leur rapport. Elle ne connaissait rien du reste de son univers, et le reste de son univers ne savait rien d'elle.

En avril 1930, un numéro spécial de *Documents*, le journal fondé par Georges Bataille pour s'opposer à André Breton, était consacré à Picasso. Dans un des articles, les stupéfiants tours et détours de l'œuvre de Picasso étaient considérés comme « une série de métamorphoses personnelles[38] », jaillissant « d'un doute tragique devant l'apparente réalité de l'univers des formes. Chez lui comme chez tout grand artiste, l'esprit de révolte est plus fort que la foi, sa foi dans le monde extérieur[39] ».

Mais le monde extérieur continuait à placer sa foi en lui. Les prix et les honneurs pleuvaient sur lui. Picasso décrivit au marchand Pierre Loeb la visite de quelques représentants du gouvernement français venus choisir une de ses toiles. « Ils sont venus à quatre; quand je les ai vus avec leurs pantalons rayés, leurs faux cols, leur air à la fois timide et distant, j'ai revu ma jeunesse si dure. J'ai pensé que ces gens-là, avec quelques centaines de francs, auraient pu me rendre service autrefois plus qu'aujourd'hui avec quelques centaines de mille. Je commençai à leur montrer des tableaux, mes meilleurs tableaux, mais je sentais qu'ils voulaient de la Période bleue. Nous convînmes vaguement d'une nouvelle rencontre à laquelle je n'irai pas[40]. » Les honneurs et même l'immense richesse ne pouvaient rien faire pour effacer les amers souvenirs de ses jeunes années, le temps des privations et des rejets qu'il traîna avec lui jusqu'à la fin de sa vie.

Pourtant, enterré sous cette amertume et cette

colère, il y avait un amour de la vie qui, tremblant toujours au bord de l'horreur, avait parfois l'occasion de s'exprimer. Le début de 1931 vit un de ses jaillissements de joie de vivre sous la forme de natures mortes pleines d'une énergie orgasmique. Une de ses toiles qu'il termina le 11 mars 1931 pour la garder dans sa collection privée, marquant ainsi une étape dans sa vie, était la *Grande Nature morte au guéridon.* Ce n'est en fait une nature morte qu'au premier abord, révélant quand on la regarde de plus près les courbes voluptueuses de Marie-Thérèse cachées dans le fruit et qui s'entrelacent avec un mâle caché dans la table, avec encore plus d'entrelacement sexuel dans la nappe rouge et noir. L'œuvre regorge de symboles, de codes, de doubles portraits secrets et de transformations au sein de transformations, et elle prenait ses racines dans l'amour de Picasso pour les portraits déguisés qui convenaient si bien à sa personnalité secrète : « L'art du portrait secret chez Picasso, écrivit Linda Langston dans son étude intitulée *Doubles portraits déguisés dans l'Œuvre de Picasso,* donne à l'artiste un véhicule public pour les plus privées des confessions. Le sujet plus personnel, et donc caché, est la relation entre l'artiste et ses femmes et ce qu'elle nous dit de sa biographie. Déguiser son message derrière le voile d'un sujet impersonnel limite l'accès à ses pensées et à sa personnalité. Dans un sens, ce sont des " miroirs truqués " conçus pour empêcher le spectateur de voir au-delà des leurres : les corridas et les natures mortes[41]. » En 1931, Picasso ne fit que vingt-huit toiles et dessins. Il était de plus en plus absorbé dans les transformations à trois dimensions, les assemblages d'objets disparates : « la rencontre fortuite d'une machine à coudre et d'un parapluie sur une table de dissection[42] ». Les écuries de Boisgeloup furent transformées en atelier de sculpture et, quand son été à Juan-les-Pins avec Olga et Paulo fut terminé, il se mit à travailler là-bas. Ce fut le début de Marie-Thérèse en tant que sculpture, l'époque des têtes monumentales avec leurs nez phalliques et leurs distorsions progressives.

Le 25 octobre 1931, c'était son cinquantième anniversaire. Il écarta les cartes et télégrammes qui s'entassaient rue La Boétie, refusant de célébrer un demi-siècle de vie, ni de donner la moindre indication qu'il approuvait un tel affront du destin que le passage du temps et l'approche de la vieillesse. Au lieu de cela, il se lança dans les deux seules façons qu'il connaissait de vaincre la vieillesse et la mort : une sexualité sans frein et un travail qui tournait à l'obsession.

La grande rétrospective que l'on prévoyait à la galerie Georges-Petit pour le 15 juin 1931 lui donna l'occasion d'être entouré tout à la fois des deux cent trente-six toiles rassemblées à Paris et venant du monde entier, autant de soldats dans sa bataille contre les forces du mal qui gouvernaient le monde. Il était là pour surveiller leur exposition dans la galerie, pour les accueillir et les commenter. A Tériade, un autre jeune émigré grec qui collaborait avec Zervos aux *Cahiers d'Art*, il les décrivit comme « des enfants prodigues de retour à la maison, revêtus d'or[43] ».

Un déferlement d'articles précéda et suivit les deux grandes dates de son cinquantième anniversaire et de la grandiose rétrospective, et tous n'étaient pas favorables. Dans une série d'articles, Waldemar George, un critique d'art prolifique qui avait quitté sa Pologne natale pour s'installer à Paris, décrivit l'œuvre de Picasso comme « l'expression la plus claire de l'inquiétude moderne[44] », et ses démons comme « correspondant à la réalité collective du moment[45] », à une névrose moderne, à une soif de mystère et à un désir caché d'évasion qui prévalait à une époque sans dieu. Dans l'un de ses commentaires les plus sévères sur l'œuvre de Picasso, George parlait de « démonstration stérile; de jeu gratuit[46] », nés d'une « maladie infantile[47] », un besoin exhibitionniste de défier et de choquer. Pour George, Picasso, loin d'être libre, était prisonnier de son angoisse et de son égocentrisme – les empreintes de l'homme moderne.

En septembre de la même année une autre grande rétrospective à la Kunsthaus de Zurich. L'un des vingt-huit mille visiteurs était Carl Jung, et sa confrontation avec un inventaire de l'œuvre de Picasso eut pour résultat un article accablant qui parut dans la *Neue Zürcher Zeitung* du 13 novembre 1932. Frappé par la similitude entre l'œuvre de Picasso et les dessins de ses patients schizophrènes, Jung le diagnostiqua comme un schizophrène exprimant périodiquement dans ses toiles le motif caractéristique « de la descente aux Enfers dans l'inconscient et de l'adieu au monde d'en haut[48] ». Comparant les images produites par ses patients à celles produites par Picasso, il écrivait : « Considérées d'un point de vue strictement formel[49], ce qui domine chez elles c'est le caractère de lacérations mentales qui se traduisent en lignes brisées, c'est-à-dire un type de fissures psychologiques qui courent à travers l'image... c'est le laid, le morbide, le grotesque, l'incompréhensible, le banal que l'on recherche – non pas dans le but d'exprimer quelque chose, mais seulement pour obscurcir; une obscurité toutefois qui n'a rien à cacher, mais qui s'étend comme une brume froide sur des landes désolées; le tout est absolument sans objet, comme un spectacle qui peut se passer de spectateurs[50]. »

Quelle que fût la valeur des opinions de Jung et de George, il était indéniable que Picasso, à l'aube de la sixième décennie de sa vie, était plus loin que jamais de son rêve de jeunesse de créer un art universel, non pas simplement de parvenir à la maîtrise du style et du moyen d'expression qu'il choisissait mais de transcender tous les styles afin de créer quelque chose d'absolu et d'ultime. Il eut le courage de succomber à bien des expressions artistiques différentes et de renaître à de nouvelles, mais il lui a manqué le courage de lâcher le trapèze de son monumental égocentrisme et de son éblouissante personnalité avec la confiance qu'il y avait quelque chose au-delà de lui-même pour le rattraper. Et aucune accumulation de toiles magiques ni d'acrobaties sexuelles ne pouvait le protéger, sinon provisoirement, du sentiment de l'échec qui le hantait.

VIII

LE MINOTAURE ET SA MUSE

L'ANNÉE de l'accession au pouvoir de Hitler, 1933, fut aussi l'année où le Minotaure, qui avait déjà fait son apparition dans l'œuvre de Picasso, jaillit alors avec toute sa force. Louis Fort, le graveur sur cuivre présenté à Picasso par Vollard, installa une presse à main dans les écuries de Boisgeloup et la série de gravures qui allait devenir célèbre sous le nom de « Suite Vollard », commença à paraître. Les gravures tout d'abord étaient presque idylliques : le sculpteur barbu se détend au lit avec la belle jeune femme qui lui sert de modèle, absorbé dans l'œuvre qui les entoure, rassasié ou pour le moment indifférent à toute promesse de béatitude sexuelle que renferme le corps nu de son modèle. Puis le minotaure arrive. Il lorgne la scène, il commence une orgie à laquelle le sculpteur participe avec abandon, il viole le modèle endormi, il est tué dans une corrida et ressuscité pour envahir de nouveau l'atelier du sculpteur pour de nouvelles beuveries et de nouveaux ébats. Quand plus tard on demanda à Marie-Thérèse ce qu'était le bonheur pour Picasso, elle répondit : « Il violait d'abord la femme, comme Renoir disait, et après on travaillait. Que ce soit moi ou une autre, c'était comme ça[1]. »

Le 25 mai, le premier numéro du *Minotaure*, un

magazine consacré au surréalisme, fut publié. Il y avait sur la couverture une reproduction d'un minotaure surréaliste de Picasso; autour d'un dessin du minotaure, qu'il avait fixé par une punaise à un bout de carton ondulé, Picasso avait disposé des bouts de ruban, du papier d'argent découpé en dentelle et des fleurs fanées provenant d'un des chapeaux d'Olga. Le monstre avait été embelli, mais il n'en demeurait pas moins monstrueux et destructeur sans raison. Le Minotaure avait également envahi la vie de Picasso et ne lui permit pas de rester tout l'été à Cannes. Aussi, dans un accès d'agitation mêlé à l'espoir que son Espagne natale lui fournirait peut-être une solution, il partit à la mi-août pour Barcelone. L'équipe officielle, voyageant en grand style dans la magnifique Hispano-Suiza, avec des miroirs, des vases de cristal et des fleurs ajoutant leur luxe à l'intérieur bien astiqué, comprenait Olga, Paulo, le chien et, bien sûr, Marcel Boudin, le chauffeur en livrée et en gants blancs. L'équipe non officielle était composée de Marie-Thérèse, qui le retrouva à Barcelone, et qui, dans son rôle maintenant tout à fait au point d'ombre invisible, réussit à échapper aussi bien à l'attention de la presse que de la famille.

Ce triomphe du secret était d'autant plus remarquable que l'arrivée et l'installation de Picasso au Ritz étaient un grand événement pour la presse et un événement capital pour sa famille. « J'avais neuf ans, se rappelait Jaime Vilato, le fils de sa sœur. Pour moi, l'arrivée de mon oncle était quelque chose; à part le fait qu'il était pratiquement une créature mythique, puisque ma mère parlait de lui nuit et jour, son arrivée était comme un spectacle, un vrai spectacle. Il vint avec mon cousin et avec sa femme et un chien les accompagnait. C'était, à mon âge, presque aussi important que son arrivée à lui : le chien, le chauffeur, la voiture, le Ritz, tout ça me semblait absolument merveilleux[2]. » Quant à la presse, la garde qu'elle montait au Ritz lui permit de publier des articles intitulés « Picasso refuse de parler ».

Mais Fernande Olivier, qui était sortie de sa vie depuis vingt et un ans, y était toute prête. Lorsqu'il revint à Paris, Picasso se trouva confronté au premier extrait de ses mémoires dans *Le Soir* et dans *Mercure.* Il ne put croire tout d'abord qu'on avait violé sa sacro-sainte vie privée, mais son incrédulité se changea en fureur lorsque tous ses efforts pour empêcher la parution dans la presse des mémoires de Fernande et la publication de son livre se révélèrent vains. Non pas que *Picasso et ses amis* fût un livre choquant. Il n'y avait aucune amertume dans le récit bien mené de Fernande, même si elle gagnait tant bien que mal sa vie en enseignant le français à des étrangers, alors que l'homme dont elle avait partagé les plus dures années vivait comme un roi. Mais il y avait de nombreux aperçus intéressants sur son caractère et Picasso, pour qui l'exhortation « Connais-toi toi-même » était un anathème, n'était guère content de se voir reflété dans le miroir de Fernande. Non seulement elle lui avait rendu plus difficile la tâche de se duper, mais elle avait dérangé sa légende. « Un tableau, avait-il dit, ne vit que par celui qui le regarde[3] » – et ce que l'on voit, c'est la légende entourant la toile. Il préférait les choses ainsi. Fernande avait, sans malice ni sensationnalisme, soulevé quelques-uns des voiles et Picasso, plus encore que la plupart des légendes, avait une profonde horreur qu'on touchât à ses voiles.

Il était furieux contre Fernande, furieux contre Olga pour essayer de s'opposer à sa volonté, furieux contre Marie-Thérèse qui obéissait à tout trop facilement, furieux contre lui-même pour être brutal et pour en éprouver des remords. Un jour, emporté par sa colère, il empoigna Olga par les cheveux, la coucha par terre et la traîna à travers la pièce. « Elle me demandait trop[4] », ce fut ainsi qu'il résuma les raisons de l'échec de leur relation. « C'est la pire époque de ma vie[5] », dirait-il plus tard. Mais, au-delà de sa souffrance personnelle, il prévoyait, dans ses sentiments aussi bien que dans ses toiles, l'horreur qui allait se déchaîner sur le monde. Sa rage croissante atteignit son point culminant en juillet 1934 dans une série de tableaux de corrida dans lesquels la barbarie et la brutalité atteignaient de nouvelles profondeurs. Aussi bien Olga, tantôt représentée comme un cheval et tantôt comme une vieille mégère, que Marie-Thérèse qu'il se plaisait à représenter en victime, étaient les cibles de sa rage déchaînée. Mais celle-ci avait des sources plus profondes, beaucoup plus anciennes et élémentaires. Quand le taureau blessé dévore les entrailles du cheval qu'il vient d'éventrer, ou quand Marie-Thérèse en matador blessé est transportée sur le dos d'un cheval avec ses intestins qui pendent tandis que le taureau observe la scène avec une satisfaction sadique que ne diminue même pas l'épée plantée dans son épaule, une autre réalité vient d'apparaître, la sauvage réalité faite de cruauté et de destruction qui dans les quelques années à venir allait faire des millions de victimes. Le taureau rend joyeusement témoignage d'une horreur qui est absolument sans merci. Sur les toiles de Picasso la guerre était déjà déclarée.

Ce fut dans cette humeur sanguinaire qu'à la fin août il partit une fois de plus pour l'Espagne. Mais, comme Dionysos, le dieu auquel il ressemblait le plus, il avait « bien des formes » et pouvait facilement se transformer : « Apparais comme un taureau ou comme un dragon à plusieurs têtes ou comme un lion soufflant le feu[6] ! » crie le chœur à

Dionysos dans *Les Bacchantes.* Et le dieu était tout cela et davantage encore : un sanglier, un ours, une panthère, un serpent, un arbre, le feu, l'eau. Les métamorphoses de Picasso étaient tout aussi variées. Le temps qu'il arrive à Barcelone, via Saint-Sébastien, Madrid et Tolède, le sauvage primitif était devenu l'artiste charmant, convivial et mondialement connu venu rendre visite, avec sa famille, à sa ville natale. Les directeurs du musée qui l'avaient invité à venir voir les nouvelles installations du palais National ne devaient pas savoir que sa maîtresse était à Barcelone, attendant comme une bonne et patiente femme du harem, de répondre à l'appel de son maître, ni que Mme Picasso et son mari ne communiquaient la plupart du temps qu'en criant. « La visite de Picasso » écrivit Carles Capdevila dans *La Publicitat,* a montré de façon inattendue un aspect différent de l'homme; nous nous sommes trouvés en contact avec un Picasso bien plus humain, très différent de l'homme énigmatique et fuyant qu'il est censé être... Il faut que je rentre, disait-il, il faut que je travaille. Et comme sa voiture s'éloignait, je pensais que le mot « travail » avait acquis un sens particulier. Les derniers échos de la conversation, le ton des observations pleines d'une chaleureuse humanité du peintre me donnaient à penser que Picasso avait subi un changement profond. J'étais peut-être la victime inconsciente du charme de ces heures inoubliables – je ne sais pas – mais pendant un moment j'eus l'impression que le grand homme inquiet avait à jamais posé son crâne de yorick après avoir soigneusement médité dessus et qu'il affrontait maintenant le monde avec une joyeuse humilité, guidé par cette lucidité qui ne vient qu'après de longues et fructueuses années[7].

Ce n'était pas la première et ce ne serait sûrement pas la dernière fois que quelqu'un était victime du charme irrésistible de Picasso et était si totalement trompé par le déguisement particulier sous lequel il avait choisi ce jour-là de se présenter. Se voir attribuer « une joyeuse humilité » à l'une des périodes les plus tourmentées de sa vie était la preuve du degré auquel il avait maîtrisé le jeu des masques, des imitations et des jeux de miroir dont il gratifiait le monde.

Il pouvait bien cacher sa peur, son désarroi et son tourment, il devait quand même vivre avec. De retour à Paris, il les déversa dans les quatre puissantes gravures du *Minotaure aveugle.* Le minotaure, une fois de plus, symbole de lui-même, est tendrement guidé par une belle jeune fille tenant dans sa main une colombe. Il y a chez le monstre aveuglé un air de tragédie désespéré, il est si fort et si vulnérable à la fois, tandis qu'il s'efforce de trouver son chemin sur la plage. La jeune fille ressemble à Marie-Thérèse, mais il y a chez elle quelque chose qui transcende toute personnalité physique, plutôt comme l'« éternel féminin qui nous mène vers le ciel[8] » de Goethe.

Sur la première gravure, dans le coin supérieur gauche, il y a une petite esquisse de *La Mort de Marat,* qu'il avait terminée l'été précédent, posée à l'envers et complètement barrée par un X. Voilà qui exprimait une fois de plus la croyance primitive de Picasso dans le pouvoir magique de son art. *La Mort de Marat* évoquait la terreur que lui inspirait sa propre mort des mains d'une force hostile – que ce fût sa femme, sa maîtresse ou un dieu mauvais. En annulant l'action sur le papier, il l'annulait dans la vie : « Mon... livre de prières – les premières notes écrites à l'envers –, écrivit-il, ont l'effet magique de renverser un destin contraire, de faire d'une toile d'araignée des “ roses et des bigorneaux ”, car toutes les incantations sont permises[9]. » Et les incantations, qu'elles fussent verbales ou visuelles, avaient le pouvoir de changer la réalité : c'était la conviction magique de Picasso, sauf durant ses moments de doute dont il était rarement libéré et pendant lesquels il n'était convaincu de rien.

Lorsque son ami et compatriote le sculpteur Gargallo mourut cette année-là exactement à son âge, il ne pouvait même pas supporter l'idée qu'il avait disparu. Un après-midi d'automne, il était à la galerie André-Level, rue La Boétie, quand la veuve de Gargallo entra. Le voyant de dos, elle crut avoir vu le fantôme de son mari : mêmes cheveux gris, même cou, mêmes épaules et même dos. Lorsqu'elle comprit qui il était, elle se précipita vers lui en criant : « Quand je pense que vous êtes vivant et que Gargallo est mort, et que vous êtes le seul qui ne m'ait même pas écrit[10]... » « Je suis peut-être le seul qui ait senti sa disparition[11] », répliqua-t-il aussitôt. C'était, bien sûr, absolument faux, mais c'était habile et c'était rapide et cela voulait dire qu'il n'avait pas à affronter une réalité comme les émotions de la veuve ou comme les siennes propres.

Depuis des années maintenant il refusait de voir l'instabilité grandissante de sa femme. Comme il l'écrivait dans un de ses poèmes de 1935, « l'œil du taureau[12] » – un autre nom de code qu'il se donnait – a « mille raisons de se taire et d'être sourd à la puce qui pisse la pluie rassasiée déjà d'avoir bu tant de café ». C'était une allusion transparente à Olga. L'une des images domestiques les plus vivaces de Picasso, c'était de se la représenter buvant constamment et de façon névrotique du café, ce qui le frappait d'autant plus que son estomac sensible lui imposait depuis longtemps des tisanes. Mais au tout début de 1935, il ne parvenait plus à conserver son calme obstiné, dans l'espoir qu'Olga allait cesser de crier, Marie-Thérèse de pouffer et que, sauf quand elles accompliraient pour lui une fonction précise, toutes deux disparaîtraient. Au début de l'année, Marie-Thérèse se trouva enceinte et Picasso désemparé. Les événements lui interdisaient maintenant l'inertie et venaient contrarier son désir que rien ne vînt troubler le statu quo, si lourd qu'il fût de jongleries et de désagrément.

Il était excité par l'arrivée prochaine du bébé et par la possibilité qu'elle vînt combler le gouffre qui se creusait entre lui et Marie-Thérèse – à tel point qu'à un moment de sa grossesse il s'agenouilla devant elle en pleurant des larmes de gratitude. En même temps, bien qu'il voulût se débarrasser de la présence physique d'Olga, il était paralysé à l'idée du divorce. Toute séparation définitive sonnait pour lui comme la mort et il était préparé à bien des sacrifices pour éviter dans sa vie des conclusions majeures. Outre sa propre terreur intérieure, il avait l'avis autorisé de Me Henri-Robert, un des grands avocats français, qui lui avait annoncé que le divorce signifierait pour lui l'abandon de la moitié de ce qu'il possédait, y compris son œuvre. Ainsi la loi française sur la communauté et le contrat qu'il avait signé en épousant Olga l'empêchait-il de prendre la décision rationnelle de demander le divorce. Quant à Olga, c'était bien simple : elle n'avait jamais voulu divorcer. Mais rien de tout cela ne rendait les négociations en vue d'une séparation moins amère, déplaisante ni humiliante, surtout quand l'avocat trop avide d'Olga fit poser des scellés sur la porte de l'atelier sacré de Picasso rue La Boétie, au cas où il essaierait d'enlever une de ses toiles avant qu'on ne fût parvenu à un règlement.

Ce fut quand même Olga qui craqua la première. Elle ne pouvait plus maintenant éviter de se rendre compte que c'en était fini de son mariage, pas plus qu'elle ne pouvait ignorer la haine de plus en plus évidente qu'elle inspirait à son mari, ni la présence d'une rivale dans son œuvre. Au début de juillet 1935, elle eut donc une dernière scène hystérique sous le toit conjugal et quitta la maison en claquant la porte, emmenant avec elle le jeune Paulo abasourdi. Elle n'alla pas bien loin, se contentant de tourner le coin pour s'installer à l'hôtel Californie, rue de Berri, et, dans un sens, elle ne s'éloignerait jamais beaucoup de la vie de son mari, devenant peu à peu de plus en plus folle devant son évidente incapacité, en dépit de tous ses efforts, à provoquer une réaction chez lui ou à faire une brèche dans ses émotions. « Un dieu méchant, avait dit un jour Picasso à Kahnweiler, m'a donné tout ce que je déteste – à moins que ce ne soit un démon[13]. » Il aurait aussi bien pu dire que Dieu lui avait donné tout ce qu'il voulait, mais que tout ce qu'il voulait ne lui avait pas apporté ce qu'il cherchait.

C'était le premier été que Picasso passait à Paris seul rue La Boétie. Marie-Thérèse, enceinte de plus de six mois, séjournait avec sa mère en dehors de Paris, à Maisons-Alfort, attendant le divorce dont Picasso lui avait assuré qu'il était imminent, si bien que, comme il le lui avait promis et comme il l'avait assuré à sa mère, ils pourraient se marier avant la naissance du bébé – ou peu après. Lors du vingt-cinquième anniversaire de Marie-Thérèse, Picasso, paralysé d'angoisse et d'indécision dans l'appartement sans vie où il ne s'était jamais senti chez lui, écrivit à Sabartés une lettre désespérée : « Je suis seul à la maison. Tu peux penser ce qui s'est passé et ce qui m'attend encore[14]... » A ce moment de crise profonde dans sa vie, il n'y avait personne vers qui il sentît pouvoir se tourner. Il fit donc appel à son ami d'enfance, qu'il n'avait pas vu depuis plus de trente ans, pour lui demander de venir partager sa vie, y mettre un peu d'organisation, s'occuper de lui et le protéger du monde.

Picasso était peut-être désespéré mais, sans le crier sur les toits, il en allait de même de Sabartés. Après avoir lutté des années comme journaliste et comme romancier en Amérique du Sud, il venait de rentrer à Barcelone avec sa femme sud-américaine et leur enfant retardé. Ç'avait été un mariage malheureux, et l'arrivée d'un enfant handicapé n'avait fait que renforcer l'envie qu'avait Sabartés de laisser son passé derrière lui et de fuir vers une vie nouvelle. Et voilà que, de façon tout à fait inattendue, Picasso lui proposait cette évasion. Moins de quatre mois après avoir reçu cette lettre, Sabartés était à la gare d'Orsay, ayant abandonné à jamais sa femme et son enfant à Barcelone.

A l'audience où l'on devait décider la répartition des biens, personne parmi leurs amis ne voulut témoigner pour Olga. Misia Sert l'apprit et elle trouva cela si injuste qu'elle décida de le faire. Quand les avocats de Picasso prétendirent qu'Olga lui lançait des assiettes, des vases et tout ce qui pouvait se casser, Misia Sert protesta, en affirmant qu'elle estimait Olga « incapable de casser une assiette[15] ». Mais lorsqu'on l'interrogea sur les raisons pour lesquelles elle pensait que Picasso voulait se séparer d'Olga, elle dut se rappeler rapidement qu'elle témoignait *pour* Olga et s'empêcher de dire : « Monsieur le juge, simplement parce que c'est la femme la plus emmerdante, la plus ennuyeuse que j'aie jamais connue[16]. »

Picasso pendant ce temps se lamentait sur son sort auprès de qui voulait l'écouter : « Depuis son instance en divorce, déplorait Marie Laurencin auprès du marchand de tableaux René Gimpel, Picasso prend des allures que l'on ne pardonnerait qu'à une femme. Il ne peint plus, écrit des vers et clame : " je suis poète ". Comprenez-vous ça, il ne peint plus parce que sa femme lui réclame des millions pour ses toiles. Il ressemble à Marius sur les ruines de Carthage[17]. » Quelles que fussent ses inquiétudes à propos des prétentions financières d'Olga, Picasso était affectivement incapable de franchir le seuil de son atelier, même après qu'on eut fait officiellement sauter les scellés. La poésie qu'il écrivait en espagnol était truffée de présages de mal et d'images anthropomorphiques : La « chambre écoute[18] » et elle a une « épaule », le « citron » a des « lèvres », la « cathédrale... s'évanouit », les « volets... tuent », la « rivière se répand ». « Le soleil, écrivait-il, les dessèche et les brûle pour qu'ils puissent chanter des chansons dans la nuit, seuls dans la solitude des solitudes, en espérant trouver un peu de fraîcheur. »

Il avait toujours été un solitaire, mais à ce moment de son existence, il connaissait véritablement « la solitude des solitudes[19] ». « Dans la vie, dit-il un jour, on lance une balle. On espère qu'elle atteindra un mur et qu'elle rebondira pour qu'on puisse la relancer. On espère que vos amis feront office de ce mur, eh bien, il n'y a presque jamais de mur. Ils sont comme de vieux draps mouillés, et cette balle qu'on lance, quand elle frappe ces draps trempés, retombe par terre, elle ne revient presque jamais[20]. » Avec chaque relation nouvelle, Picasso avait espéré que la femme pourrait lui renvoyer la balle. Olga en avait été incapable, et il devenait maintenant péniblement évident que Marie-Thérèse elle aussi était incapable de la lui renvoyer – sauf au lit, et là, au bout de neuf ans, la lassitude était inévitable. Dans la poésie qu'il écrivait, Marie-Thérèse était encore la « blanche colombe » et la « petite fille »; mais il en avait tout simplement assez de sa petite colombe.

Le 5 septembre, Marie-Thérèse mit au monde une petite fille. La femme-enfant était maintenant une mère, le lubrique objet sexuel, une figure maternelle. On donna au bébé le nom de la défunte sœur de son père, Maria de la Concepción, mais à la mairie on la déclara de père inconnu. Peu après, parlant au téléphone à sa sœur Lola à Barcelone, Picasso annonça avec orgueil qu'il venait d'avoir une fille. « Comment cela, tu as eu une fille? protesta Lola, stupéfaite. Je n'en savais rien. – Mais si, mais si, poursuivit-il. Il faut bien accroître la production[21]. » Mais il ne donna pas d'autres explications.

Presque exactement au même moment où sa fille venait au monde, Picasso qui avait maintenant cinquante-trois ans rencontra la femme qui allait remplacer sa mère. Aux Deux-Magots, le nouveau rendez-vous de Breton et de son groupe surréaliste, en face de Saint-Germain-des-Prés, on présenta Picasso à Dora Maar. Elle s'appelait Henriette Theodora Markovitch, et elle était née à Tours « la même année que *Les Demoiselles d'Avignon*[22] » comme elle le déclarerait plus tard. Sa mère était française et son père était un architecte yougoslave. Ce fut Paul Eluard qui la présenta à Picasso et ce fut Paul Eluard, tout autant que Dora, qui devint inséparable de la nouvelle époque qui commençait dans la vie de Picasso. Ce dernier l'avait vue d'abord quelques jours plus tôt et avait été frappé par son profil énergique, ses abondants cheveux noirs qui tombaient sur ses épaules, l'intensité de son regard sombre et le jeu étrange et macabre auquel elle jouait. Il la regarda ôter ses gants noirs, avec des roses délicatement brodées –, prendre un long couteau bien affûté dans ses mains fines aux ongles rouge vif et, inlassablement, plonger le couteau entre ses doigts dans le bois de la table. Quand elle manquait son coup, elle continuait entre les deux doigts suivants, tandis que sa main peu à peu se couvrait de sang.

Comme Picasso ne tarda pas à le découvrir, elle était peintre et photographe, muse intellectuelle du mouvement surréaliste, amie proche d'André Breton, intime et parfois maîtresse de Georges Bataille. Elle avait changé son nom de Markovitch en Maar, avait longtemps vécu à Buenos Aires, parlait fort bien l'espagnol et respirait l'inquiétude, le désarroi et l'anxiété de l'intellectuel moderne.

Dans une conversation avec Tériade, Picasso avait décrit la meilleure forme de peinture comme née de l'union d'un prince avec une bergère. Sa bergère avait eu un enfant et il semblait maintenant convaincu que les bergères pourraient bien faire de bonnes mères, mais qu'elles faisaient de piètres compagnes pour les princes. Dora Maar n'était pas bergère. Elle était aussi différente de Marie-Thérèse qu'Eva l'avait été de Fernande. La vie de Marie-Thérèse, loin de Picasso, était prise par le sport, Dora par la gymnastique intellectuelle. La réaction de Marie-Thérèse devant les portraits que faisait d'elle Picasso était qu'ils « ne lui ressemblaient pas[23] », à ses toiles qu'elles « ne l'enthousiasmaient pas » et à sa peinture en général qu'elle « ne l'intéressait pas ». Dora, d'autre part, pouvait discuter avec passion et intelligence des expériences photographiques de Corot et de leur application à l'œuvre de Picasso, aussi bien que de tout problème technique ou de toute question philosophique qui lui traversait l'esprit; elle pouvait partager avec lui ses amis et ses préoccupations. A la femme et à la concubine clandestine allait succéder la maîtresse officielle dont l'intellect tourmenté était en parfaite harmonie avec les années de tragédie qui s'annonçaient.

Bien sûr, comme toujours dans la vie privée de ce maître temporisateur, rien ne se passa tout de suite. En fait, pour le moment, le principal changement dans la vie de Picasso n'était pas la présentation d'une nouvelle maîtresse, mais l'arrivée de son ami d'enfance de Barcelone. « Le 12 novembre 1935, écrivit Sabartés dans ses mémoires, je revins à Paris, cette fois à la demande de Picasso, avec l'intention de m'installer avec lui dans sa maison de la rue La Boétie. Il m'attendait derrière la balustrade de la salle d'attente de la gare d'Orsay. C'était la cinquième fois que je venais et la troisième fois qu'il était là pour m'accueillir. A dater de ce jour, le cours de ma vie suivit le sien sans que je me demande combien de temps cette illusion durerait, puisque nous avions décidé que ce serait pour toujours[24]. »

Bientôt l'appartement impeccable d'Olga fut encombré de piles de coupures de presse, de catalogues d'exposition, d'invitations, de billets de théâtre, de photographies, de bonbons, de lettres, de vieux messages téléphoniques et de souvenirs d'occasions oubliées. Au milieu de la cheminée de l'atelier, il y avait une sculpture en fer forgé qui était le temple officiel des souvenirs de Picasso. « Au premier abord, écrivit Sabartés, elle fait un effet stupéfiant car elle donne cette impression d'équilibre dangereux qui est caractéristique de l'environnement de Picasso... Il y a un bouchon venant d'une certaine bouteille de champagne, un petit drapeau, un pompon, une volute en fer, une petite poupée assise sur une des courbes de la spirale, un plumeau, une feuille de papier ministre, des billets retirés de la circulation; çà et là divers objets miniatures de formes et de couleurs variées pendent d'un fil d'argent comme des araignées, ou bien collent au fer forgé comme des vignes grimpantes. Picasso a trouvé de la place pour tout, et ses objets restent là dans la position dictée par son goût et par sa main[25]. »

« Compte tenu de ton amour de l'innovation, lui dit un jour Sabartés, je n'arrive pas à comprendre ta manie de tout garder[26]. – Mais, mon vieux, tu confonds tout ! s'empressa de répliquer Picasso. Ce sont deux choses sans rapport. Ce qu'il y a, c'est que je ne suis pas un gaspilleur. J'ai ce que j'ai parce que je le garde et non pas parce que je l'économise. Pourquoi jetterais-je ce qui a eu la bonté de m'arriver entre les mains[27] ? » Mais ce n'était qu'une des raisons du fatras qui encombrait sa vie. Une autre était l'horreur qu'avait Picasso de prendre une décision, si minime fût-elle. « En dehors du domaine de son art, écrivit Sabartés, aussi pénétrant observateur de certains aspects de la vie de Picasso qu'il était aveugle devant d'autres, il y a pour Picasso une immense distance entre réfléchir et décider, si bien que le moindre détail le torture... Demander qu'on balaie cette pièce ou qu'on lave les carreaux lui coûte au moins autant d'efforts que s'il le faisait lui-même ; et comme il ne le fait pas plus qu'il demande qu'on le fasse, les fenêtres restent sales et le plancher poussiéreux... En l'observant de près et en considérant ses étranges habitudes, je pense parfois qu'il n'ose peut-être pas faire pression sur les événements de crainte que l'air déplacé par un geste volontaire n'aille détruire l'équilibre de sa vie et bouleverser son destin[28]. »

Il y avait même un raisonnement derrière son refus pathologique de modifier le *statu quo,* qu'il s'agît d'une relation bien installée ou de poussière déposée depuis quelques jours. Il l'expliqua un jour en terme d'esthétique quand Roland Penrose, le peintre et collectionneur surréaliste anglais, remarqua que le grand Renoir accroché au-dessus de la cheminée rue La Boétie était de travers. « C'est mieux comme ça, dit Picasso. Si vous voulez tuer une peinture, tout ce qu'il y a à faire c'est de l'accrocher magnifiquement à un clou et bientôt on n'en verra plus que le cadre. Quand il est de travers, on le voit mieux[29]. » Et dans une relation, quand quelque chose est discordant ou va de travers, on ne le redresse pas, mais on ajoute quelque chose de plus discordant, comme une autre relation, et on voit ce qui se passe.

A ce moment chaotique de son existence, il se retira dans le monde secret de sa poésie, écrivant avec une plume ou un petit bout de crayon dans un carnet qu'il pouvait cacher dans sa poche et souvent, quand il tenait particulièrement à ce que personne ne surprît ce qu'il faisait, il s'enfermait dans les toilettes. « On me dit que tu écris, disait sa mère dans une lettre. De toi je crois tout possible. Si un jour on me dit que tu as dit la messe, je le croirais aussi bien[30]. » Tandis que sa mère affirmait sa foi absolue en lui, le cauchemar né de l'opium qui l'avait obsédé des années plus tôt au Bateau-Lavoir était devenu réalité, il n'arrivait pas à peindre. Et, à moins d'écrire, il ne pouvait pas supporter d'être seul. « Non, mon vieux... ne t'en va pas encore[31] », disait-il quand Sabartés se préparait à lui souhaiter bonne nuit avant qu'il ne fût prêt à rester tout seul. « Tu as déjà envie de dormir? Attends un moment. » Et il recourait à toutes sortes de stratagèmes pour empêcher Sabartés d'aller se coucher : « Prenez un siège, mon cher monsieur, et dites-moi donc quelle est votre opinion autorisée sur l'état des affaires du monde... » Ou bien : « Alors, mon cher monsieur, vous êtes de ceux qui préfèrent les fleurs de laurier dans un ragoût que sur une couronne? » C'était seulement quand Sabartés s'asseyait qu'il se détendait assez pour cesser de bavarder comme un enfant nerveux. « Allumant une cigarette, écrivait Sabartés, il ôtait ses chaussures et passait ses pantoufles; se dirigeant vers le lavabo, il commençait à se brosser les dents; mais chaque fois que je gardais le silence, il lâchait sa brosse et relançait la conversation par des " mais " contradictoires. Il est très fort pour ça[32]. »

Picasso prédit un jour que longtemps après sa mort les encyclopédies le décriraient comme : « Picasso, Pablo Ruiz : poète espagnol qui se mêla aussi de peinture, de dessin et de sculpture[33]. » Breton, dans un numéro de 1935 des *Cahiers d'art* consacré à Picasso, voyait sa poésie comme faisant partie du « besoin d'expression totale qui le possède et lui impose de remédier de la sorte à l'insuffisance relative d'un art par rapport à l'autre... On a l'impression de se trouver en présence d'un journal intime, aussi bien des sentiments que des sens comme on n'en a jamais tenu auparavant[34] ».

Dans sa poésie, Picasso supprimait la ponctuation, préférant un style « monologue intérieur », avec des échos, de l'écriture automatique chère aux surréalistes. Vingt ans après Apollinaire, il déclara la ponctuation démodée, « un pagne dissimulant les parties sexuelles de la littérature[35] ». Il parlait comme s'il était le père de cette révolution, alors qu'il n'en était qu'un bon disciple, marchant dans les traces de Mallarmé, d'Apollinaire et de nombreux surréalistes. Mais l'exactitude n'avait jamais figuré bien haut sur sa liste de valeurs. Comme il le dit à Zervos, qui voulait vérifier l'exactitude des notes qu'il avait prises après une longue conversation à Boisgeloup, « vous n'avez pas besoin de me les montrer, l'essentiel en cette période où le moral est bas, c'est de créer l'enthousiasme. Combien de gens ont vraiment lu Homère? Ça n'empêche pas le monde entier de parler de lui. C'est comme ça que la légende homérique s'est créée. Une légende provoque un précieux stimulant. L'enthousiasme c'est ce dont nous avons le plus besoin, nous et la jeune génération[36] ».

Légende lui-même, il aimait tout à la fois être la

source de l'enthousiasme et alimenter le feu qu'il avait allumé par des clowneries séduisantes et des tours de passe-passe. « Remarquant mon enthousiasme grandissant, écrivit le photographe Cecil Beaton à propos de sa première visite rue La Boétie, il me démontra l'ingénieux agencement des diverses pièces; comment un tabouret se transformait en marchepied ou comment un bureau possédait des leviers secrets, des tiroirs et des couvercles... Les grands fauteuils étaient recouverts de toile blanche. Picasso soudain se mit à jouer les prestidigitateurs, s'approchant en dansant d'un des fauteuils et, d'un grand geste, en arrachant la housse pour dévoiler une coquille d'un orange étincelant. L'une après l'autre, il ôta les housses pour révéler des fauteuils tapissés de satin brillant qui me rappelaient un peu ces bonbons rebondis de notre enfance. D'un mouvement du bras il faisait jaillir une coquille jaune vif : puis une autre d'un bleu ardoise, une autre encore cramoisie, et maintenant d'un vert émeraude. Les yeux de Picasso flamboyaient d'excitation à l'apparition de chaque nouvelle couleur. C'étaient là les vraies couleurs de l'Espagne, hardies, non-conformistes et étonnantes[37]. »

Le côté de Picasso qui aimait la surprise et les révélations était enchanté par sa petite fille. Il lavait même parfois ses langes souillés, un peu pour se distraire des vagabondages torturés de son esprit, et un peu comme un acte de contribution pour être si souvent un père absent. Mais la plupart de son temps, il le passait avec Sabartés, soit dans l'appartement, soit à rôder dans les cafés de Saint-Germain. « On les voyait presque toujours ensemble, comme le voyageur et son ombre », écrivait Brassaï, qui devait photographier Picasso dans bien des humeurs différentes. « L'homme aux yeux les plus brillants de Paris accompagné par l'homme le plus myope de Paris : à la brasserie Lipp, aux Deux-Magots et au café de Flore, les trois centres d'attraction de Saint-Germain-des-Prés... Au café de Flore, le cérémonial était toujours le même : les garçons, Jean et Pascal, se précipitaient pour débarrasser Picasso de son éternel trench-coat; M. Boubal, l'auvergnat propriétaire du Flore l'accueillait et lui allumait son éternelle Gauloise; Picasso saluait de la tête et disait quelques mots à la blonde et souriante Mme Boubal, perchée dans la cage de verre de sa caisse et commandait une demi-bouteille d'Evian qu'il ne buvait jamais. Sabartés discutait peut-être les événements de la journée avec des amis espagnols, mais il ne cessait jamais de surveiller Picasso comme une mère-poule[38]. »

La plupart du temps, ils étaient accompagnés dans leurs tournées par Elft, le lévrier afghan qui était le plus récent compagnon à quatre pattes de Picasso; le chien allait de table en table, espérant que malgré les regards désapprobateurs de son maître, une âme compatissante se laisserait attendrir et lui donnerait un sucre. Les amis que voyait Picasso et avec qui il partageait une table dans les cafés n'appartenaient plus au monde élégant mais à la bohème de son passé et à l'intelligentsia du présent. « Olga, avait-il dit, aime le thé, les gâteaux et le caviar. Et moi? j'aime la saucisse catalane et les haricots[39]. » Cocteau décrivait sa nouvelle vie comme « la vie d'un clochard sous un pont d'or[40] ». Il passait de nouveau du temps avec les Braque et il voyait de plus en plus le poète surréaliste Michel Leiris et sa femme, Louise, ou Zette comme l'appelaient ses amis, qui était la belle-sœur de Kahnweiler, Christian et Yvonne Zervos et, le plus important compte tenu de son influence croissante dans la vie de Picasso, Paul Eluard.

« Il faut que tu te voies mourir pour savoir que

tu vis encore[41] », écrivit Eluard dans un poème dédié à Picasso. Beaucoup plus doux, plus cérébral et affectivement plus mûr que Picasso, Eluard trouva en lui le robuste barbare qu'il vénérait intellectuellement et qu'il recherchait dans l'art africain et polynésien qu'il collectionnait. Il s'affirma un jour être avant tout heureux de vivre dans ce siècle parce qu'il avait rencontré Picasso. Quand Gala, sa première femme, l'eut quitté pour devenir la muse, la maîtresse et l'imprésario de Salvador Dali, il épousa une fille fragile et exotique d'Alsace qu'il avait rencontrée sur un trottoir de Paris, prête à coucher avec le premier homme qui lui donnerait un peu d'argent pour manger. Nusch Eluard, qui avait autrefois été l'assistante d'un hypnotiseur dans un cirque et une actrice à la petite semaine, devint non seulement l'inspiration de certains des plus tendres portraits de Picasso, mais aussi, pour un moment, sa maîtresse. C'était le cadeau que faisait Eluard de la femme qu'il aimait si passionnément à l'ami qu'il aimait aussi avec passion, une sorte de partage primitif et de lien ultime, qui n'avait rien de nouveau pour Picasso ni pour Eluard, qui attendait de ses femmes « une fidélité supérieure ». « Cet homme tenait en main la clé fragile du problème de la réalité[42] » écrivit Eluard dans un article sur Picasso publié par *Les Cahiers d'art.* « Il s'agissait pour lui de voir ce qui voit, de libérer la vision, d'atteindre à la voyance. Il y est parvenu. »

Picasso du moins rendait à Eluard son admiration, alors que le rôle de Sabartés devenait de plus en plus celui d'un homme qui se sacrifie au service du génie. Picasso était passé maître dans l'art d'entretenir le dévouement de Sabartés en lui jetant quelques miettes d'estime et d'affection. Chacune de ces occasions était un moment doré dans la vie de Sabartés et tous les détails qui les entouraient prenaient une signification particulière. Il y eut ainsi un moment, le 11 décembre 1935, « un peu avant le déjeuner, comme le raconta Sabartés. Je mis une nappe sur le plateau de marbre de la table et je la lissai lentement et amoureusement, m'assurant que les assiettes étaient comme il les voulait, que rien ne manquait, que rien ne l'irriterait quand il arriverait, que tout était exactement comme il l'avait vu la veille au soir, de façon qu'il puisse croire que rien n'avait changé dans l'intervalle : les biscottes à portée de la main, la serviette à sa place, le couteau ici, la cuiller là; le fromage râpé et la compote à portée de la main, l'eau d'Evian juste auprès de lui, avec le verre et la petite cuiller, etc. Je finis par entendre des pas dans le couloir, puis Picasso, précédé du chien, apparut sur le seuil, agitant triomphalement un papier dans sa main comme si c'était un drapeau. Me le tendant, il dit : " Prends-le, c'est ton portrait "[43] ». C'était un portrait en mots :

Braise ardente de l'amitié
Horloge qui toujours donne l'heure
Bannière qu'on agite joyeusement
Emu par le souffle d'un baiser sur la main
Caresse des ailes du cœur
Qui monte jusqu'au sommet
De l'arbre chargé de fruits[44]*...*

Picasso en lisant tout haut le poème à Sabartés en transe alimentait ainsi son incontestable loyauté, même si Sabartés savait que tôt ou tard il en abuserait.

Comme toute poésie que Picasso écrivait à l'époque, son hommage à Sabartés était en espagnol. Une des nombreuses tâches de Sabartés était de dactylographier proprement les poèmes et, quand Picasso avait fini de les corriger avec ses crayons multicolores, de les traduire en français. Ayant renoncé à l'espoir de jamais atteindre lui-même le génie, il se plaisait à être le transcripteur et le critique du génie. Il vivait de plus en plus par procuration, et plus il s'installait dans le rôle d'une ombre, plus il ressemblait à l'ombre de Picasso, renforçant ses haines, ses préjugés, ses craintes et sa paranoïa. Mais au milieu de tout cela, il restait son secrétaire au sens le plus profond du mot : celui qui gardait ses secrets et qui, à part un écart occasionnel, ne les divulguait pas malgré toutes les tentations ou les provocations dont il pouvait être l'objet.

Au début de janvier 1936, Sabartés partit pour Barcelone afin d'assister à la rétrospective organisée par les Amigos de las Artes Nuevas. Le soir du vernissage, il lut des poèmes de Picasso après des discours de Miró, Gonzalez et Dali. « Il est des nôtres, déclara Gonzalez avec un orgueil catalan qu'il ne cachait pas. Un drapeau catalan de la taille d'un ruban qu'il garde religieusement dans sa poche vous fera comprendre l'amour profond qu'il éprouve pour le pays catalan, pour le pays de sa jeunesse[45]. » Dali fut bien moins sentimental : « *Salvador Dali* est heureux d'inviter tous les cadavres pourrissants non encore enterrés, tous les peintres d'arbres tordus, dans la tradition plus ou moins rurale, tous les membres et protecteurs de la Société Chorale Catalane à visiter l'exposition Picasso. L'exposition Picasso sera la station extravagante d'où nous verrons pour la première fois l'arrivée dans notre pays du train-express – première classe seulement – de l'intelligentsia et du génie ibériques avec trente ans de retard[46]. » Mais le plus émouvant, ce fut doña Maria, bouleversée par l'émotion et parlant de son fils.

Le 17 janvier, toujours à Barcelone, Eluard donna une conférence en l'honneur de Picasso.

« Je parle de celui qui m'aide à vivre, de ce qui est bien[47] », commença-t-il. L'intimité d'Eluard devenait profonde et Picasso l'avait célébrée dans un dessin d'Eluard, la veille de son départ pour Barcelone et daté « ce soir 8 janvier 1936 ». De Barcelone, l'exposition se rendit à Bilbao et de là à Madrid, où les jeunes poètes les plus liés au Front populaire triomphant, Garcia Lorca, Rafael Alberti et José Bergamin, rendirent chacun hommage à l'homme qui était, pour eux, un héros national.

De retour à Paris, les assignations, les réunions avec les avocats, les lettres amères d'Olga continuèrent à tourmenter Picasso et à alimenter sa colère primitive, décrite par Michel Leiris comme sa « colère d'être né, mêlée à une rage (ou un furieux désir) de vivre[48] ». Il avait très envie de s'échapper, surtout après le vernissage de l'exposition de ses œuvres récentes à la galerie Rosenberg, quand une file de gens se présentait chaque jour rue La Boétie pour essayer de le voir. Des femmes haletantes parlaient du « préhistorique qui flotte enfin dans l'air[49] » de ses toiles, tandis que Kahnweiler s'exclamait simplement : « Michelangelesque ! Michelangelesque[50] ! » Durant les excursions nocturnes de Picasso dans les cafés, Sabartés de plus en plus était laissé de côté. Il trouvait souvent ses instructions pour le lendemain glissées sous sa porte. « Il est maintenant deux heures du matin, le neuvième jour de mars de l'an MCMXXXVI, précisait la note écrite quelques jours après le vernissage Rosenberg. Sabartés : toi qui connais personnellement chacun et chaque heure, demande à huit heures trente de sauter dans mon lit pour me réveiller[51]. »

C'était une requête désespérée. Plus grandes étaient sa colère et sa résistance à la vie, plus il avait de mal à affronter chaque nouveau matin. La description faite par Sabartés de cette lutte quotidienne avait tous les ingrédients d'une farce à la française : les lettres, les invitations; les journaux, *Excelsior, Le Figaro* et *Le Journal;* les dernières coupures de presse envoyées par le service Lit-Tout; les catalogues des ventes – tout cela répandu autour de Picasso sur son lit, tandis qu'il se livrait à son rite matinal de demander toutes les quelques minutes à Sabartés quelle heure il était.

« – Tu ne crois pas, finissait par hasarder Sabartés, qu'il vaudrait mieux pour toi te lever ?

« – Pour quoi faire ?

« – Eh bien, rien que pour te débarrasser de ce souci.

« – Parlons d'autre chose. Quelle heure est-il[52] ? »

Il était alors souvent près de midi. Et, sous la farce, une tragédie se jouait, la tragédie d'un homme dont la « rage de vivre » l'avait abandonné et qui recevait l'adulation du monde pour ses toiles au moment même où il était incapable de peindre : comme un vieil homme impotent qu'on féliciterait des exploits sexuels de son passé.

Le 25 mars, une semaine avant la fin de l'exposition Rosenberg, il partit dans le plus grand secret pour Juan-les-Pins avec Marie-Thérèse et leur fille. Deux jours plus tôt, il avait écrit à Marie-Thérèse pour lui rappeler d'apporter avec elle les « peaux », et les « draps » et de « couper le gaz, l'électricité et l'eau... ce vingt-troisième jour de mars, MCMXXXVI », ajoutait-il, utilisant, comme il en avait l'habitude, des chiffres romains pour les années, « je t'aime encore plus qu'hier et bien moins que demain. Je t'aimerai toujours comme on dit : je t'aime je t'aime je t'aime je t'aime je t'aime Marie-Thérèse[53] ».

La tâche de Sabartés était de le tenir informé de tout ce qui se passait et de lui faire suivre son courrier dans une grande enveloppe adressée à

« Pablo Ruiz[54] ». « Comme quand nous étions gosses », gloussait Picasso. Il aurait voulu s'enfuir, mais il ne pouvait pas supporter de laisser le monde derrière lui. La première chose qu'il fit après s'être installé à la villa Sainte-Geneviève, « une petite maison avec un jardin mignon comme tout et tout près de la mer[55] », ce fut de dormir. « Depuis que je suis arrivé ici, écrivit-il à Sabartés le 28 mars, j'ai dormi de neuf ou dix heures du soir à huit heures et demie ou neuf heures du matin[56]. » Dans la journée, il allait à Cannes regarder les bateaux dans le port et paresser au soleil, pendant que Marie-Thérèse donnait le sein à Maria, nageait et lui donnait de nouveau le sein.

Pour Picasso, la partie la plus reconstituante des vacances c'était de dormir douze heures par jour. Tout était paisible et confortable et c'était un soulagement déjà de ne plus être rue La Boétie et d'être plus près de la nature. Mais malgré le ton de sa dernière lettre à Marie-Thérèse, la passion d'autrefois n'était pas revenue. Roland Penrose décrivit Marie-Thérèse comme la « seule femme vraiment non intelligente, la seule femme vraiment vulgaire à avoir fait partie de la vie de Picasso. C'était le genre de femmes capable de dire, quand Picasso venait déjeuner avec elle : " Eh bien, Pablo, qu'est-ce que tu as fait ce matin? Je parie que tu as encore peint. "[57] ». En fait, Marie-Thérèse à dix-sept ans avait été entraînée dans un maelström sexuel dont le but était la possession, la fusion et la dissolution, et c'était bien sûr sa personnalité formée de façon encore précaire qui s'était dissoute. Elle ne deviendrait jamais une individualité pleinement développée, capable de fasciner Picasso ailleurs que sur le plan sexuel. Et ce qui était encore plus inquiétant pour son avenir, elle ne parviendrait jamais à tenir tête efficacement aux coups que la vie lui assenait.

Picasso lui avait raconté un jour l'histoire « de deux amants, une Française, un Espagnol, qui vivaient heureux ensemble en s'aimant jusqu'au jour où elle apprit à parler sa langue à lui : lorsqu'il découvrit combien elle était stupide, ce fut la fin de leur aventure[58] ». Ses relations avec Marie-Thérèse avaient été entretenues non pas par une barrière de langue, mais par une puissante passion sexuelle. Et maintenant que l'habitude en avait émoussé l'intensité et que les explorations interdites étaient devenues banales, Picasso se retrouva dans sa retraite idyllique loin du monde sans partenaire acceptable. Comme toujours, il lui était très difficile d'être seul quand il ne travaillait pas. Un jour, il en rendit même responsable l'invention des montres. « Il est très difficile, disait-il, aujourd'hui d'être seul car nous avons des montres. Avez-vous vu un saint avec une montre? J'ai pourtant cherché partout pour en trouver un, même chez les saints qui passent pour les patrons des horlogers[59]. » Bientôt, il attendait avidement le paquet quotidien de courrier que lui expédiait Sabartés. Même les missives irascibles d'Olga, avec leurs menaces et leurs exigences, tout cela exprimé dans un mélange insensé de français, de russe et d'espagnol, étaient une intrusion bienvenue dans le monde tranquille de bébé nourri au sein, de soleil et de vie familiale.

Et puis tout d'un coup, au début d'avril, il se remit à peindre. Le Minotaure et la jeune femme blonde dominent les toiles de cette période, qu'il ne montra à personne, pas même à Zervos, et qui ne furent révélées que par le *Picassos de Picasso* de David Douglas Duncan, en 1961. Il ne fallut pas longtemps au folâtre minotaure pour devenir furieux – à peu près aussi longtemps qu'il fallut à Picasso pour se montrer impatient et irritable avec Marie-Thérèse. Après une brève période de vie commune sous le même toit, il commença à la trouver assommante et insupportable. Le 4 mai, il la tua donc dans un dessin et représenta son corps nu emporté par deux femmes nues elles aussi, dont l'une avait l'abondante chevelure brune de Dora Maar. Par on ne sait quel caprice, il ne cacha à Zervos que les tableaux, pas les dessins.

Ses lettres à Sabartés étaient pleines de plaisanteries : « Je t'écris aussitôt, disait l'une d'elles, pour t'annoncer qu'à partir de cet après-midi je renonce à la peinture, à la sculpture, à la gravure et à la poésie, pour me consacrer exclusivement au chant. Ton très humble et dévoué serviteur qui te serre la main, étant ton ami et ton admirateur, Picasso[60]. » Mais Sabartés n'était pas dupe. « Ses remarques ironiques et ses plaisanteries en catalan, racontait-il, ne parvenaient pas à dissimuler son inquiétude[61]. »

Ce fut un télégramme à Sabartés plutôt qu'une lettre qui annonça l'arrivée imminente de Picasso à Paris le 14. En l'attendant à la gare de Lyon, Sabartés commençait à se demander pourquoi il avait si brusquement choisi de retourner dans la tourmente qu'il avait tant envie de fuir. Mais pour Picasso même l'enfer était préférable au purgatoire de l'ennui. Le premier ami qu'il chercha le soir même de son arrivée, ce fut Eluard. Le lendemain, le poète lui dédia un nouveau poème d'amour : « À Pablo Picasso », daté du 15 mai 1936.

Bonne journée j'ai revu qui je n'oublie pas
Qui je n'oublierai jamais...
Bonne journée qui commença mélancolique
Noire sous les arbres verts
Mais qui soudain trempée d'aurore
M'entra dans le cœur par surprise[62].

Cet été-là, l'enfer intérieur de Picasso faisait écho à l'enfer qui venait d'éclater en Espagne. Le 18 juillet, la nouvelle arriva à Paris que la guerre civile avait éclaté entre le gouvernement républicain et les nationalistes insurgés. Le meurtre peu après de Garcia Lorca, à l'âge de trente-huit ans, secoua tout le monde de l'art. « On fusille ici comme on déboise[63] » écrivit Saint-Exupéry. Il était hors de doute que l'allégeance de Picasso allât aussitôt et d'instinct aux républicains qui cherchaient à écraser le soulèvement militaire. Mais ce fut Eluard, qui, dans leurs interminables conversations, lui fournit le vocabulaire d'indignation politique qu'il utilisa quand il se déclara pour la république.

Pour la première fois de sa vie, ce grand solitaire se joignait au courant de l'histoire. Désormais, son isolement serait teinté d'un sentiment de solidarité et d'appartenance à un camp. Il accepta même avec entrain l'offre du gouvernement espagnol de devenir le directeur honoraire du Prado. Ce fut la première et la dernière position officielle qu'il aurait jamais, et elle n'était pas tant honoraire que symbolique. Les troupes nationalistes de Franco n'étaient maintenant qu'à trente kilomètres de Madrid et en août, comme ses avions commençaient à bombarder la ville, il fallut expédier en hâte les trésors du Prado vers la sécurité relative de Valence.

La chaleur étouffante, venant s'ajouter aux bulletins politiques chaque jour plus sanglants, rendait Paris particulièrement étouffant. Un soir au début d'août, Picasso partit dans son Hispano avec Marcel au volant, pour Mougins, un petit village dans les collines derrière Cannes. Il partait seul, mais Eluard et Nusch l'attendaient là-bas et, plus discrètement, descendue avec un ami à Saint-Tropez, l'attendait aussi Dora Maar. Bien que la liberté sexuelle fît partie de son credo surréaliste, elle sauvait les apparences en attendant, dans une ferme à quelques kilomètres au bord de la mer, qu'on l'appelât. Ce voyage-ci avait une tonalité très différente de son séjour printanier à Juan-les-Pins. « Mon cher Jaumet, écrivit Picasso à Sabartès (en utilisant son surnom catalan), je ne voyage pas incognito. Tu peux donner mon adresse à qui la demande[64]. » Il abandonnait la clandestinité comme il abandonnait Marie-Thérèse.

Deux jours après son arrivée à Mougins, il se rendit, avec les Eluard, Roland Penrose et la photographe américaine Lee Miller, qui devait devenir la femme de Penrose, à la ferme où séjournait Dora. C'était en apparence pour déjeuner avec l'écrivain Lise Deharme, chez qui séjournait Dora. C'était en fait une expédition, comprenant le roi et quelques courtisans choisis, destinée à ramener à la cour la dame élue qui devait être sa compagne – pour le reste de l'été ou le reste de l'année, pour bien des années à venir, nul n'en savait rien et chacun hasardait des hypothèses. Ils déjeunèrent tous ensemble, puis on laissa Dora et Picasso seuls sur la plage. Au cours de leur promenade, elle franchit le pont qui la mena de sa vie de femme indépendante à sa vie de maîtresse officielle, de plus en plus dépendante de Picasso.

De retour à l'hôtel Vaste-Horizon, à Mougins, Picasso éprouvait l'exaltation d'un nouveau début : une nouvelle femme; des amis qui l'aimaient, ou qui du moins l'idolâtraient; deux sœurs belles et coquettes, dont l'une était femme de chambre dans le petit hôtel, l'autre cueilleuse de jasmin; des excursions quotidiennes jusqu'à la plage et des pique-niques à l'ombre des vignes et des cyprès. Dans un moment pareil, il aurait voulu effacer le passé. Comme il le dit un jour, évoquant une fois de plus le fantôme de Barbe-Bleue : « Chaque fois que je change de femme, je devrais brûler la dernière. De cette façon, je serais débarrassé d'elles. Elles ne seraient plus maintenant autour de moi à compliquer mon existence. Cela me rendrait peut-être ma jeunesse aussi. On tue la femme et on supprime le passé qu'elle représente[65]. »

« Vivre avec quelqu'un de jeune, dit-il une autre fois, m'aide à rester jeune[66]. » Un quart de siècle plus jeune que lui, Dora assurément remplissait ces conditions. Mais elle avait en sa faveur bien plus que la jeunesse. « On sentait tout de suite sa présence, on avait l'impression que ce n'était pas une personne ordinaire, se souvenait l'historien d'art James Lord. Elle n'était pas d'une beauté classique, car elle avait quelque chose d'un peu lourd du côté de la mâchoire, mais elle était très frappante. Il y avait un éclat dans ses yeux, un regard extraordinaire rayonnant, clair comme le ciel de printemps[67]. » C'était un rayonnement qui reflétait son intelligence, et la clarté de ses yeux était la même clarté qui sonnait dans sa voix. D'après James Lord, sa voix était ce qui frappait d'abord tous ceux qui la rencontraient. « Elle avait une voix magnifique, une voix unique, très particulière. Je n'ai jamais entendu personne d'autre qui eût une voix comme ça : c'était comme les trilles d'un superbe chant d'oiseau[68]. »

Outre sa peinture, sa photographie et son dévorant appétit intellectuel, Dora s'intéressait aussi au bouddhisme, au mysticisme et à l'astrologie. Avant de partir pour Saint-Tropez, elle avait dressé l'horoscope de Picasso et découvert à sa stupéfaction qu'il était très semblable à celui de Louis XIV. Il faisait apparaître un évident destin collectif : ç'aurait pu être la vie d'un leader politique plutôt que d'un artiste. Doña Maria avait donc toujours eu raison. Son fils était destiné à laisser son empreinte sur le monde, quel que fût le domaine qu'il choisit.

Avec cette inspiration nouvelle, Picasso avait abandonné l'écriture pour revenir à la peinture, au grand soulagement de Gertrude Stein : « Voyez-vous, lui avait-elle dit, on ne peut pas rester à regarder les dessins de Jean Cocteau, ça vous fait quelque chose, ils sont plus choquants que simplement de la mauvaise poésie... Vous n'avez jamais lu de votre vie un livre qui n'ait pas été écrit par un ami et vous n'avez jamais eu aucun sentiment pour les mots, les mots vous agacent plus qu'autre chose, alors comment pouvez-vous écrire... Eh bien, disait-il en s'énervant, vous avez dit vous-même que j'étais quelqu'un d'extraordinaire... Ah! ai-je dit en le prenant par les revers de son veston et en le secouant, vous êtes extraordinaire dans vos propres limites, mais vos limites sont extraordinairement là... C'est très bien que vous fassiez ça pour vous débarrasser de tout ce que vous n'arrivez pas à supporter très bien très bien continuez mais ne continuez pas à essayer de me dire que c'est de la poésie... Eh bien a-t-il dit à supposer que je le sache, qu'est-ce que je vais faire, qu'est-ce que vous allez faire dis-je en l'embrassant vous allez continuer jusqu'à ce que vous soyez plus gai ou moins sinistre et alors vous allez, oui, dit-il, et alors vous allez peindre un très beau tableau et puis d'autres encore, et je l'embrassai de nouveau, oui dit-il[69]. »

Et il était plus gai et moins sombre qu'il ne l'avait été depuis longtemps. Il adorait tenir sa cour et parmi tous ceux qui en faisaient partie se trouvaient Dora, Penrose, Paul et Nusch Eluard, et Cécile la fille d'Eluard, aussi bien que les Zervos, Paul Rosenberg, le poète René Char et le photographe Man Ray. Qu'il fît surgir leurs portraits sur la nappe avec une allumette brûlée ou avec la couleur extraite d'une fleur qui traînait là, qu'il fît des petits animaux et des petits personnages avec des bouchons et des serviettes en papier, ou qu'il se livrât à une imitation frénétique de Hitler, en tenant une brosse à dents noire au-dessus de sa lèvre supérieure, Picasso dans son maillot de marin à rayures, était un magicien réduisant des adultes blasés à l'état d'enfants enchantés et bouche bée.

Vers la fin d'août, les vacances furent gâchées : un accident de voiture prit dans l'esprit de Picasso les proportions d'une catastrophe majeure. En revenant de Cannes, la voiture dans laquelle il se trouvait, conduite par Roland Penrose, entra en collision avec une voiture venant en sens inverse. Picasso eut de multiples contusions mais surtout il fut très secoué. « En confidence, écrivit-il à Sabartés le 29 août, voilà quelques jours, en rentrant de Cannes en voiture avec un Anglais, j'ai eu un accident qui m'a laissé tout en morceaux et c'est à peine si je peux bouger. J'ai cru tout d'abord que je m'étais cassé quelques côtes, mais hier j'ai fait faire une radio et il semble que je n'aie rien de cassé. Mais je suis encore tout meurtri et ça va durer au moins quelques jours encore. Mais ne t'inquiète pas[70]. » Sabartés, bien sûr, s'inquiéta et Picasso, malgré ce qu'il avait écrit, aurait été horrifié si cela n'avait pas été le cas. Le 14 septembre, trois bonnes semaines après l'accident, sa lettre à Sabartés était de nouveau toute pleine de son état physique : « Sabartés, mon ami, comment vas-tu? Je commence à me remettre, car jusqu'à maintenant, je n'étais pas beau à voir, comme si j'avais été malmené par une automobile[71]... »

Dès qu'il se sentit assez bien pour remonter en voiture, Dora, lui et les Eluard explorèrent la région. Dans une de leurs excursions, ils tombèrent sur le petit village de Vallauris qui, depuis l'époque romaine, était un centre de potiers. Picasso fut enthousiasmé de voir les artisans cuire l'argile du pays, la mouler et puis flamber leur création dans le four local. Une graine fut plantée ce jour-là qui donnerait des fruits dix ans plus tard, lorsqu'il tournerait son génie vers la poterie.

Lorsqu'il rentra à Paris, les querelles juridiques à propos du partage de ses biens avec Olga touchaient à leur fin, et la perspective de toute fin – impliquant une confrontation âpre et prenante – l'énervait encore plus que d'habitude. Le compromis final était conçu pour laisser les deux parties insatisfaites : Olga obtint Boisgeloup qu'elle détestait et qui avait été le domaine presque exclusif de Marie-Thérèse; Picasso conservait la rue La Boétie, souvenir maintenant de son élégante vie d'homme marié. Et, légalement, Olga demeurait sa femme.

Sabartés qui se trouvait commodément sous la main et déjà prédisposé à être le bouc émissaire de Picasso, devint le réceptacle de sa colère et de sa frustration. Pour tout arranger, Sabartés avait été rejoint rue La Boétie par une femme qui l'avait suivi depuis Barcelone, bien décidée à l'épouser, même si elle savait qu'il était déjà marié. La bigamie n'étant qu'un péché véniel pour Sabartés, elle parvint à ses fins, et Mercedes Sabartés devint l'ombre fidèle et souffrante de son mari, pas une fois nommée dans ses mémoires et condamnée à vivre de presque rien, puisque Sabartés ne recevait que fort peu d'argent, et rarement, de Picasso.

Projetant toutes ses rancœurs sur son ami, Picasso ne cessait de trouver ou d'inventer de nouveaux reproches à lui faire. Mercedes était l'un d'eux. Ce n'était pas tant sa présence rue La Boétie qui l'agaçait que sa présence dans la vie de Sabartés : n'était-il pas, après tout, censé se préoccuper exclusivement de Picasso et lui consacrer sa vie, sans rien qui l'en détournât? Il commença à accuser Sabartés d'intervenir dans ses affaires et même de prendre le parti d'Olga. Et, comme si ce n'était pas assez blessant, il déclara que Sabartés était un raté. « Qu'est-ce qu'il a fait, Sabartés, dans sa vie? demandait-il à ses amis. Rien... Il a moi[72]. »

Comme un animal blessé, Sabartés tenta de riposter. Rompant avec son code du secret, il se mit à parler de son ami et héros : comme il était cruel, mesquin, autoritaire, quel exhibitionniste c'était, comme il battait ses femmes, comme il laissait sa mère sans argent... Tout cela, bien sûr, revint aux oreilles de Picasso, dont la réaction fut impitoyable. Sabartés fut prié de quitter la rue La Boétie pour n'y jamais revenir. Et Sabartés eut beau plaider, supplier et demander le pardon des péchés commis et imaginés, le verdict tint bon. A la mi-janvier 1937, le cœur lourd, le portefeuille vide et Mercedes à ses basques, il s'en alla. « Après avoir refermé la porte derrière moi, écrivit-il dans ses mémoires qui gardaient un discret silence sur les raisons de son départ, je pensai à l'avenir et je songeai que, quand je reviendrais le voir, je devrais sonner à la porte et attendre comme quelqu'un qui vient chercher une miette d'amitié[73]. »

Les tâches domestiques de Sabartés furent reprises par les deux jolies sœurs de Mougins que Picasso et Dora avaient ramenées à Paris avec eux. La sœur aînée, dont le destin avait voulu qu'elle s'appelât Sabartés, était la cuisinière; la plus jeune sœur, Inès, la femme de chambre. Inès devait devenir un élément permanent dans le monde de Picasso, une confidente au moins autant qu'une gouvernante et un point de stabilité dans le paysage toujours changeant de femmes et de maisons nouvelles.

A peine Picasso avait-il renoncé à Boisgeloup que Vollard lui offrit une maison à quinze kilomètres de Versailles, au Tremblay-sur-Mauldre. Avec sa grange transformée en atelier et la proximité relative de Paris, c'était l'arrangement parfait pour cette époque de sa vie. Il y installa Marie-Thérèse et Maria et, pendant les week-ends et une ou deux fois par semaine, il venait leur rendre visite, travailler dans la grange, jouer avec la petite fille, la regarder dormir ou bien – et c'était la tâche la plus ardue – essayer de la nourrir maintenant qu'elle ne tétait plus. « Dès que ma mère m'a sevrée, et ça s'est passé du jour au lendemain quand j'avais dix-huit mois, se rappelait-elle, c'était comme si je m'étais dit : moi, je préfère le lait de ma mère, j'aime pas le bifteck-pommes frites. Donc j'ai refusé catégoriquement de manger. Alors, papa a fait toutes les pirouettes possibles pour me nourrir, parce qu'il avait toujours très peur que je meure. Une enfant qui ne mange pas se meurt – il en était convaincu[74]. »

Ayant parqué Marie-Thérèse au Tremblay-sur-Mauldre, il se lança dans sa liaison avec Dora. Il vivait en pratique ce qu'il avait déjà proclamé en théorie : que des choses contradictoires peuvent coexister heureusement même si « les critiques, les mathématiciens, les savants et les donneurs de conseils veulent tout classer, marquant les frontières et les limites, et donnant un ordre aux choses[75]. » Pour le moment, Marie-Thérèse n'avait que vaguement conscience de l'existence de Dora, alors que Dora supposait – supposition fondée, naturellement, sur l'impression que cherchait à lui donner Picasso – que le seul lien qui subsistât entre lui et Marie-Thérèse, c'était leur fille.

Sûre de sa supériorité intellectuelle sur Marie-Thérèse dénuée de toute culture, Dora prenait également des mesures pour fortifier sa position dans la vie quotidienne de Picasso en lui cherchant un grand atelier loin de la rue La Boétie, que tous deux détestaient. Elle espérait qu'elle travaillerait dans le nouvel atelier sans avoir à se rendre aussi souvent à la campagne, et qu'ils pourraient tous les deux travailler ensemble sur les tirages photographiques, qui fascinaient Picasso, ou sur leurs toiles respectives. Les deux premiers tableaux qu'elle lui offrit étaient des têtes, sévères et pleines d'une qualité mystique, sacrée. Une des possessions dont elle était le plus fière, c'était une toile qu'ils coproduisirent et qu'ils signèrent en commun « Picamaar ». Parmi les souvenirs auxquels Picasso tenait le plus, il y avait les gants tachés de sang que Dora portait le soir où il l'avait regardée jouer à son jeu dangereux du couteau, aux Deux-Magots. Il admirait son courage, son indépendance d'esprit, son intelligence. Mais il allait presque tout de suite, et instinctivement, essayer de détruire les qualités mêmes qui la rendaient irrésistible. Le combat serait d'autant plus excitant maintenant que ses talents de dompteur allaient se déployer sur une lionne plutôt que de se gaspiller sur une souris.

IX

LA GUERRE AU-DEDANS ET AU-DEHORS

15 octobre XXXVI

Mon amour,

Il faut que je reste avec Paul : je ne peux pas venir dîner et ensuite, je m'en vais voir les « Catalans » qui sont ici. Demain je pourrai venir déjeuner le plus tôt possible pour te voir, ce qui est la chose la plus agréable à faire dans cette vie de chien que je mène.

Je t'aime à chaque moment un peu plus.

A toi,

Picasso[1].

Au centre de cette « vie de chien » se trouvait Dora. La lettre était adressée à Marie-Thérèse. Comme elle le racontait vers la fin de sa vie, « il y avait des choses bizarres... Nusch, Dora[2] ». Peut-être avait-elle remarqué aussi que, dans les récentes toiles de Picasso, elle était plus laide, avec les chairs plus molles, alors que la femme aux cheveux noirs ne paraîtrait jamais aussi belle ni aussi sereine qu'elle en avait l'air au début de 1937. Le 2 mars, Dora eut même droit à son portrait endormie. Ayant usurpé la première place qu'occupait Marie-Thérèse dans la vie de Picasso, voilà maintenant qu'elle avait usurpé aussi l'abandon de son repos. « Ce doit être pénible pour une femme, de voir sur un tableau qu'elle est en train de s'en aller[3]. » Ses lettres d'amour à Marie-Thérèse devenaient d'autant plus passionnées que sa liaison avec Dora devenait plus forte. Et elle y croyait. Non parce qu'elle était stupide, pas même parce qu'elle ne connaissait pas l'existence de l'« autre femme », qui était déjà trop publique et qui faisait déjà trop partie de la vie de Picasso; mais parce qu'il avait inventé la réalité dans laquelle vivait Marie-Thérèse. Ils avaient tous deux brûlé les ponts menant à toute autre réalité et maintenant elle n'avait plus nulle part où aller. En même temps, il avait remporté une grande victoire sur Dora : il lui avait fait accepter non sans souffrance et rechignement que, bien qu'elle fût la maîtresse officielle, elle n'était pas et ne serait peut-être jamais la seule.

Tandis que Picasso s'installait en maître incontesté dans ses rapports avec Dora, les généraux insurgés d'Espagne s'occupaient à créer, comme le disait le général Mola, « cette impression de maîtrise sur le pays[4] ». Afin d'y parvenir, selon Mola, « il est nécessaire de répandre une atmosphère de terreur ». Et, comme les républicains continuaient à contrôler Madrid et presque tout le Nord et l'Est, les atrocités calculées pour créer une atmosphère de terreur se multiplièrent, de plus en plus terrifiantes. Au début de 1937, Picasso écrivit un poème plein d'images violentes, conçu pour ridiculiser Franco, présenté comme une brute velue, méprisable et à peine humaine. « Rêve et mensonge de Franco », fut écrit en espagnol, dans ce style automatique de Picasso qui ne se pliait à aucune règle de syntaxe ni de grammaire. Comme il l'avait dit à Sabartès : « Je préférerais inventer une grammaire à moi plutôt que de me soumettre à des règles qui ne viennent pas de moi[5]. » Le texte était illustré de dix-huit gravures, tout aussi pleines de violence, de fureur et d'horreur. Franco, la Bête attaquant l'Espagne, était un autre émissaire du grand ennemi de Picasso, le destin.

Le paysage de sa vie privée changeait aussi. A la fin mars, il était venu s'installer dans le nouvel atelier que Dora lui avait trouvé 7, rue des Grands-Augustins et elle avait emménagé au 6, rue de Savoie. Après l'élégance un peu compassée de la rue La Boétie, qu'il conservait comme entrepôt simplement parce que c'était moins perturbant sur le plan affectif que d'y renoncer, il était ravi de la complexité baroque de la rue des Grands-Augustins. L'immeuble était un parfait mélange de proportions spacieuses et de mystère, avec son sombre escalier en spirale menant aux vastes ateliers sur deux étages, l'escalier intérieur secret, les couloirs qui semblaient hantés, les recoins douillets, l'interminable succession de petites pièces bientôt transformées pour s'adapter à tous ses besoins : depuis une chambre à coucher dominée par son lit sur lequel était jetée une somptueuse couverture de fourrure jusqu'à un cabinet de gravures où il installa sa magnifique presse à main. Il fallait beaucoup d'argent pour la bohème de Picasso. Son décor était un immeuble du XVIIe siècle, plein de souvenirs historiques : ça avait été l'ancien hôtel des ducs de Savoie; Jean-Louis Barrault l'avait utilisé comme salle de répétitions et c'était le décor du *Chef-d'œuvre inconnu* de Balzac qui avait situé là la quête désespérée de son héros à la recherche de l'absolu en peinture.

Et maintenant, grâce à Dora, voilà que Picasso avait trouvé dans « le grenier de Barrault » un espace assez vaste pour peindre son œuvre la plus célèbre. Le gouvernement espagnol lui avait commandé une toile pour le Pavillon espagnol à l'Exposition universelle de Paris. Comme toujours, détestant le sentiment d'obligation né des commandes, il traîna, travailla à d'autres choses, refusa de se plier à ses engagements. Il fallut le bombardement de la ville historique de Guernica, au Pays basque, le 26 avril 1937, pour mobiliser sa frénésie créatrice et dès lors l'immense toile, de sept mètres cinquante sur trois mètres trente, fut terminée en un mois seulement. A vrai dire, nombre des « études préparatoires » furent réalisées alors que le travail était déjà terminé.

C'était la première fois que Picasso s'autorisait la présence d'un public pendant qu'il travaillait. Dora était constamment là, photographiant les stades successifs de l'œuvre; Eluard était un visiteur fréquent, tout comme Christian Zervos, André Malraux, Maurice Raynal, José Bergamin, Jean Cassou – tous, à des moments différents, regardant Picasso, pinceau à la main, manches retroussées, commenter les progrès de Guernica ou parler de façon obsédante de Goya. Mille six cents des sept mille habitants de Guernica avaient été tués et 70 pour 100 de la ville détruits par les quarante-trois appareils allemands qui l'avaient bombardée. Mais l'impact de ce raid de terreur dépassa de beaucoup les dégâts et les pertes infligés à la ville et à sa population. Guernica, avec son chêne séculaire sous lequel s'était réuni le premier parlement basque, devint un symbole du triomphe de la haine et de la destruction irrationnelle, et contribua à convertir une grande partie de l'opinion publique occidentale à la cause républicaine.

Avant que *Guernica* ne fût exposé au Pavillon espagnol, des bruits couraient contestant les sympathies républicaines de Picasso et, malgré son « Rêve et mensonge de Franco », on prétendait qu'il était en fait pro-Franco. Eluard le pressa d'apporter un démenti à ces histoires et de définir clairement sa position. C'est ainsi que, sous sa tutelle, Picasso entra dans la phase politique de sa vie. Auparavant, peindre *Guernica* aurait suffi ; là, alors qu'il travaillait à la fresque, il publia aussi un communiqué qui cette fois obéissait à toutes les règles de la grammaire et de la syntaxe qu'il méprisait tant et où se voyait clairement la main d'Eluard : « La guerre d'Espagne est la lutte de la réaction contre le peuple, contre la liberté. Toute ma vie d'artiste n'a été rien d'autre qu'une lutte continuelle contre la réaction et la mort de l'art. Comment quiconque pourrait-il croire un instant que je pourrais être en accord avec la réaction et la mort... ? Dans le panneau sur lequel je travaille et que je vais appeler *Guernica,* comme dans toutes mes récentes œuvres d'art, j'exprime clairement mon abhorration pour la caste militaire qui a plongé l'Espagne dans un océan de souffrance et de mort[6]. »

Non seulement il fixait à son avenir une nouvelle direction politique, mais avec l'aide d'Eluard il s'inventait aussi une conscience politique. La caste militaire qu'il condamnait n'était pas toutefois un simple groupe de généraux rassemblés autour de Franco, c'était un état d'esprit présent dans les deux camps de la guerre civile. Le sombre autoritarisme qu'il abhorrait devenait en fait partie intégrante de sa propre personnalité, lui qui infligeait gratuitement douleur et humiliation à ceux qui l'entouraient.

Les symboles sont plus puissants que les faits, et la puissance de *Guernica* était énorme. C'était la quintessence de quarante ans d'art de Picasso, où se retrouvaient la femme, le taureau et le cheval, compagnons horrifiés dans un monde de cauchemar noir et blanc. Le romancier Claude Roy, à l'époque jeune étudiant de droite, ami de Brasillach, vit *Guernica* à l'Exposition de Paris et le décrivit comme « le message d'une autre planète[7] ». « Sa violence m'abasourdissait, me pétrifiait d'une anxiété dont je n'avais aucune expérience directe. » Michel Leiris résuma ainsi le sentiment de désespoir engendré par *Guernica* : « En un rectangle noir et blanc, telle que nous apparaît l'antique tragédie, Picasso nous envoie notre lettre de faire-part : tout ce que nous aimons va mourir[8]. » Herbert Read alla même plus loin : tout ce que nous aimons, dit Picasso, est mort. « Voilà longtemps que l'art a cessé d'être monumental. Pour être monumental comme l'était l'art de Michel-Ange et de Rubens, il faudrait que notre époque ait un sens de la gloire. L'artiste doit avoir foi dans ses semblables et une certaine confiance dans la civilisation à laquelle il appartient. Pareille attitude n'est pas possible dans le monde moderne... Le seul monument logique serait une sorte de monument négatif. Un monument à la désillusion, au désespoir, à la destruction. Il était inévitable que le plus grand artiste de notre temps fût poussé à cette conclusion. La grande fresque de Picasso est un monument à la destruction, un cri de scandale et d'horreur amplifié par l'esprit du génie[9]. »

Durant la création de ce monument à la destruction, ses jeux destructifs se poursuivaient sans répit dans sa vie privée. Un jour, Marie-Thérèse, qui s'était trouvée reléguée en marge de sa vie depuis qu'il s'était lancé dans la réalisation de *Guernica* avec Dora dans le rôle de muse tragique, arriva rue des Grands-Augustins alors qu'il travaillait. « *Guernica* est à toi[10] », annonça-t-il. C'était un mensonge éhonté, mais Picasso à cette époque disait et faisait très peu de chose par accident. C'était un mensonge destiné à subjuguer, à humilier par la tromperie, à détruire la dignité qui permettrait à Marie-Thérèse de distinguer entre le faux et le vrai. *Guernica,* en fait, était le produit non seulement de son génie, mais aussi de ses relations avec Dora. Bien plus politiquement consciente qu'il ne l'était lui-même, elle l'aida à réfléchir sur les événements tragiques qui déchiraient son pays natal, entretint les feux de la passion politique, discuta avec lui les symboles qu'il utilisait et travailla même aussi sur le panneau. Comme le dit Pierre Daix, « on ne saura probablement jamais ce que *Guernica* doit à Dora Maar[11] ». Lorsque Picasso n'accablait pas Marie-Thérèse sous la fourberie ou la cruauté, il la ligotait par des déclarations fleuries d'amour éternel. Un jour, alors qu'il travaillait encore à *Guernica* en compagnie de Dora qui photographiait les progrès de l'œuvre, Marie-Thérèse arriva et tenta d'exercer les droits que lui donnaient les protestations d'un amour profond et durable dont l'abreuvait Picasso. « J'ai un enfant de cet homme, dit-elle à Dora, sa colère visant sa rivale plutôt que son amant. C'est ma place d'être ici avec lui. Vous pouvez partir tout de suite[12]. – J'ai autant de raisons que vous d'être ici, répliqua tranquillement Dora. Je ne lui ai pas donné d'enfant, mais je ne vois pas quelle différence cela fait[13]. »

Durant tout cet échange, Picasso continuait à peindre comme s'il était un badaud innocent qui n'aurait rien eu à voir là-dedans. Marie-Thérèse finit par lui demander d'arbitrer : « Décide-toi, laquelle de nous deux s'en va[14] ? »

Picasso, maître absolu de la situation, évoquait l'incident avec délices : « C'était une décision difficile à prendre. Je les aimais bien toutes les deux pour des raisons différentes. Marie-Thérèse parce qu'elle était douce et tendre, et qu'elle faisait ce que je lui demandais, et Dora parce qu'elle était intelligente. Je décidai que je n'avais aucun intérêt à prendre une décision, j'étais satisfait de la situation actuelle. Je leur dis qu'elles n'avaient qu'à régler ça elles-mêmes. Alors elles commencèrent à se battre. C'est un de mes souvenirs préférés[15] », conclut-il, en riant, à la pensée des deux femmes en venant aux mains à cause de lui. James Lord souligna l'ironie qui avait échappé à Picasso : ses deux maîtresses « se battant à coups de poing dans son studio, tandis qu'il continuait paisiblement à travailler sur l'énorme toile conçue pour condamner les horreurs de la violence[16] ».

Au moment même où son art planait comme un aigle, il se conduisait dans sa vie comme une hyène, s'acharnant sur les faiblesses des autres. Il avait dit tout à la fois à Marie-Thérèse et à Dora que l'autre ne comptait pas; et il savait que, même s'il leur mentait sans arrêt et s'il était pris sur le fait, elles seraient quand même toutes les deux là. C'était la partie de son pouvoir qu'il adorait : traiter les femmes comme des créatures moins qu'humaines, puis les regarder abandonner peu à peu leur humanité et agir comme s'il avait raison et qu'elles fussent non seulement moins que lui, mais moins qu'humaines.

Il continua donc à les voir toutes deux, et à les peindre toutes deux : tantôt aussitôt reconnaissables – l'une tout en courbes et en couleurs vives, l'autre anguleuse et sombre –, tantôt en code; parfois séparées, parfois ensemble; et une fois même comme un couple de colombes, l'une noire, l'autre blanche, s'agitant dans une petite cage encombrée. Il se plaisait même à voir Marie-Thérèse les suivre dans une relative clandestinité, partout où Dora et lui allaient en vacances. Mais, comme deux femmes ne constituaient pas pour lui un harem suffisant, il s'assurait souvent par Paulo, son complice involontaire, qu'Olga aussi savait où il allait, si bien qu'elle surgissait pour revendiquer ses droits d'épouse, attaquer la femme qui se trouvait être à sa place légitime et, ce qui était plus important que tout, nourrir l'insatiable désir de Picasso d'exercer son pouvoir sur autrui.

Au cours de l'été de 1937, toutefois, il partit pour Mougins avec la seule Dora. Mais rien dans sa vie n'était sans complications, même dans les rares cas où les choses semblaient simples. Paul et Nusch Eluard les attendaient à l'hôtel Vaste-Horizon et, avec le continuel encouragement d'Eluard et l'acceptation découragée de Dora, il reprit avec une vigueur renouvelée sa liaison avec Nusch. L'abattement de Dora était décrit avec éloquence dans son portrait où elle vend des fleurs dans la rue, incapable de trouver les acheteurs – et contribuait beaucoup au plaisir que Picasso prenait à coucher avec Nusch. A la même époque, il peignit une série de variations sur l'*Arlésienne* de Van Gogh et, dans la dernière, représenta Eluard en travesti donnant le sein à une créature féline. Même quand il en bénéficiait, Picasso méprisait toute manifestation de faiblesse, et il était clair dans ce portrait d'Eluard castré qu'il méprisait son « geste d'amitié » bien plus qu'il ne l'appréciait. Il devait dire par la suite, réécrivant bizarrement l'histoire : « Mais c'était un geste d'amitié de ma part aussi. Je ne l'ai fait que pour le rendre heureux. Je ne voulais pas lui faire croire que je n'aimais pas sa femme[17]. »

Nusch n'était pas non plus la seule autre femme à Mougins. Il y avait aussi Rosemarie, avec sa poitrine magnifique, qui, entre autres choses, les conduisait tous en voiture à la plage, les seins nus. En 1906, il avait peint *Le Harem* avec quatre odalisques nues, retenues captives et gardées par des esclaves. Cet été-là, à Mougins, il vivait son fantasme. « Quelqu'un m'a dit un jour, observa-t-il plus tard, “ tu as l'âme d'un sultan, alors tu devrais avoir un harem ”. C'est vrai, j'aurais aimé être un Arabe ou un Oriental. Je suis fasciné par tout ce qui touche à l'Orient. L'Occident et sa civilisation ne sont guère que des miettes de l'énorme part représentée par l'Orient[18]. »

Sans tenir compte du vernis philosophique de cet aveu, c'était dans la tension entre les femmes de sa vie qu'il trouvait l'excitation du jeu sexuel. Ou même dans la tension entre une femme et un animal familier. Un jour, il revint d'une excursion à Cannes avec un singe qu'il avait acheté là-bas dans un magasin et auquel il se mit à prodiguer son affection. Quand, à son ravissement, Dora explosa de jalousie, Picasso redoubla tout simplement ses démonstrations d'amour pour le singe jusqu'au moment où elle finit par le menacer de partir. Enchanté de voir avec quelle efficacité il pouvait manipuler les émotions de Dora, il continua à traiter le singe comme un être cher enfin retrouvé, sachant que, si odieux qu'il fût, Dora ne partirait pas.

Ce ne fut pas Dora mais le singe qui finit par en avoir assez et, un jour, il mordit son maître au doigt. Ce fut toute une histoire, surtout quand Eluard puisa dans ses vastes réserves de connaissances l'information précieuse qu'un roi de Grèce était mort après avoir été mordu par un singe. L'histoire d'amour se termina du même coup, le singe fut aussitôt ramené à la boutique de Cannes et Picasso vécut des jours dans l'angoisse de mourir comme le roi de Grèce. Dora, par contre, voyant ainsi éloigné son principal rival dans les pensées de Picasso, était pour le moment bienheureusement calme.

Il n'y avait plus maintenant que le nouveau chien dans l'entourage animal de Picasso. Elft avait été exilé au Tremblay-sur-Mauldre avec Marie-Thérèse et Maria, et remplacé par Kazbek, un lévrier afghan qui serait immortalisé quand Picasso le peindrait superposé au visage de Dora – soulignant ainsi, expliqua-t-il, « la nature animale des femmes[19] ». Une nouvelle femme. Une nouvelle maison. Un nouveau chien. Les relations de Picasso avec ses chiens successifs ressemblaient en fait beaucoup à ses relations avec ses femmes successives. Des périodes d'intense intimité étaient suivies de périodes de totale indifférence; leur début et leur fin étaient déterminés uniquement par son caprice ou sa convenance.

Il y eut des moments de bonheur avec Dora à Mougins et certaines toiles heureuses de fleurs épanouies et de bateaux auprès du rivage, inspirées de leurs excursions dans la campagne. La plupart du temps, ils étaient conduits dans l'Hispano-Suiza par Marcel, qui avait dans une certaine mesure remplacé Sabartés comme dépositaire des confidences d'homme à homme de Picasso. Dès qu'il se fut séparé d'Olga et que sa période mondaine s'acheva, Picasso ordonna à Marcel de se « déshabiller » et de jeter à tout jamais sa livrée de chauffeur. Contre toute attente, Marcel en fut fort perturbé. « Je croyais que ça lui plairait, dit plus tard Picasso, mais en fait, je lui avais ôté quelque chose. On n'est jamais assez prudent quand on a affaire à la vie d'autrui. Un jour, quand j'étais enfant, j'ai vu une araignée sur le point de tuer une guêpe prise dans sa toile. Oh! me suis-je dit, cette horrible araignée va blesser la pauvre guêpe. Alors, j'ai pris une grosse pierre... et puis j'ai découvert avec horreur que je les avais tuées toutes les deux[20]. » Qu'il aimât cela ou non, Marcel « se déshabilla » et s'adapta à la bohème de luxe qui caractérisait la vie de son employeur.

Un des trajets que Picasso faisait le plus souvent dans l'Hispano-Suiza, c'était pour aller à Nice rendre visite à Matisse, qui habitait là depuis 1916. Il ne pouvait pas s'empêcher de dénigrer Matisse, mais il n'arrivait pas non plus à le chasser de son esprit. Il essayait donc de le rabaisser avec des remarques comme : « Auprès de moi, Matisse est une jeune dame[21]. » Mais il n'arrivait pas à s'éloigner de Nice. C'était comme s'il savait, qu'il l'admît ou non, que Matisse avait accès à un monde de secrètes harmonies qui lui était fermé.

« Il y a tant de choses, écrivit un jour Matisse dans une lettre à l'historien d'art George Besson, que j'aimerais comprendre; et surtout *moi-même*; après un demi-siècle de dur travail et de réflexion, le mur est toujours là. La nature – ou plutôt *ma nature* – demeure mystérieuse. En attendant, je crois que j'ai mis un peu d'ordre dans mon chaos en préservant la petite lumière qui me guide et qui répond encore énergiquement à d'assez fréquents SOS[22]. » C'était une déclaration qui aurait été totalement étrangère à Picasso : comprendre sa nature ne l'intéressa jamais, pas plus qu'il ne chercha à mettre son chaos en ordre. Pourtant, il était attiré par Matisse, alors qu'en même temps il se sentait obligé de le tourner en dérision, comme un collégien qui ridiculise ce qui sort du domaine de sa propre expérience. « L'art d'équilibre, de pureté, de tranquillité[23] » dont rêvait Matisse était bien éloigné de l'art torturé de Picasso, et donc d'autant plus l'objet de son incessante fascination.

De retour à Paris au milieu de septembre, il se mit à torturer avec acharnement le visage de Dora. Le 26 octobre, le lendemain de son cinquante-sixième anniversaire, il termina *La Femme qui pleure.* Roland Penrose gardait un souvenir très vivace du moment où Eluard et lui arrivèrent à l'atelier de Picasso et virent pour la première fois *La Femme qui pleure,* encore sur un chevalet, et la peinture à peine sèche. « On aurait dit que cette femme, vue de profil mais avec les deux yeux sombres et passionnés de Dora Maar, habillée comme pour une fête, s'était trouvée soudain confrontée à un abominable désastre. Un moment le charme de cette petite toile éclatante nous laissa muets et, après quelques exclamations enthousiastes, je m'entendis dire à Picasso : " Oh ! Est-ce que je peux vous acheter cela ? " Et j'entendis avec stupeur sa réponse : " Et pourquoi pas ? " Il s'ensuivit l'échange d'un chèque de deux cent cinquante livres pour un des chefs-d'œuvre de ce siècle[24]. »

L'explication de Picasso pour avoir déformé de façon aussi monstrueuse la tête de sa maîtresse dans la douleur était simple. « Pendant des années je lui ai donné un air torturé, non par sadisme, et sans aucun plaisir de ma part, mais pour obéir à une vision qui s'était imposée à moi[25]. » C'était, en fait, une vision qu'il avait au moins en partie imposée à Dora. Bien qu'il y eût chez Dora quelque chose de l'archétype moderne de l'intellectuelle, dévorée d'anxiété et d'inquiétude, Picasso analysa, encouragea et fit ressortir ce qu'il y avait de plus tourmenté dans sa personnalité. Et les portraits affolés qu'il fit d'elle, miroirs de désintégration, devinrent comme des affirmations négatives, des prophéties réalisées de ce qu'elle n'était pas encore, mais de ce qu'elle deviendrait bientôt : une vision du vilain canard accordé au superbe cygne. Tout comme il y a des gens qui ont le talent de nourrir ce qu'il y a de plus sain chez les autres, Picasso avait le don de promouvoir ce qu'il y avait de plus névrotique et de plus morbide chez les gens les plus proches de lui.

« Je n'étais pas amoureux de Dora Maar, devait-il dire plus tard. Je l'aimais comme si c'était un homme et je disais toujours : " Tu ne m'attires pas, je ne t'aime pas. " Vous n'imaginez pas les larmes et les scènes d'hystérie qui s'ensuivaient[26]. » Il la tourmentait en même temps qu'il était fier de son intelligence, de ses talents et de sa force. « Dora trouve qu'il ressemble à une énorme crevette[27] », devait-il dire de Kazbek. « Je l'ai lu et Dora aussi[28] », disait-il à propos d'un manuscrit. « Dora était ici et nous les avons regardés ensemble[29] », à propos de photographies. C'était toujours « Dora a dit ceci », « Dora a lu ça », « Dora a remarqué ceci », « Dora a fait ça », tandis qu'il la manipulait et s'efforçait d'écraser la force même qu'il admirait chez elle.

Dans ses affaires pas moins que dans ses relations privées, il n'y avait pas grand-chose chez Picasso qui ne fût calculé, malgré l'apparence de hasard qu'elles pouvaient donner. Le secret qui entourait ce qu'il faisait de son argent – qu'il le fourrât sous son matelas ou qu'il le déposât en banque suisse – faisait partie de son continuel effort pour éviter le « mauvais œil » et toutes les forces qu'il redoutait. Le 27 novembre 1937, il partit pour la Suisse. Il y avait cette fois une autre raison que de traiter, comme plus d'un homme d'affaires important, ses problèmes financiers. Le voyage était camouflé sous le prétexte de vacances ou, selon un autre rapport, présenté comme le résultat d'« un événement imprévu[30] » qui obligeait Picasso à faire un bref voyage en Suisse. La vérité, c'était que son fils de seize ans avait cambriolé une bijouterie et que la seule façon d'empêcher Paulo Picasso d'être jeté en prison, c'était de plaider qu'il était mentalement souffrant. Picasso arriva donc à Berne avec « son fils malade », comme le décrivit un article, et Paulo fut envoyé à Prangins, une clinique pour les gens qui pouvaient se permettre la fortune en francs suisses que coûtait le séjour là-bas. Misia Sert vit son filleul alors qu'elle était de nouveau en Suisse pour une opération aux yeux et lui dit qu'au lieu de risquer la prison pour de misérables profits – voler des pierres précieuses ou vendre de la drogue, ce que Paulo avouait avoir fait aussi – « il pourrait gagner beaucoup plus d'argent en volant une des toiles de son père et en la vendant[31] ».

Ayant réglé tout à la fois ses affaires paternelles et financières, Picasso s'en alla déjeuner dans une auberge de campagne de la banlieue de Berne avec Hermann Rupf, le collectionneur suisse qui avait acheté son premier dessin au Bateau-Lavoir, en 1908. Kahnweiler avait organisé une visite à Paul Klee qui, ayant fui l'Allemagne de Hitler, vivait très modestement dans une banlieue voisine. Picasso arriva en retard, s'étant attardé sur une bouteille de vin de Dôle et un plateau de marrons glacés. Ce fut une étrange rencontre entre le maître allemand de la réalité invisible, malade et qui se mourait lentement, et le robuste maître espagnol de tout ce qui était visible et décadent : si étrange et si tendue en fait que Mme Klee se mit au piano et appela Bach à la rescousse. Après la mort de Klee, Picasso le décrivit en deux mots : « Pascal-Napoléon[32] ». Bien qu'il n'y eût aucun pont entre leurs deux mondes, il avait de toute évidence été frappé par le puissant mélange chez Klee d'intense spiritualité et d'intense volonté.

Le 18 décembre 1937, le *New York Times* publia un appel adressé par Picasso au Congrès des artistes américains à New York : « Je désire en cette occasion vous rappeler que j'ai toujours cru, et que je crois toujours que les artistes qui vivent et travaillent avec des valeurs spirituelles ne peuvent et ne doivent pas rester indifférents à un conflit qui met en jeu les plus hautes valeurs de l'humanité et de la civilisation[33]. » C'était une autre de ces déclarations politiques élaborées par l'« usine » Eluard, avec la signature de Picasso en bas. Le résultat était profitable aux deux. Les opinions d'Eluard se propageaient beaucoup plus largement que ce n'aurait été le cas si le nom de Picasso n'y avait pas été attaché, et la renommée du peintre s'étendait bien au-delà du monde de l'art.

Au début de 1938, Picasso se mit à passer plus de temps au Tremblay-sur-Mauldre. L'attraction, bien plus que Marie-Thérèse, c'était Maria. Maintenant qu'elle avait deux ans passés et qu'elle ressemblait beaucoup à son père, trapue, carrée et avec les mêmes yeux au regard pénétrant, elle devint la nouvelle figure principale dans son œuvre. Il ne l'idéalisa pas comme il l'avait fait de Paulo; il y a de l'angoisse sur son visage et de la crainte dans la façon dont elle se cramponne à sa poupée informe. « J'étais solide comme un roc, se rappelait-elle en évoquant ses souvenirs, près de cinquante ans plus tard. Seulement j'aimais les douceurs. Alors, on faisait une purée sucrée de tout ce qu'il fallait que je mange et mon père me nourrissait. Comme ma mère le disait tout le temps, tout ça se mélange dans l'estomac de toute façon, et franchement, même aujourd'hui, je préfère commencer un dîner par un éclair au chocolat que par un bon potage. Mon repas d'anniversaire favori a toujours été un dîner consistant uniquement de différentes sortes de desserts au chocolat. On m'a élevée de façon si différente de Paulo : lui était constamment surveillé, on s'occupait tout le temps de lui, toujours très élégant, avec des tas de jouets chers. Moi, j'avais des jouets " improvisés " que mon imagination transformait en ce que je voulais. On ne m'obligeait pas à prendre de bains, on ne m'obligeait pas à avoir des nurses. Nous n'étions pas du tout une famille normale, pas du tout, pas du tout[34]... »

À son baptême son père, qui n'était pas officiellement son père, devint officiellement son parrain. Quand les petites amies de Maria demandaient quel était son prénom, son père répondait que c'était Conchita – son diminutif pour Maria de la Concepción. « Conquoi[35] ? » demandaient-elles, sachant apparemment ce que veut dire *con* en français. Ses parents se mirent donc à l'appeler Maria, ce qui sur les lèvres de la petite fille devint Maya. « Maya ! s'exclame son père, c'est parfait. Ça veut dire la plus grande illusion au monde[36]. » Ce fut donc désormais Maya – Maya Walter.

Maya n'était pas la seule dont le nom provoquait des confusions au Tremblay-sur-Mauldre. Un jour Picasso annonça traîtreusement à tout le monde que les deux domestiques qui s'occupaient de la maison s'appelleraient désormais Marie-Thérèse. « Alors, se rappelait Maya en traitant cela comme une plaisanterie, quand on appelait Marie-Thérèse, elles arrivaient toutes les trois[37]. » Comme la plupart des plaisanteries de Picasso, elles se faisaient aux dépens de quelqu'un d'autre. En donnant aux domestiques le nom de Marie-Thérèse, il trouvait une autre façon de rabaisser et d'humilier sa maîtresse, d'affirmer sa servilité et de lui rappeler sans cesse sa situation de subordonnée.

En guise de distraction, il semblait se réjouir de dépouiller ceux qui l'entouraient de leur dignité et de les traiter comme des clowns. Un de ses jeux favoris consistait à les faire chanter dans un restaurant, l'un après l'autre, qu'ils eussent un filet de voix ou non. Tels étaient son prestige et son autorité qu'ils s'exécutaient. Plus ils étaient embarrassés, plus Picasso était enchanté de son petit jeu.

L'année où Hitler était occupé à avaler l'Autriche et où la guerre d'usure de Franco amenait à genoux l'Espagne républicaine, Picasso transformait le coq domestique de son art en un symbole de cruauté et un présage de tragédie. « Les coqs ! Il y a toujours eu des coqs, s'exclama-t-il une fois, mais, comme tout le reste dans la vie, il nous faut les découvrir, comme Corot a découvert le matin et Renoir les jeunes filles[38]. » Picasso non seulement découvrit le coq, mais il changea toutes les traditions auxquelles il était associé. « Chez lui, écrivit l'historien d'art Willard Misfeldt, le clairon aigu du coq n'annonce pas l'aube, c'est plutôt comme un guetteur sonnant une alarme vibrante d'horreur et de prémonition[39]. »

Ce fut dans cette atmosphère chargée de mauvais présages qu'un après-midi d'avril, alors qu'il promenait Kazbek à Saint-Germain-des-Prés, il tomba sur Sabartés. Ils ne s'étaient pas vus depuis plus d'un an. Ce fut une rencontre embarrassée. Ils parlaient surtout de chiens, lorsque Picasso, comme si rien ne s'était passé entre eux, comme s'il n'avait pas cruellement trompé son ami et ne l'avait pas jeté dehors, l'invita. « Tu ne viens plus jamais par ici. Viens avec moi, tu veux? Et je te montrerai mon atelier rue des Grands-Augustins[40]. » Mais les blessures de Sabartés étaient encore trop à vif. L'année précédente avait été horrible. Pour lui, être rejeté par Picasso signifiait être rejeté par l'univers. Il s'était retrouvé à vivoter en écrivant le même genre de romans historiques indigestes qu'il rédigeait en Amérique du Sud et à mener une existence banale sans rien de l'excitation et de l'intérêt que sa vie avait acquis dans l'orbite de Picasso. L'invitation que lui faisait celui-ci de le suivre jusqu'à la rue des Grands-Augustins était comme le chant des sirènes et, de même qu'Ulysse qui s'était ligoté au mât de son navire pour éviter de succomber à la tentation, Sabartés tenta d'y résister : il invoqua un autre rendez-vous.

Mais c'était l'affaire de quelque temps et d'un peu de séduction. En juin, une missive multicolore arriva à la porte de Sabartés : « Ami Sabartés tu as promis de venir me voir je sais que tu n'aimes pas rencontrer des gens si tu veux nous pouvons nous retrouver secrètement quand tu le veux viens rue La Boétie le matin écris-moi ici à toi Picasso autre chose Paco Durieu veut te voir j'ai pris un rendez-vous avec lui pour mardi prochain à trois heures et demie ou quatre heures viens nous t'attendrons aujourd'hui c'est jeudi 30 juin MCMXXXVII[41]. »

Cette fois il ne put résister : l'esprit flamboyant de Picasso exprimait en mots rouge vif, orange, violet, vert, sépia et bleu la promesse de reprendre leur relation avec tout ce qu'elle avait d'intime et de secret, et la perspective de voir un vieil ami de leur jeunesse fit définitivement pencher la balance. Le 5 juillet, « à l'heure fixée[42] », Sabartés arriva rue des Grands-Augustins. Ayant rappelé à Sabartés ce que c'était que de retrouver le troupeau, Picasso partit bientôt pour Mougins, disparaissant une fois de plus de la vie de Sabartés et lui laissant attendre le prochain appel.

Ce fut un départ brusqué. Les Eluard, Dora et Picasso étaient comme d'habitude réunis après le dîner à l'un des cafés de Saint-Germain-des-Prés quand ils décidèrent tout d'un coup qu'il était temps de quitter Paris. Ils rentrèrent chez eux en hâte, bouclèrent leurs valises, les chargèrent dans l'Hispano-Suiza et, bien après minuit, partirent pour Mougins. Quelques jours plus tard, Marie-Thérèse avec Maya décampa aussi pour Mougins. Olga suivit. Directement dans le cas de Marie-Thérèse, indirectement dans le cas d'Olga, Picasso leur avait fait savoir où il allait, créant ainsi le plus de tension possible à l'extérieur pour refléter et équilibrer sa tension intérieure que lui-même avait du mal à supporter.

Avec Hitler qui s'apprêtait à mettre la main sur la Tchécoslovaquie et Franco qui attendait la capitulation de l'Espagne républicaine, on était à une époque critique de l'Histoire. Mais la tension politique n'avait un effet sensible sur Picasso que quand elle correspondait à sa tourmente intérieure. C'était le cas cet été-là. Le paysage qu'il peignit depuis sa chambre d'hôtel le 18 août n'avait rien à voir avec les bucoliques environs de Mougins; c'était un paysage de ténèbres, de destruction et de chaos. Mais plus révélateur encore de son état d'esprit était la *Crucifixion* qu'il dessina le 21 août et dans laquelle la Vierge Marie suce goulûment le sang qui jaillit du flanc de son fils tandis que Marie-Madeleine se cramponne avidement à son sexe. L'éclatante misogynie de sa dernière *Crucifixion* reflétait l'opinion qu'il avait sur les femmes de sa vie : il se sentait envahi et souffrant à cause d'elles. Il les avait invitées, avait nourri la rivalité qu'il y avait entre elles, accru leur dépendance qui le ravissait puis s'était complaisamment apitoyé sur son propre sort. L'autre aspect de l'élément sadique de la personnalité de Picasso, c'était son masochiste « besoin d'inventer ses propres tourments[43] ».

Sabartés, qui partageait si profondément la misogynie de Picasso que ses mémoires n'évoquaient qu'un monde fantomatique uniquement peuplé d'hommes, alimentait assidûment les jérémiades de Picasso, surtout quand elles prenaient la forme de plaintes d'un homme qui s'estimait principalement victime d'un fléau : les femmes. Le 3 novembre, peu après son retour à Paris, Picasso écrivit à Sabartés : « Ami Jaumet, peux-tu venir cet après-midi rue des Grands-Augustins? Viens donc et tu verras des choses qui te feront rire et pleurer et en plus nous parlerons d'autre chose[44]... »

Sabartés répondit à l'invitation cet après-midi-là et, désormais il était là chaque matin, souvent avant le réveil de Picasso. L'excuse initiale de celui-ci, c'était qu'il voulait que Sabartés tapât à la machine tout ce qu'il avait écrit. Et, quand Sabartés protesta qu'il l'avait déjà fait, Picasso répliqua avec une logique irréfutable : « Ça n'a pas d'importance. Qu'est-ce que tu peux perdre à les copier de nouveau[45] ? » Ils redémarraient sur du vieux matériel. « Nous avons toute la vie devant nous[46] », dit Picasso avec encore plus de sentiment et au moins autant de conviction que quand Sabartés était revenu la première fois à Paris pour partager sa vie.

Un jour, vers la fin de 1938, alors que Picasso rendait visite à Gertrude Stein dans sa nouvelle résidence de la rue Christine, elle lui confia à quel point elle était bouleversée par la perte de son petit caniche Basket. Nombre de ses amis lui avaient conseillé de le remplacer par un autre caniche blanc, mais Picasso l'avertit qu'il avait fait cela une fois et que « c'était terrible, le nouveau me rappelait l'ancien et plus je le regardais, pire il était… Si j'allais mourir, vous descendriez dans la rue et, tôt ou tard, vous rencontreriez un Pablo, mais ce ne serait pas moi et ce serait pourtant le même. Non, ne prenez jamais la même race de chien, prenez un lévrier afghan[47] ». Gertrude n'était pas d'accord, elle acheta un autre caniche blanc, qu'elle nomma Basket II. « *Le roi est mort, vive le roi*[48]* », proclama-t-elle et elle expliqua la réaction de Picasso en l'attribuant à l'impossibilité pour un Espagnol « de reconnaître les ressemblances et la continuation ».

Le matin du 20 décembre, lorsque Sabartés arriva à l'atelier, il trouva Picasso au lit, paralysé par une douloureuse crise de sciatique. Le moindre mouvement était une torture et les massages et les compresses prescrits par son médecin, plus trois

* En français dans le texte. *(N.d.T.)*

mois de repos au lit, ne faisaient rien pour soulager la douleur. Sabartés restait à son chevet, tandis que les visiteurs se succédaient. Parler était la seule chose qui pouvait le distraire de sa souffrance, aussi Sabartés écoutait-il pendant que Picasso parlait « des choses qu'on projette de faire mais qu'on ne fait pas et des choses qu'on fait sans les avoir projetées[49] ». Il parlait de son œuvre et ils se renvoyaient des proverbes espagnols. « Il est bien vrai, disait Picasso, le proverbe qui affirme : « S'il est barbu, ce doit être saint Antoine; autrement, c'est l'Immaculée-Conception. » C'est exactement comme ça et c'est très bien. A quoi bon les déguisements et les artifices dans une œuvre d'art? Ce qui compte, c'est ce qui est spontané, impulsif. C'est la vérité authentique. Ce que nous nous imposons n'émane pas de nous-mêmes... Une guitare? Sais-tu que quand j'ai peint mes premières guitares, je n'en avais jamais tenu une dans les mains? Les gens croient que les courses de taureaux dans mes toiles ont été copiées sur la vie, mais ils se trompent. Je les peignais avant la corrida de façon à me faire un peu d'argent pour acheter mon billet[50]... »

Le jour de Noël, son fidèle ami fut récompensé par son portrait en noble du XVIe siècle, au temps de Philippe II, avec jabot et dentelles. C'était le portrait d'un courtisan du XXe siècle, portant le costume de celui d'un siècle précédent.

La douleur ne quittait jamais Picasso. « Sur ce point, se plaignait-il à Sabartés, ne t'inquiète pas – je ne suis jamais complètement seul[51] ! » La perspective de la subir pendant des mois le poussa à suivre les conseils du marchand de tableaux Pierre Loeb et à laisser son oncle, le Dr Klotz, le soigner en cautérisant le nerf. Mais, à peine le médecin avait-il branché son appareil qu'un plomb sauta et que l'opération dut être remise au lendemain en attendant qu'on eût trouvé un transformateur approprié. « Nous avons gagné un jour[52] », dit Picasso à Sabartés sitôt qu'ils se retrouvèrent seuls : un jour de plus avec l'illusion que le traitement donnerait des résultats.

Le lendemain, tandis que le médecin, assisté de Marcel, branchait son équipement, Picasso, de plus en plus irritable, endossa l'un de ses rôles favoris : prophétiser avec une assurance absolue que le pire qui pouvait arriver arriverait. « Il se peut très bien que je ne guérisse pas, cria-t-il, mais cette nuit nous resterons dans l'obscurité. Encore heureux si la maison ne brûle pas. Pourquoi me fourrer dans toutes ces bêtises[53] ? » Par bonheur, ses prophéties ne se réalisèrent pas; la maison ne brûla pas et la « bêtise » fonctionna. Cela parut un miracle quand Picasso sauta du lit et pirouetta d'abord sur une jambe, puis sur l'autre. Il salua comme un artiste de cirque puis retomba sur son lit en murmurant : « La douleur est partie, maintenant j'ai la paix[54]. »

La nouvelle année venait tout juste de commencer quand Picasso apprit la mort de sa mère le 13 janvier 1939, nouvelle suivie moins de deux semaines plus tard par la chute de Barcelone, le 26 janvier. La cause immédiate de la mort de doña Maria, à quatre-vingt-trois ans, était une occlusion intestinale, mais sans aucun doute la guerre civile avait pesé lourd aussi. De ses six petits-enfants, deux seulement n'étaient pas allés au front, sa petite-fille et son plus jeune petit-fils, Jaime, qui avait quatorze ans lorsqu'elle mourut. Avec leur mère, ils représentaient à l'enterrement la famille entière.

Picasso resta à Paris. « Il aurait pu venir, dit Jaime Vilato, mais étant donné son caractère, il préférait fuir ce genre de situation. Il aimait mieux, quand il savait que quelqu'un qu'il aimait était mort, ne plus jamais parler de cette personne[55]. » Il avait du chagrin, mais il ne pleura pas; cette nouvelle peine vint s'ajouter au chagrin inexprimé qui s'amassait déjà en lui et le mur qui entourait son cœur s'épaissit. Quelques mois plus tard, il écrivit un poème sur le « centre d'un vide infini[56] » dont il sentait qu'il l'entraînait dans ses profondeurs sombres et destructrices. L'aigle, symbole pour Picasso, « vomit ses ailes[57]... ». Il « vomit le bien qui est en lui », de la même façon que Picasso se détournait de plus en plus de ce qu'il y avait en lui de bon, d'aimant et de compatissant. Sa mère avait été un havre d'amour inconditionnel et, même si les années passaient sans qu'il la vît, tant qu'elle existait, la possibilité de cette forme d'amour sans réserve existait aussi. Lorsqu'elle mourut, cette indulgence disparut avec elle et il resta à osciller entre l'adulation et le dégoût de soi-même, sans avoir de point de repos. « Il déjoue merveilleusement, écrivit le peintre André Lhote de Picasso en mars de cette année-là, les pièges sentimentaux tendus par l'objet le plus tendre, au-dessus duquel il plane. Ouvrier incorruptible et jamais pris au dépourvu, dieu de l'irrévérence et de l'instabilité[58]. »

Le 28 mars, Madrid capitula et la guerre d'Espagne était terminée. « Franco, écrivit Paul Johnson dans *Modern Times,* avait fait la guerre sans passion et, quand il apprit que c'était fini, il ne leva même pas le nez de son bureau[59]. » Un demi-million de réfugiés, soldats et civils, hommes, femmes et enfants – franchirent la frontière pour se réfugier en France où le gouvernement français les enferma derrière des barbelés dans des camps où ils étaient traités comme des bêtes. Parmi eux se trouvaient deux neveux de Picasso, Javier et Fin.

Pour peu que quelqu'un réclamât un des réfugiés, les autorités étaient trop contentes de le laisser partir. Picasso envoya donc Marcel au camp d'Argelès près de Perpignan pour réclamer ses neveux. Il n'y eut aucun problème pour les faire sortir; le seul souci consistait à s'assurer que les prisonniers entendaient les haut-parleurs quand on appelait leurs noms. La situation dans les camps était si chaotique qu'une réponse à l'appel du haut-parleur était la seule façon de savoir si quelqu'un était là : il n'y avait pas de registres et il y eut de nombreux cas de réfugiés réclamés mais jamais trouvés. Marcel ramena Javier et Fin à Paris où ils passèrent un an avant de retourner en Espagne.

À la même époque, un jeune républicain espagnol, Mariano Miguel, entra dans la vie de Picasso comme une sorte de secrétaire politique, coordonnant toutes les demandes qu'on lui présentait pour aider les républicains vaincus. Les Quakers envoyaient à Picasso de l'argent des Etats-Unis, et une des principales activités de Miguel était de s'assurer qu'il était acheminé jusqu'à l'hôpital installé à Toulouse pour soigner les réfugiés de la guerre civile. Picasso participait à ce mouvement comme respectable prête-nom : il représentait un prestigieux dépositaire des fonds quakers, membre d'un Comité d'accueil pour les intellectuels espagnols et cosignataires de nombreuses lettres. Mais si l'on avait besoin d'une réaction plus personnelle, il semblait souvent manquer de passion, voire de cœur, comme s'il craignait d'être trop impliqué dans la misère d'autrui. Lorsque la fille de Gargallo lui demanda d'aider un de ses vieux amis qui dépérissait dans un camp de réfugiés, il ne fit absolument rien. Quand la jeune fille de quinze ans lui demanda au moins de vieux vêtements qu'il ne portait plus, il écarta sa requête d'une plaisanterie :

« Ils sont si sales, lui dit-il, que personne n'en voudrait une fois que je les ai ôtés[60]. »

Une seule routine dans la vie de Picasso, en ces premiers mois de 1939, c'était de se rendre régulièrement à Montmartre pour travailler sur ses gravures dans l'atelier de Lacourière. Il avait décidé de recueillir ses poèmes dans un livre illustré de ses propres gravures, et Vollard et lui eurent de nombreuses rencontres enthousiastes pour discuter de ce projet. Mais tout fut interrompu au début de juillet quand Picasso décida de prendre le train bleu pour Antibes, accompagné de Dora et suivi par la route par Marcel au volant de l'Hispano chargée de bagages, de toiles et de peintures. Man Ray lui avait prêté son appartement au palais Albert-Ier et la vie prit un rythme lent de vacances avec flâneries sur la place, siestes, promenades vespérales au bord de la mer avec Dora cependant qu'il envoyait des lettres passionnées à Marie-Thérèse. Le 19 juillet, il écrivit :

Mon amour,

Je viens de recevoir ta lettre. J'ai écrit plusieurs que tu as dû recevoir en ce moment déjà. Je t'aime toujours plus chaque jour. Tu es tout pour moi. Je te sacrifierai tout pour toi, pour notre amour de toujours. Je t'aime. Jamais je ne pourrais t'oublier mon amour, et si je suis malheureux, c'est parce que je ne suis pas à toi comme je voudrais. Mon Amour mon Amour mon Amour, mais je veux que tu sois contente et ne pense qu'à être heureuse, je donnerai tout pour ça [...]. Que m'importe toutes les larmes, si je peux t'empêcher d'en verser une. Je t'aime. Embrasse Maria notre fille et je t'embrasse mille fois.

À toi.

Picasso[61].

Le 22 juillet, cette ambiance de vacances fut brisée par l'annonce soudain de la mort de Vollard. Son chauffeur, qui s'appelait aussi Marcel, avait eu un accident à une quarantaine de kilomètres de Paris, au cours duquel un petit bronze de Maillol qui se trouvait à l'arrière de la voiture tomba sur le cou de Vollard, lui fracturant les vertèbres cervicales. Il mourut la même nuit dans un hôpital de Versailles.

Picasso fut profondément affecté, pas tant par la mort de Vollard que par les circonstances de l'accident. La coïncidence qui voulut que le marchand de tableaux trouvât la mort à cause d'un objet d'art, la coïncidence que ce fût une œuvre de Maillol, un artiste que Vollard aimait et que Picasso détestait profondément, et la coïncidence supplémentaire que les deux chauffeurs eussent pour nom Marcel renforça ses craintes d'être entouré de forces hostiles. Il interprétait automatiquement toute coïncidence ou tout événement inexplicable comme les signes d'un destin mauvais. Au lieu donc de provoquer chez lui l'étonnement, elles provoquaient la peur. Il jura de ne plus jamais laisser Marcel le conduire et prit le train pour Paris afin d'assister aux funérailles de Vollard.

Vollard fut enterré le 28 juillet et, le lendemain soir, Picasso et Sabartés quittèrent Paris pour le midi de la France, voyageant toute la nuit afin d'arriver à temps pour une corrida à Fréjus. Malgré l'engagement solennel de Picasso, ils voyageaient dans l'Hispano conduite par Marcel. Pensant encore au destin de Vollard, la principale préoccupation de Picasso avant de partir fut de décliner toute responsabilité pour cette expédition, en faisant porter à Sabartés le poids de la décision, comme s'il tenait à informer les dieux en colère que ce voyage était entièrement l'œuvre de Sabartès, si bien que, s'il arrivait malheur, ce serait l'instigateur du voyage plutôt que lui la victime. « Bien sûr, si tu n'as pas envie de venir, personne ne te force[62] », dit-il à Sabartés, chaque phrase suivante donnant l'impression que ce déplacement pour une corrida était de moins en moins son idée. « Tu sais que pour moi ça m'est égal. Une corrida de plus ou de moins – ça n'est pas si important après tout ! Surtout celle que nous allons voir... Pas grand-chose... je te préviens. » Ainsi que le résuma Sabartés, « désormais, c'était comme si j'étais responsable de tous les ennuis, comme si j'avais donné l'idée de cette excursion...[63] ». Mais tout se passa bien et, la corrida terminée, ils continuèrent jusqu'à Antibes. Sabartés prit une chambre d'hôtel et eut droit les jours suivants à une visite guidée de la Riviera. Dora resta seule tandis que les deux hommes exploraient Nice, Juan-les-Pins et Monte-Carlo.

La guerre était dans l'air depuis quelque temps, mais le 23 août, lorsque Hitler signa un pacte de non-agression avec Staline, elle devint inévitable. En privé, Hitler appelait la nouvelle alliance « un pacte avec Satan pour chasser le diable[64] », mais en public on portait des toasts et on festoyait. A la réception donnée ce soir-là au Kremlin, se produisit ce que Paul Johnson décrivit comme « la soudaine découverte d'une communauté de buts, de méthodes, de moyens et, surtout, de morales. Tandis que les tueurs ivres tanguaient dans la pièce en se serrant les uns les autres dans des étreintes incertaines, ils ne ressemblaient à rien tant qu'à une congrégation de gangsters rivaux qui s'étaient déjà combattus et qui recommenceraient peut-être, mais qui étaient essentiellement dans la même branche[65] ».

Dans le monde entier, les pays, les partis et les individus s'agitaient pour s'adapter à la réalité nouvelle. La Grande-Bretagne et, plus à contrecœur, la France commencèrent à mobiliser. Les partis communistes partout renoncèrent à leur politique antinazie pour prôner la paix à tout prix avec l'Allemagne. Les touristes prirent la fuite et, en quarante-huit heures, Antibes était transformé. La ville était envahie de troupes, les plages étaient désertes et seuls quelques groupes de gens restaient dans les cafés, l'oreille collée à la radio. L'un après l'autre, les amis de Picasso s'en allaient. Mais il remettait la décision, attendant quelque chose, il ne savait pas quoi, pour faire pencher la balance. Là-dessus le concierge de son immeuble fut appelé sous les drapeaux, et cela amena la réalité de la guerre suffisamment proche de Picasso pour le décider. Le lendemain, avec Dora, Sabartés et Kazbek, il prit l'express du matin pour Paris, laissant derrière lui Marcel pour rouler ses toiles et suivre en voiture.

Paris n'était guère réconfortant. Nombre de ses amis, y compris Eluard, étaient partis rejoindre leur régiment, et ceux qui restaient ne pouvaient parler de rien d'autre que de la guerre imminente. Picasso était affolé, incertain de ce qu'il devait faire et, par-dessus tout, furieux : « Si c'est pour m'embêter qu'ils font la guerre, ils poussent les choses trop loin, tu ne crois pas? dit-il à Sabartés, peu après leur arrivée à Paris. Mais, franchement, tu ne penses pas que c'est le destin? D'abord Vollard et puis... juste au moment où je commençais à faire quelque chose. Je te jure que maintenant j'ai peur de travailler. C'est pourquoi je ne peux rien prendre tout à fait au sérieux. Tu as vu ce que je faisais... ce n'est rien; bien sûr, je le sais. Mais il me semble que je m'échauffais. Je commençais à voir quelque chose clairement, et voilà maintenant que ça arrive. Tu ne t'imagines pas que c'est la première fois. Tous les ans c'est la même histoire...

tout comme l'an dernier. Toujours la même chose. Encore heureux que ça s'arrête là[66] ! » Il était réellement persuadé que des forces hostiles conspiraient, par la mort de Vollard, par la déclaration de guerre imminente et chaque année par quelque perturbation nouvelle qu'elles concoctaient, à interrompre le flux de son œuvre.

« C'était un homme inquiet, qui avait l'air désemparé, ne sachant pas que faire[67] », voilà le souvenir que garde Brassaï de Picasso à l'époque. En fait, il cherchait avec angoisse la ligne de conduite qui mettrait le moins au défi son destin ennemi, de même que plus tard, une fois la France occupée, il pressait Malraux de ne pas tenter le sort en s'enrôlant dans la Résistance française. Il commanda des douzaines de caisses et se mit à emballer ses toiles de la rue La Boétie et de la rue des Grands-Augustins. Brassaï assurait que c'était une tâche « aussi compliquée que le démantèlement du Louvre[68] ». Elle se révéla si considérable, en fait, que le 1er septembre Picasso y renonça et choisit plutôt de quitter rapidement Paris. Il partit pour Royan, accompagné de Dora, de Kazbek, de Sabartés et de la femme de Sabartés. Et cette fois, au lieu que Marie-Thérèse le suive, il avait choisi de la rejoindre à l'endroit où elle passait l'été avec la petite Maya âgée de quatre ans. Il prit une chambre avec Dora à l'hôtel du Tigre et lui raconta que pour travailler il avait pris une autre chambre à la villa « Gerbier-des-Joncs ». Il n'avait en fait aucun besoin d'une chambre à la villa « Gerbier-des-Joncs », Marie-Thérèse et Maya y étaient déjà installées.

Le 3 septembre, le lendemain de son arrivée à Royan, la guerre fut déclarée. A toutes ses craintes sur la guerre vint s'en ajouter une supplémentaire : il n'avait pas le permis spécial dont il avait besoin, en tant qu'étranger, pour rester à Royan sans avoir d'ennuis avec la loi. Aussi, escorté de Sabartés, retourna-t-il juste pour une journée à Paris. Quelques jours plus tard, il revenait à Paris, cette fois pour acheter des toiles. Il y resta deux semaines, passant une grande partie de son temps dans ses lieux de fréquentation habituels, rassemblant quelques nouvelles et beaucoup de rumeurs.

Tandis que la France se mobilisait, Picasso réglait les nombreux détails qui allaient de pair avec son succès galopant, les nombreuses expositions de son œuvre à travers le monde et surtout la grande rétrospective de quarante ans de son art qui allait ouvrir en novembre au musée d'Art moderne de New York. Dans le cadre de la publicité préalable, il passa toute une journée à poser, rue des Grands-Augustins, chez Lipp et au café de Flore, tandis que Brassaï le photographiait pour *Life*. Il avait maîtrisé le jeu de la publicité bien avant que le monde sût qu'un tel jeu existait. En fait, il contribuait à bien des égards à l'inventer et à le définir. Il avait toujours reconnu, et chaque étape de sa vie l'avait confirmé, une corrélation fondamentale entre les sommes atteintes par une toile et la légende édifiée autour du peintre. Et l'argent, pour Picasso, n'était pas tant un moyen d'échange que le seul baromètre net et précis de son succès.

Quand la guerre éclata, l'ambassade américaine invita Matisse et Picasso à venir aux Etats-Unis. Tous deux refusèrent. Dans le cas de Picasso, une coupure aussi dramatique avec sa vie, ses femmes, ses domiciles, ses cafés et ses habitudes était impensable. La guerre n'avait fait qu'exagérer sa crainte de briser des liens, si perverses que fussent les contorsions qu'il s'imposait et qu'il imposait à son entourage pour maintenir l'équilibre instable de sa vie. Il s'était même mis à rendre régulièrement visite à Olga. Le prétexte en était de discuter de Paulo, qui était toujours en Suisse, mais tout son comportement envers Olga, y compris le fait de lui donner de l'argent par petites sommes plutôt que de s'arranger pour qu'il lui fût remis par leurs avocats, montrait bien qu'il n'était pas encore prêt à couper le cordon qui les unissait.

De retour à Royan, il recommença sa navette entre Dora et Marie-Thérèse, tandis que Sabartés observait tout cela avec un détachement stoïque. Flanqué de Kazbek, il accompagnait Picasso partout où il avait besoin de compagnie et, chaque fois que sa présence n'était pas requise, il disparaissait. Il accompagnait toujours Picasso dans ses expéditions autour du port, qui se terminaient immanquablement par une visite rituelle à une petite boutique de brocante que Sabartés décrivait comme un « cimetière domestique[69] ». Picasso se perdait là, absorbé par tout ce qu'il trouvait, une lampe à essence cassée, la grille d'un fourneau, une peau de lapin ou une cage à perroquet toute tordue. « Tu ne peux pas imaginer, dit-il à Sabartès, combien j'aime venir ici. Si ça ne tenait qu'à moi, j'emporterais tout avec moi ou bien je resterais ici[70]. »

Son emploi du temps habituel était de s'enfermer dans sa chambre après le déjeuner et de travailler jusqu'au soir. Un jour, il sortit dans la rue après avoir terminé une toile représentant une petite fille, et la première personne qu'il rencontra fut une fillette qui ressemblait exactement à celle qu'il venait de peindre. La réaction de Picasso fut la terreur. Une fois de plus, tout ce qui ne pouvait pas s'expliquer était censé être un signe du mal à l'ouvrage. Si profonde était sa crainte de se trouver du mauvais côté de ces toutes-puissantes forces du mal qu'un jour à Royan il n'osa même pas frapper à la porte d'une maison qu'il voulait louer : frapper à la porte était, dans son esprit, le plus sûr moyen de provoquer le sort. Heureusement, il y avait une agence immobilière au coin de la rue où il put entrer sans frapper. Au milieu de janvier 1940, peu après cette première démarche, on lui remit les clés du deuxième étage des « Voiliers », la villa ensoleillée qu'il avait souvent admirée du banc sur lequel il se reposait lors de ses promenades. C'était un territoire neutre, aussi loin de Dora Maar et de l'hôtel du Tigre, que de Marie-Thérèse et de la villa « Gerbier-des-Joncs ».

Andrée Rolland, la propriétaire, qui vivait avec sa mère au premier étage des « Voiliers », était très impressionnée par son locataire, d'autant plus qu'elle peignait un peu elle-même. Elle suivait donc avec intérêt les allées et venues du deuxième étage. Elles étaient très rares. « Je n'ai jamais vu monter personne, absolument personne, dans l'atelier de Picasso, dit-elle, sauf l'indispensable M. Sabartés[71]. » C'était un territoire interdit pour Marie-Thérèse et pour Dora. Un jour, Marie-Thérèse, en passant par là, trouva la porte ouverte et osa franchir le seuil de la villa. Andrée Rolland entendit du bruit et sortit pour voir qui c'était. Elle trouva Marie-Thérèse fixant d'un air anxieux une palette abandonnée dans l'entrée. « Savez-vous, demanda-t-elle, qui a posé ici cette palette[72] ? » Comme la propriétaire répondait qu'elle n'en savait rien, Marie-Thérèse insista : « Vous n'avez vu monter personne ? – Personne », répondit Mlle Rolland et, à demi rassurée, Marie-Thérèse s'éloigna. Quelques instants plus tard, Dora arriva et reprit sa palette dont elle s'était débarrassée en passant pour faire quelques courses. Mais, obéissant à l'ordre édicté par le maître, elle ne s'était pas aventurée au-delà du hall d'entrée. Pas plus que Marie-Thérèse. La crainte de celle-ci, sitôt qu'elle avait vu la palette de Dora, fut que Picasso n'appliquait pas également à toutes deux les règles, qu'il avait sa favorite, qu'il avait accordé à Dora des privilèges qu'il lui avait refusés.

Il maintenait les deux femmes dans des endroits différents, mais il ne pouvait pas résister à tirer toutes les ficelles possibles pour les dresser l'une contre l'autre. C'est précisément ce qu'il fit quand il insista pour que Marie-Thérèse devînt amie avec Jacqueline Breton, la femme d'André Breton, qui séjournait à Royan pendant que son mari était en garnison à Poitiers et dont la plus proche amie dans cette petite ville était Dora. Picasso, sachant très bien à quel point cela énerverait Dora, arrangea la rencontre de Jacqueline et de Marie-Thérèse – ce qui se révéla aussi être visuellement intéressant pour lui, car les deux femmes se ressemblaient tant qu'on les prenait souvent l'une pour l'autre. Maya et Aube, la fille de Jacqueline, devinrent amies; Dora se sentit trahie par Jacqueline et, une fois de plus, Picasso se trouva ravi d'avoir jeté le trouble dans le harem.

Chaque fois qu'il voulait s'éloigner des désordres qu'il avait déchaînés, il pouvait tout simplement se retirer au deuxième étage des « Voiliers ». A vrai dire, conserver ses femmes aux abois semblait être la principale raison d'avoir loué un atelier là-bas. Il y peignait très peu, trouvant difficile de s'adapter à l'éclat de la lumière et à la beauté de la vue. « Ce serait idéal pour quelqu'un qui se considérerait comme un peintre, expliqua-t-il à Sabartés. Un magnifique spectacle pour qui a envie d'être séduit... J'ai passé l'après-midi à observer ce phare devant moi et les allées et venues du ferry. On n'ira jamais très loin si on continue comme ça[73]. » La sérénité du paysage ne faisait qu'accentuer sa nervosité et, au début de février, la navette entre Royan et Paris recommença. Le plus clair de février à Paris, retour à Royan en mars pour deux semaines, retour à Paris, puis retour à Royan au milieu de mai. Dans ces cas-là, Dora bénéficiait de privilèges particuliers, voyageant avec lui alors que Marie-Thérèse restait à Royan.

La *Blitzkrieg* avait envahi la Belgique, puis la France, contournant l'« imprenable » ligne Maginot. L'armée allemande maintenant menaçait Paris et il devint évident que rester dans la ville, c'était chercher le danger. Le 16 mai, le jour où Picasso avait décidé de reprendre le train pour Royan, il rencontra Matisse dans la rue. « Où vas-tu comme ça? lui demanda-t-il. – Chez mon tailleur, répondit Matisse. – Quoi? mais tu ne sais pas que le front est complètement enfoncé, que c'est une déroute, que les Allemands approchent de Soissons, que demain ils seront peut-être à Paris? – Mais, même dans ce cas, répliqua Matisse avec calme, et nos généraux, que font-ils[74]? » La réponse de Picasso résumait le mépris que les deux peintres éprouvaient pour les traditions établies de leur art : « Nos généraux, ce sont les professeurs de l'école des Beaux-Arts. »

De retour à Royan, il apprit par le jardinier du Tremblay-sur-Mauldre que la maison avait été réquisitionnée par les Allemands. Il attendit anxieusement d'autres nouvelles, plein d'appréhension sur le sort de ses toiles et de ses sculptures. Dès que le jardinier eut appelé pour dire que les Allemands étaient partis en manœuvres, il emmena Marie-Thérèse et regagna Le Tremblay. Ils trouvèrent les plus grands meubles installés dans la cour pour servir de cantine aux soldats, et des draps, des robes de soie, des chemises et des vêtements de bébé utilisés comme chiffons. Mais le but de ce premier voyage était de sauver les peintures et les sculptures. Après cela, chaque fois que les Allemands partaient en manœuvres, Picasso se précipitait pour voler d'autres choses aux voleurs. Maya se souvient que ses parents continuaient à parler longtemps après des stupides destructions dont avait souffert Le Tremblay-sur-Mauldre. Son père était particulièrement énervé par une sculpture médiévale en cire, représentant le Christ, que les Allemands avaient brûlée comme une bougie.

La guerre était dans ses tableaux : non cette guerre, non une guerre en particulier, mais les ténèbres, la colère et la haine qui provoquent les guerres. En juin, l'armée allemande entra dans Royan et Picasso peignit une de ses images de la féminité les plus brutales et les plus vengeresses : Dora en *Nu se coiffant*. La brutalité n'était pas moins présente dans sa vie. Il battait souvent Dora et il y avait de nombreuses fois où il la laissait inconsciente sur le sol. La transformation de la princesse en crapaud et de la sensualité en horreur était complète. Dans les portraits à visage de chien qu'il peignit de Dora, il compléta la transformation de la femme en un animal servile. Comme le dit Mary Gedo, Dora, comme Kazbek, « venait quand il la sifflait[75] ». Plus des deux tiers de ce qu'il fit durant la période 1939-1940 comprenait des femmes déformées, leurs visages et leurs corps écorchés de fureur. Sa haine d'une femme en particulier était devenue une haine profonde et universelle de toutes les femmes.

La guerre continua à changer le paysage de son existence. Le 12 juin, Kahnweiler s'enfuit de Paris, rejoignant les nombreux Juifs qui s'étaient exilés. La France tomba et, le 22 juin, l'armistice divisa le pays en deux zones : l'une comprenant Paris, occupée par l'armée allemande, et l'autre, Vichy, gouvernée par le maréchal Pétain, partisan de la collaboration et dont on avait rapporté que, selon lui, « le sexe et la nourriture sont les seules choses qui comptent[76] ».

A Royan, le 23 août, Mlle Rolland regarda Marcel entasser les toiles de Picasso dans l'Hispano et

Picasso lui-même y monter, suivi de Sabartés et de Kazbek. « Il jeta un regard triste sur les « Voiliers », se rappelait-elle. Il ne devait jamais revoir la villa qui fut pulvérisée lors du bombardement du 5 janvier 1945[77]. » Dora partit pour Paris en train; Marie-Thérèse et Maya restèrent là. De temps en temps Andrée Rolland se trouvait auprès de Marie-Thérèse, attendant au marché dans les longues files causées par la pénurie. « Je suis là à cause de mon petit chou[78] », se croyait obligée d'expliquer Marie-Thérèse, puis elle demandait si Picasso avait pensé à payer le loyer. Il est bien capable d'oublier! s'il oublie, dites-le-moi. » Elle voulait se montrer obligeante, mais il était aussi évident et touchant que, comme le disait Mlle Rolland, « elle tenait aussi à bien marquer qu'elle restait en rapport d'intimité (et d'amitié aussi sûrement) avec le père de sa fille ».

De retour dans Paris occupé, Picasso continua d'utiliser ses deux appartements jusqu'au jour où il devint si difficile de maintenir son supplément de mazout acheté au marché noir qu'il décida de s'installer complètement rue des Grands-Augustins. Il fit installer là un monstrueux poêle flamand parce qu'il était tombé amoureux de ses courbes et de ses lignes, mais il consommait tant, produisait si peu de chaleur et faisait un tel bruit qu'il finit par y renoncer pour le remplacer par une cuisinière. Il prenait la plupart de ses repas au Catalan, un restaurant de marché noir de la rue des Grands-Augustins, tenu par un Marseillais bien nourri qui parlait catalan. Dora attendait au coin de la rue de Savoie qu'on l'appelât, toujours prête à aller jusqu'à son atelier ou à le retrouver dans la rue pour aller déjeuner au Catalan. Chaque fois que Picasso décrochait le téléphone pour appeler Dora, Kazbek se levait et se dirigeait vers la porte. « Il savait que c'était à Dora que je téléphonais, raconta un jour Picasso avec étonnement. Dieu sait comment. C'est assez facile de comprendre que son estomac pouvait lui dire que c'était l'heure de déjeuner. Mais je téléphone souvent à d'autres gens à peu près à la même heure et il ne bouge pas. Comment expliquez-vous le fait qu'il puisse sentir Dora à l'autre bout du fil[79] ? » Le soir, le plus souvent, Picasso, Dora et Kazbek se trouvaient au Flore, où Eluard les rejoignait quand il fut rentré à Paris après la démobilisation.

A l'automne, les Allemands décidèrent de faire l'inventaire de tous les coffres de banque et Picasso fut convoqué à la Banque nationale du commerce et de l'industrie, boulevard Haussmann, où il avait deux chambres fortes à côté de celle de Matisse, qui abritaient des Cézanne, des Renoir, des Matisse et, bien sûr, beaucoup de Picasso. Tenant dans ses mains une des toiles de Picasso, le chef des officiers nazis présents se tourna vers lui, stupéfait : « C'est vous qui avez peint ça? et pourquoi peignez-vous comme ça[80] ? » Picasso répondit qu'il ne le savait pas lui-même. Il avait peint ce tableau parce que ça l'avait amusé. L'officier nazi alors fut pris d'une illumination. « *Ach!* s'écria-t-il, c'est une fantaisie! » Et, enchanté d'avoir enfin compris, il signa tous les papiers qu'on voulait, fit remettre toutes ces fantaisies en place et fermer les coffres.

Lorsque plus tard les enquêteurs vinrent à l'appartement de Picasso, ils furent frappés par une photographie de *Guernica* posée sur la table. « Ça, c'est vous qui l'avez fait? demanda l'un des officiers. – Non, répliqua Picasso. Ça, c'est vous[81]. » Le lendemain, assis au Flore, il se citait avec fierté devant un auditoire fort impressionnable, qui comprenait Simone Signoret. « C'était incroyable, écrivit-elle dans ses mémoires, de l'entendre de la bouche même du " charlatan " le lendemain du jour où il l'a prononcée... Et de rire aux éclats parce que c'est lui qui raconte, non pas un truc qu'on lira plus tard avec gravité dans un bouquin sur l'occupation[82]. » Rapportait-il exactement sa remarque le lendemain du jour où il l'avait prononcée ou le lendemain du jour où il l'avait inventée? Quoi qu'il en fût, l'histoire embellissait à chaque récit jusqu'au jour où ce n'était plus un simple officier nazi qui donnait la réplique, mais Otto Abetz, l'ambassadeur d'Allemagne en personne.

Avant la fin de l'année, Marie-Thérèse et Maya regagnèrent Paris. Comme les Allemands occupaient sa maison du Tremblay-sur-Mauldre, elle se mit en quête d'un appartement. Elle en découvrit un à deux pas de la rue des Grands-Augustins et, en même temps, on lui en proposa un autre boulevard Henri-IV. Picasso fut catégorique : « Prends le boulevard Henri-IV[83] », dit-il et naturellement Marie-Thérèse obéit. Il continuait à éprouver les limites de son incontestable docilité et créait même des situations dans lesquelles elle risquait d'échouer. Quand elle retourna à Paris, il lui donna la clé d'une valise pleine d'argent, en lui ordonnant de ne pas l'ouvrir. Marie-Thérèse raconta longuement à l'historienne d'art Lydia Gasman comment, « découvrant qu'elle lui avait désobéi, Picasso entreprit de jouer à son tour le rôle de Barbe-Bleue en l'accusant d'une grave transgression[84] ». Même les désobéissances les plus minimes étaient graves quand il s'agissait de ses intimes. Il les avait emmenées au-delà du prosaïque, de la réalité quotidienne pour leur donner le goût de l'extraordinaire. Si le prix à payer pour cela était la souffrance, ainsi soit-il; et, s'il fallait obéir sans comprendre, encore ainsi soit-il.

Aussi bien qu'une réalité exaltée, Picasso offrait à Marie-Thérèse une routine quasi immuable. Il allait leur rendre visite, à elle et à Maya, presque tous les jeudis et dimanches. Et elle vivait pour ses visites au point que dans son esprit elles devinrent toute sa vie. Durant les cinq autres jours, elle gardait fermée à clé une pièce de la maison et disait à Maya que son père travaillait là et qu'il ne fallait pas le déranger. « On était heureux, les autres ne comptaient pas, dit Marie-Thérèse des années plus tard. Je savais que rien n'irait mieux, mais au moins, malgré le monde entier et tous les autres qui étaient là, il y avait nous deux. Il y avait nous deux et nous deux seuls. Pas même les enfants, pas même Maya[85]. » Dans le fantasme qu'elle avait construit pour soutenir sa vie, il n'y avait même pas place pour sa propre fille : il n'y avait qu'elle et son bien-aimé. Elle essayait désespérément de déplacer la réalité qui était en fait que, sans Maya, il aurait été encore moins présent dans sa vie. D'ailleurs, durant ses visites bihebdomadaires, il passait plus de temps à dessiner Maya ou des scènes de cirque pour la distraire qu'à être avec Marie-Thérèse.

De temps en temps, et seulement sur invitation, Marie-Thérèse venait le voir rue des Grands-Augustins. Lors d'une de ses visites, il lui montra l'armoire où il entassait des lingots d'or à côté de pains de savon de Marseille. « S'il m'arrive quelque chose, lui dit-il, tout cela est à toi[86]. » Marie-Thérèse qui, depuis le début de l'occupation, utilisait de l'ersatz de savon, le seul qu'elle pouvait trouver, le suppliait : « Je préférerais avoir le savon tout de suite. » Mais, ignorant sa requête, Picasso refermait à clé la porte de l'armoire. Et Marie-Thérèse devait se contenter de promesses et de déclarations. « Tu m'as sauvé la vie[87] », lui répétait-il inlassablement et il insistait pour qu'elle lui écrive chaque jour, sans quoi, disait-il, il était malade. Il lui écrivait aussi des lettres pleines de tendresse, de mots d'amour et d'ardentes déclarations comme : « Tu es la meilleure des femmes et je n'aime que toi[88]. »

C'étaient les mots non d'un amant, s'abandonnant aux enfantillages de l'intimité et de la passion, mais d'un homme extrêmement manipulateur qui avec l'âge devenait d'autant plus expert dans ses manipulations. Dans quelques mois, il allait avoir soixante ans et, le 14 janvier 1941, il dessina un autoportrait : « une perspective dans laquelle on voit d'en haut un homme d'un certain âge, à la calvitie avancée et portant des lunettes, qui est en train d'écrire ». C'était une sorte de frontispice pour une pièce qu'il commença à écrire le jour même, une pièce qui appartenait de toute évidence au théâtre de l'absurde et aux rites du théâtre de la cruauté.

Il l'appela *Le Désir attrapé par la queue,* et il la termina en trois jours. La preuve que Gros Pied est le personnage de la pièce qui lui ressemble le plus, c'est que tant d'autres personnages sont amoureux de lui. La Tarte est amoureuse de Gros Pied. L'Angoisse Maigre est amoureuse de Gros Pied, et même l'Angoisse Grasse est amoureuse de Gros Pied. Tous les personnages, même ceux qui ne sont pas amoureux de Gros Pied, partagent l'amertume de l'auteur et son cynisme résumé dans cette réplique de la Tarte : « Vous savez, j'ai rencontré l'amour. Il a des genoux écorchés et mendie de porte en porte. Il n'a plus le sou et cherche une place de contrôleur d'autobus en banlieue. C'est triste, mais va l'aider... il se retourne et vous pique[89]. » Chaque acte se termine en désastre, le dernier culminant avec l'apparition d'une boule dorée de la taille d'un homme qui fait éclater les carreaux et aveugle tous les personnages. C'est Gros Pied qui dit les dernières lignes : « Allumez toutes les lanternes. Lancez de toutes vos forces les vols de colombes contre les balles et fermez bien à clé les maisons démolies par les bombes[90]. »

Il n'y a aucune compassion dans la pièce, et aucun espoir. Il en allait de même de toute l'œuvre de Picasso à cette époque. La vie était condamnée et, pour des raisons bien plus profondes que les circonstances qui l'entouraient – bien plus profondes et plus définitives que la guerre et le premier terrible hiver de l'occupation allemande. Quand les Allemands lui offrirent un supplément de charbon, Picasso, raconte-t-on, leur répondit : « Un Espagnol n'a jamais froid[91]. » En fait, il était gelé à l'intérieur. Du « soleil dans le ventre aux mille rayons[92] » dont il avait dit jadis qu'il semblait avoir tout éclipsé, les mille rayons aujourd'hui étaient des glaçons. Et la malveillance glacée au cœur de sa prodigieuse créativité était là dans les images oppressantes qu'il donnait de Dora inlassablement déformée, elles étaient là dans ses sinistres natures mortes, là – surtout – dans la *Tête de mort.* Cette sculpture n'était pas un *memento mori,* ce n'était pas un cri d'angoisse contre les dévastations de la guerre et la vanité des entreprises terrestres, c'était un totem magique conçu pour conquérir la mort, non en la transcendant, mais en la défiant et en dressant contre elle le pouvoir de son art de dire, de son art de faire, de sa volonté de créateur. Comme toujours, c'était de lui qu'il se préoccupait et de sa propre mort. Un jour, un pot explosa dans la cuisine et Picasso, certain que c'était un bombardement, « se cacha sous une table, oubliant, au grand désarroi de Marie-Thérèse, que Maya et elle se trouvaient toutes deux dans la même pièce et comptaient sur la protection de Picasso[93] ».

Pendant toute l'année 1942, la Résistance française rassembla ses forces. L'invasion de la Russie par Hitler à l'été 1941 avait provoqué un immédiat renversement d'alliance dans le parti communiste français et les membres du Parti commençaient à venir grossir les rangs de la Résistance. Eluard écarta toutes ses anciennes objections sur l'interférence du parti communiste dans la création artistique et dans la liberté individuelle pour se jeter avec toute sa passion dans le Parti et les rigueurs de la Résistance. Comme bien d'autres intellectuels de l'entourage de Picasso, il ne semblait nullement démonté par le paradoxe qu'il y avait à s'aligner, au nom de la liberté de son pays, sur le régime impitoyablement oppresseur de Staline.

Picasso commença à passer plus de temps à la maison et de moins en moins dans les cafés. Les patrouilles nazies, le couvre-feu, l'étoile jaune, les svastikas flottant sur les bâtiments publics, les amis disparus : tous les tristes signes de l'occupation avaient peu à peu dépouillé ses excursions à Saint-Germain de presque tous leurs plaisirs. Mais il y avait autre chose qui le faisait rester à la maison. C'était plus un foyer maintenant que ça ne l'avait jamais été, grâce à l'arrivée d'Inès. Elle avait passé le début de la guerre à Mougins, avait épousé un jeune homme du nom de Gustave Sassier et Picasso l'avait installée avec son mari dans un petit appartement sous le sien, rue des Grands-Augustins. Désormais, elle ne sortit jamais complètement de sa vie. Elle était belle, elle était vive et elle l'acceptait totalement : ses explosions, ses femmes, ses mensonges, son désordre, ses étranges horaires. Elle avait pourtant une personnalité assez forte pour avoir des opinions sur son œuvre et des conversations qui n'ennuyaient pas le peintre par un acquiescement total. Elle faisait aussi la cuisine et elle tenait la maison, mais pas avec une minutie qui risquât de déranger ses piles de journaux et sa poussière bien-aimées.

La tenue de Picasso lui donnait un air agressivement bohème : large pantalon, poche déchirée maintenue par des épingles de sûreté. Une montre accrochée à son revers par un lacet, un béret basque sur son crâne presque totalement chauve. C'était tout autant un déguisement que les hauts-de-forme et les doublures de soie rouge de sa période « beau monde », sauf que maintenant, au lieu de jouer le dandy, il jouait l'homme du peuple.

Il se levait rarement avant midi et commençait sa journée en recevant sa cour. Les courtisans variaient, mais le rituel demeurait le même. Ils attendaient tous dans l'antichambre et Sabartés leur faisait savoir, alors qu'ils étaient là parfois depuis des heures, si Picasso allait les recevoir ou non. Contrôler l'accès à Picasso était la seule façon pour Sabartés de contrôler Picasso et, même alors, la plupart du temps il se contentait de transmettre des ordres. Comme tout grand chambellan digne de sa charge, il était très prompt à repérer la déloyauté – ou à l'inventer. Il était particulièrement à l'affût de tout commentaire qui n'exprimait pas une entière adulation pour l'œuvre de Picasso.

Picasso lui-même savait fort bien que tous les Picasso n'étaient pas de grands Picasso et cela ne faisait que confirmer le mépris dans lequel il tenait déjà la plupart des gens quand il les entendait s'extasier sur *tout* ce qu'ils voyaient. « Il méprisait la façon dont les gens se pâmaient devant tout ce qui venait de lui, se rappelait le marchand de tableaux Pierre Perès. Il aurait pu chier sur le parquet, ils auraient admiré. Parfois il regardait quelques toiles qui n'étaient pas très bonnes : “ Ah! ah! je leur ai montré celles-là et ils les ont admirées, et ils étaient si contents! ”[94] »

Il méprisait peut-être ces adorateurs sans esprit critique, mais il avait besoin d'eux. La seule chose qui l'agaçait plus qu'un long flot de visiteurs, c'était leur absence, surtout s'il découvrait qu'au lieu de venir le voir, quelqu'un avait choisi d'aller rendre visite à Braque. Et Sabartés s'arrangeait toujours pour qu'il le sût. Il était passé maître dans l'art d'exciter la paranoïa de Picasso et ses goûts de conspirateur. Il adorait prédire les calamités et renforcer la conviction profondément enracinée chez Picasso qu'il y avait toujours une catastrophe imminente. Picasso le savait, mais le savoir ne l'empêchait pas de tomber dans le panneau. « Si tu craches sur moi, reprochait-il à Sabartés, il pleut[95]. »

Le 27 mars 1942, le malheur frappa bel et bien. Julio González, qui avait guidé les premiers pas sérieux de Picasso dans la sculpture, mourut. Picasso fut accablé par un écrasant sentiment de remords et de sombres pressentiments, comme il en avait éprouvé après le suicide de Casagemas. « C'est moi qui l'ai tué[96] », annonça-t-il tout simplement au sculpteur catalan Fenosa quelques jours après l'enterrement de González. Comment l'avait-il tué ? En l'excluant de la liste d'amis intimes qu'il passait en revue chaque matin dans une tentative magique pour les protéger de la mort ? En nourrissant contre lui des souhaits de mort ? Par une surestimation narcissique de son pouvoir d'affecter la réalité ? (Fenosa l'avait surpris douze ans plus tôt à se répéter inlassablement : « Je suis Dieu, je suis Dieu[97]... ») Ou peut-être simplement en se servant de lui quand cela l'arrangeait et en le vidant ainsi de son énergie ? Quelle que fût la raison de son remords, il chercha à l'exorciser par cette toile qu'il consacra à la mort de González. C'était sa façon de penser magique et primitive qui le poussait à croire qu'il avait tué González et c'était par la magie qu'il attribuait à son art qu'il espérait expier son remords.

« Je n'ai pas peint la guerre, dit un jour Picasso,

parce que je ne suis pas ce genre de peintre qui va, comme un photographe, à la quête d'un sujet. Mais il n'y a pas de doute que la guerre existe dans les tableaux que j'ai faits alors[98]. » Mais c'était sa guerre à lui, son combat personnel contre l'univers et les forces hostiles qui selon lui le gouvernaient – et cette lutte se prolongea longtemps après que la guerre fut finie. En mai 1942, il déchargea son hostilité sur une grande toile, 195 centimètres sur 265. Une femme nue, impuissante, est allongée sur un chevalet, ses bras émaciés tirés derrière son dos, dans un geste rituel de soumission, le visage torturé, les jambes pliées par d'invisibles cordes. Une autre femme est assise en face d'elle, tenant une mandoline dont elle ne joue pas. C'est l'*Aubade* ou *Le Nu à la musicienne* qu'on devait décrire diversement comme « une macabre et vertigineuse réinterprétation de l'*Odalisque à l'esclave* d'Ingres[99] » ou bien comme un puissant témoignage de la découverte par Picasso de « signes plastiques nouveaux pour exprimer sa violence[100] ». « Le spectateur, écrivit Mary Gedo, comme Alice à la cour de la Reine de Cœur, devient un participant involontaire à un monde cruel et déconcertant[101]. »

Pour mieux comprendre le monde de Picasso, ou peut-être simplement pour mieux apprendre à y vivre, Eluard accueillit chez lui le 21 mai Raymond Trillat, un graphologue dont on utilisait les services à l'hôpital Necker pour l'éducation des enfants retardés. Eluard lui montra une lettre de Picasso sans, bien sûr, révéler l'identité de son auteur. « Il manie des arbres... Non : des armes, dit Trillat. Il défend son pauvre soi qui se heurte contre autrui, qui est pénétré par autrui. Il ne veut pas qu'autrui le ruine... Il aime intensément et il tue ce qu'il aime... Il est triste. Il cherche à échapper à sa tristesse par la pure création... Mauvais caractère, bilieux : les nerfs sujets à de grandes explosions suivies de périodes d'apathie[102]. » Eluard, qui avait gardé un visage absolument sans expression tandis qu'il transcrivait ce que disait le graphologue, était abasourdi : « Pour qui connaît Picasso, cette analyse est impressionnante[103]. »

« Après tout, on peut seulement travailler contre[104] », devait trois ans plus tard dire Picasso lui-même à Malraux. « Même contre soi. C'est très important... Comme je travaille avec Kazbek, je fais une peinture qui mord. La violence, les coups de cymbales... l'éclatement... Un bon tableau, un tableau, quoi! il devrait être hérissé de lames de rasoir[105]. » Dans la même conversation il affirmait qu'un peintre « doit créer ce qu'il expérimente ».

Il utilisait des lames de rasoir dans sa vie de façon aussi créative qu'il le faisait dans son art. Souvent il demanda à Dora de l'appeler chez Marie-Thérèse durant ses visites hebdomadaires, qui, elle le savait, étaient sacrées pour elle. Et Marie-Thérèse ne manquait jamais d'en être émue. « Qui est-ce? » demandait-elle, retardant de quelques secondes supplémentaires la pénible confirmation de ce qu'elle savait déjà. « L'ambassadeur d'Argentine[106] », répondait Picasso, très content de lui. Il aimait aussi faire envoyer à Marie-Thérèse exactement la même robe que Dora avait choisie chez son couturier. Une fois, même, il fit livrer la robe de Dora à Marie-Thérèse. Celle-ci, qui avait supporté sans broncher de bien plus grandes indignités, fut scandalisée par cette dernière trouvaille. Elle se rendit chez Picasso et, lorsque Inès lui dit qu'il n'était pas là, se précipita rue de Savoie pour déverser sa colère sur Dora. Dora riposta, tandis que Picasso, qui se cachait dans la pièce voisine, entendait tout et, comme il le raconta plus tard, se délectait au résultat explosif de sa dernière création.

Quelques heures plus tard, Marie-Thérèse tomba sur Picasso rue des Grands-Augustins. Sa colère s'était calmée et elle avait ainsi le courage d'abord d'arriver sans être invitée, puis de lui demander ce à quoi elle tenait le plus : donner à leur liaison un caractère plus sûr et plus permanent. « Depuis le temps que tu me promets le mariage, dit-elle, il faudrait bien que tu penses à ton divorce[107]. » C'était un rebondissement inattendu, mais il ne fit que rendre les développements de la journée un peu plus amusants pour Picasso. Des hommes moins brillants dans l'art de la manipulation lui auraient ri au nez. Picasso ergota : « Tu sais, à mon âge, c'est un peu ridicule, et puis nous sommes en guerre, ce qui complique les choses. » Quelques minutes plus tard, comme s'il s'agissait d'un événement préparé, la porte s'ouvrit et Dora fit son entrée. Ignorant sa rivale, elle se tourna vers son amant comme une enfant blessée et désemparée : « Mais enfin, Picasso, vous m'aimez! cria-t-elle. Vous m'aimez! » Le démon qui sommeillait en Picasso s'éveilla. Devant la totale vulnérabilité de Dora, il s'approcha de Marie-Thérèse et, d'un geste tendre, la prit par le cou. Puis, se tournant vers Dora, il lui assena solennellement son coup de grâce : « Dora Maar, vous savez parfaitement que la seule que j'aime, c'est Marie-Thérèse Walter. La voilà. C'est celle-ci[108]. » La transformation de la prêtresse intellectuelle du surréalisme en paillasson de Picasso était accomplie.

Marie-Thérèse, forte de cette déclaration inattendue, chercha aussitôt à consolider sa position en intimant à Dora l'ordre de partir. Ayant perdu tout vestige de dignité et de respect de soi-même, elle refusa. Pendant que Picasso regardait, Marie-Thérèse réitéra son ordre; Dora répéta son refus. Marie-Thérèse la prit par les épaules et la secoua; Dora la gifla. Marie-Thérèse en fut si choquée que, rassemblant toute sa force, elle poussa Dora sur le palier.

C'était, bien sûr, une victoire à la Pyrrhus. Sitôt Dora mise à la porte, Picasso très calmement détruisit les illusions que Marie-Thérèse commençait à se faire. « Tu sais bien à quel point je t'aime », dit-il. « Après cela, concluait Marie-Thérèse avec tristesse, il m'a donné mes cinq kilos de charbon et je suis rentrée chez moi. Voilà tout. » Marie-Thérèse prit le métro avec son chargement de charbon que, comme une mendiante, elle devait aller chercher chaque jour rue des Grands-Augustins et Picasso appela Dora. Satisfait, son démon s'assoupit de nouveau. Jusqu'à la fois suivante.

Lorsque cela convenait à son humeur ou à son propos, il pouvait être diaboliquement charmant. Le 10 avril 1942, il écrivit à Andrée Rolland à Royan :

Chère mademoiselle Rolland,

Si vous voulez continuer à être si gentille, voici ce que j'ose vous prier de faire. Exception faite des sommiers, matelas, traversins, oreillers (et couvertures si elles existent), je voudrais que vous trouviez quelqu'un qui voudrait bien me faire parvenir toutes mes affaires ici à mon atelier, 7, rue des Grands-Augustins, Paris, VIe arrondissement. Gardez le matelas et faites comme vous l'entendrez, mais ne vous donnez pas trop de tracas pour une si peu intéressante histoire, vous avez déjà été trop aimable de vous occuper de toutes ces choses qui, sûrement, vous dérangent. Si vous avez dû payer quelque chose, dites-le-moi, je vous enverrai ce que je vous devrai avec le tas de remerciements que je vous envoie déjà d'avance.

Je regrette l'atelier de Royan et de ne plus vous voir. Je pense qu'un jour vous viendrez à Paris, que nous déjeunerons ensemble et qu'il sera ce jour dimanche, n'importe comment.

Le bouquet de véritables bons souvenirs que j'ai de vous, par cette lettre j'ai la chance de pouvoir le déposer à vos pieds.

Picasso[109].

Il dessina un bouquet multicolore et le joignit à la lettre.

Pendant l'été, il commença le long travail qui devait aboutir à *L'Homme au mouton* – plus de cent dessins du berger et de l'agneau qui se terminèrent par une sculpture en bronze chargée d'implications religieuses. Mais des femmes monstrueuses ne cessaient d'envahir son œuvre. C'est au début d'octobre, alors qu'il peignait Dora en prisonnière, avec des barreaux, un croûton de pain et une cruche d'eau, que sa mère mourut et, à la douleur qu'exprimait déjà son visage, il ajouta celle que lui causait la mort de sa mère. Il continua à la peindre dans une blouse à rayures rouges et vertes, avec un col de dentelle blanche. « Je l'ai inventée complètement, dit-il de la blouse. Dora ne l'a jamais portée. Quoi que les gens puissent dire ou penser de ma " facilité ", il m'arrive – même à moi – de peiner longtemps sur une toile... comme j'ai sué sur cette blouse... pendant des mois je l'ai peinte et repeinte[110]... » Le temps qu'il termine la toile, les barreaux, le pain et l'eau avaient disparu. Mais Dora restait prisonnière.

« Dora, pour moi, devait-il dire plus tard à Malraux, a toujours été une femme qui pleure. Toujours. Un jour, j'ai pu la faire... C'est tout. C'est important parce que les femmes sont des machines à souffrir. Alors, je retrouvais le thème... Il ne faut pas trop savoir ce qu'on fait. Quand je peins une femme dans un fauteuil, le fauteuil c'est la vieillesse et la mort, non? Tant pis pour elle. Ou bien, c'est pour la protéger... Comme les sculptures nègres[111]. »

Dans son portrait d'octobre 1942, Dora ne pleure plus. Même cet ultime droit à la détente lui a été refusé. Elle a le regard fixé devant elle, tout son être se consumant dans un extraordinaire effort pour *ne pas* pleurer. Il y a quelque chose de plus tragique et de plus terrifiant dans le masque crispé et maîtrisé de Dora que dans ses pleurs. C'est comme si, en étouffant sa douleur, elle avait étouffé sa vie.

« Les portraits, avait dit Picasso, devraient présenter une ressemblance non physique, non spirituelle, mais psychologique[112]. » C'était la ressemblance psychologique de la mort vivante. « Il faut absolument que je trouve le masque[113] », avait-il dit à Malraux. Et maintenant il l'avait trouvé. Ce n'était pas le masque roman « d'un visage en harmonie avec son dieu... avec ce qui est sacré[114] »; ce n'était pas le masque nègre « en harmonie avec ce que les sculpteurs noirs craignaient, aimaient et ne comprenaient pas dans les esprits qu'ils dépeignaient[115] ». C'était le masque d'un vide vivant. « Les sculpteurs romans, écrivit Malraux, évoquant cette conversation, avaient voulu donner une expression à l'inconnu révélé, alors que Picasso donnait une expression à une forme de l'inconnaissable que rien ne révélerait jamais. Tout ce qu'il savait, qu'il saurait jamais là-dessus, c'était le propre sentiment que cela lui inspirait : le sentiment qu'il avait d'un inconnaissable sans prière et sans communion d'un vide vivant... C'est l'art de notre civilisation, dont Picasso exprima en ricanant le vide spirituel tout comme le style roman exprima la plénitude de l'âme[116]. »

Et Picasso l'exprima si brillamment, tantôt en ricanant, tantôt avec violence, parce qu'il l'avait si profondément éprouvé. « Pablo, dit un jour Gertrude Stein, m'a persuadée que je suis aussi malheureuse que lui[117]. » Peu d'hommes ont osé avec la même rigueur que lui affronter le vide spirituel qu'on connaît à vivre un univers étranger. Et dans ce vide, tout ce qui restait, c'était une productivité démoniaque et inlassable. De temps en temps, en tombant « amoureux », en étant père, dans la camaraderie, il y avait une réconciliation provisoire avec la vie, mais au bout du compte ce n'était que dans le travail que se trouvait la détente. Dans le travail et dans une force de cruauté quotidienne, misérable et mesquine. Ainsi l'angoisse, le déracinement cosmique et la rage destructrice étaient-ils les engrais de sa créativité prolifique et la pépinière de sa méchanceté sans limite. Gertrude Stein avait raison : elle n'était pas aussi malheureuse que lui.

Bien sûr, l'esprit en lui n'était pas mort simplement parce qu'il vivait et travaillait comme s'il l'était. En fait, il l'attirait vers ceux qui avaient choisi, même si c'était de façon tâtonnante, ambiguë ou tourmentée, d'en faire le centre de leur vie. Max Jacob était l'un d'eux. Au début de 1943, Picasso décida d'affronter le voyage de Saint-Benoît-sur-Loire pour le voir. Quelques mois plus tôt, Max avait dit à son ami Michel Béalu qu'on l'oubliait, qu'il avait rarement des nouvelles d'André Salmon et jamais de Picasso. Il avait maintenant soixante-sept ans, il vivait simplement dans le village près de la basilique, allait à la messe deux fois par jour, écrivait et peignait ses gouaches, sachant qu'à tout moment la Gestapo pouvait venir le chercher, comme elle l'avait fait pour son frère, sa sœur et son beau-frère. Il emmena Picasso à la basilique, il lui montra ses gouaches, puis ils se promenèrent tous deux le long de la Loire, en parlant de leur jeunesse et du bon vieux temps.

Peu après le départ de Picasso, Max alla ouvrir le livre des visiteurs à la basilique et, là, il écrivit son nom et l'année de sa mort : Max Jacob, 1944.

Les ténèbres enveloppaient Picasso, mais elles ne parvenaient pas à éteindre sa passion pour la vie ni son espoir de rencontrer l'amour. En mai 1943, alors qu'il dînait au Catalan avec Marie-Laure de Noailles, la passion et l'espoir se rallumèrent en même temps, tandis que ses yeux fixaient deux jeunes femmes qui dînaient avec l'acteur Alain Cuny. L'une avait les cheveux sombres, les yeux bruns et un visage d'une beauté grecque classique que soulignait la robe ample à la jupe plissée qu'elle portait. L'autre, très mince, avec une taille fine, avait de grands yeux verts et un visage alerte et frais mis en valeur par un turban vert. La première était Geneviève Aliquot; l'autre, Françoise Gilot.

X

UNE FENÊTRE SUR L'ABSOLU

MADELEINE GILOT avait donné naissance à Françoise le 26 novembre 1921 – neuf mois après qu'Olga Picasso eut mis au monde Paulo. Emile Gilot, un brillant homme d'affaires qui s'intéressait beaucoup aux théories sur l'éducation, était décidé à élever son enfant unique comme un garçon et à très bien l'éduquer. De sorte qu'à quatre ans Françoise savait lire et écrire, et elle connaissait mieux les dieux de l'Olympe et les formules algébriques que les enfants de son quartier à Neuilly. Jusqu'à neuf ans, au lieu d'aller à l'école, elle avait un précepteur qui venait à la maison lui donner des leçons, sous la sévère surveillance de son père. Un de ses plus grands délices était qu'on la confiât, lorsque ses parents étaient en voyage, aux mains de sa grand-mère maternelle. « Avec ses yeux verts et sa crinière de cheveux blancs, ses mouvements vifs, son amour de la poésie, son esprit indépendant, racontait Françoise, elle était le pôle magnétique de ma vie. Dans mon esprit, il n'y avait pas de limite à son pouvoir, et j'avais le sentiment qu'elle pouvait tout comprendre[1]. »

Lorsque la guerre éclata, Françoise étudiait le droit, avec l'intention, en accord avec les souhaits de son père, de devenir avocate internationale. Mais la guerre et le développement de la Résistance, que ralliaient nombre de ses amis, l'amenèrent vers ce qui était vraiment important pour elle. « Je dis à mon père, se souvenait-elle, que cela ne signifiait plus rien de devenir avocate, quand le droit, et surtout le droit international, n'existait même pas... Aussi, en 1941, je décidai d'utiliser le temps que je passais à préparer un doctorat à la faculté de droit pour poursuivre mes études d'art[2]. » Elle dessinait depuis qu'elle était enfant, illustrant des rêveries et des histoires qu'elle se racontait, pleines de singes, de diables et de fantômes. Mais il est vrai que tout le monde dans sa famille avait le don du dessin, et personne ne prit donc son talent très au sérieux. Sa mère accepta quand même de poser pour elle, tout comme sa meilleure amie, Geneviève Aliquot.

Geneviève, qui était une élève de Maillol, joua un rôle dans la décision de Françoise de renoncer au droit pour la peinture. Catalane française de naissance, elle avait tout à la fois les pieds sur terre et un tempérament mystique : le complément parfait à l'esprit intensément rationnel et à la beauté androgyne de Françoise. Leur amitié était profonde et passionnée. Elle avait débuté quand Françoise avait douze ans et Geneviève treize et demi. « Elle entra dans ma classe au milieu de l'année scolaire, dit Françoise, incroyablement belle, vêtue d'un chandail rouge tango et d'une jupe noire moulante, avec l'air plutôt d'une star en visite que d'une collégienne. On l'assit à côté de moi, et j'étais si éblouie que je ne pouvais m'arrêter de la regarder. Au bout de dix jours, lorsqu'elle eut fait l'inventaire de ce qui se passait, elle se tourna vers moi et dit : " *Toi,* tu vas à partir de maintenant faire mes devoirs, parce que tout ça m'assomme énormément. Tu es manifestement très intelligente, alors faire les devoirs de deux façons différentes sera pour ton esprit un exercice très intéressant et me permettra d'écrire de la poésie et de peindre. " Je ne l'aurais jamais fait pour personne d'autre, mais je l'ai fait pour elle[3]. »

Les premiers temps, Geneviève appelait Françoise, qui avait l'air d'un jeune garçon : son page. « Jusqu'à l'âge de quinze ans, se rappelait Françoise, je m'habillais toujours comme un garçon et je n'avais absolument aucun désir d'être féminine. Ce n'est qu'à quinze ans que je me suis fait à l'idée d'être une femme. J'ai cessé d'être le page de Geneviève et nous nous sommes également passionnées l'une pour l'autre[4]. » Claude Bleynie, un peintre qui était leur amie à toutes les deux, décrivit le lien profond qui unissait les deux jeunes filles. « C'était le genre de passion sublimée qu'on rencontre souvent chez les adolescents, une fixation romanesque qui ne laisse pas de place aux étrangers. Il y avait un mystère qui émanait d'elles lorsqu'elles étaient ensemble : Françoise plus active, plus anguleuse dans sa voix, son caractère, toute sa façon d'être; Geneviève, beaucoup plus femme, toute en féminité arrondie et en harmonie des proportions, tout comme dans son comportement[5]. »

Essayant de déchiffrer l'énigme de la beauté et du magnétisme de Geneviève, Françoise fit d'innombrables croquis, dessins et peintures d'elle. Ce faisant, sa confiance en elle comme artiste se développa et elle en vint à mieux comprendre le caractère spécifique de son art. « Tout ce que j'ai fait d'elle, devait dire Françoise plus tard, était en avance de deux ou trois ans sur ce que je pouvais faire de qui que ce soit ou de quoi que ce soit d'autre. La liberté dont elle rayonnait, son sens inné de l'authentique, sa beauté royale ont toujours été la pierre de touche idéale de ma vie en tant qu'artiste[6]. »

Son autre ami intime en même temps qu'il était

son professeur était Endre Rozsda, un jeune peintre hongrois, grand admirateur de Picasso. Deux ans durant, de 1941 à 1943, il guida Françoise dans les mystères de l'œuvre de Picasso. « Lorsque je commençai à étudier avec Endre, se rappelait-elle, j'étais folle de Matisse, de la façon dont il représentait la sensualité et la joie dans l'art, et je n'étais pas si folle, ni sur le plan esthétique ni sur le plan technique, de Picasso. Geneviève et moi étions allées au Pavillon espagnol voir *Guernica*, mais nous n'avions pas été émues par le tableau sur le plan artistique, ce n'était qu'un acte politique. Ce fut par Endre Rozsda que je découvris vraiment Picasso[7]. »

Mais Rozsda, demi-Juif et refusant de porter l'étoile jaune, était en grand danger à Paris, d'autant plus que l'Occupation devenait plus répressive. Avec l'aide du père de Françoise qui lui obtint les papiers nécessaires, il décida de rentrer à Budapest. Il avait l'impression d'avoir au moins de meilleures chances de se cacher dans son pays natal qu'en France, où il parlait à peine la langue. En février 1943, Françoise l'accompagna avec ses peintures à la gare de l'Est. Elle avait un sentiment de catastrophe imminente. Tant de ses amis avaient rallié la Résistance, tant d'entre eux étaient déjà morts, et voilà maintenant que son ami, son professeur, était contraint de fuir pour sauver sa vie. Comme le train allait partir, l'emmenant pour toujours, pensait-elle, elle se sentit tout d'un coup seule et effrayée. « Qu'est-ce qui va se passer, Endre, qu'est-ce qui va se passer? lui cria-t-elle. – Pourquoi t'inquiètes-tu comme ça? répondit-il. Avant trois mois, tu connaîtras Picasso[8]. » La prophétie planait encore dans l'air, inexpliquée et inexplicable, lorsque le train sortit de la gare.

Avant trois mois, en effet, elle connaissait Picasso. Il observait attentivement Françoise, ce soir-là au Catalan, et s'assura bien que l'on entendait clairement les aphorismes pleins d'esprit et les déclarations brillantes qu'il prodiguait. Comme s'ils dînaient ensemble avant de s'être jamais rencontrés. Enfin, ce fut le moment du dessert. Plantant là Dora et portant un compotier de cerises en guise d'offrande et d'intention, il se dirigea vers sa table.

« Eh bien, Cuny, dit-il, vas-tu me présenter à tes amies[9] ? »

« Françoise, dit Alain Cuny, une fois les présentations faites, est celle qui est intelligente et Geneviève celle qui est belle. N'est-ce pas qu'on dirait un marbre grec ?

– Tu parles comme un acteur, répondit Picasso sans se compromettre. Comment caractérisais-tu celle qui est intelligente ?

– Françoise est une vierge florentine. » C'était Geneviève qui avait répondu à sa question.

« Mais pas du genre habituel, renchérit Cuny. Une vierge sécularisée.

– C'est d'autant plus intéressant si elle n'est pas du genre ordinaire. Mais qu'est-ce qu'elles font, tes deux réfugiées de l'histoire de l'art ?

– Nous sommes peintres. » De nouveau, c'était Geneviève qui parlait.

« Voilà la chose la plus drôle que j'ai entendue de toute la journée, dit Picasso, avec un rire incrédule faisant écho à ses paroles. Des filles qui ont cet air-là ne peuvent pas être peintres. »

C'était exactement la provocation qu'il fallait à Françoise pour la lancer dans la défense de leur vocation. Elle lui dit qu'elles se consacraient toutes les deux à leur peinture et que d'ailleurs elles avaient une exposition commune en ce moment même à la galerie de Madeleine Decré, rue Boissy-d'Anglas, derrière la place de la Concorde.

« Eh bien..., reprit-il, je suis peintre aussi. Il

faudra que vous veniez à mon atelier voir quelques-unes de mes toiles à moi.

– Quand ? demanda Françoise avidement.

– Demain. Après-demain. Quand vous voulez[10]. »

C'était une invitation d'autant plus séduisante que, durant l'Occupation, aucune galerie n'était autorisée à exposer l'art dégénéré de Picasso. Aussi, le lundi matin suivant, la déesse grecque et la vierge florentine arrivèrent-elles rue des Grands-Augustins où elles furent accueillies par Sabartés plus maussade que jamais. Tandis qu'il conduisait les nouvelles visiteuses à l'atelier de Picasso, elles passèrent devant la *Nature morte aux oranges* de Matisse, qui provoqua l'admiration volubile de Françoise. Elle se fit sévèrement rabrouer par Sabartés qui ne voulait tolérer aucun enthousiasme pour un autre que son patron, surtout quand il n'était qu'à quelques mètres de là. Il les amena devant Picasso, déjà entouré d'une demi-douzaine de personnes, et regagna son poste.

Picasso se montra l'hôte et le guide le plus charmant, se répandant en propos lyriques sur tous les souvenirs littéraires et historiques associés à l'immeuble, montrant à Françoise et à Geneviève où il faisait ses sculptures et où il gravait, laissant même le robinet de son atelier de gravure couler assez longtemps pour que l'eau fût brûlante. « N'est-ce pas merveilleux ? dit-il avec fierté. Malgré la guerre, j'ai de l'eau chaude. En fait, vous pourriez venir ici prendre un bain chaque fois que vous en avez envie[11]. » Il se montrait généreux à tous égards sauf en ce qui concernait la chose même qu'il les avait invitées à voir, ses toiles. Juste au moment où elles se résignaient à partir sans en avoir vu aucune, il leur en montra quelques-unes, mais très peu. « Si vous voulez revenir, dit-il comme elles s'apprêtaient à partir, venez, surtout.

Mais si vous le faites, ne venez pas comme des pèlerins à La Mecque. Venez parce que vous m'aimez bien, parce que vous trouvez ma compagnie intéressante et parce que vous voulez avoir avec moi une relation simple et directe. Si vous voulez seulement voir mes toiles, vous feriez aussi bien d'aller dans un musée[12]. »

« Un minotaure, devait-il dire plus tard à Françoise, ne peut pas être aimé pour lui-même, du moins il ne le croit pas. Ça ne lui semble tout simplement pas raisonnable. C'est peut-être pourquoi il se livre à des orgies[13]. » Bien sûr, c'était Picasso le minotaure. Et, avec Françoise, on aurait dit dès l'abord qu'il voulait vérifier s'il pouvait après tout être aimé pour lui-même. Quand Françoise et Geneviève se rendirent à son atelier pour la seconde fois, en lui apportant un pot de cineraria, sa réaction fut d'éclater de rire. « Personne n'apporte jamais de fleurs à un vieil homme comme moi[14] ! » Puis il remarqua que la couleur des fleurs était assortie à celle de la robe de Françoise. « Est-ce qu'il y a quelque chose à quoi vous ne pensez pas ? » demanda-t-il.

Il était allé voir leur exposition, mais il ne leur en dit rien. Et Françoise, qui avait été mise au courant de sa visite par la dame tout excitée qui dirigeait la galerie, n'osa pas le questionner. Au lieu de cela, elle regarda en silence tandis que, cette fois, il tenait sa promesse et posait une toile après l'autre sur le chevalet pour les leur faire voir. A la fin de cette exhibition privée, il se tourna et fixa les yeux sur elle. « J'ai vu votre exposition, dit-il. Vous êtes très douée pour le dessin. Je crois que vous devriez continuer à travailler – à travailler dur, chaque jour. Je serais curieux de voir comment votre œuvre se développe. J'espère que de temps en temps vous me montrerez d'autres choses[15]. » Elle quitta son atelier sur des nuages, décidée à travailler – à travailler dur – tous les jours et à revenir.

Geneviève retourna dans le Midi, et désormais Françoise venait seule rue des Grands-Augustins. A chaque visite, Picasso trouvait une nouvelle excuse pour la prendre à part, loin de la foule des courtisans. Un jour, il voulut lui donner des tubes de peinture; un autre, un papier à dessin spécial; un troisième, quand elle arriva trempée après son trajet à bicyclette sous la pluie, l'excuse fut l'inquiétude que lui inspiraient ses cheveux dégoulinants. « Regarde cette pauvre fille, dit-il à Sabartés. On ne peut pas la laisser dans cet état. Venez avec moi dans la salle de bains et laissez-moi vous sécher les cheveux[16]. » Et, comme Sabartés protestait que c'était à Inès de le faire, Picasso lui ordonna de « laisser Inès où elle est », emmena Françoise dans sa salle de bains et lui sécha lui-même les cheveux. Quelques jours plus tard, alors qu'il lui montrait ses instruments de sculpteur, il se tourna brusquement et l'embrassa sur la bouche. Elle accepta ce dernier geste de façon aussi détachée qu'elle avait accepté les tubes de peinture, le papier à dessin et le séchage des cheveux – ce qui, bien sûr, mit Picasso en rage. « C'est dégoûtant , lui dit-il. Vous auriez pu au moins me repousser. Sinon, j'aurais l'idée que je pourrais faire tout ce que je veux[17]. »

Françoise lui dit qu'elle était à sa disposition, son ton indiquant clairement que c'était une affirmation de sa maîtrise d'elle-même plutôt qu'un aveu de sa capitulation. « C'est dégoûtant, répéta-t-il. Comment voulez-vous que je séduise quelqu'un dans des conditions pareilles? Si vous n'avez pas l'intention de résister, eh bien, alors, c'est hors de question. Il va falloir que j'y réfléchisse. » Une semaine plus tard, ayant réfléchi, il décida qu'il fallait quelque chose de plus fort qu'un baiser sur la bouche pour la démonter. Sous encore un autre prétexte, il l'emmena dans sa chambre, lui tendit un livre du marquis de Sade et lui demanda si elle l'avait lu. Et lorsqu'elle répondit que non, il s'écria avec orgueil : « Ah ah ! Je vous choque, n'est-ce pas[18] ? » Loin d'être choquée, Françoise remporta ce round-là en lui faisant remarquer qu'elle n'avait pas besoin du marquis de Sade, alors que lui, de toute évidence, en avait besoin. « Etes-vous fou ? ajouta-t-elle. C'est ridicule de parler même de Sade, de s'adonner à toutes ces pratiques quand des gens sont torturés et souffrent pour de bon, et pas dans des jeux sexuels. Ça ne m'intéresse absolument pas, ni d'être une victime ni de faire d'autrui une victime[19]. – Vous êtes plus anglaise que française, conclut-il, exaspéré. Vous avez cette sorte de réserve des Anglais[20]. » On était maintenant à la fin de juin. Jamais à court d'inventions, Picasso choisit pour leur prochaine rencontre un lieu hautement original. Il entraîna Françoise, par une échelle, jusqu'à une chambre minuscule sous les combles tout en haut de la maison, d'où l'on avait une vue magnifique sur les toits de Paris – et sur un phallus de plus de deux mètres qu'un ouvrier entreprenant avait peint sur le toit d'un immeuble d'en face. Tandis qu'il vantait les mérites du panorama, il caressa nonchalamment de sa main les seins de Françoise. « Tiens ! dit-il. Ce dessin à la chaux sur le mur là-bas... Qu'est-ce que vous supposez que ça représente[21] ? » Nullement démontée, Françoise répliqua que c'était trop abstrait pour qu'elle pût le dire. Il ôta lentement les mains de ses seins et, avec une politesse raffinée, lui fit redescendre l'échelle pour rejoindre le groupe dans l'atelier.

Ce fut leur dernière rencontre avant le départ de Françoise pour Fontes, un village près de Montpellier où vivait la famille de Geneviève. Son père était le chef de la Résistance là-bas, ce qui rapprochait Françoise des dangers quotidiens de l'Occupation nazie. De Fontes, les deux femmes allèrent à bicyclette jusqu'aux Baux, où elles restèrent deux semaines. Le temps que Françoise passa aux Baux fut un grand tournant de sa vie. « Je me rappelle chaque détail comme si c'était aujourd'hui, dit-elle. Tout d'abord, l'endroit lui-même est si spécial. Dante y a séjourné lorsqu'il était exilé de Florence, et il a été si frappé par le décor qu'il l'a utilisé dans *La Divine Comédie.* Et c'est non loin de là, en Arles, que Van Gogh a fait tous ses extraordinaires tableaux. Pendant que j'étais là-bas, j'ai eu la plus incroyable expérience mystique qui a mis au défi chaque aspect de moi-même et de ma vie. Ce n'était pas un épisode provisoire : il y avait un combat intérieur qui a duré des jours, pendant lesquels je savais qu'il me fallait cesser de m'identifier avec mon moi et avec mon intellect si je voulais entrer dans cet état transcendant. Je me sentais au bord d'un abîme et puis, de l'autre côté, j'avais l'impression que, morceau par morceau, on me recréait du néant jusqu'à l'être[22]. » A la suite de cette expérience qui la transforma, elle décida de partir de chez elle, de commencer une vie nouvelle comme un être indépendant, sans avoir à prétendre qu'elle continuait ses études de droit alors que tout ce qu'elle voulait, c'était peindre; sans avoir à se cacher pour aller rendre visite à Picasso, sans avoir à mentir, à se dissimuler ou à constamment s'expliquer. Décidée à vivre une vie libre de tout subterfuge, elle écrivit à son père une longue lettre pour expliquer les changements qu'elle avait connus. Il fut consterné et dépêcha sa mère pour la ramener à la maison. « Quand nous arrivâmes à Neuilly, se rappela Françoise, il était encore plus en colère et menaçait de me faire enfermer si je ne changeais pas d'avis. Il me donna une demi-heure pour me repentir et redevenir moi-même[23]. » Elle profita de sa brève absence pour s'enfuir chez sa grand-mère et lui demander protection. Il ne fallut pas longtemps à son père pour la suivre et, exaspéré par cette désobéissance dont elle n'était pas coutumière, il commença à la battre de toutes ses forces. Quand heureusement sa grand-mère revint, Françoise avait le visage en sang, mais la colère de son père n'était pas calmée. L'arrivée et l'autorité de la vieille dame de soixante-quinze ans interrompirent la correction, mais n'arrêtèrent pas ses menaces de les faire *toutes les deux* enfermer si Françoise ne rentrait pas à la maison et si sa grand-mère continuait à la soutenir dans sa désobéissance.

La rupture avec son père devait durer bien des années; la rupture avec sa vie d'autrefois était définitive. Pour la première fois, coupée de la fortune et de la protection de son père, Françoise dut gagner sa vie. Alors qu'elle était la fille de famille belle et respectueuse, elle avait tout ce qu'elle pouvait désirer : des précepteurs, des robes de haute couture, des voyages à l'étranger et tout le loisir de monter à cheval au bois de Boulogne. Maintenant, elle avait uniquement la robe qu'elle portait le jour où elle s'était enfuie et, pour gagner sa vie, elle se mit à donner des leçons d'équitation aux débutants et à dresser des chevaux.

En novembre, elle revint voir Picasso. Elle le trouva dans un état d'extrême tristesse, mais elle découvrit aussi qu'elle se sentait plus près de lui que jamais. « L'impact de notre rencontre, se rappelait-elle, aurait été différent si nous nous étions vus en temps de paix. La tragédie qui nous entourait et le martèlement de l'histoire la rendirent extraordinaire alors qu'autrement ça aurait pu être quelque chose d'intéressant mais d'ordinaire, sans la qualité métaphysique qu'elle avait prise. Et puis, dans la perspective de la guerre, le fait que Picasso avait quarante ans de plus que moi ne voulait rien dire. Après tout, j'aurais pu mourir à tout moment. Et, dans tous les cas, Picasso ressemblait plus à un homme de quarante ans qu'à quelqu'un qui, quand je le revis en novembre, venait de fêter son soixante-deuxième anniversaire[24]. »

Désormais, elle devint une habituée de la rue des Grands-Augustins, rendant visite à Picasso le matin quand elle ne donnait pas de leçons d'équitation. Un autre fréquent visiteur, et qui fut le témoin de leur histoire d'amour, c'était Brassaï, qui venait à l'atelier photographier les sculptures. « Tu ne trouves pas qu'elle est belle ? lui demanda un jour Picasso, en désignant Françoise. Prends une photo d'elle un de ces jours, veux-tu ? Mais fais attention ; il faut que ses cheveux soient un peu dépeignés, un peu en désordre. Surtout, ne la prends pas quand elle sort de chez le coiffeur. J'ai horreur de ces mises en plis[25]. » Cela allait de pair avec son horreur des chats domestiques. « Je n'aime pas les chats d'appartement, qui ronronnent sur un canapé dans un salon », dit-il à Brassaï alors qu'ils regardaient la sculpture d'une chatte enceinte sur laquelle il travaillait, « mais j'adore les chats sauvages avec leurs poils hérissés. Ils chassent les oiseaux, marchent sur les corniches, courent dans les rues comme des démons. Ils se retournent et vous fixent de leurs yeux farouches, prêts à vous sauter au visage. Et as-tu jamais remarqué que les chattes – les chattes sauvages – sont toujours enceintes ? De toute évidence, elles ne pensent qu'à rien d'autre qu'à faire l'amour[26]. »

Qu'il eût ou non remarqué une surabondance de chattes de gouttière enceintes, ce n'était pas Brassaï qui allait le contredire. Même lorsque Picasso l'insultait, il ne le contredisait pas. Un jour qu'il dépliait et tirait son trépied vers lui, Picasso lança : « Tu ferais mieux de cesser de tirer sur ce trépied et de tirer tes yeux vers l'intérieur[27] » – allusion mesquine et blessante au fait que les yeux de Brassaï étaient un peu exorbités. Françoise, qui était présente, commençait à recevoir son éducation sur le comportement des courtisans. « Alors que Brassaï riait nerveusement, se rappelait-elle, il trébucha sur son trépied et tomba en arrière dans la grande cuvette d'eau de Kazbek. Picasso rayonnait de plaisir, comme si c'était l'événement le plus heureux de toute la journée. Je ne compris que plus tard ce que tout cela signifiait. Brassaï et moi nous étions rencontrés à l'atelier d'Endre Rozsda et nous avions passé beaucoup de temps ensemble. Lorsqu'il arriva ce jour-là, nous montrâmes tous deux devant Picasso combien stupéfaits nous étions de nous voir : le genre d'étonnement qu'on éprouve à voir quelqu'un dans un contexte totalement différent. Je ne savais pas, bien sûr, à l'époque que la bonne politique aurait été de nous saluer du regard mais de ne jamais reconnaître ouvertement que nous nous connaissions. Pablo ne pouvait supporter que l'on puisse avoir une vie – pas seulement une vie avec Picasso. Il voulait que les gens cessent d'exister quand ils cessaient d'être avec lui – ou que du moins ils fassent semblant. Le résultat c'était que, parmi ceux qui le connaissaient bien, personne ne risquait jamais la moindre allusion à ce qu'il faisait quand il n'était pas avec lui; personne ne reconnaissait l'existence d'un monde extérieur. Sabartés nous regarda, Brassaï et moi, avec méfiance, comme s'il avait découvert un complot : peut-être nous retrouvions-nous à l'extérieur pour parler d'eux ou faire quelque chose contre eux. Une ombre était soudain tombée sur le pauvre Brassaï[28]. »

Le lendemain matin, Brassaï arriva à l'atelier

pour trouver toute la maisonnée, Sabartés, Inès et Marcel, tendus et plongés dans l'affliction, et Picasso avec l'air d'un grand inquisiteur en furie : « Ma petite lampe de poche a disparu ! Je l'avais laissée ici, sur cette chaise... J'en suis ab-so-lument sûr ! Et si elle n'est pas là, c'est parce que quelqu'un l'a prise ! J'ai passé toute la nuit à la chercher... Je ne supporterai pas que des choses disparaissent comme ça chez moi. J'exige ab-so-lu-ment qu'on la retrouve, tout de suite[29] ! » Soudain, Sabartès et Brassaï se retrouvèrent tous deux dans le camp des suspects. Dans cet esprit de camaraderie inattendue, Sabartès se pencha vers Brassaï et murmura : « C'est lui qui l'a perdue, c'est sûr... Il a dû la mettre quelque part et l'oublier. Maintenant, il accuse tout le monde... C'est bien lui... Je le connais[30]. » Le lendemain matin, Brassaï demanda des nouvelles de la lampe électrique. « Je l'ai trouvée, répondit Picasso d'un ton nonchalant. Elle était là-haut, dans ma salle de bains[31]. » Pour le moment, du moins, la paix était restaurée dans l'atelier et l'accusé s'était remis au travail.

Tout le monde autour de lui avait appris à s'habituer à ses explosions et à ses changements d'humeur et il était très rare qu'on se laissât aller à exprimer sa susceptibilité blessée. Un jour, alors que Brassaï avait presque fini de photographier les sculptures de la rue des Grands-Augustins, il s'en alla jusqu'au métro avec Sabartès, en lui parlant des sculptures qui restaient à photographier rue La Boétie. « Il faudra que je retourne là-bas. Picasso m'a promis de m'y emmener un jour[32]. » Cette innocente déclaration déclencha un torrent de ressentiment chez Sabartès. « Promis ? s'écria-t-il. Mets-toi bien ça dans la tête, une fois pour toutes : la promesse et la réalisation sont deux choses qui coïncident rarement chez lui. J'en sais quelque chose. En général, c'est moi qui souffre de ses promesses non tenues. Ses promesses... Ecoute... Il m'a fait cadeau du second portrait qu'il a peint en 1901. Mais, chaque fois que je voulais le rapporter chez moi à Paris, il disait : « Je te le donnerai à Barcelone. » Eh bien, à Barcelone, il l'a donné au café où nous avions l'habitude d'aller. Ce tableau a été vendu et est passé de main en main jusqu'au jour où il a pu le racheter. Il est revenu rue La Boétie, mais il ne me l'a jamais donné. Même s'il m'a dit que c'était *mon* tableau[33]. »

Françoise avait beaucoup de mal à s'adapter à ce monde de masques, de soupçons et de sentiments enfouis qui entouraient Picasso. Mais elle n'avait aucun mal à s'adapter à lui : « Le fait que Pablo fût plus vieux que mon père signifiait que cela ne me semblait pas étrange quand il dictait la loi ou me disait ce qu'il fallait faire ou ne pas faire. Ou bien j'étais d'accord, ou bien je ne l'étais pas, mais ce n'était pas un problème pour moi. Parce que je me disais, eh bien à son âge il a l'expérience et il sait sans doute mieux que moi et peut-être que je suis simplement trop rebelle. Nous nous entendions très bien alors, et il n'y avait pas de vraies confrontations entre nous – en partie, je crois, parce qu'à cette époque je n'avais pas encore les pieds sur terre : j'avais plutôt l'impression de flotter dans l'air[34]. »

Et c'est ainsi que Picasso la percevait : comme si « elle flottait dans l'air ». Un jour, vers la fin de l'année, Sabartès, que la présence continuelle de Françoise dans leurs existences déprimait de plus en plus, décida de lui parler et de prédire, comme une nounou au mauvais caractère, que rien de bon ne sortirait de tout cela. Picasso lui ordonna de se mêler de ses affaires. « Tu ne comprends rien, dit-il. Tu n'as pas l'intelligence de te rendre compte que cette fille marche sur une corde raide – et en

1

2

(à gauche) Maria Picasso Ruiz, la mère de Picasso. « Si tu deviens un soldat, lui dit-elle, tu seras général. Si tu deviens un moine, tu finiras pape. »
(à droite) José Ruiz Blasco, le père de Picasso, son premier professeur et le premier à reconnaître et à nourrir son génie.

3

Pablo avec sa sœur Lola. Sa naissance, au lendemain d'un tremblement de terre, alors qu'il avait trois ans, fut pour lui un évenement traumatisant.

Dessin par Pablo de sa sœur Conchita, dont la mort à huit ans le convainquit que Dieu était mauvais et que le destin était un ennemi.

4

5

Pablo à quinze ans. Entre ses études à l'École des Beaux-Arts, il passait des heures dans les bordels de Barcelone.

6

Portrait de Jaume Sabartés, le premier défenseur fanatique de Picasso en artiste-héros.

Picasso à Montmartre. Il se rappellerait toujours les années du Bateau-Lavoir comme son âge d'or.

7

8

Max Jacob, poète et homosexuel honteux, devint le protecteur et l'adorateur de Picasso. Durant toute sa vie, il ne devait aimer personne aussi profondément ni aussi inconditionnellement que Picasso.

9

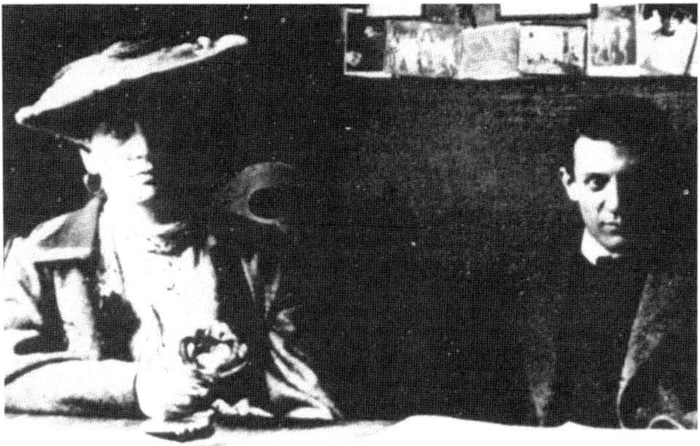

Fernande Olivier, élégante et sûre d'elle, fut la première maîtresse de Picasso. Il commémora par un dessin la première fois qu'il lui fit l'amour, comme s'il savait que ce n'était pas seulement un épisode sexuel de plus.

10

Gertrude Stein, assise sous son portrait, terminé en 1906. « Tout le monde dit qu'elle n'a pas du tout cet air-là, disait Picasso, mais ça ne fait rien, elle l'aura. » La tête était un masque, pourtant c'était bien elle, et le signe d'une nouvelle direction dans l'art de Picasso.

11

12

Une barbarie profonde et destructive était au centre des *Demoiselles d'Avignon*. Il y avait là rien moins qu'une révolution. Picasso l'appelait sa « première peinture-exorcisme ».

Georges Braque devint le partenaire de Picasso dans le cubisme, la grande aventure de l'art du XXe siècle. « Braque, disait Picasso décrivant les débuts de leur amitié, est la femme qui m'a le plus aimé. »

13

14

Daniel-Henri Kahnweiler organisa dans sa galerie de Paris la première exposition cubiste.

L'attachement faiblissant de Picasso pour Fernande fut remplacé par une passion naissante pour Marcelle Humbert, qu'il rebaptisa Éva. Quand elle mourut en décembre 1915, cela confirma son sentiment que la mort l'emportait toujours.

15

Picasso avec le jeune poète Jean Cocteau, qui l'introduisit dans le monde du ballet, et avec Olga Koklova, une ballerine moyenne, d'une beauté moyenne, d'une intelligence moyenne et d'ambitions moyennes.

17

Picasso et Olga à Paris environ à l'époque de leur mariage, en 1918. Il savait qu'elle était, sinon la partenaire qu'il lui fallait pour la vie, à n'en pas douter, celle qui lui fallait pour avancer dans le monde.

Stravinsky fut une nouvelle découverte pour Picasso et Picasso pour Stravinsky. Dans ce dessin de Cocteau, Stravinsky, en haut-de-forme, s'incline pour parler à Picasso en chapeau melon.

18

(ci-dessous) Picasso et les machinistes travaillant sur le rideau de scène de *Parade* à Rome. Le soir de la première à Paris, le 18 mai 1917, naquit la légende de Picasso le magicien.

19

20

Picasso devant *Olga dans un fauteuil*. Elle insista pour qu'il la peignit dans un style naturaliste. « Je veux reconnaître mon visage », lui dit-elle.

21

En 1927, Picasso rencontre Marie-Thérèse Walter, agée de dix-sept ans. Ce fut le début de sa plus grande passion sexuelle, alimentée par la découverte de la jeune Marie-Thérèse comme une élève toujours prête et éternellement soumise.

22

Nu au divan noir représentant Marie-Thérèse. L'abandon était sa réaction habituelle à l'homme qu'elle appelait son amant « merveilleusement terrible ».

Le Minotaure enlève une femme. Mi-homme, mi taureau, le Minotaure, qui symbolise Picasso lui-même, enlève le corps nu et abandonné de Marie-Thérèse, sous le regard d'autres femmes, dont Dora Maar.

23

À Mougins, Picasso connut la griserie d'un nouveau début, cette fois avec le peintre et photographe Dora Maar. Muse intellectuelle du mouvement surréaliste. Dora était aussi différente de Marie-Thérèse qu'Éva l'avait été de Fernande.

24

25

Dora, belle et brillante, fut transformée par Picasso en *Femme qui pleure*, le visage déformé par le chagrin. La déesse était transformée en paillasson.

26

27

Françoise Gilot avait vingt et un ans lorsqu'on la présenta à Picasso et il en avait soixante et un. « Tu es la seule femme que j'aie jamais rencontrée, lui dit-il, qui ait sa fenêtre sur l'absolu. »

28

Geneviève Aliquot, l'amie la plus proche de Françoise la supplia de quitter Picasso plutôt que de rester et de coopérer à sa propre destruction.

29

Picasso rendit visite à Matisse, à Vence, et le trouva au travail sur la construction d'une chapelle dominicaine. « Vous êtes fou de faire une chapelle pour ces gens », explosa-t-il. Mais après la mort de Matisse, il dit tout simplement : « Au bout du compte, il n'y a que Matisse. »

30

Picasso avec Claude, le fils qu'il eut de Françoise. La fascination qu'exerçait sur lui Claude allait diminuer au fur et à mesure que son fils grandirait.

31

Quand Françoise eut quitté Picasso, Jacqueline Roque, une vendeuse de la poterie de Vallauris, décida de se rendre indispensable à « Monseigneur ».

(à droite) Même s'il faisait le clown devant l'objectif, Picasso se sentait seul et malheureux, d'autant plus quand la nouvelle lui parvint que Françoise avait épousé le peintre Luc Simon *(ci-dessous à gauche)*. « Je préférerais voir une femme mourir n'importe quand, dit-il, plutôt que de la voir heureuse avec quelqu'un d'autre. »

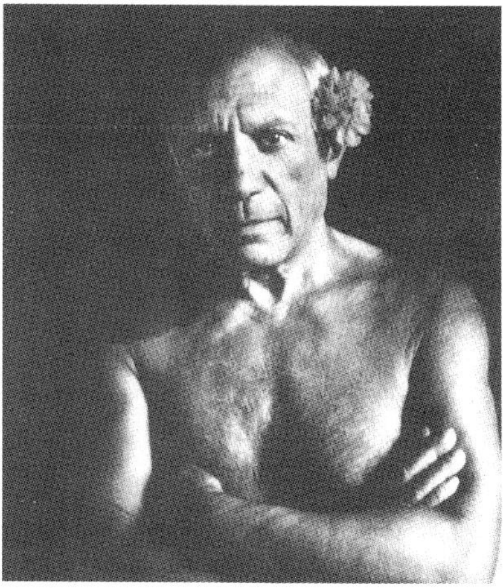

32

33

Picasso à une corrida avec Jacqueline et Cocteau et *(juste derrière eux)* Paloma, Maya et Claude. « Allons aux taureaux, disait-il. C'est la seule chose qui nous reste. »

35

Dessin d'un carnet de croquis que Picasso commença en juin 1962. L'attente du sexe, l'acte sexuel, le souvenir du sexe devenaient les motifs dominants d'un grand nombre de ses œuvres.

Les enfants de Picasso : Claude, Paloma et Paulo, avec le fils de Paulo, Bernard, lors d'un hommage public à Picasso en 1966. Noël 1963 fut toutefois la dernière fois où Claude et Paloma passèrent quelque temps avec leur père. « Quand la porte claqua, dit Claude, ce fut comme un coup de tonnerre. »

36

La Pisseuse, 1965. Un dégoût et un mépris croissants pour Jacqueline et pour le corps féminin imprégnaient beaucoup de son œuvre, malgré des démonstrations publiques d'affection devant l'objectif.

37

38

39

« Tu mènes une vie de poète, dit-il à Hélène Parmelin, et moi de forçat. »

40

Ce qu'il avait perdu — et cela se reflétait dans son regard — c'était sa capacité d'éprouver de la joie.

Le 30 juin 1972,
il regarda la terreur
qui le dévorait et la dessina.
Ce fut son premier autoportrait.

41

dormant, par-dessus le marché. Tu veux la réveiller? Tu veux qu'elle tombe...? Et, ce que tu ne comprends pas non plus, c'est le fait que *j'aime bien* cette fille. Je l'aime tout autant que si c'était un garçon[35]. »

En fait, sa première image de Françoise était celle d'un jeune homme plutôt que d'une jeune femme. Elle lui rappelait le poète Rimbaud; elle était plus androgyne que personne d'autre qu'il eût jamais rencontré. Comme beaucoup de surréalistes, Picasso avait été fasciné par le mythe de l'androgyne qui, comme l'avait écrit Breton, « propose à l'homme une vue de lui-même tel qu'il fut ou tel qu'il sera : plus lumineux, plus proche de l'harmonie et de la puissance qu'il n'est en sa condition présente[36] ». Françoise aussi se voyait comme un être androgyne. Elle signait même ses toiles à l'époque F. Gilot, se percevant et voulant être perçue comme un peintre plutôt que comme une *femme* peintre. Le personnage avec lequel Françoise s'identifiait le plus, c'était Ariel de *La Tempête :* le représentant des éléments fluides de l'eau et de l'air des forces spirituelles de la nature. Dans la pièce de Shakespeare, Ariel est invisible à tous, sauf à Prospero. Et c'était le fantasme de Picasso. Après avoir renvoyé Sabartès, il dit à Françoise qu'il aimerait qu'elle s'installe en haut de la maison et qu'elle disparaisse du monde : « Je t'apporterais à manger deux fois par jour. Tu pourrais travailler là-haut en toute tranquillité et j'aurais un secret dans ma vie que personne ne pourrait m'ôter[37]. »

Le fantasme séduisait Françoise aussi, surtout qu'à ce moment de sa vie les deux choses qui comptaient le plus étaient Picasso et sa propre peinture. Travaillant dur chez sa grand-mère, dans un vaste atelier à côté de sa chambre, elle signait ses toiles « Ariane ». Plus sa relation avec Picasso prenait de l'importance, plus elle était fascinée par le mythe d'Ariane, qui avait guidé Thésée hors du labyrinthe, après qu'il eut tué le Minotaure. Pouvait-elle aider Picasso à égorger le Minotaure qu'il y avait en lui ? Pouvait-elle le guider hors de son labyrinthe ? Dans le mythe, Ariane ne sauve la vie de Thésée que pour être abandonnée par lui sur l'île de Naxos. Dominant la chambre à coucher de Françoise, il y avait la peinture murale qu'elle avait faite d'Ariane abandonnée par son amant, avec le dieu Dionysos descendant de l'Olympe pour la sauver et faire d'elle son épouse. Dans l'œuvre de Françoise, à l'époque, il y avait l'affirmation d'une force intérieure : ses formes plus sculpturales, l'espoir par-delà l'oppression et le chagrin de l'Occupation se faisait plus prononcé. Il y avait la spirale d'un escalier qui montait dans son portrait de sa grand-mère et une grande paix dans le visage de Geneviève, peinte au café de Flore avec un collier de colombes autour du cou.

Pour Picasso, Françoise était une merveille, un merveilleux accident. À mesure que cette fille, assez jeune pour être non sa fille mais sa petite-fille, exprimait ses opinions précoces et déjouait ses tours pour la séduire et la contrôler, un certain respect se manifestait en lui, à contrecœur. Un jour, en février 1944, il suggéra que la prochaine fois elle devrait venir l'après-midi, qu'il lui apprendrait à graver et qu'il ne laisserait personne les déranger. Elle arriva ponctuellement pour sa leçon de gravure, comme une vision sortie d'une toile de Velázquez, en robe de velours noir, le visage encadré par son haut col de dentelle blanche, ses cheveux châtains relevés. Une fois de plus, c'est lui qui fut démonté. « Est-ce le genre de costume que l'on met pour apprendre à graver ? » demanda-t-il. Elle répliqua qu'elle ne s'était pas habillée pour graver mais pour ce que, selon elle, il avait dans l'esprit. « Je voulais avoir l'air belle pour toi[39] », ajouta-t-elle.

Il y avait dans ses façons directes tout à la fois une innocence et une force qui lui faisaient perdre son sang-froid. Elle ne cessait de lui donner des cartes comme on ne lui en avait jamais distribué. « Tu fais tout ce que tu peux pour me rendre les choses difficiles, dit-il. Est-ce que tu ne pourrais pas au moins *faire semblant* d'être séduite, comme le font les femmes en général ? Si tu ne te laisses pas prendre par mes subterfuges, comment arriverons-nous jamais à être ensemble[40] ? » Il se plaignait et même temps il adorait cela. « Tu as raison, en fait, reconnaissait-il. C'est mieux comme ça, les yeux ouverts. Mais tu te rends compte, n'est-ce pas, que si tu ne veux que la vérité – pas de subterfuge – tu demandes à ce qu'on ne t'épargne rien. La lumière du jour est plutôt dure[41]. »

Il avait donné un avertissement mais, vibrante de tout le courage de la jeunesse, elle se sentait invincible. Pour l'instant, c'était elle qui gagnait : la vierge de vingt-deux ans déjouait les manœuvres du vieux roué de soixante-deux ans qui avait exploré à fond les sombres limites de la sexualité. La leçon de gravure oubliée, il se mit à lui montrer ses eaux-fortes de Vollard. Un nu aux cheveux blonds est assis en face d'un nu debout aux cheveux et aux yeux sombres : « Te voilà. C'est toi. Tu le vois, n'est-ce pas ? Tu sais, j'ai toujours été hanté par certains visages, et le tien en fait partie[42]. » Quelques gravures plus loin, un Minotaure veille sur une femme endormie. « Il l'étudie, expliqua-t-il, il essaie de lire ses pensées, de décider si elle l'aime *parce que* c'est un monstre. Les femmes sont assez bizarres pour ça, tu sais. C'est difficile de dire s'il veut la réveiller ou la tuer[43]. »

Malgré tout ce qu'il disait, il ne parvenait toujours pas à troubler son égalité d'âme. Il était intrigué par la source de sa force; il sentait qu'elle venait de plus loin que de l'expérience, de la beauté ou de l'intelligence. « Tu es la seule femme que j'aie rencontrée, lui dit-il, qui a sa fenêtre ouverte sur l'absolu[44]. » Il était excité par la possibilité d'une nouvelle forme de relation dans laquelle il y aurait réciprocité – peut-être même amour. « Je crois que je mourrai sans avoir jamais aimé[45] », lui avait-il dit quelques mois plus tôt, et elle avait ri en lui demandant de ne pas encore se décider.

« D'ailleurs, lui demanda-t-il soudain tandis qu'ils regardaient les gravures Vollard, de quoi ça parle, tout ça? Est-ce que *toi* tu le sais[46]? » Il y avait de l'espoir dans cette question, l'espoir qu'elle saurait peut-être, ou du moins qu'elle en saurait un peu plus que lui. Françoise répondit qu'elle n'était pas sûre, mais que, oui, elle avait fait les premiers pas sur le chemin qui la mènerait à la connaissance. Là-dessus, il lui prit le bras et l'entraîna dans la chambre à coucher. Il la déshabilla puis l'examina. Il s'émerveilla alors de voir à quel point son corps correspondait à l'image qu'il s'en faisait. Tendrement, il l'installa sur ses genoux comme une petite fille qu'il aurait voulu rassurer et lui dit que, « quoi qu'il y eût entre nous, ou qu'il dût y avoir, c'était sûrement quelque chose de merveilleux et que nous devions tous les deux nous sentir complètement libres. Que, quoi qu'il arrivât, ce serait seulement parce que nous le voulions tous les deux[47] ».

« Soudain, se rappelait Françoise, j'étais envahie par certains des mêmes sentiments que j'avais connus aux Baux : l'impression d'un nouveau début; une profonde confiance et le sentiment d'avoir trouvé ma place. Aux Baux, il m'avait semblé que je n'étais plus simplement un individu séparé, mais que je ne faisais qu'un avec l'univers.

Maintenant je ne faisais qu'un avec Pablo[48]. » Il s'allongea sur le lit auprès d'elle et, tout en caressant son corps avec une infinie douceur, il lui dit qu'il avait aussi l'impression que « cet instant est un vrai commencement... Je voudrais pouvoir suspendre le temps et tout garder exactement à ce point[49] ».

Françoise était blottie dans ses bras, emplie d'une paix si profonde et d'une joie si totale que rien d'autre ne comptait et qu'il ne restait rien à accomplir. Elle se sentait inaccessible aux doutes, aux craintes et même au pessimisme qui imprégnaient l'être même de Picasso et qui maintenant l'emportaient. « Tout, lui dit-il, existe en quantité limitée, surtout le bonheur. Si un amour doit naître, tout ça est écrit quelque part, et aussi sa durée et son contenu... Il ne faut pas que nous nous voyions trop souvent. Si les ailes du papillon doivent garder leur éclat, il ne faut pas les toucher. Il ne faut pas abuser de quelque chose qui va apporter quelque chose dans nos deux vies. Tout ce qu'il y a d'autre dans ma vie ne fait que m'alourdir et que masquer la lumière. Cette chose avec toi me semble comme une fenêtre qui s'ouvre, je veux qu'elle reste ouverte. Il faut nous voir, mais pas trop souvent. Quand tu as envie de me voir, tu m'appelles et tu me le dis[50]. »

Il était manifestement plus profondément ému qu'il ne l'avait jamais été; mais il redoutait aussi que ce qui semblait si différent se révèle être pareil. En demandant qu'ils ne se voient pas trop souvent, il prolongeait non seulement leur bonheur, mais aussi l'espoir qu'il avait que les sentiments qu'il venait de découvrir allaient fleurir en amour. Il ne faisait pas assez confiance à la vie pour s'abandonner à ce qui, il le sentait, allait apporter de la lumière dans ses ténèbres; et il ne se faisait pas assez confiance à lui-même pour ne pas le détruire.

En demandant à la voir avec ménagement, il cherchait à protéger ce qui avait commencé à naître entre eux du monstre que, l'expérience le lui avait enseigné, il ne parvenait pas à contrôler.

Françoise partit avec le sentiment que le grand peintre qu'elle avait jusque-là admiré de façon impersonnelle, s'était, au cours de la dernière heure, transformé en un homme qu'elle ne pourrait s'empêcher d'aimer.

XI

CAMARADE PICASSO

En février 1944, le même mois où Picasso et Françoise commençaient en hésitant leur voyage ensemble, Max Jacob était arrêté à Saint-Benoît-sur-Loire et envoyé au camp de Drancy, étape dans le long voyage vers Auschwitz ou Dachau. En route, il écrivit à Cocteau : « Cher Jean, je t'écris ceci dans un train grâce à la bonté des gendarmes qui nous entourent. Nous serons très bientôt à Drancy, c'est tout ce que j'ai à dire. Sacha, quand on lui a parlé de ma sœur, a dit : " Si c'était lui, je pourrais faire quelque chose ! " Eh bien, moi. Je t'embrasse. Max[1]. » La sobriété de sa supplication rendait son angoisse d'autant plus poignante. De Drancy, un dernier appel parvint à ses amis à Paris : « Puissent Salmon, Picasso, Moricand faire quelque chose pour moi[2]. »

Ses amis avaient déjà commencé à mobiliser tous les appuis qu'ils pourraient trouver. Cocteau écrivit une lettre émouvante sur Max, sur le respect dans lequel le tenait la jeunesse française, sur la façon dont il avait inventé un nouveau langage qui dominait la littérature française, sur sa renonciation au monde. Et, dans un discret post-scriptum il ajoutait : « Max Jacob est catholique depuis vingt ans[3]. » La lettre fut remise en main propre à Von Rose, le conseiller chargé des grâces et des remises de peine à l'ambassade d'Allemagne – qui, par miracle, aimait la poésie et admirait l'œuvre de Max. On notait l'absence, parmi les signatures de la pétition, de celle de Picasso. Son silence, alors qu'il s'agissait d'un de ses plus vieux et de ses plus intimes amis, était stupéfiant. Quand Pierre Colle, l'exécuteur littéraire, se rendit rue des Grands-Augustins pour lui demander d'utiliser l'autorité considérable qu'il avait auprès des Allemands pour intervenir en faveur de Max, il refusa, couronnant son indifférence d'une plaisanterie : « Ce n'est pas la peine de rien faire. Max est un petit démon. Il n'a pas besoin de notre aide pour s'échapper de prison[4]. »

Le 6 mars, Von Rose annonça qu'il avait réussi à obtenir un ordre d'élargissement signé de la Gestapo, et une voiture avec quelques-uns des amis de Max partit aussitôt pour Drancy. Là-bas, on leur annonça que Max était mort. Il était mort la veille de pneumonie, terriblement affaibli par les conditions de la vie en prison et le froid glacial qui régnait dans sa cellule sale et humide. Le « petit démon » s'était envolé de sa prison par la mort. Les Allemands savaient-ils que Max était mort lorsqu'ils avaient signé sa mise en liberté ? Ou bien s'agissait-il d'une grâce authentique arrivée trop tard ? Et l'intervention de Picasso aurait-elle changé quelque chose ?

Chaque fois que Picasso lui-même eut des ennuis pendant l'Occupation, soit parce qu'il se trouvait dans un restaurant de marché noir un jour que la police y fit une descente, ou parce qu'il avait fait couler ses sculptures en bronze quand c'était illégal, ou, plus sérieusement, parce qu'on l'avait pris à sortir en fraude des devises du pays, quelqu'un parvenait toujours à arranger les choses pour lui. Si André-Louis Dubois, au ministère de l'Intérieur, ne pouvait pas l'aider, il s'adressait à Otto Abetz, l'ambassadeur d'Allemagne; et, si lui aussi était impuissant, Dubois allait jusqu'à Arno Breker, le sculpteur favori de Hitler, qui s'adressait directement à l'assistant de Himmler, le général SS Müller. « Si vous touchez à Picasso, avait dit Breker à Müller au moment de l'incident des devises, la presse du monde entier fera un tel tapage que vous en resterez étourdi[5]. » Et il ajouta que, si Müller ne signait pas les documents mettant fin à toute action contre Picasso, il ferait directement appel au Führer. Müller, qui savait que sur l'ordre du Führer on avait fondu les statues des places de Paris afin de trouver du bronze pour les œuvres d'Arno Breker, se rendait bien compte qu'il n'était pas question de refuser sa signature. Dans ses mémoires, Breker nota ce que pensait Hitler : « En politique, tous les artistes sont innocents, comme Parsifal[6]. »

Tel était le pouvoir de la légende de Picasso. Qu'il ne s'en servît pas pour tenter de sauver son ami de la mort – qu'il y fût parvenu ou non – fut une des plus grandes trahisons de sa vie, autant la trahison de lui-même que de Max. Plus tard, en mars, il y eut un service à la mémoire de Max à l'église de la rue Saint-Roch. Picasso était là – mais pas vraiment là. N'osant pas entrer dans l'église et se trouver associé, même dans la mort, avec un prisonnier des nazis, il resta à rôder dans la cour devant l'église comme un passant, mais non un participant.

Un jour, Françoise, qui comprenait déjà combien Picasso avait horreur de prendre des risques, lui demanda pourquoi il était resté à Paris alors qu'il aurait pu se réfugier en Amérique. « Rester, dit-il, n'est pas vraiment une manifestation de courage; c'est simplement une forme d'inertie. J'imagine que c'est simplement que je préfère être ici[7]. » Son inertie fut perçue comme une attitude héroïque, une forme passive de résistance, et cette idée fut renforcée par le fait que nombre de ses amis participaient à la Résistance. Le 19 mars, Michel et Louise Leiris rassemblèrent un grand nombre de ces amis dans leur appartement pour une lecture de la pièce de Picasso, *Le Désir attrapé par la queue*. Les acteurs étaient Jean-Paul Sartre, Simone de Beauvoir, Georges Hugnet, Jean Aubier, Raymond Queneau et Dora Maar; le metteur en scène était Albert Camus. Dans le public se trouvaient, entre autres, Braque, Eluard, Pierre Reverdy, Jean et Valentine Hugo, et le señor et la señora Anchorena, un couple de très riches argentins, qui avaient en vain supplié Picasso de peindre pour eux une porte.

Quatre ans plus tard, dans *Qu'est-ce que la littérature?*, Sartre devait donner une expression philosophique au thème sous-jacent du *Désir attrapé par la queue*. Il dit avec des mots ce que Picasso avait dit avec des images :

« On nous a enseigné à le prendre au sérieux : ce n'est ni notre faute ni notre mérite si nous avons vécu en un temps où la torture était un fait, quotidien. Châteaubriant, Oradour, la rue des Saussaies, Tulle, Dachau, Auschwitz, tout nous démontrait que le Mal n'est pas une apparence, que la connaissance par les causes ne le dissipe pas, qu'il ne s'oppose pas au Bien comme une idée confuse à une idée distincte, qu'il n'est pas l'effet de passions qu'on pourrait guérir, d'une peur qu'on pourrait surmonter, d'un égarement passager qu'on pourrait excuser, d'une ignorance qu'on pourrait éclairer, qu'il ne peut d'aucune façon être tourné, repris, réduit, assimilé à l'humanisme idéaliste. Nous en vînmes donc, en dépit de nous-mêmes, à cette conclusion, qui paraîtra choquante aux belles âmes : le Mal ne peut pas se racheter[8]. »

Ou bien, comme le dit Gros-Pied, au commencement de l'acte V, « la noirceur de l'encre enveloppe les rayons de la salive du soleil[9] ». La conviction que le mal n'était pas rachetable imprégnait non seulement l'œuvre de Picasso, mais ses actions et, dans le cas de la mort de Max, son inertie, alors qu'il y avait une raison impérieuse de la secouer.

En juin, un rayon de soleil vint percer les ténèbres et le mal apparut soudain comme un fait quotidien, mais non comme une réalité absolue. Les armées alliées débarquèrent en Normandie et, en août, elles avaient atteint Paris. Elles virent se rallier à elles des milliers de Parisiens qui se dressèrent contre leurs oppresseurs. Picasso quitta la rue des Grands-Augustins et attendit l'issue de la bataille qui faisait rage dans les rues dans l'appartement du boulevard Henri-IV avec Marie-Thérèse et Maya. Tandis que de violentes escarmouches avaient lieu dans le quartier, il chercha à soulager son anxiété en dessinant Maya, heureuse petite fille maintenant qu'elle avait autour d'elle sa mère, son père et sa grand-mère. En fait, certains des plus heureux souvenirs de Maya sont ceux des raids aériens : « Toute ma classe, à l'école qui était au coin de la rue, venait se réfugier dans les caves de la maison où nous habitions. C'était merveilleux; j'adorais ça. Nous avions notre maîtresse qui nous racontait de vieux contes mythologiques dans le noir. Nous n'avions même pas de bougie. C'était fabuleux. Au lieu de nous raconter l'histoire du Petit Chaperon rouge, elle nous racontait les histoires des dieux, d'Ariane, de Dionysos et du Minotaure. Elle était sensationnelle! Imaginez tous ces contes dans l'obscurité... C'est pour ça que mon papa adorait les raids aériens! Quant à moi, j'étais très heureuse en ce temps-là, chaque fois je redécouvrais en même temps ma famille et les mythes d'autrefois. Et je trouvais les dieux romains et grecs parfaitement normaux : ils parlaient tous comme mon père[10]. »

Très bientôt, ce ne fut pas seulement sa fille de neuf ans qui le vit comme un dieu grec. La Libération de Paris, proclamée le 25 août, marqua un tournant dans la vie de Picasso. Il n'était plus seulement mondialement connu, il n'était plus seulement une légende. Il devint un symbole de la victoire sur l'oppression, de la survie et de la gloire de la vieille Europe. On lui demanda même de donner un dessin pour la première page d'un album d'honneur offert au général de Gaulle par les poètes et les peintres de la Résistance. Il était une célébrité qu'ils pouvaient choisir par cooptation pour ajouter plus de brillant à leur triomphe. Ayant toujours eu une préférence marquée pour les symboles plutôt que pour la réalité, il accepta. Il y avait des milliers de héros anonymes dans la Résistance, mais Picasso, bien qu'il ne fût certainement pas un héros, était un monument, aussi connu que la tour Eiffel et presque aussi accessible. Il posa pour des photographies avec son pigeon favori perché sur sa tête ou sur son épaule; il accueillit des centaines de GI's américains qui faisaient la queue pour visiter son atelier; il disait « *thank you very much* », avec un charmant accent franco-espagnol, à ceux qui lui offraient du chocolat, du café, des fruits et des boîtes de conserve. Il répondait avec une patience et une gentillesse inlassables à toutes les questions qu'on lui posait sur le temps qu'il lui fallait pour peindre un tableau, sur le nombre de toiles qu'il peignait en un an, et combien il en vendait et à quel prix.

« Quand les canons se turent, écrivit John Pudney dans le *New Stateman* de Londres, et qu'on commença à pleurer moins souvent en entendant chanter " La Marseillaise " et à se voir obligé d'avaler moins de champagne au nom de la Libération, j'allai voir Pablo Picasso... Il me déclara que la tendance de l'artiste créateur est de stabiliser l'humanité au bord du chaos[11]. » Un autre des premiers visiteurs à se rendre rue des Grands-Augustins fut Hemingway. Picasso était sorti et la concierge, habituée à voir tout le monde laisser des cadeaux, demanda s'il avait un paquet à laisser pour monsieur. Hemingway retourna jusqu'à sa voiture et revint avec une caisse de grenades sur laquelle il écrivit : « Pour Picasso de la part de Hemingway. »

Nombre de ceux qui entreprirent le pèlerinage de la rue des Grands-Augustins se contentaient d'attendre. Françoise compta une fois vingt GI's qui dormaient dans l'atelier. Mais ce qui la troubla bien plus que ces corps qui jonchaient le plancher, ce fut une couverture de magazine qu'elle aperçut dans un kiosque à journaux, alors qu'elle traversait à bicyclette la place Clichy. On y voyait une photographie de Picasso avec son pigeon à demi sauvage, qui normalement ne le laissait jamais approcher s'il y avait quelqu'un d'autre dans la pièce : « J'eus soudain l'impression qu'aussi bien le pigeon que Pablo avaient été domptés, et qu'ils étaient disponibles pour que le monde entier vînt les lorgner et les toucher[12]. »

Selon au moins un journaliste américain qui vint le voir, Picasso était, avec le général de Gaulle, l'homme de l'heure dans la France libérée. Il adorait ce rôle et le jouait à merveille. « Ce n'était pas une époque où le créateur pouvait se permettre d'échouer, de se dérober, de cesser de travailler », disait-il à ses visiteurs, ajoutant modestement : « Il n'y avait rien à faire que travailler avec sérieux et acharnement, à lutter pour manger, à voir discrètement et à attendre le retour de la liberté[13]. » Et les visiteurs rapportaient les paroles du grand homme. Quelques chanceux avaient le droit à voir non seulement son œuvre, mais ses appartements privés, et parlaient alors avec admiration de « la fraîcheur du sol carrelé à l'espagnole[14] » de la chambre à coucher et du charmant commentaire du maître sur, par exemple, les deux lavabos jumeaux de la salle de bains : « On a ou bien une main dans chacun d'eux, ou bien une conversation intelligente en faisant sa toilette. » Et le monde entier savait qu'il ne manquait pas de jeunes et belles amies avec qui avoir une conversation intelligente tout en faisant sa toilette.

Maintenant que tant de gens le voyaient comme un homme providentiel, un homme du destin, il se sentait encore plus à la hauteur de sa tâche : se dresser contre le destin, contre la vie et contre Dieu. Après tout, maintenant plus que jamais, il était le centre vénérable d'une religion naissante, avec un défilé quotidien d'adorateurs venus visiter le saint des saints, comme Sabartés appelait son atelier. Nigel Gosling, un journaliste anglais qui lui apporta en offrande quelques livres de la collection Penguin sur l'art britannique et une grosse pomme rouge de Normandie, le décrivit évoluant « comme un petit dieu oriental trapu. Plus petit qu'on ne s'y attendait – c'est toujours le cas des grands hommes –, il avait le teint bistre et était fermement planté sur ses pieds, ses yeux noirs de singe étonnamment ronds et grands sous le crâne chauve et le rare cheveu blanc. Il était grave et courtois, mais il émanait de lui la forte incandescence dionysiaque du génie[15] ».

Dans toutes les religions, il y a bien sûr une voix hérétique dans le chœur assourdissant des adulateurs. Ce fut Misia Sert, alors âgée de plus de soixante-dix ans, qui la fournit. « Avec ces mains qui m'émouvaient tant », écrivit-elle dans ses mémoires à propos de sa visite à Picasso après la

Libération, « il prit quelques toiles pour les approcher à portée de mes yeux faiblissants. Il y en avait des douzaines et des douzaines. Comme j'aurais aimé pouvoir lui dire que je les adorais ! Comme il aurait été heureux de me voir en emporter une... ! Hélas, dans tout ce qu'il faisait il n'y avait rien avec quoi j'aurais pu vivre. Je l'aimais bien trop pour pouvoir le tromper sur mes sentiments... Je me retrouvai dans ma voiture, pleurant sans pouvoir m'arrêter sur tout ce qui aurait pu être[16] ».

Mais les avis discordants et les larmes sur ce qui aurait pu être étaient difficiles à trouver rue des Grands-Augustins. Il y régnait une ambiance de célébration. Un mois après la Libération, Eluard, tout plein d'une excitation de conspirateur, chuchota à l'oreille de Roland Penrose, qui se trouvait ce jour-là parmi les visiteurs de Picasso : « J'ai une grande nouvelle pour toi : dans une semaine on annoncera que Picasso est inscrit au parti communiste[17]. » Le 5 octobre, on ne se contentait pas d'annoncer la nouvelle, on la placardait à la première page de *l'Humanité,* avec des photographies prises la veille lors de la réception au cours de laquelle les dignitaires du parti communiste venaient saluer la « profonde humanité » de leur nouveau frère, ses « préoccupations morales » et son « dévouement à l'humanité », et l'accueillaient dans « le sein du parti communiste, cette grande famille fraternelle d'ouvriers, de paysans et d'intellectuels[18] ». L'organe officiel du parti communiste évoquait longuement la grandeur de Picasso en tant que peintre, comme pour essayer de s'en convaincre. « Si l'on interrogeait aujourd'hui les artistes de l'URSS, ceux des pays anglo-saxons, comme ceux des nations latines, de consentement unanime, ils désigneraient Pablo Picasso comme le premier d'entre eux et comme le maître de la peinture contemporaine[19]. » C'était la grandeur par référendum.

L'entrée de Picasso au parti communiste tourna au spectacle de cirque, et l'un des numéros les plus divertissants était le spectacle des dignitaires du parti se livrant à mille contorsions pour démontrer pourquoi son art, qui était un anathème pour tous les canons officiels du « réalisme socialiste », n'en était pas moins un grand art. Ils débordaient de compliments, ils roucoulaient et Picasso répondait sur le même ton. « Toute expression humaine, dit-il un jour, a son côté stupide[20]. » Et, dans ses explications sur les raisons de son inscription au parti communiste, il en donna la preuve. « Et ces pauvres gens, tous ces pauvres gens ? » demanda-t-il à André-Louis Dubois, son protecteur durant l'Occupation, qui protestait. « On va les leur livrer en pâture, peut-être ? Eh bien ! ils ne supporteront pas n'importe qui et n'importe quoi. Ils se défendront, il y aura des grèves, des troubles, et vous voulez que pendant ce temps-là je reste au balcon comme au spectacle ? Non, ce n'est pas possible... Je serai avec eux dans la rue[21]. » En fait, dans les années à venir, loin d'être « dans la rue avec eux », ce fut à peine s'il regardait le spectacle de son balcon.

Sa capacité d'inventer la réalité atteignit de prodigieux nouveaux sommets dans une interview qu'il accorda à *The New Masses,* et qui parut quelques jours plus tard dans *l'Humanité* sous le titre « Pourquoi je suis communiste » : « Mon adhésion au parti communiste est la suite logique de toute ma vie, de toute mon œuvre. Car, je suis fier de le dire, je n'ai jamais considéré la peinture comme un art de simple agrément, de distraction ; j'ai voulu, par le dessin et la couleur, puisque c'étaient là mes armes, pénétrer toujours plus avant dans la connaissance des hommes et du monde afin que cette connaissance nous libère tous chaque jour davantage; j'ai essayé de dire, à ma façon, ce que je considérais comme le plus vrai, le plus juste, le meilleur, et c'était naturellement toujours le plus beau, les plus grands artistes le savent bien... Ces années d'oppression m'ont démontré que je devais non seulement combattre par mon art, mais de tout moi-même... Et alors je suis allé vers le parti communiste sans la moindre hésitation, car au fond j'étais avec lui depuis toujours. Aragon, Eluard, Cassou, Fougeron, tous mes amis le savent bien : si je n'avais pas encore adhéré officiellement, c'était par " innocence " en quelque sorte, parce que je croyais que mon œuvre, mon adhésion de cœur étaient suffisantes, mais c'était déjà mon parti. N'est-ce pas lui qui travaille le mieux à connaître et à construire le monde, à rendre les hommes d'aujourd'hui et de demain plus lucides, plus libres, plus heureux? N'est-ce pas les communistes qui ont été les plus courageux aussi bien en France qu'en URSS ou dans mon Espagne? Comment aurais-je pu hésiter? La peur de m'engager? Mais je ne me suis jamais senti aussi libre au contraire, plus complet! Et puis j'avais tellement hâte de retrouver une patrie : j'ai toujours été un exilé, maintenant je ne le suis plus. En attendant que l'Espagne puisse enfin m'accueillir, le parti communiste français m'a ouvert les bras, j'y ai trouvé tous ceux que j'estime le plus, les plus grands savants, les plus grands poètes et tous ces visages d'insurgés parisiens si beaux que j'ai vus pendant les journées d'août. Je suis de nouveau parmi mes frères[22]! »

Jamais auparavant il n'avait empoisonné si complètement le puits de la vérité. Etait-il donc incapable de comprendre l'ampleur des souffrances imposées par le communisme, les millions d'hommes massacrés ou incarcérés dans des camps de concentration? Le simple fait que, moralement,

Staline ne valait pas mieux que Hitler? Ou bien croyait-il que la fin justifie les moyens? Les rapports qui sortaient de Russie fournissaient bien assez de preuves que Staline et sa meute ne plaisantaient pas. Picasso avait le culot de la force et le mépris de la faiblesse. Pour lui, la faiblesse avait une odeur de mort, et il voulait être aussi loin que possible de toutes ses manifestations, comme s'il risquait d'en être contaminé. Le système communiste revendiquait un monopole de la vérité et recherchait un monopole de la puissance : et cela convenait parfaitement à sa personnalité. Il exigeait aussi la soumission de l'être au parti : et c'était quelque chose qu'il acceptait sans aucun mal, puisque c'était après tout exactement ce qu'il réclamait de ceux qui l'entouraient. Malgré ses vagues expressions d'intérêt pour le petit peuple, il admirait le totalitarisme. Il en admirait l'apparente efficacité et la force brutale : pas de votes incertains; pas de gens qu'il fallait démocratiquement gagner, cajoler et persuader. C'était comme ça qu'il aimait mener sa propre vie. À cet égard, il disait la vérité quand il proclamait que son « adhésion au parti communiste était la suite logique de toute sa vie ». Il avait toujours été lui-même un bon totalitaire et voilà que l'heure était venue où l'homme avait trouvé son écho dans le Parti. Et l'homme aussi bien que le Parti agissait comme si détenir et proclamer un idéal suffisait à abroger le besoin d'en faire une règle de vie. En s'inscrivant au parti communiste, Picasso éprouva un confortable sentiment de vertu par procuration et cela lui valut pas mal d'applaudissements. Il déclarait qu'il avait toujours été un exilé et que maintenant il n'en était plus un. Mais il n'était pas exilé d'Espagne – après tout, il vivait volontairement à Paris depuis trente-sept ans avant la guerre civile – mais exilé de lui-même. Et il cherchait à échapper à la douleur lancinante de cet exil, et à l'étouffante prison de son repli sur lui-même, en adhérant au Parti et en savourant l'impression, si artificielle fût-elle, d'appartenir à quelque chose. Et, comme il y avait peu de choses aussi élitistes que le parti du peuple, bien des gens étaient ravis d'en être membres avec lui, et nombre de nymphettes du Parti étaient d'autant plus ravies de lui appartenir, fût-ce de façon fugitive. Elles accouraient rue des Grands-Augustins quémander un autographe de la dernière célébrité du Parti, et retrouvaient des collégiennes petites-bourgeoises ayant le goût des arts qui attendaient d'apercevoir le Grand Artiste. Elles obtenaient souvent plus que cela. Plus Picasso vieillissait, plus jeunes il aimait ses partenaires sexuelles. Et, dans l'euphorie confuse de la Libération, bien des mineures françaises furent initiées aux mystères du sexe par un homme assez âgé pour être leur grand-père.

Une des jeunes filles qui trouva ainsi le chemin de la rue des Grands-Augustins, guidée là par Eluard, était Geneviève Laporte. Elle avait dix-sept ans à l'époque et faisait ses études au lycée Fénelon voisin, où elle était présidente du Front national des étudiants et directrice du journal de l'établissement. Ce fut à ce titre qu'elle arriva pour demander à Picasso une interview, une explication de son communisme et une explication de son art, que, disait-elle, ses camarades de classe ne comprenaient pas. « Comprendre! s'écria-t-il. Que diable est-ce que ça a à faire avec comprendre? Depuis quand est-ce qu'un tableau a été une preuve mathématique? Il n'est pas là pour expliquer – expliquer quoi, bon Dieu? –, mais pour éveiller un sentiment dans le cœur de la personne qui le regarde. Une œuvre d'art ne doit pas être quelque chose qui laisse un homme indifférent, quelque chose devant quoi il passe en y jetant un coup d'œil. Elle doit le faire réagir, lui inspirer des sentiments forts, le pousser à créer aussi, ne serait-ce que dans son imagination. Il doit être secoué de sa torpeur[23]... »

« Les philosophes n'ont fait qu'*interpréter* le monde de diverses façons; ce qui compte, c'est de le *changer*[24] », avait dit Marx. Geneviève demanda à Picasso s'il avait lu Marx. Il ne l'avait pas lu. Son principal contact avec la doctrine communiste, à l'exception d'Eluard et d'Aragon, s'était fait par l'intermédiaire de Laurent Casanova, un des chefs de la Résistance communiste, qui s'était échappé de prison pendant l'Occupation et avait trouvé asile dans l'appartement de Michel Leiris, à deux pas de chez Picasso. Geneviève Laporte, elle, avait beaucoup lu pour tenter de se convaincre de devenir marxiste et de s'inscrire au Parti. Elle avait lu *l'Histoire du Parti communiste de l'Union soviétique,* de Staline. « J'ai fait de mon mieux, dit-elle, mais en vain, parce qu'il y avait trop d'arguments que je ne pouvais pas accepter[25]. » À leur première rencontre, Picasso lui montra sa carte du Parti et ils convinrent qu'il y avait quelque chose d'amusant à ce qu'on le décrivît comme « camarade Picasso ». Lui, qui n'expliquait jamais son art essaya une fois de plus d'expliquer sa politique. « Vous comprenez, je ne suis pas français, mais espagnol. Je suis opposé à Franco. Et la seule façon que j'ai de rendre publique cette attitude, ajouta le peintre de *Guernica,* c'est d'adhérer au Parti communiste et de démontrer que je suis de l'autre côté[26]. »

Bientôt la discussion politique se trouva étouffée par l'ardeur de leurs ébats. Mais, contrairement au reste des jeunes adolescentes dans la vie de Picasso, Geneviève resta une présence intermittente, contribuant à la tension qui était toujours pour lui un élément essentiel d'excitation sexuelle.

Parfois, Françoise tombait sur elle rue des Grands-Augustins, ignorant qu'il fallait la faire figurer aussi dans le long et toujours plus gros catalogue des maîtresses de Picasso. « Je l'avais surnommée, se rappelait-elle, le fromage suisse; c'était une grande et robuste fille et elle apportait toujours du fromage à Pablo[27]. » Françoise, en fait, ignorait la présence d'aucune femme dans la vie de Picasso, hormis Dora. Quant à Olga et Marie-Thérèse, il lui assurait qu'elles appartenaient à son passé.

Dora, maintenant, connaissait l'existence de Françoise, mais n'arrivait pas à croire qu'elle serait jamais supplantée par la « collégienne », comme elle appelait avec mépris Françoise des hauteurs précaires de son éminence intellectuelle. « Au lit, mais pas à table[28] », dit-elle à Picasso, ce qui l'incita aussitôt à inviter Françoise à se joindre à Dora et à lui pour dîner. « J'y allai, se rappela Françoise, mais j'emmenai André Marchand, qui était amoureux de moi et qui avait fait de nombreux portraits de moi. Ainsi, au lieu d'avoir l'air d'être la petite fille qui veut être avec le maître à n'importe quelle condition, j'étais là avec mon cavalier qui, aux yeux du monde, était l'homme de ma vie. Et Dora, qui connaissait André Marchand de son côté, se mit à l'inviter à dîner avec elle et Pablo dans l'espoir qu'il m'amènerait. Elle croyait que, quand Pablo verrait que de toute évidence j'étais avec André, il cesserait de s'intéresser à moi. Cela eut, bien sûr, exactement l'effet opposé[29]. »

Lorsqu'une grande rétrospective de l'œuvre de Picasso fut organisée six mois après la Libération dans le cadre du Salon d'automne, Françoise était fidèlement de service. C'était un service auquel elle ne s'attendait pas. Quelques « jeunes écervelés[30] », comme les décrivait André Lhote, nombre d'entre eux étudiants de l'école des Beaux-Arts, et « des messieurs d'âge trop bien-pensants » furent si scandalisés par la combinaison de l'œuvre et des opinions politiques de Picasso qu'ils essayèrent de décrocher ses toiles en criant : « Décrochez ! Remboursez ! » À compter de ce jour-là, Françoise et d'autres jeunes étudiants des Beaux-Arts se relayèrent pour monter la garde devant les toiles. C'était une manifestation concrète de l'un des besoins très forts qui l'attiraient vers Picasso : le besoin de le protéger, de le sauver, aujourd'hui des manifestants menaçants et toujours de lui-même.

Seuls quelques-uns de ceux qui se pressaient au Salon d'automne recoururent à la violence, mais beaucoup étaient abasourdis. « Après le cauchemar de l'Occupation, expliqua Françoise, ce devait être un choc pour le public de se trouver confronté à une œuvre qui était si proche par son esprit des années qu'ils venaient de vivre[31]. » Le choc était aussi le leitmotiv de la critique que fit Georges Limbour de l'exposition : « Les toiles peintes par Picasso au cours des cinq ou six dernières années et exposées au Salon d'automne constituent pour le visiteur un choc aussi violent que pourrait en donner un spectacle artistique. Ces formes d'une intense précision, agressivement étranges, plus grandes que nature, pèsent sur l'âme comme des objets d'une densité plus grande que celle qu'on connaît sur terre, qu'ils soient de plomb, de porcelaine ou d'os; elles nous plongent au premier coup d'œil dans un trouble étrange mais fascinant, jusqu'au moment où nous retrouvons notre équilibre dans l'atmosphère spéciale où elles existent[32]. » L'exposition donna lieu à de nombreuses caricatures toutes sur le même thème du choc et du rejet. L'une d'elles montre un guide expliquant à un visiteur en train de regarder une sinistre parodie du *Penseur* de Rodin : « Il est comme ça depuis qu'on a accroché un Picasso devant lui[33]. »

Tandis que Dora se cramponnait à sa position de

maîtresse officielle du moment, Picasso présentait Françoise à son passé. Il commença par lui en parler, puis il voulut lui en montrer les reliques. Un après-midi, il demanda à Marcel de les conduire jusqu'en haut de Montmartre; là, ils descendirent de voiture et marchèrent jusqu'au Bateau-Lavoir. « C'est là que tout a commencé[34] », lui dit-il gravement. Puis il lui montra l'atelier de Juan Gris, la chambre de Max Jacob, celle où habitait Soriol, le marchand d'artichauts, et pour finir son propre atelier. « Il nous suffit, dit-il d'ouvrir cette porte et nous allons nous retrouver à la période bleue. Tu étais faite pour vivre à la période bleue et tu aurais dû me rencontrer quand j'habitais ici. Si nous nous étions connus alors, tout aurait été parfait parce que, malgré tout ce qui aurait pu arriver, nous n'aurions jamais quitté la rue Ravignan. Avec toi, je n'aurais jamais eu envie de quitter cet endroit[35]. » Pour la première fois, Françoise comprit ce que le Bateau-Lavoir représentait pour lui : « C'était une époque de lutte, mais il y avait dans ce combat un sens et un espoir, et tout semblait possible – même le bonheur[36]. »

Du Bateau-Lavoir, il l'emmena jusqu'à une petite maison de la rue des Saules voisine. Ils trouvèrent là une vieille dame couchée dans son lit, malade et édentée. Ils bavardèrent quelques minutes, Picasso laissa un peu d'argent sur sa table de nuit et ils s'en allèrent. Il resta quelque temps silencieux; puis il se tourna vers Françoise et expliqua : « Je veux que tu apprennes ce qu'est la vie. Cette femme s'appelle Germaine Pichot. Elle est vieille, sans dents, pauvre et malheureuse aujourd'hui. Mais, lorsqu'elle était jeune, elle était très jolie et elle a fait tant souffrir un peintre de mes amis qu'il s'est suicidé[37]. » La leçon qu'il voulait enseigner à Françoise sur la vie était la même que, intentionnellement ou non, il donnait au monde à travers son œuvre : que tant de choses de la vie concernent la déchéance, la dégradation et la mort.

En février 1945, il se mit au travail sur une autre peinture encore sur ces mêmes thèmes : *Le Charnier.* Un tas de corps disloqués gît sur une table blanche avec une cruche vide et une casserole vide. Penrose dit de ce tableau que c'était « le plus désespérant de toute l'œuvre de Picasso[38] »; Barr l'appela « une *pietà* sans chagrin, un enterrement sans cortège[39] »; d'innombrables critiques d'art et amateurs d'art ont conclu qu'elle était inspirée par l'horreur des camps de concentration. Comme la leçon qu'il voulait donner à Françoise sur la vie, *Le Charnier* n'était qu'un élément de la vérité. C'était une crucifixion sans le moindre aperçu sur l'écrasant triomphe de la Résurrection. C'était l'horreur nazie sans la victoire sur elle. C'était une fois de plus les ténèbres en tant qu'ultime réalité.

Cela se révéla trop, même pour lui. Durant toute l'année, il ne cessa d'y travailler, l'abandonnant et y revenant. La toile n'était pas terminée à temps pour le Salon d'automne et elle était encore inachevée lorsqu'on la présenta à l'exposition « Art et Résistance » en présence de l'ancien fugitif et alors ministre communiste des Anciens Combattants, Laurent Casanova. Casanova exalta « les grands artistes qui avaient trouvé dans l'héroïque action de nos frères les éléments d'un nouvel art moderne[40] », mais malgré la rhétorique officielle, on grommelait, parmi les frères de parti de Picasso, devant la forme d'art qu'il produisait. Picasso accepta ces critiques sans sourciller. « Même s'ils ne voulaient pas de moi, je me cramponnerais encore au Parti[41]. » Mais il savait qu'ils voudraient toujours de lui; et il savait pourquoi : « La vérité, c'est que grâce à *Guernica* j'ai le plaisir de faire une déclaration politique tous les jours en plein milieu de New York. Personne d'autre n'est capable de ça... Aucun ministre ou politicien ne pourrait en faire autant[42]. »

« Si les Allemands devaient revenir, lui demanda un soir Cocteau à un dîner, que leur diriez-vous maintenant que vous êtes inscrit, au parti communiste ? » Picasso, très fier de lui, répondit : « Mais, Jean, je dirais : " Vous ne voyez donc pas que c'était une simple plaisanterie ? "[43] ». Mais, comme les Allemands étaient heureusement bien loin, il se comportait comme une bonne célébrité du Parti, assistant aux grands rassemblements, lisant des discours souvent écrits par Eluard et, plus important que tout, donnant des interviews.

L'homme dont la devise avait été : « Il est interdit de parler au conducteur[44] », demandait maintenant anxieusement à Jérôme Seckler qui l'interviewait pour *The New Masses :* « Vous me croyez[45] ? » Certaines de ses déclarations n'étaient pas facilement crédibles. « Je suis un communiste et ma peinture est une peinture communiste[46] », assura-t-il à Seckler, puis, il fit aussitôt une réserve en ajoutant : « Mais si j'étais un cordonnier, royaliste, communiste ou n'importe quoi d'autre, je ne martèlerais pas nécessairement mes chaussures d'une façon spéciale pour montrer mes opinions politiques. » Il voulait qu'on comprît clairement qu'il n'avait « jamais été hors de la réalité[47] ». « J'ai toujours été dans l'essence de la réalité », répétait-il. La question qu'il ne posait pas était : quelle réalité ? La réalité du paysage de Corot et celle du Rubens représentant « un homme et une femme éclatant d'amour[48] », qui à l'époque était accrochés dans sa chambre à coucher ? Ou bien la réalité du *Charnier*, qu'il n'avait toujours pas été capable de terminer ?

Dans son préambule à l'interview, Seckler parlait de l'exaspération qu'avaient éprouvée ses amis et lui en analysant Picasso : « La seule conclusion à laquelle nous pouvions jamais arriver, c'était que Picasso, dans ses diverses prétendues " périodes ", reflétait très précisément les contradictions très violentes de l'époque, mais les reflétait seulement, ne peignant jamais rien pour améliorer sa compréhension de l'époque[49]. » C'était une conclusion bien plus sévère que Seckler ne s'en rendait compte. Pouvait-on vraiment réduire l'art de Picasso à rien de plus qu'un brillant reportage sur les griefs du siècle ?

Le 24 mars, quelques jours après la publication dans *The New Masses* de son interview par Seckler, une autre parut dans *Les Lettres françaises*, où Picasso voyait son art comme se créant à l'image des événements de son temps : « Que croyez-vous qu'est un artiste ? Un imbécile qui n'a que des yeux s'il est peintre, des oreilles s'il est musicien, une lyre à chaque niveau de son cœur s'il est poète... ? Tout au contraire, il est en même temps un être politique, pleinement conscient des événements déchirants, excitants ou heureux qui se passent dans le monde, et se créant totalement à leur image. Comment serait-il possible de ne pas s'intéresser à autrui et au nom de quelle nonchalance de tour d'ivoire pourrait-on rester éloigné d'une vie qu'on vous apporte en telle abondance ? Non, la peinture n'est pas faite pour la décoration des appartements, c'est une arme offensive et défensive contre l'ennemi[50]. » Une fois de plus il y avait une question qu'on ne posait pas : qui ou quoi était l'ennemi ?

« C'était une invasion ! se plaignit-il à Brassaï en mai. Paris a été libéré, mais moi j'étais assiégé, et je le suis encore[51]. » Il se plaignait, mais il restait déterminé à faire la conquête de chacun de ses assiégeants. Et son arme n'était pas son œuvre – dans certains cas, c'était même un handicap –, mais sa faculté de se laisser si totalement absorber par quiconque avec qui il se trouvait, pendant qu'il était avec eux, qu'il leur donnait l'impression d'être un vieil ami. « Il me semblait que je le connaissais depuis des années[52] », écrivit Seckler dans son interview. Et Marina de Berg, une jeune danseuse russe que Brassaï amena à l'atelier, faisait écho à ce même sentiment. « C'est curieux, dit-elle, je l'ai vu pour la première fois et pourtant j'ai l'impression de l'avoir toujours connu[53]. » Il les reçut en short bleu, torse nu, et ne passa un costume gris acier que juste avant leur départ. « Entre nous, confia Marina à Brassaï, il était beaucoup mieux en short que dans ce costume gris. Quand il est habillé, il fait beaucoup trop gentleman, convenable, et la cravate ne lui va pas du tout. Mais, en short, il était incroyable. » Marina ne tarissait pas d'éloges sur Picasso, mais elle détestait ses sculptures et ses tableaux. « Il n'y a que des monstres ici! des horreurs[54]! » s'exclama-t-elle devant Brassaï. Et, quand Picasso vint les rejoindre, elle ne fut pas moins franche : « Mais vos toiles sont épouvantables! Elles me font peur...! Sincèrement, Brassaï, vous aimez ça? Vous trouvez ça beau? Vous ne le dites que par snobisme, tous autant que vous êtes[55]. »

« Si je vous comprends bien, lui dit Picasso, visiblement amusé par son audace, aucune de mes toiles ne vous plaît. – Mais, si, répondit Marina. Si... si vous deviez m'en donner une, je choisirais ce portrait. »

Picasso et Brassaï éclatèrent de rire. Elle avait choisi la seule toile de la pièce qui ne fût pas de Picasso : une femme d'Arles, par André Marchand. Picasso se faisait de plus en plus flirteur, dévorant des yeux Marina assise, jambes croisées, chaussée talons hauts, la tête dans ses mains : « Mais elle est très belle, Marina... ce profil est adorable. Si seulement j'étais un artiste... – Vous feriez mon portrait...! interrompit-elle, feignant l'affolement. Non, merci, je n'en veux pas. Vous me reconstruiriez tout comme vous l'avez fait à toutes ces femmes là-haut : les yeux dans les oreilles, la bouche dans le nez. – Oh non, je ne vous traiterais pas comme les autres femmes, lui assura-t-il. Je vous ferais très belle. Au fait, quel âge avez-vous? – Quel âge croyez-vous que j'ai? Je ne dis jamais mon âge, répliqua-t-elle avec coquetterie. – Mais à moi, vous pouvez le dire. Chuchotez-le-moi à l'oreille... Un vieil homme comme moi[56]... »

Le jeu de séduction se poursuivit. Picasso invita Marina à revenir pour qu'il pût lui donner quelques précieux conseils, lui demandant de jouer à la marelle dans l'atelier et criant « Encore! encore! » lorsqu'elle s'exécuta; proposant de lui montrer comment fixer convenablement sa ceinture de danseuse et promettant de trouver les ballerines d'Olga, faites dans un si bon cuir, pour les lui donner « la prochaine fois ». Mais il n'y eut pas de prochaine fois. Il aimait simplement introduire l'avenir dans la conversation pour créer une ambiance d'intimité, un lien qui le rendait d'autant plus irrésistible – même quand il ne devait pas y avoir d'avenir. Marina était aux anges, et dans ce cas c'était tout ce qu'il voulait : la séduction pour la séduction.

Ainsi se répandit la légende de Picasso le magicien, perpétuée même par des gens qui ne pouvaient pas supporter son œuvre. « Les gens me demandent toujours les choses les plus incroyables[57] », déplorait-il, souffrant des effets secondaires de son image toute-puissante. Dans ce cas particulier, une jeune Américaine, Katherine Dudley, lui avait envoyé douze billets de mille francs qu'elle avait oublié de faire tamponner à temps pour la réévaluation de la monnaie. Maintenant qu'ils ne valaient plus rien, pouvait-il en faire quelque chose? Mais oui, il pouvait. Comme un véritable magicien, il leur redonna plus que leur valeur originale en gravant dans du bois un motif qu'il imprima sur chaque billet. Le seul ennui, ce fut qu'il ne rendit jamais les billets. « Chaque fois que je le vois, racontait Katherine Dudley près de vingt ans plus tard, il agite ses bras en l'air et dit : " Oui, Katherine, j'ai bien redonné de la valeur à vos billets, il faut que je vous les rende. "[58] » Il ne le fit jamais. Il adorait jouer les prestidigitateurs mais il ne pouvait pas s'empêcher d'être un filou.

Dès le premier instant où elle avait posé les yeux sur lui, Françoise avait été frappée par la ressemblance entre Picasso et le *Scribe assis* qu'elle avait si souvent vu au département des antiquités égyptiennes du Louvre. Et voilà maintenant qu'il ressemblait plus que jamais au scribe égyptien. Dans une édition originale d'un recueil de poèmes de Mallarmé, sous le portrait qu'il avait dessiné du poète, il écrivit : « PLUS DE MÈCHE! Paris, 12 mai 1945[59]. » Ce qui restait de sa mèche noire et rebelle, jadis célèbre – une petite touffe de cheveux blancs – était enfoui maintenant dans le recueil de poèmes de Mallarmé. « On ne peut pas être et avoir été », tel était son épitaphe résignée.

C'était une conclusion à laquelle Dora n'avait pas réussi à parvenir. Elle voyait bien dans l'œuvre de Picasso que non seulement Françoise s'était trouvée dans son lit *et* à sa table, mais qu'elle avait commencé à pénétrer dans son être même. Dora pourtant ne pouvait accepter le fait qu'elle était sur le point d'être supplantée. Et, même si elle le pouvait, elle s'était si profondément plongée dans la vie de Picasso, elle lui était si totalement soumise qu'elle avait en fait barricadé toutes les issues. Si torturante que fût sa souffrance à elle et monstrueuse son indifférence à lui, elle passait ses jours dans un cocon où lui ne constituait que la seule réalité, elle attendait près du téléphone qu'il l'appelât, toujours disponible pour le rencontrer où il le voulait ou pour le recevoir chez elle. La seule autre personne qui conservât une présence ténue dans sa vie était son père. Depuis la mort de sa mère, il habitait l'hôtel du Palais-d'Orsay et, une fois par semaine, quand Picasso était avec Maya et Marie-Thérèse, elle allait dîner avec lui – en tête à tête et toujours au même endroit : à l'hôtel Lutetia.

Au printemps de 1945, Dora fit une exposition de ses toiles, pour la plupart des natures mortes très méditatives et austères, à la galerie Jeanne Bucher, à Montparnasse. Un après-midi, Françoise se rendit à bicyclette à la galerie, arborant une robe à rayures multicolores. Dora était là, toute en noir. Picasso arriva peu après, très fier et très heureux que l'exposition eût de bonnes critiques. Plus le monde l'admirait, plus les talents de Dora étaient reconnus, plus il tirait de plaisir à l'état de soumission dans lequel elle vivait. L'arrivée de Picasso à la galerie mit soudain Françoise très mal à l'aise et elle sentit que sa présence était déplacée. Elle dévala l'escalier pour reprendre le plus vite possible sa bicyclette. Il la suivit en criant : « Où crois-tu que tu vas[60] ? »

C'était déjà devenu la tonalité habituelle de leur relation. Chaque fois que Françoise se repliait sur elle-même ou s'éloignait, il courait après elle pour la séduire de nouveau. Mais, dès l'instant où il décelait le moindre signe de vraie tendresse et d'intimité entre eux, il la repoussait : « Je ne sais pas pourquoi je t'ai dit de venir. Ce serait plus drôle d'aller au bordel[61]. » Ou bien : « Il n'y a rien pour moi qui ressemble plus à un caniche qu'un autre caniche, et c'est la même chose pour les femmes[62]. » Un jour qu'ils regardaient la poussière qui dansait dans le soleil de la chambre, il lui dit :

« Personne n'a d'importance réelle pour moi. En ce qui me concerne, les autres sont comme de petits grains de poussière flottant dans le soleil. Il suffit d'un coup de balai et ils disparaissent[63]. »

Elle riposta – chaque fois elle ripostait. C'était nouveau pour elle, déclara-t-elle, qu'il vît le reste du monde comme des grains de poussière dont on pouvait facilement se débarrasser, mais il se trouvait que, contrairement à un grain de poussière, elle avait à la fois la volonté et la possibilité de partir sans coup de balai. Elle s'en alla et ne revint pas pendant trois mois. Elle n'était pas un instrument dont il pouvait jouer à son gré, il commençait à s'en apercevoir, mais une jeune femme dotée d'une force qui pouvait rivaliser avec la sienne.

Cependant que Picasso et Françoise poursuivaient leur relation dans un état de neutralité armée, Dora tout simplement s'écroulait. Un soir, Picasso se rendit chez elle et découvrit, à sa stupéfaction, qu'elle était sortie. Quand elle revint enfin, échevelée et les vêtements en lambeaux, elle expliqua qu'elle avait été attaquée par un homme qui lui avait volé son petit bichon maltais. Dix jours plus tard, elle fut ramenée chez elle par un agent de police qui l'avait trouvée aussi échevelée et hébétée près du Pont-Neuf. L'histoire cette fois était qu'elle avait été attaquée par quelqu'un qui lui avait volé sa bicyclette. Quand on retrouva sa bicyclette intacte près du Pont-Neuf, Picasso acquit la conviction que tous ces récits n'étaient rien de plus qu'un dramatique effort pour ranimer l'intérêt qu'il lui portait. Décidé donc à ne pas tomber dans le piège de cette ruse et incapable de tenir compte des sentiments d'un autre que lui, il continua comme si de rien n'était – jusqu'à ce qu'il devînt absolument évident qu'il y avait bel et bien quelque chose.

Un soir que Picasso venait prendre Dora pour

dîner, il découvrit que le barrage qui retenait son humiliation et sa souffrance s'était rompu et que les émotions se déversaient sans aucun contrôle. « En tant qu'artiste, lui dit-elle, tu es peut-être extraordinaire, mais, moralement parlant, tu ne vaux rien[64]. » Il essaya de la faire taire en la prévenant qu'il ne supporterait pas ce genre de propos. Elle continua néanmoins, le pressant de se repentir pendant qu'il était encore temps et, comme il lui riait au nez, nullement démonté, elle lui reprocha sa vie honteuse et le supplia de penser à ce qui l'attendait après la mort. « Tu fais ton propre salut comme bon te semble et tu gardes tes avis pour toi[65] », lui lança-t-il, mais sans parvenir à pouvoir endiguer le flot de ses émotions.

Le lendemain matin, enfreignant la règle de Picasso qui ne l'autorisait pas à venir rue des Grands-Augustins sans être précisément invitée, Dora arriva sans qu'on l'eût appelée et sans se faire annoncer. Elle trouva Picasso en train de bavarder avec Eluard. Il n'y eut pas de préambule. « Vous devriez tous les deux vous mettre à genoux devant moi, paire impie, s'écria-t-elle. J'ai la révélation de la voix intérieure. Je vois les choses comme elles sont vraiment, passées, présentes et futures. Si vous continuez à vivre comme vous l'avez fait, vous amènerez sur vos têtes une terrible catastrophe[66]. » Et, pour souligner ses paroles, elle prit les deux hommes par le bras et essaya de les mettre à genoux. Sabartés fut aussitôt dépêché pour aller chercher le Dr Jacques Lacan, le psychiatre que Picasso consultait pour toutes sortes de problèmes médicaux, y compris le rhume de cerveau. Le médecin arriva à l'atelier et repartit en emmenant Dora. Il la garda dans sa clinique trois semaines, la traitant à l'électrochoc et commençant son analyse qui se poursuivit longtemps après qu'elle eut quitté la clinique.

Pour la première fois depuis le début de leur amitié, Eluard était furieux contre l'homme qu'il idolâtrait – si furieux que, dès que le Dr Lacan eut emmené Dora, il brisa une chaise en morceaux. Il gardait de Dora le souvenir d'une jeune femme belle et fière parmi les jeunes surréalistes, avec ses tendances mystiques et son esprit aigu, et il avait du mal à pardonner à Picasso le profond malheur qu'il lui avait causé, les monstrueuses et innombrables humiliations qu'il lui avait infligées, toutes les façons dont au cours des dix dernières années il avait peu à peu transformé la déesse en un paillasson dépenaillé. « Picasso ne peut pas supporter que sa compagne soit malade », dit Eluard à Pierre Daix, quand il l'emmena voir Dora après son retour de la clinique. « Pour lui, une femme n'a jamais le droit de renoncer à la bataille[67]. »

Picasso raconta à Françoise les malheurs de Dora et en tira pour elle la leçon : « Le présent a toujours la préséance sur le passé. C'est une victoire pour toi[68]. » C'était une morale très différente de celle que Françoise voyait dans l'histoire de Dora. Elle exprima ses craintes et lui dit qu'à ses yeux c'était une histoire pleine de douloureux avertissements. « Laissons tomber tout cela, répondit-il. La vie est comme ça. Elle est réglée pour éliminer automatiquement ceux qui ne peuvent pas s'adapter... La vie doit continuer et la vie c'est nous[69]. » Comme elle protestait que c'était une façon très dure de traiter quiconque était moins fort que soi, il l'accusa d'être une rêveuse : « Ce genre de charité est très peu réaliste. Ce n'est que de la sentimentalité, une sorte de pseudo-humanitarisme que tu as pêché chez ce geignard, ce pleurard, ce charlatan de Jean-Jacques Rousseau. D'ailleurs, la nature de chacun est déterminée d'avance[70]. »

Françoise reconnut avec une certaine appréhension la philosophie du surhomme insensible de Nietzsche, qui doit supprimer toute compassion : « L'amour est le danger que court le plus esseulé[71]. » « Je commençais à voir qu'il y avait dans son caractère des aspects bien étranges, dit-elle. Des côtés sadiques commençaient à apparaître et je me dis que, bien que ce fût une relation importante pour moi, elle devait rester dans un contexte de liberté, de séparation – et de distance[72]. » Picasso, sans se soucier de l'effet que la révélation de son côté démoniaque avait sur elle, l'invita à passer l'été dans le Midi avec lui – et Dora. Elle refusa catégoriquement, bien décidée à ne pas se plier à son jeu de dresser une femme contre l'autre, même quand l'une d'elles avait été réduite à l'état d'invalide affective. « Ne compte pas sur moi, lui dit-elle, pour venir entre Dora et toi; ne compte pas sur moi pour énerver Dora. Tu l'énerveras tout seul[73]. » Et elle s'en alla passer l'été en Bretagne pour conserver la distance qu'elle savait nécessaire, non pas tant pour que leur relation survécût que pour lui permettre à elle de survivre à leur relation.

Le 15 juin 1945, ce fut comme si le temps s'était arrêté pour un soir. C'était la première de *Rendez-vous* de Jacques Prévert, présenté par les ballets Roland Petit au théâtre Sarah-Bernhardt. Ce qui restait du beau monde était là en force, dans l'espoir que les années Diaghilev allaient renaître. Etienne de Beaumont, Marlene Dietrich, Cocteau et Picasso – avec Dora près de lui – étaient dans le public, tout comme Brassaï, qui avait fait les décors de *Rendez-vous*. Picasso avait accepté de peindre le rideau de scène, mais, comme le soir de la première approchait et qu'il n'avait rien remis, Boris Kochno, qui avait succédé à Diaghilev après la mort de ce dernier, prit une nature morte représentant une bougie et un masque de velours, que Picasso avait peinte en 1943, et la fit agrandir. Il y eut des applaudissements, mais aussi quelques ricanements et quelques huées quand on découvrit le rideau de scène de Picasso. « A part un très léger froncement de sourcils, Picasso ne montra pas la moindre réaction, écrivit Brassaï, qui était assis auprès de lui durant la représentation. Il a déjà vu des manifestations de ce genre. Pendant l'entracte, il me dit que la réaction de ce soir n'était pas plus qu'une tempête dans un verre d'eau comparée au scandale provoqué par *Parade* dans ce même théâtre voilà vingt-huit ans[74]. » S'il songeait que sa propre contribution n'était qu'un écho des années passées, il n'en dit rien.

Au début de juillet, Picasso et Dora partirent pour le cap d'Antibes; ils devaient descendre chez Marie Cuttoli, autour de qui, que ce fût à Paris ou dans le Midi, il y avait toujours un salon d'artistes, d'intellectuels et d'hommes politiques, parmi lesquels son mari, qui était sénateur. Du cap d'Antibes, accompagné de Dora et de Marie Cuttoli, il alla jusqu'au village de Ménerbes, dans le Vaucluse, pour découvrir la grande maison qu'il avait achetée sans la voir en échange d'une nature morte. Le propriétaire voulait un Picasso, il tenait aussi beaucoup à se débarrasser de sa maison qui était pleine de souvenirs de sa femme récemment disparue. Picasso offrit la maison à Dora : c'était tout à la fois un cadeau d'adieu et le symbole d'un lien permanent.

Du cap d'Antibes, il envoya une lettre à Françoise en Bretagne pour lui annoncer qu'il avait loué quelque chose pour elle à Golfe-Juan, dans la maison de Louis Fort, un graveur de ses amis. « Je t'en prie, viens tout de suite, écrivit-il, je m'ennuie terriblement[75]. » A sa surprise, Françoise répondit que ses vacances en Bretagne n'étaient pas très excitantes, mais que néanmoins elle allait rester.

Elle écrivit en même temps à sa mère : « Je ris du conseil que tu me donnes de me reposer et de ne rien faire, parce que tu sais très bien que la paresse est l'essence même de mon caractère et que je ne travaille que parce que j'aime peindre encore plus que j'aime paresser : et ça veut dire beaucoup. Pour l'instant je dessine tout ce sur quoi je tombe, même ce matin une tête de veau, et ce n'est pas du tout épuisant. Tout au contraire, car pour moi dessiner est la chose la plus merveilleuse, parce qu'elle me fait entrer à demi consciente dans un monde de rêves d'où j'ai du mal à revenir. C'est pourquoi j'ai besoin d'être entourée d'un grand calme afin de passer du monde de tous les jours à cet état parfait où la joie est possible. Quand il me faut à un moment redescendre sur terre pour prendre un métro ou « discuter » affaires, c'est comme si un charme se rompait. Mais ici je reste à m'aérer l'âme toute la journée... Il y a tant de choses que je vois et que j'aime que je ne peux pas rester simple spectatrice. Il faut que je les comprenne, que je les possède, et cela j'y parviens en dessinant : par exemple, le caractère de quelqu'un se révèle à moi dès l'instant où je tente de reproduire les contours de son visage... Et le plus frappant est de découvrir la faiblesse qui se cache chez chacun, la faille qui rend tout homme touchant. On est envahi d'une grande compassion lorsqu'on découvre chez chaque la source des larmes[76]... »

Elle avait commencé à faire des croquis de Picasso en 1944, scrutant son visage pour y découvrir la faiblesse cachée, la source des larmes. Mais elle était frappée par « la fixité de masque de son visage, la brûlante intensité de ses yeux de lézard, la géométrie de sa tête qui sur un cou fort court était plantée tout droit sur son large torse[77] ». La fascination qu'il lui inspirait l'arrêtait encore sur la route de la révélation : la source des larmes restait cachée.

Lorsque Françoise revint à Paris, au lieu d'être envahie de compassion, elle se trouva envahie de doutes. Elle craignait, surtout après ce que Picasso lui avait dit de la déchéance de Dora, que son besoin de séduire ne s'exerçât pas pour aimer, ni même pour posséder, mais pour détruire. Elle exerça tout le contrôle qu'elle avait sur elle pour rester éloignée de la rue des Grands-Augustins. Ce n'était pas facile : « La vie loin de Pablo avait perdu son zeste et il y avait des moments où mon envie de lui noyait tout le reste[78]. »

Le 26 novembre, comme cadeau qu'elle s'offrit pour son vingt-troisième anniversaire, elle alla le voir. Dans les épreuves des lithographies sur lesquelles il travaillait, elle vit que lui aussi ne pensait qu'à elle. Il y avait une série de gravures qui représentaient Françoise en train d'observer une autre femme endormie. Il lui dit qu'il n'était pas sûr si la femme endormie était son amie Geneviève ou bien Dora. Il continua à faire des changements jusqu'au moment où la femme endormie fut transformée en un nu parfaitement abstrait. Ce fut alors seulement qu'il eut la certitude que c'était Dora. La preuve en était les deux insectes dans la marge. Il expliqua à Françoise que pour lui Dora avait toujours été une personnalité kafkaïenne et qu'il avait donc pris l'habitude de transformer la moindre tache sur les murs de son appartement en un minuscule insecte. Il y avait aussi des oiseaux dans les marges des gravures. Ceux-là, expliqua-t-il à Françoise, étaient pour elle.

Dès que Françoise fut revenue, il entama une campagne forcenée pour la persuader de venir s'installer avec lui. Elle n'était pas du tout convaincue. Tant qu'ils vivaient chacun de leur côté, elle avait l'impression qu'il existait un équilibre dans leurs rapports et que cela la protégeait des retombées de la personnalité de Picasso. « Je savais que venir vivre avec lui était la chose à *ne pas* faire[79] », dit-elle, ce qui le rendit d'autant plus décidé à ce qu'elle le fît. Il l'accuserait plus tard d'être la femme qui disait toujours non, mais pour le moment il aimait le défi de sa force et de son indépendance. Un de ses passe-temps était de la suivre en voiture, avec Marcel au volant, tandis qu'elle montait à cheval au bois de Boulogne. Mais son plaisir favori, c'était d'aller parler à Marie-Thérèse de cette nouvelle et merveilleuse jeune femme dans sa vie qui était une cavalière si spectaculaire. Il savait exactement ce qui bouleverserait Marie-Thérèse, si fière de ses prouesses athlétiques : une autre femme dans sa vie qui était une superbe athlète, plus jeune encore.

Marie-Thérèse décida de rivaliser, de lui montrer que, quoi que cette nouvelle femme fît sur un cheval, elle pouvait faire mieux. Elle se mit à monter au bois de Boulogne. Françoise la voyait souvent, son beau visage aussitôt reconnaissable d'après les portraits de Picasso, son corps robuste maintenant plus enveloppé et un peu lourd en selle. C'était un jeu dans lequel, comme Picasso le savait bien, Françoise avait en main toutes les cartes : son corps mince d'androgyne, tout à son avantage à cheval, sa fière jeunesse et surtout le joker qu'il lui avait confié : l'enchantement croissant qu'il éprouvait auprès d'elle. Marie-Thérèse ne tarda pas à abandonner l'équitation : ç'avait été un espoir de plus qu'elle pourrait le reconquérir que venait maintenant briser la réalité.

Marie-Thérèse avait toujours été l'amante secrète et, pendant quelque temps, peu de gens connaissaient l'existence de Françoise. Mais il commença à l'introduire de plus en plus dans sa vie, l'emmenant par exemple à l'atelier de Fernand

Mourlot, rue de Chabrol, où il se rendait chaque matin depuis le début de novembre. C'était par Braque qu'il avait rencontré le célèbre lithographe dont le père, lithographe lui aussi, avait acheté l'échoppe en 1914. C'était chez Mourlot que Picasso se trouva le plus complètement en contact avec des travailleurs et ils l'adoraient. Il leur serrait la main tous les matins et ils lui montraient leurs derniers trésors, principalement des pin-up et des photos de champions cyclistes.

La seule exception était M. Tutin, le plus habile artisan là-bas, qui détestait le travail de Picasso. Pourtant, puisque Picasso ne cessait d'enfreindre les règles de la lithographie, c'était à M. Tutin qu'on donnait son travail à tirer. Quand il levait les bras, écœuré et désespéré par les difficultés techniques qu'il entraînait, Picasso alternativement l'insultait et le cajolait. « Très bien, alors, disait-il, je vais emmener votre fille dîner un de ces soirs pour lui dire quel genre d'imprimeur est son père[80]. » Ou bien : « Je sais, bien sûr, qu'un travail comme ça pourrait être un peu difficile pour la plupart des gens d'ici, mais j'avais l'idée – erronée, je le vois maintenant – que vous étiez probablement le seul homme capable de le faire[81]. » Cela marchait chaque fois : M. Tutin rengainait à la fois son dégoût et son désespoir et réalisait l'impossible. Comme le résumait Fernand Mourlot, « Picasso regardait, écoutait, puis faisait exactement le contraire de ce qu'on lui avait montré – et ça marchait[82] ».

Il n'y avait pratiquement personne autour de lui qui pût résister à ses manipulations ou à ses railleries. Gertrude Stein essaya et rendit même parfois coup pour coup. « Vous voyez ce qu'est la renommée, Gertrude[83] ? » se vantait-il un jour qu'il l'accompagnait alors qu'elle faisait ses courses et regardait chaque commerçant doubler ses rations d'après la Libération, simplement parce qu'elle était avec le célèbre M. Picasso. « Le principal, répondit Gertrude, grandiose, c'est que nous défendons tous deux l'humanité[84]. » Lorsqu'il lui présenta Françoise, il garda un silence absolu durant le long interrogatoire de Gertrude, que Françoise décrivit comme « une épreuve rendue pire encore par les regards menaçants d'Alice Toklas[85] ». En sortant, toutefois, il lança : « Alors, Gertrude, vous n'avez pas découvert de nouveaux peintres ces temps-ci ?... Oh ! Ça ne fait aucun doute, Gertrude, vous êtes la grand-mère de la littérature américaine, mais êtes-vous bien sûre que, quand il s'agit de peinture, vous avez toujours eu un aussi bon jugement pour la génération qui nous a succédé ? Quand il y avait Matisse et Picasso à découvrir, les choses étaient simples, n'est-ce pas ? Mais, là-dessus, vous êtes passée à Gris – ce qui était descendre d'un cran. Après cela, vos " découvertes " n'ont pas représenté grand-chose[86]. »

Il était encore plus mordant derrière son dos. « Elle est grasse comme un porc, dit-il à James Lord dans une explosion de fureur contre elle. Vous savez, elle m'a envoyé un jour une photo d'elle debout devant une voiture et on ne pouvait même pas voir la voiture. Gertrude, cette cochonne, occupait toute la photo. Et tout ce qu'elle dit de moi et de ma peinture ! A l'entendre, le monde entier croirait que c'est elle qui m'a créé pièce par pièce. Mais, si vous voulez voir ce qu'elle comprend vraiment de la peinture, vous n'avez qu'à regarder la camelote qu'elle aime en ce moment. Elle en dit autant de Hemingway. A vrai dire, ces deux-là étaient faits l'un ou l'autre. Je n'ai jamais pu le supporter, jamais. Il n'a jamais rien compris à la corrida, pas comme un Espagnol la comprend. C'était un charlatan, Hemingway. Je l'ai toujours su, mais Gertrude ne l'a jamais compris[87]. » Lord était stupéfait. Il n'arrivait pas à comprendre pourquoi, si c'était ce que Picasso pensait de Gertrude Stein, il l'avait envoyé la voir. Ce n'était pas facile non plus de comprendre pourquoi il avait emmené Françoise chez elle, ni pourquoi il accompagnait Gertrude dans ses courses, ou pourquoi il se donnait la peine d'aller lui rendre visite rue Christine.

Mais son torrent d'insultes prenait encore de la force, démolissant Hemingway au passage. « Il est venu me voir après la Libération et m'a donné un bout d'uniforme SS avec l'insigne SS brodé dessus, et il m'a dit qu'il avait tué l'homme qui le portait. C'était un mensonge. Il a peut-être tué pleins d'animaux sauvages, mais il n'a jamais tué un homme. S'il en avait tué un, il n'aurait pas eu besoin de distribuer des souvenirs. C'était un charlatan et voilà pourquoi Gertrude l'aimait bien... Quant à Toklas, cette petite sorcière, savez-vous pourquoi elle a une frange ? Elle avait une corne ! » Il éclata de rire; mais il n'avait pas encore fini. « Au milieu du front, une excroissance. Comme un rhinocéros. Elles formaient un couple parfait, Gertrude et Alice : l'hippopotame et le rhinocéros. Mais Alice a coupé sa corne et la frange est censée masquer le trou. » Il continua à rire encore un peu; puis il ajouta : « Maintenant, vous connaissez le vrai visage de cette putain de Gertrude[88]. » Sur cette dernière insulte, il en avait fini. Il dit soudain à James Lord qu'il avait du travail et le raccompagna jusqu'à la porte.

Lord était suffisamment perturbé pour rentrer droit chez lui et, en guise de catharsis, noter la tirade de Picasso dans son vieux calepin vert. « Il y avait quelque chose de satanique chez cet homme, se rappelait-il quarante ans plus tard. Il y avait quelque chose en lui qui était préparé à s'accommoder de la cruauté, de quelque chose de très sombre, de presque sinistre dans la condition humaine... Il y a quelque chose dans son œuvre qui est effrayant, sadique... J'imagine que le concept du mauvais génie, comme Hitler, est parfaitement raisonnable. Je ne qualifierais pas Picasso de mauvais génie, mais il a certainement fait du mal à beaucoup de gens qui se sont approchés de lui... Et, en même temps, il pouvait être très drôle. Il pouvait aussi être très doux, gentil et tendre. Quand il le voulait[89]. »

Pour le moment, il voulait être tout cela avec Françoise, surtout qu'elle n'avait pas encore complètement capitulé. En février 1946, elle tomba sur le perron de la maison de sa grand-mère et se cassa le bras. Alors qu'elle récupérait à l'hôpital d'une opération au coude, un livreur arriva un après-midi, portant une monstrueuse azalée avec des fleurs rouges et des masses de rubans roses et bleus. « Pablo, se rappelait Françoise, faisait une fois de plus un pied de nez au bon goût. Le résultat était plus amusant et assurément plus mémorable que le plus bel arrangement floral conventionnel[90]. »

Une fois sortie de l'hôpital, elle se vit poser un ultimatum. Leurs relations, dit-il, ne pouvaient pas continuer de cette façon : ou bien cela devenait une relation complète, ce qui voulait dire ensemble, ou bien cela devait finir. Il proposa qu'elle aille à l'endroit qu'il lui avait loué chez M. Fort à Golfe-Juan pour y réfléchir. « À cette époque, dit Françoise, j'étais très amoureuse de lui, mais il y avait aussi en moi la crainte d'être absorbée par lui. Je ne savais vraiment pas ce que je voulais, alors j'ai pensé que ce serait une bonne idée d'aller dans le Midi pour essayer de mettre de l'ordre dans mes sentiments[91]. »

À peine arrivée à Golfe-Juan, Françoise écrivit à

Geneviève pour lui demander de venir passer quelque temps avec elle. Elle avait l'impression qu'il lui fallait quelqu'un pour l'aider à clarifier toutes les pensées contradictoires qui tournaient dans sa tête, et Geneviève était la personne la plus proche d'elle. Quelques jours plus tard, elle écrivit aussi à Picasso, le remerciant de la maison, lui disant combien elle aimait être sur la Méditerranée, combien elle adorait le port, et comme le vieux M. Fort était un peu fou mais drôle. Elle termina la lettre en disant que c'était bon pour elle d'être seule pour le moment et qu'il ne devrait faire aucun effort pour la rejoindre.

Sa lettre n'eut pas l'effet escompté. Picasso fut tout simplement furieux de lire qu'elle préférait être seule plutôt qu'avec lui. Elle voulait dire : pour le moment; il interprétait : pour toujours, et il ordonna à Marcel de le conduire à Golfe-Juan le plus vite possible. Il était six heures du soir, Geneviève était arrivée la veille de Montpellier, quand Françoise entendit un remue-ménage dans la rue. Elle s'approcha de la fenêtre et vit la grosse Peugeot bleue que Picasso utilisait pendant l'Occupation. Marcel et Picasso en sortirent dans un grand état d'agitation. Elle était abasourdie. « C'était la dernière chose à laquelle je m'attendais, raconta-t-elle. Et je pensais : oh! mon Dieu, Geneviève est ici, Pablo est ici, quel gâchis [92] ! » Il entra en trombe dans la maison. C'était leur première véritable confrontation. « Ce fut un moment très étrange, se rappelait Françoise. La guerre était finie, la paix était revenue, et j'étais là, confrontée tout d'un coup au même genre de violence mais sur le plan personnel. Il me saisit par les bras, prit sa cigarette et me l'appliqua sur la joue pour ce qui me parut une éternité. Je sentais mon visage qui brûlait mais j'étais si abasourdie, je trouvais tout cela si incroyable qu'au lieu de hurler je lui parlai :

Tu peux détruire ma beauté, dis-je, mais tu ne vas pas me détruire. Tu peux me brûler si tu veux, vas-y, mais ce que tu es en train de brûler, c'est ce que tu dis que tu aimes. Il se contentait de maintenir la cigarette pendant que je parlais jusqu'au moment où il finit par la retirer. Il restait un gros trou et une cicatrice que j'ai conservée des années. Il avait ôté la cigarette, mais sa rage n'était pas épuisée. Ce qui l'exaspérait encore plus, c'était que je n'avais pas crié, que je ne l'avais pas supplié d'arrêter, qu'il n'avait pas réussi à me briser. Au contraire, je le mettais au défi de continuer, de montrer sa vraie nature en détruisant ce qu'il prétendait aimer. Tout cela était si barbare, si ridicule, si inattendu que j'étais trop choquée même pour être en colère. Regarde ça, dis-je, regarde donc, c'est laid et c'est toi qui l'as fait, et maintenant il faudra que tu le regardes[93]... »

Là-dessus, Geneviève, qui était sortie, rentra à la maison. Françoise était peut-être trop choquée pour être en colère, mais Geneviève était à la fois choquée et furieuse. Elle traita Picasso de barbare et dit à Françoise que, si elle restait après ce qui s'était passé, elle coopérait à sa propre destruction. Elle la supplia de la laisser l'emmener la nuit même, mais Françoise était trop déchirée et désorientée pour envisager une décision aussi radicale. Picasso s'engouffra dans le vide de son indécision. Son premier geste fut de jeter Geneviève dehors, mais, bien décidée à sauver son amie, Geneviève n'alla que jusque chez Marcel, le petit hôtel au bas de la rue. Dès qu'elle fut partie, le geste suivant de Picasso fut de demander pardon à Françoise, de l'implorer de rester et de vivre avec lui.

Pendant les deux jours suivants, Françoise était dans les limbes. « Geneviève, dit-elle, est la seule femme que j'ai vraiment aimée dans la vie. Ce n'était pas un amour physique, mais un amour spirituel très profond, en partie à cause de l'éveil mystique que nous avions partagé aux Baux. Deux routes très différentes. Deux existences très différentes se présentaient devant moi. Je pouvais imaginer quitter Golfe-Juan avec Geneviève et passer avec elle le restant de mes jours, sans jamais regarder en arrière. Ou bien rester là et affronter le Minotaure. Je me demandai si j'avais la force de survivre à une existence avec Picasso, et je me demandai aussi si Geneviève avait la force d'affronter le monde en vivant avec moi. Si nous avions décidé de partager nos existences, quelle que pût être la vérité, le monde aurait supposé que nous étions lesbiennes, et à cette époque cela voulait dire être totalement rejeté par bien des gens, à commencer par sa famille. J'avais déjà été rejetée par mon père, mais pouvais-je lui demander ce même sacrifice ? Elle et moi avions été à la même école, mais elle était pensionnaire et n'avait jamais pleinement participé à la vie et à la liberté de Paris. Elle était la plus belle créature qu'on puisse imaginer, dans le plus pur style grec classique, mais elle était aussi enracinée dans les conventions de cette région de France d'où elle venait, très différente de Paris, même le Paris de 1946. Je craignais que choisir un style de vie aussi peu conventionnel ne risquât à la fin de la détruire[94]. »

Elle n'arrivait toujours pas à décider quelle serait la route à ne pas prendre, la vie à ne pas mener. Un après-midi, elle partit en voiture avec Geneviève et Picasso pour Antibes, afin de voir sa grand-mère. Ils la laissèrent là et, lorsqu'elle revint à la maison, elle trouva Geneviève plus furieuse que jamais et Picasso en rage. De toute évidence, chacun avait une histoire à raconter et chacun était décidé à se battre pour elle. Elle choisit d'entendre Geneviève la première et l'accompagna à pied jusqu'à son hôtel.

« Quel peut bien être l'attrait de vivre avec un homme qui est foncièrement mauvais[95] ? » cria Geneviève, alors qu'elles n'étaient même pas encore sorties de la maison. Elle lui raconta alors ce qui s'était passé. Après qu'ils eurent déposé Françoise à Antibes, Marcel les avait ramenés à la maison. « Je m'en vais profiter en même temps de l'absence de Françoise et de vous », annonça-t-il quelques minutes après lui avoir dit – très sérieusement selon Geneviève – qu'il voulait lui donner une leçon de gravure. « Qui plus est, poursuivit-il, je vais vous faire un enfant. C'est exactement ce qu'il vous faut. » Françoise lui répondit qu'elle aurait dû lui rire au nez plutôt que de se mettre en colère. « Je commence à craindre, répliqua Geneviève, que tu aies perdu ta capacité de colère[96]. » Pendant l'heure suivante, elle usa de tous les arguments que pouvait lui inspirer son amour pour Françoise pour la persuader de partir avec elle le lendemain matin pour Montpellier. Sinon, lui dit-elle, elle serait vaincu par l'instinct de destruction de Picasso. Elle savait qu'elle ne pouvait rien faire ni dire de plus ni rien gagner à prolonger son séjour. Plus épuisée maintenant que furieuse, elle lança son propre ultimatum : « Tu as la nuit pour faire ton choix. Demain matin, je pars[97]. »

Lorsque Françoise revint chez M. Fort, Picasso prit l'offensive, accusant Geneviève d'avoir essayé de le séduire derrière le dos de sa meilleure amie, puis d'avoir menti à celle-ci. Et, quand Françoise menaça de partir le lendemain matin avec Geneviève, il les accusa toutes les deux d'avoir « des relations contre nature[98] ». Françoise refusa de le prendre au sérieux et lui demanda « de cesser de gaspiller sa casuistique de jésuite sur elle[99] ». Il se mit à tournoyer autour d'elle en l'appelant « petit monstre! serpent! vipère! », mais il vit que rien de tout cela ne marchait et, craignant qu'après tout elle ne le quitte réellement, il changea de tactique et se mit à geindre et à s'apitoyer sur son propre sort. Il n'avait pas longtemps à vivre, pleurnicha-t-il, et elle n'avait pas le droit de lui retirer « le peu de bonheur[100] » qu'il lui restait. Il luttait non seulement pour garder Françoise, mais pour vaincre Geneviève et, en sa personne, toutes les femmes espagnoles de son enfance. Il avait souvent dit à Françoise combien Geneviève lui rappelait sa sœur Lola et cela, joint au fait que la mère de Geneviève était d'origine espagnole et qu'elle s'efforçait de contrarier ses désirs, avait suffi à faire d'elle le symbole haïssable de toutes les femmes qui avaient dominé sa jeunesse.

Le lendemain matin, Françoise alla chez Marcel pour annoncer à Geneviève qu'elle restait. « J'étais alors d'un orgueil presque insupportable, se rappelait Françoise. Je croyais que je pouvais réussir tout ce que j'essayais, mais le résultat, c'est que je m'étais convaincue que je pouvais maîtriser le destructeur chez Pablo et peut-être même le sauver de lui-même[101]. »

Pour Picasso, la décision de Françoise était une victoire totale, non seulement sur les doutes et les craintes qu'elle avait pu nourrir, non seulement sur l'indépendance à laquelle elle tenait tant, mais sur Geneviève et tout ce qu'elle représentait pour lui et tout ce qu'elle était pour Françoise. Quand les deux jeunes femmes s'affrontèrent chez Marcel, elles savaient toutes deux que leur relation avait été trop profonde et trop intense pour survivre sous une forme diluée. Françoise savait aussi qu'en renonçant à Geneviève elle se coupait de l'amie qui, avec sa grand-mère, avait été dans sa vie la source d'amour la plus pure et la plus soutenue. Geneviève était douloureusement sûre d'autre chose. « Tu marches comme une somnambule vers ta destruction[102] », dit-elle à son amie avant de reprendre le train pour Montpellier.

XII

« LA VÉRITÉ N'EXISTE PAS »

FRANÇOISE avait fermé une des issues de secours, mais elle n'avait pas encore accepté de vivre avec lui. Et Picasso, n'ayant pas réussi à la dominer, s'efforçait maintenant de l'amener par la séduction à choisir librement de capituler. On était en février, il faisait trop froid pour des bains de soleil sur la plage, mais ils se promenèrent au bord de la mer, déjeunèrent chez Marcel, parlèrent de tout sauf de la cicatrice sur sa joue droite et allèrent en voiture à Vence pour voir Matisse. Lorsqu'ils arrivèrent au « Rêve », la villa où il vivait en face d'un couvent de dominicains, ils le trouvèrent au lit où il passait la plupart de ses journées depuis une opération qu'il avait subie cinq ans plus tôt. Il travaillait à ses collages : il découpait des formes sur du papier déjà peint qu'il disposait ensuite dans leur position appropriée avec l'aide de Lydia Delektorskaïa, officiellement sa secrétaire, mais en réalité la femme avec qui il partagea les dernières années de sa vie. Françoise, sur les instructions de Picasso, s'était habillée en mauve et en vert saule : deux des couleurs favorites de Matisse. Matisse fut si séduit par elle qu'il proposa aussitôt de faire son portrait, avec ses cheveux verts, son teint bleu clair et ses sourcils dessinés en accent circonflexe.

Picasso n'était pas content. Pendant le retour à

Golfe-Juan, il s'emporta contre l'audace de Matisse. « Vraiment, il va trop loin, tonna-t-il. Est-ce que je fais des portraits de Lydia[1] ? » Puis il prévint Françoise que, si Matisse faisait son portrait, elle devrait s'apprêter à voir un tapis d'Orient devenir le motif le plus important du tableau et son visage une simple forme ovale vide. Mais toujours prêt à utiliser la bonne idée de quelqu'un d'autre, il reconnut qu'enfin il savait maintenant comment faire lui-même son portrait.

Comme approchait le moment de rentrer à Paris, il devint obsédé par l'idée qu'ils devaient vivre ensemble. Fasciné par l'autonomie de Françoise, il ne pouvait attendre d'y mettre fin. En bon avocat, il fit appel aussi bien à ses émotions qu'à son intelligence. Il lui dit qu'il avait besoin d'elle, qu'il avait *vraiment* besoin d'elle, et puis, quand elle exprima ses soucis à l'idée d'abandonner sa grand-mère, il se lança dans un discours alimenté encore par les protestations de Françoise et qui faisait écho aux propos de tous les « hommes du destin » de l'histoire et de la fiction qui avaient tenté de se convaincre et de convaincre le monde que tout leur était permis. « En ce qui concerne les sentiments de ta grand-mère, commença-t-il, il y a des choses qu'on peut faire et qu'on peut faire comprendre, et il y a d'autres choses qui ne peuvent s'accomplir que par un coup d'Etat puisqu'elles sont au-delà des limites de la compréhension d'autrui. Il vaut presque mieux frapper un grand coup et, quand les gens s'en sont remis, les laisser admettre le fait... Cela peut coûter un prix terrible d'agir de cette façon, mais il y a des moments dans la vie où l'on n'a pas le choix. S'il existe une nécessité qui pour toi domine toutes les autres, alors tu dois absolument mal agir à certains égards[2]. »

La nécessité en question pouvait être les exigences de son génie, son dernier caprice ou l'aube du communisme au coin de la rue, mais la philosophie était toujours la même : la fin justifie les moyens. Françoise essaya de discuter avec lui, de souligner l'inhumanité à laquelle de pareilles idées pouvaient mener. Mais il n'y avait pas place pour la discussion, on ne pouvait qu'imposer la loi des forts et des puissants, embellie par des rationalisations civilisées. « Il n'y a pas de pureté totale, absolue, autre que la pureté du refus. En acceptant une passion que l'on considère comme extrêmement importante et dans laquelle on accepte pour soi-même une part de tragédie, on s'écarte des lois habituelles et on a le droit d'agir comme on ne devrait pas le faire dans des circonstances ordinaires. A un moment pareil, les souffrances que l'on a infligées à autrui, on commence à se les infliger aussi à soi-même. Il s'agit de reconnaître son propre destin, il n'est pas question de méchanceté ni de manque de sensibilité[3]. »

Françoise ne l'avait encore jamais entendu exprimer de façon aussi délibérée ce qu'il croyait. En temps normal, il préférait éblouir le monde par ses vigoureux paradoxes qui obscurcissaient autant qu'ils révélaient. Sans tenir aucun compte de son trouble évident ni de ses tentatives pour le contredire, il parvint à sa péroraison : « Nous sommes toujours au milieu d'un mélange de bon et de mauvais, de bien et de mal, et les éléments de toute situation sont toujours désespérément enchevêtrés. Le bien d'une personne est contraire à celui d'une autre. Choisir quelqu'un, c'est toujours, dans une certaine mesure, tuer quelqu'un d'autre. Il faut donc avoir le courage du chirurgien ou du meurtrier, si tu veux, et accepter la part de culpabilité que cela implique... Dans certaines situations, on ne peut pas être un ange... Il y a un prix pour tout dans la vie. Tout ce qui a une grande valeur – la création, une idée neuve – porte sa zone d'ombre[4]. »

La réponse de Françoise fut de lui dire que jusqu'alors elle n'avait qu'envisagé la possibilité qu'il fût le diable; maintenant elle en était sûre. Avec un sentiment croissant de malaise, elle avait l'impression que ses propos auraient paru parfaitement à leur place dans la bouche de Raskolnikov, le héros de *Crime et Châtiment* : « Je ne voulais pas la tuer, murmure Raskolnikov. C'est arrivé comme ça... Napoléon avait raison : on permet tout à un vrai chef... Tous les autres, ce ne sont que des Pygmées, des sangsues, des esclaves, de la racaille, de l'engrais pour l'avenir; ils vivent dans l'obéissance, ils aiment obéir, ils sont contraints d'obéir parce que c'est leur lot, la loi de la nature! Enfin, c'est clair comme le jour... Le malheur, c'est que comment sait-on qui on est, un ver ou un homme, un homme qui a le droit... le droit de transgresser, de dépasser les limites[5]. »

Picasso n'avait aucun doute : c'était un homme qui avait le droit de dépasser les limites pour atteindre ce qu'il voulait. Et ce qu'il voulait maintenant, c'était Françoise : totalement et sans condition. A son instinct de posséder et de dominer se mêlait son sens de la vie qui le poussait à trouver la femme qui compléterait ses manques et qui l'aiderait, par des voies mystérieuses et indéfinissables, à atteindre l'état non moins mystérieux et indéfinissable de peinture « ultime » – un combat dont il avait souvent parlé à Françoise. A soixante-cinq ans, et après une succession de nymphes et de sirènes colorées, ce besoin était d'autant plus impérieux, voire désespéré. Il reconnaissait qu'il avait besoin de Françoise; il avait aperçu les possibilités qu'offrait leur relation : et c'était pourquoi, après Olga, elle était la seule femme avec qui il eût voulu vivre. Mais il n'était pas préparé à renoncer à son autre besoin qui l'obsédait maintenant comme une drogue : le besoin de contrôle total par une manipulation constante.

Sur la route du retour à Paris, Françoise trouva chez Marcel un allié inattendu. Il interrompait de temps en temps le flot de mots de Picasso pour faire écho aux arguments de Françoise, il demandait à son maître de donner plus de temps à la jeune femme, il le priait de ne pas exercer de pression sur elle, il soulignait la sagesse de ce qu'elle disait. Comme Picasso et Françoise étaient tous deux assis à l'avant avec Marcel, il était dans la position idéale pour tenir son rôle de chœur grec.

Quand ils furent rentrés à Paris, la présence de Dora dans la vie de Picasso passa au premier rang sur la liste des raisons qu'avait Françoise de ne pas vivre avec lui. Il lui assura que tout était fini entre Dora et lui. Un matin, il s'arrangea même pour que tous deux « tombent sur » Dora à une exposition de tapisseries françaises, sur quoi il l'invita à se joindre à eux pour déjeuner chez Francis. C'était le genre de situation, gênante et pénible pour tous les autres, qu'il adorait. Dora enfouit son chagrin dans des monceaux de caviar et dans tout ce qu'il y avait de plus cher au menu, donnant le change en prodiguant de brillants aphorismes, des mots d'esprit et une conversation étincelante. Picasso restait impassible devant ce feu d'artifice, mais, par contre, s'extasiait chaque fois que Françoise ouvrait seulement la bouche. « N'est-ce pas qu'elle est merveilleuse? lançait-il à Dora. Quel esprit! J'ai vraiment découvert quelqu'un, tu ne trouves pas[6]? » Devant Dora, c'était l'intelligence de Françoise dont il chantait les louanges; devant Marie-Thérèse, c'étaient ses prouesses athlétiques. Comme toujours, il infligeait magistralement la douleur avec une précision de chirurgien. « Allons, tu n'as pas besoin que je te raccompagne, lâcha-t-il comme la flèche du Parthe. Tu es une grande fille. » Dora fit un effort désespéré pour rétablir sa situation. « Bien sûr que non, dit-elle en souriant, je suis parfaitement capable de rentrer toute seule. Mais j'imagine que, toi, tu as besoin de t'appuyer sur la jeunesse. Une quinzaine de minutes devraient faire l'affaire, à mon avis. »

C'était le seul espoir qui restait à Dora. Que sa relation avec Françoise fût bientôt terminée. Deux semaines plus tard, quand Picasso traîna Françoise chez Dora pour qu'elle apprît directement de sa bouche qu'il n'y avait plus rien entre eux, Dora retrouva le même espoir. « Tu es très drôle, lui dit-elle. Tu prends tant de précaution pour t'embarquer dans une histoire qui ne va pas durer plus loin que le coin de la rue[7]. » Elle continua en disant qu'elle serait surprise si Françoise ne se retrouvait pas « au rebut avant trois mois », mais elle fit quand même ce qu'il lui demandait et expliqua à Françoise qu'elle n'avait pas besoin de s'inquiéter d'être responsable de la rupture entre elle et Picasso. Elle dit cela avec orgueil et un certain mépris, tout en toisant la « collégienne » qui, avec ses chaussures plates, sa jupe écossaise et son chandail trop large, donnait l'impression que ce n'était pas seulement vingt ans mais toute une époque qui les séparait. Ce que Françoise trouva plus intéressant que l'affirmation de Dora qu'il ne restait rien à briser, ce fut l'accusation qu'elle lança en partant. « Tu n'as jamais aimé personne dans ta vie, dit-elle à l'homme avec qui elle avait passé dix ans, tu ne sais pas aimer[8]. »

Françoise fut profondément secouée par cette confrontation. Elle était troublée par la dureté de Picasso, organisateur d'une rencontre dont il savait que ce serait un coup de plus porté au fragile équilibre de Dora; troublée par ce que Dora avait dit; troublée par un signal d'alarme de plus, outre tous ceux qu'elle avait déjà entendus. Dès qu'ils furent dehors, elle dit à Picasso ce qu'elle éprouvait. Il réagit avec la même violence qui l'avait amené à lui marquer la joue avec sa cigarette allumée. Il menaça de la jeter dans la Seine, l'accusant d'être incapable « d'avoir des sentiments intenses sur rien » et de n'avoir « aucune idée de ce qu'est vraiment la vie[9] ». Il la poussa jusqu'au bord du pont contre le parapet et l'obligea à pencher la tête vers le fleuve en bas. Sachant maintenant que rien n'incitait autant le démon que la peur et la faiblesse, elle le mit au défi de la jeter à l'eau. On était au printemps, dit-elle, et elle était bonne nageuse. Il la maintint là encore un moment, puis la relâcha; elle partit en courant à toutes jambes.

Mais elle revint. Elle savait pourtant que la façon dont elle avait négligé tout signal d'alarme exigeait une explication : « Picasso était comme un conquérant, traversant la vie en amassant pouvoir, femmes, richesse, gloire, mais rien de tout cela n'était plus très satisfaisant. J'espérais qu'ayant conquis tout ce qu'il voulait conquérir, il serait prêt à rechercher avec moi ce qu'il y a de sublime dans la vie et de divin en nous. Je savais aussi que Pablo avançait sur un chemin jonché de cadavres, et j'avais expérimenté directement son côté destructeur, mais je me rappelais ma grand-mère qui disait toujours qu'on aime les gens pour ce qu'ils sont, pas pour ce qu'ils font. Et j'étais assez arrogante et pleine de confiance pour croire que je pouvais livrer bataille contre les ténèbres qui étaient en lui et renforcer la lumière. Je savais que c'était un formidable défi, mais j'étais prête à en affronter les risques et à m'y lancer[10]. » A la fin de mai 1946, elle décida enfin de s'y consacrer à plein temps. Elle vint s'installer rue des Grands-Augustins – ou plutôt, à la fin d'une soirée ensemble, elle ne rentra pas chez elle. Ce fut Picasso qui dicta les lettres qu'elle écrivit à sa grand-mère et à sa mère pour leur annoncer, sans révéler grand-chose, qu'elle allait rester absente et mener une vie différente.

Ce fut dès le début un combat bien plus farouche qu'elle ne l'avait imaginé. Avec le recul, Françoise appelait ça vivre « comme Jeanne d'Arc : porter une armure du matin au soir, prouver sa force vingt-quatre heures sur vingt-quatre[11]. » Elle se rendait compte aussi que, bien qu'elle eût dit oui à vivre avec lui, c'était un oui qui n'allait pas sans restriction : « Je jouais à cache-cache. J'avais parfois le sentiment d'être invisible et que donc je n'avais pas à révéler plus de moi que je ne le voulais. Tous les torts n'étaient pas de son côté. Une partie de moi ne voulut jamais admettre que j'avais accepté de vivre avec lui. Jamais je ne l'ai étreint de tout mon être. J'aurais pu donner bien plus de moi-même. J'aurais pu me donner entièrement; mais je ne le fis pas[12]. »

Ayant vu la destruction qu'il provoquait autour de lui, elle était décidée à se protéger. Elle savait que leur relation ne saurait être complète sans capitulation, mais elle savait aussi que se soumettre lui serait fatal. Elle appelait leur vie ensemble une corrida. Il se cramponnait à son omnipotence défensive, alors qu'elle était bien décidée à ne pas franchir la ligne invisible séparant la capitulation de la soumission, trop méfiante pour se permettre d'être vulnérable. Mais elle se plongea dans sa vie à lui, coupant tout contact, non seulement avec sa famille et ses amis, mais avec sa génération.

Venir s'installer rue des Grands-Augustins était un grand bouleversement pour Françoise, mais une épreuve encore plus grande pour Inès et pour Sabartés. Inès venait de mettre au monde un garçon qu'elle prénomma Gérard, et son adaptation à son rôle de mère fut rendue beaucoup plus difficile par l'arrivée de Françoise. Bien sûr, il y avait toujours eu abondance de femmes dans la vie de Picasso, mais jamais, dans l'expérience d'Inès, une qui vécût avec lui. La rue des Grands-Augustins avait été le royaume d'Inès et voilà que s'y trouvait maintenant une reine en résidence. Un des charmes d'Inès, c'était un beau sourire accueillant; avec l'arrivée de Françoise, elle sourit moins et se retira plus souvent dans son petit appartement sous l'atelier de Picasso, qui, bas de plafond et pauvrement éclairé, était un autel à son maître : les murs étaient couverts de gravures, de gouaches, de lithographies et de portraits d'elle, peints comme cadeaux d'anniversaire.

Sabartés avait sur cette révolution des opinions mitigées. Il n'y avait pas de femme dans le mythe qu'il avait créé autour de sa vie avec Picasso, tout comme il n'y avait pas de femmes dans le récit de la vie de Picasso qu'il publia sous le titre de : *Picasso : portraits et mémoires,* deux mois avant l'arrivée de Françoise rue des Grands-Augustins. L'installation d'une femme dans les lieux mêmes d'où il menait ses opérations baroques avec le monde extérieur était une intrusion malvenue. Elle venait gâcher l'atmosphère de mystère et de drame qu'il aimait à créer et où Picasso aimait vivre. Mais la présence permanente de Françoise dans la maison avait des compensations pour Sabartés. Cela mit un terme officiel à l'époque de Dora, qu'il avait toujours méprisée. Cela apporta dans la vie de Picasso une paix plus grande, ce dont Sabartés était particulièrement reconnaissant, puisqu'il était la victime régulière des explosions de Picasso et, de façon plus inattendue, cela lui amena un partenaire très compétent dans ses efforts pour respecter les obligations de Picasso envers ses femmes et ses enfants et pour affronter toutes les complications de ses affaires.

Françoise décrivit le besoin qu'avait Picasso de Sabartés comme « le besoin d'un ours en peluche pour s'endormir[13] ». Peu à peu, toutefois, elle découvrit qu'il y avait pas mal d'épines dans l'ours. « En public, c'était toujours Picasso qui se moquait de Sabartés, le traitant d'imbécile et qualifiant ses écrits de " rien du tout " ». Mais Françoise ne tarda pas à découvrir qu'en privé c'était Sabartés qui assumait discrètement le rôle de juge et de bourreau et qui, sous le couvert d'une vertu et d'une droiture suprêmes, déchiquetait Picasso comme un vautour, sapant ses relations avec les autres, nourrissant le côté clownesque de son caractère et, comme Cassandre, prophétisant qu'il n'arriverait rien que du mal.

Au début, Françoise passait une grande partie de son temps rue des Grands-Augustins à regarder Picasso peindre, stupéfaite de l'énergie qui le tenait devant une toile, pendant parfois sept ou huit heures d'affilée. Elle lui demanda un jour s'il n'était jamais fatigué. « Non, répondit-il. C'est pourquoi les peintres vivent si longtemps. Quand je travaille, je laisse mon corps à la porte, comme les musulmans ôtent leurs chaussures avant d'entrer dans la mosquée[14]. » Un après-midi de mai, il lui demanda de poser pour lui. Ce fut le début de ce qui allait devenir *La Femme-fleur :* Françoise éclatant en une fleur. « Nous sommes plus ou moins des animaux, lui expliqua-t-il, et les trois quarts environ de la race humaine ressemblent à des animaux. Mais pas toi. Tu es comme une plante qui s'épanouit et je me demandais comment je pourrais faire passer l'idée que tu appartiens au règne végétal plutôt qu'au règne animal. Je n'ai jamais eu envie de peindre personne d'autre de cette façon. C'est étrange, tu ne trouves pas ? Mais je pense que c'est bien. Ça te représente vraiment, toi[15]. »

Plus tard, parmi les légendes celtiques qu'elle aimait lire, Françoise découvrit le mythe de Blodeuwedd, la fille-fleur, créée par un dieu avec du pollen de fleurs et donnée en mariage à un héros qui était sous le coup d'une malédiction et qui ne pouvait épouser une mortelle. Après des aventures et mésaventures, elle fut transformée en chouette et s'envola dans la nuit. « Ni Pablo ni moi, dit Françoise, ne connaissions à cette époque le mythe. Mais peu après nous découvrîmes une chouette vivant à Antibes, et Pablo se mit à en incorporer dans nombre de ses toiles[16]. »

Au début de juillet 1946, Picasso annonça qu'ils partaient pour le Midi et qu'il voulait s'arrêter à Ménerbes pour lui montrer la maison de Dora. A la surprise inquiète de Françoise, à peine furent-ils arrivés qu'il lui annonça que c'était là qu'ils passaient leurs vacances. « Je lui ai demandé de nous donner la maison, dit-il, et maintenant je vais m'assurer que tu restes ici avec moi[17]. » Ce ne furent pas des vacances heureuses. Françoise avait le sentiment que choisir comme lieu de villégiature la maison de Dora était un geste insensible, qui témoignait d'une totale indifférence aussi bien pour les sentiments de Dora que pour les siens : « Tout était un piège. Il était le parfait poseur de pièges et il n'aurait pu choisir plus mal son moment, puisque Dora se remettait tout juste d'une crise de folie et que je commençais à peine ma vie avec lui[18]. » Son sentiment de malaise se trouva renforcé par les hordes de scorpions qui envahissaient la maison la nuit. Plus elle semblait soucieuse, plus Picasso s'amusait. Il lui raconta que Marie Cuttoli avait été piquée par un scorpion l'année précédente, quand ils étaient dans la maison ensemble. « Comme tu vois, ajouta-t-il, elle n'en est pas morte. Evidemment, elle a été assez malade quelque temps[19]. » Une nuit, Françoise se retourna et, à son horreur, aperçut trois scorpions qui rampaient auprès de sa tête. « C'est le genre de couronne que j'aime voir sur toi, fit Picasso en riant. C'est mon signe du zodiaque[20]. »

Pour ajouter à cette atmosphère énervante, il y avait les clairons. Tous les soirs, les joueurs de clairon de Ménerbes, répartis dans leurs fermes de la vallée, répétaient pour le défilé du 14-Juillet. Le pandémonium commençait au coucher du soleil et se poursuivait jusqu'après dix heures, brisant la paix de la campagne. Françoise ne savait pas où se cacher pour ne pas l'entendre. Mais Picasso, qui n'avait pas l'oreille musicale et qui était un passionné du clairon, s'extasiait devant ce chœur inharmonieux. Après la Libération, jouer une trentaine de notes sur son clairon de l'armée française devint son plus cher rituel quotidien. Aussi, le 14 juillet, quand vint l'heure de la retraite aux flambeaux avec tous les clairons de la région, Françoise ne put pas le retenir : « C'était une célébration presque uniquement masculine et tout à fait déchaînée. Les hommes, torse nu, avec leurs clairons et leurs torches, les femmes oubliées. Traditionnellement, les hommes et les femmes dansent pour célébrer la prise de la Bastille, mais pas à Ménerbes – ce qui comblait d'aise Picasso, il avait horreur de danser. En fait, il considérait la danse comme une activité immorale et dépravée, alors que coucher avec des femmes innombrables lui paraissait dans l'ordre naturel des choses[21]. »

Après le 14 juillet, la torture du clairon cessa, mais Françoise avait quand même hâte de quitter Ménerbes. Bien qu'elle fût physiquement seule avec Picasso, il lui semblait que Dora rôdait dans la maison alors que Marie-Thérèse était une présence bien affirmée par les lettres délirantes qu'il recevait d'elle chaque jour. Françoise, qui avait attendu ce départ comme une sorte de lune de miel après le début de leur vie commune, devait bel et bien chaque matin écouter des passages choisis et passionnés des lettres de Marie-Thérèse le tout ponctué par les commentaires de Picasso : « Au fond je ne te vois pas m'écrire une lettre comme ça... C'est parce que tu ne m'aimes pas assez. Cette femme-là m'aime vraiment... Tu n'es pas assez mûre pour comprendre ces choses-là. Tu n'es pas une femme pleinement développée, tu sais. Tu n'es qu'une petite fille[22]. » Ce qu'il ne lui lisait pas, c'était les lettres non moins passionnées qu'il écrivait à Marie-Thérèse. Elles étaient, Maya s'en souvient, « pleines de " je t'aime " et de " je t'aime " et de " je n'aime que toi " et de " tu es la meilleure du monde "[23] ».

En proie aux scorpions, aux clairons, aux lettres de Marie-Thérèse et aux piques de Picasso, Françoise commença à rêver de s'en aller loin de Picasso et de la présence oppressante de son passé – aussi loin que la Tunisie. Luc Simon lui avait trouvé un travail là-bas : faire des croquis pour garder la trace des arts et des artisanats locaux avant leur disparition. Elle prépara tout cela dans sa tête et, un après-midi où Picasso était sorti, elle partit. Comme elle n'avait pas d'argent, elle avait décidé de faire du stop jusqu'à Marseille et d'emprunter là à des amis le prix de son billet pour l'Afrique du Nord. Elle n'était pas sur la route depuis longtemps quand une voiture s'arrêta pour la prendre. Tout semblait se dérouler conformément à son plan, à une exception près : la voiture était la Peugeot bleue avec Marcel au volant et Picasso sur la banquette arrière. La première réaction de celui-ci fut la colère et l'incompréhension : « Tu dois être devenue complètement folle[24] », cria-t-il. Mais, comme toujours lorsqu'elle voulait le quitter, il savait avec une extraordinaire précision exactement ce qu'il fallait dire pour la ramener : « Nous avons peut-être quelques difficultés à nous adapter, mais, maintenant que nous voilà réunis, c'est à nous de bâtir quelque chose ensemble. Nous n'allons pas si légèrement laisser passer cette chance... Ce n'est pas ta tête que tu dois écouter pour des choses comme ça. Tu vas te priver des joies les plus profondes de la vie. Ce qu'il te faut, c'est un enfant. Ça te ramènera à la nature et ça te mettra en harmonie avec le reste du monde. » Il l'avait déjà poussée dans la voiture, embrassée et il la serrait contre lui.

Quand elle fut rentrée, rien ne sembla plus loin de ses pensées que la Tunisie. En fait, elle décida de suivre le conseil de Picasso : moins penser et obéir davantage à son cœur, où que cela la menât. « Tu ne sauras pas ce que ça veut dire d'être une femme tant que tu n'auras pas eu d'enfant[25] », avait-il dit et elle, qui avait jusqu'alors renoncé à l'idée de la maternité, n'était plus si sûre. « Avant que j'aille vivre avec lui, se rappelait-elle, c'était un point sur lequel j'étais absolument décidée : je ne voulais pas avoir d'enfant. Et c'était un point sur lequel *lui* était absolument décidé : j'allais avoir des enfants[26]. » Un peu plus d'un mois plus tard, quand ils furent revenus chez M. Fort, où ils s'installèrent après avoir heureusement quitté Ménerbes, elle était enceinte.

Ils commençaient, comme l'avait dit Picasso, « à bâtir quelque chose ensemble ». Pour Françoise, une des choses à quoi elle avait le plus de mal à s'habituer, c'était d'apprendre à être elle-même dans un monde où tout tournait autour de lui. Dominique Desanti se souvient d'être arrivée un matin à Golfe-Juan pour interviewer Picasso. Elle avait pris le train du matin de Paris et arriva chez M. Fort alors que Picasso dormait encore. « Françoise, dit-elle, proposa de m'emmener sur la plage en attendant que Pablo se réveille. Nous descendîmes jusqu'à la mer et nous bavardâmes de choses et d'autres, et notamment de sa grossesse, et elle s'arrêta tout à coup et me dit : " Je suis contente que vous soyez arrivée tôt parce que je peux avoir l'illusion que vous êtes venue un peu pour moi et pas seulement pour lui. " Ce fut la première étape de notre amitié car à ce moment je compris tout : combien ce devait être difficile d'être l'épouse, la femme avec un homme comme lui qui, même s'il n'avait pas été un peu sadique, même s'il n'avait pas voulu être cruel, ne pouvait pas s'empêcher d'être vorace. Il avait ses heures, ses façons, ses humeurs, et il avait l'habitude de voir tout le monde arranger son existence autour de cela. C'était un génie très conscient; il avait une envie forcenée d'être un génie tout le temps et, pour lui, rien ne se comparait en importance à ce qu'il avait à faire[27]. »

Tandis que Françoise apprenait à se préserver au milieu de cette tornade qui aspirait tout sur son passage, il apprenait à vivre avec une femme qui, comme il le lui avait dit plus d'une fois, avait sa fenêtre à elle qui donnait sur l'absolu. Il était intrigué par l'habitude qu'avait Françoise de méditer régulièrement. Une des rares fois où ils en parlèrent, elle lui expliqua que cela l'aidait à libérer quelque chose en elle. Il pouvait comprendre cela : des années plus tard, il parla même en termes identiques de son œuvre : « S'il existe une seule liberté dans ce qu'on fait, c'est de se libérer de quelque chose qu'on a en soi. Et même ça ne dure pas[28]. » Pour un homme chez qui la vie était synonyme d'activité et la passivité synonyme de mort, il y avait quelque chose de très inconfortable dans le calme des méditations de Françoise. Pourtant, il y avait aussi ce sentiment vague et inquiétant qui rôdait en lui plus souvent quand il était près d'elle que de personne d'autre qu'il existait peut-être, après tout, « une mystérieuse et impénétrable divinité du monde – un Dieu – un Etre positivement présent partout[29] ». Voilà comment Pierre l'avait exprimé dans *Pierre ou les Ambiguïtés,* de Herman Melville, un livre que Picasso avait découvert avant la guerre et qui l'avait profondément affecté.

Un jour, qu'ils sortaient du musée d'Antibes, il entraîna Françoise jusqu'à la petite église tout à côté. Il s'arrêta près du bénitier de pierre contenant l'eau bénite. « Tu vas jurer ici que tu m'aimeras toujours[30] », dit-il. Elle qui l'avait entendu si souvent proclamer son athéisme et se moquer de Dieu fut stupéfaite. « Je crois qu'il vaut mieux le faire ici que n'importe où ailleurs, expliqua-t-il. Il y a des choses comme ça. On ne sait jamais. Il y a peut-être quelque chose dans toutes ces histoires sur les églises. Ça pourrait rendre tout cela un peu plus sûr. Qui sait? Je ne pense pas que nous devrions laisser passer cette chance. Ça pourrait aider. » C'est ainsi que, dans la pénombre de l'église elle jura de l'aimer à jamais et que lui jura de l'aimer à jamais. Puis ils s'en allèrent et il se remit à la tâche qui absorbait toute sa vie : tenter d'être plus malin que son Créateur. Mais en même temps, soit en cherchant à consacrer leurs vœux dans une chapelle ou en conservant dans son atelier une vieille statue catalane de la Madone, il s'assurait qu'il couvrait bien toutes les issues.

Le château Grimaldi qui abritait le musée d'Antibes devint alors l'atelier de Picasso. Il commençait à se sentir à l'étroit et frustré chez M. Fort, quand Dor de la Souchère, le conservateur du musée, lui offrit tout le dernier étage du château. Sa générosité se trouva magnifiquement récompensée lorsque Picasso, au cours des deux mois suivants, couvrit d'énormes panneaux de peintures de nymphe, de centaures et de faunes en pleine célébration païenne, avec Françoise en nymphe emportée par une danse pleine d'abandon dans *La Joie de vivre.* Le musée moribond avait été transformé. Jusqu'alors, la seule chose dont il pouvait se vanter, c'était de posséder une collection de documents sur Napoléon, qui avait débarqué à Golfe-Juan à son retour de l'île d'Elbe.

Ce fut alors qu'il travaillait dans le vieux château que Picasso tomba sur une petite chouette blessée qui devint sa compagne de tous les instants : il lui prodiguait toute l'attention et la compassion refoulées qu'il se permettait si rarement de prodiguer aux humains. Il lui mit une attelle à la patte et la soigna jusqu'à ce que vînt le moment de retourner à Paris, à la fin novembre. Alors qu'il dînait chez Marcel avec Françoise la veille de leur départ, il rencontra Lionel Préjger, un homme d'affaires et amateur d'art qui était venu là, comme il le raconta lui-même, « pas par hasard, parce que je savais que Picasso était là et que je voulais le rencontrer absolument[31] ». Prejger non seulement le rencontra, mais se retrouva avec la chouette, confiée à ses soins jusqu'au retour de Picasso dans le Midi. Il lui demanda une lettre l'autorisant à garder la chouette et Picasso, qui normalement se rebiffait au moindre soupçon que quelqu'un essayait de profiter de lui, lui donna bien volontiers l'autographe, à condition qu'on s'occupât bien de sa chouette.

Le 28 novembre, quelques jours après le retour à Paris de Picasso et de Françoise, Nusch Eluard fut victime d'une attaque et s'effondra dans la rue. Paul Eluard était en Suisse lorsqu'il apprit la nouvelle; il rentra à Paris bouleversé. La mort une fois de plus venait de faire irruption dans la vie de Picasso. Mais cette fois la présence de Françoise, la vie nouvelle qu'elle portait en elle et sa sereine acceptation de la mort permettaient beaucoup plus facilement à la vie et à l'avenir de s'affirmer. « Françoise attend un enfant, annonça Sabartés à Brassaï. Ça le rajeunit. Il n'a jamais été aussi gai, aussi heureux, aussi débordant d'énergie[32]. »

Après la mort de Nusch, Eluard était presque tout le temps avec Picasso et Françoise. Il découvrit bientôt que non seulement Nusch lui manquait terriblement mais qu'il avait horreur de ne pas être marié. « Il ne pouvait pas supporter d'être seul, se rappelait Françoise. Il voulait se marier et avoir ensuite un mariage très libre[33]. » La première personne à laquelle il pensa, ce fut Dora. Un an plus tôt, il lui avait dit : « Je ne peux pas imaginer ma vie sans Nusch. Je ne peux pas envisager l'idée de la perdre. Je ne pourrais pas me passer d'elle. » Il pensait maintenant à Dora pour remplacer Nusch. Aimer quelqu'un que Picasso avait aimé, coucher avec quelqu'un dont Picasso avait été l'amant, permettre à Dora de reprendre place dans leur cercle en tant que Mme Paul Eluard, créer un nouveau et fascinant quatuor, avec Dora, Françoise et Pablo – cela lui semblait soudain le meilleur arrangement possible dans sa vision du meilleur des mondes possible.

S'étant tout d'abord assuré l'accord de Picasso, Eluard demanda à Dora de l'épouser, s'imaginant que, seule et abandonnée, elle accepterait avec entrain. Il n'en fut rien. « Après Picasso, répondit-elle à la grande surprise d'Eluard, il n'y a que Dieu[34]. » Le Dr Lacan, qui continuait à la soigner aussi bien par des séances de psychothérapie que par des électrochocs, l'encouragea à donner une certaine structure à ses penchants et à ses expériences mystiques en se convertissant au catholicisme. C'est ainsi que Dora renonça à l'occasion de devenir Mme Paul Eluard et s'engagea sur la route de la conversion, qui devait la mener à rejoindre les rangs des oblates de l'ordre de Saint-Sulpice tout en continuant d'habiter rue de Savoie. « Ce ne fut pas tant l'épisode de folie qui détruisit Dora, dit Françoise, que le traitement à l'électrochoc. Lacan m'expliqua qu'il avait réussi à la stabiliser de façon qu'elle puisse mener une sorte de vie normale, et c'était, selon lui, le mieux qu'on pouvait atteindre. Par remords, Picasso payait ses séances chez Lacan, mais il ne lui envoya jamais de chèques comme il le faisait pour Olga et Marie-Thérèse. Et Dora ne demanda jamais rien. Elle survécut, car elle ne perdit jamais sa dignité d'être humain. Il réussit toutefois à tuer l'artiste qu'il y avait en elle. Sa peinture était très belle, très subtile, elle y mettait beaucoup d'elle et n'en démordait jamais; à bien des égards, en fait, c'était une peinture très étrangère à celle de Picasso. Mais quelque chose s'était brisé en elle et désormais cela se refléta dans son œuvre[35]. » En cet hiver de 1946, Picasso était presque heureux de vivre. Un des bénéficiaires de sa bienveillance inaccoutumée fut le marchand américain Sam Kootz, qui arriva de New York après Noël, espérant rehausser le prestige de l'écurie de peintres américains de sa galerie – Gottlieb, Motherwell, Baziotes – grâce à quelques Picasso. « Il n'avait jamais la moindre idée, écrivit Brassaï qui le vit pendant qu'il était à Paris, s'il était sur la rive gauche ou sur la rive droite, à Montparnasse ou place de l'Opéra. Il ne vit jamais la tour Eiffel ni même les Folies-Bergère. Il ne sortit jamais assez longtemps de son taxi pour s'aventurer à faire quelques pas dans une rue de Paris. Je me demande s'il est allé au Louvre. " Le Louvre? Ce n'est pas assez abstrait pour moi ", répond-il. Il n'a qu'une pensée en tête : Picasso[36]. » Et il eut de la chance. Picasso l'invita à déjeuner chez Lipp et lui vendit les neuf toiles qu'il avait choisies sans aucune des tortures habituelles auxquelles il soumettait Kahnweiler et les autres marchands.

Sa bonne humeur n'était pas la seule explication de ce changement d'attitude. Ce qui était au moins aussi important, c'était sa décision de donner une leçon à Kahnweiler. Celui-ci avait refusé de payer les prix plus élevés que réclamait Picasso après avoir appris que le marchand avait récemment vendu quelques Braque pour plus cher que les Picasso comparables qu'il vendait à l'époque. Inutile de dire à Picasso que Braque peignait beaucoup moins de toiles en un an et qu'il pouvait donc de temps en temps exiger des sommes plus élevées, d'autant que Picasso était déjà exaspéré par un livre que Jean Paulhan, le directeur de *La Nouvelle Revue française,* avait publié au début de l'année sous le titre de *Braque le patron.* Il n'avait jamais lu ce livre : c'était le titre qui le rendait furieux. Il n'y avait qu'un patron, un seul maître incontesté, et ce n'était pas Braque, ni même Matisse, et certainement pas Rouault, que Paulhan avait osé placer au même niveau. Maintenant, et à jamais, c'était Picasso.

A New York, du moins, le public amateur d'art semblait d'accord. « Nous avons inauguré l'exposition, écrivit Sam Kootz, au milieu de janvier 1947 devant une foule imposante, avec des cordons de police pour contrôler l'accès. A trois heures de l'après-midi, nous avions tout vendu... Le soir même j'ai téléphoné à Picasso pour lui annoncer la bonne nouvelle. Il était surpris, mais rechigna devant mon désir de revenir à Paris pour acheter d'autres toiles. Ce fut une précieuse leçon que j'appris tout de suite : que Picasso aimait prendre les décisions[37]. »

Beaucoup ne demandaient pas mieux que de prodiguer les flagorneries et d'accepter sa règle du jeu, mais Braque n'était pas de ceux-là. « Picasso autrefois était un grand artiste, disait-il, mais aujourd'hui il n'est plus qu'un génie[38]. » Picasso ne pouvait pas supporter l'idée que Braque ne voulait pas se laisser contrôler ni que certains amis communs le préféraient à lui; en même temps, il ne pouvait s'empêcher de chercher des preuves que c'était bien le cas. Il envoyait même des espions chez Braque, ou bien y allait lui-même, pour savoir quels visiteurs étaient là et combien de temps ils restaient. S'il se trouvait que parmi les visiteurs il y avait des amis à lui, comme Zervos ou Fenosa, René Char ou Pierre Reverdy, il était d'abord hors de lui, puis il s'apitoyait sur lui-même. « Je n'aime plus Reverdy, déclara-t-il un jour dans un brusque mouvement d'humeur. D'ailleurs, c'est le meilleur ami de Braque, ce n'est donc pas un de mes amis... Tu sais, Braque est vraiment un salaud. Il trouve le moyen de détourner de moi tous mes amis. Je ne sais pas ce qu'il leur fait, mais il doit faire quelque chose – quelque chose que je ne sais pas faire. Le résultat c'est que je n'ai plus d'amis. Les seuls gens qui viennent me voir sont une bande d'imbéciles qui veulent quelque chose de moi[39]. »

Il déversait souvent de pareils torrents d'insultes sur les « imbéciles » qui prenaient la peine de venir le voir. Françoise s'efforçait de lui expliquer qu'il faisait tout en son pouvoir pour éloigner les gens en se montrant aussi déplaisant que possible. Mais la logique, si rigoureuse fût-elle, ne parvenait pas à maîtriser sa colère et sa morosité. Il s'y cramponnait, les défendant avec des arguments de plus en plus pervers : « S'ils m'aimaient vraiment, ils viendraient quand même, même s'ils devaient attendre trois jours à la porte que j'aie envie de les laisser entrer[40]. »

La plupart de ses journées commençaient dans un semblable déploiement de pitié sur son propre sort. En fait, c'était alors que les litanies de ses doléances étaient les plus longues et les plus déchirantes, comme si la force qui l'avait poussé jusqu'aux hauteurs où il se trouvait lui avait soudain brusquement manqué. Le moindre mal d'estomac était un cancer; son médecin ne s'intéressait qu'à ses toiles et pas à lui, sinon il aurait été à son chevet chaque jour; son âme le démangeait; personne ne le comprenait, ce qui était bien normal, étant donné la stupidité de la plupart des gens; la vie était un terrible fardeau et sa peinture allait de mal en pis; il désespérait; personne ne pouvait être plus malheureux et il se demandait pourquoi il devrait continuer à exister. A chaque mot d'affliction, il creusait davantage le trou dans lequel il sombrait.

Françoise devait travailler dur pour le tirer de là, pour lui prouver que la vie valait la peine d'être vécue, que tout le monde l'aimait, que son œuvre était merveilleuse et que ce qu'il pourrait faire, si seulement il se donnait la peine de se tirer de son lit, serait encore plus merveilleux. Il était enfin prêt non seulement à commencer la journée, mais à mettre un peu d'animation en multipliant les méfaits. Avant que le soleil se couche, il devenait un autre homme – invincible, un magicien, un génie immortel. Le lever du soleil venait une fois de plus détruire cet équilibre précaire entre l'invincibilité et le défaitisme, entre l'immortalité octroyée par le monde et la mort inévitable; et, une fois de plus, Françoise, le travail et l'adoration de ses courtisans le remettaient en selle.

Françoise n'était absolument pas une favorite de cour. Sa beauté, sa précocité intellectuelle et sa répugnance à flatter qui que ce soit ou à supporter de bon cœur les idiots l'exposaient à l'hostilité, tout comme la première image d'elle en jeune peintre ambitieuse profitant de l'engouement du vieux maître l'avait exposée aux soupçons. Soupçons et hostilité étaient très soigneusement contrôlés par sa position privilégiée près de la source du pouvoir et des faveurs, dont beaucoup valaient pratiquement de l'or. Sa grossesse ajoutait encore à l'impression de plus en plus marquée qu'elle ne serait pas facile à déloger.

Au début de mai, Françoise, enceinte maintenant de près de neuf mois, décida de passer outre aux objections de Picasso et de consulter un docteur. Le bébé pouvait naître d'un jour à l'autre, aucun arrangement n'avait été pris avec un obstétricien ni avec une clinique. Ce n'était pas un oubli de la part de Picasso, tout au contraire : la naissance de son enfant était si importante pour lui que sa façon de se concilier le destin et de s'assurer que tout irait bien était de ne rien faire, ce qui, suivant son raisonnement magique, amènerait le destin à s'imaginer qu'il cédait à ses caprices, quels qu'ils puissent être. « Il vaut mieux, avait-il dit à Françoise, ne pas agir plutôt que d'agir chaque fois qu'il y a un choix[41]. » Il n'avait donc pas voulu consulter de médecin, convaincu que « cela porte malheur d'observer les choses de trop près ».

Il finit par appeler le Dr Lacan qui, après s'être remis de sa surprise en constatant que Françoise était presque à terme et qu'elle n'avait pas encore vu d'obstétricien, la présenta au Dr Fernand Lamaze. Une semaine plus tard, le 15 mai, à la clinique du Belvédère à Boulogne, Françoise mit au monde un garçon. Un rêve qu'elle nourrissait depuis plus de trois ans s'était étrangement réalisé. Dans le cahier de rêves qu'elle tenait, elle en avait noté tous les détails. Elle était dans une bergerie, avec une voiture d'enfant et deux toiles auprès de la voiture : l'une, un petit portrait de Mlle Rivière par Ingres, et l'autre, *Les Représentants des puissances étrangères* par le Douanier Rousseau dont elle découvrit par la suite qu'il appartenait à

Picasso. En arrivant à la clinique, elle découvrit que l'infirmière s'appelait Mme Rousseau et la sage-femme Mme Ingres; ses cheveux noirs étaient séparés par une raie au milieu, comme dans tant de portraits d'Ingres. Lorsque le Dr Lacan arriva, Picasso, qui se souvenait d'avoir lu le rêve de Françoise, lui demanda, fasciné, quelle était la signification d'une bergerie. C'était le symbole de la naissance d'un enfant, lui expliqua l'éminent psychanalyste.

Si son père avait pu en faire à sa tête, l'enfant aurait été prénommé Pablo. C'était comme si Picasso, mécontent de son premier fils, espérait trouver dans le second un héritier plus digne de lui et qu'il voulût lui faire porter le même nom, cette fois dans toute sa gloire espagnole. Mais Françoise estima qu'avoir deux fils avec presque le même prénom, c'en était trop, et le bébé quitta la clinique sous le nom de Claude, Pierre, Paul Gilot d'après Claude Gillot, le professeur de Watteau qui, comme Picasso, avait un faible pour les arlequins.

« Ce fut une expérience tout à fait traumatisante que d'avoir un enfant, se rappelait Françoise. Tout d'abord, je n'avais pas de sœur ni de frère, et pas la moindre idée de ce qu'on est censé faire avec un enfant. Je me mis donc à lire tous les livres pour me plonger dans mon rôle de mère[42]. » En juin, la mère, le père et l'enfant retournèrent chez M. Fort à Golfe-Juan. Il devint vite évident que l'arrivée de Claude avait donné une tonalité nouvelle à leurs rapports. « Tu vois, faire un enfant à une femme, avoua plus tard Picasso à Geneviève Laporte, c'est pour moi prendre possession et ça m'aide à tuer les sentiments qui pouvaient exister. Tu ne peux pas imaginer combien j'éprouve constamment le besoin de me libérer[43]. »

Françoise décrivait Picasso comme « le survivant

d'une très vieille civilisation. Ce qui rendait mes rapports avec lui si difficiles, ce n'était pas que j'avais vingt-cinq ans et lui soixante-six, mais que j'en avais vingt-cinq et lui soixante-six mille. Il voulait faire des enfants à ses femmes pour les alourdir, les rendre incapables de courir partout et les faire plus dépendantes de lui. En même temps, c'était une exigence d'intimité, c'était mettre au défi la femme d'ouvrir toutes ses portes et fenêtres émotionnelles, qu'il se donnait tant de mal à garder fermées[44] ».

Des années plus tard, il se vantait d'avoir obligé Françoise à s'occuper elle-même de ses enfants et d'avoir refusé d'engager une domestique. « J'étais partagé entre plusieurs fidélités, se rappelait Françoise. Si Claude pleurait, s'il avait faim ou s'il avait besoin de quelque chose, il avait droit le premier à mon attention. Même si c'était Pablo qui avait voulu un enfant, ce fut moi et pas lui que l'expérience transforma. Je n'en avais peut-être pas voulu, mais, une fois la décision prise et l'enfant né, j'étais en partie la même et en partie différente[45]. »

Pour le moment, Picasso était fasciné par bébé Claude, qui de jour en jour lui ressemblait de plus en plus, et il était enchanté d'avoir pris plus profondément possession de sa mère. « Il la voulait toujours très près de lui, dit Dominique Desanti, qui leur rendit visite à plusieurs reprises à Golfe-Juan dans l'été de 1947. Ils formaient tous les deux un couple très remarquable. Elle était si belle et lui était vraiment si extraordinaire, si bien que sur le plan esthétique, ils étaient très frappants tous les deux[46]. » Les regarder ensemble était aussi comme suivre un jeu tribal dont eux seuls connaissaient les règles. « Il faisait des remarques agressives destinées à la rabaisser et à l'humilier devant les autres, et elle riait et faisait paraître innocent ce qu'il disait. En parlant d'elle, il disait " la femme ". " Qu'est-ce que la femme a fait pour dîner? " demandait-il. Ou bien il regardait une femme dans une toilette érotique sur une carte postale et soupirait : " Quel rêve d'avoir une femme comme ça devant soi. " Et Françoise se mettait à rire en disant : " C'est très facile. Nous pouvons le faire. Trouve-moi une robe comme ça et je la passerai : ce serait un déguisement très amusant. " Elle n'avait jamais l'air fâchée ou humiliée, elle vous donnait toujours l'impression qu'ils jouaient la comédie. C'était sa façon d'être à lui; il était cruel, que ce fût avec sa femme, ses meilleurs amis ou quiconque se trouvait là si l'envie lui en prenait. Si on décidait de vivre avec lui, il fallait une force peu commune et une maturité rare pour trouver son rôle dans la pièce qu'il créait et improviser le texte[47]. » Picasso avait une explication pour « sa façon d'être ». « Max Jacob m'a demandé un jour, dit-il, pourquoi j'étais si aimable avec les gens qui ne comptaient vraiment pas et si dur avec mes amis. Je lui répondis que je me fichais pas mal du premier groupe mais que, puisque je tenais tant à mes amis, il me semblait que je devais mettre notre amitié à l'épreuve de temps en temps. Rien que pour m'assurer qu'elle était aussi forte qu'elle devait l'être[48]. » C'était un besoin contradictoire de chasser ceux qui étaient le plus près de lui tout en étant pris de panique s'ils semblaient bel et bien près de l'abandonner.

Quand il n'était pas occupé à les chasser, il adorait les amuser, d'autant plus quand le soleil et la mer faisait fondre un peu de sa colère et de sa douleur. Alors, sur la plage de Golfe-Juan, ou bien en dînant chez Marcel, il se mettait un faux nez, s'habillait comme Charlie Chaplin, dessinait sur les nappes en papier avec un doigt trempé dans le vin, soulignant ses dessins avec de la moutarde et du café, ou bien, quand une femme l'approchait pour demander un autographe, il proposait de dessiner sur sa peau nue, surtout si elle était en costume de bain. Et les femmes ainsi nanties d'un autographe ne se lavaient pas pendant des jours. Pendant ce temps, Françoise observait ses clowneries et jouait avec Claude. Leurs meilleurs moments étaient les rares occasions où ils étaient seuls le soir. Elle prenait un livre de poésie et lui faisait la lecture, et il lui rendait la pareille en récitant ses poètes favoris : Rimbaud, Mallarmé, Góngora et très souvent Eluard.

Une fois Sabartés de retour à Paris, Françoise se chargea d'un certain nombre de ses tâches, s'occupant des affaires de Picasso et rédigeant ses chèques pour Olga, Paulo et Marie-Thérèse. Il commençait ses matinées en lisant le courrier que Sabartés faisait suivre de Paris, et qui comprenait toujours une lettre de sa main, énigmatique et fortement codée, ainsi que les dernières coupures de presse de Lit-Tout, le service qui tenait Picasso au courant de tout ce qui avait été publié sur lui, y compris, bien sûr, ses derniers mots d'esprit : « Mais, maître, on ne vous voit jamais peindre, déplorait ingénument une journaliste. – Mais, mademoiselle, répliqua-t-il, je fais aussi l'amour et on ne me voit pas le faire[49] ! » Tout ce qu'il avait dit ou fait, il le lisait bientôt sous la forme d'une coupure de presse. Il y avait aussi dans le paquet une abondance de caricatures, pour la plupart des charges sur sa tendance à distordre et à déformer. Dans l'une d'elles, un homme était en train de copier un tableau de Picasso et un autre commentait : « Pas mal! mais je crois que le pied droit n'est pas assez à gauche. »

Souvent, le soir, Picasso s'installait pour écrire à Sabartés tout ce qui lui passait par la tête. Puis il relisait la lettre et riait tout seul : « C'est vraiment très drôle. Je me demande s'il pourra comprendre ce que je veux dire[50]. » Parfois il en lisait des passages à Françoise. « C'était un peu comme ses pièces et ses poèmes, se rappelait-elle, plein d'images visuelles flottantes ou de répétitions de couleur – le bleu du bleu dans le bleu du bleu dans le moins bleu du bleu de la Méditerranée du bleu du blanc du cheval et l'odeur de l'arêne de Nîmes... Les phrases ne se terminaient jamais et il était impossible d'y trouver la moindre signification linéaire. Mais ses lettres avec leurs séries décousues d'images avaient un impact presque comme celui d'un tableau. Il essayait toutes sortes de pensées absurdes et vagabondes sur Sabartés, mêlées à des instructions sur ce qu'il devait ou ne devait pas faire pour lui. Elles étaient très longues et, pour un étranger, incompréhensibles[51]. » Pour Sabartés, elles représentaient une grande compensation à l'injuste traitement que lui réservait parfois son ami et aux gages minuscules sur lesquels il était même obligé de payer son billet de troisième classe quand il venait rendre visite à Picasso dans le Midi.

« Etre injuste, dit Picasso à Françoise, c'est un privilège divin. » « Un jour, en revenant d'une corrida, se rappelait-elle, nous avons eu une discussion là-dessus. Je lui expliquai que mon grand but dans la vie c'était de devenir pleinement humaine, de m'incarner dans la chair. Ce n'est pas du tout facile d'être humain, mais c'était là ma quête : comprendre les besoins des autres, leurs points de vue, être juste. Il disait qu'il n'avait aucun intérêt à être juste, qu'en fait il aimait, il aimait vraiment être injuste. Ça lui donnait l'impression d'être davantage un dieu primitif[52]. »

Si être injuste lui donnait un sentiment divin, s'entourer de conflits lui donnait l'impression d'être vivant, et c'est pourquoi il répugnait toujours si fort à prendre des mesures susceptibles de les réduire. Il était même ravi de l'habitude qu'avait Olga de le suivre quand il quittait Paris. Cet été-là ne fit pas exception et Olga venait gâcher la paix matinale sur la plage par ses menaces, ses injures ou simplement parce qu'elle réclamait son attention. Un jour qu'elle se montrait particulièrement odieuse en suivant Françoise, Claude et Picasso dans les rues de Golfe-Juan, il se retourna et la gifla. Lorsqu'elle se mit à hurler, il menaça d'appeler la police. Elle continua à les suivre et, presque chaque jour, à lui envoyer des missives furieuses dans un mélange d'espagnol, de russe et de français. Leur thème principal, développé en d'innombrables variations, était qu'il n'avait fait que descendre des hauteurs où il était autrefois : « Ton fils est un bon à rien aussi, et ça ne fera qu'empirer – comme pour toi[53]. » Une de ses variations favorites était de joindre à ses lettres un portrait de Beethoven et de dire à Picasso qu'il ne serait jamais aussi grand; une autre était d'y joindre un portrait de Rembrandt avec l'inscription : « Si tu étais comme lui, tu serais un grand artiste[54]. »

Invariablement, Picasso était agacé par ses lettres et invariablement il les lisait du début jusqu'à la fin, malgré l'insistance de Françoise qui le pressait de ne pas les ouvrir, puisqu'il savait désormais ce qu'elles contenaient. Picasso et Olga étaient liés l'un à l'autre par les liens d'un mépris réciproque qu'aucun bon sens ne pouvait desserrer. Elle avait besoin de lui pour valider son existence et, curieusement, il avait besoin de sa passion pour lui, même de sa passion négative. Plus les gens qui se trouvaient là vivaient exclusivement pour lui, plus il emmagasinait d'énergie et plus il se sentait puissant. Plus nombreuses étaient les rivières qui coulaient dans cette direction, plus immense l'océan que lui devenait.

Malgré cela, l'été 1947 fut une époque d'inertie et de mécontentement. Il allait à toutes les corridas qui avaient lieu dans la région; il retourna au musée d'Antibes et peignit le triptyque *Ulysse et les Sirènes*. Puis il entendit son propre chant des sirènes. Georges et Suzanne Ramié, qui dirigeaient la poterie Madoura à Vallauris, vinrent en août à Golfe-Juan pour l'inviter à voir les trois petites pièces qu'ils avaient moulées l'année précédente, maintenant cuites et prêtes pour son inspection. Il y alla et il resta. Les Ramié mirent à sa disposition Jules Agard, leur meilleur potier, et il commença à travailler. C'était une évasion loin de l'angoisse de la toile blanche, surtout à une époque de stérilité; c'était la compagnie des potiers et de la terre qu'il travaillait; c'était puiser dans leur énergie et leur connaissance pour se recharger et multiplier ses pouvoirs; et c'était un nouveau mode d'expression. Il ne se contentait pas de décorer, il transformait la poterie qu'il tenait dans ses mains : un vase devenait un hibou, une femme ou une déesse, évoquant d'antiques idoles. Sa versatilité, sa vitalité, l'acuité de sa vision, la magie de son esprit inventif – tout cela avait maintenant trouvé une nouvelle forme par laquelle étonner le monde et, comme ses créations originales pouvaient être copiées, il y aurait encore plus de monde à être étonné.

Ce même été, les gens commencèrent à accourir au musée d'Antibes pour admirer les peintures du monde païen qu'il avait purement et simplement laissées derrière lui l'été précédent. Un soir que Picasso et Françoise dînaient chez Marcel avec les Cuttoli, M. Cuttoli lui dit que ce serait une bonne idée s'il rendait officiel son don au musée. « En outre, poursuivit-il, abordant un terrain dangereux, vous vivez ici depuis si longtemps, vous devriez prendre la nationalité française. Si vous le faisiez, vous pourriez obtenir votre divorce et épouser Françoise[55]. »

Picasso était furieux de l'impertinence du sénateur : « Je vous invite ici à ma table et vous osez me dire des choses pareilles! Bien sûr que j'ai laissé ces peintures au musée; mais qu'est-ce qui donne le droit à qui que ce soit de se mettre à parler de don et de donation? Puisque tout le monde est si content de citer la remarque que j'ai faite un jour : " Je ne cherche pas; je trouve ", je vais vous en donner une autre à mettre en circulation : " Je ne donne pas, je prends. " Quant à votre idée de changer de nationalité, je représente l'Espagne en exil. Je suis certain que Françoise n'approuverait pas plus que moi que j'en change. Je crois qu'elle comprend cela et, dans mon échelle de valeur, notre fils vient après l'Espagne républicaine. Et vous, vous devriez comprendre tout de suite que je n'ai pas l'intention de soumettre ma vie aux lois qui gouvernent les misérables petites existences de vous autres petits-bourgeois. » Il n'en avait pas encore fini. Il jeta son assiette à la mer, tapa du pied et lança à son auditoire captif et pétrifié : « Eh bien, pourquoi ne mangez-vous pas? Cette nourriture n'est pas assez bonne pour vous? Mon Dieu, la tambouille qu'on me sert parfois chez vous! mais je la mange quand même par amitié. » Ils mangèrent, ils le calmèrent et ils parlèrent d'autre chose. Le dîner se poursuivit tout comme leur amitié. Et il répéta fièrement à bien des occasions : « Personne de son plein gré ne quitte Picasso. »

Les Cuttoli n'étaient pas seuls à demander à Picasso d'être généreux. Jean Cassou, le conservateur en chef du musée d'Art moderne, à Paris, et Georges Salles, le directeur des Musées nationaux, multipliaient les allusions, les suggestions, les sous-entendus, bref, faisaient tout sauf lui demander quelques-unes de ses toiles pour le musée d'Art moderne. Le fait qu'ils n'eussent pas directement essayé d'influencer sa décision, joint au fait que Braque et Matisse allaient être largement représentés, finirent par décider Picasso à donner dix toiles. Pour montrer sa gratitude, Salles fit apporter les tableaux au Louvre avant de les accrocher au musée d'Art moderne et, quand Picasso rentra à Paris en décembre, il l'invita à être le premier peintre qui avait jamais vu son œuvre exposée au Louvre. Salles lui demanda même de choisir les peintres auprès desquels il aimerait voir ses propres toiles. Son choix immédiat fut Zurbarán, et après cela Delacroix. « Ce salaud, dit-il à Françoise comme ils sortaient du Louvre, il est vraiment bon[56]. »

Parmi les artistes vivants, celui avec lequel Picasso aimait le plus discuter de questions esthétiques, était Alberto Giacometti, en partie parce qu'il était trop visionnaire pour les envisager en termes d'esthétique pure, Giacometti en outre s'était acquis le secret respect de Picasso parce que jamais il ne le flattait ni ne se prosternait devant lui. Les deux hommes se rendaient souvent visite et parfois, comme des collégiens, ils allaient à un café voisin pour regarder les revues pornographiques apportées par Picasso. D'autres fois, ils discutaient de leur œuvre. « Il acceptait les critiques de Giacometti, dit James Lord, mais en même temps il lui en voulait de les avoir faites et le côté pervers de sa nature – toujours très fort – l'amenait à se moquer d'Alberto derrière son dos... Ironisant sur l'angoisse et la frustration du sculpteur, il disait : " Alberto cherche à nous faire regretter les œuvres qu'il n'a pas faites. "[57] »

Quand il était d'humeur à être sincère, Picasso

reconnaissait que l'œuvre de Giacometti représentait « un nouvel esprit en sculpture[58] ». Il fit montre toutefois de méchanceté gratuite un jour, à l'atelier de Giacometti, alors que l'expression de son admiration aurait pu changer beaucoup dans la vie de Giacometti. Il se trouvait là quand à l'improviste Zervos arriva avec un collectionneur italien. A trois reprises Zervos demanda à Picasso s'il était d'accord avec lui sur les mérites d'une sculpture en particulier, qu'il espérait voir achetée par l'Italien, et par trois fois Picasso refusa de répondre. Le résultat fut comme il s'y attendait. Devant le silence flagrant du plus célèbre peintre du monde, le collectionneur italien repartit les mains vides. « Il me stupéfie, dit un jour Giacometti. Il me stupéfie comme un monstre, et je crois qu'il sait aussi bien que nous qu'il est un monstre[59]. »

En février 1948, après avoir passé l'hiver à Paris, Picasso abandonna son atelier, ses cafés et ses visites surprise à Giacometti et à Braque, et retourna à Golfe-Juan avec Françoise et Claude, une fois de plus suivi par l'implacable Olga. Ils furent bientôt rejoints par la grand-mère de Françoise, qui loua une maison dans la même rue que celle de M. Fort. Elle n'était pas ravie de la nouvelle existence bien peu conventionnelle de Françoise, mais elle l'avait acceptée; en outre, elle était en extase devant son arrière-petit-fils. Elle était toutefois horrifiée par la femme à demi folle qui les suivait chaque fois qu'ils emmenaient Claude dans sa voiture. Si elle avait eu l'oreille plus fine et l'incrédulité moins chevillée au corps, elle aurait été stupéfaite de découvrir que la femme était l'épouse légitime de Picasso, menaçant Françoise de choses indicibles pour lui avoir volé son mari.

A mesure que les jours passaient, ce qui n'était qu'un agacement devint insupportable. Olga, folle de jalousie et de colère, et qui ne se contentait plus de crier des injures, se mit à attaquer Françoise, la pinçant, la griffant, la giflant et la bousculant, surtout si elle tenait Claude dans ses bras. Pour aggraver encore les choses, voilà que Mme Fort adopta le parti de l'épouse légitime et qu'elle se mit à prendre le thé chaque jour avec elle. Olga s'asseyait près de la fenêtre et annonçait à tous les visiteurs de Picasso que, comme ils pouvaient le voir, elle était revenue vivre avec son mari. Ou bien, si Françoise était sortie, elle attendait son retour et criait que la maison lui appartenait à elle et à son mari, et que Françoise n'avait rien à faire ici.

Françoise, qui se rendait compte de la détresse et de la solitude d'Olga, se refusait à riposter. En même temps, elle ne pouvait pas continuer à vivre en état de siège. Elle déclara à Picasso qu'il leur fallait trouver une autre maison. Sa demande allait à l'encontre de sa philosophie à lui, faite de stoïque inaction, mais il finit par comprendre que Françoise ne renoncerait pas. Il demanda donc à Mme Ramié de les aider à trouver une autre maison. Elle le fit. Et, en mai 1948, ils s'installèrent à « La Galloise », une petite maison assez laide au milieu de près d'un hectare de collines, à Vallauris.

Le jour du déménagement, Picasso se ravisa. « Je ne sais pas pourquoi je devrais me plier à tout ça. Si j'avais dû déménager chaque fois que des femmes ont commencé à se battre à propos de moi, je n'aurais pas eu le temps de faire grand-chose d'autre dans ma vie[60]. » Cela dit, il se remit à sa poterie, laissant Françoise, Marcel et son fils Paulo se charger du déménagement. Montant et descendant la colline qui menait à la maison jusqu'à en perdre le souffle d'épuisement, Françoise se rappela l'histoire apocryphe de Bernard de

Palissy qui avait brûlé tous ses meubles pour que son four ne refroidisse pas. Picasso adorait raconter l'histoire et il ajoutait toujours avec orgueil : « J'aurais volontiers jeté dedans ma femme et mes enfants, si cela avait été nécessaire pour entretenir le feu[61]. »

Françoise était capable de comprendre le besoin de tout sacrifier à la création : mais elle n'était pas disposée à se laisser immoler. Dans la nouvelle maison, qu'il avait achetée et mise au nom de Françoise, elle aménagea une pièce en atelier pour elle et y travaillait de longues heures pendant que Picasso faisait de la poterie. Quand il n'était pas là, elle s'octroyait même le luxe de travailler la musique classique au fond de la maison, ce qui dérangeait toujours Picasso qui détestait toute musique, sauf le flamenco et un thème de *Petrouchka,* de Stravinski, qu'on l'entendait souvent siffloter. « J'ai beaucoup appris de lui pour ce qui est du dessin et de l'art graphique, se rappelait Françoise, mais j'étais déterminée à garder mon propre style... J'assimilai beaucoup de lui presque inconsciemment. J'étais cernée par lui comme s'il était un élément. Comme dans un élément – disons l'eau –, je nageais mais l'élément ne me disait pas comment nager[62]. » Bien que Picasso ne lui fît jamais de compliment sur son œuvre, il ne la rabaissait pas non plus. En fait, Françoise devenait à ses yeux une possession d'autant plus précieuse si, malgré les exigences qu'il avait sur son temps, ses émotions et son équilibre, elle pouvait continuer à créer.

La vie à Vallauris était presque entièrement publique. Des gens arrivaient chaque jour de tous les coins du monde pour le voir – parfois attendus, souvent à l'improviste. Le compositeur Germaine Tailleferre, que Picasso n'avait pas vue depuis l'époque de Diaghilev, l'invita à un concert chez elle, donné par deux pianistes, Robert Fizdale et Arthur Gold, qui venaient d'arriver de New York. Il refusa et les invita plutôt à venir tous les trois lui rendre visite à Vallauris. Ils arrivèrent ensemble avec la fille de Tailleferre, âgée de seize ou dix-huit ans, qui ressemblait remarquablement à sa mère à l'époque où Picasso l'avait connue. « C'est *vous* que je reconnais, s'exclama-t-il en s'adressant à la fille. Pas vous[63] ! » dit-il à la mère qui laissait entendre que c'était sa faute si le temps passait, si l'âge montrait ses marques et si la mort était plus proche – pour lui aussi bien que pour elle. Et il le dit et le redit inlassablement, comme si la répétition allait rendre la chose moins pénible. Ils parlèrent des gens qu'ils connaissaient; rien ne redonnait meilleure humeur à Picasso qu'une bonne dose de commérage. Il demanda des nouvelles de Stravinski : « Comment va-t-il? Et Mme Stravinski, qui est-ce? – Eh bien, c'est Mme Stravinski, répondirent Gold et Fizdale qui avaient récemment vu les Stravinski à New York. Mme Vera Stravinski, la même Vera avec qui il vit depuis des années. – Toujours la même Véra! Vous vous rendez compte[64] ! » s'écria Picasso, stupéfait à l'idée de coutumes d'accouplement aussi exotiques. Un gardien de la banque où il entreposait nombre de ses toiles lui avait dit un jour combien il était agréablement différent de tant d'autres clients qu'il avait observés au long des années, toujours avec la même femme, mais plus âgée, alors que lui apparaissait toujours avec une femme nouvelle, chacune plus jeune que la précédente. Picasso en avait été ravi. C'était une façon, estimait-il, de duper le destin et la mort.

Au début d'août, Picasso et Françoise allèrent en voiture à Vence pour rendre visite à Matisse, qui travaillait au plan d'une chapelle dominicaine et avait même accepté d'en assumer le coût. « Vous êtes fous de faire une chapelle pour ces gens-là, lança aussitôt Picasso, furieux. Vous croyez à cette foutaise, ou non? Sinon, pensez-vous que vous devriez faire quelque chose pour une idée à laquelle vous ne croyez pas[65]? »

« Pourquoi est-ce que vous ne feriez pas plutôt un marché? s'écria-t-il une autre fois. Vous y peindriez des fruits, des légumes[66]. » Matisse raconta cette sortie au père Couturier, le dominicain et champion de l'art moderne qui posait aussi pour les croquis préparatoires du panneau de saint Dominique. « Je m'en fiche pas mal, lui dit Matisse, son égalité d'humeur et sa conviction nullement troublées. J'ai des verts plus verts que les poires et des oranges plus orange que les citrouilles. Alors, à quoi bon[67]? »

Quand Picasso et Françoise retournèrent le voir et que Picasso de nouveau critiqua le projet, Matisse fut plus précis : « En ce qui me concerne, c'est essentiellement une œuvre d'art. C'est seulement que je me mets dans l'état d'esprit de ce à quoi je travaille. Je ne sais pas si je crois en Dieu ou non. Je crois vraiment que je suis une sorte de bouddhiste. Mais l'essentiel est de se mettre dans des dispositions d'esprit proches de celles de la prière[68]. »

Et plus tard, comme Picasso ne démordait pas de sa fureur obsessionnelle à l'idée de la chapelle, Matisse lui dit : « Oui, je fais ma prière et vous aussi, et vous le savez très bien : quand tout va mal, nous nous jetons dans la prière pour retrouver le climat de notre première communion. Et vous le faites, vous aussi. Ne dites pas non[69]. » Matisse avait pris l'habitude de traiter Picasso comme un fils récalcitrant mais brillant. Il l'écoutait, mais sans la moindre intention de suivre ses conseils.

La vision de Matisse était claire et irrésistible : créer un simple « espace religieux » où les gens pourraient venir « pour se sentir purifiés et libérés de leurs fardeaux[70] ». « Au fond, dit-il à Picasso, il ne faut pas que nous fassions les malins. Vous êtes comme moi : ce que nous cherchons tous à retrouver en art, c'est le climat de notre première communion[71]. » La première communion était pour Matisse un puissant symbole, incarnant la sérénité dont lui-même rayonnait.

C'était cette sérénité, cette paix qui dépassait son entendement, que Picasso combattait dans ses explosions contre l'idée de la chapelle. Et il y avait autre chose. Matisse l'exprima lors de la consécration de la chapelle : « Cette chapelle est l'aboutissement du travail de toute une vie et l'épanouissement d'un effort énorme, sincère et difficile. Ce n'est pas un effort que j'ai choisi mais pour lequel le destin m'a choisi au bout de ma route... Je la considère, malgré toutes ses imperfections, comme mon chef-d'œuvre, comme le fruit d'une vie entière dédiée à la recherche de la vérité[72]. » Picasso lui aussi recherchait une telle culmination, la peinture « ultime », et pourtant il s'en sentait chaque jour de plus en plus loin. « On avale quelque chose, ça vous empoisonne et on élimine le toxique[73] », voilà comment il décrivait sa méthode de travail. Puisqu'il croyait qu'il n'y avait au bout de la route aucune vérité à être révélée, peignait-il vraiment comme une catharsis, seulement pour rejeter le toxique, de plus en plus prisonnier de sa propre virtuosité ?

Lorsque le père Couturier vint le voir à Vallauris, Picasso le prit par les bras et lui dit en riant : « Je devrais me confesser tous les jours; j'ai plus besoin de me confesser que n'importe qui au monde[74]. » Mais le père Couturier, se rappelait Françoise, « préférait discuter d'art. " Quand Picasso peint, il peint avec son sang, disait-il. – Vous ne croyez pas plutôt, protestais-je, qu'il peint avec le sang des autres ? " Je riais, mais il me regardait comme si j'avais dit quelque chose de très, très vilain[75]. »

De nouveau, Picasso avait mal à l'âme, mais il maintenait fermement sur la douleur le bouclier du cynisme. Il se lançait dans sa poterie et se nourrissait de l'adulation qui l'entourait. Françoise et lui prenaient rarement un repas en tête à tête ; en fait, leurs repas devenaient l'occasion pour Picasso de disserter et d'éblouir ceux qui étaient déjà fascinés par ses monologues ruisselants des paradoxes familiers, qu'ils remportaient avec eux et qui faisaient leur pâture pendant des mois. Sa principale contribution à la conversation d'autrui était un stimulant *in absentia*. Quand il était présent, tout ce qu'il demandait à l'auditoire, c'était de rire, de rester bouche bée et d'admirer. « Nombre de gens qui nous entouraient étaient des amis dans un sens très particulier, dit Françoise ; ils me rappelaient ce que les gens de la Rome ancienne appelaient des " clients ", des *gens* qui n'appartenaient pas à une des grandes familles, à un *gens*, mais qui s'attachaient au chef de l'une de ces familles, au *pater familias*, et qui marchaient dans son sillage. Et plus le personnage était important, plus il avait de clients[76]. » Les deux plus récentes additions à cette cour étaient le peintre Edouard Pignon et sa femme, l'écrivain Hélène Parmelin – des clients inscrits, tout comme ils étaient inscrits au parti communiste. Penrose commenta un jour une conversation qu'il avait surprise entre Picasso et Pignon : « Pignon essayait d'expliquer ses mobiles avec clarté, alors que Picasso parlait toujours par métaphores, sans jamais se soucier de justification. L'auditeur comprenait alors que Picasso estimait que la vérité n'est jamais facilement accessible[77]. » En fait, les opinions de Picasso sur la vérité étaient bien moins dramatiques. « Quelle vérité ? dit-il à

Hélène Parmelin. La vérité ne peut pas exister... la vérité n'existe pas[78]. »

« Il me fallut longtemps pour comprendre quel menteur consommé il était, dit Françoise. Un des problèmes dus au fait d'avoir constamment une cour autour de nous était qu'il fallait régler nos comptes en public, ce qui faisait ressortir toutes ses qualités d'histrion. Et puis il y avait toujours ceux, à qui souvent je faisais à peine attention, qui posaient les peaux de banane et qui minaient le terrain pendant que je ne regardais pas. Ma mère, que j'avais recommencé à voir après la naissance de Claude, ne cessait de me mettre en garde : " Souviens-toi, ce sont toujours les personnages secondaires, comme Iago, qui sont à l'origine du drame ", et je lui éclatais de rire au nez. J'avais appris de mes études spirituelles que l'obscurité n'était que l'absence de lumière et, prenant mes désirs pour des réalités, j'avais interprété ça comme la certitude que les ténèbres n'existaient donc pas. Ma mère voyait en Sabartés et en Mme Ramié deux personnes qui me voulaient du mal et me porteraient malheur. Mais, si je n'avais jamais aimé Mme Ramié et si je savais qu'elle ne m'aimait pas, je ne crus jamais qu'elle me ferait vraiment du mal, jusqu'au moment où il fut trop tard. Quant à Sabartés, l'arrivée de Claude mit un terme à ce qui pouvait exister d'amitié entre nous. Ce n'était plus Pablo et lui contre le monde. Pablo maintenant avait une famille, ce qui signifiait aussi que ma présence n'allait pas être aussi éphémère que Sabartés l'avait cru[79]. »

Parmi les divers amis, clients, marchands, parents et visiteurs voyageant dans l'orbite de Picasso, Françoise avait commencé à se faire ses propres amis. Javier Vilato, le neveu de Picasso, peintre lui aussi et seulement un peu plus âgé qu'elle, était l'un d'eux, tout comme son amie grecque Matsie Hatjilazaros. Ils passaient de longues périodes à Vallauris et, quand elles n'étaient pas ensemble, Matsie écrivait à Françoise de longues lettres de Paris. Dans l'une d'elles, juste après le premier anniversaire de Claude, elle s'extasiait sur les photographies du bébé que Françoise lui avait envoyées : « Les mots ne peuvent exprimer mon ravissement. Il est follement séduisant – une attitude si virile, une telle allure, un tel aplomb[80]. » A un an, Claude était déjà un petit homme, à l'image de son père.

Javier et Matsie vinrent passer une partie de l'été 1948 avec Picasso et Françoise à Vallauris. « Ils n'habitaient pas notre maison, qui était toute petite, dit Françoise, mais ils étaient vraiment avec nous, c'est-à-dire qu'il y avait avec eux une réelle intimité[81]. » Un jour qu'ils étaient sur la plage de Golfe-Juan, un ami grec de Matsie, Kostas Axelos, vint les rejoindre. Il avait vingt-quatre ans, il était grand et brun, et à Paris une foule de femmes étaient amoureuses de lui. Il avait quitté la Grèce en 1945 et, en même temps, le parti communiste grec. De l'université d'Athènes, il alla à la Sorbonne, et de là à Bâle, où il étudia la philosophie avec Karl Jaspers. Il était récemment revenu s'installer à Paris et traduisait Heidegger tout en écrivant un livre sur Héraclite.

« Je préfère Héraclite à Platon[82] », lui dit Picasso lorsqu'ils se rencontrèrent. Il n'avait lu ni l'un ni l'autre, mais il avait un don extraordinaire pour absorber l'essence de ce qu'il voulait connaître. Platon se défiait de la sorcellerie personnelle des artistes qui éloignait les hommes de la vérité. Picasso avait entendu cela dans ses discussions philosophiques avec ses amis poètes; il n'aimait donc pas Platon. Mais il adorait les aphorismes paradoxaux d'Héraclite. Aussi Kostas Axelos et lui sympathisèrent-ils tout de suite et les choses allèrent encore mieux quand il devint évident qu'Axelos n'était pas le genre d'homme à s'adonner à la flatterie. En fait, il regardait les toiles que Picasso lui montrait et ne disait rien. A ses yeux l'art, qui autrefois avait uni le ciel et la terre, était arrivé à son terme. « L'art de Picasso, dit-il, était déjà entré dans cette période de décadence. Et il le savait[83]. »

Picasso aimait bien l'esprit d'Axelos, son indépendance farouche et sa beauté classique. « Essentiellement, tu as toujours aimé la beauté classique, lui avait dit un jour Braque. – C'est vrai, répondit Picasso. Même aujourd'hui, c'est vrai pour moi. On n'invente pas un type de beauté tous les ans[84]. » Mais Axelos s'intéressait beaucoup plus à Françoise qu'à Picasso. Il était frappé par sa beauté et par la profondeur de sa pensée. « Nous étions tous les deux assez étonnants pour notre âge, se rappelait Françoise. Depuis que j'étais petite fille, je me sentais liée à une autre dimension. J'avais l'impression que je vivais là autant que dans le monde « réel ». Je n'avais jamais rencontré personne qui fût aussi vivement conscient des illusions de ce monde que Kostas. Lui et moi atteignions dans nos discussions des profondeurs que je n'avais jamais atteintes avec personne d'autre[85]. »

Mais bientôt Axelos retourna à Paris et à Héraclite, tandis qu'à Vallauris Picasso et Françoise décidaient d'avoir un autre enfant. « Je sais exactement ce qu'il te faut, lui avait dit Picasso. La meilleure ordonnance pour une femme mécontente c'est d'avoir un enfant... Avoir un enfant pose de nouveaux problèmes et ils effacent les précédents[86]. » Les raisons de Françoise étaient toutes différentes. Enfant unique elle-même, elle ne voulait pas que Claude en fût un. Et puis, maintenant que Claude était dans sa seconde année, Françoise songeait avec nostalgie à sa grossesse, quand Picasso n'avait jamais été d'aussi bonne humeur et aussi optimiste. L'été n'était pas terminé que de nouveau elle était enceinte.

XIII

LA PERTE DE L'INNOCENCE

FRANÇOISE était dans son premier mois de grossesse quand, le 25 août 1948, Picasso partit pour la Pologne afin de participer à Wroclaw au congrès des intellectuels pour la paix patronné par les communistes. Tous ceux qui savaient à quel point il avait horreur des voyages et des déplacements furent stupéfaits quand il accepta l'invitation. Trois jours avant la date fixée pour son départ, pour s'assurer qu'il n'avait pas changé d'avis, l'ambassade de Pologne à Paris dépêcha à Vallauris une femme dont la mission était de le suivre à la trace et de prévenir toutes ses raisons de dernière minute pour ne pas partir. On prit des dispositions pour l'emmener en avion directement en Pologne sans passeport, puisqu'il refusait d'en accepter un du gouvernement de Franco. Il n'avait encore jamais pris l'avion et ce voyage l'effrayait vraiment. Mais l'émissaire polonaise était déterminée, tout comme Eluard, qui estimait que la présence de Picasso à la conférence proclamerait au monde le sérieux de son engagement au parti communiste.

Ce qui comptait avant tout pour Picasso, c'était son besoin d'une stimulation nouvelle. La poterie ne le séduisait plus. Il avait l'impression d'en avoir épuisé les possibilités, que la période de découverte était finie. Il emmena donc Marcel comme aide de camp, compagnon et maître d'hôtel et s'envola pour la Pologne, ayant promis à Françoise de lui écrire tous les jours et de ne pas être absent plus de quatre jours. Cela dura trois semaines. « Il ne cessait jamais de parler de cette expérience, se rappelait Dominique Desanti qui elle aussi assistait à la conférence. Il avait l'impression que maintenant il connaissait et comprenait tout des pays communistes, alors qu'en fait il n'avait absolument rien vu sauf ce qu'on voulait bien lui montrer, car tout était officiel. Il vit la destruction causée par la guerre et la reconstruction de Varsovie, il vit des femmes qui travaillaient très dur dans les rues, ce qu'il n'oubliait jamais de mentionner chaque fois que Françoise, ou moi, ou une autre femme de son entourage osait dire qu'elle était fatiguée. " Vous dites que vous êtes fatiguée, disait-il, mais si vous voyiez ces femmes de Wroclaw, alors vous sauriez ce que c'est vraiment que d'être fatiguée. "[1] »

Le deuxième jour de la conférence, Faédiev, le secrétaire soviétique de l'Union des écrivains, prit la parole et proclama la nécessité de la pensée marxiste, de la littérature marxiste et de l'art marxiste. Il entreprit alors de se lancer dans une attaque sans précédent contre Sartre, un des plus éminents intellectuels communistes, qu'il traita de « hyène munie d'un stylo », de « chacal dactylographe »[2]. Dominique Desanti était assise entre Picasso et Eluard, qui étaient abasourdis, comme la plupart des assistants. Picasso ôta ses écouteurs et se mit à faire sur son bloc des petits croquis de tout le monde. Plus tard, à l'un des dîners officiels, un membre de la délégation soviétique se leva pendant les toasts et déplora la peinture décadente de Picasso et son style « surréaliste-impressionniste ». Picasso répliqua en le traitant de « tâcheron du Parti » et en lui donnant une leçon d'histoire de l'art. Il lui dit qu'il aurait dû au moins vérifier sa terminologie et le condamner non pas pour être un « surréaliste-impressionniste », mais pour être l'inventeur du cubisme.

« Tout ce que je suis, tout ce que je veux être et tout ce qui m'intéresse, avait dit Giacometti, est considéré comme décadent par les communistes. Pourquoi prendrais-je une attitude qui m'élimine moi-même[3] ? » Picasso continua à choisir d'ignorer cette éclatante contradiction, même après avoir été ainsi attaqué. Et le gouvernement polonais à croire que la valeur de propagande de Picasso l'emportait sur ses violations de l'orthodoxie artistique. On lui pardonna même sa violation des règles strictes de la convenance communiste en public quand, au cours d'une conférence de presse, il exhiba fièrement ses superbes muscles, couleur de terre cuite, pour les caméras. Puis le président de la République remit à Picasso la « croix de commandeur avec étoile de l'ordre de la Renaissance polonaise », reconnaissant ainsi la contribution qu'il avait apportée au congrès par sa présence, par le poids considérable de son prestige et de sa célébrité et par le bref discours qu'il avait prononcé pour dénoncer la détention de Pablo Neruda au Chili.

Le jour où il devait partir, il demanda à Dominique Desanti de l'aider à acheter un cadeau pour « la femme ». « Le ton de sa voix, se rappelait-elle, indiquait clairement que, quand il disait " la femme ", il voulait dire vraiment " la garce ". C'était son éternelle ambiguïté à propos des femmes : elles étaient la moelle de la vie et pourtant il les méprisait comme si leur démon allait se lever débridé et l'accabler. Le mépris était sa façon à lui d'exorciser sa peur du pouvoir des femmes[4]. »

De Varsovie, où il fut aussi fait citoyen d'honneur de la ville, Picasso regagna Paris en avion et y resta une semaine avant de retourner à Vallauris.

Non seulement il n'avait pas tenu sa promesse de rentrer au bout de quatre jours, mais, pendant les trois semaines de son absence il n'avait pas une fois écrit à Françoise. Pire encore : il avait donné pour instruction à Marcel d'envoyer à celle-ci un télégramme quotidien, laissant le texte à son initiative. Il ne fallut pas longtemps à Françoise pour deviner qui composait et envoyait les télégrammes puisque son nom était toujours mal orthographié, que les messages étaient signés non « Pablo », mais « Picasso » et qu'ils se terminaient toujours de la même façon : « Bons baisers. »

Picasso, bien sûr, avait deviné qu'elle saurait. Il faisait rarement du mal par accident ou par négligence. Il avait voulu montrer clairement que c'était lui qui fixait les règles et qu'elle devait les suivre; que c'était sa prérogative à lui, s'il le désirait, de ne tenir aucune promesse, de faire exactement ce que lui dictait son caprice, de demander à son chauffeur de composer et d'envoyer des télégrammes apaisants conçus pour la mettre en fureur – et que pourtant, quand il aurait envie de rentrer, elle serait prête à l'accueillir à la maison. Françoise eut beaucoup de temps pour réfléchir pendant son absence, pour voir clair dans son jeu, pour sentir la douleur qu'elle éprouvait et, tout en s'occupant de leur premier enfant et en portant leur second, de prendre sa décision : « S'il voulait que nous vivions suivant ses règles et si j'étais prête à rester, alors il était important pour moi de savoir ce que je faisais et de lui dire : " Si je suis disposée par amour à être esclave, je suis l'esclave de l'amour et non *ton* esclave. Si mon amour cesse, alors mon esclavage cesse aussi. "[5] »

Elle le lui dit donc, mais pas tout de suite. Il grimpa l'escalier de « La Galloise » en arborant son sourire irrésistible et lui demanda si elle était heureuse de le voir. « Voilà pour les bons baisers[6] », répondit-elle en le giflant, puis elle s'enferma toute la nuit dans la chambre de Claude. Son amour pour lui était encore fort et elle acceptait de vivre suivant ses règles à lui, mais non sans protester. Et, plus elle protestait, plus elle apparaissait aux yeux de Picasso comme une déesse plutôt que comme un paillasson.

En octobre, ils rentrèrent à Paris. Peu après leur retour, il peignit Françoise portant la blouse brodée de paysanne qu'il lui avait rapportée de Pologne. Il y avait une certaine sérénité dans son œuvre de cette époque. « C'était une période expressionniste, dit Françoise, mais sans le sadisme qui accompagnait son œuvre à d'autres périodes. Il n'y avait pas de rage ni de fureur dans ses toiles et, parce qu'elles étaient plus douces, beaucoup de gens estimèrent qu'elles étaient plus faibles. » En novembre, il y eut une exposition de sa poterie à la Maison de la pensée française, qui fut l'occasion d'une célébration frénétique parmi ses camarades communistes. Léon Moussinac y vit, dans *Les Lettres françaises,* « l'annonce du rôle social que jouera l'artiste dans la société de demain... La terre et le feu dans les mains de Picasso, c'est pour nous la figuration vivante de la matière et de l'esprit, de leur combat et de leur victoire[7] ». D'autres, qui n'avaient pas d'idéologie à défendre, trouvèrent les œuvres ingénieuses et charmantes, mais ne virent guère là des exemples majeurs de son génie créateur. « Ils s'attendent à être choqués et terrorisés, répondit Picasso. Si le monstre se contente de sourire, alors ils sont déçus[8]. »

Pour le moment, dans sa vie intime avec Françoise, le monstre souriait. Il aimait les formes pleines de Françoise, d'autant plus qu'elle portait une partie de lui-même. Ils étaient constamment ensemble. « Même quand il travaillait, se rappelait

Françoise, il venait souvent fumer une cigarette et bavarder avec moi. Nous nous voyions vingt-quatre heures sur vingt-quatre. Il y a des hommes qui donnent si peu en amour qu'on ne pourrait jamais connaître avec eux l'aspect transcendant de l'amour. Ce n'était pas comme ça avec Pablo. Quand il se donnait, c'était totalement. C'était facile pour la femme de se sentir comme Psyché dans le mythe de Psyché et d'Eros : ayant goûté à l'amour divin, elle allait jusqu'au bout de la terre pour le retrouver. Ou bien, dans le cas de Pablo, elle restait envers et contre tout. C'était très séduisant, d'autant plus qu'il parvenait à créer un climat où la femme était glorifiée dans ses toiles par l'artiste le plus connu du monde[9]. »

Françoise savait qu'il était important pour leurs rapports qu'il eût le sentiment d'être aimé pour lui-même, et non parce qu'il était un grand peintre ou parce qu'il pouvait la glorifier dans son œuvre. « Je lui dis de nombreuses fois, se rappelait-elle, que je serais toujours heureuse d'être témoin de la naissance d'une grande peinture, mais que ce fût ou non un portrait de moi n'avait absolument aucune importance. Et puis, franchement, je ne reconnaissais jamais mon essence dans aucune des toiles qu'il fit de moi. “ Tu glorifies mes traits extérieurs, lui dis-je un jour, mais tu ne me connais toujours pas, *moi*, et tu n'essaies même pas. ” Mes traits, c'était tout ce qui comptait pour lui. Il les avait peints avant même mon essence. Il pouvait travailler à partir des traits jusqu'à une interprétation personnelle qu'il avait d'eux, mais, comme je le lui dis de nombreuses fois, ce qui était beaucoup plus important pour moi, c'était de travailler à partir de l'âme jusqu'à une interprétation personnelle de cette âme, que ce fût par les traits ou de façon abstraite. Cela, il ne le faisait jamais. Il ne chercha jamais à avoir accès à mon esprit. Il me manqua donc en tant que force dynamique. C'était comme s'il avait fait une brillante reproduction d'une voiture sans le moteur[10]. »

Elle participait de façon intense à son travail, essayant de lui expliquer ses pensées, de l'aider à comprendre que partir de l'âme serait une façon d'atteindre l'ultime dans sa peinture. « J'avais l'impression qu'il n'y avait aucune compréhension, dit-elle, que sur ce point nous étions vraiment séparés[11]. » Mais elle continuait à essayer. Déterminée, même pendant sa grossesse, à supporter les soirées tardives de Picasso et les réveils matinaux de Claude, tout en continuant elle-même à peindre, elle dut souvent sacrifier son sommeil, ne dormant guère que quatre heures par nuit. Quant à Picasso, il se débattait dans les nouvelles profondeurs de l'intimité auxquelles Françoise et lui étaient parvenus. Dans les tableaux et les lithographies qu'il fit d'elle au début de 1949, la sérénité côtoie l'agressivité, et le chaos un ciel étoilé. L'amour et la haine, la confiance et la trahison luttaient dans les profondeurs secrètes de son âme et, n'osant pas sonder les ténèbres pour trouver au combat une issue en pleine lumière, il commença à fuir cette intimité récente.

Le 19 avril, jour de l'ouverture du second congrès de la Paix à Paris, Françoise alla voir le Dr Lamaze. Le bébé ne devait naître que le mois suivant, mais il la trouva dans un tel état de délabrement qu'il lui conseilla d'entrer tout de suite à la clinique du Belvédère. Elle revint rue des Grands-Augustins, annonça à Picasso ce qui était arrivé et lui demanda si Marcel pourrait la conduire à la clinique. Irrité à la simple pensée de voir sa journée perturbée, Picasso lui répondit qu'il avait besoin de Marcel pour le conduire au congrès de la Paix. « Si tu as besoin d'une voiture, lança-t-il, il va falloir que tu trouves une autre solution.

Pourquoi n'appelles-tu pas une ambulance[12]? » C'était comme s'il avait l'impression de lui avoir déjà assez donné. Puisqu'il lui avait offert le plus beau de tous les cadeaux, puisqu'il s'était offert lui-même à elle, puisqu'ils avaient possédé l'univers ensemble, comment pouvait-elle être assez mesquine pour réclamer des petites choses comme une voiture pour la conduire à la clinique?

Heureusement, si Marcel n'avait aucun don littéraire pour composer les télégrammes, il avait un solide sens des priorités. Il intervint en disant que rien ne serait plus facile que de la déposer à la clinique en allant au congrès. Mais même un détour constituait un inconvénient trop grand. On parvint finalement à un compromis. Marcel conduisit Picasso au congrès et revint chercher Françoise. Elle arriva à la clinique du Belvédère. A huit heures, ce soir-là, elle donna naissance à une petite fille. Picasso fut prévenu au congrès et, lorsqu'il vint voir Françoise et sa fille nouveau-née, il se confondit en excuses sur son comportement. Des affiches de sa célèbre colombe, annonçant le congrès de la Paix, couvraient déjà tous les murs de Paris. Sur les marches du bâtiment, il avait rencontré Hélène Parmelin et lui avait annoncé qu'il avait décidé d'appeler sa fille Paloma. « Il était inquiet ou faisait semblant d'être inquiet, ou bien les deux... Il était inquiet à l'idée de savoir si donner ce nom à la petite fille n'allait pas faire rire les gens. Il était vraiment inquiet. Ce n'était pas une plaisanterie[13]. » Pour finir, on prénomma le bébé Anne, d'après la grand-mère de Françoise, et Paloma d'après la colombe de Picasso. Anne Paloma Gilot.

Ce soir-là, Eluard et lui dînèrent rue des Grands-Augustins avec Ilya Ehrenbourg, l'écrivain russe et « agitateur de la culture soviétique ». Ils parlèrent du communisme, de la paix et des colombes.

« Picasso les aime bien, écrivit Ehrenbourg, et il en a toujours chez lui; en riant, il raconta que les colombes étaient des oiseaux gourmands et acariâtres; il n'arrivait pas à comprendre pourquoi on en avait fait un symbole de paix[14]. » Ce n'était certainement pas l'intention de Picasso. C'est Aragon qui, comme Picasso n'avait pas dessiné d'affiche pour le congrès, avait trouvé une merveilleuse lithographie de pigeon faite par Picasso au début de janvier, l'avait baptisée colombe et l'avait transformée en affiche de paix. Il avait quitté l'atelier de Picasso à midi la veille du congrès; à cinq heures de cet après-midi-là, l'affiche était placardée dans tout Paris. De là, la colombe s'envola vers les cinq continents et Picasso devint pour des millions de gens à travers le monde l'homme de la colombe, l'homme de la paix. « Pauvre vieil Aragon, gloussa Picasso dès que celui-ci eut quitté son atelier. Il ne connaît rien aux pigeons. Quant à la douce colombe, quelle mythe! Il n'y a pas d'animal plus cruel. J'en ai eu ici et elles ont tué à coups de bec un pauvre petit pigeon parce qu'elles ne l'aimaient pas. Elles lui ont picoré les yeux, puis l'ont mis en pièces. C'était horrible. Qu'est-ce que vous en dites comme symbole de la paix[15]? »

« C'est le célèbre Picasso, écrivit Hélène Parmelin, qui fit la colombe de paix pour le mouvement de la paix. Il y avait la puissance internationale du titre. Il y avait la puissance de l'art, qu'on le sentît consciemment ou non, et il y avait l'audace. Et puis il y avait la puissance de sa gloire et de sa célébrité[16]. » Et il y avait, par-dessus tout, la puissance du mythe qui transforma un homme en guerre contre l'univers en « l'homme de la paix » – et un oiseau acariâtre en symbole de la paix.

Du jour au lendemain, comme jamais encore dans sa vie, et comme jamais ce n'était arrivé à un autre artiste, Picasso s'empara de l'imagination du public. Il y avait des colombes partout, même au revers des vestes des hommes et des manteaux des femmes. Journalistes et photographes essayèrent de pénétrer dans la chambre de Françoise le lendemain de la naissance de Paloma pour prendre des photographies du bébé. Quant à *l'Humanité*, le journal était devenu non seulement l'organe officiel du parti communiste, mais la chronique officielle du plus célèbre membre du Parti, avec accompagnement de photographies de Picasso habillé et à demi déshabillé, sur la plage et dans son atelier, seul et avec sa photogénique jeune famille.

Malgré tous ces discours sur « notre frère Pablo Picasso », il n'y avait toutefois qu'un seul vrai frère pour Picasso au parti communiste, et c'était Paul Eluard. Il n'éprouva jamais la même chaleur pour Aragon. Cela faisait même longtemps qu'il n'en avait pas éprouvé pour son fils Paulo qui, trois semaines après la naissance de Paloma, devint père à son tour. Il donna à Picasso son premier petit-fils, prénommé Pablo en l'honneur de son grand-père, mais qu'on appela toujours Pablito. Picasso ne s'intéressait absolument pas aux petits-enfants, ni à l'idée ni à la réalité, aussi la naissance de Pablito ne fit-elle rien pour renforcer les liens entre Paulo et lui. La vérité, c'était que Picasso ne pardonna jamais à son fils de n'être pas extraordinaire; en fait, on avait parfois l'impression qu'il avait décidé de le punir. Sous le prétexte de ne pas le gâter, il l'arracha même, alors qu'il avait une dizaine d'années, aux petites voitures avec lesquelles il jouait pour le forcer à arpenter pendant des heures les Champs-Elysées en mendiant auprès des passants pendant que lui, son père, le surveillait.

Paulo avait vingt-sept ans quand Pablito vint au monde. Il avait passé toute la guerre en Suisse et revint à Paris après la Libération, ayant échappé au service militaire. Sans travail, il subsistait sur une maigre pension que lui servait Picasso et déjà buvait et se droguait. Sa plus grande joie était de foncer au volant de sa motocyclette Morton. Jusque-là, il n'avait suivi les traces de son père qu'en engendrant Pablito hors des liens du mariage. Un an plus tard, Emilienne Lotte, la mère de Pablito, devint l'épouse de Paulo, mais leur vie commune continua de se poursuivre dans un tourbillon de peur, de colère et de douleur réprimée que Paulo s'efforçait de supporter en s'abrutissant dans l'alcool – ou la drogue.

Il avait si peu d'amour-propre qu'il n'essaya même jamais de secouer sa dépendance vis-à-vis de son père. Quand il était au bout de son allocation hebdomadaire, ce qui arrivait toujours avant la fin de la semaine, il allait lui demander de l'aide. Incapable de franchir la barrière de son isolement pour trouver auprès de lui le secours dont il avait vraiment besoin, il lui demandait encore de l'argent. Et, quand ses rapports avec son père étaient particulièrement tendus, il demandait à Marcel d'intercéder. Depuis que Paulo avait cessé d'avoir le moindre intérêt pour son père, c'est-à-dire depuis qu'il n'était plus l'adorable petit garçon en costume d'arlequin, c'était Marcel qui lui servait d'image de père. Il imitait même la façon de parler et de marcher de Marcel. Dans le monde des voitures et des motocyclettes que Marcel et lui partageaient, il pouvait échapper à sa mère psychotique, dont la vie tournait comme une éternelle obsession autour de son mari, et échapper aussi à la hantise d'un père dont il n'avait jamais consciemment connu l'amour.

Quand Picasso et Françoise revinrent à Vallauris en juin 1949, Paulo recommença à passer quelque temps avec eux, séjournant chez Marcel, à Golfe-Juan, où logeait également Marcel le chauffeur. S'il y avait le moindre changement dans sa vie depuis qu'il était devenu père, on ne s'en apercevait pas. Un soir, un de ses amis et lui ramenèrent au petit hôtel deux filles qu'ils avaient levées dans un des bars de Juan-les-Pins où ils s'étaient arrêtés dans la soirée. Le matin de bonne heure, ayant épuisé tout ce qu'ils pouvaient faire d'elles et totalement ivres, ils essayèrent de les jeter par la fenêtre, mais les filles poussèrent de tels cris et de tels hurlements que la police arriva et que Paulo aurait passé ce qu'il restait de la nuit en prison s'il n'avait pas été le fils de Picasso. Mais Isnard, le commissaire de police, était fier de considérer M. Picasso comme son ami. Il allait même souvent lui rendre visite à « La Galloise » pour le régaler des derniers potins criminels de la Riviera, ce qui amusait toujours Picasso.

Quelques heures après avoir empêché Paulo de pousser les filles par la fenêtre, Isnard était dans la chambre de Picasso pour lui décrire les circonstances exactes dans lesquelles son fils avait été pris « en train de troubler l'ordre public ». Picasso ordonna à Françoise de trouver Paulo et de l'amener aussitôt à la maison. Lorsqu'il entra dans la chambre de son père, Paulo, qui avait plus d'un mètre quatre-vingts, essaya de se cacher derrière Françoise. Dès que Picasso l'aperçut, il se mit à tempêter, à le traiter de « fils de Russe blanche[17] » et à lui jeter – et puisque Françoise restait devant, à lui jeter à elle aussi – tout ce qu'il avait à portée de la main et qui n'était pas cloué au plancher, y compris ses chaussures et les livres posés sur sa table de chevet. Quand Françoise protesta qu'elle n'y était pour rien, il lui dit de cesser d'« essayer de mettre ça sur le dos d'un autre[18]. » Improvisant les règles au fur et à mesure, il poursuivit : « C'est mon fils, tu es ma femme, il est donc à toi aussi. De toute façon, c'est à ça que ça revient. D'ailleurs, c'est toi qui es ici; je ne peux m'en aller chercher sa mère. Tu dois assumer ta part de responsabilité. »

Paulo ne dit rien tandis que son père continuait à tonitruer à pleine voix, le traitant de « créature indigne » et de « forme la plus basse d'existence animale[19] ». Il retrouva toutefois sa voix dès que Picasso exprima son incrédulité à l'idée qu'on pût concevoir un projet aussi fou que de jeter une femme par la fenêtre. Il répondit à son père que quelqu'un qui connaissait aussi bien le marquis de Sade que lui ne devrait pas se choquer de pareilles peccadilles. Le fils « indigne » avait enfin trouvé avec son célèbre père un terrain d'entente un peu incertain. Mais Picasso n'allait pas discuter avec son fils aîné de son goût pour intensifier le plaisir par la souffrance – la souffrance des autres, bien sûr. Au lieu de cela, il l'appela « le fils le plus dégoûtant du monde » et le traita d'« anarchiste bourgeois[20] », insulte qu'il avait prise à ses camarades du Parti, puis il passa le reste de la journée au lit à bouder. Il ne pouvait supporter de regarder ses propres faiblesses dans le miroir déformant du comportement de son fils.

Chaque jeudi et chaque dimanche, Marcel conduisait en voiture Picasso à Juan-les-Pins où Marie-Thérèse et Maya passaient leurs vacances d'été, à une quinzaine de kilomètres de la nouvelle famille de Picasso. Cela faisait quelque temps maintenant que Françoise faisait campagne pour mettre un terme à cette situation artificielle. Elle trouvait absurde de continuer à se cacher derrière un mur qui n'existait même pas, à prétendre qu'il n'y avait personne d'autre dans la vie de Picasso. Pourquoi, ne cessait-elle de demander, Maya ne rencontrerait-elle pas Claude et Paloma, et pourquoi elle-même ne rencontrerait-elle pas Marie-Thérèse? Pourquoi continuer à élever Maya dans un mensonge, à entendre à l'école ou à lire dans les journaux et les magazines des choses que sa mère invariablement niait à la maison ? « C'est la façon la plus facile de devenir fou, dit Françoise à Picasso, que de ne pas savoir si à midi on voit le soleil ou la lune. Tu prétends que tu n'es pas comme tout le monde, alors menons vraiment une vie pas comme tout le monde, au lieu de jouer à cache-cache avec la vérité[21]. » Il n'aimait pas l'idée de voir Françoise essayer de faire cesser ses jeux, mais, en même temps, il était intrigué par les possibilités qu'offrait une telle rencontre. Il finit par accepter d'inviter Marie-Thérèse et Maya à « La Galloise ». « Avec un peu de chance, dit-il à Françoise, vous allez peut-être en venir aux mains[22] ! »

Mais Françoise avait commencé à démêler la stratégie de Picasso. « Il mettait toujours en compétition ceux qui l'entouraient – une femme contre une autre, un marchand contre un autre, un ami contre un autre. Il était maître dans l'art d'utiliser une personne comme le chiffon rouge et l'autre comme le taureau. Pendant que le taureau était occupé à charger le chiffon rouge, Pablo pouvait, sans se faire remarquer, lancer ses pointes qui blessaient. Et la plupart des gens ne pensaient même pas à regarder qui se cachait derrière le chiffon rouge[23]. »

C'était trop tard pour Marie-Thérèse. Depuis des années maintenant, Françoise était le chiffon rouge avec lequel Picasso l'avait excitée, et elle s'était laissé trop irrévocablement rendre victime de la stratégie de Picasso : diviser pour régner. « Elle en était arrivée à détester Françoise, dit Maya, et elle voulait que je la haïsse aussi[24]. » Quand, dans l'été 1949, Marie-Thérèse se trouva enfin confrontée à son adversaire, il n'y avait qu'une seule chose qu'elle avait envie de lui dire et, sitôt qu'elles furent seules quelques instants, elle le fit : « Quoi que vous puissiez croire, il n'y a pas moyen que vous puissiez jamais rompre le lien qui nous unit et prendre ma place.

– Je ne *peux pas* prendre votre place, répliqua Françoise, et je n'en ai pas envie. La place que j'occupe était vacante[25]. » Françoise savait que Marie-Thérèse était seulement le chiffon rouge et non l'ennemie. Et elle savait aussi qu'« une vérité n'annihile pas une autre vérité et qu'une relation n'en invalide pas une autre, de la même façon qu'on n'aime pas moins son premier enfant parce qu'on en a un second[26] ».

Se voir ôter le bandeau qui l'aveuglait fut d'abord très dur pour Maya. Voilà soudain qu'à treize ans elle se trouvait confrontée avec un petit demi-frère, un bébé demi-sœur et une autre femme au centre de la vie de son père. « Quand elle les vit pour la première fois, elle voulut les tuer, se rappelait Françoise, mais c'était, bien sûr, une réaction inspirée par sa mère. Quand elle put faire elle-même l'expérience de la nouvelle famille de son père, tout cela changea et elle fut enchantée que toute cette comédie fût terminée[27]. » Bien des années plus tard, Claude devait dire au mari de Maya : « Vous savez, les premiers enfants de Maya, c'est moi et Paloma[28]. »

Maya avait les cheveux blonds de sa mère, mais à part cela elle ressemblait beaucoup plus à son père. Son sens de l'humour bouffon et son approche philosophique de la vie lui étaient très personnels. Elle avait les yeux bleus – mais, disait-elle, « pas le ciel bleu de la Côte d'Azur, le ciel bleu de Paris, qui est plus gris que bleu[29] ». Elle revenait tout juste d'Angleterre où elle n'avait pas appris beaucoup d'anglais, mais où elle avait pris goût aux cornflakes et au pudding et où elle avait appris quelque chose d'autre, bien plus important : « Je m'étais fait toutes ces nouvelles copines et elles se rongeaient tellement les sangs pour leurs examens que ça m'a aidée à bien comprendre qu'on n'a pas besoin de se tracasser sur les défaites ni les victoires, il suffit de passer la frontière et une défaite française devient Trafalgar, une victoire anglaise! C'était formidable. À part ça, les principaux mots que j'ai appris c'était *naughty girl.* La dame chez qui j'habitais n'arrêtait pas de me répéter ça tout le temps : " *Naughty girl, naughty girl!* " Quant à mon père, il passait son temps à m'écrire des lettres et des cartes postales entières en marquant dessus : " Ecris-moi, écris-moi, écris-moi "[30]. »

Malgré les efforts de Marie-Thérèse pour monter Maya contre Françoise, elles devinrent bientôt amies. Maya était reconnaissante que, grâce à Françoise, elle occupât maintenant une bien plus grande place dans l'univers de son père, et Françoise aimait son caractère joyeux et son esprit inventif. Maya adorait inventer des histoires de batailles et de mariages, et des blagues pour son petit frère qui l'écoutait, fasciné, pendant des heures. Parfois elle adaptait des récits bien connus qu'elle aménageait un peu : « Dans mon histoire du Petit Chaperon rouge, le loup mangeait le Petit Chaperon rouge et puis le Petit Chaperon rouge mangeait le loup de l'intérieur. Et ça durait comme ça pendant des heures[31]. » Il y avait des moments, pourtant, où elle trouvait qu'une bonne fessée était la seule façon de traiter Claude. « C'était le roi des emmerdeurs, disait-elle. Non, pas le roi, le tsar, l'empereur, le dieu des emmerdeurs, surtout quand il s'agissait de Paloma. Il était persuadé que les petits garçons sont supérieurs aux petites filles et les hommes supérieurs aux femmes, et la première femme à qui il a pu imposer sa volonté de macho, c'était sa sœur[32]. »

« Claude était très possessif, se rappelait Françoise. Aussi l'arrivée de Paloma a-t-elle été dure pour lui[33]. » Ce qui l'a rendue encore plus dure, c'était que Françoise trouvait auprès de sa petite fille un plaisir positivement sensuel. « Cela semblait comme l'aboutissement de tout. Quand Claude est né, je ne connaissais rien des bébés, alors j'étais inquiète, j'avais peur, surtout qu'il était né avec une malformation cardiaque congénitale. Avec Paloma, c'était tout différent. Bien qu'elle fût née à huit mois, elle était en parfaite santé et à cette époque je me sentais assez compétente pour bien m'occuper d'elle. J'étais donc beaucoup plus sereine que je ne l'avais été après la naissance de Claude et je pouvais vraiment profiter d'elle. Et puis, c'était agréable d'avoir un garçon et une fille, je me sentais complète. Qui pouvait vraiment demander plus ? »

Elle semblait tout avoir et pourtant, peu à peu et de façon presque imperceptible au début, il devint clair pour elle que le courant vital manquait. Cela commença avec sa santé. Elle avait de sérieuses hémorragies et physiquement elle se sentait épuisée. Elle eut beaucoup de mal à se remettre de la naissance de Paloma, et son épuisement et ses hémorragies l'empêchèrent, Picasso et elle, de poursuivre leur vie sexuelle active. « Pablo avait de formidables besoins sexuels et je commençais à me sentir harassée. Et puis j'étais surchargée, entre les enfants, les obligations de notre vie et tous les gens qui nous entouraient, d'autant plus que Pablo ne faisait rien pour me fournir à la maison une organisation stable capable de m'aider et de me décharger un peu. C'était toujours : " Non, je ne veux pas de lui, non, je ne veux pas d'elle, non, je ne veux pas de ceci, non, je ne veux pas de cela. "[34] » Souvent, la nuit, il la réveillait jusqu'à cinq ou six fois, en soulignant que quelque chose n'allait pas avec l'« argent », le surnom qu'il donnait aux enfants, qu'il n'entendait aucun souffle et qu'elle devrait se lever pour aller voir. Il avait commencé ce manège avec Claude et continuait maintenant avec Paloma. S'assurer que les enfants allaient bien les réveillait souvent et Françoise devait passer encore du temps à les persuader de se réendormir avant de pouvoir elle-même se recoucher.

Lorsque l'automne arriva, Picasso avait ajouté à la routine quotidienne de Françoise une autre tâche ardue. Il avait acheté rue du Fournas une ancienne parfumerie qu'il avait transformée en atelier de peinture et de sculpture, et il affirmait que Françoise était la seule personne qui savait allumer le feu le matin de façon que l'endroit fût assez chaud pour qu'il pût se mettre à y travailler l'après-midi. Tous les matins donc, à compter d'octobre, et peu importait à quelle heure elle s'était endormie, Françoise bourrait la chaudière à « La Galloise », puis descendait à bicyclette rue du Fournas pour allumer les feux là-bas. Picasso dormait presque tous les jours jusqu'à midi et s'éveillait grognon mais rechargé, alors que la santé de Françoise continuait à se délabrer.

Ses lettres à sa mère étaient pleines d'appels au secours, de tentatives pour joindre le Dr Lamaze et lui demander ce qu'elle devrait faire au sujet de ses hémorragies qui continuaient. « Le Dr Lamaze, qui est fort gentil mais si occupé et quelque peu distrait, ne m'a pas répondu et je ne sais toujours pas si je dois venir à Paris ou rester ici. Si cela ne t'ennuie pas trop, pourrais-tu lui téléphoner lundi au début de l'après-midi, lui dire que tu es ma mère et que tu voudrais savoir sa réponse au sujet de la lettre que je lui écrite (où je lui expliquais ce que m'a dit le médecin d'ici). Si par hasard ma lettre s'était perdue, comme cela je pourrais lui réécrire... Je voudrais savoir surtout si je pourrais être traitée ici et dans ce cas ce que devrait être le traitement[35]. »

Quelques jours plus tard, elle écrivit une autre lettre anxieuse à sa mère : « J'ai bien compris par tes télégrammes qu'il ne veut pas d'opération ici; ça, c'est clair, mais puis-je faire un traitement ici ou faut-il venir à Paris... Je t'embrasse de tout cœur, Françoise. *P.S.* – Je viens de téléphoner au Dr Lamaze, il n'était pas là – j'ai dit que je n'avais pas reçu sa lettre[36]. »

Il n'y avait pas de téléphone à « La Galloise », et Françoise devait faire des allées et venues jusqu'à la poterie pour appeler le Dr Lamaze; s'il n'était pas là, il ne pouvait pas facilement la rappeler. Mais ce n'était pas la principale raison pour laquelle elle avait demandé de l'aide à sa mère. Elle saignait toujours, elle était épuisée et elle voulait savoir que quelqu'un s'intéressait assez à elle pour donner des coups de téléphone, envoyer des télégrammes et écrire des lettres inquiètes. Picasso, loin de fournir le moindre soutien, ne cessait de se plaindre de son état de santé. « Je n'aime pas les femmes malades », ne cessait-il de répéter. « Tout devenait ma faute, dit Françoise. Et je commençais à avoir l'impression que tout ça était si injuste – que j'avais fait le maximum pour exaucer ses désirs, depuis avoir des enfants jusqu'à allumer le feu dans son atelier, et, au lieu que tout cela aboutisse à un épanouissement de nos rapports, ça avait fait long feu. Ma santé n'avait jamais été plus mauvaise, nos relations sexuelles était compromises et il me faisait comprendre aussi bien par ses paroles que par ses actes que je n'étais plus aussi commode qu'autrefois. Par-dessus le marché, je me sentais coupable, j'essayais de surmonter la faiblesse de mon corps et je travaillais encore plus dur pour compenser. Ce fut le début de mon ressentiment et de mon profond désenchantement[37]. »

Le plus dur, ce fut de se trouver confrontée avec

l'éloignement de Picasso. Jusqu'à la naissance de Paloma, à l'exception du voyage qu'il avait fait en Pologne, elle avait toujours été avec lui. Maintenant, il annonçait tout d'un coup qu'il allait passer quelques jours à Paris et elle se retrouvait seule avec les enfants. « Je n'avais jamais envisagé notre vie comme ça, dit-elle. À cette époque, j'étais si amoureuse de Pablo que sans lui il y avait des moments où je n'arrivais presque pas à respirer. Il y avait une telle symbiose entre nous que c'était comme si non seulement on me coupait un bras, mais la moitié du corps. C'était vraiment difficile à supporter; en fait, pour y parvenir il fallait que je rentre de nouveau en moi. J'en étais complètement sortie avec Picasso et il me fallait maintenant me retrouver tout d'abord afin de savoir ce qui se passait, et afin de savoir comment réagir[38]. »

Au début, quand elle commença à analyser ce qui se passait, les choses lui parurent un peu confuses : des événements mêlés d'émotion et des faits simples mêlés à des sentiments complexes. Peu à peu, ses pensées se précisèrent. Elle se rappela la première fois où Picasso était venu à la clinique après la naissance de Paloma. « Alors tu es contente? avait-il dit. – Oui, bien sûr[39] », avait-elle répondu. L'idée ne lui était pas venue qu'il pourrait bien être moins content lui-même. Pourtant, en regardant en arrière, elle se rendait compte qu'il avait dit cela d'un ton bizarre – rien d'évident, juste un signal que tout n'allait pas bien. « Alors, avait-il dit, toi, tu es contente. »

« Je ne savais pas à l'époque que c'était un comportement qui revenait souvent, dit Françoise, mais après la naissance de Maya, Picasso commença à abandonner Marie-Thérèse et parut incapable de continuer son travail. La naissance d'une fille était de toute évidence un traumatisme dans la vie de Pablo. Il avait fait un pacte avec Dieu à propos de sa petite sœur, et voilà maintenant qu'il revivait le choc de ce pacte avec la naissance de sa fille : elle pourrait mourir et alors il se sentirait terriblement coupable, ou bien elle vivrait et son œuvre à lui en souffrirait. Toutes ses peurs latentes étaient réactivées. Il n'arrêtait pas de dire combien Paloma était belle, mais il était nerveux, agité. C'était une époque de stérilité créatrice et il commença même à parler de prendre un autre appartement où je pourrais être avec les enfants quand nous serions à Paris. Ça ne me plaisait pas du tout, parce que ou bien j'allais être avec lui, ou bien... Il commençait à se désengager – pas en paroles mais en actes – et j'étais si sensible à ses réactions que je commençais à avoir l'impression de tomber du huitième étage. Et, comme notre santé vient de tout notre être, c'était mon corps qui en payait le prix avant même que mon esprit sût pourquoi[40]. »

Elle se demandait ce qu'elle pourrait faire. « La réponse arriva comme une claire directive : me concentrer encore davantage sur mon travail, me concentrer encore plus sur les enfants et me concentrer sinon sur Pablo lui-même, du moins sur mes devoirs envers lui, sur ce que les Indiens appellent *dharma :* veiller à ce qu'il eût une vie aussi équilibrée que possible et aussi libre que je pouvais la rendre des problèmes et des gens qui le distrayaient de son œuvre[41]. » Elle passa des heures à dessiner et à peindre les enfants. Dans une des longues lettres qu'elle écrivit conjointement à sa mère et à sa grand-mère, elle décrivit ses efforts pour dessiner Paloma dans son sommeil : « La pauvre est un véritable martyr. J'essaie par tous les moyens de l'empêcher de dormir aux heures qui ne me conviennent pas et de la forcer à dormir quand je suis là crayon en main et si elle bouge dans son sommeil j'essaie de la replacer, ce qui finit par la réveiller !... Je continue une gouache sur un panneau de contreplaqué, Claude en costume tyrolien assis par terre, le menton appuyé sur la main regarde sa sœur à plat ventre qui lui a attrapé son autre main. Claude avait encore du mal à s'habituer à l'arrivée de Paloma. « Ma mère est allée dans un vilain hôtel, disait-il, faisant allusion à la clinique du Belvédère, et elle en est revenue avec une petite sœur et je ne l'aime pas. J'en voulais une rousse et elle est toute blanche ; elle est trop blanche[43] ! »

C'était un garçon vif et charmant. Dans une autre lettre adressée aux « *chères dames** », comme elle appelait parfois sa mère et sa grand-mère, Françoise leur donnait fièrement des exemples de son intelligence : « Claude est au courant de tout. Hier, il a saisi votre dernière lettre et en me jetant un regard malicieux, se met à me dire : « Ma chère Françoise bla bla tra bla bla... » en imitant avec des sons inarticulés quelqu'un qui lit à haute voix, puis à la fin : " C'est une lettre de grand-mère ", dit-il en éclatant de rire. Sur le moment j'étais vraiment clouée de rire moi aussi car je ne lui ai jamais lu de lettre à haute voix. Il a donc fallu qu'il comprenne de quoi il s'agissait tout seul. Il est certain qu'un grand bagage de connaissances doit être en quelque sorte héréditaire et qu'il doit suffire de peu d'indications pour déclencher la mémoire – et la compréhension[44]. »

De temps en temps, Picasso lisait une lettre de la mère et de la grand-mère de Françoise dans laquelle elles disaient à celle-ci qu'elles priaient pour elle. « Mais elles devraient prier pour moi aussi, se plaignait-il. Ça n'est pas gentil de me laisser comme ça[45]. » Et, quand Françoise protestait que, puisqu'il était un athée déclaré, il ne

* En français dans le texte. *(N.d.T.)*

devrait pas s'en soucier, il insistait d'autant plus : « Oh ! Mais si, je m'en soucie. Je veux qu'elles prient pour moi. Des gens comme ça croient en quelque chose et leurs prières ont certainement de l'effet. Alors il n'y a pas de raison qu'elles ne m'en fassent pas profiter aussi. »

Il avait surnommé la grand-mère de Françoise « le grand chef d'orchestre allemand[46] » à cause de sa voix de stentor et de son imposante personnalité, alors que ce qu'elle trouvait à dire de mieux sur lui, c'était qu'il avait la peau très lisse, « comme du marbre poli[47] ». Autrement, elle ne l'aimait pas et elle le lui avait dit en face : « Je ne vous aime pas, vous savez[48]. Il n'y a qu'elle qui m'intéresse. Si vous croyez que c'est vous que je viens voir, vous vous trompez. Je viens simplement voir ma petite-fille. Ma petite-fille est ma petite-fille, que ça vous plaise ou non[48]. »

Il ne pouvait pas supporter l'idée de quelqu'un qui fût indifférent à son charme, aussi essayait-il de la séduire, mais en vain. « Où voulez-vous que je vous emmène dîner ? demanda-t-il un soir. – Dîner avec vous ne m'intéresse pas, lui dit-elle. Je préférerais aller au casino, car j'ai toujours beaucoup de chance là-bas. Je ne crois pas que vous auriez l'énergie de m'accompagner ; j'aime bien y rester très tard[49]. »

Elle n'avait en fait que quelques années de plus que Picasso. Bien qu'elle eût en effet la chance la plus incroyable quand elle jouait, elle n'alla pas au casino ce soir-là. Elle voulait juste le remettre à sa place, lui faire savoir que tout le monde n'attendait pas d'ordres de lui.

Une pensée qui ne lui traversait pas l'esprit, ni lorsqu'elle était avec eux ni dans ses lettres, c'était que Françoise, vivant avec un multimillionnaire, pût réellement avoir besoin d'argent. « Je n'ai jamais été aussi pauvre de ma vie, se rappelait

Françoise, que quand j'étais avec Pablo. C'est difficile à croire, mais c'était comme ça. Marie Cuttoli me faisait faire des robes, puisque je ne pouvais pas me le permettre. C'était une façon de plus pour lui d'exercer son pouvoir sur moi, de m'obliger à demander des choses, puisqu'il croyait qu'il pourrait m'acheter effectivement si j'avais besoin de lui financièrement. Et cela, je ne le voulais pas, surtout puisque je l'aimais et que je savais que, s'il parvenait à m'humilier, il perdrait tout respect pour moi. Si je demandais quelque chose de matériel, il pourrait alors m'accuser d'être prisonnière du jeu bourgeois de la possession alors que lui était le pur. Etant donné la façon dont son esprit fonctionnait, je ne serais plus personne et lui se retrouverait seul au sommet de la montagne. Il était si profondément conscient des rapports de force dans une relation... Aussi je ne lui demandais rien – pas de vêtements, pas une plus belle maison, même si nous vivions dans une petite maison vraiment laide. Et, quand je réclamais plus d'aide pour les enfants et la maison, il trouvait toutes sortes d'ingénieuses façons de refuser[50]. »

Après la naissance de Paloma, Picasso fit cadeau à Françoise d'une magnifique montre. À cette époque, elle aussi était sensible au moindre changement dans la comptabilité de leurs rapports, aussi à Noël lui rendit-elle la pareille en lui achetant à son tour une très belle montre. « Peut-être, dit-elle, avions-nous tous les deux l'impression que nous avions besoin de nous rappeler l'un à l'autre que l'horloge continuait à battre[51]. »

Le temps passait, mais pas au même rythme pour tous les deux. Avec la naissance de ses deux enfants, Françoise était rapidement passée de l'adolescence à la féminité épanouie, alors que pour Picasso le temps heureusement s'écoulait plus lentement, son passage marquait ses enfants bien plus que lui-même. Il les dessinait et il les peignait, souvent avec Yan, le nouveau chiot boxer, mais il y avait dans ces tableaux quelque chose d'impersonnel et de détaché : l'ingéniosité de l'artiste y était plus présente que la chaleur du père.

« Il était démonté par les enfants... déconcerté, se rappelait Françoise. Il avait cru qu'ils rendraient nos rapports plus stables, mais c'était le contraire qui s'était passé. Ils commençaient à l'encombrer. " Ce ne sont pas des enfants, ce sont des éléphants, déplorait-il. Ils prennent tant de place. " Puis il commençait à me dire combien ce serait merveilleux de lui donner autant d'enfants qu'Oona en avait donné à Charlie Chaplin. Je lui dis que c'était vraiment étrange qu'il veuille plus d'enfants alors qu'il ne pouvait pas supporter le bruit et le dérangement de deux seulement. Comme il approchait de soixante-dix ans, il aimait bien l'idée de vies nouvelles, mais il ne voulait pas que ça le gêne[52]. »

A l'automne de 1949, Gallimard publia sa seconde pièce, *Les Quatre Petites Filles,* qui révélait un monde plein de jeux et d'angoisse. « Jouons à nous faire du mal, dit la Première Petite Fille, et étreignons-nous avec fureur en faisant d'horribles bruits... Fais du mieux que tu peux, fais du mieux que tu peux de la vie. Pour moi, j'enveloppe la craie de mes désirs dans un manteau, déchiré et couvert de taches d'un noir d'encre qui coulent à pleins gosiers, de mains aveugles cherchant les lèvres de la blessure. » « Dans toutes nos cabrioles, annonce la Quatrième Petite Fille, nous allons crier tout haut la joie d'être seules et folles[53]. » Pour Picasso, alors qu'il entrait dans sa soixante-neuvième année, tirer le meilleur parti de la vie voulait dire être aussi souvent que possible loin de « La Galloise ». Françoise restait là-bas, tandis qu'il commençait à donner libre cours à ses désirs, pratiquant sans répit la séduction et la conquête, grisé par ses escapades, par ses liaisons sans importance et, surtout, par la preuve continuelle de sa virilité.

« La Galloise » devint moins sa maison que la base de départ pour ses expéditions à Paris. Un jour, son vieil ami, le Dr Reventos, vint le voir rue des Grands-Augustins avec Pierrette Gargallo, la fille du défunt sculpteur. Elle arrivait de Barcelone et apportait à Picasso une lettre de sa sœur. « Vous avez tellement de chance, lui dit-elle, vous avez le succès, la richesse, la santé, une belle femme auprès de vous, de jeunes enfants – vous avez tout. Non, répondit-il, pas du tout. Il me manque cinq centimètres[54]. » Il y avait quelque chose d'irrévocable dans son insatisfaction, aussi irrévocable que sa taille. « Si on n'était pas malheureux, avait-il dit à Matisse cet été-là, on ne ferait pas de peinture. On peint parce qu'on n'est pas heureux[55]. » Et, comme il n'était pas heureux, il était toujours en chasse, de plus en plus anxieux à l'idée de la mort. La mort était une préoccupation majeure des *Quatre Petites Filles.* « N'est-ce pas qu'elle est stupide ?[56] » remarque avec mépris la Troisième Petite Fille à propos de l'indifférence de la Première Petite Fille devant la menace de la mort. Craignant d'être à court de temps, Picasso cherchait à attraper le bonheur – ou du moins le soulagement provisoire du malheur.

En attendant, Françoise, à qui Kahnweiler avait offert un contrat, se perdait – et se retrouvait – dans son travail et dans ses enfants. Avec le contrat de Kahnweiler, elle était pour la première fois, depuis qu'elle vivait avec Picasso, financièrement indépendante. « C'était un radeau de sauvetage, disait-elle. Il avait cru qu'en me faisant des enfants il m'attacherait, que je ne pourrais pas partir, mais maintenant je gagnais ma vie et, si c'était nécessaire, je pouvais subvenir à mes besoins et à ceux de mes enfants[57]. »

Elle était fascinée par sa petite fille. « Quant à la plus belle des plus belles, écrivait-elle à sa mère et à sa grand-mère, je fais une série de dessins d'elle à côté de moi. Je ne travaille pas d'après nature, mais j'essaie de rendre la poésie qui émane de sa fraîcheur insaisissable – une petite tête à la manière de Louis David, des touffes de cheveux sur le front, des yeux avec des cils comme de rapides oiseaux, la crème parfaite du sommeil, par contraste avec la femme auprès d'elle, plus amère et plus soucieuse que je ne le suis vraiment quand j'arrive à me libérer par mes dessins qui se suivent rapidement, modulant leur chanson comme les vers d'un poème. Dans la passion de mon travail, je trouve un certain degré de bonheur parce qu'il ne s'agit pas de maîtriser une forme artistique particulière ou un nouveau vocabulaire, mais plutôt de me donner complètement d'une façon qui ne laisse place ni à la réflexion ni aux regrets – afin d'ouvrir les portes du lyrisme. Pour moi c'est bon d'être ici au milieu de la nature, des enfants. J'absorbe leur influence et mes pensées s'en trouvent enrichies et clarifiées[58]. »

Ses lettres à sa mère et à sa grand-mère ne parlaient pas de Picasso. C'étaient des rapports provenant de cette partie de son univers où seuls existaient son travail et ses enfants. « Si seulement je l'avais inoculé contre la rage aussi bien que contre la fièvre typhoïde[59] », écrivit-elle après que Claude eut battu Paloma (en douce). Dans une autre lettre, elle annonçait avec joie que les massages médicaux qu'on faisait à Claude avaient considérablement élargi son thorax. Dans une autre, elle décrivait le paquet de brimborions que Claude avait préparé de sa propre initiative pour sa grand-mère. « Il faut l'envoyer tout de suite avec le gros ballon pour amuser grand-mère[60] », lui avait-il dit. Au lieu de cela, Françoise écrivit une lettre de deux pages décrivant le paquet.

C'était un monde dans lequel Picasso n'était qu'un visiteur de passage. « Faire des bébés à mon âge est vraiment ridicule[61] », avait-il dit. Et il se refusait maintenant à s'intéresser autrement que de la façon la plus superficielle à la vie de sa jeune famille, cependant que Françoise elle-même maintenait une distance protectrice qui excluait une plus grande intimité. Il lui disait toujours *tu,* mais elle s'adressait toujours à lui en lui disant *vous,* comme si elle parlait à un parent ou à un professeur. « Ça le rendait furieux, disait Françoise. C'était devenu un symbole de la distance que j'essayais de garder. Avec le recul, je m'aperçois que je n'avais pas besoin de faire ça. J'aurais pu dire *tu* ou *mon chéri,* mais je ne l'ai jamais fait. Puisqu'il avait transformé nos relations en bataille, moi aussi j'utilisais toutes les armes que je pouvais trouver[62]. »

Marcel se joignit à ce jeu en appelant Françoise « mademoiselle ». « Il faut que vous cessiez de l'appeler mademoiselle, lui reprochait Picasso. C'est ridicule. Elle est là avec deux enfants. Il faut l'appeler madame[63]. » Plus Picasso était agacé, plus Marcel insistait. « Non, non. Elle est si jeune. Pour moi, elle sera toujours mademoiselle. » Cela finit par devenir une vraie bagarre avec Eluard et Paulo qui appelaient Picasso « le malheureux fils-père[64] ». Mais ce qui l'énervait le plus, c'était d'arriver dans un hôtel avec Françoise, Paulo et les enfants, et de se voir donner une clé pour lui et une pour « son fils, sa belle-fille et les petits-enfants[65] ».

Lorsqu'il était à Vallauris, Picasso passait le plus clair de sa journée à « la fabrique » comme il appelait son nouvel atelier; tous les autres l'appelaient « Le Fournas ». Il y organisa même une pendaison de crémaillère, comme si c'était sa vraie maison. « Picasso dîne chez Picasso », proclamait une grande banderole accrochée au-dessus de la cheminée. Le peintre Manuel Ortiz chanta du flamenco et, parmi ceux qui l'accompagnaient, se trouvaient Edouard Pignon et Hélène Parmelin. Picasso les avait invités à partager « une existence de peintre[66] » avec lui et ils vivaient et travaillaient dans les chambres au-dessus de son atelier.

« Nous étions tous communistes, écrivit Hélène Parmelin, et au centre de la violente querelle sur la peinture dans l'extrême gauche. Nos moments de loisir, nos repas et nos distractions, tout cela se passait dans une atmosphère de brûlante passion, de fureur, d'anecdotes, de drames et de mélodrames, de rébellion active, d'éternelle discussion, de rire et de dépression. En nous montrant les ouvertures ovales par lesquelles le propriétaire de ce vieux moulin gardait un œil sur ses ouvriers, Picasso nous raconta qu'il les avait fait percer spécialement pour que nous puissions le surveiller toute la journée et nous assurer qu'il suivait bien la ligne du Parti... Chaque fois qu'il emmenait des visiteurs dans le passage, il ne manquait pas de dire que nous étions là pour nous assurer qu'il se tenait à la ligne; et qu'avant notre arrivée il avait toujours été déviationniste. Mais maintenant, dès qu'ils voient que je dévie, dit-il, ils tapent aux carreaux ou ils sifflent et je retourne aussitôt à la ligne avec une règle[67]. »

Ils étaient là quand Picasso termina sa *Chèvre* en plâtre, avec deux cruches à lait en poterie comme tétons, une branche de palmier comme épine dorsale, une corbeille à papier en osier pour le ventre et des pieds de vigne comme corne. Chaque nuit, la chèvre perdait cinq centimètres de son nez de plâtre, et chaque matin Hélène Parmelin « ramassait le nez et le replaçait[68] ». Picasso adorait collectionner des débris dans la décharge fort commodément située tout près de son atelier, et les transformer ensuite en assemblage de sculptures. Françoise parfois l'accompagnait, poussant une voiture d'enfant dans laquelle il laissait tomber tout ce qui lui plaisait. « A bas le style ! avait-il proclamé à Malraux. Est-ce que Dieu a un style ? Il a fait la guitare, l'arlequin, le basset, le chat, le hibou, la colombe. Comme moi. L'éléphant et la baleine, bon – mais l'éléphant et l'écureuil ? Un vrai bazar ! Il a fait ce qui n'existe pas. Moi aussi[69]. »

Ce fut un bazar qui servit à la confection de *Petite Fille sautant à la corde,* qui comprenait une corbeille à papier qu'il utilisa pour son corps et deux grosses chaussures, toutes deux du même pied, qu'il avait trouvées dans la décharge et dont il chaussa la petite fille. Il voulait qu'elle ne touche pas le sol. « Puisqu'elle sautait, comment la maintenir en l'air ? demandait-il pour la forme. J'ai pressé la corde contre le sol. Personne ne l'a jamais remarqué[70]. » Il y avait de la méthode dans sa magie, mais elle n'en était pas moins magique et son pouvoir non moins inexplicable pour autant. « Les yeux de l'artiste, dit-il, sont ouverts sur une réalité supérieure; ses œuvres sont des évocations[71]. »

Il continuait à être aux prises avec sa certitude que son œuvre était « quelque chose de sacré » : « Nous devrions pouvoir prononcer ce mot-là ou quelque chose du même genre, dit-il à Hélène Parmelin, mais les gens le prendraient mal... Nous devrions pouvoir dire que telle ou telle peinture est comme elle est, avec le pouvoir qu'elle enferme parce qu'elle est " touchée par Dieu ", mais les gens interpréteraient ça mal. Et pourtant c'est le plus près, à quoi nous pouvons parvenir, de la vérité[72]. »

Le 6 août 1950, tous les gens autour de Picasso qui auraient mal interprété l'idée qu'une œuvre d'art soit « touchée par Dieu » étaient rassemblés sur la place centrale de Vallauris pour l'inauguration de l'*Homme au mouton,* que Picasso avait offert au conseil municipal de la ville. Françoise, dans une claire robe à fleurs, se trouvait auprès de Picasso tandis que le maire le faisait citoyen d'honneur de Vallauris et que Laurent Casanova criait, tout ému : « Salut à Picasso, notre frère d'armes[73] ! » Casanova était là pour présider l'inauguration. Il avait récemment publié *Le Parti communiste, les Intellectuels et la Nation,* livre dans lequel il déclarait avec l'autorité pontifiante qui était la marque de toutes ses déclarations que « l'art religieux n'inspire plus les vrais artiste[74] ». La municipalité de Vallauris, de toute évidence d'accord avec le grand dirigeant communiste, offrit à Picasso une chapelle désaffectée à côté de la grand-place pour qu'il la décore suivant les élans de son inspiration séculière.

Eluard, Tzara et Cocteau étaient tous là pour assister à la cérémonie. Cocteau, qui avait flirté avec le parti communiste, suivait la cérémonie d'un balcon du premier étage, avec sa grande amie Mme Weisweiller. Lorsqu'il était dans le Midi, ce qui lui arrivait de plus en plus souvent, lui et Edouard Dermit, son dernier amant qu'on appelait Doudou, descendaient toujours chez elle à Saint-Jean-Cap-Ferrat. Venu rendre visite à Picasso à « La Galloise » après le grand luxe de « Santo Sospir », la villa des Weisweiller, il la taquinait sur l'« ostentatoire simplicité » de sa vie. « Il faut pouvoir se permettre le luxe afin de pouvoir le mépriser[75] », répondit le citoyen d'honneur de Vallauris.

Picasso continuait d'être lié avec la cause communiste, comme s'il espérait découvrir grâce à elle un sens et une signification à sa vie, qui jusque-là lui avaient échappé. Françoise, qui était en correspondance avec Endre Rozsda, son maître et son ami – lequel vivait maintenant en Hongrie –, demanda maintes fois à Picasso d'intervenir auprès de ses contacts communistes pour que Rozsda puisse venir en France, au moins pour une visite. « Je n'ai jamais aimé demander quoi que ce soit à Pablo, se rappelait Françoise, mais je l'ai fait pour Endre. C'était un peintre surréaliste abstrait et il n'arrivait pas à produire les toiles de réalisme socialiste qui étaient le seul genre autorisé. Alors, pour gagner sa vie, il finit par fabriquer des marionnettes et travailler à des décors de théâtre; incapable de fonctionner dans le système communiste, il avait eu une dépression nerveuse[76]. »

La première fois que Françoise demanda à Picasso d'aider Rozsda, il répondit : « Absolument pas. S'il n'est pas heureux dans un pays communiste, ce doit être une mauvaise personne. – Je vous en prie, ne me chantez pas cette chanson, dit Françoise. Vous savez bien que c'est un artiste qu'on ne laisse pas s'exprimer. En tant qu'artiste, si vous étiez dans cette situation, est-ce que vous ne seriez pas content d'avoir quelqu'un qui viendrait vous aider à en sortir? – Certainement pas, dit-il, parce que je suis un bon communiste[77]. » Françoise essaya plusieurs fois, espérant le surprendre à un moment où il serait de meilleure humeur et pas aussi bon communiste. Mais la réponse chaque fois était la même.

En novembre, on lui décerna le Prix Lénine de la Paix, et le même mois il arriva à Victoria Station, à Londres, pour participer au troisième congrès de la Paix qui devait se tenir à Sheffield. Il descendit du train seul. Comme il l'expliqua à Roland Penrose, qui était là pour l'accueillir, tous les autres qui voyageaient avec lui s'étaient vu refuser l'entrée à Douvres. Aussi bien le gouvernement que l'opinion publique en Angleterre étaient farouchement opposés à un congrès consacré à la propagande communiste en pleine guerre de Corée. « Et moi, demanda Picasso, qu'est-ce que j'ai bien pu faire pour qu'on me laisse passer[78] ? » Il n'aimait pas être considéré par les autorités comme un révolutionnaire sans risque, mais son discours d'une minute à Sheffield justifiait pourtant cette opinion : « Je suis pour la vie contre la mort : je suis pour la paix contre la guerre[79]. » C'était sa péroraison et personne au monde n'aurait pu y trouver à redire.

En janvier 1951, toujours en proie à sa griserie communiste, il peignit *Massacres en Corée.* Inspirée sur la scène d'exécution du *Trois Mai* de Goya, elle était conçue comme une grande protestation artistique contre l'intervention américaine en Corée. La toile ne se révéla être, comme la décrivit James Lord, qu'« un faible bêlement dans le pandémonium de la propagande politique[80] » – trop faible pour les frères du Parti à qui il avait voulu plaire et trop déprimante pour ses adversaires non partisans.

« Sur le plan formel, écrivit Lord résumant sa déception, le tableau fait un usage facile de procédés esthétiques depuis longtemps condamnés à mort par le peintre. C'est son image la plus authentique de la violence. Quelque chose était arrivé à Picasso. Il avait maintenant changé en tant qu'homme et en tant qu'artiste... il s'entourait de médiocres sycophantes et d'artistes de troisième ordre, dont aucun ne pouvait lui rappeler que les moments de grande réussite n'étaient plus à portée de main[81]. »

Au début mars, Kahnweiler arriva à Vallauris pour le voir. Il avait pris l'avion pour Nice où l'accueillit Marcel, qui l'emmena droit à l'atelier. On n'était qu'à huit mois du soixante-dixième anniversaire de Picasso, et il semblait préoccupé par la vieillesse. Il mima un vieil homme, se levant avec difficulté. « C'est ça qui est terrible ! Maintenant nous pouvons encore faire ce que nous voulons. Mais vouloir et ne plus pouvoir : c'est ce qui est si terrible[82] ! » Il ajoutait toutefois que, pour le moment, il se sentait comme s'il avait quatorze ans. Et, craignant l'âge qui menaçait, c'était comme un gamin de quatorze ans qu'il se comportait. Il courait dans toutes les directions pour s'éloigner de Françoise. Et l'une de ces directions menait à Geneviève Laporte. « J'éprouve un besoin constant de détruire ce que j'ai bâti avec beaucoup de difficultés[83] », lui dit-il, et il semblait déterminé à détruire ce qu'il avait bâti avec Françoise. « Picasso avait-il peur de son bonheur ? demanda Geneviève Laporte. Peur de succomber à une émotion trop profonde pour l'affronter[84] ? »

Même quand ils étaient ensemble, Françoise le sentait loin d'elle. Elle se retirait dans son univers à elle, gardait ses soupçons et ses craintes pour elle et regardait ses relations avec Picasso ressembler de plus en plus à une association d'affaires. Elle s'occupait de ses négociations avec les galeries, les éditeurs et le monde en général et se plongeait dans son propre travail. Picasso était enchanté qu'elle eût un contrat avec Kahnweiler, enchanté que Paul Rosenberg lui ait aussi demandé de la représenter (mais elle était déjà prise), enchanté de voir que ses dessins et lithographies allaient bientôt illustrer des recueils de poèmes de Verdet et d'Eluard. Et Françoise accueillait avec reconnaissance le moindre signe, si éphémère fût-il, qu'elle existait pour lui comme quelque chose de plus qu'un auxiliaire utile. En même temps, elle était « glacée par la conscience de plus en plus forte que je devais payer le moindre signe d'affection de sa part du prix de la douleur qu'il me causait quand aussitôt il changeait et devenait brutal et cruel. Il appelait cela " le coût élevé de la vie ", mais c'était en fait le coût élevé de la vie avec Pablo. Chaque fois qu'il était tendre ou affectueux et que je me laissais aller à être ouverte et vulnérable, il tournait bride et le combat recommençait. Le résultat était que je ne pouvais jamais baisser ma garde[85]. »

Lorsqu'elle ne s'occupait pas des affaires de Picasso, de son œuvre personnelle et des enfants, la principale détente de Françoise était de pleurer. Comme toujours, l'odeur de la souffrance éveillait chez Picasso l'envie d'en infliger davantage. « Tu étais une Vénus quand je t'ai rencontrée, lui dit-il un jour qu'il la surprenait à pleurer. Maintenant tu es un Christ – et un Christ roman, avec toutes les côtes qui sortent pour qu'on puisse les compter. J'espère que tu te rends compte que tu ne m'intéresses pas comme ça... Tu devrais avoir honte de te laisser aller – ta silhouette, ta santé – comme tu le fais. Toute autre femme s'améliorerait après la naissance d'un bébé, mais pas toi. Tu as l'air d'un balai. Crois-tu que les balais séduisent qui que ce soit ? En tout cas, pas moi[86]. »

Le coût de la vie avec lui devenait de plus en plus élevé. Lorsque, au début de 1951, Tériade demanda à Françoise d'écrire le texte d'un numéro spécial de *Verve* consacré à l'œuvre récente de Picasso, elle répondit : « Bien sûr que non[87] ! » C'était sa façon à elle de riposter, de dire non quand Picasso voulait qu'elle dise oui. Et tous les efforts de Tériade ou de Picasso pour la persuader ne parvinrent pas à la faire changer d'avis. Elle aida Tériade à sélectionner les œuvres à photographier, mais écrire le texte en vint à symboliser pour elle un pas vers le moment où elle serait absorbée par lui. « Je ne voyais pas pourquoi, je serais obligée d'écrire un texte hagiographique sur lui et sur son œuvre. Bien sûr, ce n'était rien de plus au bout du compte qu'un geste de défi absurde. Ça ne prouvait rien[88]. » C'était une expression de plus de l'antagonisme qui mijotait dans leurs rapports. « Tu es le fils de la femme qui dit toujours non[89] », déplorait Picasso devant Claude, dont on ne pouvait s'attendre à quatre ans qu'il y pût grand-chose.

Le 14 juin 1951, Picasso et Françoise étaient témoins à la mairie de Saint-Tropez du mariage d'Eluard avec Dominique Laure. Ils s'étaient rencontrés dans une petite galerie de céramique à Paris et peu après, par hasard, de nouveau au Mexique. Avant même leur mariage Eluard s'était installé chez Dominique, dans son appartement de Saint-Tropez qui donnait sur le port. Mais il faisait de constantes navettes entre Saint-Tropez et Vallauris. Un jour, comme ils rentraient chez eux en voiture après avoir déjeuné avec Picasso et Françoise, Dominique remarqua à quel point le déjeuner s'était bien passé. « Sans l'ombre d'un doute, répliqua Eluard, Pablo en ce moment même est en train de dire des horreurs sur nous[90]. »

Et c'était le cas. « Si Paul s'imagine que je vais encore lui faire l'honneur de coucher avec sa femme, dit-il à Françoise, cette fois il se trompe. Quand je n'aime pas la femme d'un ami, ça m'ôte tout le plaisir que j'ai de voir cet ami. Elle est très bien en elle-même, mais la combinaison ne va pas. Elle n'est pas la femme que Paul devrait avoir[91]. » Il pensait que Dominique aurait fait une excellente épouse pour un sculpteur, mais qu'elle était trop amazone pour un poète. Et la fois suivante où il vit Eluard, il lui dit : « Une femme qui est là, l'air aussi solide que le rocher de Gibraltar, ne convient pas du tout à un poète. Tu finiras par ne plus être capable d'écrire un vers. Tu devrais soupirer et souffrir pour une pâle jeune fille, et en plus, une qui ne soit pas ici[92]. »

Mais ce qui l'agaçait vraiment, ce n'était pas la solidité de Dominique – après tout il préférait en général que *ses* femmes fussent solides – mais son refus de se joindre au chœur des adorateurs. « Une chose que j'ai trouvée insupportable, se rappelait-elle, c'était la perpétuelle vénération autour de Picasso. Ça excitait mon désir de le provoquer – ce dont il s'est toujours vengé. Quand, par exemple, il a dit un jour qu'il voulait faire mon portrait, je lui ai dit qu'il ne parviendrait jamais à me donner une poitrine aussi belle que dans les dessins que Valentine Hugo avait faits de moi. Il n'avait pas du tout l'habitude de ce genre de propos. Il répliqua en faisant une douzaine de dessins de moi, en les mettant tous dans une enveloppe, en les attachant avec une ficelle et en les déchirant devant mes yeux[93]. »

« L'amour, ça n'existe pas, avait dit Picasso à Françoise. Il n'y a que des preuves d'amour[94]. » Et il adorait faire passer à tous ceux qui l'entouraient des épreuves quotidiennes. Il insistait pour faire occuper par Dominique une chambre dans le sous-sol humide et sombre de « La Galloise », pour faire porter à Françoise une robe vraiment laide qu'il lui avait trouvée sur un marché, et pour faire arborer à Dominique et Françoise les colliers de pacotille qu'il avait achetés à Vallauris. Françoise passa cette épreuve-là en portant tout à la fois la robe et le collier et se vit récompensée par le cadeau d'un des colliers d'argent qu'il avait faits lui-même. Dominique échoua en ne portant même pas l'affreux collier – et se vit punie en n'ayant aucun cadeau.

« Eluard était fasciné par Picasso, se rappelait Dominique. Il l'aimait comme s'il était une femme; c'était une forme d'homosexualité mentale[95]. » Et

Picasso avouait à Geneviève Laporte : « Je suis une femme. Tout artiste est une femme et devrait avoir le goût des femmes. Les artistes qui sont pédérastes ne peuvent pas être de véritables artistes parce qu'ils aiment les hommes et, comme ils sont eux-mêmes des femmes, ils retournent à la normale[96]. »

Maintenant que Picasso ne semblait plus du tout disposé à recréer avec Dominique le triangle qui avait existé entre Eluard, Nusch et lui-même, Eluard était impatient d'amener quelqu'un d'autre lié à sa vie dans le lit de Picasso. Ce fut lui qui, en 1944, avait présenté Geneviève Laporte à Picasso et maintenant, sept ans plus tard, il fit tout son possible pour faciliter leur liaison. Dominique ne partageait pas son point de vue. « Picasso était venu à la maison avec Françoise et les enfants, dit-elle, et voilà que huit jours plus tard, il réapparut avec Geneviève. Et, quand je n'ai pas voulu les recevoir, il a attaqué mes valeurs de petite-bourgeoise. Je continuai à trouver choquant que, avec Françoise à seulement cent kilomètres de là, il amenât Geneviève dans un endroit aussi public que Saint-Tropez, où tout le monde regardait, où tout le monde savait[97]. » Mais son mari éprouvait un frisson particulier à jouer ce rôle d'entremetteur et de proxénète. Il envoya une lettre à Geneviève pour lui annoncer que, sur les instructions de Picasso, il leur avait trouvé un appartement proche du leur pour l'été. Picasso était déjà à Paris et, le lendemain, Marcel les conduisit, Geneviève et lui, jusqu'à Saint-Tropez.

« Même si tu étais totalement libre de choisir, dit Eluard à Picasso, il n'y a pas de réponse qui te rendrait totalement heureux[98]. » Mais, pour le moment, Picasso était occupé à s'inventer un passé et à recréer le présent pour les rendre plus séduisants aux yeux de Geneviève. « Je n'ai jamais pu penser à moi, et personne ne s'est jamais préoccupé de moi, lui raconta-t-il. J'ai toujours eu peur de faire du mal aux autres, peut-être par lâcheté. Prenez Françoise, par exemple : je ne l'ai jamais aimée. Mais elle est comme une tasse pleine de souvenirs où je n'ai plus envie de boire. D'un autre côté, je ne veux pas la casser. Alors qu'est-ce que je dois faire[99] ? »

Bien sûr, la dernière chose qu'il voulait, c'étaient des conseils. Comme le dit Eluard à Geneviève : « Picasso n'a jamais fait dans la vie que ce qu'il avait l'intention de faire[100]. » Jouer les patientes victimes était le rôle qu'il se destinait. « Tu sais, n'est-ce pas, dit-il à Eluard à un moment où il était sûr que Geneviève pouvait les entendre, que toutes mes affaires de cœur ont été gâchées par la friction et la souffrance : deux corps enveloppés de barbelés se frottant l'un contre l'autre en se déchirant les chairs. Avec elle, tout n'est que douceur et miel. C'est une ruche sans abeilles[101]. » Geneviève entendit et fut « grisée », comme il y comptait bien.

« Il chantera l'amabilité d'une blonde, chante Leporello de *Don Giovanni,* la constance d'une brune, la douceur d'une femme aux cheveux blancs, dès l'instant qu'elle porte jupon, vous savez quel est son jeu[102]. » Geneviève Laporte était « l'autre », l'autre officielle, mais absolument pas la seule autre femme de la vie de Picasso durant cette saison de sexualité déchaînée alimentée par la crainte de la mort, de la vieillesse, de la sève qui ne montait plus. Tandis que Picasso multipliait les galipettes le long de la côte française, ajoutant « des femmes de tout rang, de toute taille, de tout âge[103] » au catalogue de Leporello, Françoise était souvent à Paris pour rendre visite à sa grand-mère à la clinique de Neuilly où elle avait été admise depuis qu'une attaque l'avait laissée paralysée d'un côté. Un jour, où elle était de retour à Vallauris et où Picasso était à Saint-Tropez « en visite chez les Eluard », comme il le lui avait dit, Mme Ramié prit Françoise dans un coin et lui raconta que Picasso était en fait à Saint-Tropez avec une autre femme. Elle lui disait cela comme une amie, pour son bien, car elle ne voulait pas que Françoise l'apprît d'une étrangère. Ce n'était que sa plus récente aventure, continua-t-elle, mais cette fois elle avait le sentiment que c'était son devoir de prévenir Françoise, parce qu'elle avait entendu dire qu'il comptait partir avec cette femme pour la Tunisie.

« J'eus l'impression d'avoir été empoisonnée et que la vie se retirait de moi, se rappelait Françoise. Bien sûr, j'avais des soupçons, mais j'avais chassé de mon esprit de telles pensées. Et l'apprendre de quelqu'un qui, je le savais, ne me voulait que du mal, rendit la chose encore plus pénible[104]. »

Lorsque Picasso rentra, elle lui demanda à brûle-pourpoint : « C'est vrai? Je vous en prie, dites-moi la vérité. Je suis une adulte. Je peux supporter la vérité. Dites-moi simplement la vérité[105]. »

« Tu dois être folle, dit-il avec la plus profonde conviction, d'écouter n'importe quel ragot, il ne se passe absolument rien[106]. »

Il était si catégorique que Françoise hésita. Peut-être Mme Ramié avait-elle inventé tout cela, peut-être ses soupçons n'étaient-ils qu'imaginaires, peut-être n'était-il vraiment allé que voir les Eluard, ou s'était-il rendu à une corrida, ou s'était-il occupé de ses affaires à Paris.

Les quelques semaines suivantes furent pleines de l'angoisse de savoir tout en ne voulant pas savoir. Le récit des aventures de Picasso avait même commencé à paraître dans les journaux, mais il continuait à les nier, comme sans fondement et diffamatoires. Le sentiment de trahison qu'éprouvait Françoise se calmait un moment, puis se réveillait et l'envahissait, la laissant épuisée.

Ce fut dans cet état qu'au début d'août elle reçut la nouvelle de la mort de sa grand-mère. Elle était à la poterie quand le téléphone sonna, et l'employé des postes, croyant avoir Mme Ramié en ligne, annonça froidement : « La grand-mère de Françoise Gilot est morte[107]. » Elle partit aussitôt pour Paris. Et là, à l'enterrement de sa grand-mère, elle revit son père pour la première fois depuis huit ans. « Tout d'abord, c'était embarrassant, se rappelait Françoise, mais très émouvant. Il m'a pris la main et m'a demandé de venir à la maison après le service, tout en ajoutant qu'il le faisait pour ma mère[108]. »

Pourtant, il le faisait aussi pour elle. Lui aussi avait lu dans les journaux des articles sur les liaisons de Picasso, et il tenait à faire savoir à Françoise que le passé était le passé, qu'il n'évoquerait jamais plus ce qui les avait séparés et que, si elle avait besoin de lui en cette période difficile de sa vie, il serait là pour l'aider. « Depuis que j'étais enfant, se rappelait Françoise, mon père m'avait inculqué le principe que la véritable aristocratie se compose de gens qui ont assez de ressources intérieures pour leur permettre d'échapper à n'importe quelle situation dont ils sont prisonniers et de s'en libérer. Je savais que ce qu'il me disait après l'enterrement de ma grand-mère, c'était que, si j'avais assez de ressources intérieures pour partir, il me fournirait le soutien affectif et ferait aussi un testament en faveur des enfants[109]. »

Ce fut ce moment-là qui, plus que tout autre, cristallisa pour Françoise ce qui lui était arrivé. « Il est hors de doute que quand je décidai d'aller vivre avec Pablo, se mêlant à mon amour et à mon admiration pour lui, il y avait un violent désir de me révolter contre mon éducation bourgeoise, de détruire une fois pour toutes l'autorité de mon père sur moi. Et voilà maintenant que mon père éprouvait de la pitié pour moi et m'offrait son argent et sa protection. Et j'étais là, une mère, et pourtant de nouveau une enfant. Je compris pour la première fois que ma situation affective était connue de tout le monde. C'était très humiliant, surtout quand mon père me dit qu'il avait suivi l'affaire dans les journaux et que c'était évident pour lui que, si Picasso avait voulu avoir une aventure, il aurait pu le faire discrètement sans que tout le monde le sache, que c'était donc qu'il avait vraiment voulu que je sois au courant. Ainsi mon père avait-il diagnostiqué à quel point les choses allaient mal, et c'était à moi maintenant d'affronter cette conclusion[110]. »

Elle revint à Vallauris, se sentant très vulnérable, très seule et très désireuse de parler à Picasso. Mais, à peine était-elle revenue qu'il partit pour une corrida à Arles. Pendant qu'il était absent, Mme Ramié, une fois de plus, la prit à part et, d'un ton de conspiratrice et pour son bien évidemment, lui révéla que la femme avec qui était Picasso en ce moment même était Geneviève Laporte. Françoise maintenant avait un objectif précis : entendre de la bouche de Picasso la vérité. « Je veux que vous ayez le courage, lui dit-elle dès qu'il fut de retour, de me dire la vérité – quand ça a commencé, depuis combien de temps ça dure et si vous voulez que ça continue. Je saurai alors ce que je veux faire moi-même. Depuis plus d'un an maintenant je ne vous ai pas posé une question et vous avez eu largement le temps de me parler vous-même. Maintenant, je vous demande[111]. »

Il nia tout. Il lui dit qu'il ne s'était rien passé, que rien n'avait changé et qu'il ne savait absolument pas de quoi elle parlait. Puis il ajouta : « Au lieu de m'interroger sur des choses qui n'existent pas, tu devrais savoir quelque chose qui est réel : chaque fois qu'une troisième personne s'introduit dans une relation, que ce soit d'un côté ou de l'autre, c'est que les deux parties l'ont demandé : l'une peut-être activement, l'autre passivement; mais toutes les deux, chacune à sa façon, ont invité la troisième personne[112]. »

Elle lui demanda s'il voulait dire par là que c'était sa faute, peut-être à cause de sa mauvaise santé, peut-être à cause de sa participation passive, si une tierce personne était entrée dans leur vie. Il nia qu'il y eût une tierce personne et, quelle que fût la façon dont elle posait la question, il niait et niait toujours. « Ça, dit Françoise, ce fut *l'*erreur. Il y a toujours des erreurs de part et d'autre dans une relation, mais c'était l'erreur inacceptable. J'avais accepté son long et tumultueux passé et toutes les façons dont il empiétait sur nos existences, et j'aurais même pu accepter le présent s'il en avait parlé ouvertement, mais continuer à refuser d'admettre ce dont tout le monde parlait, continuer à me traiter comme une imbécile, c'était essayer de me priver de ce qu'il me restait d'amour-propre[113]. »

Comme le treizième coup d'une horloge, cela mit en question tout ce qui s'était passé auparavant. Françoise soudain commença à voir le tissu de tromperies qui avait précédé le gros mensonge. L'un après l'autre, tous les prétextes et toutes les raisons qu'il avait donnés pour disparaître pendant des jours devinrent transparents. « C'était la perte de l'innocence et la fin de la confiance, dit-elle. Désormais il ne se passa pas un jour sans que je ne découvre un squelette de plus dans un autre coin sombre d'une penderie. J'avais l'impression de m'enfoncer de plus en plus profondément dans un étang envasé. Tout mon univers s'était effondré et la mort de ma grand-mère, survenant plus ou moins à la même époque, avait intensifié ma solitude et mon désespoir[114]. »

Pour se soutenir durant cette dure période, elle réintroduisit Geneviève Aliquot dans ses toiles. « C'est une ironie du sort, dit Françoise, que ce fut la découverte de sa liaison avec une Geneviève qui provoqua le démêlement de tout, et que ce fut l'exploration de mon amour pour une autre Geneviève à travers ma peinture qui peu à peu commença à rétablir mon équilibre et ma confiance dans la vie. Je ne la vis pas, je ne la contactai pas, mais la certitude qu'il y avait quelqu'un qui m'avait aimée et que j'avais aimé si profondément m'aida à vivre d'un jour à l'autre[115]. »

XIV

« PERSONNE NE QUITTE UN HOMME COMME MOI »

EN août 1951, on posa des scellés sur la porte de l'appartement de la rue La Boétie. La procédure légale qui contestait à la Ville de Paris le droit d'expulser Picasso avait échoué. Il y avait une crise aiguë du logement, l'appartement était vide et Picasso n'y vivait plus depuis des années; mais il n'arrivait pas encore à croire que les autorités eussent insisté pour le traiter devant la loi comme le commun des mortels. Il refusa de s'occuper du déménagement. Sabartés, Inès et Marcel furent chargés de mettre en caisse toutes les œuvres abandonnées rue La Boétie et que les années avaient recouvertes de poussière. Il avait récemment acheté deux petits appartements rue Gay-Lussac pour Françoise et les enfants et, comme la menace de réquisition planait sur eux aussi tant qu'ils restaient inoccupés, il envisagea d'installer là toute la famille pour quelque temps.

Mais tout d'abord, le 25 octobre, toute la ville de Vallauris célébra son soixante-dixième anniversaire. Seul Marcel manquait à la fête. Après vingt-cinq ans au service de Picasso, il avait été congédié pour avoir emmené sa femme et sa fille en excursion un dimanche à une centaine de kilomètres de Paris et être rentré dans un arbre avec l'Oldsmobile. Françoise essaya en vain de sauver la place de Marcel. « Tu ne peux pas, dit-elle à Picasso, congédier un homme simplement parce qu'il a eu un accident comme ça. Pas un brave homme comme Marcel, qui t'a été si fidèle, et pas au bout de vingt-cinq ans. Ça aurait pu arriver à n'importe qui. » Picasso fut impitoyable : « Il sait qu'il n'est pas censé conduire la voiture ses jours de congé. » Marcel, comme toujours, ne mâcha pas ses mots. « Vous croyez que vous pouvez faire tout ce que vous voulez à n'importe qui, cria-t-il. Après tout ce que j'ai fait pour vous, vous me flanquez dehors, sans me donner une autre chance. Vous n'avez pas de cœur. Vous en souffrirez, vous verrez. Vous éloignerez de vous tous les gens convenables. La prochaine, ce sera mademoiselle qui vous quittera[1]. » Et, sur cette prophétie, Marcel sortit de la vie de Picasso. Nullement ému, Picasso acheta une Hotchkiss et dit à Paulo que, s'il voulait encore de l'argent, il n'avait qu'à prendre la place de Marcel et devenir son chauffeur. Paulo obéit.

Une fois les célébrations de son anniversaire terminées, Picasso, qui souffrait d'un lumbago, dut s'aliter. Ce fut là qu'en novembre il reçut la visite de Giacometti, qui devint aussitôt la cible de sa mauvaise humeur. « Tu ne m'aimes pas autant qu'autrefois, grommela-t-il. Tu ne viens plus jamais me voir[2]. » Ne pas vivre dans le Midi était une excuse inacceptable; la distance n'était pas un obstacle quand il s'agissait de ses vrais amis. « Alors, écrivit James Lord, Picasso exécuta une de ses brusques et imprévisibles pirouettes de style si caractéristiques de sa personnalité. Il l'invita. Comme ce serait une bonne idée, dit-il, si Alberto venait s'installer avec lui à Vallauris. Voilà qui serait une preuve d'amitié... Alberto, qui sans doute ne le sut jamais, aurait logé dans une chambre humide au sous-sol, où Picasso avait récemment installé Eluard et sa jeune épouse souffrante. L'invitation, bien sûr, était une impitoyable raillerie. Picasso pressa joyeusement Alberto d'accepter. Vingt ans plus tôt, lorsqu'ils s'étaient rencontrés pour la première fois, Alberto avait tenu à s'assurer que Picasso voyait bien qu'il n'était pas à genoux. Picasso avait vu, avait apprécié, mais l'envie qu'il avait de voir les gens dans cette posture n'avait pas cédé avec les années, elle s'était au contraire affirmée, et il voulait maintenant une épreuve de force pour prouver qu'il pouvait obliger Giacometti à se plier à un de ses caprices[3]. » Pour ajouter à l'insolence de l'invitation, Picasso n'y inclut pas la femme de Giacometti, mais suggéra qu'elle prenne une chambre d'hôtel à Cannes ou à Antibes. Et, pour éviter le moindre retard dans l'exécution de ses volontés, il voulait que Tériade, qui avait accompagné Giacometti, reparte sur-le-champ chercher ses valises.

Mais il n'en fut rien. Giacometti refusa de se laisser manipuler. Picasso était furieux. « Je ne peux pas supporter les gens qui me disent non, cria-t-il. – Et ça ne m'intéresse pas d'avoir des rapports avec toi si je ne peux pas dire oui ou non comme ça me plaît, répliqua Giacometti. – J'ai atteint un point dans ma vie, poursuivit Picasso, où je ne veux plus de critique de personne. »

Ce fut Giacometti qui eut le dernier mot : « Alors, tu as atteint le point où je m'en vais pour ne pas revenir[4]. » Ce fut la fin de leur amitié. L'opinion de Giacometti sur l'homme Picasso avait toujours été sévère. Sa conclusion, peut-être dans un moment de colère, sur l'artiste Picasso ne l'était pas moins : « Picasso est absolument mauvais, il a toujours été à côté de la plaque depuis le début, sauf pour la période cubiste, et même cela, il l'a à moitié mal compris. C'est un illustrateur français journalistique... laid. D'une vulgarité démodée, sans sensibilité, horrible dans la couleur aussi bien que dans le noir et blanc. *Très mauvais peintre une fois pour toutes*[5]. »

Picasso faisait de son mieux pour se couper de tous ses amis qui avaient un peu de courage et de personnalité – qui refusaient de lui dire oui automatiquement. De cette façon, il pouvait donner du crédit à ses constantes doléances, proclamant qu'il était seul et qu'il n'y avait personne pour lui tenir tête. Il s'était déjà brouillé avec Chagall qu'il accusait de ne pas regagner sa Russie natale parce qu'il n'y avait pas d'argent à gagner là-bas. « Je suis comme un moustique qui bourdonne autour de Picasso, déplorait Chagall. Je le pique une fois, je le pique deux fois, et, bang, il m'écrase[6]. » Plus tard, lorsque Picasso tomba sur Chagall à Antibes, il agita fièrement devant lui sa carte du parti communiste. « Oui, répliqua Chagall, mais le jour où ils vous obligeront à faire la peinture que vous ne voulez pas... ? – Ils ne me le demanderont pas, dit Picasso. – Alors vous voyez bien, dit Chagall, que vous n'êtes pas plus communiste que moi[7]... »

L'opinion de Chagall sur l'artiste Picasso n'était pas plus tendre que celle de Giacometti. « Quel génie, ce Picasso, dit-il. C'est dommage qu'il ne peigne pas[8]. » Un soir, Françoise et Picasso tombèrent sur Ida, la fille de Chagall, au ballet. La femme de Chagall venait de le quitter. « Papa est si malheureux », leur dit Ida, ce qui provoqua de grands rires chez Picasso. « Ne riez pas, lui reprocha-t-elle; ça pourrait vous arriver. » Picasso se mit à rire de plus belle. « C'est la chose la plus ridicule que j'aie jamais entendue[9] », dit-il.

Lorsque Pablo et Françoise entamèrent leur premier hiver ensemble rue Gay-Lussac, l'idée qu'elle pourrait le quitter semblait en effet ridicule. Elle était malheureuse, mais elle s'était convaincue qu'en restant elle adoptait la bonne solution, qu'au lieu de rechercher son bonheur personnel, elle devait penser à son devoir envers ses enfants et envers Picasso, du moins en lui assurant une certaine stabilité et en rassemblant les divers éléments de sa vie. Elle suggéra même de prendre une grande maison et de réunir sous un même toit leurs propres enfants, avec Marie-Thérèse, Maya, Paulo, Emilienne et Pablito, ainsi que sa sœur nouveau-née. « Mon sentiment était que nous étions un bateau dans la tempête et que nous devrions au moins essayer de sauver les passagers, même si cela voulait dire sacrifier la cargaison : les aventures sans lendemain, les mensonges et les mystères inutiles. J'avais l'impression qu'à chaque nouvelle personne qui montait à bord, si désinvolte et si éphémère que fût l'engagement de Pablo, cela empiétait sur ses réserves d'affection et d'attention. J'avais clairement vu son manège qui consistait à dire à une personne que tout allait mal à cause d'une autre personne dans sa vie, et je croyais qu'en rassemblant tout le monde nous pourrions mettre un terme à cela. Nous aurions pu trouver une maison assez grande pour que chacun eût son aile séparée et, pour moi, Marie-Thérèse pouvait régenter toute la maisonnée. Ma tentative fut plutôt vers une sorte d'intégration pour lutter contre la désintégration qui allait de mal en pis[10]. »

Il fut horrifié par sa proposition, tout comme le fut Marie-Thérèse. « Elle croyait encore, dit Françoise, que je finirais par m'en aller et que Pablo serait tout à elle. C'est ce qu'il l'avait amenée à croire. Quant à Pablo, il était furieux de mon idée, parce qu'au fond il était assez conventionnel et prisonnier de ses vieux trucs, dans un cercle vicieux de mensonges et de remords, de récriminations et d'apitoiements sur lui-même[11]. »

Françoise néanmoins prit contact avec un agent immobilier et se mit à chercher une grande maison à Paris. Elle en trouva même une. « C'était un grand hôtel particulier cité de Varennes, dit-elle, un palais comparé à la rue Gay-Lussac où l'appartement était étriqué et tout simplement horrible. Je pensais que vivre notre existence excentrique pourrait être plus facile si au moins nous la vivions dans le confort. J'imagine que, quand on est désespéré, on est prêt à accrocher ses espoirs à n'importe quoi. Je finis par persuader Pablo de venir regarder les lieux. Il en sortit en déclarant qu'il n'aimait pas le style de l'architecture[12]. »

Sa huitième décennie n'avait pas bien commencé, avec cette crise de lumbago, l'inévitable conscience de l'âge et le besoin de retourner à Paris pour occuper les petits appartements de la rue Gay-Lussac. Le courant vital qui normalement passait en lui était en court-circuit, et il restait épuisé et morose, incapable de peindre ni même d'écrire. Il souffrait d'un rhume interminable et passait des heures d'apathie à regarder Françoise travailler pour préparer son exposition de printemps chez Kahnweiler. Les enfants aussi étaient malades : d'abord des rhumes, puis la rougeole, et dans l'ensemble un nuage sombre planait sur la rue Gay-Lussac.

Françoise avait eu son trentième anniversaire en novembre et le cadeau de Picasso fut de lui annoncer que « n'importe quelle fille de dix-huit ans est plus belle que toi[13] ». Mais, depuis quelques mois, elle avait peu à peu appris à refermer une partie d'elle-même, et ce qu'il disait ou faisait ne lui faisait plus aussi mal. « Une sorte de paralysie s'installait à la place, dit-elle, mais au début je ne m'en aperçus même pas. J'avais essayé d'enrayer la souffrance de la trahison que j'éprouvais et, ce faisant, je m'étais amputée d'une partie de moi-même et de nos rapports[14]. » On l'avait élevée à accorder une place de choix à la dignité et à la maîtrise de soi, et elle continuait maintenant à préserver toutes les formes de leur vie commune, ne disant rien de sa peine, n'exprimant aucun de ses besoins. « Tu restes silencieuse avec moi, se plaignit un jour Picasso, tu deviens sarcastique, un peu amère, hautaine et froide. J'aimerais une fois pour toutes que tu mettes tes tripes sur la table, que tu ries, que tu cries – que tu joues *mon* jeu[15]. » Mais elle n'en faisait rien. Au lieu de cela, elle devenait plus hautaine et plus distante. Et elle se lançait dans son travail pour sa première exposition importante.

Il y avait un livre d'or à la galerie dont le titre avait été calligraphié par Louise Leiris : « Exposition Françoise Gilot. » En dessous, la date du vernissage : 1er avril 1952. La première signature est celle de Paul Eluard, la cinquième de Sabartès et la septième de Picasso. Trois mois plus tard, Paul et Dominique Eluard écrivirent à Françoise pour dire combien Picasso et elle leur manquaient dans le Midi. Un post-scriptum résumait l'impression que leur avait laissée son exposition : « Nous sommes encore sous le coup de la forte impression que nous avait faite votre exposition. Et nous ne sommes pas les seuls; bon courage, Françoise, travaillez bien[16]. » Cocteau aussi fut impressionné. « La peinture de Françoise, écrivit-il, use de la syntaxe de Picasso, mais avec une écriture de femme, pleine de grâce. Cette syntaxe donne à son écriture quelque chose de solide[17]. » Et, peu après l'ouverture de son exposition, elle reçut une demande de l'Etat pour acheter à un prix réduit une nature morte qu'un certain M. Cogniat, qui portait le titre très français d'inspecteur principal des Beaux-Arts, avait particulièrement aimée à son exposition.

De retour à Vallauris, Françoise, encouragée par

l'accueil qu'avait reçu son exposition, consacra encore plus de temps à sa peinture. Picasso, qui n'arrivait toujours pas à travailler, continuait ses excursions dans la campagne française, de corrida en corrida et de femme en femme, tandis que Françoise s'enfermait de plus en plus longtemps dans son atelier. Paloma, qui adorait dormir, ne se plaignait jamais. En fait, elle était si coopérative qu'elle mérita une accolade de son père : « Elle sera une femme parfaite, passive et soumise. C'est comme ça que devraient être toutes les femmes. Elles devraient rester endormies jusqu'à ce qu'elles aient vingt et un ans[18]. »

Claude, par contre, réclamait beaucoup d'attention et l'obtenait toujours, tantôt en se montrant rebelle et tantôt en se montrant séduisant. Un jour où Françoise était absorbée dans sa peinture, il frappa à la porte de son atelier. « Oui, répondit Françoise d'un ton absent. – Maman, je t'aime », dit Claude, et comme sa mère répondait : « Je t'aime aussi, mon chéri » et continuait à peindre, il attendit quelques minutes, puis fit une nouvelle tentative. « Maman, j'aime bien ta peinture, dit-il. – Merci, mon chéri. Tu es un ange », répondit-elle, mais en gardant toujours la porte fermée. Claude n'allait pas s'avouer vaincu : « Maman, ce que tu fais est très bien. Il y a de la fantaisie dedans, mais ce n'est pas fantastique. » « Cela arrêta ma main, se rappelait Françoise, mais je ne dis rien. Il dut me sentir hésiter. Il reprit, d'un ton plus fort maintenant : " C'est mieux que la peinture de papa. " J'allai jusqu'à la porte et je le laissai entrer[19]. »

Comme on pouvait s'y attendre, les enfants aussi passaient des heures à peindre et à dessiner. Claude, qui était étonnamment malin à cinq ans, savait comment provoquer une réaction de son père en signant ce qu'il peignait « Henri Matisse », puis en levant des yeux innocents et en s'écriant : « Celui-là, c'est un *vrai* peintre[20] ! » Ça marchait à tous les coups. Claude voulait agacer son père, Paloma voulait l'adorer. Chaque fois que, pendant les repas, Picasso se mettait à dessiner sur la nappe ou à faire des tours avec des serviettes en papier, des bouchons et des pétales de fleurs, elle se contentait d'observer, absorbée et fascinée. Parfois, elle se mettait à son tour à dessiner. Son père l'encourageait mais ne la conseillait jamais. Il répugnait à entraver la liberté et la spontanéité d'un dessin d'enfant par des directives trop précises. « Quand j'avais leur âge, dit-il après être allé voir une exposition d'art enfantin, je pouvais dessiner comme Raphaël, mais il m'a fallu toute une vie pour apprendre à dessiner comme ces enfants[21]. » Quand Inès lui apportait les dessins qu'avait faits son fils, il crayonnait des croquis dans les marges, mais ne corrigeait jamais les créations du petit garçon.

Lorsque le célèbre matador Luis Miguel Dominguin lui demanda « quelques rudiments de peinture », il adopta la même attitude : « Le temps viendra où tu te rendras brusquement compte que sans aide de l'extérieur tu as appris tout ce que tu as besoin de savoir. Jusqu'alors, rien de ce que je pourrais t'expliquer ne te servirait[22]. » Picasso n'avait peut-être pas confiance en grand-chose, mais il se fiait à un certain naturel instinctif en peinture. « Assez d'art, dit-il à Hélène Parmelin. C'est l'art qui nous tue. Les gens ne veulent plus de la peinture : ils font de l'art. Les gens veulent de l'art. On leur en donne. Mais moins il y a d'art dans la peinture, plus il y a de peinture[23]. »

« Malgré la pratique d'une science, presque oubliée parce qu'elle est intuitive, l'art de Picasso rejoint les griffonnages enfantins de cette période de la vie où le dessin n'est pas encore un langage[24] », écrivait Maurice Raynal dans *Le Point* en octobre 1952. En même temps, Picasso terminait les fresques de *La Guerre et la Paix* pour la chapelle de Vallauris, où son art rejoignait vraiment « les gribouillis enfantins. » « Aucune de mes peintures, dit-il à Claude Roy, n'a été peinte aussi vite qu'en ce qui concerne la surface couverte... Dans la peinture moderne, chaque touche devient un acte de précision et fait partie d'un mouvement d'horlogerie... Je voulais peindre comme on écrit, avec la même vivacité, la même rapidité, comme arrive la pensée, au rythme de l'imagination[25]. » Il commença par *La Guerre :* « Ce qui s'est tout d'abord imposé à mon esprit, c'était le cours bizarre et cahotant d'un de ces corbillards de province qu'on voit passer dans les rues des petites villes, si pitoyable et si grinçant. Je commençai à peindre du côté droit, et c'est autour de cette image que le reste de la toile s'est construit[26]. » Il y a dans *La Guerre* un palefroi harnaché et dans *La Paix* un poisson dans une cage à oiseaux et des oiseaux dans un aquarium – affirmation de possibilités sans limite.

Tandis qu'il travaillait à *La Guerre et la Paix,* Picasso fit remarquer avec admiration à Cocteau que Matisse n'avait jamais succombé à la solennité de l'âge. Et il voulait s'assurer qu'il n'en ferait rien non plus. C'était une façon de plus de déjouer la mort. Les corridas en étaient une autre. Le duel du matador avec la mort, c'était son combat à lui. « Un matador ne peut jamais voir l'œuvre d'art qu'il est en train de faire, dit-il. Il n'a aucune possibilité de la corriger comme le fait un peintre ou un écrivain. Il ne peut pas entendre comme le fait un musicien. Il ne peut que sentir ce qu'il fait et entendre la réaction de la foule. Quand il le sent et qu'il sait que c'est grand, ça s'empare de lui, si bien que rien d'autre au monde ne compte[27]. »

Picasso avait connu cette urgence et cette fascination dans son atelier; il la revivait dans l'arène où les enjeux étaient la vie et la mort. « C'était une chose, écrivait Hemingway de Dominguin, que de vivre pour être le numéro un dans le monde de sa profession et d'avoir cette foi authentique dans sa vie. C'était autre chose de se faire presque tuer chaque fois qu'il descendait dans l'arène pour le prouver[28]. » Les grands matadors semblaient avoir écarté la peur de la mort – les plus grands peut-être y étaient parvenus – avaient-ils donc un secret qui pourrait cuirasser Picasso contre le grand adversaire, ou du moins contre la peur grandissante que lui inspirait cet adversaire? Aller à une corrida signifiait pour Picasso observer tous les rites, depuis l'inspection des taureaux et les discussions avec l'éleveur sur leurs mérites relatifs jusqu'au rituel solennel, pour ceux qui avaient l'honneur d'y être invités, des matadors qu'on revêtait de leur magnifique costume brodé. Picasso, qui avait lui-même la passion de toutes sortes de rituels destinés à porter bonheur – par exemple ne jamais quitter la maison pour un voyage avant que tous, même les enfants, n'eussent observé une minute de silence –, avait le sentiment qu'une corrida perdait beaucoup de son pouvoir s'il n'en avait pas observé tous les rites.

« Le premier matador, écrivait Françoise dans une lettre à sa famille, offre toujours le taureau à Picasso – c'est-à-dire que, si le taureau est tué, c'est à lui qu'en revient l'honneur[29]. » Dans la même lettre, elle décrivait une corrida à laquelle ils étaient allés à Arles, et où l'un des matadors était Conchita Cintron, une jeune Chilienne qui, ce jour-là, combattit deux taureaux à cheval : « Elle était extrêmement belle et montait avec une grande élégance. Elle ne mettait pied à terre que pour tuer les taureaux. Ce qui est drôle, c'est qu'après la course, comme nous étions avec le *mayoral*, l'homme qui avait amené les taureaux d'Espagne et qui portait son costume typique, plusieurs personnes me prirent pour elle et me demandèrent des autographes[30]. » Picasso était si ravi de cette méprise que, quand Françoise annonça à ses « fans » qu'ils s'étaient trompés de personne, il lui dit de « cesser de discuter et de signer[31] ». Elle le fit et tout le monde s'en alla content. « Un des hommes me dit même d'un air entendu, se rappelait Françoise, qu'il comprenait très bien pourquoi je voulais préserver mon anonymat en signant d'un autre nom, mais qu'il n'était pas dupe : *lui* savait que j'étais Conchita Cintron[32]. »

« Tu vas croire que j'ai des goûts sanguinaires, écrivait Françoise à la fin de sa longue lettre à sa mère, mais c'est la combinaison des rites, du spectacle, de la foule, du soleil et de la poussière qui forment un mélange si étonnant. Et puis, c'est un peu comme à l'époque où je faisais des concours hippiques : il y a une certaine noblesse dans ça, une chevalerie en face d'un danger très réel qui transcende l'ordinaire[33]. »

Vers la fin de 1952, elle se trouvait confrontée à un certain nombre d'extraordinaires défis dans sa propre vie. Plus que jamais elle vivait avec Picasso dans un état de neutralité armée où tout ce qui n'était pas totale soumission de sa part était perçu comme déloyauté capitale. Un jour, il rapporta de la fonderie trois petites sculptures qu'il avait faites pour être portées en collier et les lui offrit. Elle en prit deux, lui dit combien elle les aimait, en passa tout de suite une autour du cou, et lui rendit la troisième en suggérant qu'il en fasse cadeau à quelqu'un d'autre. Zette Leiris, qui se trouvait chez eux, dit qu'elle serait ravie de l'avoir; elle ajouta que c'était vraiment un bel objet et, à son avis, le plus beau des trois. « Tu vois, dit-il, il y a des gens qui apprécient tout ce que je fais et qui ne sont pas chichiteuses comme toi. Comment oses-tu trouver laid quelque chose que moi j'ai fait? Eh bien, j'en fais cadeau à Zette et voilà. – J'en suis très heureuse, dit Françoise. Ça lui fait plaisir, ça me fait plaisir, ça te fait plaisir : tout le monde est content. – Je ne suis pas content du tout[34] », protesta-t-il.

« En fait, il était furieux, se rappelait Françoise, d'autant plus qu'il savait parfaitement que la tête de satyre du collier, traitée d'une main un peu lourde, était ratée. Mais il ne voulut plus qu'on discute la qualité de son travail. Et il y avait assez de gens autour de lui pour lui dire que tout était merveilleux. La vérité, bien sûr, c'est qu'un Picasso n'était pas aussi bon qu'un autre; certains étaient extraordinaires, d'autres étaient inachevés ou médiocres, et dire qu'ils étaient superbes, c'était déprécier ceux qui l'étaient. Mais il avait absolument horreur de m'entendre dire qu'une œuvre était plus belle qu'une autre; il ne pouvait pas supporter d'entendre qu'il y avait une différence dans la qualité de ses œuvres. Il y en avait pourtant, il le savait, et, si on ne s'en apercevait pas ou si on faisait semblant, il était en fait plein de mépris pour votre jugement. Mais on ne pouvait jamais gagner; il n'y avait que différentes façons de perdre. Mais lui ne pouvait pas gagner non plus. Il n'attachait aucune importance à l'adulation sans réserve de tous ceux qui l'entouraient, mais plus il doutait de la direction et de la force de son œuvre, plus il se coupait de tout ce qui n'était pas adulation. Et cherchant à mesurer la valeur de son œuvre, il commença à l'égaler à l'argent qu'il pouvait en tirer. C'était une triste confusion à faire pour un artiste, puisque l'argent n'a rien à voir avec le processus créateur, et pourtant il parlait de plus en plus de son œuvre en termes d'argent[35]. »

A la fin d'octobre 1952, Picasso annonça qu'il partait pour Paris. Mettant son orgueil de côté, Françoise lui demanda à maintes reprises de l'emmener. Il refusa et, pour la première fois, elle le prévint que plus ils passaient de temps séparés, plus les risques étaient grands qu'elle le quittât. Cette idée le fit rire : « Personne ne quitte un homme comme moi. D'ailleurs les gens qui font des menaces comme ça ne les mettent jamais à exécution[36]. » Et il partit pour Paris. Malgré toutes les défenses qu'elle avait bâties au cours de l'année précédente, Françoise fut ébranlée. « Tout d'un coup, dit-elle, je me trouvai de l'autre côté de la montagne magique que mon profond amour pour lui avait créée. Au début de nos relations, il parlait souvent de faire ensemble l'ascension de la montagne magique. Et, même après toutes les désillusions et toute la souffrance de l'année précédente, il restait encore quelque chose de la montagne magique. Maintenant, j'étais sur l'autre versant et, durant les semaines que Pablo passa à Paris, je me rendis compte que je n'étais plus amoureuse et que la montagne magique avait disparu[37]. »

Le 18 novembre, Picasso appela Françoise de Paris. Eluard était mort; il avait été emporté par une angine de poitrine. Les vingt dernières années, il avait été le plus proche substitut d'un ami intime dans la vie de Picasso. « En fait, dit Dominique Eluard, c'est surtout Eluard qui était ami de Picasso; et l'inverse n'était vrai que dans la mesure où Picasso était capable d'amitié[38]. » A son enterrement, Picasso était assis auprès de la veuve d'Eluard, tous deux entourés par les dignitaires du Parti. C'était le Parti qui avait organisé les funérailles, et c'était Eluard, le membre du Parti, plutôt qu'Eluard le poète, qui était le principal bénéficiaire des hommages rendus ce jour-là. « Tout le monde est ainsi, qui se compose, se décompose, se recompose[39] », avait écrit Eluard de l'œuvre de Picasso. Sa mort ajoutait à la décomposition de la vie de Picasso, le privant d'un ami dont il pouvait respecter l'éclat, d'autant plus que ce dernier était disposé à subordonner sa vie à celle de Picasso et à lui offrir, en échange de son amitié chargée de réserves, un amour sans condition.

De retour à Vallauris, Picasso se trouva confronté avec la perspective d'une autre perte. Pendant son absence, Matsie Hadjilazaros était venue s'installer avec Françoise et l'avait pressée de le quitter. Françoise, encore déchirée, lança un nouvel avertissement : elle lui dit qu'elle ne pouvait plus trouver de « sens profond » à leur union et qu'elle ne pouvait donc pas trouver de « raisons de rester »[40]. C'était une mise en garde, mais aussi une supplication déguisée.La réaction de Picasso fut d'agir comme s'il voulait lui donner toutes les raisons possibles de s'en aller. Sa vie durant les derniers mois de 1952 devint une parodie de don juanisme : un vieil homme sillonnant la campagne, poussé non pas tant par le désir que par la peur de voir la passion s'éteindre. Cela se révéla être une occupation infiniment plus épuisante que le travail et, chaque fois qu'il regagnait « La Galloise », hagard et à bout de forces, il demandait d'un ton de défi à Françoise si elle voulait *toujours* le quitter. « Je commençai à le mépriser dit-elle, et je ne pouvais pas lui pardonner de transformer l'homme que j'avais aimé en un homme que je méprisais. Il était devenu un vieux cochon, et c'était si grotesque et si ridicule que je ne pouvais même plus être jalouse[41]. »

En même temps que s'éteignait son amour pour lui, il en allait de même de son désir, et la seule idée de coucher avec lui l'emplissait de dégoût.

Elle se mit à trouver répugnantes ses constantes exigences sexuelles et à attendre ses absences avec la même ferveur qu'elle avait attendu autrefois ses retours. « Nos rapports avaient perdu toute poésie, et tout romanesque, aussi le sexe était-il devenu simplement sordide, dit-elle. Ce n'était pas un refroidissement, une diminution progressive du désir; c'était un véritable signal, venant de très profond, que quelque chose avait à jamais craqué. Ce qui rendait la chose particulièrement perturbante, c'était que l'aspect sexuel de nos rapports avait toujours été entre nous un lien très fort. Cela aurait peut-être aidé si j'étais allée voir un psychanalyste qui m'aurait montré comment me sortir de cette accumulation de ressentiments, mais je ne le fis jamais. Au lieu de cela, je continuais à ressentir tout le poids de cette injustice. Je suis bien plus, pensai-je, et ce devrait être ma saison, mon printemps; au lieu de cela, je suis foulée aux pieds. J'étais obligée de patauger au milieu de toutes ces pensées et de tous ces sentiments amers, alors je lui demandai de me laisser emmener les enfants pour passer les six mois suivants à la montagne. Je croyais que, là, je pourrais réfléchir sur tout sans avoir à me trouver confrontée, chaque soir où il était à la maison, aussi bien avec le sujet de dispute que le sexe était devenu entre nous et la conscience que sexuellement j'étais devenue allergique à sa personne. Il refusa catégoriquement[42]. »

Depuis son enfance, Françoise avait toujours nourri la croyance quasi magique que la qualité sacrée de certaines choses dépendait de leur intégrité, du fait qu'elles étaient entières. Elle ne pouvait supporter d'avoir quelque chose d'ébréché autour d'elle, qu'il s'agît d'une porcelaine du XVIIIe siècle ou d'une cruche ordinaire qu'elle aimait. Sa mère observait que, si elle s'inquiétait tant de voir les objets ébréchés, elle devrait les conserver dans un carton et ne pas s'en servir. « Mais je n'ai jamais pu faire ça, expliqua-t-elle. Plus j'aime quelque chose, plus j'ai envie de m'en servir tous les jours et, si l'objet se casse ou s'ébrèche, alors je le jette parce que je ne peux pas supporter l'idée qu'il ne soit plus entier. Il en allait de même avec Pablo. Si notre relation ne pouvait pas avoir une certaine intégrité, si elle avait dégénéré en quelque chose de banal, alors je préférais ne rien avoir du tout. J'ai toujours été un peu absolue là-dessus, un peu trop absolue et trop intense. Je sais que ce n'est pas une approche très adulte de la vie, mais c'est comme ça que je le sentais[43]. »

Malgré ses sentiments, elle continua à travailler durant tout l'automne de 1952 pour aider à préparer les grandes expositions de Picasso à Rome et à Milan. Pour se conforter et trouver quelque harmonie quand tout était tourmenté, elle allait souvent dans une petite église sur la Croisette, à Cannes. « C'était un endroit très paisible, et toujours plein de fleurs, se rappelait-elle. Chaque fois que j'y allais, je voyais là Olga en train de prier. Elle préférait de toute évidence cette petite chapelle à l'église orthodoxe, où j'aurais pensé qu'elle allait. Nous ne nous adressions jamais la parole, mais dans l'obscurité de l'église je sentais que mentalement nous avions fait la paix entre nous[44]. »

À Vallauris, elle n'était presque jamais avec Picasso dans son atelier ni à la poterie. Elle ne savait donc pas qu'il passait beaucoup de temps à la poterie, à bavarder en espagnol avec une jeune vendeuse tandis qu'il travaillait. C'était une jeune femme de presque trente ans, cousine de Mme Ramié qui l'avait fait venir pour aider à la poterie à la fin de la saison touristique, alors qu'il n'y avait presque rien à faire pour elle, sinon d'amuser Picasso avec son espagnol de cuisine. Elle venait du Roussillon et elle était toute petite – au moins cinq centimètres de moins que Picasso – avec de grands yeux noisette. Récemment divorcée, elle était venue s'installer avec sa petite fille de six ans dans une maison entre Golfe-Juan et Juan-les-Pins. La maison s'appelait « Le Ziquet » – la « petite chèvre » – et Picasso l'avait surnommée Mme Z. Son vrai nom était Jacqueline Hutin, mais peu après son arrivée à Vallauris, elle reprit son nom de jeune fille et, réincarnée comme Jacqueline Roque, elle effaça de sa vie tout à la fois son ingénieur de mari et le temps qu'elle avait vécu avec lui en Afrique. Catherine Hutin, sa fille, était le seul lien qui demeurât avec cette vie et son passé. Et Jacqueline s'assura qu'elle ne viendrait pas la distraire de son but apparent qui était d'amuser M. Picasso. Mme Ramié était ravie de la façon dont sa nouvelle vendeuse occupait son temps.

Vers la fin de l'année, Françoise se rendit à Paris pour discuter les décors et les costumes qu'on lui avait commandés pour *Héraclès,* le ballet de Janine Charrat, qui devait se créer au printemps. Pendant son séjour, elle écrivit une lettre à Picasso pour lui dire toutes les choses qu'elle avait eu tant de mal à lui exprimer verbalement : la tragédie de l'amour refusé que leurs relations étaient devenues; les diverses façons dont il avait défiguré et violé leur amour; sa trahison non pas seulement envers elle et envers ce qu'ils avaient connu ensemble mais, ce qui était encore plus important, envers ce que leur amour aurait pu devenir; toute l'angoisse qu'il lui avait causée; et ce qui avait été pour elle le plus dur à accepter, son perpétuel refus d'admettre la vérité à propos des autres femmes de sa vie, même après qu'elle l'eut confondu. Elle termina sa lettre en disant qu'elle ne rentrerait pas à Vallauris ni auprès de lui, à moins qu'il ne finisse par lui dire la vérité.

Il se précipita à Paris. Il savait, avec l'infaillible instinct de tous les grands manipulateurs, que le moment était venu d'une confession spectaculaire. Il arriva rue Gay-Lussac, sa lettre à la main. « Tout ce que tu as écrit dans cette lettre est la vérité, reconnut-il. Et c'est une si belle lettre – tu écris si bien. Et pas du tout d'une façon humiliante pour moi[45]. » Puis il se mit à pleurer. Pour la première fois depuis qu'elle le connaissait, il pleura et réclama son pardon. Il promit aussi qu'il allait cesser immédiatement toutes ses aventures. Et, pour prouver qu'il était sincère, il lui déclara qu'à ce moment même Geneviève Laporte l'attendait au restaurant du coin et qu'il allait descendre lui annoncer que c'était fini. Il y alla et revint bientôt pour sangloter encore. Mais Françoise ne pleurait pas. Elle comprit que juste au moment où il quittait Vallauris pour venir se confesser auprès d'elle et demander son pardon, il avait pris rendez-vous avec Geneviève dans le restaurant du quartier. Malgré tout le désir qu'elle en avait, Françoise n'arrivait pas à croire que l'homme qui lui faisait face, avec le visage ruisselant de larmes, était un homme transformé. Pourtant, elle décida en même temps, les yeux ouverts, d'essayer encore une fois. Oui, dit-elle, elle allait rester et donner à leur vie commune encore une chance.

Le lendemain, à six heures du soir, comme elle passait devant le restaurant, Françoise vit par la vitre Geneviève Laporte seule qui attendait. Le lendemain, à la même heure, elle attendait encore; et le surlendemain. Deux heures chaque soir elle attendait l'homme qui lui avait dit : « Je n'ai jamais pleuré sur une femme », tout en essuyant ses larmes et en quittant leur « havre de bonheur pour retourner auprès de Françoise[46] ». Il ne revint jamais au restaurant, qui avait été un de leurs lieux de rendez-vous habituels – non parce qu'il avait vraiment tourné la page, mais tout simplement parce qu'il avait eu son content d'elle. Il y en avait bien d'autres qui attendaient leur tour et le temps pressait.

« Picasso était un soleil à lui tout seul, écrivit Geneviève Laporte dans ses mémoires. Il éclairait, brûlait, consumait et réduisait en cendres quiconque l'approchait, sans même s'épargner lui-même[47]. » Comme Marie-Thérèse avant elle, et encouragée par tous les mensonges dont l'avait abreuvée Picasso durant leur liaison, elle inventa un mensonge pour se soutenir : « Comment puis-je trouver le courage d'écrire : " Je crois que j'ai été le seul amour profond de la vie de Picasso et sans doute le dernier "[48] ? »

Ainsi Geneviève Laporte rallia-t-elle les rangs de tous ceux – hommes, femmes et enfants – qui étaient convaincus d'être le seul amour profond d'un homme incapable d'aimer de façon superficielle et encore moins profondément. Elle vint rejoindre aussi ceux qui avaient été heureux de s'offrir en sacrifice au soleil de Picasso. Longtemps après qu'elle eut fini par renoncer à attendre dans le restaurant de la rue Gay-Lussac, sa brève aventure avec Picasso continua d'être le grand événement de sa vie; pour elle, il valait manifestement mieux être « réduite en cendres » par son soleil que de rester en vie en dehors de son orbite.

Tel n'était pas l'avis de Françoise. De retour à Vallauris, elle ne laissa plus sa vie tourner autour de lui et de son œuvre. Quand le matin il se livrait à son numéro habituel d'apitoiement sur lui-même, en déplorant à quel point tout et tout le monde étaient épouvantables, elle ne s'épuisait plus à essayer de soulager son désespoir. Au contraire, elle acquiesçait et prédisait que tout irait probablement plus mal. Puis elle s'en allait vaquer à ses propres affaires. Quand cela eut continué pendant des jours, alors que Picasso se sentait pris à son propre piège, il menaça de se suicider. « Ce serait certainement une solution efficace à tous tes problèmes, lui dit-elle, bien décidée à ne pas se laisser entraîner dans le mélodrame, et je compte bien ne rien faire pour t'en empêcher[49]. »

« Toi, qui étais si douce et si gentille, qu'es-tu devenue ? demanda-t-il, incrédule. Tu as perdu la montagne magique. Tu étais une sorte de somnambule, marchant au bord du toit sans t'en rendre compte, vivant dans un rêve ou sous un charme[50]. »

Il avait encore plus raison qu'il ne s'en doutait. Elle avait bel et bien été sous un charme – et, contrairement à tous ceux qui s'étaient trouvés dans la même situation, elle s'était réveillée. Elle avait en effet perdu la montagne magique et, ne sachant pas encore très bien s'orienter en son absence, elle cherchait à tâtons la réalité. En mars 1953, il peignit deux toiles de Françoise attaquant son chien Yan, qui étaient de violentes expressions de ce qu'il ressentait quand, pour la première fois de sa vie, il n'était plus maître de ses relations avec une femme. « L'impuissance du chien cloué au sol, écrivit Mary Gedo, reflète peut-être l'impuissance qu'éprouvait Picasso à tenir tête à sa maîtresse[51]. »

Le même mois, il eut l'expérience de son impuissance à tenir tête au parti communiste. Quand il s'était inscrit, il avait été grisé par un sentiment de pouvoir presque sans limite. Non seulement on l'avait traité comme un héros du peuple, mais il avait brillamment mis à l'épreuve sa certitude, en face des craintes de Kahnweiler, que même au milieu de la guerre froide le monde bourgeois qu'il méprisait n'achèterait pas un Picasso de moins parce qu'il était membre du parti communiste. Au cours des neuf dernières années, il s'était laissé transformer en un instrument de propagande communiste, assistant à des conférences, donnant des interviews, laissant utiliser ses œuvres pour des affiches, fournissant des dessins et des lithographies pour les principaux organes du Parti, *Les Lettres françaises* et *L'Humanité*. Il fit même un joyeux croquis pour le soixante-dixième anniversaire de l'homme qui en moins de temps que Picasso n'avait été membre du Parti, avait été personnellement responsable du meurtre d'un demi-million de gens. Sur le dessin, la salutation manuscrite de Picasso : « À ta santé, camarade Staline. »

Le 5 mars, à l'âge de soixante-quatorze ans, Staline mourut d'une attaque qui trois jours plus tôt lui avait ôté l'usage de la parole. Aragon adressa un télégramme à Picasso à Vallauris, lui demandant de toute urgence un portrait de Staline; il devait être prêt le lendemain. Travaillant d'après une photographie de Staline prise en 1903, Picasso fit un dessin dont Françoise lui dit qu'il ressemblait plus à son père à elle qu'à Staline. « Peut-être que si j'essayais de faire un portrait de ton père, dit-il en riant, il ressemblerait davantage à Staline[52]. »

Le dessin fut publié dans le numéro suivant des *Lettres françaises* sous la manchette : « Ce que nous devons à Staline. » La fureur qui s'ensuivit, bien qu'assurément ridicule, ne faisait pas rire les fidèles scandalisés du Parti pour lesquels le dessin de Picasso ne faisait pas assez digne, assez homme d'Etat. Le 18 mars, *L'Humanité* publia en première page un communiqué de la direction du Parti : « Le secrétariat du Parti communiste français désapprouve catégoriquement la publication dans *Les Lettres françaises* du 12 mars du portrait du grand Staline dessiné par le camarade Picasso. Sans mettre en doute les sentiments du grand artiste Picasso dont chacun connaît l'attachement à la cause de la classe ouvrière, le secrétariat du Parti communiste français regrette que le camarade Aragon, membre du Comité central et directeur des *Lettres françaises,* qui, par ailleurs, lutte courageusement pour le développement de l'art réaliste, ait permis cette publication. Le secrétariat du Parti communiste français remercie et félicite les nombreux camarades qui ont immédiatement fait connaître au Comité central leur désapprobation. Une copie des lettres reçues sera adressée aux camarades Aragon et Picasso[53]. »

Le lendemain, Aragon reproduisit le communiqué dans *Les Lettres françaises* avec sa propre « autocritique », dans laquelle, en vrai flagorneur, il remerciait les dirigeants du Parti de leur réprimande et annonçait qu'il en avait pris bonne note. Pour compléter son humiliation publique, il publia, comme le secrétariat lui avait demandé de le faire, des extraits des lettres outragées adressées par les différentes cellules communistes : « Nous n'avons trouvé dans le portrait ni le génie, ni l'intelligence toujours en éveil, ni la bonté, ni l'humour qui se reflètent sur toutes les photographies du camarade Staline... »; « Notre camarade Picasso a complètement oublié qu'il s'adressait d'abord et avant tout aux travailleurs en deuil, frappés par ce coup terrible... »; « Nous considérons ceci comme une faute politique et, parce que nous aimons et honorons Staline – qui reste vivant pour nous – nous pensons de notre devoir de communistes de vous dire notre pensée[54]... » Il y avait aussi une lettre à la Salieri d'André Fougeron, le modèle du peintre du réalisme socialiste qui avait enfin trouvé l'occasion d'exprimer son amertume envers son célèbre collègue et camarade : « Je tiens à remercier le secrétariat du Parti pour sa critique du dessin du camarade Picasso qui prétendait représenter le grand Staline. Cette mise au point était absolument nécessaire... Nous avons été choqués ma femme et moi quand nous avons vu ce dessin... La bonté et la noblesse qui caractérisent au plus haut degré Staline en sont complètement absentes... Il aurait mieux valu de reproduire une photographie, ou mieux encore l'honnête interprétation d'un artiste soviétique – et heureusement il n'en manque pas en Russie – de l'homme dont la terrible disparition a plongé dans le deuil l'humanité consciente et lui a fait serrer les poings avant de reprendre la lutte[55]. »

Picasso resta muet. Quelques années plus tard, il dit à Cocteau qu'« un gouvernement qui punirait un peintre pour choisir la mauvaise couleur ou le mauvais trait serait un gouvernement impressionnant[56] ». C'était une déclaration qui, comme cela arrivait rarement, exprimait cet aspect de lui accablé par le remords qui souhaitait être puni et qui était impressionné par quiconque était assez fort pour le faire. Il ne donna pas sa démission du Parti, pas plus qu'il ne se défendit ni qu'il prit la défense de la liberté artistique. Ce fut seulement une fois le tumulte calmé qu'il demanda avec colère : « Comment Aragon, qui est un poète, peut-il accepter de croire que c'est le public qui est juge de la réalité[57] ? » Mais au plus fort de la controverse, il revint à sa réponse habituelle concernant tout problème avec le Parti : « Il y a toujours des querelles dans une famille[58]. » Lorsque la presse descendit à Vallauris et cerna « La Galloise », l'artiste rebelle, par un remarquable retournement, s'était transformé en docile membre du Parti. « J'imagine que le Parti avait le droit de me condamner, déclara-t-il aux journalistes assemblés, mais c'est certainement le résultat d'un malentendu, car je n'avais aucune mauvaise intention. Si mon dessin a choqué, s'il a déplu à quelqu'un, c'est autre chose. C'est un problème esthétique qu'on ne peut pas juger d'un point de vue politique[59]. »

Nombreux étaient ceux qui refusaient de considérer l'appartenance de Picasso et son soutien constant au parti communiste comme une excentricité d'artiste. Breton était de ceux-là. Lorsque Picasso tomba sur lui à Golfe-Juan, il refusa même de lui serrer la main : « Je n'approuve pas ton inscription au parti communiste, pas plus que l'attitude que tu as prise à propos des purges contre les intellectuels après la Libération[60]. » Mais Breton n'était plus dans son entourage, ni Giacometti, ni Braque, ni personne d'autre susceptible d'élever impudemment une voix désapprobatrice.

A la fin mars, Françoise partit seule pour Paris afin de travailler aux décors et aux costumes d'*Héraclès*. Dans ses moments libres, elle voyait beaucoup Kostas Axelos. « J'étais si seule à l'époque qu'il était vraiment un don du ciel, dit-elle. Tout d'abord, il semblait si naturel et si commode que je ne pensais pas du tout à ce à quoi cela pourrait nous mener[61]. » Puis, peu à peu, il se mit à contester toutes les raisons qu'elle avait de rester avec Picasso. Quand elle parlait de devoir, il lui disait qu'elle était vraiment lâche, qu'elle évitait toutes les épreuves de sa génération en vivant avec quelqu'un qui planait au-dessus de la bataille. Quand elle parlait d'être prête à sacrifier son bonheur personnel, il lui disait qu'en fait elle choisissait ce qui l'arrangeait le mieux. Quand elle parlait de ne pas abandonner les enfants, il lui répliquait qu'elle se trahissait elle-même. Entraîné aux arts de la persuasion, c'était un redoutable adversaire dans la discussion. « Il me combattait pied à pied sur le plan personnel et sur le plan philosophique, dit Françoise, avec toutes les armes verbales de son arsenal. La Grèce avait toujours exercé une fascination sur moi et voilà qu'arrivait Kostas, le jeune et beau prince philosophe[62] ! »

A la fin avril, Picasso arriva à Paris avec les enfants. Il savait qu'ils étaient de puissants rappels de la vie qu'ils avaient bâtie ensemble et des alliés de poids, qui plaidaient en silence sa cause. Il assista consciencieusement à la générale d'*Héraclès*, assis dans une loge avec Françoise et Maïa. A la fin de la représentation, Françoise quitta la loge pour monter sur la scène saluer avec le chorégraphe et le chef d'orchestre. Kostas Axelos l'attendait dans les coulisses ; il l'embrassa, la félicita et disparut dans la nuit tandis que Françoise allait avec Picasso à un dîner de gala donné dans son élégant appartement du quai d'Orsay par André Boll, qui avait écrit l'argument du ballet. C'était sa soirée à elle et, comme les invités se pressaient autour d'elle pour la féliciter, on put entendre Picasso marmonner tout seul : « Les ballets m'ont toujours porté malheur[63]. »

Rue Gay-Lussac, Picasso écrivait des poèmes en espagnol, pleins de solitude, de violence et de souffrance : « Les petites mules noires de l'enterrement commencèrent à faire sonner les clochettes et à rafraîchir le feu... assis dans un coin ou plutôt allongé nu avec des lambeaux de visage découpés par les couleurs de l'arc-en-ciel... un garçon de carton vomit son costume de matador et allume les petites lampes sur la texture huileuse de la route... la roue plante ses dents dans la plaie et enfonce son regard dans le puits de l'œil... les ongles martelant le toit avec le soleil[64]. »

« C'était un changement complet de ce que notre vie avait été, dit Françoise. C'était lui maintenant qui attendait que je fusse prête à rentrer à Vallauris et, quand je lui dis que je voulais passer plus de temps seule à Paris, il prit les enfants et repartit dans le Midi pour m'attendre là-bas. Kostas et moi étions toujours amis intimes, mais rien de plus; Un soir de juin, peu après le départ de Pablo, nous allâmes voir un film de Jacques Tati, *Les Vacances de Monsieur Hulot*. Je le trouvai si stupide que nous partîmes au bout d'une demi-heure. Ce soir-là fut le tournant de nos relations. Kostas laissa de côté les arguments philosophiques et s'adressa à moi comme un homme à une femme. Il me dit qu'il m'aimait et que, même si je ne l'aimais pas encore, il pouvait pour un moment nous aider tous les deux et m'aider à tenir le coup pendant que je rassemblais assez de forces pour quitter Pablo. Nous devînmes amants – moins, je crois, poussés par un impérieux désir sexuel que parce qu'il voulait s'assurer, avant mon retour à Vallauris, que nos relations étaient réelles sur bien des plans, y compris le plan sexuel[65]. »

A peine rentrée à Vallauris, elle fut inondée de télégrammes et de lettres d'Axelos, tous destinés à la renforcer dans sa résolution et tous se terminant par « je t'aime ». Picasso lui demanda ce qui se passait; elle le lui dit et ajouta qu'elle avait décidé de partir avec les enfants le 30 septembre. « J'en étais finalement arrivée à la conclusion que ma vie avec Pablo était comme une maladie, dit-elle, et je savais que je devais éliminer ce qui était malade en moi[66]. » Elle inscrivit les enfants à l'Ecole alsacienne à Paris et fit même les réservations de train, mais Picasso était toujours convaincu que tout cela était de la frime. Il répétait inlassablement que personne ne quittait un homme comme lui, défi qui la rendait d'autant plus décidée à partir. « Attends de voir, lui dit-elle enfin. Si personne ne quitte un homme comme toi, tu vas dans ce cas-là voir quelque chose que tu n'as encore jamais vu[67]. »

Ce fut un été brûlant et tendu, un peu facilité par la présence de Maïa, qui tout à la fois comprenait et avait la faculté de passer comme un clown à travers toutes les crises familiales. L'arrivée de Totote Hugué, la veuve de Manolo et de Rosita, sa fille adoptive, contribua aussi à diminuer quelque temps la tension. Elles avaient amené le comte et la comtesse de Lazerme, qui invitèrent aussitôt Picasso et Françoise à venir les voir à Perpignan. Françoise refusa; Picasso n'avait que trop clairement montré sa fascination pour la grande et belle comtesse et Françoise ne voyait aucune raison d'ajouter par sa présence un effet d'excitation à cette nouvelle poursuite. Le 12 août, il arriva à Perpignan avec Paulo et Maya. Il ne s'était jamais trouvé plus près de l'Espagne depuis longtemps. « Il adorait faire des promenades par un sentier de montagne, dit Paule de Lazerme qui l'accompagnait souvent, et s'arrêter longuement sur un plateau d'où il pouvait apercevoir l'Espagne. Il ne cessait pas de parler de l'Espagne, et il aimait écouter les gens dans les rues qui parlaient catalan[68]. » Aussi bien Paule que Jacques de Lazerme étaient manifestement ravis de sa présence et, pour l'inciter à revenir, ils transformèrent pour lui le grenier de leur vaste maison en un atelier. « Tout ce qu'il touchait prenait vie, se rappelait Paul de Lazerme avec nostalgie. Tout était si différent avec lui, improvisé d'un jour à l'autre. Je n'arrive pas à comprendre pourquoi Françoise a voulu partir[69]. »

Picasso passa le plus clair d'août et de septembre en allées et venues entre Vallauris et Perpignan, avec des crochets par Nîmes et Collioure pour les corridas. Il rentra à la maison de son dernier voyage à Perpignan le 29 septembre et se vanta devant Françoise qu'à Perpignan, Mme de Lazerme et lui avaient une fois de plus été inséparables. Ce soir-là aussi bien que le lendemain matin, alors que Françoise bouclait ses bagages et ceux des enfants, il refusa d'affronter le fait qu'elle partait bel et bien – comme si son refus de donner son attention à la réalité allait la faire disparaître. Il regarda sans rien dire et d'un œil incrédule le taxi arriver pour les emmener à la gare, le chauffeur les aider à charger les valises, et d'abord les enfants puis Françoise monter dans la voiture. Il avait tout le temps refusé de dire au revoir. Comme le taxi s'éloignait, il ne murmura qu'un mot : « Merde », et rentra à grands pas dans la maison.

Dans sa colère et son chagrin, lui qui jadis ne parlait à personne de sa vie privée, aujourd'hui en parlait à tout le monde. Et les courtisans, qui faisaient déjà la grimace lorsque avaient commencé à circuler les rumeurs sur la liaison de Françoise avec Axelos et sa décision de partir, dégainaient maintenant leurs couteaux. Alimenter la rage de Picasso devint cet automne-là l'occupation favorite de tout l'entourage. On accusa Françoise d'égoïsme, de méchanceté et, ce qui était pire que tout, de n'avoir pas su comprendre le génie de notre temps. « Les ragots qu'on colportait sur elle étaient horribles, dit Dominique Desanti, mais tout cela revenait à dire qu'on ne quitte tout bonnement pas Picasso. Elle n'était pas à l'époque une amie intime et je ne connaissais pas toutes les raisons qui l'avaient décidée à partir, mais je sympathisais avec elle en tant que femme et je comprenais sa lutte pour être elle-même. Comme je n'aurais pas pu supporter de vivre une semaine avec Picasso, je l'avais vraiment admirée d'avoir subi cela des années. Et je savais aussi qu'à un certain moment, si elle voulait survivre, sans parler de s'épanouir, elle devait partir[70]. »

L'autre voix qui s'éleva pour défendre Françoise, ce fut celle d'Elsa Triolet, la femme d'Aragon. Elle déclara à tout le monde que quitter Picasso était le geste le plus courageux que Françoise aurait pu faire et elle lui dédia son dernier livre avec la phrase suivante : « Personne n'aime personne, tout le monde couche avec tout le monde et, même quand ça n'en a pas l'air, c'est quand même vrai[71]. »

L'histoire de leur séparation fit les délices des chroniqueurs, d'autant plus qu'il y avait en arrière-fond la présence d'un jeune et beau Grec. « La citation favorite des journalistes, dit Françoise, était une remarque que je n'avais jamais faite : " je ne pouvais pas continuer à vivre avec un monument historique "[72]. » En fait, elle refusait toutes les demandes d'interviews et concentrait ses efforts à se créer une vie sans Picasso. Les choses ne s'étaient pas du tout passées comme elle s'y attendait. Elle avait demandé à Picasso de ne parler à personne de leurs plans; d'essayer de trouver entre eux une nouvelle forme de relations, dans l'amitié sinon dans l'amour. Mais elle ne tarda pas à se rendre compte que ça allait être impossible. « Il ne pouvait pas supporter l'idée que j'étais libre de le quitter, que je ne dépendais pas de lui pour vivre. C'était un sadique et, ce qui l'excitait, c'était de serrer la vis; et voilà que je le privais de cette occasion. Et puis, lui qui avait toujours besoin de tout comprendre en profondeur, qui comme un enfant démontait tout pour voir ce qui se cachait à l'intérieur, il avait l'impression que j'avais quitté la scène avant qu'il en eût fini avec moi. Personne avant moi ne lui avait fait cela. C'était la défaite, la vieillesse, la mort[73]. »

La décision de Françoise de l'abandonner alors que la mort approchait était bel et bien un symbole de la vie qui le quittait, de la mort qui déplaçait la vitalité qui avait toujours été sa marque. Il parlait de sa traîtrise à tous ceux qui voulaient l'écouter, comme si, en passant ainsi sa colère, il pouvait dominer son chagrin. Mais il souffrait tout seul et, le 28 novembre, un mois après son soixante-douzième anniversaire, il cessa de parler, prit son désespoir en main et se remit au travail. Il travaillait avec fébrilité et en un peu plus de deux mois il produisit cent quatre-vingts dessins. Michel Leiris appela la série un « journal visuel d'une odieuse saison en enfer, une crise de sa vie privée l'amenant à tout mettre en question[74] ».

Françoise avait déploré de le voir se transformer au cours des dernières années de leur vie commune en un vieillard grotesque qu'elle méprisait. Maintenant qu'elle était partie, comme dans une révélation apportée par la froide horreur de son angoisse, il se voyait impitoyablement comme elle l'avait vu – mais de façon encore plus accentuée. Dans ces dessins en forme de confession, il n'est pas seulement vieux et grotesque, mais laid, chétif, avachi et pathétique, s'efforçant de capturer par son art la vitalité qui le fuit dans la vie. Il est d'une extrême habileté, il se montre un superbe artisan plein d'imagination et d'esprit dans toutes les différentes façons dont il représente son modèle et lui-même, mais une sorte d'absurdité plane sur tous les efforts de son art. Et la jeune femme, l'éternel féminin sous tant de masques et de déguisements, le sait. Elle est amusée par lui, mais elle ne peut pas le prendre au sérieux comme artiste et assurément pas comme amant. Elle prend bien plus de plaisir à jouer avec un singe ou à caresser un chat avec son pelage, comme l'écrivait Rebecca West, « doux contre sa chair lisse, son énergie nerveuse pétillant contre sa sérénité à elle, le fait même qu'elle accepte sa présence amenant le petit animal en communion avec elle. Elle est aussi solidement affirmative qu'une déesse grecque[75] ». Elle est l'arbre de vie et l'arbre du savoir. Et le désespoir du peintre n'est pas seulement qu'il est un vieil homme qui pleure d'avoir à renoncer à « sa place au festin du plaisir des sens[76] »; c'est, de façon beaucoup plus tragique, qu'il est un vieil homme qui va mourir sans savoir pourquoi il a vécu ni pourquoi il a peint. Ni ses dons, ni ses incessantes aventures sexuelles ne l'ont fait approcher plus près du secret de la vie que la jeune femme semble connaître, où elle semble puiser sa sérénité et sa profonde acceptation de tout, y compris de l'absurde petit vieillard[76] ».

« Jamais Picasso ne ressembla à cette photographie de Matisse à la barbiche blanche, aux lunettes et au chapeau, qui offre une vision plus douce de " vieillesse heureuse " en harmonie avec le monde, écrivit l'historienne d'art Christine Piot. L'Espagnol eut toujours le réflexe hautain du défi et de l'insolence, dans la meilleure veine de l'esprit anarchiste, ou aussi insoumis que don Juan face à la statue du Commandeur, à la fin de l'opéra de Mozart[77]. » La série de dessins qu'il termina le 3 février 1954, fut le plus près que Picasso approcha du repentir – de la décision de mettre un terme à l'illusion volontaire et au désir d'affronter une pénible réalité. Comme il l'avait écrit en 1935, arriver « au fond du puits[78] » pouvait l'amener à monter au ciel. Ç'aurait pu être la première étape d'un voyage vers la vérité, dont il mettait en doute ou niait même l'existence; vers le secret de la vie qu'il continuait à essayer de déchiffrer, « comme un cryptogramme[79] »; vers une compréhension et une maîtrise de lui-même; vers l'absolu en peinture qu'il recherchait toujours. Cela aurait pu être; mais ce ne fut pas.

À Noël, Françoise avait emmené les enfants à Cannes et Mme Ramié était venue les chercher à la gare pour les conduire chez leur père. Peu avant les vacances de Pâques, Françoise lui écrivit pour qu'elle lui dise qu'elle aimerait amener les enfants elle-même et le voir. Cette fois, une partie de sa colère exorcisée par le travail des derniers mois, il accepta qu'elle vînt avec les enfants passer avec lui les vacances de Pâques. Il avait entendu dire qu'elle avait rompu avec Axelos et ç'avait été un baume pour son ego. « Je savais bien, lui dit-il, que tu n'arriverais pas à t'entendre avec quelqu'un d'autre que moi[80]. » La vérité était qu'elle ne s'était pas sentie prête pour un nouvel engagement. Axelos avait voulu s'installer avec elle alors qu'elle avait besoin de temps pour cicatriser. « En ce qui me concernait, dit-elle, ma relation avec Kostas avait déjà été un grand succès. Cela avait renforcé ma résolution de continuer la vie que j'avais décidé de mener. »

Mais elle ne voyait aucune raison de raconter tout cela à Picasso, puisqu'il avait déjà pris sa décision. Il poursuivit son monologue, dépeignant un tableau de plus en plus sinistre sans Picasso : « Je vais maintenant te parler comme le vieux philosophe s'adressant au jeune philosophe. Quoi que tu fasses désormais, ta vie sera vécue devant un miroir qui te renverra tout ce que tu as vécu avec moi... C'est pourquoi je t'ai dit que tu marchais vers le désert, même si tu crois que tu vas vers la compréhension et la communication. Tu as fait ta vie avec moi, je t'ai passé ma forme d'angoisse et tu l'as assimilée. Alors, aujourd'hui, même quelqu'un qui serait prêt à se consacrer complètement à toi, comme il n'a pas subi la même épreuve du feu que toi, serait incapable de te sauver, tout comme tu n'as pas pu me sauver[81]. »

C'était une prophétie, une malédiction, un rare aveu qu'il avait besoin d'être sauvé et, surtout, un puissant préambule à la demande qu'il allait lui faire de revenir et de reprendre leur vie commune en amis, sans poser de questions sur ce que l'un ou l'autre faisait en dehors de « La Galloise ». Françoise avait entendu dire que Jacqueline Roque avait passé beaucoup de temps avec Picasso. Jacqueline avait apparemment raconté à nombre de ses amis, de bien des façons différentes, que Picasso à son âge ne devrait pas rester seul, qu'il avait besoin de quelqu'un pour s'occuper de lui et qu'elle était la mieux placée pour le faire. Françoise remarqua aussi, lorsqu'elle ouvrit sa penderie, que ses toilettes avaient été portées et que les crochets de sa robe de gitane espagnole avaient été déplacés pour être à la taille de quelqu'un de plus large. Mais Picasso avait de toute évidence décidé qu'il n'était pas encore prêt à se contenter d'une infirmière et d'une gardienne, et Jacqueline demeura invisible durant les deux semaines que Françoise passa à Vallauris avec Picasso et les enfants.

« C'est terrible que tu doives repartir, dit-il quand approcha pour eux le moment de s'en aller. Il n'y a personne avec qui je puisse parler des choses qui m'intéressent le plus comme je le peux avec toi. La solitude est bien plus grande depuis que tu es partie. Nous avons peut-être eu nos problèmes à vivre ensemble, mais il me semble que ça va être encore plus dur de vivre séparément[82]. »

Françoise était émue. Elle ne s'attendait pas à l'entendre en avouer autant. Elle savait aussi que, même si elle pouvait croire qu'elle rencontrerait un jour un homme qu'elle pourrait aimer aussi profondément qu'elle avait aimé Picasso, elle ne l'avait certainement pas encore trouvé. Mais pouvait-elle lui faire confiance ? C'était la question qu'elle n'arrêtait pas de se poser. Pouvait-elle croire qu'il s'agissait d'un réel changement et non d'une ruse de plus ? Il y avait trop de signes qui lui montraient qu'elle ne le pouvait pas : il était en fait incapable de renoncer aux vieux tours qui avaient si bien marché dans le passé.

Avant son arrivée, il avait commencé à faire des portraits d'une jeune femme avec une charmante queue de cheval blonde, Sylvette David. Il l'avait pour la première fois remarquée dans la rue du Fournas, devant son atelier, où elle aidait son fiancé anglais, Toby Jellinek, à confectionner des chaises très originales à base de fer, de corde et de feutre. Maintenant que Françoise était là, il tenta d'utiliser la présence d'une nouvelle femme dans son art pour la soumettre par l'agacement. S'apercevant qu'il n'avait pas changé, elle insista au contraire pour qu'il fît d'autres jolis portraits de la jolie fille avec la jolie queue de cheval, et évita scrupuleusement de se trouver là chaque fois qu'elle savait que Sylvette serait en train de poser. « Tu n'as pas du tout l'air malheureuse, se plaignit-il, pour la première fois pris à son propre jeu. Tu devrais refuser d'admettre dans ma peinture un autre visage. Si tu savais combien Marie-Thérèse a souffert quand j'ai commencé à faire des portraits de Dora Maar, et comme Dora était malheureuse quand je me suis remis à peindre Marie-Thérèse... mais toi – tu es un monstre d'indifférence[83]. »

Il croyait toujours qu'une combinaison de jalousie, de peur de la vie sans lui et de l'aveu qu'il avait fait de son besoin d'elle allait ramener Françoise. Pour s'assurer qu'elle avait assez de raisons d'être jalouse, il lui demanda d'aller voir Mme Ramié qui, comme il savait qu'elle le ferait, ne manqua pas de lui dire que sa place était occupée. En fait, Mme Ramié fut, pour la première fois ouvertement, désagréable avec elle. « Elle me dit, se rappelait Françoise, que je n'avais aucune honte, aucune compassion, que le pauvre homme avait déjà souffert assez entre mes mains et que je devrais le laisser tranquille et ne jamais revenir[84]. »

Comme Françoise le savait fort bien maintenant, c'était la position officielle de la cour de Picasso. Elle rentra à Paris, soulagée de ne plus avoir à vivre cette vie de cour, mais espérant que Picasso et elle pourraient quand même être amis. Après tout, il lui avait dit que « la récompense de l'amour est l'amitié[85] » et ils étaient convenus qu'au début de juillet elle ramènerait les enfants et resterait un mois. Peu après le retour de Françoise à Paris, James Lord était arrivé pour rendre visite à Picasso. Il venait de Ménerbes où il était descendu chez Dora Maar; elle n'avait pas vu Picasso depuis quelque temps et avait donné à Lord un bout de ferraille, le genre de camelote que Picasso aimait collectionner, pour qu'il le lui offre de sa part. Picasso ne trouva pas ça drôle. Lord rentra à Ménerbes et, quelques jours plus tard, sur le trajet du retour à Paris, Dora et lui s'arrêtèrent à Argilliers pour dîner et passer la nuit au château de Castille, la résidence de l'historien d'art Douglas Cooper. Avant même d'entrer dans la maison, ils savaient, d'après la voiture garée dehors, qui était là. On était dimanche, et ils supposèrent que Picasso était venu d'une corrida voisine. « Eh bien, vous êtes mariés tous les deux? demanda-t-il d'un ton sarcastique en voyant entrer Dora et Lord. – Non, seulement fiancés[86] », fit Dora avec un sourire, s'efforçant comme toujours de ne pas, au moins en paroles, lui laisser l'avantage.

« Toute son attitude ce soir-là, et ce fut une assez longue soirée, dit Lord, était très très perverse. Tout d'abord, il essaya de persuader tout le monde de venir avec lui à Perpignan. Puis, pendant le dîner, il se montra extrêmement désagréable avec moi et n'arrêta pas de dire à Dora combien c'était étrange pour lui de ne pas avoir pour le moment de femme dans sa vie. “ Il n’y a pas de femme, je suis sans femme ”, répétait-il sans cesse. Ce qui voulait dire, et tout le monde le comprit, que peut-être Dora et lui pourraient vivre de nouveau ensemble. Et puis brusquement, après le dîner, il se tourna vers elle et lui dit d’un ton très affectueux : “ J’ai envie d’être seul avec toi. J’ai des choses à te dire que je ne veux que personne d’autre entende. Allons par ici. ” Il désigna un coin éloigné du grand salon qui, incidemment, était entièrement occupé par ses toiles. C’était une véritable salle Picasso, ce qui donnait une signification plus marquée à sa présence là-bas[87]. »

Tout le monde observait, fasciné, se demandant ce qui allait se passer. Picasso, sachant que tous les regards étaient fixés sur lui, tira le maximum de ce que la situation avait de théâtral. Dès que Dora, visiblement ravie, se fut levée de son siège, il la prit par la taille et l’entraîna très lentement vers l’autre bout de la grande pièce. « Lorsqu’ils furent arrivés là-bas, poursuivait Lord, sans avoir dit un mot, il tourna les talons et regagna précipitamment son fauteuil, laissant Dora au bout du salon. Elle dut revenir seule, s’asseoir là où elle se trouvait, tandis qu’il se tournait brusquement vers Paulo, qui l’avait amené en voiture au château, en disant : “ Viens, on s’en va. ” Sans dire au revoir, il quitta la pièce. Tout le monde le suivit, me laissant seul avec Dora. Je m’approchai d’elle et la pris dans mes bras. Elle était manifestement bouleversée et ne voulait pas parler de l’incident. Ç’avait été une chose si cruelle, si blessante – si humiliante et si inutile. Ce fut la dernière fois qu’ils se virent; mais, malgré tout cela, elle continua à avoir pour lui une grande vénération[88]. »

Picasso avait dit à Dora qu’il n’y avait pas de femme dans sa vie; la vérité était qu’il y avait abondance de femmes, mais pas de maîtresse officielle. Il passait toutefois plus de temps avec Jacqueline. Le 3 juin, il termina trois portraits d'elle, tous intitulés *Madame Z : aux mains croisées, aux fleurs, accroupie. Madame Z* représentait Jacqueline comme un sphinx, avec un cou extrêmement long et un éclair d'acier brillant dans ses yeux d'une façon qui ne s'était pas encore manifestée dans son comportement. Mais, avec l'arrivée de Françoise en juillet, *Madame Z* retrouva son humble condition de membre du harem, relégué à l'arrière-plan tandis que la femme prodigue résidait à « La Galloise ».

Picasso était dans un état d'agitation perpétuelle. Il agissait comme s'il savait que le sable s'écoulait vite dans le sablier de ses relations avec Françoise et comme s'il avait horreur d'en perdre un grain en dormant. Il annonça à Françoise que « cette fois-ci, nous allons nous amuser un peu[89] », et ils passèrent de longues journées aux courses de taureaux voisines et de longues soirées dans les boîtes de nuit de Juan-les-Pins. Il refusait de rentrer avant d'avoir vu le soleil se lever. Et puis il déclarait souvent que ça ne rimait à rien d'aller se coucher, et ils enchaînaient tous la journée suivante.

En toute occasion ils étaient accompagnés d'une cour d'une douzaine de personnes, parmi lesquelles Jacqueline et un groupe d'Espagnols, à qui Picasso avait confié la tâche d'organiser la première corrida qui aurait lieu à Vallauris. La plupart du temps, Jacqueline se contentait d'être traitée comme si elle n'existait pas. A deux reprises, toutefois, elle ouvrit la bouche. La première fois, ce fut à Bandol, quand Picasso insista pour que Françoise partage sa chambre d'hôtel, comme elle l'avait toujours fait lorsqu'ils voyageaient. Jacqueline, qui savait qu'ils dormaient dans des chambres séparées à « La Galloise », trouva cette dernière indignité trop dure à avaler; mais, au lieu de lui dire que c'était blessant pour elle, elle lui déclara que c'était « immoral ».

La seconde scène eut lieu le matin de la corrida. La course avait lieu en l'honneur de Picasso et on l'avait annoncée comme un grand événement avec des journalistes et des photographes partout. Tous ses enfants étaient là, ainsi que nombre de ses amis, dont Cocteau, Jacques Prévert et André Verdet, et des centaines de touristes. Picasso avait demandé à Françoise « une dernière faveur : “ Tu sors de ma vie... Mais tu mérites de partir avec les honneurs de la guerre. Pour moi le taureau est le plus fier symbole de tous, et ton symbole à toi, c'est le cheval. Je veux que nos deux symboles s'affrontent de cette façon rituelle ”[90]. » Françoise accepta de célébrer la cérémonie d'ouverture de la corrida à cheval.

Peu avant le moment où ils devaient partir pour l'arène, Jacqueline arriva à « La Galloise », bouleversée et en larmes. Elle supplia Picasso d'annuler l'apparition de Françoise. « C'est si humiliant, dit-elle, et si ridicule pour nous tous. Que vont penser les gens ? Que vont dire les journaux[91] ? » Lorsqu'il devint clair que Picasso se moquait tout autant de ce que dirait la presse de ce qu'éprouvait Jacqueline, elle changea prestement de ton et implora son pardon. « Tu as raison, ajouta-t-elle. Sur ce point, comme sur tout le reste, tu as tellement raison. »

Jacqueline prit place à côté de lui dans la tribune d'honneur, avec Cocteau de l'autre côté, et regarda Françoise faire sa spectaculaire entrée à cheval, effectuer le tour de l'arène en faisant faire à son cheval les pas rituels puis lire la proclamation annonçant que la corrida qui allait commencer était en l'honneur de Pablo Picasso. Il y eut des cris de « Vive Pablo ! » montant des gorges de deux mille spectateurs. Il exultait ; à l'atmosphère électrique d'une course de taureaux et d'un cirque, il avait ajouté sa distraction favorite d'un triangle, avec Françoise ouvrant la corrida, tandis que Jacqueline était assise à son côté. « Tu as été merveilleuse, dit-il à Françoise à la fin. Absolument sublime. Cette fois-ci, il faut que tu restes. Tu es la seule avec qui je m'amuse. Tu apportes avec toi l'atmosphère qu'il me faut. Si tu t'en vas, je mourrai d'ennui[92]. »

Mais Françoise savait qu'elle était « merveilleuse » et « absolument sublime », parce qu'elle l'avait provoqué, parce qu'elle était partie, parce qu'elle avait fait obéir le cheval, parce qu'elle avait refusé de subordonner sa vie à la sienne, parce qu'elle avait sa fenêtre à elle sur l'absolu à un moment où il doutait d'avoir encore la sienne. C'était l'« atmosphère qu'il lui fallait » qu'elle apportait avec elle et qu'elle remporta lorsqu'elle partit pour Paris ce soir-là.

XV

« TOUS LES LIONS SE SONT RATATINÉS »

« PICASSO était malheureux, malheureux comme un Espagnol, dit Hélène Parmelin. Alors, les femmes défilaient. C'était horrible. Les gens venaient nous trouver pour nous parler de celle-ci ou de celle-là qu'il devrait rencontrer. Je me souviens qu'un jour il y a eu une femme très célèbre qui est venue me voir pour me dire que, puisque j'étais une si bonne amie de Picasso, je devrais faire quelque chose pour lui et qu'elle connaissait cette jeune femme espagnole, merveilleusement proportionnée, intelligente, qui serait si bien pour lui, je lui répondis que ce n'était pas ma profession. C'était incroyable, ce qui se passait[1]. »

« C'était inimaginable, extraordinaire, dit de son côté Dominique Eluard. Un jour, comme je sortais de son atelier, je vis que toute la cour attendait avec angoisse de savoir si j'étais l'élue[2]. La presse se joignit au jeu, publiant les photos de chaque candidate possible. « Le peintre se tait, annonçait une des légendes, mais il a fait poser pour lui une jeune Italienne, Mlle Balmas. Et certains déclarent : « Voilà la future madame Picasso ![3] »

Les enfants observaient et attendaient. « Je les acceptais toutes, dit Maya, celles qu'il ramenait à la maison, et celles qu'il collectionnait quand nous voyagions. Je disais toujours : « C'est la dernière en date ». Comme elles étaient de plus en plus jeunes, je pouvais vraiment m'amuser avec certaines d'entre elles[4]. » Paulo était moins généreux : « Les putains pour papa[5] », commentait-il.

Françoise partie, Picasso ne put supporter de rester à Vallauris. La cour s'installa donc à Perpignan pour le restant de l'été. En fait, il envisagea sérieusement de s'installer là de façon permanente, et les communistes locaux firent de leur mieux pour le convaincre de venir. Le 19 août, il peignit un célèbre portrait de son hôtesse, la comtesse de Lazerme, mais le bruit courut que c'était Rosita Hugué qu'il voulait épouser. Quant à Jacqueline, Paule de Lazerme la décrivait « le guettant comme un renard manifestement avide d'occuper la place vacante[6] ». Picasso la traitait de façon épouvantable – enfin, quand il prenait la peine de la remarquer –, il montrait avec une clarté si humiliante qu'il ne voulait pas l'avoir dans les parages qu'un jour elle décida finalement de rentrer chez elle en voiture. Picasso descendit déjeuner, l'air soulagé. Pendant le repas, Jacqueline l'appela en haut. « Elle a menacé de se tuer, annonça Picasso, si elle ne pouvait pas revenir à Perpignan[7] ». Il avait répondu qu'elle pouvait faire ce que bon lui semblait, à condition qu'elle le laissât en paix. Ce soir-là, Jacqueline revint : « Tu m'as dit de faire ce que je voulais; alors me voilà[8]. »

Son attitude pendant le restant de leur séjour chez les Lazerme montra que revenir à Perpignan était la dernière fois qu'elle ferait ce qui lui plaisait. Elle se mit à l'appeler « monseigneur », lui parlait à la troisième personne, lui baisait la main et était prête à tout moment à s'étaler comme une carpette sous les pas de monseigneur. Elle avait évidemment décidé d'accepter toutes les humiliations, d'étouffer toutes les souffrances et de subordonner aussi bien sa vie que sa volonté à celles de

Picasso, à condition simplement de pouvoir rester là. En tout cas, lorsqu'il l'emmena rue des Grands-Augustins à la fin de l'été, il avait décidé d'accepter son offre. Ayant échoué dans sa vie avec une déesse, il se résignait à la vie plus paisible avec un paillasson. La paix du tombeau pour un homme las. « Françoise, expliqua Dominique Eluard, lui avait proposé plus que d'être simplement la vestale, l'amante, c'est-à-dire qu'elle a peut-être essayé de le pousser dans une relation d'un niveau plus élevé. Mais, en fin de compte, je crois qu'il n'était pas capable d'avoir un autre rapport avec les femmes qu'un rapport de macho[9]. »

En octobre, il peignit *Jacqueline dans un rocking-chair* – une petite Jacqueline trapue aux airs de matrone, bien loin de la créature aux airs de sphinx idéalisée, avec son long cou de juin précédent. Il avait de façon prophétique peint Jacqueline comme elle n'était pas encore, mais comme elle n'allait pas tarder à être. Elle avait choisi son destin et il avait choisi une gardienne pour tenir le monde à l'écart pendant qu'il peignait, sans autre but que de faire échec à la mort. C'était une femme qu'il pouvait dominer; mais il n'avait pas pris en compte la tyrannie de la faiblesse.

Vallauris était plein de souvenirs que Picasso voulait effacer. Les Lazerme vinrent lui rendre visite rue des Grands-Augustins et il leur demanda de lui trouver une maison à Perpignan. « Il nous répétait devant Inès et Sabartés, écrivait Jacques de Lazerme à Totote et Rosita, qu'il ne se trouvait bien qu'à Perpignan et avec nos amis du Roussillon. Vingt, trente, quarante, cinquante fois il m'a dit et répété de lui trouver une maison à acheter là-bas... Durant ce séjour, Pablo nous a donné des preuves de confiance et d'affection dont nous sommes encore tout émus. Il ne voulait pas nous lâcher – il ne voulait pas que nous repartions[10]. » Il poursuivait en disant qu'il avait déjà écrit à Picasso en lui envoyant des photos d'une magnifique demeure Louis XV, comme la leur en plus grand avec plus de trente pièces. Mais Picasso ne retournerait jamais à Perpignan et, bien que les Lazerme revinssent à plusieurs reprises le voir, leurs lettres à Totote et à Rosita contenaient de plus en plus de doléances : « Nous n'avons absolument aucune nouvelle de Pablo » et « nous n'avons aucun signe de Pablo »[11].

Le 3 novembre Picasso apprit la nouvelle que Matisse était mort. Ce fut en vain que la fille de Matisse, Marguerite Duthuit, essaya de le joindre au téléphone pour lui dire la date de l'enterrement. Il ne voulait pas venir répondre au téléphone, pas plus qu'il ne voulait aller à l'enterrement. Matisse, lui aussi, faisait partie de ce qu'il avait laissé derrière lui. « J'ai choisi, avait dit Matisse peu de temps avant sa mort, de garder en moi tourments et angoisses de façon à ne transcrire que la beauté du monde et la joie de peindre[12]. » Picasso avait dit tout simplement : « Au fond, il n'y a que Matisse[13]. » Il savait que Matisse était un « détenteur de clés » dans le sens où Breton avait qualifié de « détenteur de clés » l'amant et l'artiste inspiré. Il savait aussi qu'en se résignant à Jacqueline, il avait abandonné pour toujours l'espoir de déverrouiller par l'amour le secret de la vie; et il doutait de plus en plus d'y parvenir par l'art. Mais il continuait à travailler.

« Quand Matisse est mort, dit Picasso à Penrose, il m'a laissé en héritage ses odalisques[14]. » Et, le 13 décembre, il se mit à travailler sur une série de quinze toiles et deux lithographies, toutes des variations sur le thème des *Femmes d'Alger* de Delacroix. Les femmes de harem de Delacroix étaient transformées en autant de Jacquelines, mais toutes les dislocations, les juxtapositions et les décompositions ne parvenaient pas à dissimuler le fait qu'il y avait, comme l'écrivit Anthony Blunt, « une certaine dilution de la puissance imaginative et une certaine monotonie d'idée sous l'apparente variété[15]. »

« Je me demande ce que Delacroix dirait s'il voyait ces tableaux », dit un jour Picasso à Kahnweiler rue des Grands-Augustins. Kahnweiler croyait qu'il aurait compris. « Oui, c'est ce que je pense, reconnut Picasso. Je lui dirais : " Vous aviez à l'esprit Rubens et vous avez peint un Delacroix. C'est à vous que j'ai pensé et j'ai peint encore quelque chose de différent. "[16] » Lorsque Kahnweiler revint à son atelier quelques jours plus tard, Picasso lui montra une autre des toiles de la série. « Je me dis quelquefois que c'est peut-être un héritage de Matisse. Pourquoi, après tout, n'hériterions-nous pas de nos amis... ? Vous ne savez jamais comment votre œuvre va tourner. Vous commencez un tableau, et ça devient quelque chose de tout à fait différent. C'est étrange à quel point l'intention de l'artiste compte peu. C'est vraiment assommant : on a toujours un critique près de soi pour dire : " Je n'aime pas ça " ou bien : " Ça devrait être différent. " Il empoigne vos pinceaux et ils deviennent lourds comme du plomb. Il ne sait pas de quoi il parle, mais il est toujours là. Rimbaud avait raison quand il disait : " Je est un autre. "[17] »

En décembre 1954, alors que Picasso travaillait à ses femmes de harem, Paulo gisait sur un lit d'hôpital, au bord de la mort, après une embolie pulmonaire consécutive à l'opération d'une hernie. Son chirurgien, le Dr Blondin, envoya un télégramme à Picasso le pressant de venir voir son fils. Il n'y eut pas de réponse. Le 11 février, Paulo était toujours en convalescence et son père était à trois jours d'avoir terminé ses *Femmes d'Alger*, quand

Olga mourut d'un cancer dans un hôpital de Cannes. Elle mourut seule et fut enterrée escortée seulement de son fils et des Ramié. Picasso était resté à Paris.

Rue des Grands-Augustins, il reçut la visite de Rosamond Bernier qui revenait de Barcelone, apportant avec elle les photographies de Picasso qu'elle avait prises pour *L'Œil,* et qui se trouvaient dans la maison de sa sœur. Cela faisait dix-neuf ans que Picasso n'avait pas vu Lola. « Ah! Ils vivent beaucoup mieux que moi! » s'écria-t-il en apercevant une épreuve rare du *Repas frugal* accrochée dans une des pièces. « Regardez cette gravure, ça vaut une fortune maintenant! Je ne me souvenais pas qu'elle était là[18]. »

Outre les photographies, elle avait apporté des messages et des reliques d'un autre monde, un monde loin de Paris, que Picasso avait abandonné depuis longtemps, mais auquel il était encore très lié. « Avant mon départ, écrivit Rosamond Bernier dans *L'Œil,* à propos de sa visite à Barcelone, la famille m'accabla de recommandations pour Pablo d'abord, pour Javier, pour ma santé, pour le voyage, et me chargea de cadeaux à rapporter à Paris. Je me demandai bien ce que pouvait renfermer la boîte à chaussures destinée à Pablo. Quand il ouvrit le paquet, dans son atelier de Paris, il en sortit une tirelire en terre en forme de coq, peinte de couleurs criardes. Elle faisait un bruit métallique : la famille avait mis dedans quelques pièces de monnaie pour porter bonheur. Il y avait aussi un sac en papier, rempli de dragées énormes, portant le nom d'une charcuterie. « C'est bien l'Espagne, dit Picasso, les bonbons s'achètent chez le charcutier. » Et enfin, soigneusement enveloppée dans du papier de soie, une poignée de graines de coton, peut-être pour le jardin de Vallauris. Picasso jeta un regard sur son atelier, où s'amoncelaient les toiles, les vieux papiers, les livres, les carnets de croquis, les revues, les sculptures et l'extraordinaire ramassis d'objets qu'il accumulait et dit, tout heureux : « C'est juste ce qu'il faut : nous les planterons ici.[19] »

Alors qu'il se trouvait rue des Grands-Augustins, Françoise l'appela en lui demandant de venir le voir. Elle voulait être la première à lui annoncer qu'elle se mariait. Elle connaissait Luc Simon, l'homme qu'elle allait épouser, depuis l'école, mais ne l'avait pas vu pendant toutes les années qu'elle avait passées avec Picasso, bien qu'ils eussent correspondu et qu'il lui eût même trouvé une situation en Tunisie quand elle voulait fuir Picasso et Ménerbes. Ils s'étaient rencontrés par hasard un jour de l'automne précédent à la librairie La Hune, à Saint-Germain-des-Prés, où il décorait les vitrines afin de gagner un peu d'argent pour compléter ce que lui rapportait sa peinture. « Il y avait une exposition de photographies sur " Picasso et l'intimité " dans la librairie, se rappelait Luc Simon, un ami qui travaillait là vint me trouver : " Tu ne m'as pas dit que tu connaissais Françoise? Eh bien la voilà. " Je m'approchai d'elle et je ne pus en croire mes yeux. Elle n'avait que deux ans de plus que moi, mais c'était déjà une vieille femme. J'étais très ému et je savais que ma tâche était de lui redonner sa jeunesse[20]. »

Ils avaient été bons amis à quinze ans, ils étaient fous de vieux films et s'entendaient très bien. « L'idée se cristallisa aussitôt pour nous deux, dit Françoise, que cette fois, c'était très différent. Nous avons commencé à nous voir beaucoup et, à la fin de 1954, il vint s'installer chez moi. Il avait un caractère très romantique et, à trente et un ans, il avait juste l'âge qu'il fallait aux enfants, qui avaient six ans et quatre ans, pour avoir avec eux des relations de père. Ils adoraient être avec lui et c'est un des facteurs qui m'a aidée à décider de stabiliser nos existences et de nous marier[21]. »

La première réaction de Picasso fut la rage. « C'est monstrueux, dit-il. Tu ne penses qu'à toi[22]. » Françoise protesta qu'elle avait aussi pensé à leurs enfants. « Luc m'aidera à élever les enfants, dit-elle. Il n'est pas leur père, mais il sera un bon beau-père et ce sera plus facile pour eux de mener une vie normale. » A la colère de Picasso, se mêlait maintenant l'incompréhension. « C'est ça que tu appelles une vie normale? cria-t-il. La seule vie normale, ce serait toi, moi et les enfants[23]. » Là-dessus, Françoise vit la porte de l'atelier de sculpture, qui était entrebâillée, s'ouvrir plus grand. De toute évidence, ils n'étaient pas seuls.

Aussi brusquement qu'il s'était enflammé, il redevint aimable. Il alla lui chercher une mandarine et ils s'assirent à bavarder comme deux vieux amis au même endroit où, douze ans plus tôt, leur vie ensemble avait commencé. Pendant un moment, un silence profond, intime emplit la pièce. Puis la porte s'ouvrit un peu plus. « Je découvris par la suite, dit Françoise, que Jacqueline écoutait anxieusement à la porte de l'atelier de sculpture. Sur le moment je savais simplement qu'on écoutait notre conversation. Mais ma visite avait un autre but, et je voulais m'en acquitter. J'expliquai à Pablo qu'avant d'épouser Luc j'avais l'intention de créer une fondation pour les enfants, surveillée par un conseil de famille composé de mon père, de Luc et de lui. Comme les enfants officiellement n'avaient pas de père, je voulais m'assurer qu'ils seraient à l'abri s'il m'arrivait quelque chose. Je voulais aussi établir que mon mariage ne changerait pas la position de Pablo par rapport à ses enfants[24]. »

Picasso écouta tout ce qu'elle avait à dire puis, brusquement, comme s'il venait seulement de se rappeler le mariage annoncé, il se mit à lui reprocher son ingratitude : « Tu me dois tant. Voilà ta façon de me remercier, je suppose. Eh bien, je n'ai qu'une chose à te dire. N'importe qui d'autre aura tous mes défauts et aucune de mes qualités. J'espère que ce mariage sera un fiasco, ingrate créature. » Il lui lança la montre qu'elle lui avait offerte : « Ton temps n'est plus le mien[25]. » Elle fit de même en lui rendant la montre qu'il lui avait lui-même donnée. Sur quoi, tous deux entrevirent à quel point leur comportement était absurde et mélodramatique et ils éclatèrent de rire. Et la porte de l'atelier de sculpture s'ouvrit encore un peu plus.

Picasso ne voulait pas rester à Paris et il n'avait certainement aucune envie de retourner à Vallauris. Les recherches commencèrent donc pour trouver une autre maison dans le midi de la France. Le choix tomba sur « La Californie », un hôtel particulier fin de siècle, à la décoration un peu chargée, dominant Cannes et qui jadis avait appartenu à la famille Moët, du champagne. Le « Roi des brocanteurs[26] », comme Cocteau avait appelé Picasso, prit possession de son nouveau royaume en juin, apportant avec lui tout son bric-à-brac. Dans les vastes pièces de « La Californie » des centaines de toiles, posées sur des chevalets et accrochées au mur, côtoyaient un fatras accumulé au long des années : des affiches de corrida, une cafetière turque, une statuette en bois du Congo, de vieux paquets de cigarettes, une chouette en bronze, de vieux pinceaux qu'on n'utiliserait plus jamais. A une vitesse stupéfiante, les élégants salon et salle à manger furent transformés en un bazar coloré, tandis que dans les jardins, ses sculptures – les têtes de Marie-Thérèse faites à Boisgeloup, une guenon, un crâne, une femme enceinte, un chat et une chouette – avaient des airs de faune exotique parmi les palmiers, les pins, les mimosas et les eucalyptus.

Peu après avoir emménagé à « La Californie », Picasso se mit à travailler sur un film aux studios de la Victorine, à Nice. Il peignait, Henri-Georges Clouzot mettait en scène et Claude Renoir, le fils du peintre, était à la caméra, enregistrant chaque mouvement de Picasso sur le papier calque, utilisant les encres de couleurs spéciales qui permettaient de suivre la création d'une peinture de l'autre côté du papier. *Le Mystère Picasso,* comme devait s'appeler le film, était une tentative de plus pour comprendre le mystère de Picasso en le filmant au travail. Quand Clouzot pour des raisons techniques, criait « Stop », Picasso s'arrêtait; quand Clouzot lui disait de se dépêcher parce qu'il ne restait que deux minutes de pellicule, il se dépêchait. Le génie, trapu et bronzé, « son regard musclé comme son corps[27] », ses pieds fermement plantés sur le sol chaussés de ses babouches favorites, obéissait au metteur en scène. « Il tiendra tour à tour du sorcier nègre et de l'empereur romain, selon l'éclairage de son crâne[28] », écrivait André Verdet.

« Es-tu content de cela? lui demanda Clouzot durant une des pauses. Je trouve que ce travail est déjà impressionnant. » Mais il n'en fallait pas beaucoup pour impressionner ceux qui l'entouraient et Picasso le savait.

« Oui, oui..., répondit-il, mais c'est encore trop extérieur... il faut aller au fond de l'histoire, risquer tout. Montrer tous les tableaux qu'il peut y avoir derrière un tableau – cela peut être dangereux[29] », observa Clouzot, satisfait de filmer Picasso jouant en surface et de comprendre son mystère grâce au rayon d'un projecteur.

Mais Picasso voulait aller plus profond; malgré tout ce que disaient ses courtisans, il connaissait la différence entre être à la périphérie et être au centre. « C'est ce que j'aime, dit-il à Clouzot d'un ton de défi. Il faut tenter l'aventure afin de surprendre la vérité au fond du puits[30] ». Et il y avait tout l'attirail de l'aventure au studio de la Victorine : la sueur, la tension, l'excitation, l'épuisement, le désordre bourdonnant et tonitruant des ingénieurs du son, des perchistes et des autres techniciens; le ton sépulcral avec lequel Clouzot annonçait ses intentions, tout en tirant fébrilement sur sa pipe : « Mon intention est de faire un film pédagogique à l'usage de tous ceux qui s'intéressent à l'art. – Et dire, soupira Picasso, que je voulais faire un dessin animé[31] ! »

« L'analyse des dessins et des tableaux, dit plus tard Clouzot, est graduelle et progressive – on pourrait dire chronologique – à mesure que l'idée du créateur se développe devant vos yeux[32]. » Ce qu'il ne dit pas, c'est que, durant le tournage du *Mystère Picasso*, il y eut des centaines de coupes, de prises, et de reprises qui interféraient non seulement avec le cheminement de la pensée du créateur, mais avec sa santé. Picasso répondait toujours non quand on lui demandait avec inquiétude s'il était fatigué. Les vrais hommes, après tout, ne sont jamais fatigués; ils s'effondrent simplement d'épuisement – et c'est ce qui arriva : le tournage dut être interrompu quelques jours; de même, il s'écroula pendant plusieurs semaines une fois le tournage terminé. Mais le mythe imposait sa loi, plus forte que la réalité de son effondrement. « Il y avait Picasso, écrivit Hélène Parmelin, qui était épuisant parce qu'il n'était jamais fatigué[33] » – déclaration qui nourrit et perpétua l'image de l'infatigable Picasso.

Jacqueline et Maya étaient au studio tout le temps qu'y passa Picasso. Jacqueline avait été officiellement installée avec sa fille à « La Californie », mais tout le monde ne pariait pas que ce serait pour toujours. Et beaucoup en dehors de la cour ne savaient pas exactement qui elle était. Lorsque quelqu'un le lui demanda un jour au studio, elle répondit : « Moi? Je suis la nouvelle égérie[34]. »

Inès aussi était souvent au studio et en résidence à « La Californie ». On commérait à la cour à propos de la nouvelle égérie et de la femme de chambre – confidente encore très séduisante. A en croire Hélène Parmelin, Inès détesta Jacqueline depuis le début; selon d'autres, Jacqueline était jalouse des vingt et un ans de relations d'Inès avec Picasso : « Pour moi, dit Inès, il n'y avait que lui... Picasso passait devant tout le monde. Je venais presque tous les mois de Paris. Je laissais mon mari, l'enfant, tout, le réfrigérateur plein, je partais, je venais ici. Je n'ai jamais eu de tablier. Je faisais partie de la maison, comme si c'était une femme qui était là, comme moi avec mon mari. Ça ne me faisait rien si c'était Jacqueline, ou celle-ci ou celle-là qui était là. J'étais avec lui. Souvent, quand ils étaient couchés à « La Californie », j'étais au pied du lit et on parlait. On parlait de tout et, même quand elle s'endormait, je restais et on parlait – parce que je le connaissais vraiment[35]. »

Avec « l'assurance d'un enfant ou d'un monarque[36] » il était toujours entouré, que ce fût dans sa chambre à coucher ou dans tout autre pièce que son atelier, par des gens dont l'existence dépendait de lui. « Pour vivre auprès de lui, dit Inès, il fallait pouvoir tout oublier. Vous receviez des coups sur la tête, mais ça vous permettait d'être à côté de lui. Si vous aviez décidé ça, il fallait tout accepter. Vous voyez bien que les autres ne sont pas restés[37]. »

Durant son premier été à « La Californie », il n'arrivait pas à oublier – et pourtant il aurait bien voulu – l'existence de la femme qui avait choisi de ne pas rester. La bonne guadeloupéenne de Françoise avait amené Claude et Paloma à « La Californie » pour l'été, tandis que Françoise était à Venise en voyage de noces prolongé. Elle avait demandé bien des fois à Picasso de l'emmener à Venise, un endroit qu'elle adorait depuis qu'elle était enfant. Il avait toujours dit non; mais il ne pouvait aujourd'hui supporter l'idée qu'elle fût là-bas avec un autre homme, en fait son jeune, grand et beau mari – toutes qualités qui lui rendaient cette idée d'autant plus irritante. « Prétendre que quand on aime une femme on peut accepter l'idée de la voir s'en aller avec un jeune type est très peu crédible, avait-il dit à Françoise, après avoir vu *Limelight* de Chaplin. J'aimerais mieux voir une femme mourir, n'importe quand, plutôt que de la voir heureuse avec quelqu'un d'autre... Les prétendus actes chrétiens de noblesse, ça ne m'intéresse pas[38]. »

Françoise avait chargé Maya du soin de veiller sur les enfants pendant qu'ils étaient à « La Californie » et ce fut Maya qui lui envoya un télégramme urgent à Venise pour dire que Paloma avait une crise d'appendicite et qu'elle devait être opérée le plus tôt possible. Françoise répondit par télégramme qu'elle prenait l'avion pour Nice le même jour et qu'elle irait directement à Vallauris attendre Paloma là-bas.

Elle arriva à « La Galloise » et découvrit qu'il ne restait dans la maison que les lits et quelques chaises. Jacqueline, lui raconta le jardinier, était arrivée de « La Californie » la veille et avait emporté toutes les toiles et tous les dessins, y compris ceux qui appartenaient à Françoise, tous ses livres, ses lettres et ses affaires personnelles. Françoise appela aussitôt « La Californie » pour demander à Picasso ce que tout cela signifiait. « Tout était à toi quand tu étais avec moi, répliqua-t-il, et rien n'est à toi si tu n'es pas avec moi. Voilà tout[39]. »

Trop bouleversée pour discuter, elle se contenta de demander à Picasso de lui envoyer tout de suite Paloma. « Personne ne me parle sur ce ton, lança-t-il. – Moi, si[40] », dit-elle et elle raccrocha. Mais il ne renvoyait toujours pas Paloma. « Je ne pouvais pas croire qu'il était prêt à jouer avec la santé de sa fille, se rappelait Françoise. J'ai rappelé en menaçant d'envoyer la police[41]. »

Peu après, Paulo ramena Paloma à « La Galloise » et Françoise la conduisit sans tarder à l'hôpital de Cannes. « Dormir dans cette maison vide était si sinistre, dit-elle que, tandis que Paloma était à l'hôpital après l'opération, je décidai de descendre chez des amis à moi, Maurice et Christiane Bataille, qui habitaient au cap d'Antibes[42]. » C'étaient aussi de grands amis de Cocteau, qui vint voir Françoise dans la chambre de Paloma à l'hôpital avec des airs de conspirateur. « Je t'en prie, ne dis à personne que je suis ici, déclara-t-il, je suis venu parce que je suis ton ami et que je veux te raconter ce qui se passe, mais ça m'ennuierait beaucoup d'être surpris[43]. » Il entreprit alors d'expliquer que Picasso avait reçu un télégramme terrible de Luc lui disant qu'il « méritait d'être giflé pour s'être conduit de façon aussi irresponsable et avoir mis en danger la santé de Paloma[44] ». Picasso était hors de lui de colère devant l'insolence de Luc. « Tu aurais dû empêcher Luc d'envoyer le télégramme, dit Cocteau à Françoise. – Et toi, tu aurais dû empêcher Pablo de vider ma maison, répondit-elle. J'ai appelé Luc à Venise pour lui dire ce qui s'était passé. Je ne savais absolument pas ce qu'il comptait faire. Pablo fait un gâchis; et puis Luc fait un gâchis. Maintenant, reste un moment avec moi si tu veux ou bien pars[45]. »

Là-dessus, Picasso arriva. « Traître! cria-t-il à

Cocteau. Qu'est-ce que tu fais ici[46] ? » Il avait vu la Bentley de Mme Weisweiller qui attendait dehors avec le chauffeur, et il s'était précipité aussi vite qu'il pouvait pour être sûr de surprendre Cocteau dans la chambre. Cocteau, qui continuait à l'adorer malgré la plaisanterie de Picasso qui répétait à qui voulait l'entendre : « Cocteau est la queue de ma comète[47] », marmonna quelque chose et disparut. Mais il revint chaque jour. « Il ne passait pas beaucoup de temps avec Paloma, dit Françoise, mais il voulait savoir qui était là de façon à pouvoir inscrire les noms sur la liste de ses ennemis. La chambre de Paloma était devenue en fait une sorte de salon, et elle était là, comme une reine de six ans, à regarder tout le monde aller et venir. Pablo était convaincu que je l'avais blessé et offensé si terriblement, d'abord en le quittant, puis en osant épouser un autre homme, que tout le monde serait de son côté et que je n'aurais plus un ami au monde tant j'avais tort et lui raison. Mais entretemps j'étais retournée auprès de mes anciens amis et, chaque fois qu'il venait à l'hôpital, il voyait des gens qu'il ne connaissait pas, qui ne faisaient pas partie de son monde et dont l'existence ne gravitait pas autour de la sienne. Et, ça, il ne pouvait pas le supporter[48]. »

Dès que Paloma fut rétablie, Françoise emmena les enfants et rentra à Paris. Elle n'avait pas jusque-là demandé à Picasso d'entretenir les enfants ni de lui verser la moindre pension. Elle avait hérité de l'argent de sa grand-mère, elle en gagnait en vendant ses toiles et, avec le soutien de son père, elle n'avait pas besoin de plus. Mais, après avoir constaté le comportement de Picasso cet été-là, elle s'assura par ses avocats qu'il allait verser une pension alimentaire aux enfants. « Je l'ai fait davantage pour des raisons légales, dit Françoise, en pensant à établir les droits des enfants, puisque je ne pouvais plus avoir confiance qu'il se conduirait envers eux comme un père[49]. » « La Galloise » avait toujours été à son nom à elle; en partant, elle avait suggéré qu'ils en aient tous les deux les clés et qu'ils la gardent comme un terrain neutre où ils pourraient venir ensemble avec les enfants. Au lieu de cela, il avait vidé la maison.

A Paris, Françoise avait déjà vendu l'appartement de la rue Gay-Lussac pour en acheter un beaucoup plus grand dans un immeuble en construction rue du Val-de-Grâce. Un week-end de l'automne 1955, alors que Claude et Paloma étaient avec Picasso dans la maison de campagne de Kahnweiler, elle reçut un coup de téléphone de lui. « Je ne te rends pas les enfants, à moins que tu ne donnes à Paulo tous les dessins et gravures qui sont dans ton appartement. – Il faudra que tu rendes les enfants d'abord, répliqua-t-elle, et ensuite tu pourras envoyer Paulo prendre les dessins[50]. » Il fit revenir les enfants et, le lendemain matin, elle lui rendit tout sauf *La Femme-Fleur*, qu'il lui avait explicitement offert.

C'était une déclaration de guerre, suivie par l'absence remarquée de Françoise au Salon de mai, et pour finir, en novembre 1956, d'une lettre de Kahnweiler mettant un terme au contrat qu'elle avait avec lui. « Je commençais à avoir l'impression de vivre un cauchemar, se rappelait Françoise, comme si je faisais l'expérience dans la réalité de l'horrible rêve de Jocaste dans la pièce de Cocteau : " une pâte gluante qui me coule entre les doigts[51] ". Je pousse un hurlement et j'essaie de lancer cette pâte... mais cette chose, cette pâte reste reliée à moi et quand je me crois libre, la pâte revient à toute vitesse et gifle ma figure. Et cette pâte est vivante[52]... » Plus Picasso recevait de bonnes nouvelles de la nouvelle vie de Françoise, comme lorsqu'il apprit qu'elle était enceinte, plus il était décidé à la détruire. Il expliqua désormais très clairement que tout ami de Françoise était son ennemi. Elle s'habitua à voir des marchands de tableaux s'excuser de ne pas exposer son œuvre, en expliquant qu'ils ne pouvaient pas risquer de déplaire à Picasso. Tout signe qui montrait qu'elle pouvait non seulement exister, mais s'épanouir sans lui était pour Picasso une preuve que ses pouvoirs à lui déclinaient. Il était habitué comme à une drogue à voir les gens incapables de se passer de lui et, même s'il ne manquait pas de courtisans, il était obsédé à l'idée d'un seul mouton égaré.

Maya, qui avait maintenant vingt ans, commençait à percevoir le danger d'être absorbée, de devenir une extension de son père, comme c'était le cas de Paulo. « Je ne voulais pas être bouffée, dit-elle. Je voulais MA vie. Alors je suis partie pour l'Espagne et je suis restée là-bas[53]. » Elle était allée pour la première fois en Espagne en 1953, quand Françoise s'était arrangée pour qu'elle reste avec sa tante Lola, mais cette fois c'était différent. Maya ne voulut jamais revoir son père, bien qu'elle rentrât en France et qu'elle se mariât à Marseille. Elle avait l'expérience des savants mouvements de flamenco – promesses, reproches et retraits – qu'il avait pendant des années dansés autour de sa mère. Elle refusait d'être une nouvelle victime. Quelques mois plus tôt, elle avait même appris que Picasso était allé trouver sa mère pour lui demander de l'épouser. « Ecoute, lui dit-il, Olga est morte. Nous pouvons nous marier[54]. » Il est difficile de croire que la femme qui, pendant près de trente ans, n'avait vécu que pour lui, pour les pauvres bribes de réelle attention et pour les protestations imaginaires d'éternel amour, qu'il pouvait lui offrir aurait refusé de passer le reste de sa vie avec lui. C'était une nouvelle taquinerie, un autre jeu cruel pour humilier davantage Jacqueline et lier Marie-Thérèse par d'autres nœuds encore.

« Il venait souvent dans ma chambre tard le soir, se rappelait Maya et il me disait : " Viens voir ce que j'ai fait. " Moi, j'avais vingt ans; je n'allais pas passer le reste de ma vie à attendre que mon papa vienne me montrer ce qu'il avait peint ou dessiné pendant la nuit. A un moment, il fallait que je dise : " Toi, tu es Picasso; moi, je suis Maya. " Si je l'avais écouté, je serais restée à la maison. Pourquoi? Parce que je suis fantasque, je suis drôle, je parle, je chante, je ris, je saute, je danse... Il aimait plaisanter avec moi en espagnol à propos des gens qui se trouvaient autour de nous. Je suis l'Espagnole de la famille. On disait je suis à trois cents pour cent espagnole! Mais je lui ai dit que maintenant qu'il avait trouvé une énième dame, je m'en allais[55]. »

Elle partit donc et il y eut moins de rires, moins de chants et moins de gaieté dans la maison, tandis que Jacqueline et Picasso s'installaient dans une vie occupée à se dévorer l'un l'autre : elle par son étouffant instinct de possession et lui en écrasant d'abord son caractère, puis son humanité. « Quand tout allait mal, écrivit Hélène Parmelin, tout allait mal. A un point inimaginable. Le monde entier n'était que détritus, amis et ennemis pareillement, il n'y avait de vérité nulle part, rien n'avait d'importance, tout était pourri, tout était avarié, tout ce qu'il demandait au monde c'était qu'on le laisse tranquille, et le bout de craie qu'il avait posé là avait disparu. Jacqueline, j'ai dit que je ne voulais voir personne. Tu veux dire qu'untel est venu? Eh bien, pourquoi l'as-tu renvoyé? Pourquoi as-tu laissé entrer machin? J'ai dit que je ne voulais voir personne[56]. »

L'enfant gâté avait trouvé à qui parler avec la mère terrible, qui ne demandait qu'à l'enfermer dans sa matrice mortelle pour mieux encourager tout ce qui en lui était sombre, cruel, grossier et mesquin. Même quand il s'enfermait pour travailler, Jacqueline se cramponnait à lui derrière les portes closes. « Ce n'est pas simplement qu'il pourrait se trouver avoir besoin de quelque chose, disait-elle. Mais je ne serais pas heureuse de penser qu'il pourrait avoir besoin de quelque chose simplement parce que je n'étais pas là[57]. » Hélène Parmelin observa la routine qui s'était établie : « On devait rester à " La Californie " en pensant toujours à monseigneur. Ne pas aller même jusqu'au fond du jardin, pas même en dehors de la maison. En outre, à heure fixe, il fallait lui donner ses comprimés ou ses gouttes : il prenait des médicaments homéopathiques pour Dieu sait quoi. Qu'est-ce qu'il avait ? Rien. Mais il prenait les médicaments. A petites doses. Et puis il pourrait avoir besoin de quelque chose[58]. » Jacqueline guettait chaque bruit qui venait de son atelier et essayait de l'interpréter : « Qu'est-ce que monseigneur peut bien faire là-haut ? Je n'entends plus le tonnerre de Zeus de monseigneur ! Peut-être que tout va bien[59]... »

Si tout allait bien pour lui, tout allait bien pour elle. C'était un être qui vivait par procuration, un parasite dont l'énergie venait de la vie dont elle se nourrissait, contribuant à la miner longtemps avant qu'on l'eût déclaré cliniquement mort. Elle sombrait en lui avec une monomanie qui excluait même sa propre fille, qui devait subsister sur les quelques miettes d'affection que sa mère pouvait lui dispenser. « Quand on a la chance d'avoir Picasso devant soi, on ne regarde pas le soleil[60] », lança-t-elle quand, un soir dans un restaurant, alors que quelqu'un lui faisait remarquer la beauté du coucher de soleil. Jacqueline devint sa secrétaire, sa gouvernante, son argus de la presse et la traductrice de sa volonté en action; et Picasso devint l'outil par lequel elle pouvait affirmer sa volonté à elle sur le reste du monde, le moyen qui lui permettait d'éprouver un sentiment de puissance que, même si son imagination n'avait pas été aussi limitée, elle n'aurait jamais cru possible.

La principale source de son pouvoir, c'était son rôle de portière, même si très souvent la portière n'était que le porte-parole des désirs de monseigneur. Il était absent, il dormait, il travaillait, il était sur la plage, à la corrida, à Paris – n'importe laquelle de ces excuses autorisées étaient utilisées pour renvoyer les vieux amis ou les nouveaux admirateurs qu'il ne voulait pas recevoir, ou du moins qu'il ne voulait pas à ce moment particulier.

Lorsque Helena Rubinstein arriva de New York durant leur premier été à « La Californie » pour faire faire son portrait – après avoir appris de son amie Marie Cuttoli que Picasso était d'accord –, c'était souvent Picasso lui-même, d'une voix pauvrement déguisée, qui répondait à un des nombreux appels qu'elle faisait elle-même ou dont elle chargeait son secrétaire Patrick O'Higgins; et c'était lui qui donnait une des nombreuses excuses pour lesquelles « Monsieur » ne pouvait pas venir au téléphone. Elle décida pour finir d'arriver à « La Californie » sans se faire annoncer. « Sous une cape d'opéra, dans des tons d'orange et de citron, brodée de lis et de mimosa, écrivit O'Higgins, Madame portait une tunique médiévale de velours d'un vert acide[61]. » Son arrivée était parfaitement calculée. Picasso recevait « un grand gaillard dégingandé qui non seulement ressemblait à Gary Cooper, mais qui était Gary Cooper[62] » et la présence d'une de ses vedettes de cinéma favorites l'avait mis de bonne humeur. Helena Rubinstein fut reçue, et non seulement reçue mais dessinée, même si Picasso avait commencé par lui dire qu'il ne faisait le portrait que des femmes avec qui il avait couché. « Elle n'était pas contre, se vantait-il en racontant l'histoire, mais moi, certainement si. Elle était horrible, si grasse[63]... »

Au cours de trois soirées consécutives, il fit plus de quarante croquis qu'il appelait ses « notes de police » – de ses mains, de son cou, de ses yeux, de son menton, de sa bouche. « C'est assez, dit-il enfin. – Et mon portrait ? demanda-t-elle. – Ce sera une œuvre posthume[64] », répondit-il. Jacqueline avait déjà annoncé à Patrick O'Higgins, pendant que Picasso dessinait Madame, qu'il n'y aurait jamais de portrait : « Il fait seulement des croquis d'elle comme référence pour une série de lithographies. Il aime bien utiliser des gens réels et Mme Rubinstein est... est plus grande que nature[65]. » Avant même que Picasso lui eût joué ce tour, Helena Rubinstein l'appelait le « diable ». Maintenant, elle allait partout le maudissant : « Maudit soit ce diable. »

Nul n'était à l'abri des tours de Picasso, de ses sarcasmes corrosifs, ni de sa malice. Il était rue des Grands-Augustins lorsqu'il apprit la nouvelle que Cocteau allait être élu à l'Académie française. Geneviève Laporte était venue le voir et, pour une fois, la réalité perça le brouillard de son idolâtrie ; elle vit ce qu'elle décrivit comme « un côté de Picasso qui me glaça le sang ». « Jean avait tellement envie de cette consécration car, comme il l'affirmait rondement, elle n'avait jamais été accordée à un poète de sa race de son vivant. Je fus donc étonnée d'arriver pour trouver Picasso plein d'une froide rancœur. Il venait de terminer un croquis humoristique d'une horrible chambre à coucher, contenant un lit de fer avec des barreaux sur lequel était assis un vieux couple ventripotent, dont les visages étaient l'incarnation même de la stupidité et du contentement de soi. Un des vieillards – la femme, je crois – lisait un journal, tandis que l'homme se curait les doigts de pied. Picasso, avec un rire moqueur, me tendit ce dessin, dont chaque trait respirait la laideur, la banalité et la stupidité, avec ce commentaire : " La femme est en train de lire dans le journal que Jean Cocteau a été élu membre de l'Académie française, pendant que son mari se gratte les pieds. "[67] »

Sa malice envers Cocteau n'était nullement épuisée. Il accepta de dessiner le pommeau de son épée d'académicien; un croquis représentant un siège de toilette, une chaîne de chasse d'eau et un balai de cabinet. Cocteau continuait à l'appeler « mon maître Picasso[68] », mais de temps en temps il s'octroyait le luxe de l'appeler plutôt l'« abominable homme des neiges[69] » et de commenter de façon acerbe la poésie de l'homme qu'il continuait d'aduler : « Picasso s'essaie à la métaphysique, mais il n'y connaît rien[70]. » Ce n'était pourtant que bagatelles en comparaison des sarcasmes malicieux dont Picasso ne cessait de l'accabler durant ces années où Cocteau était son voisin sur la Côte d'Azur, vivant chez Mme Weisweiller et partageant avec elle son jeune amant bisexuel aussi bien que d'importantes quantités de drogue, sa Bentley et la fortune de son banquier de mari, qui n'était jamais là.

« L'avenir est la seule transcendance que connaisse l'athée[71] », écrivait Roger Garaudy. Le 25 octobre 1956, Picasso eut soixante-quinze ans. Cela devenait plus dur que jamais de regarder avec défi l'avenir, les nouvelles aventures et les nouveaux horizons, en quête de la transcendance à laquelle aspirait son âme. Quelques mois avant son soixante-quinzième anniversaire, il avait fait un rêve impressionnant : « Il était en train de déjeuner, se rappelait Hélène Parmelin. Et quelqu'un se précipitait, tout excité, pour lui annoncer qu'une chose terrible était arrivée : tous les lions se sont ratatinés[72]... » Le mot ratatiné, depuis ce jour-là, surgissait souvent à « La Californie ». Il l'utilisait beaucoup et tout le monde autour de lui se mit à en faire autant. Ce devint un mot symbolique, évoquant ce qu'il ressentait et ce qu'il essayait désespérément de faire semblant de ne pas ressentir : tous les lions s'étaient ratatinés.

« Je donnerais n'importe quoi pour avoir vingt ans de moins[73] », avait-il dit à Françoise lorsqu'ils s'étaient rencontrés pour la première fois. En octobre 1956, il avait en fait treize ans de plus. Ce qui rendait le passage du temps plus dur à accepter, c'était que le même mois Françoise donna naissance à une fille, Aurélia – une fille qui non seulement n'était pas la sienne, mais représentait une preuve tangible de tout cet avenir dont il ne ferait jamais partie. Jacqueline avait découvert qu'elle ne pouvait plus avoir d'enfant après Catherine; il n'y aurait donc plus de naissance qui lui permettrait de participer, fût-ce de façon ambivalente, au cours éternel de la vie.

Mais le monde insistait pour célébrer son anniversaire. D'innombrables lettres, télégrammes et cadeaux déferlèrent sur « La Californie », de vieux amis et de gens qu'il n'avait jamais vus. Il y eut aussi un banquet, avec discours et feu d'artifice organisé par la municipalité communiste de Vallauris. Les Pignon étaient là, les Leiris, Kahnweiler et l'éditeur Gustau Gili, qui était venu de Barcelone avec sa femme pour le persuader d'illustrer la *Tauromaquia.* Le parti communiste local avait essayé de savoir de Jacqueline, par l'intermédiaire du rédacteur en chef du *Patriote de Nice,* un journal que Picasso lisait chaque jour, quel cadeau d'anniversaire lui ferait plaisir. Il avait dit qu'il aimerait une chèvre; il lui avait raconté qu'il avait toujours eu envie d'une chèvre et que, quand il avait fini par en avoir une, cette sans-cœur de Françoise l'avait donnée à des gitans qui passaient parce qu'elle sentait mauvais. Le Parti, après de longues délibérations, décida qu'une chèvre n'était pas un présent suffisamment digne et lui offrit à la place un énorme panier de fruits confits.

Son anniversaire passa donc et il n'avait toujours pas sa chèvre. Jacqueline, qui savait que la clé de son pouvoir tenait à l'accomplissement de chaque souhait de son « prodige gériatrique[74] », lui acheta elle-même une bique. Esméralda, qu'on trouvait souvent attachée à la chèvre de bronze, devint bientôt une partie de « La Californie » – tout comme son odeur. Mais il ne restait personne pour oser s'en plaindre.

« Il aimait que les gens aiment ce qu'il aimait[75] », écrivit Hélène Parmelin. Il aimait aussi les voir manger ce qu'il aimait; lui-même avait un petit appétit, mais insistait pour faire trop manger les autres autour de lui. Maïa assista aux débuts de la métamorphose de Jacqueline qui, de petite et mince, passa à petite et forte, puis à petite et grasse. « Il aimait engraisser ses femmes[76] », disait-elle, tandis qu'Hélène Parmelin décrivait comment il « faisait tout ce qu'il pouvait pour vous forcer à manger et vous forcer à trouver ça bon ou du moins à le dire, ce qui était la limite. Il écrasait de façon écœurante ses framboises dans du lait et disait que je devrais les adorer comme ça puisque les Russes mangeaient toujours les framboises de cette façon... Il emplissait mon assiette de cette mixture et s'indignait quand un mortel ordinaire refusait ses framboises, au bord de la nausée. Il adorait le gingembre et en dévorait d'énormes morceaux sous mon nez, m'en proposant vingt fois. Comment pouvait-on ne pas aimer quelque chose d'aussi bon[77] ? ».

Hélène Parmelin l'appelait le « roi de " La Californie "[78] ». Il était en fait le dictateur sans vergogne de tout ce qu'il surveillait : « Je veux montrer le monde comme je le pense[79] », avait-il dit à Ilya Ehrenbourg. Mais le monde, et c'était bien incommode, ne se comportait pas comme il le pensait. Le 4 novembre, le brutal régime soviétique, qu'il continuait à trouver bon, réprima violemment le soulèvement hongrois. Au début de l'année, au XXe Congrès du parti communiste d'URSS, Khrouchtchev avait vigoureusement dénoncé Staline et ses crimes. Le parti communiste français, qui resta totalement stalinien, même après que partout ailleurs se fut enclenché le processus de déstalinisation, décrivit le rapport, qui fut publié dans *Le Monde,* comme « attribué à Khrouchtchev » et n'en tenant aucun compte. Parmelin en discuta avec le roi de « La Californie » qui en attribua la publication dans *Le Monde* à « la fourberie du Département d'Etat américain[80] ». Nombreux cette fois furent ceux, moins aveuglés par l'idéologie ou moins indifférents à tant de crimes, qui quittèrent le Parti. Ils furent plus nombreux encore à déchirer en public leur carte de membre après que le parti communiste français eut soutenu l'écrasement par les Soviétiques du soulèvement en Hongrie. Picasso tint bon. « Nous sommes communistes », disait-il, chaque fois qu'était révélée une nouvelle atrocité ou qu'éclatait un autre désaccord esthétique. « Il n'y a qu'un seul parti communiste en France. Nous appartenons donc à ce parti communiste-là[81]. »

Deux journalistes planquèrent devant « La Californie » après la publication du rapport secret de Khrouchtchev sur Staline, décidés à obtenir de Picasso un commentaire sur ce qu'il révélait de l'homme dont il avait célébré le soixante-quinzième anniversaire avec un dessin et dont il avait pleuré la mort avec un autre. Picasso envoya Lucette, la nouvelle femme de chambre, leur dire d'aller voir Khrouchtchev. « Après tout, ajouta-t-il, ils ne vont pas aller demander à Khrouchtchev une déclaration sur mes rapports secrets[82]... » Tout le monde autour de lui s'extasiait devant cette nouvelle preuve de l'esprit du maître.

Après la répression en Hongrie, Picasso émit quand même une vaine protestation en signant, avec Parmelin, Pignon et sept autres membres du Parti, une lettre adressée au Comité central. Ils demandaient dans cette lettre la convocation dans les plus brefs délais « d'un congrès extraordinaire autour duquel seront débattus, dans la réalité et leur vérité, les problèmes aujourd'hui innombrables qui se posent aux communistes ». Aucun congrès extraordinaire ne fut jamais convoqué et, si Picasso n'avait pas été un des cosignataires de la lettre, le Comité central aurait sans nul doute exclu les membres moins célèbres qui avaient osé réclamer une discussion. Au lieu de cela, il se contenta de publier dans *L'Humanité* une lettre qui fustigeait les signataires : « Ils peuvent même s'obstiner malgré les faits, mais ils n'ont pas le droit de tenter d'imposer leur point de vue au Parti par des moyens illicites[84]. »

« Ecoutez, dit Picasso à Carlton Lake, venu l'interviewer pour *The Atlantic Monthly*. Je ne suis pas un politicien. Je ne suis pas techniquement compétent dans ce domaine-là[85]. » En fait, démissionner du Parti n'aurait pas été un acte politique, mais humanitaire, venant de l'homme qui avait donné *Guernica* au monde. Il n'arrivait pourtant pas à se séparer du Parti. Comme la mort approchait et que toutes les avenues vers la transcendance semblaient fermées, le Parti lui offrait au moins « une nouvelle théologie sans Dieu ». Ce n'était pas un rempart contre son désespoir qui montait, mais une vague croyance qui donnait le sentiment d'appartenir à quelque chose qui pourrait compenser son esseulement croissant.

Il y avait toujours une nouvelle série de corridas auxquelles aller. Les Pignon arrivaient de Paris avec les derniers potins et les plus récentes nouvelles sur tout et sur tous; il y avait autant de gens à voir, de coups de téléphone à recevoir et de lettres à lire qu'il voulait en prendre le temps; il y avait du travail à faire et de nombreuses coupures de presse à consulter sur les expositions de son soixante-quinzième anniversaire, au printemps de 1957, au musée d'Art moderne de New York et à la galerie Louise-Leiris à Paris. Il avait aussi toute une ménagerie, pigeons, perroquets et chouettes, Yan le boxer, Lump le teckel, et Esméralda, la chèvre; ses enfants, la fille de Jacqueline et le fils d'Inès avaient rempli la maison pour l'été; et Jacqueline était là, toujours là, oppressivement là. Mais Picasso n'avait jamais été plus seul et plus incapable de noyer sa solitude dans une frénésie d'activités. « Les symptômes d'une préoccupation désespérée apparaissaient dans l'expression de Picasso avec une intensité et une persistance encore jamais atteinte, écrivait Hélène Parmelin, de ce terrible été 1957. Tout l'ennuyait, la moindre chose le dérangeait, le moindre accroc dans le cours de la journée semblait détruire totalement sa faculté de manger, de dormir, de s'amuser ou de se reposer[87]. »

Jacqueline s'assurait que son monseigneur prenait ses gouttes, buvait ses tisanes, avalait sa soupe de pois aux carottes sans condiment nuisible, appliquait le liniment idoine sur le muscle de la jambe qui ne cessait de le faire souffrir, bref, elle s'assurait que la machine était bien huilée et astiquée. Mais la machine avait une âme et de cela elle ne savait rien. Pour elle, comme en fait pour Hélène

Parmelin, les tourments de son âme et les tourments qu'il imposait à ceux qui l'entouraient n'étaient rien de plus que des mouvements d'humeur provoqués par la peinture, ce fourre-tout mythique à qui l'on attribuait tout le bien et tout le mal. Lorsque, au milieu d'août 1957, il se mit à travailler à ses variations sur *Las Meninas* de Velázquez, Hélène Parmelin, comme ces peuplades primitives qui sont persuadées que c'est l'agitation des arbres qui provoque le vent, était convaincue que c'était Velázquez qui était responsable du malheur de Picasso, de ses rages et même de la détérioration de sa santé : « Du jour où ce projet de *Las Meninas* dressa la tête, l'air de bonne santé de Picasso se détériora. Et la bataille avec ou sans, pour ou contre, à l'extérieur et à l'intérieur de Velázquez, commença[88]. »

Jacqueline tomba malade et dut subir une opération à l'estomac, et même cela fut, par on ne sait quelle magie, attribué par Hélène Parmelin au combat de Picasso avec Velázquez : « ... Sa convalescence se prolongea de façon anormale et elle dut passer une grande partie de son temps allongée. Ou plutôt elle aurait dû le faire. En tout cas, elle ne se sentait pas bien, et la longueur de sa convalescence semblait physiquement liée à la mise au monde de *Las Meninas*[89]. » Elle aurait pu aussi être liée, de façon plus prosaïque, au fait qu'elle allait d'une corrida à l'autre avec « l'estomac ouvert[90] », comme le disait crûment Picasso.

Jacqueline désormais allait être souvent malade. Elle avait des problèmes avec son estomac, avec ses tympans, des problèmes gynécologiques; très souvent elle se sentait si apathique et si épuisée que c'était à peine si elle pouvait se tirer de son lit. Quand elle était souffrante, elle dormait dans une chambre jouxtant celle de monseigneur, de façon à ne pas le déranger. Et lui présageait et reflétait dans son œuvre les différents stades de son cycle périodique de maladie et de guérison. « N'est-ce pas curieux, dit-il, que quand elle est malade je peins des toiles où elle apparaît de nouveau mieux ? Je ne comprends pas. On dirait que je suis toujours en avance sur les événements[91]. »

C'était difficile de distinguer la cause et l'effet. Ce qui était certain, c'est que Velázquez n'y était pour rien et que, malgré tous les efforts de Jacqueline, d'Hélène Parmelin et du reste de la cour pour appliquer sur la réalité un vernis de créativité frénétique et de rituels conviviaux, l'ambiance était plutôt désespérée. « Cela rappelle, écrivait John Berger, les derniers jours d'une vieille vedette de music-hall : tout ce qui grince aujourd'hui est encore porté aux nues... L'horreur de tout cela, c'est qu'il s'agit d'une vie sans réalité. Picasso n'est heureux que lorsqu'il travaille. Mais il n'a rien à lui sur quoi travailler. Il reprend des thèmes des tableaux d'autres peintres... Il décore des pots et des assiettes que d'autres fabriquent pour lui. Il en est réduit à jouer comme un enfant. Il redevient l'enfant prodige[92]. »

Du 20 août au 17 novembre, Picasso s'enferma dans son atelier, *mano a mano* avec le grand maître espagnol. Pour prouver qu'il était aussi grand que Velázquez ? Pour faire taire ses doutes qui lui soufflaient qu'il ne l'était pas ? Pour d'abord mettre à l'épreuve puis violer le chef-d'œuvre de Velázquez ? Pour essayer de revenir au début où tout était plein d'ardeur et de promesses, et où son père lui avait personnellement fait connaître le Prado et *Las Meninas ?* « Picasso avait vraiment envie de leur régler leurs comptes, à ceux-là, disait Jacqueline. Je ne l'ai jamais vu travailler comme ça[93] ! »

Il travaillait et il se plaignait. « Quel métier épouvantable, ne cessait-il de dire. On croit toujours que faire un tableau c'est simplement peindre... Et pourtant c'est pire que la mort dans l'arène; c'est *vraiment* la mort dans l'arène[94]. » C'était bien la mort dans l'arène que d'être, pour reprendre la formule de Berger, « condamné à peindre sans rien à dire[95] » et que de continuer à déverser dans des exercices picturaux toute la frustration et toute la rage de n'avoir rien à dire et trop de talent pour le dire. « Il était horrible pendant tout le temps que ça a duré, dit Hélène Parmelin. Il était de mauvaise humeur. C'était une tragédie pour lui, *Las Meninas*... Il avait envie de le montrer, il n'avait pas envie[96]. » Craignait-il que Velázquez ne fût le vainqueur de la « corrida de Cannes[97] », comme Jacqueline appelait la bataille qui faisait rage au premier étage de « La Californie », où Picasso avait installé son atelier?

Il finit par leur montrer. « Eh bien? demanda-t-il à Hélène Parmelin comme ils sortaient de l'atelier. – Les oreilles et la queue[98] », répondit-elle, lui décernant le plus grand honneur que peut recevoir un matador dans l'arène. Ce n'était pas « l'enthousiasme d'un clan toujours prêt à déboucher en toute circonstance le flacon de sa dévotion[99] », dit-elle. En fait, c'était précisément cela. Le clan savait que rien, sauf un enthousiasme fraîchement déchaîné, ne garantirait à ses membres une place à la cour. L'homme qui à vingt-six ans avait défié le monde et ses opinions avec *Les Demoiselles d'Avignon* cherchait maintenant à soixante-seize ans à être rassuré en s'entendant dire que ces paraphrases du maître espagnol étaient réussies.

« Picasso n'était pas un homme de certitude, dit Hélène Parmelin. C'était un homme de doute. Il disait souvent : " Ecoutez, je vous montrerai après le dîner. Je ne sais pas du tout si ce que j'ai fait est sublime ou si c'est de la merde. " Et c'était vrai : il ne savait plus[100]. » Le monde ne savait pas davantage. L'Unesco lui avait commandé une fresque pour le salon des Délégués à son quartier général de Paris : près de mille mètres carrés. Il travailla au sol sur quarante panneaux de contreplaqué séparés. Jacqueline et Miguel, son secrétaire espagnol qui était revenu et qui restait pour assister Jacqueline dans ses travaux de secrétariat, aidaient Picasso à déplacer et à disposer les panneaux. Il finit par être obsédé par l'Unesco, comme il appelait sa fresque et, avant qu'on transportât l'œuvre à Paris, il voulut la dévoiler dans la cour de l'école de Vallauris. L'inauguration se transforma en grand événement, avec journalistes, photographes, dirigeants du parti communiste, une délégation de l'Unesco et, bien sûr, une foule nombreuse. « Picasso, écrivit Hélène Parmelin, assiégé par la foule, finit par arriver au pied de la fresque encore dissimulée par des rideaux. Il y avait à la fois du soleil et des projecteurs. Le moment était venu. On écarta les rideaux. La fresque de l'Unesco fut révélée au public[101]. »

La foule applaudit mais resta perplexe, tout comme les représentants de l'Unesco : était-ce un chef-d'œuvre ou un gigantesque gribouillage? Georges Salles, qui avait beaucoup fait pour persuader Picasso d'accepter la commande, essaya de sauver la situation par son discours. Il baptisa la fresque *La Chute d'Icare*. Il y avait, en effet, un « Icare desséché[102] », déjà un squelette d'un blanc grisâtre, suspendu entre le ciel et la mer où il allait se noyer. C'est toujours la mort qui l'emporte, semblait dire la fresque, et plus haut l'on monte, plus grande sera la chute. C'était un message de désespoir qui convenait fort bien à l'état affectif de Picasso, mais très peu à une organisation internationale censée diriger ses efforts vers un avenir meilleur et, toute question de convenance mise à part, c'était une œuvre vide, exprimant le vide spirituel dans lequel vivait et travaillait Picasso. Il fallut pas mal de battage officiel et de tam-tam pour provoquer quelque enthousiasme pour *La Chute d'Icare,* battage qui commença avec le titre donné à la fresque lorsqu'elle fut installée au siège de l'Unesco en septembre : *Les Forces de la vie et de l'esprit triomphant du mal.* Mais ceux qui étaient capables de remarquer que l'empereur était nu savaient à quoi s'en tenir.

En mai 1958, de Gaulle revint au pouvoir et créa la Ve République. Environ à la même époque, Picasso peignit sa *Nature morte au crâne de taureau,* une toile violente dans laquelle, comme l'écrivit Penrose, « les rouges et les jaunes brûlants, un double reflet du soleil dans la fenêtre ouverte et l'immobilité monumentale d'un crâne avec ses cornes au premier plan produisent un choc comparable à une formidable explosion dans le calme d'un ciel bleu et lointain[103] ». Comme le dit Picasso à Penrose : « J'ai peint ça avec des mots de cinq lettres[104]. » Ses amis communistes étaient ravis. Voilà enfin un tableau peint, comme le dit Pierre Daix, « à la date pratiquement où de Gaulle était revenu au pouvoir[105] », dont on pouvait dire que c'était une toile politique, dirigée contre « le grand danger que voyait Picasso, le danger d'un retour au fascisme ». Penrose ajouta au motif politique l'inspiration fournie par une corrida exceptionnelle à laquelle Picasso venait d'assister. Picasso en fait n'avait pas besoin de stimulation du monde extérieur pour produire encore une toile pleine de rage et de révulsion. Il abritait en lui-même d'infinies réserves de ces deux sentiments où il pouvait puiser. Comme les baigneurs de *La Chute d'Icare* qui ne se rendent pas compte qu'Icare tombe, Jacqueline et les courtisans qui entouraient Picasso le regardaient plonger au ralenti dans un abîme de désespoir, inconscient, sans comprendre et totalement incapables de l'aider. « Picasso était d'humeur sombre », écrivit Hélène Parmelin à propos d'une soirée à « La Californie ». « Ses yeux allaient lentement de l'un à l'autre d'entre nous et parcouraient la cuisine... Il nous regardait rire avec tout l'intérêt d'un visiteur du zoo qui voit les singes faire des gestes humains. Et quand nous cessions de rire, il disait : " Allons, continuez, riez! En fureur! " C'était épouvantable... C'était d'un sinistre terrifiant... L'atmosphère était tout d'un coup très bizarre... A la fin il parvint à vraiment nous effrayer, et ce fut seulement alors qu'il rit... Nous allâmes nous coucher, grimpant lentement l'escalier, consternés par quelque chose que nous ne connaissions pas, le cœur lourd et l'esprit aussi... Nous étions malheureux et nous en avions assez. Quelle magnifique soirée[107]. »

Si épouvantable, sinistre et effrayant que fût Picasso, si consternés, malheureux et lassés qu'ils fussent, tout cela était magnifique – parce qu'ils possédaient quelque chose d'assez spécial, parce qu'ils avaient le privilège d'être en sa présence. Comment auraient-ils pu voir le cauchemar dans lequel il vivait quand tous – et Jacqueline plus que quiconque – vivaient dans leur propre rêve de gloire par association ?

Cette cour tragique s'était récemment augmentée de deux personnages tout droit sortis d'un opéra bouffe italien. L'un était un coiffeur espagnol, l'autre un tailleur italien. Picasso avait rencontré Arias, le coiffeur espagnol, à Vallauris, et lui faisait assez confiance pour le laisser lui couper les cheveux – un grand honneur puisque Picasso était persuadé que si ses cheveux coupés tombaient en de mauvaises mains, on pourrait s'en servir pour le manipuler et le contrôler. « Lorsque je le rencontrai, se rappelait Arias, il avait très peu de cheveux... Je les coupais très courts sur la nuque et j'en laissais plus sur le crâne pour dissimuler sa calvitie. Et, quand j'avais fini, je lui posais toujours un baiser sur la partie chauve. Toujours[108]. » Arias arrivait donc à « La Californie », coupait les cheveux de Picasso, obtenait en échange un dessin ou un autre, restait dîner, parlait de l'Espagne, l'accompagnait aux corridas et commença peu à peu à se sentir comme le fils spirituel de Picasso. « Allons aux taureaux, lui disait Picasso. C'est la seule chose qui nous reste[109]. »

Michele Sapone, le tailleur de Nice via Naples, s'insinua à la cour en sondant le mystère des goûts mélangés de Picasso en matière vestimentaire, où il y avait du dandy et du bohème. Il arrivait à « La Californie » sans jamais se faire annoncer – et il était toujours reçu, avec des arrivages des velours côtelés qu'adorait Picasso, avec des pièces et des rouleaux de tissus, des costumes et des manteaux, et il repartait avec un approvisionnement de toiles. « Vous travaillez pour moi, disait le peintre au tailleur, et je travaille pour vous[110]. » La garde-robe exotique et de plus en plus fournie de Picasso ainsi que la galerie que le gendre de Sapone ouvrit plus tard à Nice témoignaient du fait que chacun respectait son rôle.

Il y en avait des centaines qui n'étaient jamais admis dans le cercle magique ou bien qui l'étaient de façon épisodique. C'est Jacqueline qui était chargée des relations avec le monde extérieur et Picasso s'assurait que c'était bien elle qu'on accusait. « Quel mal nous avons eu à vous joindre[111] », disaient les gens, enfin reçus après Dieu sait combien de tentatives. Picasso se tournait vers Jacqueline et disait d'un air stupéfait : « Comment... ! Ils ont téléphoné et on ne m'a rien dit ? » Ce n'était pas Jacqueline qui allait contredire monseigneur en public ni rappeler combien étaient implacables ses ordres de ne pas le déranger. En tout cas, qui l'aurait crue lorsqu'il se dressait là, si innocent et si célèbre, si indigné et si stupéfait ?

L'année 1954 fut la dernière où il vit Dora; l'année 1955 fut la dernière où il vit Françoise et Maya; l'année 1958 fut la dernière où il vit Marie-Thérèse et la dernière fois qu'il eut un contact, si indirect fût-il, avec Fernande. Eva était morte, tout comme Olga. Le cercle se rétrécissait. La femme de Braque, qui était restée en rapport avec Fernande, s'adressa à Picasso pour lui demander de l'aider. Sans ressources, arthritique et partiellement sourde, Fernande avait été hospitalisée pour une sérieuse pneumonie. Picasso bourra d'argent une enveloppe et la lui envoya. Fière jusqu'à la fin, Fernande ne l'avait jamais approché elle-même pour lui demander quoi que ce fût; sa plus précieuse possession, dit-elle à un reporter, était un petit miroir en forme de cœur qu'il lui avait rapporté de Normandie, il y avait une éternité de cela, au Bateau-Lavoir.

« Il y avait là un photographe, se souvenait Marie-Thérèse de sa première et dernière visite à " La Californie ", qui l'appelait " maître, maître... " Alors Picasso me poussait du coude, il me disait : " Tu entends ? tu entends ? " J'aurais aimé rire, mais je ne riais pas, il y avait mes larmes qui coulaient, qui coulaient... A une heure et demie je suis partie, j'ai été déjeuner au restaurant toute seule[112]. » Elle ne voulut jamais revoir son amant « merveilleusement terrible ».

Picasso était trop fatigué et trop résigné pour changer de femme. Mais il devait changer de quelque chose pour que la vie soit au moins tolérable. Il décida donc de changer de maison. « La Californie » était trop bondée et, avec le développement de Cannes, plus assez tranquille. « Je suis un des monuments de la Côte d'Azur[113] ! » cria-t-il un jour. A la fin de septembre 1958, il était en Arles avec Jacqueline et les Pignon pour la corrida des vendanges, il se sentait particulièrement déprimé et encore abattu lorsqu'ils arrivèrent au château de Castilel pour dîner avec Douglas Cooper. Ce fut dans cet état d'esprit, quand tout à peu près était préférable au statu quo, qu'il entendit pour la première fois parler du château de Vauvenargues, près d'Aix-en-Provence. « Vous devriez le voir, dit Cooper. C'est un endroit merveilleux[114]. » Il en dit plus : que le château était à vendre et que Picasso devrait l'acheter.

« Les coïncidences n'existent pas, avait dit Picasso. Tout est normalement coïncidence, l'étrange étant le naturel[115]. » Le lendemain matin, au pavillon Vendôme, où la collection des Picasso de Marie Cuttoli était exposée, Picasso soupira : « Si seulement j'étais le Picasso de Mme Cuttoli, comme je serais heureux ici[116] ! » Si seulement il vivait quelque part ailleurs qu'à « La Californie » et s'il était n'importe qui d'autre que le Picasso qu'il était, comme il serait heureux ! En route donc pour Vauvenargues !

Au XVIIIe siècle, le marquis de Vauvenargues avait vécu dans son château et, du moins à en croire le gardien, c'est là qu'il avait écrit ses célèbres *Maximes*. Au XIXe siècle, Cézanne avait immortalisé la montagne Sainte-Victoire sur laquelle était bâti le château. Au XXe siècle, Picasso en devint propriétaire. Jacqueline détestait Vauvenargues : « Ces énormes pièces sombres et glacées, les escaliers secrets, les reliques de saint Séverin dans la tour, les fortifications du XIVe siècle. Mais Picasso ne l'avait jamais consultée. « J'ai acheté la Sainte-Victoire, annonça-t-il à Kahnweiler. – Laquelle ? demanda le marchand, surpris de ne pas avoir vu passer sur le marché un des paysages de Cézanne. – La vraie[117] », triompha Picasso.

« Si les hommes n'avaient pas aimé la gloire,

disait une des maximes du marquis de Vauvenargues, ils n'avaient ni assez d'esprit ni assez de vertu pour la mériter[118]. » Quand Sam Kootz vint lui rendre visite dans son nouveau château, Picasso annonça fièrement : « Cézanne a peint ces montagnes et maintenant j'en suis propriétaire[119]. »

On déménagea des coffres de sa banque de Paris, des centaines de toiles et de bronzes pour emplir les pièces de Vauvenargues; on installa le chauffage central et une luxueuse salle de bains dont il couvrit bientôt les murs de faunes et de nymphes avec une bête sauvage au-dessus de la baignoire. En février, il emménagea et les navettes commencèrent entre « La Californie » et Vauvenargues. « Tu sais où tu vis, dit-il à Hélène Parmelin. Tu vis à Paris, tu as une maison et tu sais où tu es. Moi, je ne suis nulle part, je ne sais pas où je vis, tu ne peux pas imaginer combien c'est horrible[120]. » Et, en effet, elle ne le pouvait pas. Tout comme tous ceux qui l'entouraient. Elle trouvait ça drôle et tous les autres se disaient : « Tiens, voilà Picasso qui se montre encore une fois un génie impossible. »

XVI

MAMAN ET MONSEIGNEUR

Le 5 juin 1959, on inaugura un monument à la mémoire d'Apollinaire, au coin de l'église de Saint-Germain-des-Prés, en face de la rue Guillaume-Apollinaire. La recherche du monument le plus approprié avait été si longue et si ardue qu'on avait du mal à croire que ce que Picasso avait donné et ce que dévoila la veuve d'Apollinaire en présence de Cocteau, de Salmon, des conseillers municipaux et de nombreux jeunes enthousiastes d'Apollinaire, était une *Tête de Dora Maar* que Picasso avait faite en 1941.

Dans *Le Poète assassiné* d'Apollinaire, publié en 1916, Picasso, apparaissant comme l'Oiseau du Bénin, avait sculpté « une statue en rien, en vide[1] » pour célébrer la mémoire de l'alter ego d'Apollinaire, Croniamantal : « Le lendemain, le sculpteur revint avec des ouvriers qui habillèrent le puits d'un mur en ciment armé large de huit centimètres, sauf le fond qui eut trente-huit centimètres, si bien que le vide avait la forme de Croniamantal, que le trou était plein de son fantôme. » Apollinaire avait étrangement présagé le geste vide que le monument de Picasso serait dans la vie réelle.

Cet été-là, Picasso avait fait une série de dessins du Christ en croix. Comme dans bien d'autres moments d'angoisse, il s'identifiait à la Passion du

Christ, mais il n'y avait dans cette identification ni consolation ni soulagement. Comme il jouait le dernier acte de sa vie, l'amour et la compassion semblaient être restés en coulisse, hors de vue et hors d'atteinte. Les gens qui l'entouraient n'étaient réels que dans la mesure où les accessoires de théâtre sont réels, et il les traitait avec la même considération. Vint un moment où même Hélène Parmelin se révolta et se permit de séparer l'ensorcellement créé par le mythe Picasso de l'expérience réelle d'être avec lui. Son mari et elle venaient d'arriver à Vauvenargues où ils trouvèrent Picasso dans « ce genre d'humeur insupportable qui règne sur la maison et l'étouffe... Avec des instants d'exaspération où l'on a envie d'aller respirer ailleurs un air personnel, à l'abri de cette fureur silencieuse et noire dont on n'a que faire[2] ».

Au lieu de cela, ils allèrent dans son atelier. « Et dans quel climat ! écrivit Hélène Parmelin. L'œil de Picasso fusille. Sa parole tranche[3]. » Mais la perspective inattendue de se voir montrer des toiles de sa collection personnelle, y compris ses œuvres de Cézanne, faisait paraître digne d'être payé le prix d'être fusillé par son regard et tranché par sa voix. Comme un monarque menaçant, il ordonna à Hélène Parmelin d'aller « tout de suite » chercher son appareil photographique pour prendre des photos de l'atelier et des toiles. « Tu n'as pas l'air de savoir que ce n'est pas n'importe quels tableaux[4] ! » cria-t-il, choisissant l'insulte dont il savait qu'elle blesserait le plus la femme qui parlait et écrivait comme si « la peinture » était incontestablement plus importante que la vie. « Va-t'en, au lieu de rester là à ne rien faire. » Hélène Parmelin s'en alla, masquant sa détresse sous un rire embarrassé. Elle revint avec son appareil et avait tout juste commencé à prendre des photographies quand brusquement Picasso se tourna vers elle, en fureur, en lui criant qu'il ne l'avait jamais autorisée à photographier la sanguine de Renoir et qu'en tout cas il en avait assez de ses photos! Là-dessus, après avoir des années supporté ses humeurs « insupportables », elle explosa : « J'ouvre l'appareil, j'arrache la pellicule, je la lui jette à la figure et je dis que Picasso ou pas Picasso, je n'en ai rien à foutre et ne laisserai jamais personne me parler sur ce ton. Que je ne suis pas un de ses courtisans ni un de ses " dévots apprivoisés "... Picasso et Pignon commencent à rire comme des fous en se regardant... Je sors. Le soleil m'attrape. Je me retrouve sur la route, sans voiture et sans argent. Je marche dans la colère, décidée à ne plus voir Picasso de ma vie[5]. »

Sa détermination dura toute une semaine, pendant laquelle Hélène Parmelin essaya d'expliquer à Jacqueline, qui ne cessait de l'appeler, pourquoi elle avait réagi ainsi. « Etre Picasso, dit-elle, n'implique pas le pouvoir de se conduire en satrape. Et Picasso ou le diable, ça m'est complètement égal[6]. » Mais ça ne lui était pas égal, pas du tout, et à la fin de la semaine elle capitula. Il fallut pour cela que Jacqueline tendît le téléphone à Picasso. « Mais qu'est-ce que j'ai fait, moi? dit-il d'une voix sucrée. Je n'ai rien fait[7]! » L'entendre murmurer quelques mots, même si c'était des mots niant toute responsabilité, suffisait à Hélène Parmelin. Domptée, elle rejoignit le troupeau.

Moins Picasso se sentait puissant, plus il se conduisait en satrape. Dans le *Romancero du Picador*, la suite sur laquelle il commença à travailler en juillet, le picador a été réduit à un voyeur impassible, courant les bordels, étrangement peu ému quand les filles dansent, s'exhibent et se lancent dans toutes sortes de contorsions provocantes pour tenter d'allumer quelque vie en lui. Le picador semble vidé de tout désir. Dans la vie de

Picasso aussi, les nouvelles excitations duraient de moins en moins longtemps. L'excitation de posséder son nouveau château passa en quelques mois. Quand Kahnweiler vint le voir à Vauvenargues pour la première fois, il lui avait dit que c'était « un endroit magnifique, mais trop vaste, trop sévère. – Trop vaste ? avait protesté Picasso. Je vais le remplir. Trop sévère ? Vous oubliez que je suis espagnol et que j'aime la tristesse[8] ».

« L'exaltation cessa brusquement, écrivit Maurice Jardot, le directeur de la galerie Louise Leiris. Picasso ne devait peindre que quatre toiles encore à Vauvenargues entre le 13 mai et le 24 juin 1959, et seulement cinq durant les années 1960 et 1961[9]. » « Je m'ennuie un petit peu, dit Picasso à Lionel Prejger quand il vint le voir à Vauvenargues. Votre frère est agent immobilier à Cannes. Vous connaissez mes goûts, essayez de me trouver une maison[10]. »

Ce fut précisément ce que fit Prejger, puis il l'appela pour lui annoncer la bonne nouvelle : « Je crois que je vous ai trouvé une maison. – Je serai là demain », dit Picasso.

Notre-Dame-de-Vie, comme on l'appelait à cause d'une chapelle voisine, était une villa provençale isolée sur une colline dominant Mougins, entourée de terrasses, de cyprès et d'oliviers. Une seule route y donnait accès, complètement délabrée, mais la maison elle-même avait été entièrement restaurée, toute blanche à l'intérieur, avec un grand nombre de salles de bains modernes. Elle plut à Picasso qui l'acheta et fit construire une nouvelle route. La maison fut enregistrée au nom d'une société, la société du Mas de Notre-Dame-de-Vie, qui comprenait Jacqueline, Kahnweiler, Max Pellequer – le banquier de Picasso –, Michel et Zette Leiris, Lionel Prejger et son frère. Mais ce ne fut qu'en juin 1961 que Picasso emménagea dans sa nouvelle demeure. Il avait dit à Reventos que, lorsqu'il avait complètement rempli une maison, il y laissait tout et s'installait dans une autre. Vauvenargues ne serait jamais plein.

L'œuvre qu'il conçut dans ses trois maisons du Midi était *Le Déjeuner sur l'herbe.* Il commença à s'escrimer sur la toile de Manet en août 1959 à Vauvenargues et déclara la bataille terminée en décembre 1961 à Notre-Dame-de-Vie – vingt-sept tableaux et cent trente-huit dessins plus tard. Comme d'autres croisent le fer, Picasso croisait la toile. Christine Piot écrivit qu'il pratiquait la peinture comme un art martial : « Cette image inclut l'idée de rapidité, d'extrême vitesse, qu'on lui a si souvent reconnue, et parfois reprochée; ainsi que la science d'aller droit au but, les yeux presque fermés, par prescience justement... avec aussi le sens de s'opposer à un ordre du monde, de contester, de conjurer, de se battre en " guerrier impeccable "[11]. » Aussi bien que croiser le fer avec Manet, il entreprit de « dépecer le *Déjeuner* pour en nourrir sa faculté créatrice[12] ».

Le Déjeuner sur l'herbe devint en même temps un moyen d'exprimer son ambivalence et ses craintes croissantes sur sa relation avec Jacqueline. Dans une série de variations sur *Le Déjeuner,* il soumit leurs corps à des transformations successives jusqu'au moment où son corps à lui « se recroqueville dans la toile finale à l'abri d'une ombre verte appropriée tandis qu'en face de lui trône la silhouette de Jacqueline comme un rapace impérieux[13]. » Ce n'était pas du tout ainsi que les choses se présentaient durant les années où il luttait avec Manet, mais comme il sentait sa force décliner, il craignait manifestement le pouvoir de Jacqueline à l'avenir.

Il en avait assez aussi de la voir constamment malade. Lorsque, en mai 1960, il alla la voir à l'hôpital où elle se remettait d'une opération abdominale, il se plaignit de ne pas pouvoir travailler « avec tout ça » et que, vraiment, « la peinture avait bien besoin de ça[14] ». Comme Eva avant elle, dès qu'elle fut remise sur pied, Jacqueline se conduisit comme si elle allait parfaitement bien. Et Picasso ne demandait qu'à se prêter à cette fiction. La plus grande valeur de Jacqueline résidait dans toutes les fonctions mécaniques qu'elle accomplissait et dont il dépendait de plus en plus; il était donc extrêmement contrarié lorsque quelque chose venait les perturber. Et elle, ensorcelée et possédée, niait tout sentiment qui pourrait l'énerver. Toutes ces dénégations et ces émotions contenues épuisaient son énergie, si bien que, même quand les docteurs ne trouvaient rien d'anormal chez elle, elle souffrait d'un épuisement tenace qui l'alourdissait et lui faisait souvent traîner les pieds comme une vieille femme.

Tandis que Jacqueline commençait à oublier ce que c'était que d'être en bonne santé, Picasso s'inquiétait au moindre signe que tout n'allait pas parfaitement bien chez lui. « Il a toujours été si préoccupé de sa santé! dit Kahnweiler. En réalité, il n'a jamais été sérieusement malade. Au fond, il n'a jamais rien eu que des névroses. Et vous savez comment il se soignait? Avec des peaux de chats! Plusieurs fois je suis allé le voir et je l'ai trouvé au lit, les épaules couvertes de fourrures de chats. L'énorme quantité de travail qu'il fournit donne l'impression qu'il doit se surmener. Pas du tout : il s'observe et prend très grand soin de lui... Il se fait examiner fréquemment par son médecin, le même médecin, d'ailleurs, qui soignait Matisse. Chaque fois qu'il éprouve le besoin de se reposer et de retrouver ses forces, il reste tout simplement au lit deux ou trois jours[15]. »

Dans l'été 1960, Roland Penrose, qui avait organisé une grande rétrospective de l'œuvre de Picasso à la Tate Gallery, fit tout son possible pour le persuader d'assister à l'inauguration. « Pourquoi irais-je ? répondit Picasso. Je les connais, toutes ces toiles, c'est moi qui les ai peintes[16]. » L'exposition de la Tate fut l'apothéose de Picasso comme génie officiel du siècle, son œuvre une série d'impérissables chefs-d'œuvre, sa vie une offrande à l'humanité. La reine elle-même dit, lors d'une visite privée de l'exposition, que Picasso était « le plus grand artiste de ce siècle[17] », cependant que Penrose écrivait dans son introduction au catalogue que l'œuvre de Picasso était « née d'une compréhension et d'un amour de l'humanité. Son art va bien au-delà d'un facile enchantement de l'œil. Il accomplit un but plus essentiel : l'intensification du sentiment et l'éducation de l'esprit[18] ». C'était vrai de la même façon que *La Chute d'Icare* était vraiment *Les Forces de la vie et de l'esprit triomphant du mal* et que, comme disait le slogan dans *1984* d'Orwell, « la guerre c'est la paix ».

Tandis que Penrose chantait l'amour de l'humanité de Picasso, Françoise s'efforçait, grâce à ses avocats, d'obtenir quelques droits fondamentaux pour ses enfants – à commencer par le droit d'utiliser le nom de leur père, que Maya n'avait jamais eu. Au cours de ces longues négociations avec M Bacqué de Sariac, l'avocat de Picasso, Françoise reçut une proposition extrêmement inattendue du père de ses enfants. « Voudriez-vous envisager, demanda M de Sariac sur les instructions de son client, de divorcer d'avec Luc Simon et de l'épouser ? Ce serait certainement la façon la plus facile de régulariser le statut des enfants. Ensuite, vous pourriez divorcer, mais du moins les enfants auraient-ils été légitimés[19]. »

« Dans l'intérêt des enfants » c'était l'argument auquel ne cessait de revenir l'émissaire de Picasso tandis que Françoise l'écoutait, semaine après semaine, durant les derniers mois de 1960. Marie Cuttoli, Paulo et Claude, qui avait maintenant treize ans, firent chorus, l'encourageant à dire oui. « Maman, tu devrais le faire[20] », ne cessait de supplier Claude lorsqu'il rentra après ses vacances d'été à « La Californie ». Et lui, comme Paloma, répétait inlassablement que Jacqueline et leur père se querellaient tout le temps et que leurs relations ne faisaient qu'empirer. Françoise au début était incrédule et ne pouvait se décider à considérer cette proposition. Mais, peu à peu, l'offre de Picasso, comme un tremblement de terre, se mit à changer le paysage de son existence. Presque malgré elle, elle se mit à regarder sa vie d'un œil nouveau. Dans la journée, elle travaillait dans son atelier, dans la maison familiale de Neuilly. Son père était mort en 1957, il n'y avait donc plus là que sa mère. Le soir, elle rentrait rue du Val-de-Grâce et elle et Luc dînaient avec les enfants. « Nous nous conduisions très bien devant eux, dit Françoise, mais quand ils étaient couchés, c'était une discussion après l'autre[21]. » Luc, qui avait été comme un père pour Claude et Paloma, n'était pas heureux à l'idée de leur voir prendre le nom de Picasso. L'hostilité de Picasso à son égard depuis son mariage avec Françoise avait imprégné tout le monde de l'art et avait eu des effets catastrophiques sur sa carrière; et voilà maintenant que les enfants qu'il aimait allaient porter le nom de l'homme qui avait fait tout son possible pour le détruire.

En regardant les années qui s'étaient écoulées depuis son mariage avec Luc, Françoise se rendait clairement compte pour la première fois à quel point la vindicte de Picasso avait empoisonné leur existence. Etait-il possible, commença-t-elle à se demander, de mettre un terme à son ressentiment corrosif ? D'avoir une vie dans laquelle elle pourrait parler au père de ses enfants sans passer par le truchement des avocats ? De pouvoir travailler dans le monde artistique sans être marquée par l'inimitié de Picasso ? Elle se sentait soulagée d'un poids écrasant à l'idée d'une vie sans l'ombre que Picasso, le destructeur, avait jetée sur son univers à elle.

Il y avait autre chose que la proposition de Picasso l'obligeait à affronter : que, même si elle aimait beaucoup Luc et si elle se méfiait de Picasso, elle n'avait jamais aimé personne avec autant d'intensité que Picasso. Et Luc le savait. Il avait même écrit une lettre à Picasso pour lui dire : « Françoise est peut-être ma femme, mais elle sera toujours à vous[22]. » La vie n'avait pas été facile avec les Furies vengeresses de Picasso la poursuivant; Françoise avait pourtant réussi non seulement à survivre mais à panser ses plaies et à s'épanouir. Et, avec le recul, elle avait entrevu des moyens qui lui auraient permis d'arriver à plus d'intimité et de profondeur dans ses rapports avec Picasso. Elle voyait les erreurs qu'*elle* avait commises. Et si elle avait appris l'espagnol ? Elle se rappelait comme il était enchanté chaque fois qu'il la voyait s'intéresser à quelque chose d'espagnol, par exemple quand elle avait traduit des poèmes de Góngora; savoir parler la langue maternelle de Picasso les aurait assurément rapprochés. Et si elle avait été plus souple, si elle avait davantage ouvert son cœur, si elle s'était moins méfiée de lui ? Et, surtout, si spirituellement elle était arrivée au point où elle aurait pu l'aimer sans condition, sans perdre son centre à elle, où elle aurait pu s'abandonner pleinement sans capituler et d'où elle aurait pu l'éloigner de son propre instinct d'autodestruction ?

Peut-être rêvait-elle; peut-être était-ce trop tard

et y avait-il trop de fantômes du passé ; mais si elle acceptait l'offre de Picasso, alors au moins ses enfants seraient légitimés, elle désarmerait un peu de l'hostilité de Picasso et Luc pourrait poursuivre sa carrière sans la malédiction d'avoir Picasso comme adversaire.

En janvier 1961, le journal officiel annonça que Claude et Paloma étaient autorisés à porter le nom de leur père : Ruiz Picasso. A la fin de février, Françoise demanda le divorce à Luc. Le 2 mars, dans le plus grand secret, Pablo Picasso et Jacqueline Roque se marièrent à la mairie de Vallauris, en présence de Paul Derigon, le maire communiste, et de M Antebi, un avocat de Cannes et de sa femme. Les bans n'avaient pas été publiés sur la porte de la mairie et, à la demande de Picasso, on avait gardé la plus grande discrétion. Jacqueline était Mme Picasso depuis douze jours lorsque la presse apprit la nouvelle. Pendant cette période, Picasso s'était soigneusement abstenu d'informer M de Sariac, qui avait continué de déblayer la voie pour que son client puisse épouser Françoise.

Le 14 mars, Françoise ouvrit son journal du matin pour lire que l'homme qu'elle s'apprêtait à épouser s'était marié douze jours plus tôt. La nouvelle la fit frissonner. Elle se sentit soudain touchée par le mal. L'homme qu'elle avait aimé profondément et qu'elle avait décidé de mieux aimer avait, par un complot digne de Méphistophélès, réussi à la persuader de demander le divorce à son mari afin de l'épouser. Et, à peine la procédure de divorce engagée, il en avait épousé une autre. Dans un état de complet désarroi affectif, Françoise décida de poursuivre la procédure de divorce, même si elle n'avait plus de raisons immédiates. Jamais auparavant elle n'avait vu avec aussi peu d'équivoque le pouvoir de destruction de Picasso.

« J'avais juré de réussir à me marier sans journalistes. C'est fait! J'ai gagné[23]! » déclara Picasso à la presse. Il avait gagné – devant la presse et devant Françoise. Il s'était servi de Jacqueline pour remporter ce qu'il croyait être l'ultime victoire sur Françoise et, ce faisant, il avait remis sa main à l'instrument de sa victoire. Le mariage transforma Jacqueline de victime en vainqueur, et passer de l'état de maîtresse à celui d'épouse déchaîna l'instinct destructeur qui s'était amassé en elle pendant six ans où elle avait été traitée comme une créature à peine humaine. Elle était maintenant Mme Picasso et la maîtresse de tout son royaume. Avant leur mariage, il n'y avait jamais dans la chambre de Picasso de traces qu'une femme avait dormi là. Pas une combinaison, pas un bâton de rouge. Sa chambre, maintenant, devint clairement *leur* chambre. Mais ce n'était qu'une banale information de son nouveau statut. Une affirmation sinistre de son nouveau pouvoir, ce fut la campagne qu'elle entama aussitôt contre ses enfants.

Claude et Paloma avaient toujours apporté un amer rappel de la femme qu'elle avait remplacée; de la femme qui avait caracolé fièrement dans l'arène de Vallauris pendant qu'elle regardait, avalant une humiliation de plus; de la femme qu'elle haïssait plus que toute autre. Claude et Paloma étaient aussi d'amers rappels du fait qu'elle n'aurait jamais d'enfants de Picasso. Elle avait toléré leur présence pour les vacances, comme elle avait toléré tout et tout le monde qui avait fait partie de la vie de Picasso tant qu'elle ne savait pas jusqu'à quel point elle y occuperait une place permanente. Mais maintenant elle savait, et le monde savait, et plus rien ne viendrait freiner l'exercice sans entrave de sa volonté. Et puis les enfants devenaient vite des adultes, intelligents, séduisants et maintenant, à l'horreur de Jacqueline, portant le nom de leur père. Ils étaient plus difficiles à supporter et elle n'y était plus obligée. Elle commença à raconter des mensonges à Picasso, à lui dire combien ses enfants se souciaient peu de lui, comment ils avaient été empoisonnés par leur mère, et même comment à quatorze ans Claude était devenu un drogué, qu'on ne devrait pas le laisser venir pour les vacances de Pâques. On cessa vite d'inviter les deux enfants.

Ils revinrent; mais leur temps à Notre-Dame-de-Vie était de plus en plus rationné. Et, lorsqu'ils étaient là, Jacqueline faisait de son mieux pour les humilier. Un jour, elle les emmena avec sa propre fille dans un grand magasin à bon marché de Cannes. « Je vous amène ici, leur dit-elle, parce que c'est là où vous ferez vos courses pour vos vêtements et pour tout ce qu'il vous faudra[24]. » Comme Claude et Paloma protestaient qu'elle n'avait pas à s'inquiéter de l'endroit où ils achetaient leurs vêtements puisque leur mère s'occupait de cela, et que ce n'était certainement pas dans un endroit comme celui-ci, elle insista : « Je sais, et c'est pourquoi je vous ai amenés ici. Parce que quand vous serez plus vieux, c'est là que vous devrez aller. » C'était une gifle et un avertissement aux enfants, dont la mère se donnait du mal pour leur faire obtenir non seulement le nom de leur père, mais tous leurs droits légaux. C'était aussi une gifle à sa propre fille, qui se débrouillait de moins en moins bien à mesure qu'elle grandissait et qu'elle voyait sa mère devenir de plus en plus insensible. Elle ne pouvait pas pardonner à Catherine de venir d'une autre vie, d'un autre homme et d'un autre monde.

L'isolement de Picasso se fit par étapes, mais il commença par la négation de toute demande affective. Ce que Jacqueline voulait, c'était Picasso pour elle-même, et elle était d'une impitoyable clarté sur les moyens de parvenir à son but, puisque ce qu'il voulait c'était se perdre dans le travail. Plus tard, elle parlerait des toiles peintes par Picasso durant leur période de vie commune comme de « leurs enfants », et elle tenait à ce que rien ne vînt gêner la production de plus en plus d'« enfants » – et assurément pas la présence de vrais enfants sortis de son passé. Il y avait au premier étage de Notre-Dame-de-Vie une fenêtre qui donnait sur l'atelier de Picasso. De cette fenêtre, Jacqueline regardait pendant des heures Picasso faire « leurs enfants ». C'étaient ses grands moments : rien qu'elle et Monseigneur et la perspective de plus en plus de leurs enfants peuplant la terre.

Pour Picasso, le travail était la seule arme qu'il pouvait brandir contre la mort, son grand adversaire. A la fin d'octobre 1961, pourtant, il abandonna quelques jours son travail et se lança dans une célébration de son quatre-vingtième anniversaire, que l'on compara à « une fête religieuse au temps de la Renaissance[25] ». L'hôte, au nom duquel on envoya quatre mille invitations, était Paul Derigon, le même maire communiste de Vallauris qui l'avait marié à Jacqueline. Un festival de musique, de chants et de danse se tint à Nice avec, entre autres Sviatoslav Richter au piano et Antonio dansant le flamenco. Une exposition intime de cinquante de ses toiles fut organisée à Vallauris, à laquelle Picasso et Jacqueline se rendirent, « escortés de motards de la police casqués, en gants blancs[26] ». Des guitares vinrent lui donner la sérénade, il reçut d'innombrables cadeaux, entendit de nombreux discours vantant sa grandeur et son humanité, assista à une réception en son honneur au casino du Palm Beach de Cannes, avec un magnifique feu d'artifice, et suivit une corrida elle aussi donnée en son honneur à Vallauris. Les matadors étaient Dominguin et Ortega, et Jacqueline cette fois n'avait pas de rivale. La mère terrible était, en public, la jeune épousée blottie à l'ombre de son grand mari. Et Picasso, qui tantôt fuyait le feu des projecteurs et tantôt le regrettait s'il n'était pas braqué sur lui, se délectait dans l'adulation de la foule.

A l'occasion de son quatre-vingtième anniversaire, *France-Soir* publia une interview que Picasso avait accordée à une jeune journaliste, Sylvie Marion. Il s'empressa de saisir l'occasion de montrer que ses habitudes de flirteur n'étaient pas finies. « Venez là que je vous embrasse, lui dit-il. Voilà. Dites que Picasso vous a embrassée pour son quatre-vingtième anniversaire. C'est tout. Comment, vous ne voulez pas de mes baisers ? Jacqueline, est-ce gentil... ? Vous avez de beaux yeux. Laissez-moi vous embrasser encore[27]. » Pour finir Sylvie Marion eut droit à autre chose qu'à des embrassades et des baisers : « Je ne suis pas Marilyn Monroe, dit-il en arrondissant ses mains sur ses seins inexistants. Pour commencer, je n'ai pas ça... Eh bien, dites que, s'il n'y avait pas de miroirs, je ne saurais pas mon âge et que j'ai pris quatre-vingts ans pour devenir jeune. Comment, j'ai déjà dit cela pour mes soixante-dix ans ? Bon, alors dites que je le crois toujours. » Enfin venait la déclaration qui servit de titre à l'interview : « L'amour, c'est la seule chose qui vaut la peine. »

A la veille de s'enfermer dans cet isolement fortifié où il allait se protéger de tout contact humain, il n'y avait pas grand-chose dans sa vie qui eût quelque chose à voir avec l'amour. On installa des grilles électriques à Notre-Dame-de-Vie, avec un système de téléphones intérieurs pour filtrer les visiteurs, et des chiens de garde qu'on lâchait s'ils insistaient. Dans leur isolement à deux, les Picasso étaient liés par leur méfiance du monde extérieur.

« Tout le monde est achetable, disait Jacqueline, et l'argent finit toujours par provoquer tôt ou tard le déclic de la folie[28]. » Elle parlait, bien sûr, de l'argent dans les mains d'autrui, de gens qui, contrairement à elle, étaient avides et calculateurs. Parce que, comme elle l'avait dit d'elle-même, elle aurait été « tout aussi heureuse avec une seule carte postale de Picasso[29] ». Miguel Bosé, le fils de Luis Dominguin, se rappelait qu'« elle était terriblement jalouse de toute autre présence dans la maison. Elle vous faisait souffrir, vous mettait mal à l'aise, on se sentait bizarre à n'importe quel moment et n'importe où... elle était toujours là, toujours tendue, montant la garde. Elle croyait que tous les amis de Picasso profitaient de lui, qu'ils n'étaient ses amis que parce qu'il était Pablo Picasso. Et peut-être pensait-elle cela parce que " les voleurs croient que tous les gens sont des voleurs "[30]. »

« A la fin personne ne peut rien voir d'autre que lui-même, avait dit Picasso. Grâce à l'incessante recherche de la réalité, il finit dans la noire obscurité. Il y a tant de réalités, qu'en essayant de les embrasser toutes, on finit dans les ténèbres[31]. » L'homme qui avait fièrement déclaré : « Je ne cherche pas; je trouve » devait maintenant reconnaître que non seulement il avait cherché sans réussir à trouver, mais qu'il avait aussi fini dans la noire obscurité et les ténèbres. Il continuait à travailler – des toiles, des dessins, des découpages, soixante-dix *Jacquelines* rien qu'en 1962 – mais c'était un travail né de la panique et de la frénésie qu'engendre la panique. Dans sa vie comme dans son œuvre, il battait en retraite. C'était le moment de renoncer, de s'installer et de revenir. De renoncer à l'espoir de déterrer la réalité et la vérité; de s'installer comme si le poids de la vie avait pris de telles proportions qu'il avait dû épouser sa gardienne; et de revenir à la mère qui allait mettre de l'ordre dans sa réalité, répondre à tous ses vœux sans rien demander en retour sinon de le posséder. Il n'avait même pas à maintenir la fiction de l'aimer. Il pouvait être aussi distant, affectivement absent, cruel ou injuste qu'il en avait envie, elle serait toujours là à s'occuper de lui, parce que c'est le travail d'une mère. Il se mit à appeler Jacqueline « maman ». Et de toutes les femmes de sa vie, c'est Jacqueline qui ressemblait le plus à sa mère et qui se mit à lui ressembler de plus en plus lorsque avec les années elle devenait plus trapue, plus épaisse. Picasso aimait qu'elle lui donnât son bain et se mettait dans de violentes colères si elle n'était pas là quand il avait besoin d'elle.

Il ne tolérait même pas une brève absence. Maurici Torra-Bailari, un Espagnol qui connaissait Picasso depuis ses premiers jours à Paris, se souvenait d'un après-midi à Notre-Dame-de-Vie où, après le déjeuner, il était allé avec ses cousins et Jacqueline faire un tour en voiture à Vallauris : « Il allait faire la sieste et c'était lui qui avait suggéré que Jacqueline vienne avec nous pour être de retour à cinq heures, heure à laquelle il serait debout. Mais il avait dû s'éveiller plus tôt. Il y avait de l'orage en perspective. " Comment as-tu pu me laisser? cria-t-il dès que nous entrâmes dans la maison. Tu m'as abandonné! " C'était une colère d'enfant, mais, malgré cela, Jacqueline ne fit aucun effort pour se défendre[32]. »

Dans son œuvre aussi il régressait non à un stade antérieur de sa propre vie, mais à un stade antérieur, bien antérieur de l'humanité. Les personnages qui peuplaient ses toiles n'étaient pas modernes; ils n'étaient même pas Egyptiens ni Grecs. C'était le vieux peuple mésopotamien qu'on voit dans l'art qui a survécu de ces temps anciens. Des gens costauds, trapus, sans presque de cou, et surtout, avec les pupilles suspendues dans leurs yeux, ne touchant nulle part les paupières : de grands trous noirs émergeant tout juste des ténèbres cosmiques, qui observaient craintivement, encore en proie à une terreur primitive. A la fin d'octobre, alors qu'il travaillait sur son *Enlèvement des Sabines,* il peignit quatre *Guerriers* qui proclamaient cette terreur. « Ces quatre *Guerriers,* écrivit l'historien d'art Gert Schiff, dénoncent la même horreur. Est-elle provoquée par les méfaits qu'ils sont forcés de commettre au nom de quelque bien discutable[33] ? » Ou peut-être au nom de quelque dieu discutable qui exigeait encore des sacrifices humains ? Le 14 novembre, Picasso peignit un portrait de Jacqueline, *Tête de femme,* sur lequel il « projeta, avec leurs distorsions faciales toutes les horreurs des *Guerriers*[34] ». Le sphinx avait disparu et Jacqueline, les yeux figés dans une horreur immobile, retenant son souffle dans une peur primordiale, se retrouve dans le monde des Mésopotamiens.

« Mais eux, ils ne disent rien[35] ! » fit remarquer Picasso à propos de ses *Guerriers.* Les *Sabines* de David, *L'Enlèvement des Sabines* et *Le Massacre des Innocents* de Poussin avaient été le point de départ des guerriers, des massacres, du sang répandu et de la destruction qui emplit son œuvre pendant des mois. Puis, au début de février, ce fut terminé. Mais il n'était pas sûr du tout qu'il y ait eu le moindre but à toute cette destruction. « Est-ce qu'on sait jamais ce qu'on fait ? demanda Hélène Parmelin. Peut-on en tirer une morale ? Y a-t-il quelqu'un au monde qui puisse donner au peintre une certitude... ? Il suffit de le voir regarder ses guerriers pour comprendre qu'en dépit de tout, le tourment qu'ils lui inspirent est loin d'être apaisé[36]. »

Et il ne le serait jamais. « Tout est changé, dit-il.

Tout est changé, peindre est quelque chose d'absolument différent de ce que nous croyions, c'est peut-être même tout l'opposé[37]. » Il savait qu'il avait détruit la forme, que les peintres abstraits éliminaient le sujet et que c'était la fin de la peinture telle qu'elle avait été et telle qu'il l'avait pratiquée. Pas étonnant qu'il fût si incertain à propos de ce qu'il faisait, pas étonnant qu'il peignît sans but. « Ce fut durant cette période, écrivit Hélène Parmelin, qu'il se déclara prêt à tuer l'art moderne, et ainsi l'art lui-même, afin de redécouvrir la peinture... Alors, à bas tout le monde. A bas tout ce qu'on a fait, à bas Picasso ! Car aussi, en même temps et tout naturellement, c'est Picasso et ses méthodes de peinture qu'il attaque[38]. »

Mais qu'est-ce qui allait remplacer ce qui avait été ? « Il nous faut chercher, dit-il, quelque chose qui développe tout de soi-même, quelque chose de naturel et de pas fabriqué ; il doit évoluer comme il est, sous sa forme naturelle et non pas sous sa forme artistique... Nous refaisons inlassablement la même chose et pourtant nous pouvons tout faire ; qu'y a-t-il donc qui nous arrête[39] ? »

C'était le Nous royal. Mais il continuait à refaire inlassablement la même chose. Cela semblait différent, prolifique, fécond. Mais c'était toujours pareil, sous différents déguisements : tantôt c'étaient des guerriers, tantôt un peintre et son modèle, tantôt des mousquetaires, tantôt d'autres Jacquelines mésopotamiennes, de plus en plus sauvages et repoussantes. Il y eut cent soixante Jacquelines en 1963, comme s'il avait besoin de se débarrasser d'elle dans son œuvre, puisqu'il avait décidé de se cramponner à elle dans la vie. « Devant Picasso, écrivit François Mauriac, je n'ai jamais pu échapper à l'évidence contradictoire du génie et de l'imposture... Toujours cette impression d'assister à l'attentat mené par un astucieux sorcier, avec l'éclat d'une haine presque surnaturelle contre le visage humain[40]. » Dans le cas de nombre des portraits de Jacqueline, il y avait aussi la haine contre le corps humain. Avec le déclin de ses prouesses sexuelles et l'impuissance qui le guettait, une autre raison venait s'ajouter à sa profonde misogynie. Le désir refusé tournait au mépris du corps féminin et la passion sexuelle au dégoût. Le corps de Jacqueline était massacré dans une toile après l'autre, dans un dessin après l'autre. « Parfois je rêve qu'il m'a aimée[41] », dit-elle. Mais ce devait être difficile d'entretenir ce rêve quand, à mesure que les années passaient, elle se trouvait de plus en plus brutalisée par son pinceau.

Un matin, en se réveillant dans un hôtel d'Arles pour aller assister à la corrida du jour, ils téléphonèrent à Hélène Parmelin et à Pignon qui occupaient la chambre voisine. « Est-ce que vous vous êtes réconciliés ? » demandèrent-ils, car les Pignon avaient eu une scène épique la veille au soir. « Evidemment, répondit Hélène Parmelin. – Mais vraiment réconciliés ? – Naturellement. – Alors, vous avez fait l'amour ? demanda Jacqueline, de toute évidence poussée par son mari. – Je t'en prie, protesta Hélène Parmelin. – Mais avez-vous fait l'amour ? cria Picasso dans le téléphone. Pas de réconciliation si vous ne l'avez pas fait ! – Oui, là ! finit par dire Hélène Parmelin exaspérée. Vous êtes content ? Oui, on a fait l'amour. – Nous aussi ! Nous aussi[42] ! » chantonna Picasso, assez fort pour être entendu d'Hélène Parmelin. Faire l'amour était devenu un événement qui méritait qu'on s'en vantât.

Mais rester en vie aussi. Deux des êtres clés de sa longue existence moururent en 1963. Braque en août, Cocteau en octobre. Il continua à travailler. Peut-être le travail pourrait-il chasser la mort de l'orbite qu'il décrivait. Si ce n'était pas le travail, alors quoi? Ses enfants, loin de lui donner le sentiment d'une vie qui continuait, lui rappelaient tristement que sa vie à lui touchait à son terme. Pendant les vacances de Noël, il dit à Claude que c'était la dernière fois qu'il pourrait venir le voir. « Je suis vieux et, toi, tu es jeune, ajouta-t-il. Je voudrais que tu sois mort[43]. »

Paloma revint à Pâques. « Non, vous ne pouvez pas le voir[44] », s'entendit-elle déclarer. Ce Noël 1963 fut donc la dernière fois que l'un et l'autre enfant devaient passer quelque temps avec leur père. « Pendant dix ans, monsieur était sorti, dit Paloma, la personne que j'ai aimée le plus au monde. » C'était une confrontation avec les ténèbres de leur père qui faillit les écraser; une explosion qui retentit encore dans leur existence. « Quand la porte claqua, dit Claude, ce fut comme un coup de tonnerre[45]. » Déjà fragile par suite de sa malformation cardiaque congénitale, Claude était mal équipé pour faire face à un rejet aussi violent. « Je voudrais que tu sois mort », avait dit son père et, comme s'il avait été maudit, Claude essaya de se suicider en sautant du haut d'un mur. Il n'y parvint pas, et peut-être n'avait-il pas l'intention de réussir, mais le poids du rejet de son père pesait lourdement sur lui. Françoise décida que les choses seraient peut-être plus faciles s'il quittait la France quelque temps. Elle l'envoya à Cambridge, en Angleterre, et dans la première lettre qu'elle reçut de lui il lui annonça qu'il voulait aller à Londres et devenir écrivain. Sa lettre était si pleine de peine et de chagrin que Françoise, inquiète, lui répondit en lui demandant « à titre d'exercice d'établir un bilan[46] » et de lui envoyer une autre lettre dans laquelle il mettrait en rouge tout ce qu'il y avait de bien dans sa vie et en bleu tout ce qu'il y avait de mal.

« Peut-être que je voyais un peu trop ce qui se passait », dit Claude plus tard, essayant encore de comprendre comment quelque chose d'aussi peu naturel avait pu arriver. « Ça ennuyait ma belle-mère. Elle était toujours jalouse de ma sœur et de moi. Ça la dérangeait, je crois, que nous soyons là, pour évoquer des souvenirs du passé[47]. » Marina, la fille de Paulo, blâmait aussi Jacqueline : « Après le mariage, mon grand-père parut perdre son humanité. Nous ne le voyions absolument pas, nous ne recevions absolument rien de lui. J'ai l'impression que la principale responsable en était Jacqueline; ça n'aurait pu venir de personne d'autre[48]. »

En fait, Jacqueline n'était au bout du compte qu'un accessoire. Dans le conflit spirituel entre ténèbres et lumière qui faisait rage dans son âme et dans sa vie depuis des années, Picasso avait choisi de se ranger du côté des ténèbres et d'abjurer la lumière. En même temps, il avait choisi de passer le reste de sa vie avec une femme qui s'assurerait qu'il n'y aurait pas de lumière autour de lui pour défier les ténèbres. D'un commun accord, ils rejetèrent tous les liens affectifs qui rendent l'homme humain; d'un commun accord ils rejetèrent l'amour. Si sa famille avait l'impression que le moment où il épousa Jacqueline fut le moment où il perdit son humanité, c'était seulement parce que c'était le moment où il lui accorda le pouvoir d'être sa codestructrice. Mais c'est lui qui lui conféra ce pouvoir et, sans lui, sa capacité de faire mal aurait été aussi banale et insignifiante que, sans lui, elle serait demeurée. Le mal pur a un côté monumental auquel, seule, elle n'aurait pu aspirer. Si elle se conduisit comme un monstre et s'assura qu'il n'y avait pas de raison pour lui de ne pas en faire autant, ce fut grâce à lui que tout ce qu'il y avait de bien en elle disparut.

En mars 1964, à l'occasion du soixantième anniversaire de l'arrivée de Picasso au Bateau-Lavoir, Le Jardin des arts demanda à un certain nombre de célébrités du monde artistique ce qu'elles pensaient de Picasso. La contribution de Cocteau fut obtenue peu avant sa mort : « Peu importe ce qu'on " pense " de Picasso. Il faudrait citer et reciter la réponse définitive de Mallarmé à Degas, qui se plaignait des pensées que l'exercice d'un sonnet exige : " Mais, monsieur Degas, ce n'est pas avec des pensées qu'on fait un poème, c'est avec des mots. " Picasso sanctifie des fautes. Voilà, il me semble la seule règle du génie. Tout le reste est du sport[49]. »

C'était là l'attitude qu'on retrouvait dans la réaction scandalisée des fidèles de Picasso quand, dans l'été 1964, des extraits du livre que Françoise avait écrit avec Carlton Lake à propos de sa vie avec Picasso parurent dans *The Atlantic Monthly*. En novembre, le livre sortit en librairie à New York et *The New York Review of Books* devint le premier champ de bataille pour la guerre qui allait faire rage toute l'année suivante autour de *Life with Picasso*. « Cet abus de confiance, écrivit John Richardson dans sa critique, est d'autant plus inconcevable que Picasso a horreur de toute divulgation de ses opinions personnelles[50]. »

James Lord répondit à la critique. « Le fait est, écrivit-il, que Picasso lui-même a choisi de vivre dans un bocal. Il ne s'attendait peut-être pas à la totale transparence de la facette que nous en a fournie Mme Gilot, mais il n'a de reproches à faire qu'à lui-même, et il est malséant de la part d'autrui de s'en offusquer. Je trouve significatif que, malgré ses réserves sur le livre et sur son auteur, Mr. Richardson ne déclare jamais de façon catégorique que ce portrait de Picasso est un faux. Il néglige de le faire, à mon avis, pour l'excellente raison qu'il est en mesure de savoir à quel point ce portrait ressemble étonnamment à la vie... Il est important de savoir combien Picasso pouvait être pervers, cruel, impitoyable, sentimental et volage. D'ailleurs, comment pourrait-on honnêtement étudier son œuvre et imaginer qu'il en soit autrement[51] ? »

« Quand j'ai commencé à travailler sur le livre, dit Françoise, je ne savais pas quand je le publierais ni si je le publierais. Je voulais noter les choses pendant que ma mémoire était claire et c'était aussi une façon de mettre de l'ordre dans mes pensées, dans mes expériences et dans la façon de m'en libérer. Ce qui me donna le feu vert pour publier, ce fut sa décision de cesser de voir les enfants. Comme ils n'avaient plus rien à perdre en ce qui concernait l'affection de leur père, il n'y avait plus de raisons pour moi de surseoir à la publication. Et puis j'avais l'impression que, si le livre était publié alors qu'il était encore vivant, il aurait une chance de répondre s'il le voulait. En même temps, je faisais très attention à n'avancer aucune affirmation à l'appui de laquelle je ne pouvais pas fournir de document ou de preuve, et il y avait un tas de faits préjudiciables que je n'ai pas inclus dans le livre, puisqu'il était encore vivant, et que, même s'il n'en avait pas le comportement, il était toujours le père de mes enfants[52]. »

Le ton du livre de Françoise est tout entier dans ce paragraphe : « Le fait que je sois venue à lui, dit-il [en 1944], lui semblait comme une fenêtre qui s'ouvrait et qu'il voulait garder ouverte. Je le voulais aussi, tant qu'elle laissait entrer la lumière. Quand ça n'a plus été le cas, je l'ai refermée, et à mon corps défendant. A compter de ce moment, il a brûlé tous les points qui me reliaient au passé que j'avais partagé avec lui, mais, ce faisant, il m'a contrainte à me découvrir et ainsi à survivre. Je ne cesserai jamais de lui en être reconnaissante[53]. »

Il semblait décidé à la forcer à découvrir encore plus de ressources en elle-même pour survivre à ce qui se passa au printemps 1965, quand *Ma vie avec Picasso* parut en France. Sa sainte colère s'abattit sur elle en trois étapes. D'abord, il demanda aux tribunaux de faire saisir l'édition de *Paris-Match* où étaient publiés des extraits du livre, invoquant comme raison « une intolérable intrusion[54] » dans sa vie privée. Le 22 mars, il fut débouté de sa demande. Le 25 mars, il intenta une action contre Calmann-Lévy, l'éditeur français de Françoise, demandant à la cour d'interdire le livre. L'affaire passa les 12 et 13 avril et une fois de plus Picasso fut débouté. « Ce qui me sauva, dit Françoise, c'est que je n'avais inclus dans le livre que ce qui, sous une forme ou sous une autre, se trouvait déjà dans le domaine public et que je pouvais appuyer par des preuves. J'avais délibérément laissé de côté tout le reste[55]. » Picasso avait maintenant perdu à deux reprises. Mais il n'en avait pas fini. Le 20 mai, il tenta un pourvoi en appel, demandant de nouveau la saisie et la destruction des ouvrages. A la bataille s'étaient maintenant jointes une quarantaine de personnalités du monde des arts qui, sous la houlette d'Hélène Parmelin, signèrent un manifeste publié dans *Les Lettres françaises* réclamant l'interdiction du livre. Artistes et intellectuels, d'ordinaire champions de la libre expression, furent saisis par l'hystérie collective qui s'était répandue parmi les bien-pensants. Les plus véhéments d'entre eux avouaient en fait qu'ils n'avaient pas lu le livre et qu'ils étaient bien décidés à ne pas le faire, au cas où cela les prédisposerait en faveur de l'auteur. « J'ai la chance de connaître l'original et je crie à la contrefaçon, écrivit Pignon. Chez Picasso, il n'y a pas de divorce entre l'homme et le peintre. Rien ne sert d'exalter le peintre si on détruit l'homme. Les deux se tiennent. S'il y a eu cette levée de boucliers des peintres et des sculpteurs, c'est que Picasso est pour nous un exemple... Quand on veut faire croire que c'est un destructeur, cela me rend fou de rage. Il est au contraire un excitant pour l'esprit, un donneur de liberté, une âme rayonnante[56]... »

Tout cela rappelait étrangement le langage utilisé par ceux qui avaient été semblablement « scandalisés » par le manque de révérence suffisante dans le portrait de Staline par Picasso. Ajoutant à cette atmosphère de totale irréalité, Pignon, plus d'un an après que Picasso eut rompu tout lien avec ses enfants, écrivait : « Françoise Gilot cherche à dénigrer publiquement le père de ses enfants. Cela situe le livre et la femme que les liens des enfants avec leur père n'y aient même pas été épargnés[57]. » Dès lors, la publication du livre de Françoise devint le prétexte qu'invoquait Picasso pour refuser de voir ses enfants. Les dates démentaient cette prétention, mais qu'importait ?

Se joignant au chœur qui condamnait tout à la fois Françoise et le livre – la presse communiste montrant naturellement le chemin – il y avait André Marchand, qui se prosternait devant le génie de Picasso : « Une femme qui a passé dix ans avec lui ne doit pas confondre les petites aventures personnelles avec l'aventure grandiose d'un créateur[58] »; il y avait Félix Labisse, d'une désarmante franchise : « Je n'ai pas lu le livre, mais [...] puisque Picasso a trouvé cela déplaisant, je me range à son avis par amitié[59] »; il y avait la lettre ouverte à Picasso des « communistes de Vallauris » : « Nous ne pouvons être sensibles à un ramassis de ragots et commérages contenus dans un livre autour duquel la presse à sensation et la radio du pouvoir gaulliste font beaucoup de bruit pour tenter de salir en toi l'homme, l'artiste et le communiste[60]. »

A la suggestion d'André Parinaud, le directeur de l'hebdomadaire *Arts*, Françoise avait écrit un article pour répondre aux attaques. Mais la pression de ses pairs se révéla trop forte pour Parinaud. Le 15 mai, il écrivit à Françoise : « Ma chère amie, vous allez croire que les journalistes appartiennent à une étrange race de gens, mais il est triste de dire que ce qui est l'actualité un jour cesse de l'être le lendemain. Quand j'ai proposé de publier votre réponse au manifeste des Quarante, j'avais à ma disposition les pages nécessaires dans le magazine et l'actualité artistique cette semaine-là était relativement mince. Voilà que je me trouve cette semaine avec cent sept critiques d'exposition sur les bras. Ce serait une provocation pour les peintres et pour les galeries de consacrer toute une page à ce qu'on appelle aujourd'hui l'" affaire Picasso ", mais qui sur un autre plan commence à lasser les gens intelligents. Je suis navré de vous retourner votre article. Je suis convaincu que vous comprendrez mes raisons. Je vous prie de croire, ma chère amie, à l'assurance de mes meilleurs sentiments[61]. »

Avec l'appel de Picasso toujours en instance et la ruée pour excommunier Françoise toujours acharnée, l'« affaire Picasso » n'avait guère perdu de son actualité. Mais la lettre résumait la lâcheté et l'hypocrisie que Françoise avait rencontrées dans le monde artistique depuis l'instant où elle avait commis le crime de quitter Picasso, crime qu'elle avait encore aggravé en commettant le blasphème. Mais elle avait ses défenseurs. « Giacometti était un des amis, dit Françoise, qui m'appelait souvent pour me donner du courage et me dire qu'il pensait beaucoup à moi[62]. » Arthur Koestler et

François Mauriac étaient deux hommes de lettres qui eux aussi la soutenaient.

Les avocats de Picasso, Bernard Bacqué de Sariac et Georges Izard, plaidèrent son affaire le 23 juin. « Notre client, déclara de Sariac à la cour, n'est pas un Barbe-bleue, un être foncièrement méchant qui ne pense qu'à l'argent. Non plus [...] un primitif encombré de superstitions et de fétichisme de toutes sortes... »

« Ce n'est pas parce que Picasso est un homme célèbre, plaida Georges Izard, qu'il n'a pas le droit à la justice. »

« Picasso, répliqua l'avocat de la défense, Paul Arrighi, n'est pas un saint de vitrail. C'est un homme faillible, donc critiquable. Et Mme Gilot n'a pas outrepassé ses droits d'historien. Une biographie ne saurait être un panégyrique... Enfin Picasso, homme public, se prête complaisamment à la publicité depuis un demi-siècle. Les magazines ont publié sa photo en torero, en clown ou plus simplement nu dans sa baignoire. Il fait montre aujourd'hui d'un penchant bien soudain et tardif pour le secret[63]. »

« Dans une affaire comme celle qui vient aujourd'hui devant nous, conclut l'adjoint du procureur devant la cour d'appel, dans un style à la Salomon, l'intimité n'est pas la propriété exclusive d'aucun des deux amants[64]. » Il l'avait dépeinte, comme il la voyait, dans ses tableaux; elle l'avait dépeint, comme elle le voyait, dans son livre. Le jugement du tribunal fut confirmé et l'appel de Picasso rejeté. Picasso s'était « souvent exposé à la curiosité publique, dit la cour dans ses attendus. Il n'a pas redouté la publicité... et les souvenirs personnels de Mme Gilot étaient incontestablement liés à ceux du peintre. Elle ne pouvait donc évoquer les uns sans retracer les autres. Mais elle n'a absolument pas cherché le scandale ni la satisfaction d'un désir de vengeance ».

Le lendemain de cette histoire, elle reçut un coup de téléphone de Picasso. C'était la première fois qu'ils se parlaient directement depuis dix ans. « Une fois de plus tu gagnes, dit-il. Je te félicite, car comme tu le sais je n'aime que les vainqueurs dans la vie. Je ne supporte pas les perdants. – Merci, dit Françoise, mais tu as fait tout ce que tu pouvais pour faire de moi une perdante. Et, d'ailleurs, pourquoi n'aimes-tu que les vainqueurs[66] ? »

Ce coup de téléphone, après trois actions en justice, après tout ce qui avait été dit au tribunal pour essayer de la discréditer et après tout ce qu'elle avait traversé émotionnellement durant les mois qu'avaient duré ces procès consécutifs, venait confirmer la perversité de caractère que les avocats de Picasso avaient tenté de nier dans leur plaidoirie. Il ne pouvait reconnaître l'existence des autres que si, après avoir fait tout son possible pour les détruire, ils n'avaient pas été détruits. Sinon, comme le Méphistophélès de Goethe, il était incapable d'avoir conscience de la réalité d'autrui. Les êtres humains, il les évoquait et les faisait disparaître – à son gré. A trois reprises, il avait essayé de faire disparaître Françoise et son livre, et à trois reprises les tribunaux avaient refusé de suivre sa volonté.

XVII

« A QUOI RIME TOUT ÇA? »

« IL avait une mentalité de guerrier, dit Manuel Blasco, le cousin de Picasso. Se battre le jour et forniquer la nuit[1]. » En novembre 1965, dans un secret de conspiration, Picasso fut conduit à l'hôpital américain de Neuilly pour être opéré de la vésicule et de la prostate. Désormais il ne resterait plus que le combat. Pour un guerrier qui avait arboré sa virilité comme un insigne, la fin de sa vie sexuelle était une terrible calamité. Il semblait en fait que l'opération pourrait marquer aussi la fin de ses jours de lutte. Durant le reste de 1965, et jusqu'en décembre 1966, il dessina et grava, mais ne fit aucun tableau. C'était la plus longue période qu'il avait jamais passée loin du champ de bataille. « Quand un homme sait faire quelque chose, dit-il à Luis Miguel Dominguin, il cesse d'être un homme s'il arrête de le faire[2]. » Il pressa Dominguin de ne jamais prendre sa retraite de matador. Et il savait qu'il ne pouvait pas se permettre de rester beaucoup plus longtemps hors de l'arène. « Ils m'ont bien encorné quand ils m'ont opéré à Paris, dit-il. Ça a été un choc terrible. La cicatrice est exactement comme celle d'un matador qui a eu un accident dans l'arène. La différence est que les matadors sont blessés quand ils sont jeunes et qu'ils cicatrisent mieux[3]. » Une autre fois, il dit :

« Ils m'ont découpé comme un poulet. » L'image variait, mais le choc demeurait. On avait violé son intégrité magique et il se sentait plus que jamais exposé aux vicissitudes du « destin mauvais ». Cacher au monde la nouvelle de son opération était une façon non seulement de protéger sa vie privée, mais de se protéger lui-même. Lorsque Jacqueline et lui, sous un déguisement, avaient pris le train de nuit pour Paris afin de se rendre à l'hôpital américain, peut-être croyait-il qu'il trompait non seulement la presse, mais le destin. Ils étaient montés dans le train en gare de Saint-Raphaël au lieu de Cannes, et le Dr Hepp, qui devait pratiquer l'opération, l'avait inscrit à l'hôpital sous le nom de M. Ruiz.

Il avait tenu la mort à l'écart, mais pas les signes qu'il méprisait de son inévitable mortalité. Il avait dû renoncer à ses Gauloises, les plus constantes compagnes de sa vie; sa vue déclinante signifiait que son regard magnétique était de plus en plus souvent caché derrière des verres; sa survie décroissante lui donnait une raison de plus d'éviter les gens; et la profonde cicatrice qu'il gardait de l'opération – et qu'une fois le rideau du secret levé, il exhibait d'un air de défi aux rares visiteurs qu'il tolérait – était un constant et odieux rappel de ce qu'il avait perdu à jamais. « Chaque fois que je te vois, dit-il à Brassaï, mon premier mouvement est de fouiller dans ma poche pour t'offrir une cigarette, même si je sais fort bien que nous ne fumons plus ni l'un ni l'autre. L'âge nous a forcés à y renoncer, mais le désir reste! C'est la même chose avec l'amour. Nous ne le faisons plus, mais le désir est toujours en nous[5]! »

Le désir et la frustration, la rage et la macération du désespoir s'engouffraient dans son œuvre et l'anticipation du sexe, l'action du sexe, la rétrospective du sexe devinrent le motif dominant de nombre de ses toiles – une fois qu'il se fut suffisamment rétabli de son « encornage » pour se remettre à peindre. Les rapports qui arrivaient de Notre-Dame-de-Vie disaient que l'existence de Picasso avait repris un cours normal – son normal extraordinaire à lui, bien sûr. De la même façon qu'il avait toute sa vie prétendu être un excellent nageur, il affirmait maintenant, du mieux qu'il le pouvait, ne pas être touché par l'âge. « Il ne sait que flotter et éclabousser un peu le long du bord », écrivit Robert Otero, un aficionado qui avait réussi à franchir le rideau de fer de Notre-Dame-de-Vie. « Mais l'imitation est si réaliste que de loin personne ne pourrait dire si " sa " nage est authentique ou non[6]. » Et son imitation d'être « frais comme la rosée du matin » était si convaincante – pour tous ceux qui voulaient être convaincus – que le mythe du génie perpétuellement vital existait toujours. « Neuf mois ont passé depuis l'opération, écrivit Otero dans son journal le 15 août 1966. Sa convalescence a été remarquablement rapide. Même les docteurs sont stupéfaits[7]. » Mais, de temps en temps, il y en avait parmi ceux autorisés à le voir qui n'étaient pas entièrement aveuglés par le privilège d'être admis. Cecil Beaton en faisait partie. « Picasso, c'est triste à dire, écrivit-il, avait vieilli et il s'était en quelque sorte ratatiné. Il y avait quelque chose de mélancolique dans son regard, qui avait perdu un peu de son éclat. Ses yeux autrefois étaient noirs, mais ils semblaient maintenant d'un brun clair[8]. »

Ce qu'il avait perdu – et cela se reflétait dans ses yeux – c'était sa capacité d'être gai; « au fond, avait-il dit, tout ne tient qu'à soi. C'est un soleil dans le ventre aux mille rayons. Le reste n'est rien[9] ». Il disait maintenant à Pignon : « Un jour, tu verras ce que c'est que la vieillesse et que les forces diminuent[10]. » Jamais il ne fut plus près d'avouer que le soleil dans son ventre n'était plus ce qu'il avait été. Et le reste n'était rien. « Peindre en face de l'autre monde, fût-il le néant, n'était pas peindre en face du monde, fût-il la peinture[11] », écrivit Malraux à propos de Picasso peignant face à face avec la mort, assis maintenant plutôt que debout, courbé sur sa toile.

Malraux était ministre des Affaires culturelles à l'époque où l'on envisagea une exposition rétrospective pour célébrer le quatre-vingt-cinquième anniversaire de Picasso. Mais le ministre gaulliste répugnait à approcher le peintre communiste. « Le malheur, c'était qu'ils se considéraient comme égaux devant l'éternité[12] », dit quelqu'un, observant leur méfiance mutuelle. « Vous êtes fou, répondit Malraux comme on le pressait d'aller voir Picasso à Notre-Dame-de-Vie. Il me laisserait planté à la grille en annonçant que quelqu'un vient ouvrir. Et j'attendrais là des heures pendant qu'ils préviendraient *L'Humanité*[13]. » Pour finir, ce fut Jean Leymarie qu'on chargea d'organiser l'exposition et il ne restait plus qu'à persuader Picasso d'accepter cet honneur. « Nous prenions les grandes décisions le soir, se rappelait Jacqueline. Pablo travaillait tard; après nous allions à la cuisine manger quelque chose et c'est à ce moment-là qu'il décidait. Je lui ai parlé de l'exposition, il a dit non. Une heure plus tard, avant d'aller se coucher il a dit : " Si tu y tiens, fais-la, mais je ne m'occupe de rien ! " Et il est resté couché pendant une semaine[14]. » Bien sûr, quand le moment arriva, il ne put résister à s'occuper de presque tout et il prévint même Leymarie : « Vous vous seriez mieux porté de ne jamais me connaître. Vous allez avoir les pires problèmes[15]. »

Au début d'octobre 1966, Leymarie était parti pour Paris après une visite de travail à Notre-Dame-de-Vie, quand quelqu'un s'aperçut qu'il avait oublié de mesurer les toiles qu'on devait envoyer au Grand-Palais. « Il y a de constantes allées et venues, se rappelait Otero : Jacqueline, Louise Leiris et le directeur de la galerie, Maurice Jardot, sont occupés à corriger l'oubli de Leymarie, reconnaissant qu'il a été la victime d'une terrible expérience émotionnelle[16]. »

Le lendemain, on échangea autour de la table du dîner mille badinages flatteurs sur la futilité qu'il y avait à tenter d'évaluer de façon réaliste les œuvres qui partaient pour Paris, « car le gouvernement français tomberait[17] ». « En tout cas, dit Otero, ce n'est pas un grand problème, puisque les mesures de sécurité prises seront à la hauteur de la valeur des toiles. Un détachement de police escortera les camions de Mougins jusqu'au Grand-Palais, avec un déploiement de forces digne d'un transfert de fonds extraordinaire. Et le quartier général de la police suivra le convoi de toiles par patrouille radio durant tout le voyage. Comme si ce n'était pas suffisant, un représentant du ministère accompagnera dans un des camions les déménageurs spécialisés du Louvre. Picasso écoute tout cela avec un mélange de curiosité et d'admiration enfantine. On dirait qu'il a personnellement déchaîné une tempête en acceptant cette exposition d'hommage[18]. »

Le matin où les camions chargés de tableaux et de sculptures partirent enfin pour Paris, Picasso, qui les regardait de la terrasse de sa chambre, se demanda d'un air absent ce qu'il était advenu de *L'Homme au mouton.* « Quel imbécile je suis, se reprit-il aussitôt. Ils viennent de l'emporter avec eux il y a un moment... Ces choses-là arrivent, c'est comme quand on demande à une veuve des nouvelles de son mari qu'on vient d'enterrer. Le pire, c'est qu'il va me manquer, *L'Homme au mouton.* J'ai tellement l'habitude de pisser dessus de l'atelier du premier étage[19] »

Le 26 novembre, Malraux inaugura la rétrospective de tableaux au Grand-Palais et de sculptures au Petit-Palais. Il s'était maintenant convaincu que, depuis le début, l'exposition avait été une idée à lui. Et dans *Le Masque de Picasso,* il en parlait comme de « l'exposition rétrospective que j'ai fait organiser en 1966[20] ». Près d'un million de visiteurs avaient vu l'exposition et c'était donc quelque chose qui, avec le recul, valait la peine d'avoir été organisé même si au début il s'en était lavé les mains. « Picasso domine son siècle comme Michel-Ange le sien, écrivit dans son introduction au catalogue Jean Leymarie qui, lui, avait organisé l'exposition. En partie seulement, car beaucoup reste encore à dévoiler. L'homme dont les trois syllabes sonores emplissent le siècle et la planète n'a pas fini de nous surprendre et de nous envoûter[21]. » Dans une des émissions de radio consacrées à l'exposition, un prêtre proclamait que, « si l'histoire de notre temps n'avait pas été écrite, on pourrait la lire dans l'œuvre de Picasso ». Il entendait cela comme un compliment.

« Est-ce que vous y allez? Tous les journaux disent que vous y allez, demanda Palau i Fabre lorsqu'il alla voir Picasso à Notre-Dame-de-Vie durant la rétrospective. – Oh! Vraiment? Eh bien alors, il est certain que je n'y vais pas[22]. » Breton avait dit de Picasso qu'il avait « porté à son suprême degré l'esprit, non plus de contradiction, mais d'évasion[23] ». Il avait en fait atteint dans l'un comme dans l'autre de nouveaux sommets. Le jour de l'inauguration, il était extrêmement amusé à l'idée de tous les *autres* peintres se précipitant à l'exposition au lieu de faire leur travail et de toutes les toiles non peintes qu'il devait avoir sur la conscience pour cela. Et, songeant à l'exposition, il se demandait à quoi tout cela rimait : « Je ne sais vraiment pas pourquoi j'ai laissé faire ça. Au fond, je suis contre les exhibitions et les hommages, comme vous le savez. D'ailleurs, ça ne sert à personne. Peindre, exposer... à quoi rime tout ça[24] ? »

C'était la question qui donna le ton des dernières années de la vie de Picasso. Il se sentait de plus en plus, comme Sisyphe, condamné à rouler son lourd rocher jusqu'en haut d'une colline pour le voir en redescendre la pente sitôt parvenu au sommet – jour après jour. « Le pire de tout, dit-il, c'est qu'il ne finit jamais. Il n'y a jamais un moment où on peut dire : " J'ai bien travaillé et demain c'est dimanche ". Dès qu'on s'arrête, c'est parce qu'on a recommencé. On peut mettre une toile de côté et dire qu'on n'y touchera plus, mais on ne peut jamais écrire FIN[25]. »

Contre son sentiment croissant de futilité et de gaspillage, il ne pouvait qu'amasser davantage de travail, de plus en plus frénétique, de plus en plus rapide, de plus en plus grossier, il n'était pas encore tout à fait remis d'une crise d'hépatite quand, en décembre 1966, il se remit à peindre. Son œuvre fut soudain envahie de soldats – des soldats du XVIIe siècle qu'il baptisa mousquetaires et qui lui étaient venus quand, durant sa période de jachère, il avait passé beaucoup de temps à étudier Rembrandt. « Quand ça marchait bien, dit Jacqueline, il descendait de l'atelier en disant : " Il en arrive encore ! bien encore ! "[26] ».

« On croirait, dit un critique, qu'il essaie d'entasser quelques siècles de plus de travail dans ce qui lui reste à vivre[27]. » Il avait déjà fermé la terrasse pour en faire un atelier supplémentaire, s'étant plaint qu'il n'avait pas assez de place pour peindre. « La maison est pleine de toiles. Il y en a partout. Elles se reproduisent comme des lapins[28] ! » Zervos ne cessait de venir photographier tout ce qu'il produisait : tableaux, dessins, gravures.

« C'est comme aller au cinéma ou à une corrida[29] », disait-il. Jacqueline et le reste de la cour semblaient convaincus que la grandeur résidait dans le nombre.

Mais que pensait-il, *lui?* « Plus le temps passait, dit Hélène Parmelin, plus il avait envie de protéger son travail et de faire enfin le tableau qu'il rêvait... dont il a rêvé toute sa vie[30]. » Et Otero écrivit plus tard : « Picasso a peint au rythme de deux toiles par jour[31]. » Mais la quantité, la rapidité, l'ingéniosité, le prodigieux et tous les autres étalons faciles auxquels on mesure l'accomplissement n'avaient aucun rapport avec la peinture ultime qu'il désirait atteindre. Cela, il le savait. Peut-être espérait-il que, plus il peignait, plus grandes étaient les chances qu'il aurait peut-être de trébucher dessus. Les toiles blanches étaient devenues pour lui une source de reproches. « Que pouvais-je faire? dit-il un jour après avoir éconduit un groupe d'Andalous de Malaga venus lui rendre visite. J'aurais aimé les voir – mais comment? Vous savez, il y a deux mois, Jacqueline a acheté soixante toiles à un fournisseur de matériel pour peintres qui arrêtait son affaire. Eh bien, il y a encore onze toiles qui ne sont pas peintes, absolument vierges[32]. »

Affamé de vraies nourritures, il dévorait avec voracité les toiles dont Jacqueline ne cessait de l'alimenter. Le travail était devenu sa seule source de satisfaction et, moins il était satisfaisant, plus, comme un drogué, il y revenait pour des doses de plus en plus fortes. « Je n'ai qu'une pensée : travailler, dit-il. Je peins comme je respire. Quand je travaille, je me détends. Ne rien faire ou recevoir des visiteurs me fatigue[33]. » Sartre avait dit : « L'enfer, c'est les autres[34] » et Picasso paraphrasait son ami du temps de la guerre : « Je souffre de la présence des gens, pas de leur absence[35]. » Et, plus tard : « J'ai horreur de perdre mon temps avec des gens. Non seulement maintenant, mais d'aussi loin que je peux m'en souvenir[36]. »

Et le travail peu à peu s'emparait de tout son être et tout le reste dépérissait, il semblait toujours plus loin de l'humanité et de l'absolu en peinture, qu'il essayait même de décrire : « L'extraordinaire, disait-il, ce serait de faire avec tous les moyens de la liberté, une toile peinte de façon qu'elle s'incorpore à la réalité... Le contraire d'une photographie... Une peinture qui contiendrait tout d'une femme en particulier et qui ne ressemblerait à rien de ce qu'on connaît d'elle[37]. » C'était dans les mots seulement qu'il arriverait presque durant ses dernières années à capturer l'invisible en peinture.

Il faisait périodiquement le même cauchemar à propos de voleurs : « Je rêve, disait-il, qu'ils me dépouillent de quelque chose, mais je sais que je m'éveille en hurlant " au voleur! au voleur! ". Et puis, d'autres fois, je me réveille au milieu de la nuit et je rumine mille choses tout en essayant de me rendormir. C'est alors que je commence à penser que je n'ai pas vu la petite toile de Degas, par exemple. Alors, à ce moment, je réveille Jacqueline et je lui demande de m'apporter le tableau. Dès que je le vois, je peux commencer à penser à autre chose. Et quelquefois on n'arrive pas à le trouver. C'est effrayant. Alors, je commence à m'imaginer qu'il a été emporté par la personne à qui je l'ai montré en dernier dans la pièce où je l'ai vue pour la dernière fois. Au bout de deux mois, la toile réapparaît dans un autre endroit. Mais entretemps je suis persuadé que c'est Kahnweiler ou Pignon qui l'a volée[38]. » Voilà le monde cauchemardesque de cambrioleurs et d'amis devenus voleurs, de crainte et de méfiance, dans lequel, endormi ou éveillé, il vivait.

Ses redoutables fantasmes devinrent réalité au printemps 1967; il fut expulsé de la rue des Grands-Augustins. Bien des gens avaient beaucoup de mal à croire que l'homme que l'on venait d'honorer par un des rites les plus extravagants du XXe siècle, une gigantesque exposition rétrospective visitée par un million de pèlerins, se voyait interdire l'accès de son vieil atelier, encore empli de ses œuvres, pour non-occupation. Picasso avait intrigué auprès de tous ses amis en place pour empêcher cela, il avait même reçu des assurances du ministre des Affaires culturelles en personne, mais au bout du compte la bureaucratie, la loi et ses cauchemars l'avaient emporté.

La tâche de tout cataloguer et déménager incomba à Inès et à son fils, qui dormaient dans l'atelier pendant l'opération, entourés de Picasso. « Qu'est-ce qu'on doit à Inès pour le déménagement ? demanda quelqu'un à Picasso quand tout fut terminé. – On ne lui doit pas le déménagement, on lui doit toute une vie[39] », répondit-il. Quatre ans plus tard, l'expulsion de la rue des Grands-Augustins, comme si cela venait d'arriver. « As-tu appris la triste nouvelle ? demanda-t-il à Brassaï lorsqu'il arriva à Notre-Dame-de-Vie un jour de 1971. Mes ateliers de la rue des Grands-Augustins n'existent plus ! On me les a pris. Je les ai perdus bêtement[40]. »

« Comme s'il m'annonçait, écrivait Brassaï, la mort d'un être cher que nous aurions connu et aimé[41]. »

« C'est triste, n'est-ce pas ? répéta Picasso. C'est une immense perte pour moi... ! Toutes les traces de ce demi-siècle que j'ai passé à Paris sont maintenant totalement et définitivement effacées[42]. »

Affecté par la visible tristesse de Picasso, Brassaï

observait dans l'article qu'il écrivit pour *Le Figaro* que c'était « comme si on expulsait Elisabeth d'Angleterre de Buckingham Palace sous le prétexte qu'elle séjourne à Balmoral ou à Windsor[43] ».

Picasso pleura son vieil atelier, où il n'avait pas mis les pieds depuis douze ans, plus longtemps et de façon plus spectaculaire qu'il n'avait jamais pleuré un ami. Son besoin d'éprouver et d'exprimer l'affection cherchait refuge dans le passé, non chez les gens de son passé, mais dans les lieux. « Ce qu'on fera est plus intéressant que ce qu'on a fait[44] », avait-il dit du temps de la rue des Grands-Augustins. Il essayait frénétiquement d'agir comme si c'était encore vrai, mais l'urgence était née de la futilité plutôt que de la passion.

La futilité et le dégoût emplissaient la suite de trois cent quarante-sept gravures auxquelles il commença à travailler en mars 1968, un mois après la mort de Sabartés et la disparition d'un lien de plus avec la vie et le passé. Il continuait à défier la mort en s'obstinant à dédier des toiles à son ami disparu comme s'il était encore vivant. Et en travaillant. Aldo et Piero Crommelynck, frères et maîtres imprimeurs, avaient installé leurs presses à Mougins et travaillaient étroitement avec lui à la série de gravures qu'il produisit entre mars et octobre. C'étaient des scènes de bordel; il y avait la Célestine, l'entremetteuse de la littérature picaresque espagnole, il y avait Raphaël s'accouplant à la Fornarina, tout en peignant inlassablement sur son corps ou sur rien du tout; et il y avait des foules de voyeurs, parfois Picasso lui-même en vieux nain ou en clown minuscule, parfois un roi, un bouffon, le pape ou un mousquetaire. « Le fier mousquetaire, écrivit Schiff, est devenu un vieux vicieux dans un peep-show pour qui la glorieuse scène du monde s'est rétrécie au centre sombre d'une fente de chair[45]. » On décrivait la série comme « érotique », mais c'était un érotisme d'entrejambe béant et de voyeurs. Picasso était malade. Et les couples qui emplissaient son œuvre en 1969, s'embrassant, s'accouplant et s'étouffant l'un l'autre, portaient la marque de sa maladie. Son corps était un sac de maux et de désirs frustrés. Le corps qui l'avait si longtemps servi s'était retourné contre lui. Il ne voyait plus bien, il n'entendait pas bien, ses poumons cherchaient l'air, ses jambes luttaient pour trouver la force de le soutenir et il luttait pour trouver l'inconscience du sommeil. Mais une maladie bien plus effrayante que les inévitables maux d'un homme qui approche de quatre-vingt-dix ans, c'était la maladie de l'âme d'un homme proche de la mort et qui n'avait plus aucun contact avec la source de vie, d'un homme qui regardait la mort et qui retrouvait là ses fantasmes les plus épouvantables.

Les gens qui l'aimaient et qu'il avait peut-être aimés essayaient de franchir le mur de son isolement. Maya, mariée maintenant à un commandant de paquebot et qui vivait avec ses deux fils à Marseille, était arrivée avec ses enfants devant la grille électrique de Mougins pour entendre le jardinier répéter les mots qu'il avait appris par cœur : « M. Picasso n'est pas là[46]. » A plusieurs reprises elle avait obtenu la même réponse. Claude était arrivé devant la grille électrique avec sa jeune épouse américaine, trois mois après son mariage à New York. « Qui êtes-vous? demanda une voix par l'interphone de la grille.

– C'est Claude, répondit-il. – Claude qui? – Je suis Claude Picasso. Je veux voir mon père. »

La voix s'éloigna. Puis revint. « Il est trop occupé pour vous voir. – Bon, est-ce que je peux revenir demain? insista tranquillement Claude. – Non. Je ne crois pas qu'il ait le temps demain. »

Là-dessus, un camion arriva avec des ouvriers. Ils s'annoncèrent et on leur ouvrit aussitôt la grille.

« Pourquoi est-ce que je ne peux pas entrer, si vous, vous pouvez ? » demanda Claude, comme si ces hommes, des étrangers pour lui et des étrangers à sa douleur pouvaient avoir à la réponse à la question obsédante avec laquelle il lui fallait vivre. « Oh ! Il faut un passeport pour entrer là-dedans[47] », répondit l'un d'eux en riant. De toute évidence, Claude n'avait pas le nom qu'il fallait sur le sien.

Les chèques mensuels que Picasso envoyait à Marie-Thérèse depuis plus de trente ans avaient soudain cessé. C'était son seul moyen d'existence et, affolée, Marie-Thérèse lui écrivit une longue lettre, triste et égarée. Elle citait Confucius : « La joie est en tout. Il faut savoir l'extraire[48]. » Et puis, comme si elle était frappée soudain par la précarité de son existence, elle citait Schopenhauer : « La vie n'est qu'une lutte pour l'existence avec la certitude d'être vaincu[49]. » Dans une *Composition avec lettres et mains blanches* que Picasso avait peinte en 1927 et qu'il avait toujours gardée avec lui, le monogramme de Marie-Thérèse apparaît sur une main désincarnée, symbole du destin. Quarante-deux ans plus tard, Marie-Thérèse parlait dans sa lettre de la « main » : celle de Picasso qui avait frappé et oublié et la sienne à elle, tendue comme celle d'un mendiant qu'on a frappé. « Je dis que la main est redoutable, la main qui se soulève pour des faux serments, qui se crispe sur le fusil, qui tresse les barbelés, la main qui frappe, la main qui tue, je dis que la main est pitoyable, la main meurtrie, la main qui supplie, la main qui oublie, la main enchaînée, désespérée, la main qui meurt[50]... »

Elle envoya la lettre sans la signer – signal de

détresse qui, elle l'espérait, éveillerait quelque compassion. Picasso la reçut comme un maléfice menaçant et parla même à son avocat Roland Dumas du « mauvais œil » et de la « magie noire » qu'elle contenait. La superstition était plus que jamais en éveil en lui, maintenant que tant d'autres choses étaient mortes et, s'abandonnant de plus en plus à la paranoia et aux frénésies des explications occultes, il voyait même en Marie-Thérèse des « démons » dont il devait se protéger. La main resta à mendier.

Maya, inquiète pour sa mère, écrivit à un de ses amis marchand de tableaux à Los Angeles. C'était « une lettre triste » se rappelait Frank Perls. « Maya se plaignait amèrement du triste sort de sa mère... Marie-Thérèse était désespérée. Maya écrivait que sa mère possédait certaines toiles de Picasso qu'elle aimerait vendre. Pourrais-je lui dire pour combien? Pourrais-je l'aider[51]? » Perls appela Marie-Thérèse de Los Angeles. « Maya lui avait dit qu'elle pouvait me faire confiance, dit-il. Et voilà que cette femme superbe – dont Picasso avait fait des monuments de beauté, la mère de mon amie Maya – pleurait. A dix mille kilomètres, une femme blonde pleurait[52]. »

Deux jours plus tard, Perls arriva au numéro un boulevard Henri-IV et fut accueilli non pas par une belle femme blonde, mais par « une petite vieille ». La première question de Marie-Thérèse fut : « Quand l'avez-vous vu pour la dernière fois? » Perls fut frappé par cet aveu immédiat : Picasso était toujours au centre de sa vie. Ce qui rendait cela d'autant plus frappant, c'était que ces mots faisaient écho à ceux d'une belle jeune fille qui, deux mois auparavant, l'avait abordé devant le café de Flore, en lui posant une question analogue : « Quand avez-vous vu mon père pour la dernière fois[53]? » C'était Paloma.

Assise à sa table de salle à manger, dans son appartement mal chauffé, Marie-Thérèse parlait et parlait de l'homme à qui elle avait voué un culte. Elle exhiba les reliques : un carton à chaussures avec toutes ses lettres et des petits paquets en papier de soie qui contenaient ses rognures d'ongles. Les huit tableaux, les vingt-trois dessins et les cinquante-trois lithographies qu'elle possédait étaient tous dans les coffres de la Banque Nationale de Paris.

A cinq heures, le 6 février, Perls arriva à Notre-Dame-de-Vie avec Heinz Berggruen, l'éditeur et marchand de tableaux. Après de nombreux coups de téléphone, ils eurent suffisamment éveillé la curiosité de Picasso, à propos des toiles qu'ils avaient dans leurs valises, pour qu'on leur ouvrît la grille. « Alors, où sont les cent tableaux? demanda-t-il lorsqu'ils entrèrent. Où avez-vous pu trouver cent de mes toiles[54]? » Dès qu'ils eurent commencé à les déballer, il comprit. Ils expliquèrent que Marie-Thérèse avait besoin d'argent et qu'ils aimeraient qu'il signe ses toiles. « Oui, mais oui, dit-il, je vais le faire. Laissez-les ici, je vais les signer. Demain les signatures seront sèches et alors vous pourrez les emporter[55]. »

Maya avait prévenu Perls que Picasso essaierait peut-être de garder à Mougins les tableaux de sa mère – à cause de Jacqueline, avait-elle dit. Perls était inquiet à l'idée de les laisser, mais, avant qu'il ait eu le temps de répondre, Jacqueline fit irruption dans la pièce. Selon son habitude, elle avait écouté derrière la porte. « Qu'est-ce que ça veut dire, tout ça? hurla-t-elle. Cette femme avec qui tu as couché de temps en temps le jeudi après-midi, elle a toutes ces toiles... Tu ne vas jamais signer ces tableaux! Ces tableaux t'appartiennent. Ils n'étaient qu'en dépôt chez Marie-Thérèse... Si elle a besoin d'argent, pourquoi elle ne s'engage pas comme femme de ménage[56] ? » Hurlant encore d'autres injures, elle sortit en claquant la porte.

Picasso, resté seul avec les marchands stupéfaits, improvisa un numéro de virtuose du méchant malgré lui. « Oh ! Ma foi, qu'est-ce que je peux faire ? Vous voyez comme elle est furieuse. Je voudrais bien pouvoir aider Marie-Thérèse. Je voudrais bien pouvoir l'aider, mais je ne peux pas[57]. » Ils essayèrent de lui rappeler combien Marie-Thérèse avait besoin d'argent. « Peu importe, dit-il. Je sais que vous êtes de bonne foi, mais qu'est-ce que je peux faire ? Jacqueline ne me le pardonnerait jamais, alors c'est comme ça[58]. »

L'idée de Jacqueline ne pardonnant pas à monseigneur était, bien sûr, ridicule. Comme toujours, chaque fois que cela lui convenait, Picasso se dépeignait comme la malheureuse victime de Jacqueline. Il n'avait jamais compté signer les tableaux de Marie-Thérèse. Il fut toutefois trop heureux d'apposer sa signature sur les lithographies non signées que Berggruen avait apportées avec lui. Mais il est vrai qu'elles appartenaient à un collectionneur scandinave qu'il n'avait jamais rencontré. Une autre fois, il avait passé beaucoup de temps à faire le bon mélange de peintures pour apposer la parfaite signature à un Picasso non signé que possédait Tony Curtis. Mais il est vrai que Tony Curtis était une vedette de cinéma.

Perls appela Maya. « J'ai engagé tout ça, lui avait-elle dit à Marseille quand il s'était arrêté pour la voir sur le chemin de Notre-Dame-de-Vie, pour aider ma mère à avoir une vie plus confortable, pour lui éviter de mendier son chèque mensuel. J'espère qu'elle pourra obtenir assez d'argent pour acheter une petite maison par ici au bord de la mer et vivre près de ses petits-enfants[59]. » Quand Perls lui raconta ce qui s'était passé, elle éclata en sanglots. « Je suis toujours marchand de tableaux, écrivit Perls, mais la dernière fois que j'ai vu Pablo n'était pas un jour agréable[60]. » Jamais auparavant, il n'avait osé appeler le « grand homme » Pablo.

Marie-Thérèse, toujours dans son appartement mal chauffé, sans argent et sans chèque mensuel, décida de consulter un avocat. Georges Langlois contacta Roland Dumas et il fallut aux deux avocats plusieurs mois de négociations avant que ne reprissent les versements à Marie-Thérèse. « Mon cher Langlois, répondit tout d'abord Dumas, ça va être très difficile à rattraper, parce qu'il a reçu une lettre d'elle qui lui a fait imaginer le pire[61]. » Et toujours prête, comme tant d'autres dans la vie de Picasso, à prendre sur elle la responsabilité et le remords, Marie-Thérèse dit à Langlois : « J'ai fait une grosse bêtise[62]. »

Il devint bientôt évident à la suite des nombreuses rencontres et conversations entre avocats que Picasso était absolument opposé à ce que Marie-Thérèse vendît quoi que ce fût qu'il lui avait donné. On parvint enfin à un accord, en grande partie grâce à Roland Dumas qui, comme le dit Langlois, fit tout ce qu'il put pour calmer les craintes irrationnelles de son client. Marie-Thérèse accepta de ne vendre aucune des œuvres de Picasso du vivant du peintre, en échange de quoi il acceptait de lui fournir, par l'intermédiaire de son avocat, une lettre lui reconnaissant la propriété légale des œuvres que Perls lui avait rendues non signées, prévenant ainsi tout litige après sa mort. Il ne signa quand même pas les œuvres, mais les authentifia comme étant bien de sa main et donc valables. « Sans cela, expliqua Langlois, il avait le droit d'après la loi de désavouer ces œuvres en ne les reconnaissant pas comme valables, et même de prétendre qu'il les lui avait laissées mais qu'il comptait les détruire d'une autre façon. Il pouvait dire que c'était pour cela qu'il ne les avait pas signées. A ce moment-là, Picasso ou pas Picasso, les tableaux perdaient leur valeur marchande[63]. »

On expliqua à Picasso qu'en envoyant à Marie-Thérèse de l'argent chaque mois depuis trente ans, il reconnaissait ce qu'en droit français on appelle une « obligation naturelle » envers elle. Non seulement elle retrouva son allocation mensuelle, mais le montant en fut augmenté. « Après tout, dit Langlois, il fallait que moi aussi je serve à quelque chose[64] ! » Ainsi, ce que le sentiment naturel n'avait pas obtenu, la pression légale y était parvenue. C'était le langage du pouvoir que Picasso comprenait et parlait couramment.

L'affaire Marie-Thérèse était close, mais la bataille juridique menée par Françoise pour faire reconnaître ses enfants se poursuivait. Là, la loi était encore du côté de Picasso, aussi ses instructions à Roland Dumas étaient-elles sans ambiguïté : lutter contre toutes les revendications de ses enfants. Il avait dit à Dumas que « ses œuvres étaient bien plus ses enfants que les êtres humains qui prétendaient être ses enfants[65] ». En 1970, la même année où Françoise épousa à Neuilly le Dr Jonas Salk, le célèbre savant qui avait mis au point le vaccin contre la polio, le tribunal de Grasse rejeta la demande des enfants en reconnaissance de paternité. « Ils ont mon nom. Est-ce que ça ne suffit pas[66] ? » dit Picasso à un chroniqueur judiciaire. Même ses propres avocats ne le pensaient pas. Dans un retournement spectaculaire, Me Izard, qui avait plaidé contre Françoise et son livre, membre de l'Académie française et l'un des avocats les plus connus de France, devait plus tard offrir de défendre la cause de ses enfants. « C'était si extraordinaire, dit Françoise, que je crus tout d'abord que c'était un autre des stratagèmes de Pablo, une façon de s'assurer que mes enfants n'obtiendraient jamais gain de cause. Mais, quand je le rencontrai, je compris qu'il avait vraiment l'impression que Picasso avait eu tort de vouloir faire interdire mon livre et qu'il s'était montré extrêmement injuste en refusant à mes enfants leurs droits[67]. » Six mois plus tard, Izard mourut d'une crise cardiaque. « C'était triste de le perdre, dit Françoise, mais quand même merveilleux qu'il se fût rallié à nous. Et le fait que ce soit *lui* qui ait fait le premier pas, qui ait changé de camp, se révéla psychologiquement très important[68]. »

L'autre avocat dans le procès contre son livre, M de Sariac, n'avait pas changé de camp, mais était plein d'admiration pour le but que poursuivait Françoise : « Françoise tenait énormément à l'avenir de ses enfants. C'était sa préoccupation constante et ses batailles juridiques : qu'ils aient une situation régulière, qu'ils soient légitimés. Je n'ai que du bien à dire d'elle. Comme je le lui ai déclaré moi-même : " Je regrette ce qui s'est passé. "[69] »

Nombreux étaient ceux qui regrettaient non seulement ce qui se passait dans la vie de Picasso, mais ce qui se passait dans son art. L'exposition de sa dernière année de travail au palais des Papes d'Avignon en mai 1970 provoqua une cinglante attaque, même de ce grand enthousiaste et collectionneur de Picasso qu'était Douglas Cooper, qui dit qu'il « avait longuement regardé les tableaux et qu'ils n'étaient rien que les gribouillages incohérents d'un vieil homme frénétique dans l'antichambre de la mort[70] ». Picasso, qui avait jadis remercié Dieu de n'avoir pas de style, avait lui-même abandonné style, finition et maîtrise de son art pour les remplacer par la sauvagerie, les bleus décoratifs, les rouges et les jaunes safran et une obsession pornographique.

Le même mois où s'ouvrait en Avignon l'exposition de Picasso, à Paris un incendie détruisit le

Bateau-Lavoir. L'endroit où tout avait commencé s'était consumé dans les flammes. Picasso fut ébranlé. « Si je crache, ils prendront mon crachat, l'encadreront et le vendront comme du grand art[71] », avait-il dit un jour. Mais parmi ceux qui l'idolâtraient, un grand nombre commençaient à délirer. « Phénomènes, phénomènes, phénomènes[72] », écrivit Raphael Alberti des deux cent une toiles que Picasso avait choisies pour une autre exposition à Avignon sur ce qu'il avait produit entre l'automne et l'été 1972. « Il y en a tellement, les plus profonds et les plus déchirants qui soient jamais sortis de Picasso... Peut-être images d'anticipation de l'homme après la prochaine guerre atomique... Picasso a inventé la manière d'applaudir avec une seule main; il a été capable de se toréer lui-même et aussi de se mettre à mort en se plantant l'épée au défaut de l'épaule, puis de faire le tour de l'arène, traîné par les mules, pour revenir ensuite vivant au milieu de la plaza. »

Le 25 octobre 1971, il célébra, très discrètement, son quatre-vingt-dixième anniversaire. Le cadeau d'anniversaire de Jacqueline était l'installation d'un ascenseur à Notre-Dame-de-Vie. Le cadeau de l'Etat français fut l'inauguration par le président en personne de huit de ses tableaux dans la Grande Galerie du Louvre. « Parle-moi avec respect, dit-il à Pignon. Je vais m'accrocher au Louvre! Tu crois que les autres peintres du Louvre vont être furieux? Ils vont tous se lever pour me pousser dehors[73]? » Cela, c'était quand il plaisantait. Mais la plupart du temps, il était plein d'amertume : « Alors, il faut remercier[74]? » Ça ne changeait rien, disait-il, ça n'avait absolument aucune importance et ce qui le préoccupait vraiment était ailleurs.

Personne n'avait le droit de mentionner ce qui le préoccupait vraiment : la mort. « Picasso aura cent ans dans dix ans », proclamait avec arrogance le titre d'un article que Brassaï écrivit pour *Le Figaro* après sa visite à Notre-Dame-de-Vie en 1971. « Cet homme, écrivait Brassaï, indemne de toutes les affres de la vieillesse et resplendissant de tous les signes visibles d'une grande jeunesse, le Picasso de quatre-vingt-dix ans que l'univers fête aujourd'hui, il faut le dire, le souligner, est en majeure partie l'œuvre, ou plutôt le chef-d'œuvre de Jacqueline Picasso[75]. » En même temps qu'il annonçait au monde que Picasso avait découvert le secret de l'éternelle jeunesse, Brassaï ânonnait la vénération de Jacqueline, qui avait une croissance exponentielle à mesure qu'elle approchait du statut de veuve du grand homme. « Calme, sereine, dévouée, elle est la compagne idéale de Picasso en son haut âge[76] », concluait-il après avoir vanté ses extraordinaires capacités en tant que secrétaire de Picasso. Il avait demandé à Jacqueline de lui montrer les dernières photographies qu'elle avait prises de Picasso, car, ajoutait le grand photographe, « elle en prend de très belles[77] ». « Mais, Brassaï, répondit-elle, je n'ai absolument rien fait depuis des années. Je n'en ai pas le loisir. Je suis entièrement au service de mon maître[78]. »

« Je suis accablé de travail », dit Picasso à un journaliste à l'aéroport de Nice où ils avaient accompagné Roland Dumas qui rentrait à Paris. « Je n'ai pas une seconde de libre, et je ne peux penser à rien d'autre[79]. » C'était l'ultime complicité de Jacqueline et de Picasso. Ils étaient conspirateurs dans une tragique partie de cache-cache, tacitement décidés à étouffer la mort sous un emploi du temps affairé : lui occupé par son travail, elle occupée avec lui. Il disait : « C'est un vieux » en parlant d'un ami de trente ou quarante ans son cadet, mais quant à lui, tout le monde ne lui répétait-il pas qu'il était " plus sémillant que jamais "[80] ? » De ses vieux amis, il ne restait que

Pallarès. Picasso s'assurait, quand ce dernier venait lui rendre visite, qu'il ne dormait pas là, craignant que, étant même plus âgé que lui, Pallarès ne risquât soudain de mourir sous son toit et de le « contaminer ». Pourtant, chaque fois que lui parvenait la nouvelle de la mort d'un autre ami, il ne cessait de répéter d'un ton de défi : « Tu sais, il ne faut pas croire que c'est l'âge. Ça n'a rien à voir[81]... »

Socrate a enseigné que nous devrions « pratiquer la mort » chaque jour, évaluant le moins qu'il nous restait à vivre en terme de plus. Picasso pratiquait tous les jours, toutes les nuits et inlassablement le mensonge de nier la mort. Il se cramponnait désespérément à son identité de peintre, comme si ce n'était pas seulement son bouclier, sa défense, son talisman, mais tout ce qu'il était. Présidant à cette colossale défense contre la vérité, il y avait Jacqueline, choisie par lui dans cette intention. Et, au cœur de cette stratégie défensive, il y avait le travail – le travail frénétique aux dépens de tout, y compris du bon travail. « Chaque jour je fais pire », dit-il dans un rare moment de lucidité. Mais il ne se laissait pas arrêter par cela : « Il faut que je travaille... il faut que je continue[82]. »

Parmi les cent cinquante-six dernières gravures qu'il fit entre janvier 1970 et mars 1972, il y en avait quarante inspirées par les onze monotypes de Degas qu'il possédait, représentant des scènes de bordel. Il en avait apporté une pour la montrer à Brassaï. « Les filles, vêtues seulement de longs bas bleu nuit, écrivit Brassaï, sont groupées autour de madame, une vieille mégère toute vêtue de noir, l'étreignant et l'embrassant sur les joues. – Ça s'appelle *La Fête de Madame*, explique Picasso. Un des chefs-d'œuvre de Degas, tu ne trouves pas[83] ? » Peut-être pour punir Degas d'avoir produit ce qu'il ne pouvait plus faire lui-même, Picasso avait dans ses gravures fait de Degas un voyeur impuissant, dévorant des yeux les monstres femelles qui étalaient leurs chairs lacérées. « Il m'aurait foutu son pied au cul, Degas, s'il s'était vu comme ça[84] », dit-il à Pierre Daix. Si Degas est ridiculisé, la féminité est massacrée dans ses quarante variations sur la misogynie de Picasso, les répugnants orifices des putains exhibés de façon obsédante et menaçante.

« Tu mènes une vie de poète, dit-il à Hélène Parmelin, et moi celle d'un forçat[85]. » Le 30 juin 1972, il regarda sur son visage la terreur qui le consumait, et la dessina. Ce fut son dernier autoportrait. Le lendemain, Pierre Daix vint lui rendre visite. « J'ai fait un dessin hier, lui dit-il. Je crois que j'ai touché là à quelque chose... Ça ne ressemble à rien de déjà fait[86]. » Il prit le dessin et le porta à son visage, puis le reposa, sans commentaire. C'était un visage d'angoisse glacée et d'horreur primitive qu'il tenait auprès du masque qu'il avait si longtemps porté et qui avait trompé tant de gens. C'était l'horreur qu'il avait peinte et l'angoisse qu'il avait causée et que, poussé par sa propre angoisse, il continuait à causer. Deux mois après qu'il eut dessiné son dernier autoportrait, Pablito, son premier petit-fils, essaya de le voir. Il arriva à moto et montra sa carte d'identité. On l'éconduisit et, comme il insistait, on lâcha les chiens sur lui et on jeta sa motocyclette dans un fossé.

« Nous ne disions jamais un mot de sa santé, dit Hélène Parmelin. Lui ne parlait que de celle de Jacqueline[87]. » Les Pignon ne furent donc pas prévenus quand Picasso fut hospitalisé à la fin de 1972 avec une congestion pulmonaire. Quelques jours plus tard, alors qu'ils avaient appelé la maison sans avoir de réponse ni d'explication, une carte arriva de Jacqueline : « Tout va bien[88]. » Rien de plus. En attendant, le bruit de sa mort courait à Paris.

« J'ai cessé de vous intéresser, dit Picasso aux Pignon quand il leur téléphona en décembre, la voix brisée. Je sais bien que je ne compte pas[89]. » Il avait quelque temps plus tôt accusé Pignon d'aimer le Tintoret plus que lui parce qu'il avait préféré aller à Venise plutôt que de rester avec lui à Notre-Dame-de-Vie. Il ne pouvait maintenant supporter l'idée qu'ils ne pourraient pas être là pour le nouvel an : « Pourquoi, mais pourquoi... ? C'est idiot; allez, venez ! » Jacqueline était tout aussi insistante : « Venez, ne faites pas d'histoires ! Allez, à tout de suite ! »

Ils arrivèrent le matin du 31 décembre. Les Gili étaient déjà là, venus de Barcelone. Jacqueline était si tendue qu'Hélène Parmelin avait l'impression qu'elle était « sans cesse sur le point de craquer[90] ». « Et ce soir, s'exclama Jacqueline comme ils s'asseyaient autour du lit de Picasso, on fait la fête[91] ! » Dès qu'elle fut sortie de la chambre, Picasso estima qu'il devait expliquer cette attitude un peu hystérique : « Elle ne voit pas comme je suis, et pourtant elle ne voit que moi. » Jacqueline avait enterré si profondément la vérité que pour elle le mensonge était maintenant la vérité. « Ce soir, on fait la fête ! répéta-t-elle en revenant. – Oui, oui, on va danser », dit Picasso entrant dans le jeu. Cela devenait trop difficile pour lui de nier les signaux que son corps lui envoyait à mesure que peu à peu il chavirait. Toujours, et même à la dernière extrémité, sa première préoccupation était de pratiquer le masque de Picasso. Comme ils sortaient de sa chambre, les Pignon l'entendirent recommander à Jacqueline : « Dis-leur surtout qu'il ne faut dire à personne que je suis malade[92]. »

Une partie de lui se cramponnait au masque, mais une autre partie était trop épuisée pour s'en soucier. A diverses reprises, durant cette sinistre soirée de réveillon, le contrôle passa de l'une à l'autre. Toute la maison était tendue. « Pourquoi infliger à Picasso cette " fête "? se demandaient les Pignon. Pourquoi ne pas le laisser en paix[93]? » Exaspéré, Picasso partageait leurs pensées silencieuses. Il leur dit que « Jacqueline était en dehors de la réalité. Qu'elle se donne tout ce mal pour rien, la pauvre! Qu'il ne veut voir personne. Qu'il a seulement envie qu'on lui foute la paix, qu'on le laisse avec ses pensées, que tout le monde aille s'amuser, bravo! Mais qu'il ne veut pas bouger. Pour rien au monde[94] ». Et il ajoutait : « C'est déjà assez difficile avec moi tout seul. Il faut se promener, il faut boire, manger, " il ne faut pas se laisser aller "; qu'est-ce que ça veut dire tout ça, et les bons docteurs et les bons conseils? Qu'on me foute la paix, c'est tout ce que je demande[95]. »

Pour le moment, il en avait assez des efforts de tous pour lui cacher sa mort prochaine. Surtout, il en avait assez de ses propres efforts, assez de tous les mensonges, les tromperies et les illusions. Mais Jacqueline était déterminée à ce que le jeu se poursuivît, à ce qu'ils aient « du bon temps ». Il remettait donc le masque et, bras dessus, bras dessous avec Jacqueline, il prenait l'ascenseur pour descendre à la fête. Antebi, son avocat de Cannes et sa femme, avaient déjà rejoint les autres. « Vous avez vu comment on s'est habillés[96]? » dit-il en montrant leurs toilettes. Les Pignon, qui quelques instants plus tôt se croyaient et se conduisaient comme s'ils étaient à une veillée funèbre, n'étaient que trop contents d'applaudir à cette performance et de se bercer d'illusions. « Le Picasso qui entre est le Picasso que nous connaissons. Hors la voix. Animé, content, fier comme un vainqueur, et il l'est... J'avais l'impression qu'il se sentait guéri, prêt à tout, réinstallé dans la vie quotidienne – le Picasso du bon vieux temps[97]. »

En fait, il n'avait regagné que quelques pouces du terrain perdu – assez pour trouver la force de voir arriver 1973 sans que son masque eût bougé. Son visage, le visage du dernier autoportrait, restait roulé dans l'atelier sombre près du salon. La seule peinture qu'il fit cette année-là, ce fut de retravailler *Personnage à l'oiseau,* sa variation sur *Le Fauconnier* de Rembrandt, dans laquelle il transforma « le regard vigilant du *Fauconnier* en regard fixe et effrayé d'une idole[98] » – le regard de l'autoportrait roulé dans son atelier.

Le 1r avril, il écrivit à Marie-Thérèse pour lui dire qu'elle était la seule femme qu'il avait aimée. La revoyait-il comme elle avait tout d'abord été pour lui : une vision de beauté et de pureté, la promesse d'entrer ensemble dans un monde interdit où les abandons de la sexualité les conduiraient à un état exalté de l'être ? Ou bien était-ce la lettre d'un poisson d'avril méphistophélique, le dernier mensonge avec lequel s'assurer qu'elle restait son esclave, pour la désorienter un peu plus et planter un clou de plus sur sa croix ? Peut-être lui écrivit-il par pure force de l'habitude, peut-être disait-il la vérité.

Le 5 avril, il appela Pignon. C'était la veille du vernissage de l'exposition des Nus rouges de Pignon. « Vas-y, ne les ménage pas... ! Fais des nus, des nus, des nus ! Montre-leur[99] ! » Et il continuait de sa voix voilée : « Des montagnes de seins, des montagnes de culs. » Jacqueline prit l'appareil quand les hommes eurent terminé leur conversation. « Tu vois, dit-elle à Hélène Parmelin, tout va bien ! »

Le matin du dimanche 8 avril, Jacqueline appela Pierre Bernal, le cardiologue de Picasso à Paris. L'aube était à peine levée. Elle l'avait réveillé, mais elle semblait calme et détachée. « Quand venez-vous nous voir? Vous venez pour Pâques? – Non, pas avant le mois de mai, répondit-il. Je pars pour l'Amérique après Pâques. – Si tard..., dit-elle d'un ton qui trahissait que ce n'était pas un coup de téléphone comme les autres à une heure un peu matinale. – Vous voulez que je vienne tout de suite? demanda-t-il. – Ça lui fera plaisir. Il a envie de vous voir. Venez[100]! » Le Dr Bernal prit le premier avion pour Nice. Florenz Rance, le médecin local, était déjà là quand il arriva. Il allait presque chaque jour à Notre-Dame-de-Vie. « Quelle responsabilité, c'est un peu comme s'occuper du roi de France[101]! » disait-il. Péniblement calé contre les oreillers, dans son pyjama beige, Picasso cherchait son souffle. Les doigts de la main qu'il tendit au médecin étaient bleus et gonflés. Tandis que le Dr Bernal confirmait avec ses instruments ce que son œil professionnel avait déjà vu, Jacqueline, enveloppée dans sa longue robe de chambre rouge, arpentait la chambre. Catherine et Miguel attendaient dans une pièce voisine. Le cardiogramme révélait des râles dans les deux poumons et un gros foyer congestif dans le poumon gauche.

« J'ai compris en entrant, raconta le Dr Bernal, que c'était la fin. Il ne m'a posé aucune question. Il ne se rendait pas compte qu'il allait mourir. J'ai essayé de faire comprendre à Jacqueline, dans le salon à côté, que ça allait mal. – Nous l'avons déjà sauvé, dit-elle. Vous êtes là, nous allons le sauver. Il n'a pas le droit de me faire ça. Il n'a pas le droit de me laisser... » C'étaient les paroles qu'elle répétait toute la matinée comme une incantation : « Il n'a pas le droit de me faire ça, il n'a pas le droit de me laisser[102]... »

« Où es-tu, Jacqueline? » cria Picasso de sa chambre.

Resté seul avec Catherine, le Dr Bernal lui répéta ce que sa mère refusait d'entendre : « Vous savez que ça va mal. – Je le vois bien[103] », répondit Catherine.

« Il ne peut pas me faire ça... », ne cessait de répéter Jacqueline, se parlant à elle-même plutôt que s'adressant à quelqu'un d'autre.

Le cœur et les poumons cédaient rapidement. Il essayait de parler, mais il suffoquait. Ses paroles, venant entre ses halètements, étaient difficiles à comprendre. Il parlait d'Apollinaire et semblait bien loin de Notre-Dame-de-Vie, dans le monde spectral de son passé. Puis il reprit ses esprits : « Où es-tu, Jacqueline[104] ? » Il se tourna vers le Dr Bernal. « Vous avez tort de ne pas être marié. C'est utile[105]. » Ce furent ses derniers mots clairs.

Pendant deux heures, il lutta convulsivement pour retrouver son souffle. A onze heures quarante-cinq, le Dr Bernal lui fit une piqûre lorsqu'il remarqua qu'il entrait en syncope. Il essaya aussitôt un massage cardiaque. En même temps, il demanda à Miguel de lui faire du bouche à bouche et à Jacqueline de lui administrer ce qui fut la dernière piqûre. « Je ne parvenais pas à la convaincre que c'était fini, dit le docteur. Je venais pourtant de lui fermer les yeux[106]. »

Quelqu'un dans la pièce toussa. Jacqueline sursauta : « C'est lui. » Elle obligea le médecin à reprendre son pouls. Mais le seul bruit qu'il entendit, ce fut le bruissement des roses que le vent balançait devant les fenêtres.

ÉPILOGUE

DANS l'après-midi du 8 avril, à Barcelone, Manuel Pallarès, le plus vieil ami de Picasso, écoutait la radio lorsque le programme fut interrompu par un bulletin annonçant la mort de Pablo Picasso ce matin-là. Il prit le premier avion pour Nice et arriva devant les grilles hérissées de barbelés de Notre-Dame-de-Vie, à temps, espérait-il, pour rendre hommage une dernière fois à son ami de quatre-vingt-dix ans. Il pleuvait, les lévriers afghans et les gendarmes gardaient la grille. On annonça son arrivée par l'interphone. Non, répondit-on, Mme Picasso ne veut pas le laisser entrer. Le vieil homme de quatre-vingt-dix-sept ans resta debout sous la pluie battante.

Maya, Claude, et Paloma reçurent la même réponse. Non, ils ne seraient pas autorisés à voir leur père pour la dernière fois. Non, ils ne pourraient pas venir à l'enterrement. Pas plus que ses petits-enfants, Pablito et Marina, ni qu'Inès – ni, bien sûr, que Marie-Thérèse.

A l'intérieur de Notre-Dame-de-Vie, Picasso gisait sur son lit, enveloppé d'une cape noire espagnole brodée. A cinq heures du matin, le 10 avril, le fourgon funéraire, avec la veuve en longue cape noire, assise auprès du chauffeur, quitta Mougins pour Vauvenargues, où elle avait décidé d'enterrer son mari. Elle avait toujours détesté le vieux château et lui-même en était arrivé à le prendre en grippe, mais l'endroit était à l'écart et moins accessible que tout autre lieu : il serait enterré dans le même isolement où il avait vécu ces dernières années. Paulo, ivre, suivait le fourgon, tout comme Catherine, Arias, le coiffeur, Miguel, le secrétaire et les Gili venus d'Espagne. Pour une grande part des cent soixante-dix kilomètres qui séparaient Mougins de Vauvenargues, il existait une route nationale, mais Jacqueline avait choisi un chemin de montagne plus long. Il avait neigé toute la nuit – ce qui était rare en avril dans le Midi – et, sur l'étroite route sinueuse, un camion abandonné dans la neige fraîche bloquait le chemin. Il fallut faire venir des chasse-neige pour déblayer la route avant que le cortège pût négocier le délicat virage, quitter la route de montagne et arriver au château par la route nationale.

Les fossoyeurs et une délégation du conseil municipal de Vauvenargues attendaient au pied du perron menant au château. C'était là que Jacqueline avait décidé d'enterrer son mari. Mais le sol était trop rocailleux pour les pics et les pelles. Le silence du paysage enneigé fut brisé soudain par le fracas des marteaux pneumatiques.

Plus tard, un bronze noir massif représentant une femme avec un vase devait dominer la tombe. Sans que Jacqueline le sût, c'était une statue de Marie-Thérèse que Picasso avait modelée à Boisgeloup en 1933.

« Quand il est mort, j'ai écrit à Miguel, son secrétaire, se rappelait Marie-Thérèse. Je lui ai dit : " Je ne peux pas venir parce qu'on ne me laisserait pas entrer. Alors, vous serez gentil de l'embrasser pour moi. " Et puis je l'ai remercié d'avoir travaillé pour Picasso. Quand j'ai su qu'on l'enterrait à Vauvenargues, j'y suis allée et j'ai demandé d'entrer au château. Un gendarme est venu avec le jardinier, je crois, et on m'a dit qu'ils avaient là-bas tant de peine qu'ils ne pouvaient pas me recevoir. Je suis repartie et j'ai su après que Claude et Paloma étaient venus avec Maya et qu'on ne les avait pas reçus; alors ils sont allés au cimetière de Vauvenargues déposer les fleurs qu'ils avaient apportées[1]. »

« Quand je mourrai, avait prophétisé Picasso, ce sera un naufrage, et quand un grand navire sombre bien des gens alentour sont aspirés par le tourbillon[2]. »

Pablito avait supplié son père de lui permettre d'assister à l'enterrement de son grand-père. Paulo, ivre une fois de plus, lui avait dit que Jacqueline avait catégoriquement refusé. Le matin de l'enterrement de Picasso, le petit-fils qui portait son nom avala un flacon de décolorant à base de chlorate de potasse. Il fut transporté à l'hôpital d'Antibes où les médecins constatèrent qu'il était trop tard pour sauver ses organes digestifs. Il mourut de faim trois mois plus tard, le 11 juillet 1973. On avait prolongé sa vie par une série d'opérations et de greffes payées par Marie-Thérèse. Elle avait vendu quelques-uns de ses Picasso pour tenter de sauver la vie de son petit-fils.

« Ce sera pire que ce qu'on imagine[3] », avait prédit Picasso, parlant du règlement de sa succession. Sans dernières volontés ni testament, avec trois enfants illégitimes, plus la loi française dans un état de transition confus concernant les droits des enfants illégitimes, on ne savait pas très bien qui étaient les héritiers ni en quoi exactement consistait l'héritage.

Neuf mois après la mort de Picasso, on vota une loi qui autorisait les enfants illégitimes à hériter de leurs parents, à condition qu'ils aient fourni la preuve de leur descendance avant leur vingt-deuxième anniversaire. Françoise les avait déjà inscrits devant les tribunaux quand Claude et Paloma avaient vingt et un ans, leur donnant ainsi le droit de plaider l'exclusion de la barrière d'âge quand le texte proposé serait devenu loi.

Cette loi avait déjoué les efforts de Jacqueline et de Picasso pour priver les enfants illégitimes de ce dernier de leurs droits naturels. Depuis sa mort, Jacqueline se cramponnait au fantôme de Picasso, comme dans la vie elle s'était cramponnée à lui. On gardait clos les volets de sa chambre. « Je ne les ai pas ouverts depuis que Picasso... est mort[4] », expliquait-elle, hésitant sur le mot « mort ». Elle gardait une place pour lui à table; elle pratiquait des rites étranges avec des capes noires et des cierges, dont les gens du pays parlaient à voix basse; et on l'avait entendue annoncer que « Mstislav Rostropovich et Galina Vichnevskaya étaient ici hier, et Vichnevskaya a chanté toute la nuit pour Pablo et pour moi[5] ».

En mars 1974, Claude et Paloma, et peu après Maya, furent reconnus comme héritiers légitimes. Le 6 juin 1975, Paulo mourut à cinquante-quatre ans d'une cirrhose provoquée par la drogue et l'abus d'alcool, laissant les deux enfants qui lui survivaient, Marina, vingt-quatre ans, et Bernard, seize ans, hériter de sa part de la succession. Il y avait donc maintenant six héritiers : Jacqueline, Maya, Claude, Paloma, Marina et Bernard.

Restait encore à déterminer en quoi consistait la succession et ce que recevrait chaque héritier. A la demande de Claude et de Paloma, on avait nommé comme administrateur officiel de la succession un notaire de Paris, Pierre Zecri. L'évaluation des milliers d'œuvres que Picasso avait laissées fut confiée à l'éminent expert d'art Maurice Rheims. La querelle à propos des parts de chaque héritier était entre les mains d'une collection d'avocats dont on estima que les honoraires s'étaient élevés à une des parts de la succession. « On ne peut jamais obtenir de deux membres de la famille, dit Claude, d'être d'accord sur rien[6]. » Le désaccord régnait, comme toujours.

Enfin, en septembre 1977, l'« affaire Picasso » était terminée. On évalua la succession à deux cent soixante millions de dollars de l'époque – chiffre qu'on supposait être sous-estimé, puisqu'il avait été fixé pour des raisons fiscales. Les quelque cinquante mille œuvres que Maurice Rheims et son équipe avaient photographiées comprenaient mille huit cent quatre-vingt-cinq tableaux, mille deux cent vingt-huit sculptures, deux mille huit cents céramiques, dix-huit mille quatre-vingt-quinze gravures, six mille cent douze lithographies, trois mille cent quatre-vingt-une estampes, sept mille quatre-vingt-neuf dessins auxquels il fallait ajouter quatre mille six cent cinquante-neuf dessins et croquis dans cent quarante-neuf cahiers, onze tapisseries et huit tapis. Jean Leymarie et Dominique Bozo, qui avaient été nommés directeurs de ce qui devait devenir le musée Picasso à Paris, choisirent les œuvres que l'Etat recevrait en guise de droits de succession. Jacqueline eut la plus grosse part, presque trois dixièmes du total de la succession, y compris Notre-Dame-de-Vie et Vauvenargues. Marina et Bernard héritèrent chacun d'un peu plus des deux dixièmes du total, un dixième de l'arriéré d'héritage de leur grand-mère Olga, Marina recevant « La Californie » et Bernard, Boisgeloup. Maya, Claude et Paloma héritèrent chacun d'un dixième du total. Ils tirèrent tous au sort des groupes déjà répartis de toiles de Picasso provenant de sa collection personnelle – le nombre de parts qu'ils tiraient dépendant de leur pourcentage de la succession. On leur octroya aussi quelque choix d'ordre sentimental : Marina choisit un tableau de sa grand-mère Olga; Claude un portrait de lui-même; Maya une statue de sa mère.

Le 20 octobre 1977, cinq jours avant le quatre-vingt-seizième anniversaire de la naissance de Picasso et l'année du cinquantième anniversaire de leur rencontre, Marie-Thérèse se pendit dans le garage de sa maison de Juan-les-Pins. Elle avait soixante-huit ans. Dans une lettre d'adieu à Maya, elle parla d'une « impulsion irrésistible ». « Il faut savoir ce que la vie de Picasso avait signifié pour elle, dit Maya. Ce n'était pas seulement qu'il soit mort qui la poussa à se suicider. C'était beaucoup, beaucoup plus que cela... Leurs rapports étaient fous. Elle avait le sentiment qu'elle devait s'occuper de lui-même quand il était mort! Elle ne pouvait pas supporter l'idée qu'il soit seul, sa tombe entourée par des gens qui ne pouvaient absolument pas lui donner ce qu'elle lui avait donné[7]. »

Juste après minuit, le 15 octobre 1986, Jacqueline appela Aurelio Torrente, le directeur du musée espagnol d'Art contemporain à Madrid, pour discuter les derniers détails de l'exposition qu'elle avait préparée elle-même à partir d'un choix fait par elle de toiles de Picasso, et qui devait être inaugurée à Madrid dix jours plus tard. Elle lui assura qu'elle serait là pour l'inauguration. A trois heures du matin, elle s'allongea sur son lit, remonta le drap jusqu'à son menton et se tira une balle dans la tempe. Elle avait laissé une liste de tous ceux qu'elle voulait présents à son enterrement.

Tel fut le sombre et tragique legs que Picasso laissa après lui. Il faut voir le legs de son art en conjonction avec le legs de notre époque. Il porta à sa plus totale expression la vision fracassée d'un siècle qu'on ne pouvait peut-être pas comprendre autrement; et il apporta à la peinture la vision de désintégration que Schönberg et Bartok apportèrent à la musique, Kafka et Beckett à la littérature. Il poussa à sa conclusion ultime la vision négative du monde moderne : tant de gens après lui n'ont été que des notes ajoutées à ce qu'avait dit Picasso. « Il a été sans doute, écrivit Pierre Daix, l'artiste le plus faustien d'une modernité elle-même faustienne, mais l'infini vers lequel il tendait excluait toute réconciliation avec Dieu[8]. »

Sa tragédie était qu'il brûlait de l'envie de trouver l'absolu en peinture et qu'il mourut en sachant qu'il lui avait échappé. Contrairement à Shakespeare et à Mozart, dont il partageait la créativité prolifique, Picasso n'était pas un génie éternel. L'épitaphe de Jonson pour Shakespeare et Mozart était qu'ils « n'étaient pas d'une époque mais de tous les temps[9] ».

Et même Salieri n'aurait pas refusé cette épitaphe à Mozart. J'ai commencé ce livre en ne demandant, comme les millions de pèlerins qui s'étaient rendus aux rétrospectives Picasso, qu'à le placer sur ce pic étroit. Je l'ai terminé, convaincue qu'il était en fait un génie limité par le temps, un sismographe enregistrant les conflits, la tourmente et l'angoisse de son époque.

Dès cet instant, l'immense littérature consacrée à Picasso s'éclaira soudain de déclarations de ceux qui, au long des années, avaient vu le défaut fatal dans son génie titanesque. Dès 1914, un critique d'art russe, Yakov Tugendhold, écrivait de la recherche par Picasso de la « dimension de l'infini » : « La tragédie préside à l'œuvre de ce don Quichotte intrépide, de ce chevalier errant de l'absolu... condamné à une quête éternelle et désespérée. Car l'art, qui est essentiellement dynamique, ne peut être éternel; il ne touche à l'éternité que quand l'homme, amoureux du monde, " supplie l'instant fugitif de rester "[10]. »

Depuis l'époque où il avait ébranlé le monde de

l'art avec *Les Demoiselles d'Avignon,* Picasso n'était plus amoureux du monde. Il concevait son rôle de peintre comme consistant à fabriquer des armes de combat contre toute émotion appartenant à la création et célébrant la vie, contre la nature, la nature humaine et le Dieu qui avait créé tout cela. « Je dois obstinément rester pour le moment parmi ceux qui ne peuvent voir Picasso dans l'ultime panthéon, écrivait en 1956, l'artiste et critique d'art Michaël Ayrton. S'il n'y est pas, c'est parce que, alors que l'ensemble de son accomplissement est miraculeux, j'ai conscience qu'il manque un facteur présent dans la vraiment grande peinture et que ce facteur est la profondeur qui accompagne l'inéloquence. Le centre immobile[11]. »

« Comme c'est difficile, avait dit Picasso peu après son quatre-vingt-cinquième anniversaire, de faire passer quelque chose de l'absolu dans la mare aux grenouilles[12]. » Mais, si difficile que ce soit, n'est-ce pas la plus haute fonction de l'art que d'essayer de faire passer quelque chose d'absolu dans la mare aux grenouilles de ce monde ? Avec un talent prodigieux, une maîtrise complète du langage de la peinture, une inépuisable versatilité et une virtuosité, une imagination et une ingéniosité monumentales, Picasso nous a montré la boue de notre mare à grenouilles et la nuit qui s'étend au-dessus d'elle. Il n'y a bien sûr « pas de soleil sans ombre, et il faut connaître la nuit[13] », il existe pourtant le sentiment dans tout grand art que, par-delà les ténèbres et les cauchemars qu'il représente, par-delà les cris d'angoisse de l'humanité à laquelle il prête sa voix, il y a l'harmonie, l'ordre et la paix. La crainte est présente dans *La Tempête* de Shakespeare et dans *La Flûte enchantée* de Mozart, mais l'amour vient les exorciser ; il y a de l'horreur et de la laideur, mais un nouvel ordre d'humanité et de beauté finit par en sortir; il y a du mal, mais le bien vient le supplanter. « Malgré tant d'épreuves, s'écrit Œdipe, mon âge avancé et la grandeur de son âme me font juger que tout est bien[14]. »

L'âge avancé de Picasso était plein de désespoir et alimenté par la haine. Quant à son art, il avait dit à André Malraux qu'« il n'avait pas besoin de style, parce que sa rage deviendrait un élément capital de celui de notre époque[15] ». Et sa rage devint bien en effet le style dominant de notre époque; mais il y a des signes chaque jour plus marqués que le présent réclame quelque chose qui dépasse la rage. « Les artistes modernes, écrivit Meyer Schapiro, ont de plus grandes ressources que la modernité ne leur permet de découvrir – des ressources souvent insoupçonnées des artistes eux-mêmes[16]. » C'était un appel aux artistes modernes à explorer les mondes qui leur seraient révélés « si leur art s'ouvrait à tout ce qu'ils éprouvaient ou aimaient ».

Revenant sur la mort de Picasso, Michel Leiris écrivait : « Deux ou trois jours après, je lisais la conclusion d'un article de journal consacré par un historien d'art à Picasso disparu... Il évoquait en quelques lignes la légende selon laquelle le passage de l'ère païenne à l'ère chrétienne fut signifié par une voix criant : " Pan, le grand Pan est mort ! " Fin d'un monde ou commencement d'un autre[17] ? » Comme nous avançons vers le commencement d'un autre monde et le début d'un nouveau siècle, qu'aura donc à dire Picasso, si irrévocablement lié à l'époque qui se meurt, qu'aura-t-il donc à dire à l'époque qui naît ?

Notes sur les sources

En citant des sources publiées, dans certains cas j'ai utilisé une traduction existante et dans d'autres, quand j'avais l'impression que ce serait plus frappant, j'ai traduit de l'édition originale française ou espagnole. C'est ainsi qu'un livre ou un article est identifié dans les notes, tantôt dans sa traduction anglaise et tantôt dans son édition originale.

Les citations de Françoise Gilot viennent de longues interviews avec elles. Quand il s'agit toutefois de rapporter les propres mots de Picasso, elle et moi sommes convenues de le faire comme ils sont rapportés dans son livre *Life with Picasso,* de façon à éviter l'existence de deux versions de ce qu'il a dit.

Quand j'utilise des interviews avec des amis de Picasso qui ont d'autre part publié leurs souvenirs sur lui, j'ai distingué dans les notes de laquelle des deux sources provenait la citation.

Dans le texte j'ai, quand il convenait, utilisé l'orthographe catalane, c'est ainsi que les amis barcelonais de Picasso sont mentionnés par leur nom catalan : par exemple, Pere Manyac plutôt que Petrus Manach, Jaume Sabartés plutôt que Jaime Sabartés, même si Sabartés apparaît sous le nom de Jaimes Sabartés dans les éditions françaises et anglaises de ses livres.

PRÉFACE (pp. 9 à 17)

1. James, *The Ambassadors,* p. 57.
2. Gilot and Lake, *Life with Picasso,* p. 47.
3. Parmelin, *Voyage en Picasso,* p. 182.
4. Lettre de Picasso à Walter, au musée d'Art de Hong Kong, *Picasso Intime : Collection Maya Ruiz-Picasso,* p. 56.

5. Zervos, « Conversation avec Picasso », *Cahiers d'art*, nos 7-10, 1935, p. 175.
6. Malraux, *Picasso's Mask*, p. 139.
7. Interview de Françoise Gilot.
8. Interview de Maya Picasso.
9. Interview d'Inès Sassier.
10. *Ibid.*
11. Zervos, « Conversation avec Picasso », *Cahiers d'art*, nos 7-10, 1935, pp. 176-77.

CHAPITRE I (pp. 18 à 65)

1. Palau i Fabre, *Picasso : The Early Years*, 1881-1907, p. 27.
2. *Ibid.*, p. 28.
3. Sabartés, *Picasso : Documents iconographiques*, p. 25.
4. Stein, *The Autobiography of Alice B. Toklas*, p. 221.
5. Sabartés, *Picasso : An Intimate Portrait*, p. 5.
6. *Ibid.*, p. 6.
7. *Ibid.*
8. *Ibid.*
9. *Ibid.*
10. Palau i Fabre, *Picasso : The Early Years*, 1881-1907, p. 33.
11. Penrose, *Picasso : His Life and Work*, p. 13.
12. Sabartés, *Picasso : Documents iconographiques*, p. 305.
13. Sabartés, *Picasso : An Intimate Portrait*, p. 7.
14. *Ibid.*
15. *Ibid.*, p. 32.
16. Palau i Fabre, *Picasso : The Early Years*, 1881-1907, p. 31.
17. Sabartés, *Picasso : An Intimate Portrait*, p. 31.
18. Fundacio Picasso-Reventós, ed., *Homenatge de Catalunya a Picasso*, p. 28.
19. Sabartés, *Picasso : An Intimate Portrait*, p. 34.
20. *Ibid.*, p. 35.
21. *Ibid.*
22. Palau i Fabre, *Picasso : The Early Years*, 1881-1907, p. 32.
23. Alberti, *Lo que cante y dije de Picasso*, p. 228.
24. Fundacio Picasso-Reventós, ed., *Homenatge de Catalunya a Picasso*, p. 28.
25. Palau i Fabre, *Picasso : The Early Years*, 1881-1907, p. 32.
26. Sabartés, *Picasso : An Intimate Portrait*, p. 36.
27. *Ibid.*

28. *Ibid.*, p. 35.
29. *Ibid.*, p. 39.
30. *Ibid.*
31. Sabartés, *Picasso : Portraits et souvenirs*, pp. 16-17.
32. *Ibid.*, p. 11.
33. *Picasso e a Corunna*, p. 4.
34. Palau i Fabre, *Picasso : The Early Years*, 1881-1907, p. 41.
35. *Picasso e a Corunna*, p. 4.
36. Palau i Fabre, *Picasso : The Early Years*, 1881-1907, p. 42.
37. Berger, *The Success and Failure of Picasso*, p. 32.
38. Sabartés, *Picasso : Portraits et souvenirs*, p. 38.
39. Cabanne, *Pablo Picasso*, p. 25.
40. Sabartés, *Picasso : An Intimate Portrait*, p. 29.
41. Palau i Fabre, *Picasso : The Early Years*, 1881-1907, p. 69.
42. Sabartés, *Picasso : An Intimate Portrait*, p. 30.
43. Palau i Fabre, *Picasso : The Early Years*, 1881-1907, pp. 75-76.
44. *Ibid.*, p. 86.
45. Cabanne, *Le Siècle de Picasso*, vol. 1, p. 47.
46. *Ibid.*
47. Trend, *A Picture of Modern Spain*, p. 4.
48. Tuchman, *The Proud Tower*, p. 86.
49. Cabanne, *Pablo Picasso*, p. 30.
50. Brenan, *The Spanish Labyrinth*, p. 191.
51. Cabanne, *Pablo Picasso*, p. 33.
52. Carandell, *Nueva guía secreta de Barcelona*, p. 183.
53. *La Première Communion :* Palau i Fabre, *Picasso : The Early Years, 1881-1907*, p. 101.
54. *Ibid.*, p. 54.
55. Cabanne, *Pablo Picasso*, p. 20.
56. Interview de Françoise Gilot.
57. Gilot and Lake, *Life with Picasso*, p. 60.
58. Cabanne, *Pablo Picasso*, p. 34.
59. Kahnweiler, « Huit Entretiens avec Picasso », *Le Point*, vol. 7, n° 42 (octobre 1952), p. 30.
60. Cabanne, *Pablo Picasso*, p. 40.
61. Palau i Fabre, *Picasso : The Early Years, 1881-1907*, pp. 134-135.
62. *Ibid.*, p. 139.
63. Verdet, *Les Grands Peintres : Pablo Picasso*, p. 10.
64. Interview de Françoise Gilot.
65. Malraux, *La Tête d'obsidienne*, p. 25.
66. Palau i Fabre, *Picasso : The Early Years, 1881-1907*, p. 152.

67. Interview de Françoise Gilot.
68. Gomez de la Serna, « Le Toréador de la peinture », *Cahiers d'art,* n°s 3-5, 1932, p. 124.
69. Leighten, « Picasso : Anarchism and Art, 1897-1914 », p. 49.
70. Palau i Fabre, *Picasso : The Early Years, 1881-1907,* p. 155.
71. Cabanne, *Le Siècle de Picasso,* vol. 1, p. 79.
72. *Ibid.,* p. 73.
73. Sabartés, *Picasso : Portraits et souvenirs,* p. 26.
74. Cabanne, *Pablo Picasso,* p. 47.
75. Palau i Fabre, *Picasso : The Early Years, 1881-1907,* p. 182.
76. Cabanne, *Le Siècle de Picasso,* vol. 1, p. 80.
77. Blunt and Pool, *Picasso : The Formative Years,* p. 7.
78. Berger, *The Success and Failure of Picasso,* p. 22.
79. Stambaugh, *Nietzsche's Thought of Eternal Return,* p. 59.
80. Palau i Fabre, *Picasso : The Early Years, 1881-1907,* p. 128.
81. *Ibid.,* p. 127.
82. Cabanne, *Le Siècle de Picasso,* vol. 1, p. 82.
83. Palau i Fabre, *Picasso : The Early Years, 1881-1907,* p. 512.
84. *Ibid.,* p. 198.

CHAPITRE II (pp. 66 à 101)

1. Picasso, « Lettre sur l'art », *Formes,* février 1930, p. 2.
2. Raynal, « Panorama de l'œuvre de Picasso », *Le Point,* vol. 7, n° 42 (octobre 1952), p. 5.
3. Lettre de Casagemas à Reventós, 25 octobre 1900, dans McCully, *A Picasso Anthology,* pp. 27-28.
4. *Ibid.,* p. 27.
5. Lettre de Casagemas à Reventós, 11 novembre 1900, *ibid.,* p. 31.
6. Lettre de Picasso à Reventós, 11 novembre 1900, *ibid.,* p. 30.
7. Cabanne, *Pablo Picasso,* p. 54.
8. Palau i Fabre, *Picasso : The Early Years, 1881-1907,* p. 204.
9. Stein, *Picasso,* p. 5.
10. Palau i Fabre, *Picasso : The Early Years, 1881-1907,* pp. 211-212.
11. O'Brian, *Picasso,* p. 94.

12. Palau i Fabre, « L'Amistat de Picasso amb Casagemas », dans *Casagemas i el seu temps*, p. 77.
13. Fagus, « L'Invasion espagnole : Picasso », dans Palau i Fabre, *Picasso : The Early Years, 1881-1907*, pp. 1901-1902.
14. Lettre de Picasso à Ventosa, 13 juillet 1901, dans McCully, *A Picasso Anthology*, p. 35.
15. Andreu, *Max Jacob*, p. 27.
16. Jacob, « Souvenirs sur Picasso contés par Max Jacob », *Cahiers d'art, nº 6, 1927, p. 199.*
17. *Ibid.*
18. Andreu, *Max Jacob*, p. 62.
19. Charles, « Les Arts », *L'Ermitage*, nº 9 (septembre 1901), p. 240.
20. Van Gogh, *Van Gogh : A Self-Portrait*, p. 320.
21. Sabartés, *Picasso : An Intimate Portrait*, p. 58.
22. Jacob, « Souvenirs sur Picasso contés par Max Jacob », *Cahiers d'art*, nº 6, 1927, p. 199.
23. Aurier, « Les Peintres symbolistes », dans Nochlin, *Impressionism and Post-Impressionism*, p. 135.
24. Sabartés, *Picasso : An Intimate Portrait*, p. 80.
25. *Ibid.*
26. *Ibid.*, p. 82.
27. Lettre de Picasso à Jacob, 13 juillet 1902, dans McCully, *A Picasso Anthology*, p. 38.
28. Sabartés, *Picasso : An Intimate Portrait*, pp. 89-90.
29. *Ibid.*, p. 85.
30. *Ibid.*
31. *Ibid.*, p. 86.
32. Palau i Fabre, *Picasso : The Early Years, 1881-1907*, p. 311.
33. *Ibid.*, p. 316.
34. *Ibid.*, p. 314.
35. Cabanne, *Pablo Picasso*, pp. 81-82.
36. Andreu, *Max Jacob*, p. 90.
37. Jacob, « Souvenirs sur Picasso contés par Max Jacob », *Cahiers d'art*, nº 6, 1927, p. 200.
38. Verlaine, *The Sky Above the Roof*, p. 101.
39. Cabanne, *Pablo Picasso*, pp. 82-83.
40. Vallentin, *Picasso*, p. 47.
41. Palau i Fabre, *Picasso : The Early Years, 1881-1907*, p. 326.
42. Breunig, « Studies on Picasso, 1902-1905 », *Art Journal*, hiver 1958, p. 192.
43. Crespelle, *Picasso : Les femmes, les amis, l'œuvre*, p. 59.
44. Lettre de Picasso à Jacob, 1903, dans McCully, ed., *A Picasso Anthology*, p. 41.

45. Palau i Fabre, *Picasso : The Early Years, 1881-1907*, p. 368.
46. Sabartés, *Picasso : An Intimate Portrait*, p. 95.
47. *Ibid.*, pp. 93-94.
48. *Ibid.*, p. 97.
49. *Ibid.*, p. 92.
50. *Ibid.*, pp. 97-98.

CHAPITRE III (pp. 102 à 147)

1. Dorgelès, *Bouquet de Bohème*, p. 102.
2. Olivier, *Picasso et ses amis*, p. 7.
3. Stein, *The Autobiography of Alice B. Toklas*, p. 27.
4. Olivier, *Picasso and His Friends*, p. 16.
5. Vallentin, *Picasso*, p. 56.
6. Olivier, *Picasso and His Friends*, p. 17.
7. Crespelle, *Picasso : Les femmes, les amis, l'œuvre*, p. 11.
8. *Ibid.*, p. 69.
9. Morice, « Exposition de MM. Picasso, Launay, Pichot et Girieud », *Mercure de France*, vol. 45, nº 156 (octobre-décembre 1902), p. 804.
10. Morice, « Exposition d'œuvres de MM. Trachsel, Gérardin, Picasso », dans Lipton, *Picasso Criticism, 1901-1939*, pp. 30-31.
11. Apollinaire, « Les Jeunes : Picasso, peintre », *La Plume*, nº 372 (15 mai 1905), pp. 478-480.
12. « Picasso, peintre et dessinateur », dans Apollinaire, *Chroniques d'art, 1902-1918*, p. 28.
13. Mackworth, *Guillaume Apollinaire and the Cubist Life*, p. 66.
14. Stein, *The Autobiography of Alice B. Toklas*, p. 24.
15. Penrose, *Picasso : His Life and Work*, p. 140.
16. Palau i Fabre, *Picasso : The Early Years, 1881-1907*, p. 417.
17. *Ibid.*
18. Daix and Boudaille, *Picasso, 1900-1906*, p. 274.
19. Vallentin, *Picasso*, p. 62.
20. Olivier, *Picasso and His Friends*, p. 43.
21. *Ibid.*, p. 101.
22. *Ibid.*
23. Brinnin, *The Third Rose*, p. 70.
24. *Ibid.*
25. *Picasso*, p. 7.
26. *Ibid.*
27. Stein, *Matisse, Picasso and Gertrude Stein*, p. 204.
28. Olivier, *Picasso and His Friends*, p. 88.

29. *Ibid.*, p. 84.
30. Matisse, *Ecrits et propos sur l'art*, pp. 49-50.
31. Kahnweiler et Crémieux, *My Galleries and Painters*, p. 38.
32. Stein, *The Autobiography of Alice B. Toklas*, p. 48.
33. *Ibid.*, p. 53.
34. Jacob, « Souvenirs sur Picasso contés par Max Jacob », *Cahiers d'art*, nº 6, 1927, p. 202.
35. Crespelle, *Picasso and His Women*, p. 68.
36. Stein, *The Autobiography of Alice B. Toklas*, p. 53.
37. Olivier, *Picasso and His Friends*, p. 93.
38. Palau i Fabre, *Picasso : The Early Years, 1881-1907*, p. 440.
39. Olivier, *Picasso and His Friends*, p. 126.
40. *Ibid.*, p. 95.
41. Picasso, *Carnet Catalan*, p. 11.
42. Olivier, *Picasso and His Friends*, p. 94.
43. Stein, *Picasso*, p. 8.
44. Peignot, « Les Premiers Picassos de Gertrude Stein », *Connaissance des arts*, nº 213, novembre 1969, p. 125.
45. Cabanne, *Pablo Picasso*, p. 111.
46. Mackworth, *Guillaume Apollinaire and the Cubist Life*, p. 72.
47. Cabanne, *Pablo Picasso*, p. 110.
48. *Ibid.*
49. Malraux, *Picasso's Mask*, pp. 10-11.
50. *Ibid.*, p. 17.
51. Jarry, « Ubu Roi » dans Leighten, « Picasso : Anarchism and Art, 1897-1914 », p. 154.
52. Apollinaire, « Feu Alfred Jarry », dans *Œuvres complètes de G. Apollinaire*, p. 855.
53. Jarry, *Faustroll*, p. 121.
54. Salmon, *La Jeune Peinture française*, p. 44.
55. Jacob, *Chronique des temps héroïques*, p. 48.
56. Salmon, *La Jeune Peinture française*, p. 48.
57. Kahnweiler et Crémieux, *My Galleries and Painters*, p. 39.
58. « Shafts from Apollo's Bow : A Blast from the North », *Apollo*, octobre 1947, p. 90.
59. Cabanne, *Le Siècle de Picasso*, vol. 1, p. 200.
60. Vallier, « Braque, la peinture et nous », *Cahiers d'art*, nº 1, 1954, p. 14.
61. *Ibid.*, p. 13.
62. *Ibid.*, pp. 13-14.
63. Olivier, *Picasso and His Friends*, p. 50.
64. O'Brian, *Picasso*, p. 132.
65. Stein, *The Autobiography of Alice B. Toklas*, p. 26.

66. *Ibid.*, p. 60.
67. Vallentin, *Picasso*, p. 101.
68. Sabartés, *Picasso : Portraits et souvenirs*, p. 222.
69. « Testimony against Gertrude Stein », *Transition*, nº 23, février 1935, pp. 13-14.
70. Vallentin, *Picasso*, p. 111.
71. González, « Picasso Sculpteur », *Cahiers d'art*, nºs 6-7, 1936, p. 189.
72. Daix, *Picasso Créateur*, p. 101.
73. Kahnweiler, *Confessions esthétiques*, p. 212.
74. Raynal, *Picasso*, pp. 45-58.
75. Stein, *The Autobiography of Alice B. Toklas*, p. 104.
76. Olivier, *Picasso and His Friends*, p. 69.
77. Penrose, *Picasso : His Life and Work*, p. 145.
78. Cabanne, *Pablo Picasso*, p. 130.
79. Stein, *Picasso*, pp. 8-9.
80. Olivier, *Picasso and His Friends*, p. 135.
81. *Ibid.*, p. 136.
82. Kahnweiler and Crémieux, *My Galleries and Painters*, p. 43.
83. Apollinaire, *Les Peintres cubistes*, p. 14.
84. Mackworth, *Guillaume Apollinaire and the Cubist Life*, p. 124.
85. Steegmuller, *Apollinaire : Poet among the Painters*, p. 131.
86. Gilot and Lake, *Life with Picasso*, pp. 76-77.
87. Vallier, « Braque, la peinture et nous », *Cahiers d'art*, nº 1, 1954, p. 14.
88. Mackworth, *Guillaume Apollinaire and the Cubist Life*, p. 90.
89. Berger, *The Success and Failure of Picasso*, p. 56.
90. Apollinaire, « Le Bestiaire », dans *Œuvres poétiques*, p. 8.

CHAPITRE IV (pp. 148 à 182)

1. Lettre d'Olivier à Stein, 17 juin 1910, dans McCully, *A Picasso Anthology*, p. 67.
2. « Thaw Trial Begins; Defense Still Hidden », *The New York Times*, 24 janvier 1907, p. 2.
3. Stein, *The Autobiography of Alice B. Toklas*, p. 111.
4. Gedo, *Picasso : Art as Autobiography*, p. 213.
5. Kahnweiler, *The Rise of Cubism*, p. 10.
6. Stein, *Picasso*, pp. 13-14.
7. Zervos, « Conversation avec Picasso », *Cahiers d'art*, nºs 7-10, 1935, p. 174.

8. Roy, *L'Amour de la peinture*, p. 85.
9. Warnod, *Washboat Days*, p. 123.
10. Malraux, *Picasso's Mask*, p. 110.
11. Gilot and Lake, *Life with Picasso*, pp. 72-73.
12. *Ibid.*, p. 73.
13. Pla. « Vida de Manolo contada por el mismo », dans McCully, ed., *A Picasso Anthology*, p. 69.
14. De Zayas, « Picasso Speaks », *The Arts*, vol. 3, nº 5, mai 1923, p. 319.
15. Vallentin, *Picasso*, p. 114.
16. Henry, « Max Jacob et Picasso », *Europe*, nºs 492-493, avril-mai 1970, p. 201.
17. Olivier, *Picasso and His Friends*, pp. 207-208.
18. *Ibid.*, p. 148.
19. Steegmuller, *Apollinaire : Poet among the Painters*, pp. 211-212.
20. Olivier, *Picasso and His Friends*, p. 148.
21. *Ibid.*, p. 149.
22. Steegmuller, *Apollinaire : Poet among the Painters*, pp. 206-207.
23. *Ibid.*, p. 206.
24. Mackworth, *Guillaume Apollinaire and the Cubist Life*, pp. 137-138.
25. *Ibid.*, p. 136.
26. Steegmuller, *Apollinaire : Poet among the Painters*, p. 229.
27. *Ibid.*, p. 217.
28. *Ibid.*, p. 236.
29. O'Brian, *Picasso*, p. 181.
30. « The Revolutionary Artists », *The Craftsman*, vol. 20, nº 2, mai 1911, p. 237.
31. Carter, « The Plato-Picasso Idea », *The New Age*, vol. 10, nº 4, 23 novembre 1911, p. 88.
32. Murry, « The Art of Pablo Picasso », *The New Age*, vol. 10, nº 5, 30 novembre 1911, p. 115.
33. *Ibid.*
34. Picasso, « Lettre sur l'Art », *Formes*, février 1930, pp. 2 et 4.
35. Murry, « The Art of Pablo Picasso », *The New Age*, vol. 10, nº 5, 30 novembre 1911, p. 115.
36. Lettre de Murry à Carter, dans Carter, « The Plato-Picasso Idea », *The New Age*, vol. 10, nº 4, 23 novembre 1911, p. 88.
37. Malraux, *Picasso's Mask*, p. 127.
38. Stein, *The Autobiography of Alice B. Toklas*, p. 46.
39. *Ibid.*, p. 26.
40. *Ibid.*, p. 96.

41. Dorgelès, *Bouquet de Bohème,* p. 106.
42. Parmelin, *Picasso Plain,* p. 115.
43. Cabanne, *Pablo Picasso,* p. 149.
44. Lettre de Picasso à Kahnweiler, 12 juin 1912, dans Centre Georges-Pompidou, *Donation Louise et Michel Leiris,* p. 168.
45. Lettre de Picasso à Kahnweiler, 20 mai 1912, *ibid.*, p. 165.
46. Lettre de Picasso à Kahnweiler, 22 mai 1912, *ibid.*
47. *Ibid.*
48. Lettre de Picasso à Kahnweiler, 24 mai 1912, *ibid.*, p. 166.
49. Lettre de Picasso à Kahnweiler, 1er juin 1912, *ibid.*
50. Lettre de Kahnweiler à Picasso, 6 juin 1912, *ibid.*
51. Lettre de Picasso à Kahnweiler, 5 juin 1912, *ibid.*, p. 167.
52. Lettre de Picasso à Kahnweiler, 12 juin 1912, *ibid.*, p. 168.
53. *Ibid.*
54. Stein, *The Autobiography of Alice B. Toklas,* p. 112.
55. Lettre de Picasso à Kahnweiler, 20 juin 1912, dans Centre Georges-Pompidou, *Donation Louise et Michel Leiris,* pp. 168-169.
56. Olivier, *Picasso and His Friends,* pp. 157-158.
57. Stein, *The Autobiography of Alice B. Toklas,* p. 112.
58. Lettre de Picasso à Kahnweiler, 29 juin 1912, dans Centre Georges-Pompidou, *Donation Louise et Michel Leiris,* p. 169.
59. Lettre de Picasso à Kahnweiler, 4 juillet 1912, *ibid.*
60. Lettre de Picasso à Kahnweiler, 9 juillet 1912, *ibid.*
61. *Ibid.*
62. Lettre de Picasso à Kahnweiler, 29 juillet 1912, *ibid.*
63. Interview de Françoise Gilot.
64. Lettre de Picasso à Kahnweiler, 11 août 1912, dans Centre Georges-Pompidou, *Donation Louise et Michel Leiris,* p. 169.
65. Lettre de Picasso à Kahnweiler, 15 août 1912, *ibid.*
66. Mackworth, *Guillaume Apollinaire and the Cubist Life,* p. 158.
67. Leighten, « Picasso : Anarchism and Art, 1897-1914 », p. 251.
68. Cabanne, *Pablo Picasso,* p. 160.
69. Junoy, « L'Art d'en Picasso », dans McCully, ed., *A Picasso Anthology,* p. 88.
70. Stein, *The Autobiography of Alice B. Toklas,* p. 91.
71. *Ibid.*, p. 212.
72. *Ibid.*, p. 211.

73. O'Brian, *Picasso*, p. 201.
74. Kahnweiler, « Juan Gris », dans San Francisco Museum of Art, *Picasso-Gris-Miró*, p. 73.
75. *Ibid.*, p. 72.
76. Larrea, « Light Illumined », *ibid.*, p. 38.
77. Daix, *Picasso Créateur*, p. 138.
78. Kahnweiler, « Juan Gris », dans San Francisco Museum of Art, *Picasso-Gris-Miró*, p. 72.
79. *Ibid.*, p. 69.
80. Lettre de Picasso à Kahnweiler, 5 mai 1913, dans Centre Georges-Pompidou, *Donation Louise et Michel Leiris*, p. 170.
81. Daix, *Picasso Créateur*, p. 139.
82. Lettre de Jacob à Kahnweiler, fin avril 1912, dans Jacob, *Correspondance*, vol. 1, p. 90.
83. Mackworth, *Guillaume Apollinaire and the Cubist Life*, p. 161.
84. Salmon, *Modigliani : A Memoir*, pp. 132-133.
85. Daix, *Picasso Créateur*, p. 145.
86. O'Brian, *Picasso*, p. 202.
87. Penrose, *Picasso : His Life and Work*, p. 194.
88. Mackworth, *Guillaume Apollinaire and the Cubist Life*, p. 177.
89. *Ibid.*, p. 176.
90. *Ibid.*, p. 179.
91. O'Brian, *Picasso*, p. 207.

CHAPITRE V (pp. 183 à 222)

1. Cabanne, *Pablo Picasso*, p. 171.
2. Apollinaire, « Living Art and the War », dans *Apollinaire on Art*, pp. 439-440.
3. « Propos sur l'Art », *Le Monde*, 13 avril 1973, p. 18.
4. Cabanne, *Pablo Picasso*, p. 171.
5. Stein, *The Autobiography of Alice B. Toklas*, p. 90.
6. Brinnin, *The Third Rose*, p. 197.
7. *Ibid.*
8. O'Brian, *Picasso*, p. 211.
9. Cabanne, *Pablo Picasso*, p. 171.
10. Rubin, dans The Museum of Modern Art, ed., *Picasso in the Collection of the Museum of Modern Art*, p. 72.
11. Stein, *Everybody's Autobiography*, p. 119.
12. Berdyaev, « Picasso », dans McCully, ed., *A Picasso Anthology*, p. 111.
13. Andreu, *Max Jacob*, p. 45.
14. *Ibid.*, p. 44.

15. Penrose, *Picasso : His Life and Work*, p. 206.
16. Daix, *Picasso Créateur*, p. 154.
17. Richardson, « Picasso's Secret Love », *House and Garden*, octobre 1987, p. 180.
18. Daix, *Picasso Créateur*, p. 155.
19. *Ibid.*, p. 154.
20. Steegmuller, *Cocteau*, p. 71.
21. Cabanne, *Pablo Picasso*, p. 176.
22. Steegmuller, *Cocteau*, p. 137.
23. Daix, *Picasso Créateur*, p. 155.
24. Cabanne, *Le Siècle de Picasso*, vol. 1, p. 293.
25. Crespelle, *Picasso and His Women*, p. 114.
26. Steegmuller, *Cocteau*, p. 73.
27. *Ibid.*, p. 82.
28. *Ibid.*
29. *Ibid.*, p. 133.
30. Cabanne, *Pablo Picasso*, p. 180.
31. Stein, *The Autobiography of Alice B. Toklas*, p. 169.
32. Richardson, « Picasso's Secret Love », *House and Garden*, octobre 1987, p. 180.
33. De Zayas, « Picasso Speaks », *The Arts*, vol. 3, nº 5, mai 1923, p. 315.
34. O'Brian, *Picasso*, p. 215.
35. Steegmuller, *Cocteau*, p. 137.
36. *Ibid.*, p. 147.
37. *Ibid.*, pp. 163-164.
38. Salto, « Pablo Picasso », dans McCully, ed., *A Picasso Anthology*, p. 125.
39. Henry, « Max Jacob et Picasso », *Europe*, nºs 492-493, avril-mai 1970, p. 204.
40. *Ibid.*
41. Hilton, *Picasso*, p. 134.
42. Gold and Fizdale, *Misia*, p. 191.
43. Steegmuller, *Cocteau*, p. 165.
44. *Ibid.*, p. 167.
45. *Ibid.*
46. Gold and Fizdale, *Misia*, p. 191.
47. Steegmuller, *Cocteau*, p. 164.
48. Apollinaire, *Le Poète assassiné*, p. 115.
49. Steegmuller, *Cocteau*, p. 173.
50. *Ibid.*, p. 174.
51. *Ibid.*
52. Lettre de Picasso à Stein, avril 1917. Yale Collection of American Literature, Beinecke Rare Book and Manuscript Library, Yale University.
53. Stein, *The Autobiography of Alice B. Toklas*, p. 22.
54. Cabanne, *Pablo Picasso*, p. 176.

55. Penrose, *Picasso : His Life and Work,* p. 98.
56. Steegmuller, *Cocteau,* p. 177.
57. *Ibid.,* p. 181.
58. Mugnier, *Journal de l'Abbé Mugnier,* p. 309.
59. *Ibid.,* p. 334.
60. *Ibid.,* p. 309.
61. Cabanne, *Le Siècle de Picasso,* vol. 1, p. 305.
62. Steegmuller, *Cocteau,* p. 185.
63. Wiser, *The Crazy Years,* p. 42.
64. Crespelle, *Picasso and His Women,* p. 121.
65. Poulenc, *Moi et mes amis,* p. 89.
66. Lieberman, « Picasso and the Ballet, 1917-1945 », *Dance Index,* vol. 5, nos 11-12, novembre-décembre 1946, p. 266.
67. *Ibid.,* p. 275.
68. Cabanne, *Pablo Picasso,* p. 190.
69. Steegmuller, *Cocteau,* p. 69.
70. *Ibid.*
71. Mac Orlan, « Rencontre avec Picasso » dans Lipton, « Picasso Criticism, 1901-1939 », p. 152.
72. Crespelle, *Picasso and His Women,* p. 122.
73. Apollinaire, *Chroniques d'art,* 1902-1918, p. 426.
74. *Ibid.*
75. Poulenc, *Moi et mes amis,* p. 89.
76. Lieberman, « Picasso and the Ballet, 1917-1945 », *Dance Index,* vol. 5, nos 11-12, novembre-décembre 1946, p. 267.
77. Mackworth, *Guillaume Apollinaire and the Cubist Life,* p. 223.
78. Gold and Fizdale, *Misia,* p. 195.
79. Sanouillet, *Francis Picabia et 391,* p. 60.
80. Interview de Françoise Gilot.
81. *Ibid.*
82. Crespelle, *Picasso and His Women,* p. 122.
83. Interview de Matta.
84. Cabanne, *Pablo Picasso,* p. 191.
85. Penrose, *Picasso : His Life and Work,* p. 224.
86. Apollinaire, *Calligrammes,* p. 240.
87. Daix, *La Vie de peintre de Pablo Picasso,* p. 164.
88. Apollinaire à Picasso, 11 septembre 1918, dans McCully, ed., *A Picasso Anthology,* p. 132.
89. Penrose, *Picasso : His Life and Work,* p. 225.
90. Sabartés, *Picasso : Documents iconographiques,* p. 11.

CHAPITRE VI (pp. 223 à 259)

1. Brassaï, *Picasso and Company*, p. 5.
2. Bell, *Civilization and Old Friends*, p. 171.
3. Crespelle, *Picasso and His Women*, p. 124.
4. Cabanne, *Le Siècle de Picasso*, vol. 1, p. 348.
5. Zervos, « Conversation avec Picasso », *Cahiers d'art*, nos 7-10, 1935, pp. 176-177.
6. Penrose, *Picasso : His Life and Work*, p. 244.
7. Uhde, *Picasso and the French Tradition*, pp. 54-55.
8. Cabanne, *Pablo Picasso*, p. 209.
9. Garcia Lorca, *Selected Letters*, pp. 42-43.
10. Zervos, « Conversation avec Picasso », *Cahiers d'art*, nos 7-10, 1935, p. 173.
11. Gold and Fizdale, *Misia*, p. 232.
12. Josephson, *Life among the Surrealists*, p. 111.
13. *Ibid.*, p. 108.
14. *Ibid.*
15. Wiser, *The Crazy Years*, p. 40.
16. Georges-Michel, *De Renoir à Picasso*, p. 100.
17. Cabanne, *Pablo Picasso*, p. 202.
18. *Ibid.*, p. 215.
19. Gold and Fizdale, *Misia*, p. 215.
20. Radiguet, *Count d'Orgel*, p. 21.
21. Steegmuller, *Cocteau*, p. 227.
22. Gold and Fizdale, *Misia*, p. 232.
23. *Ibid.*
24. *Ibid.*, p. 217.
25. Cabanne, *Pablo Picasso*, p. 203.
26. Everling, « C'était hier : Dada... », *Les Œuvres libres*, nº 109, juin 1955, p. 149.
27. Lieberman, « Picasso and the Ballet, 1917-1945 », *Dance Index*, vol. 5, nos 11-12, novembre-décembre 1946, p. 287.
28. Tierney, *The Unknown Country : A Life of Igor Stravinsky*, p. 91.
29. Stravinsky, *Autobiography*, p. 133.
30. *Ibid.*, p. 132.
31. Hugo, *Avant d'oublier, 1918-1931*, p. 67.
32. *Ibid.*, p. 66.
33. *Ibid.*, pp. 66-67.
34. Gilot and Lake, *Life with Picasso*, p. 119.
35. Cabanne, *Pablo Picasso*, p. 222.
36. Berger, *The Success and Failure of Picasso*, p. 203.
37. Aragon, *Anicet ou le panorama, roman*, p. 112.

38. Henry, « Max Jacob et Picasso », *Europe*, nos 492-493, avril-mai 1970, p. 208.
39. Jacob, *Correspondance*, vol. 1, p. 122.
40. Raynal, « Picasso », *L'Art d'aujourd'hui*, n° 1, printemps-été 1924, p. 22.
41. Salmon, « Picasso », *L'Esprit nouveau*, n° 1, mai 1920, p. 67.
42. Bell, *Since Cézanne*, p. 84.
43. Nebeský, « Pablo Picasso » dans McCully, ed., *A Picasso Anthology*, p. 150.
44. Vallentin, *Pablo Picasso*, p. 255.
45. Hugo, *Avant d'oublier, 1918-1931*, p. 127.
46. Gold and Fizdale, *Misia*, p. 236.
47. Steegmuller, *Cocteau*, p. 283.
48. Penrose, *Picasso : His Life and Work*, p. 248.
49. Josephson, *Life among the Surrealists*, p. 148.
50. *Ibid.*, p. 151.
51. Kay, *Picasso's World of Children*, p. 177.
52. Verdet, dans Musée de l'Athénée, *Picasso*, in Ashton, *Picasso on Art*, p. 96.
53. Baron, *L'An I du surréalisme*, p. 60.
54. Steegmuller, *Cocteau*, p. 292.
55. Charles-Roux, *L'Irrégulière*, p. 357.
56. Cabanne, *Pablo Picasso*, p. 224.
57. Cocteau, *Le Rappel à l'ordre*, p. 289.
58. « Retouches pour un portrait », *Le Crapouillot*, n° 25, mai-juin 1973, p. 41.
59. Wiser, *The Crazy Years*, p. 71.
60. De Zayas, « Picasso Speaks », *The Arts*, vol. 3, n° 5, mai 1923, p. 315.
61. Wiser, *The Crazy Years*, p. 177.
62. Stein, *The Autobiography of Alice B. Toklas*, p. 221.
63. Josephson, *Life among the Surrealists*, p. 151.
64. Gold and Fizdale, *Misia*, p. 235.
65. O'Brian, *Picasso*, p. 264.
66. Hugo, *Avant d'oublier, 1918-1931*, p. 177.
67. Penrose, *Picasso : His Life and Work*, p. 249.
68. O'Brian, *Picasso*, p. 265.
69. Breton. « Le Surréalisme et la peinture », *La Révolution surréaliste*, n° 4, 15 juillet 1925, pp. 29-30.
70. Lieberman, « Picasso and the Ballet, 1917-1945 », *Dance Index*, vol. 5, nos 11-12, novembre-décembre 1946, p. 300.
71. Breton, « Le Surréalisme et la peinture », *La Révolution surréaliste*, n° 4, 15 juillet 1925, p. 28.
72. *Ibid.*, p. 30.
73. Josephson, *Life among the Surrealists*, p. 221.

74. *Ibid.*
75. *Ibid.*, p. 336.
76. Breton, *What is Surrealism? Selected Writings*, p. 180.
77. Zervos, « Conversation avec Picasso », *Cahiers d'art*, nos 7-10, 1935, p. 177.
78. *Ibid.*
79. Jacob, *Choix de lettres de Max Jacob à Jean Cocteau*, pp. 83-84.
80. *Ibid.*, p. 81.
81. Stein, *Te Autobiography of Alice B. Toklas*, p. 222.
82. *Ibid.*
83. Jacob, *Choix de lettres de Max Jacob à Jean Cocteau*, p. 81.

CHAPITRE VII (pp. 260 à 280)

1. Farrell, « His Women », *Life*, 27 décembre 1968, p. 74.
2. *Ibid.*
3. Lettre de Picasso à Walter, 13 juillet 1944, in Hong Kong Museum of Art, *Picasso Intime : Collection Maya Ruiz-Picasso*, p. 57.
4. Gagnebin, « Erotique de Picasso », *Esprit*, janvier 1982, p. 71.
5. Mellow, *Charmed Circle*, p. 311.
6. Cabanne, *Pablo Picasso*, p. 252.
7. Stein, *The Autobiography of Alice B. Toklas*, p. 212.
8. Zervos, « Les Dernières Œuvres de Picasso », *Cahier d'art*, n° 6, 1927, p. 189.
9. Einstein, « Picasso », dans McCully, *A Picasso Anthology*, p. 169.
10. Interview de Françoise Gilot.
11. Rubin, *Dada and Surrealist Art*, p. 280.
12. Cabanne, *Le Siècle de Picasso*, vol. 2, p. 345.
13. Interview de Matta.
14. Kahnweiler and Crémieux, *My Galleries and Painters*, p. 10.
15. Cabanne, « Picasso et les joies de la paternité », *L'Œil*, n° 226, mai 1974, p. 10.
16. *Ibid.*
17. Gasman, « Mystery, Magic and Love in Picasso, 1925-1938 », p. 64.
18. *Ibid.*, p. 144.
19. *Ibid.*, p. 60.
20. Bataille, *Death and Sensuality*, p. 16.
21. O'Brian, *Picasso*, p. 279.

22. Gasman, « Mystery, Magic and Love in Picasso, 1925-1938 », p. 60.
23. Bataille, *Death and Sensuality*, p. 144.
24. Gilot and Lake, *Life with Picasso*, p. 84.
25. Gasman, « Mystery, Magic and Love in Picasso, 1925-1928 », p. 72.
26. *Ibid.*, p. 71.
27. Malraux, *Picasso's Mask*, p. 11.
28. Breton. *Point du jour*, pp. 69-70.
29. Andreu, *Max Jacob*, p. 59.
30. Jacob, *Choix de lettres de Max Jacob à Jean Cocteau*, p. 134.
31. Rubin, *Dada, Surrealism and Their Heritage*, p. 127.
32. Kauffman, « Picasso's Crucifixion of 1930 », *Burlington Magazine*, vol. 3, septembre 1969, p. 559.
33. Interview de Françoise Gilot.
34. Steegmuller, *Cocteau*, p. 350.
35. Stein, *The Autobiography of Alice B. Toklas*, p. 246.
36. Prabhupada, *Krishna*, p. 209.
37. Archer, *The Loves of Krishna*, p. 42.
38. McCully, dans McCully, ed., *A Picasso Anthology*, p. 173.
39. Pierre-Quint, « Doute et révélation dans l'œuvre de Picasso » dans McCully, ed., *A Picasso Anthology*, p. 176.
40. Loeb, *Voyages à travers la peinture*, p. 54.
41. Langston, « Disguised Double Portraits in Picasso's Work, 1925-1962 », p. 12.
42. Lautréamont (Ducasse), « Les Chants de Maldoror » dans Rubin, *Dada, Surrealism and Their Heritage*, p. 19.
43. Brassaï, *Picasso and Company*, p. 4.
44. George, « Fair Play : The Passion of Picasso », *Formes*, avril 1930, p. 8.
45. George, « Les cinquante ans de Picasso et la mort de la nature morte », *Formes*, avril 1931, p. 56.
46. George, « Grandeur et décadence de Pablo Picasso », *L'Art vivant*, n° 135, août 1930, p. 594.
47. *Ibid.*, p. 597.
48. Jung, « Picasso » dans Lipton, « Picasso Criticism, 1901-1939 », p. 281.
49. *Ibid.*, p. 280.
50. Jung, « Picasso », dans *The Collected Works of C.G. Jung*, p. 138.

CHAPITRE VIII (pp. 281 à 316)

1. Cabanne, « Picasso et les joies de la paternité », *L'Œil*, n° 226, mai 1974, p. 7.

2. Interview de Jaime Vilato.
3. Servos, « Conservation avec Picasso », *Cahiers d'art,* n°s 7-10, 1935, p. 174.
4. Penrose, *Picasso : His Life and Work,* p. 271.
5. Cabanne, *Le Siècle de Picasso,* vol. 1, p. 484.
6. Otto, *Dionysus : Myth and Cult,* p. 110.
7. Capdevila, « Picasso, al Museu », dans McCully, ed., *A Picasso Anthology,* pp. 189-190.
8. Goethe, *Faust,* 2 partie, Acte V, 1. 12, 110-111.
9. Gasman, « Mystery, Magic and Love in Picasso, 1925-1938 », p. 421.
10. Interview de Pierrette Gargallo.
11. *Ibid.*
12. Sabartés, « La Literatura de Picasso », *Cahiers d'art,* n°s 7-10, 1935, p. 236.
13. Kahnweiler, « Entretiens avec Picasso », *Quadrum,* novembre 1956, p. 74.
14. Sabartés, *Picasso : Documents iconographiques,* p. 68.
15. Gold and Fizdale, *Misia,* p. 287.
16. *Ibid.*
17. Gimpel, *Journal d'un collectionneur, marchand de tableaux,* p. 452.
18. Gasman, « Mystery, Magic and Love in Picasso, 1925-1938 », p. 35.
19. Sabartés, *Picasso : An Intimate Portrait,* p. 169.
20. Gilot and Lake, *Life with Picasso,* p. 47.
21. Interview de Jaime Vilato.
22. Interview de James Lord.
23. Crespelle, *Picasso and His Women,* p. 138.
24. Sabartés, *Picasso : An Intimate Portrait,* p. 103.
25. *Ibid.,* pp. 108-109.
26. *Ibid.,* p. 110.
27. *Ibid.*
28. *Ibid.,* p. 106.
29. Penrose, *Picasso : His Life and Work,* p. 66.
30. Blumenkranz-Onimus, « Picasso écrivain ou la revanche de la couleur », *Europe,* n°s 492-493, avril-mai 1970, p. 143.
31. Sabartés, *Picasso : An Intimate Portrait,* p. 104.
32. *Ibid.*
33. Acoca, « Picasso-Super Compadre », *Washington Post,* 24 octobre 1971, p. A15.
34. Breton, « Picasso poète », *Cahiers d'art,* n°s 7-10, 1935, pp. 186-187.
35. Sabartés, *Picasso : Portraits et souvenirs,* p. 125.
36. Barr, *Picasso : Fifty Years of His Art,* p. 272.
37. Beaton, *Self Portrait with Friends,* p. 40.
38. Brassaï, *Picasso and Company,* pp. 41-42.

39. Interview de Josep Palau i Fabre.
40. Crespelle, *Picasso and His Women,* p. 143.
41. Penrose, *Picasso : His Life and Work,* p. 277.
42. Eluard, « Je parle de ce qui est bien », *Cahiers d'art,* nos 7-10, 1935, p. 168.
43. Sabartés, *Picasso : An Intimate Portrait,* p. 114.
44. *Ibid.,* p. 115.
45. González, « Desde Paris » dans McCully, ed., *A Picasso Anthology,* p. 193.
46. Dali, « Invitation à l'Exposition Picasso, Barcelone » dans McCully, ed., *A Picasso Anthology,* p. 191.
47. Eluard, « Je parle de ce qui est bien », *Cahiers d'art,* nos 7-10, 1935, p. 165.
48. Leiris, *La Règle du jeu,* vol. 3, *Fibrilles,* p. 262.
49. Sabartés, *Picasso : Portraits et souvenirs,* p. 129.
50. *Ibid.,* p. 130.
51. Sabartés, *Picasso : An Intimate Portrait,* p. 123.
52. *Ibid.,* p. 107.
53. Lettre de Picasso à Walter, 23 mai 1936, dans Hong Kong Museum of Art, *Picasso Intime : Collection Maya Ruiz-Picasso,* p. 52.
54. Sabartés, *Picasso : An Intimate Portrait,* p. 127.
55. *Ibid.*
56. *Ibid.*
57. Farrell, « His Women », *Life,* 27 décembre 1968, p. 74.
58. Beaton, *Self Portrait with Friends,* p. 157.
59. Blumenkranz-Onimus, « Picasso écrivain ou la revanche de la couleur », *Europe,* nos 492-493, avril-mai 1970, p. 160.
60. Sabartés, *Picasso : An Intimate Portrait,* p. 128.
61. *Ibid.,* p. 129.
62. Penrose, *Picasso : His Life and Work,* p. 283.
63. Roy, « Le Peintre et l'Histoire », dans Fermigier, *Picasso,* p. 205.
64. Sabartés, *Picasso : An Intimate Portrait,* p. 134.
65. Gilot and Lake, *Life with Picasso,* p. 349.
66. Interview de Françoise Gilot.
67. Interview de James Lord.
68. *Ibid.*
69. Stein, *Everyboddy's Autobiography,* p. 37.
70. Sabartés, *Picasso : An Intimate Portrait,* p. 135.
71. *Ibid.*
72. Cabanne, *Le Siècle de Picasso,* vol. 3, p. 29.
73. Sabartés, *Picasso : An Intimate Portrait,* p. 137.
74. Interview de Maya Picasso.
75. Del Pomar, « Con las buscadores del camino », dans Ashton, *Picasso on Art,* p. 121.

CHAPITRE IX (pp. 317 à 336)

1. Lettre de Picasso à Walter, 15 octobre 1936, in Hong Kong Museum of Art, *Picasso Intime : Collection Maya Ruiz-Picasso*, p. 53.
2. Gasman, « Mystery, Magic and Love in Picasso, 1925-1938 », p. 436.
3. Richardson, « Your Show of Shows », *The New York Review of Books*, 17 juillet 1980, p. 22.
4. Johnson, *Modern Times*, p. 328.
5. Sabartés, *Picasso : An Intimate Portrait*, p. 119.
6. Barr, *Picasso : Fifty years of His Art*, p. 202.
7. Cabanne, *Le Siècle de Picasso*, vol. 3, p. 21.
8. Leiris, « Faire-part », *Cahiers d'art*, n°s 4-5, 1937, p. 128.
9. Read, « Picasso's *Guernica* », *London Bulletin*, n° 6, octobre 1938, p. 6.
10. Cabanne, *Le Siècle de Picasso*, vol. 3, p. 19.
11. Daix, *Picasso Créateur*, p. 263.
12. Gilot and Lake, *Life with Picasso*, p. 210.
13. *Ibid.*
14. *Ibid.*
15. *Ibid.*, p. 211.
16. Lord, *Giacometti*, p. 181.
17. Gilot and Lake, *Life with Picasso*, p. 137.
18. Laporte, *Sunshine at Midnight*, p. 73.
19. Richardson, « Your Show of Shows », *The New York Review of Books*, 17 juillet 1980, p. 23.
20. Laporte, *Sunshine at Midnight*, p. 20.
21. O'Brian, *Picasso*, p. 331.
22. Lettre de Matisse à Besson, décembre 1938, dans National Gallery of Art, *Henri Matisse : The Early Years in Nice, 1916-1930*, p. 57.
23. Matisse, *Ecrits et propos sur l'art*, p. 50.
24. Penrose, *Scrap Book, 1900-1981*, p. 88.
25. Crespelle, *Picasso and His Women*, p. 153.
26. Laporte, *Sunshine at Midnight*, p. 69.
27. Brassaï, *Picasso and Company*, p. 92.
28. *Ibid.*, p. 188.
29. *Ibid.*, p. 151.
30. Penrose, *Picasso : His Life and Work*, p. 317.
31. Gold and Fizdale, *Misia*, p. 286.
32. Grohmann, *Paul Klee*, p. 93.
33. *The New York Times*, 18 décembre 1937, p. 22.
34. Interview de Maya Picasso.
35. *Ibid.*
36. *Ibid.*

37. *Ibid.*
38. Daix, *La Vie de peintre de Pablo Picasso,* p. 286.
39. Misfeldt, « The Theme of the Cock in Picasso's Œuvre », *Art Journal,* vol. 28, nº 2, hiver 1968-69, p. 152.
40. Sabartés, *Picasso : An Intimate Portrait,* p. 138.
41. *Ibid.,* p. 139.
42. *Ibid.*
43. Gedo, *Picasso : Art as Autobiography,* p. 188.
44. Sabartés, *Picasso : An Intimate Portrait,* p. 139.
45. *Ibid.,* p. 140.
46. *Ibid.,* p. 141.
47. Brinnin, *The Third Rose,* p. 364.
48. *Ibid.*
49. Sabartés, *Picasso : An Intimate Portrait,* p. 145.
50. *Ibid.,* pp. 145-146.
51. *Ibid.,* p. 148.
52. Sabartés, *Picasso : Portraits et souvenirs,* p. 162.
53. *Ibid.,* p. 167.
54. *Ibid.,* p. 169.
55. Interview de Jaime Vilato.
56. Gasman, « Mystery, Magic and Love in Picasso, 1925-1938 », p. 141.
57. *Ibid.,* p. 447.
58. Lhote, « Picasso », *La Nouvelle Revue française,* mars 1939, p. 531.
59. Johnson, *Modern Times,* p. 338.
60. Interview de Pierrette Gargallo.
61. Daix, *Picasso Créateur,* p. 272.
62. Sabartés, *Picasso : An Intimate Portrait,* p. 176.
63. *Ibid.*
64. Johnson, *Modern Times,* p. 358.
65. *Ibid.,* p. 360.
66. Sabartés, *Picasso : An Intimate Portrait,* p. 184.
67. Brassaï, *Picasso and Company,* p. 40.
68. *Ibid.*
69. Sabartés, *Picasso : An Intimate Portrait,* p. 193.
70. *Ibid.,* p. 194.
71. Rolland, *Picasso et Royan,* p. 21.
72. *Ibid.,* p. 20.
73. Sabartés, *Picasso : An Intimate Portrait,* p. 203.
74. Penrose, *Picasso : His Life and Work,* p. 327.
75. Gedo, *Picasso : Art as Autobiography,* p. 193.
76. Johnson, *Modern Times,* p. 365.
77. Rolland, *Picasso et Royan,* p. 33.
78. *Ibid.,* p. 34.
79. Brassaï, *Picasso and Company,* p. 106.
80. Cassou, *Une Vie pour la liberté,* p. 162.

81. Signoret, *La nostalgie n'est plus ce qu'elle était*, p. 58.
82. *Ibid.*
83. Cabanne, *Le Siècle de Picasso*, vol. 3, p. 90.
84. Gasman, « Mystery, Magic and Love in Picasso, 1925-1938 », p. 213.
85. Cabanne, « Picasso et les joies de la paternité », *L'Œil*, n° 226, mai 1974, p. 9.
86. *Ibid.*
87. *Ibid.*
88. *Ibid.*
89. Picasso, *Le Désir attrapé par la queue*, acte VI, scène I.
90. *Ibid.*
91. Besson, « Lettre à Pierre Betz », *Le Point*, vol. 7, n° 42, octobre 1952, p. 37.
92. Breton, *Anthologie de l'humour noir*, p. 319.
93. Gasman, « Mystery, Magic and Love in Picasso, 1925-1938 », p. 39.
94. Interview de Pierre Berès.
95. Interview de Françoise Gilot.
96. Gedo, *Picasso : Art as Autobiography*, p. 198.
97. « Picasso and Marie-Thérèse Walter » (non paginé), dans William Beadleston Fine Art, *Through the Eye of Picasso*, 1928-1934.
98. Garaudy, *D'un réalisme sans rivages : Picasso, St. John Perse, Kafka*, p. 89.
99. Gedo, *Picasso : Art as Autobiography*, p. 197.
100. Daix, *Picasso Créateur*, p. 281.
101. Gedo, *Picasso : Art as Autobiography*, p. 197.
102. Boeck and Sabartés, *Picasso*, p. 509.
103. Cabanne, *Le Siècle de Picasso*, vol. 3, p. 101.
104. Malraux, *Picasso's Mask*, p. 140.
105. *Ibid.*, p. 139.
106. Cabanne, *Le Siècle de Picasso*, vol. 3, p. 140.
107. *Ibid.*, pp. 104-105.
108. *Ibid.*, p. 105.
109. Rolland, *Picasso et Royan*, pp. 43-44.
110. Brassaï, *Picasso and Company*, p. 224.
111. Malraux, *La Tête d'obsidienne*, pp. 128-129.
112. Janis, *Picasso : The Recent Years*, 1939-1946, p. 27.
113. Malraux, *Picasso's Mask*, p. 97.
114. *Ibid.*
115. *Ibid.*
116. *Ibid.*, p. 98.
117. Stein, *The Autobiography of Alice B. Toklas*, p. 77.

CHAPITRE X (pp. 337 à 390)

1. Gilot, *Interface; The Painter and the Mask,* p. 13.
2. Interview de Françoise Gilot.
3. *Ibid.*
4. *Ibid.*
5. Interview de Claude Bleynie.
6. Interview de Françoise Gilot.
7. *Ibid.*
8. *Ibid.*
9. Gilot and Lake, *Life with Picasso,* pp. 14-15.
10. *Ibid.,* p. 15.
11. *Ibid.,* p. 18.
12. *Ibid.,* pp. 18-19.
13. *Ibid.,* p. 50.
14. Interview de Françoise Gilot.
15. Gilot and Lake, *Life with Picasso,* pp. 20-21.
16. *Ibid.,* p. 22.
17. *Ibid.,* p. 24.
18. *Ibid.,* p. 25.
19. Interview de Françoise Gilot.
20. Gilot and Lake, *Life with Picasso,* p. 25.
21. *Ibid.,* p. 26.
22. Interview de Françoise Gilot.
23. *Ibid.*
24. *Ibid.*
25. Brassaï, *Picasso and Company,* p. 102.
26. *Ibid.,* p. 52.
27. Gilot and Lake, *Life with Picasso,* p. 43.
28. Interview de Françoise Gilot.
29. Brassaï, *Picasso and Company,* p. 66.
30. *Ibid.*
31. *Ibid.,* p. 67.
32. *Ibid.,* p. 97.
33. *Ibid.,* p. 98.
34. Interview de Françoise Gilot.
35. Gilot and Lake, *Life with Picasso,* p. 46.
36. Beguin, « L'Androgyne », *Minotaure,* printemps 1938, p. 66.
37. Gilot and Lake, *Life with Picasso,* p. 47.
38. *Ibid.,* p. 48.
39. Interview de Françoise Gilot.
40. Gilot and Lake, *Life with Picasso,* p. 48.
41. *Ibid.*
42. *Ibid.,* p. 49.
43. *Ibid.,* p. 50.

44. Interview de Françoise Gilot.
45. Gilot and Lake, *Life with Picasso,* p. 47.
46. *Ibid.*, p. 51.
47. *Ibid.*, p. 52.
48. Interview de Françoise Gilot.
49. Gilot and Lake, *Life with Picasso,* pp. 52-53.
50. *Ibid.*, p. 53-54.

CHAPITRE XI (pp. 391 à 432)

1. Andreu, *Max Jacob,* p. 77.
2. *Ibid.*, p. 79.
3. *Ibid.*
4. *Ibid.*, p. 80.
5. Breker, *Paris, Hitler et moi,* p. 235.
6. *Ibid.*, p. 171.
7. Interview de Françoise Gilot.
8. Sartre, *What Is Literature?*, p. 217.
9. Picasso, *Desire Caught by the Tail,* Acte V, scène I.
10. Interview de Maya Picasso.
11. Pudney, « Picasso – A Glimpse in Sunlight », *The New Statesman and Nation,* 16 septembre 1944, p. 182.
12. Interview de Françoise Gilot.
13. Janis, *Picasso : The Recent Years, 1939-1946,* p. 4.
14. Pudnev, « Picasso – A Glimpse in Sunlight », *The New Statesman and Nation,* 16 septembre 1944, p. 183.
15. Gosling, « Picasso : The Greatest ? », *Observer Review,* 15 avril 1973, p. 29.
16. Gold and Fizdale, *Misia,* pp. 297-98.
17. Cabanne, *Le Siècle de Picasso,* vol. 3, p. 145.
18. Cachin, « Picasso a apporté son adhésion au Parti de la Renaissance française », *L'Humanité,* 5 octobre 1944, p. 1.
19. *Ibid.*
20. Interview de Françoise Gilot.
21. Dubois, *Sous le signe de l'amitié,* p. 148.
22. Gaillard, « Pourquoi j'ai adhéré au parti communiste », *L'Humanité,* 29-30 octobre 1944, p. 1.
23. O'Brian, *Picasso,* p. 375.
24. Marx, « Theses on Feuerbach », dans *Collected Works : Marx and Engels, 1845-47,* vol. 5, p. 5.
25. Laporte, *Sunshine at Midnight,* p. 6.
26. *Ibid.*, p. 7.
27. Interview de Françoise Gilot.
28. *Ibid.*
29. *Ibid.*

30. Daix, *La Vie de peintre de Pablo Picasso,* p. 319.
31. Interview de Françoise Gilot.
32. Limbour, « Picasso au Salon d'automne », dans McCully, ed., *A Picasso Anthology,* p. 222.
33. *Point de Vue,* 20 avril 1945, p. 4.
34. Gilot and Lake, *Life with Picasso,* p. 79.
35. *Ibid.*, pp. 80-81.
36. Interview de Françoise Gilot.
37. Gilot and Lake, *Life with Picasso,* p. 82.
38. Penrose, *Picasso : His Life and Work,* p. 356.
39. Barr, *Picasso : Fifty Years of His Art,* p. 250.
40. Cabanne, *Pablo Picasso,* p. 372.
41. *Ibid.*, p. 373.
42. Otero, *Forever Picasso,* p. 119.
43. Cabanne, *Pablo Picasso,* p. 373.
44. *Ibid.*, p. 133.
45. Seckler, « Picasso Explains », *New Masses,* 13 mars 1945, p. 5.
46. *Ibid.*, p. 7.
47. *Ibid.*, p. 5.
48. *Ibid.*, p. 6.
49. *Ibid.*, p. 4.
50. Cabanne, *Pablo Picasso,* p. 371.
51. Brassaï, *Picasso and Company,* p. 150.
52. Seckler, « Picasso Explains », *New Masses,* 13 mars 1945, p. 6.
53. Brassaï, *Picasso and Company,* p. 189.
54. *Ibid.*, p. 181.
55. *Ibid.*, p. 182.
56. *Ibid.*, p. 183.
57. *Ibid.*, p. 188.
58. *Ibid.*
59. *Ibid.*, p. 150.
60. Gilot and Lake, *Life with Picasso,* p. 86.
61. *Ibid.*, p. 84.
62. *Ibid.*
63. *Ibid.*
64. *Ibid.*, p. 88.
65. *Ibid.*
66. *Ibid.*, pp. 88-89.
67. Daix, *Picasso Créateur,* p. 298.
68. Gilot and Lake, *Life with Picasso,* p. 89.
69. *Ibid.*, p. 90.
70. *Ibid.*
71. Barrett, *Irrational Man,* p. 200.
72. Interview de Françoise Gilot.
73. *Ibid.*

74. Brassaï, *Picasso and Company,* p. 179.
75. Gilot and Lake, *Life with Picasso,* p. 90.
76. Lettre de Françoise Gilot à Madeleine Gilot, septembre 1944 (propriété de Françoise Gilot).
77. Gilot, « Mano a Mano », *Art and Antiques,* octobre 1985, p. 77.
78. Interview de Françoise Gilot.
79. *Ibid.*
80. Gilot and Lake, *Life with Picasso,* p. 94.
81. *Ibid.*
82. Cabanne, *Pablo Picasso,* p. 380.
83. *Ibid.,* p. 371.
84. *Ibid.*
85. Interview de Françoise Gilot.
86. Gilot and Lake, *Life with Picasso,* p. 70.
87. Lord, *Où étaient les tableaux...,* p. 33.
88. *Ibid.,* p. 34.
89. Interview de James Lord.
90. Interview de Françoise Gilot.
91. *Ibid.*
92. *Ibid.*
93. *Ibid.*
94. *Ibid.*
95. *Ibid.*
96. Gilot and Lake, *Life with Picasso,* p. 97.
97. Interview de Françoise Gilot.
98. Gilot and Lake, *Life with Picasso,* p. 98.
99. Interview de Françoise Gilot.
100. Gilot and Lake, *Life with Picasso,* p. 98.
101. Interview de Françoise Gilot.
102. *Ibid.*

CHAPITRE XII (pp. 433 à 475)

1. Gilot and Lake, *Life with Picasso,* p. 100.
2. *Ibid.*
3. *Ibid.*
4. *Ibid.,* p. 101.
5. Dostoïevski, *Crime and Punishment,* adapté par Lyubimov et Kariakin, acte I, scène I.
6. Gilot and Lake, *Life with Picasso,* p. 104.
7. *Ibid.,* p. 106.
8. *Ibid.*
9. *Ibid.,* p. 107.
10. Interview de Françoise Gilot.
11. Daix, *Picasso Créateur,* p. 298.

12. Interview de Françoise Gilot.
13. *Ibid.*
14. Gilot and Lake, *Life with Picasso*, p. 116.
15. *Ibid.*, p. 119.
16. Gilot, « Mano a Mano », *Art and Antiques*, octobre 1985, p. 78.
17. Interview de Françoise Gilot.
18. *Ibid.*
19. Gilot and Lake, *Life with Picasso*, p. 126.
20. *Ibid.*, p. 129.
21. Interview de Françoise Gilot.
22. Gilot and Lake, *Life with Picasso*, p. 130.
23. Interview de Maya Picasso.
24. Gilot and Lake, *Life with Picasso*, pp. 130-31.
25. *Ibid.*, p. 132.
26. Interview de Françoise Gilot.
27. Interview de Dominique Desanti.
28. Parmelin, *Picasso : Intimate Secrets of a Studio at Notre Dame de Vie*, p. 67.
29. Melville, *Pierre : ou les Ambiguïtés*, p. 357.
30. Gilot and Lake, *Life with Picasso*, p. 134.
31. Interview de Lionel Prejger.
32. Brassai, *Picasso and Company*, p. 191.
33. Interview de Françoise Gilot.
34. *Ibid.*
35. *Ibid.*
36. Brassaï, *Picasso and Company*, p. 229.
37. Kootz, « The Reality Gap : Picasso », p. 3.
38. Lord, *Giacometti*, p. 322.
39. Gilot and Lake, *Life with Picasso*, pp. 143-44.
40. *Ibid.*, p. 144.
41. Interview de Françoise Gilot.
42. *Ibid.*
43. Laporte, *Sunshine at Midnight*, p. 36.
44. Interview de Françoise Gilot.
45. *Ibid.*
46. Interview de Dominique Desanti.
47. *Ibid.*
48. Gilot and Lake, *Life with Picasso*, p. 182.
49. Jahan, « Ma première rencontre avec Picasso », *Gazette des Beaux-Arts*, octobre 1973, p. 234.
50. Interview de Françoise Gilot.
51. *Ibid.*
52. *Ibid.*
53. *Ibid.*
54. Gilot and Lake, *Life with Picasso*, p. 154.
55. *Ibid.*, p. 199.

56. *Ibid.*, p. 203.
57. Lord, *Giacometti*, p. 206.
58. Gilot and Lake, *Life with Picasso*, p. 207.
59. Lord, *Giacometti*, p. 486.
60. Gilot and Lake, *Life with Picasso*, p. 210.
61. Interview de Françoise Gilot.
62. *Ibid.*
63. Gold and Fizdale, *Misia*, p. 307.
64. *Ibid.*, pp. 307-308.
65. Gilot and Lake, *Life with Picasso*, p. 263.
66. Couturier, *Se garder libre*, p. 50.
67. *Ibid.*
68. Gilot and Lake, *Life with Picasso*, p. 263.
69. Couturier, *Se garder libre*, p. 71.
70. Chutkow, « Looking at the Painter's Provence », *The New York Times*, 24 août 1986, p. 14.
71. Couturier, *Se garder libre*, p. 111.
72. Chutkow, « Looking at the Painter's Provence », *The New York Times*, 24 août 1986, p. 14.
73. Dor de la Souchère, *Picasso in Antibes*, p. 56.
74. Couturier, *La Vérité blessée*, p. 170.
75. Interview de Françoise Gilot.
76. *Ibid.*
77. Penrose, *Pablo Picasso : His Life and Work*, p. 413.
78. Parmelin, *Picasso : « The Artist and His Model », and Other Recent Works*, p. 110.
79. Interview de Françoise Gilot.
80. Lettre de Hatjilazaros à Gilot, 18 mai 1948 (propriété de Françoise Gilot).
81. Interview de Françoise Gilot.
82. *Ibid.*
83. Interview de Kostas Axelos.
84. Guttuso, « Journals », dans Ashton, *Picasso on Art*, p. 74.
85. Interview de Françoise Gilot.
86. Gilot and Lake, *Life with Picasso*, p. 212.

CHAPITRE XIII (pp. 476 à 519)

1. Interview de Dominique Desanti.
2. *Ibid.*
3. Lord, *Giacometti*, p. 251.
4. Interview de Dominique Desanti.
5. Interview de Françoise Gilot.
6. *Ibid.*

7. Moussinac, « Tous les arts », *Les Lettres Françaises,* 25 novembre 1948, p. 7.
8. Gilot and Lake, *Life with Picasso,* p. 219.
9. Interview de Françoise Gilot.
10. *Ibid.*
11. *Ibid.*
12. Gilot and Lake, *Life with Picasso,* p. 222.
13. Parmelin, *Picasso Plain,* p. 179.
14. Ehrenbourg, *People and Life,* 1891-1921, p. 220.
15. Laporte, *Sunshine at Midgnight,* pp. 7-8.
16. Parmelin, *Picasso Plain,* p. 179.
17. Interview de Françoise Gilot.
18. Gilot and Lake, *Life with Picasso,* p. 249.
19. *Ibid.*
20. *Ibid.,* p. 250.
21. Interview de Françoise Gilot.
22. *Ibid.*
23. *Ibid.*
24. Interview de Maya Picasso.
25. Interview de Françoise Gilot.
26. *Ibid.*
27. *Ibid.*
28. Interview de Maya Picasso.
29. *Ibid.*
30. *Ibid.*
31. *Ibid.*
32. *Ibid.*
33. Interview de Françoise Gilot.
34. *Ibid.*
35. Lettre de Françoise Gilot à Madeleine Gilot, octobre 1949 (propriété de Françoise Gilot).
36. Lettre de Françoise Gilot à Madeleine Gilot, octobre 1949 (propriété de Françoise Gilot).
37. Interview de Françoise Gilot.
38. *Ibid.*
39. *Ibid.*
40. *Ibid.*
41. *Ibid.*
42. Lettre de Françoise Gilot à Madeleine Gilot et Anna Renoult, octobre 1949 (propriété de Françoise Gilot).
43. Interview de Françoise Gilot.
44. Lettre de Françoise Gilot à Madeleine Gilot et Anna Renoult, 30 octobre 1949 (propriété de Françoise Gilot).
45. Gilot and Lake, *Life with Picasso,* p. 231.
46. Interview de Françoise Gilot.
47. *Ibid.*
48. *Ibid.*

49. *Ibid.*
50. *Ibid.*
51. *Ibid.*
52. *Ibid.*
53. Picasso, *Les Quatre Petites Filles,* acte I, scène I.
54. Interview de Pierrette Gargallo.
55. Couturier, *La Vérité blessée,* p. 166.
56. Picasso, *Les Quatre Petites Filles,* acte I, scène I.
57. Interview de Françoise Gilot.
58. Lettre de Françoise Gilot à Madeleine Gilot, février 1950 (propriété de Françoise Gilot).
59. Lettre de Françoise Gilot à Madeleine Gilot, mars 1950 (propriété de Françoise Gilot).
60. Lettre de Françoise Gilot à Madeleine Gilot et Anna Renoult, mars 1950 (propriété de Françoise Gilot).
61. Cabanne, *Le Siècle de Picasso,* vol. 4, p. 242.
62. Interview de Françoise Gilot.
63. *Ibid.*
64. *Ibid.*
65. *Ibid.*
66. Parmelin, *Picasso Plain,* p. 24.
67. *Ibid.*, pp. 19-20.
68. *Ibid.*, p. 16.
69. Malraux, *Picasso's Mask,* p. 18.
70. *Ibid.*
71. Dor de la Souchère, *Picasso in Antibes,* p. 23.
72. Parmelin, *Picasso Says,* p. 32.
73. Cabanne, *Pablo Picasso,* p. 372.
74. Casanova, *Le Parti communiste, les intellectuels et la nation,* p. 24.
75. Vallentin, *Pablo Picasso,* p. 391.
76. Interview de Françoise Gilot.
77. *Ibid.*
78. Penrose, *Picasso : His Life and Work,* p. 367.
79. *Ibid.*, p. 368.
80. Lord, *Giacometti,* p. 322.
81. *Ibid.*
82. Centre Georges-Pompidou, *Donation Louise et Michel Leiris,* p. 174.
83. Laporte, *Sunshine at Midnight,* p. 80.
84. *Ibid.*, pp. 80-81.
85. Interview de Françoise Gilot.
86. Gilot and Lake, *Life with Picasso,* p. 337.
87. Interview de Françoise Gilot.
88. *Ibid.*
89. *Ibid.*
90. Interview de Dominique Eluard.

91. Interview de Françoise Gilot.
92. Gilot and Lake, *Life with Picasso*, p. 300.
93. Interview de Dominique Eluard.
94. Gilot and Lake, *Life with Picasso*, p. 301.
95. Interview de Dominique Eluard.
96. Laporte, *Sunshine at Midnight*, p. 69.
97. Interview de Dominique Eluard.
98. Laporte, *Si tard le soir*, p. 153.
99. Laporte, *Sunshine at Midnight*, p. 25.
100. *Ibid.*
101. *Ibid.*, p. 81.
102. Catalogue des arias de *Don Juan*, de Mozart.
103. *Ibid.*
104. Interview de Françoise Gilot.
105. *Ibid.*
106. *Ibid.*
107. *Ibid.*
108. *Ibid.*
109. *Ibid.*
110. *Ibid.*
111. *Ibid.*
112. *Ibid.*
113. *Ibid.*
114. *Ibid.*
115. *Ibid.*

CHAPITRE XIV (pp. 520 à 559)

1. Interview de Françoise Gilot.
2. Lord, *Giacometti*, p. 324.
3. *Ibid.*, pp. 324-325.
4. Interview de Françoise Gilot.
5. Lord, *Giacometti*, p. 325.
6. Haggard, *My Life with Chagall*, p. 19.
7. Couturier, *La Vérité blessée*, p. 217.
8. Gilot and Lake, *Life with Picasso*, p. 282.
9. *Ibid.*
10. Interview de Françoise Gilot.
11. *Ibid.*
12. *Ibid.*
13. *Ibid.*
14. *Ibid.*
15. Gilot and Lake, *Life with Picasso*, pp. 339-340.
16. Lettre d'Eluard à Gilot, 2 juillet 1952 (propriété de Françoise Gilot).
17. Cocteau, *Le Passé défini*, p. 344.

18. Gilot and Lake, *Life with Picasso,* p. 256.
19. *Ibid.*, p. 257.
20. McKnight, *Bitter Legacy,* p. 162.
21. Penrose, *Picasso : His Life and Work,* p. 307.
22. Dominguín, *Toros y Toreros,* p. 8.
23. Parmelin, *Picasso : Women, Cannes, and Mougins,* 1954-63, p. 30.
24. Raynal, « Panorama de l'œuvre de Picasso », *Le Point,* vol. 7, nº 42, octobre 1952, p. 21.
25. Roy, *L'Amour de la peinture,* dans Ashton, *Picasso on Art,* pp. 157-158.
26. *Ibid.*, p. 157.
27. Heminghway, *The Dangerous Summer,* p. 198.
28. *Ibid.*, p. 195.
29. Lettre de Françoise Gilot à Madeleine Gilot, octobre 1952 (propriété de Françoise Gilot).
30. *Ibid.*
31. Interview de Françoise Gilot.
32. *Ibid.*
33. Lettre de Françoise Gilot à Madeleine Gilot, octobre 1952 (propriété de Françoise Gilot).
34. Interview de Françoise Gilot.
35. *Ibid.*
36. *Ibid.*
37. *Ibid.*
38. Interview de Dominique Eluard.
39. Eluard, « Je parle de ce qui est bien », *Cahiers d'art,* nos 7-10, 1935, p. 168.
40. Interview de Françoise Gilot.
41. *Ibid.*
42. *Ibid.*
43. *Ibid.*
44. *Ibid.*
45. *Ibid.*
46. Laporte, *Sunshine at Midnight,* p. 26.
47. *Ibid.*, p. 25.
48. *Ibid.*, p. 26.
49. Interview de Françoise Gilot.
50. Gilot and Lake, *Life with Picasso,* p. 348.
51. Gedo, *Picasso : Art as Autobiography,* p. 217.
52. Gilot and Lake, *Life with Picasso,* p. 278.
53. *L'Humanité,* 18 mars 1953, p. 1.
54. *Les Lettres françaises, 19 mars 1953, p. 9.*
55. *Ibid.*
56. Cocteau, *The Journal of Jean Cocteau,* p. 82.
57. Daix, *Picasso Créateur,* p. 330.
58. Ehrenbourg, *People and Life,* 1891-1921, p. 221.

59. Gilot and Lake, *Life with Picasso*, p. 278.
60. *Ibid.*, p. 138.
61. Interview de Françoise Gilot.
62. *Ibid.*
63. *Ibid.*
64. Picasso, poème daté du 5 mai 1953. Archives du Harry Ransom Humanities Research Center, Université du Texas à Austin.
65. Interview de Françoise Gilot.
66. *Ibid.*
67. *Ibid.*
68. Interview de Paule de Lazerme.
69. *Ibid.*
70. Interview de Dominique Desanti.
71. Interview de Françoise Gilot.
72. *Ibid.*
73. *Ibid.*
74. Leymarie, *Picasso : The Artist of the Century*, p. 269.
75. West, Introduction, in Marlborough Fine Art Gallery, *Picasso : 63 Drawings*, 1953-54; *10 Bronzes*, 1945-53, p. 5.
76. *Ibid.*, p. 6.
77. Piot, « Décrire Picasso », p. 235.
78. Gasman, « Mystery, Magic and Love in Picasso, 1925-1938 », p. 157.
79. Breton, *Nadja*, p. 150.
80. Gilot and Lake, *Life with Picasso*, p. 359.
81. *Ibid.*
82. *Ibid.*, p. 360.
83. *Ibid.*, p. 352.
84. Interview de Françoise Gilot.
85. *Ibid.*
86. Interview de James Lord.
87. *Ibid.*
88. *Ibid.*
89. Interview de Françoise Gilot.
90. Gilot and Lake, *Life with Picasso*, p. 362.
91. Interview de Françoise Gilot.
92. Gilot and Lake, *Life with Picasso*, p. 363.

CHAPITRE XV (pp. 560 à 596)

1. Interview d'Hélène Parmelin.
2. Interview de Dominique Eluard.
3. « Picasso change de modèle », *Radar*, 12 décembre 1953, p. 7.

4. Interview de Maya Picasso.
5. Daix, *Picasso Créateur,* p. 329.
6. Interview de Paule de Lazerme.
7. O'Brian, *Picasso,* p. 424.
8. *Ibid.*
9. Interview de Dominique Eluard.
10. Lettres de Jacques de Lazerme à Totote et Rosita Hugué, 15 décembre 1951. Archives de la Biblioteca de Catalunyna.
11. Lettres de Jacques de Lazerme à Totote and Rosita Hugué, 20 avril 1956. Archives de la Biblioteca de Catalunya.
12. Diehl, *Henri Matisse,* p. 75.
13. Daix, *La Vie de peintre de Pablo Picasso,* p. 359.
14. Penrose, *Picasso : His Life and Work,* p. 396.
15. Blunt, *Picasso's « Guernica »,* p. 5.
16. Kahnweiler, « Entretiens avec Picasso au sujet des *Femmes d'Alger* », *Aujourd'hui,* nº 4, septembre 1955, p. 12.
17. *Ibid.,* traduit dans McCully, ed., *A Picasso Anthology,* p. 252.
18. Bernier, « 48, Paseo de Gracia », *L'Œil,* nº 4, 15 avril 1955, p. 10.
19. *Ibid.,* p. 13.
20. Interview de Luc Simon.
21. Interview de Françoise Gilot.
22. Gilot and Lake, *Life with Picasso,* p. 365.
23. Interview de Françoise Gilot.
24. *Ibid.*
25. Gilot and Lake, *Life with Picasso,* p. 342.
26. Cocteau, « Pablo Picasso : A Composite Interview », *The Paris Review,* été-automne 1964, p. 64.
27. Verdet, *Les Grands Peintres : Pablo Picasso,* p. 3.
28. *Ibid.*
29. *Ibid.,* p. 6.
30. *Ibid.*
31. F.K., « Picasso devant la caméra », *Jardin des arts,* nº 15, janvier 1956, pp. 178-179.
32. Klady, « Return of the Centaur », *Film Comment,* vol. 22, nº 2, mars-avril 1986, p. 20.
33. Parmelin, *Picasso Plain,* p. 135.
34. *Ibid.,* p. 58.
35. Interview d'Inès Sassier.
36. Duncan, *Viva Picasso,* p. 1.
37. Interview d'Inès Sassier.
38. Gilot and Lake, *Life with Picasso,* p. 351.
39. Interview de Françoise Gilot.
40. *Ibid.*
41. *Ibid.*

42. *Ibid.*
43. *Ibid.*
44. *Ibid.*
45. *Ibid.*
46. *Ibid.*
47. Steegmuller, *Cocteau*, p. 490.
48. Interview de Françoise Gilot.
49. *Ibid.*
50. *Ibid.*
51. Cocteau, *La Machine infernale*, acte I, p. 45.
52. *Ibid.*
53. Interview de Maya Picasso.
54. McKnight, *Bitter Legacy*, p. 139.
55. Interview de Maya Picasso.
56. Parmelin, *Picasso Plain*, p. 107.
57. *Ibid.*, p. 90.
58. *Ibid.*
59. *Ibid.*, p. 167.
60. Crespelle, *Picasso and His Women*, p. 199.
61. Cabanne, *Pablo Picasso*, p. 473.
62. *Ibid.*
63. Laporte, *Sunshine at Midnight*, p. 77.
64. Dali, *Comment on devient Dali*, p. 270.
65. Cabanne, *Pablo Picasso*, p. 474.
66. Dali, *Comment on devient Dali*, p. 270.
67. Laporte, *Sunshine at Midnight*, p. 4.
68. Penrose, *Picasso : His Life and Work*, p. 412.
69. Laporte, *Sunshine at Midnight*, p. 4.
70. *Ibid.*
71. Garaudy, *D'un réalisme sans rivages*, p. 57.
72. Parmelin, *Picasso Plain*, p. 84.
73. Gilot and Lake, *Life with Picasso*, p. 348.
74. Gedo, *Picasso : Art as Autobiography*, p. 225.
75. Parmelin, *Picasso Plain*, p. 106.
76. Interview de Maya Picasso.
77. Parmelin, *Picasso Plain*, p. 106.
78. *Ibid.*, p. 74.
79. Ehrenbourg, *People and Life*, 1891-1921, p. 218.
80. Parmelin, *Picasso Plain*, p. 85.
81. *Ibid.*, p. 188.
82. *Ibid.*, pp. 74-75.
83. Daix, *La Vie de peintre de Pablo Picasso*, p. 362.
84. Penrose, *Picasso : His Life and Work*, p. 411.
85. *Ibid.*
86. Popper, *Conjectures and Refutations*, p. 363.
87. Parmelin, *Picasso Plain*, p. 229.
88. *Ibid.*

89. *Ibid.*, p. 230.
90. *Ibid.*, p. 232.
91. Richardson, « Understanding the Paintings of Pablo Picasso », *The Age*, 22 décembre 1962, p. 22.
92. Berger, *The Success and Failure of Picasso*, pp. 180-181.
93. Malraux, *Picasso's Mask*, p. 45.
94. Parmelin, *Picasso Plain*, p. 230.
95. Berger, *The Success and Failure of Picasso*, p. 185.
96. Interview d'Hélène Parmelin.
97. Parmelin, *Picasso Plain*, p. 235.
98. *Ibid.*, p. 242.
99. *Ibid.*, p. 237.
100. Interview d'Hélène Parmelin.
101. Parmelin, *Picasso Plain*, p. 210.
102. Boggs, « The Last Thirty Years », dans Penrose and Golding, *Picasso in Retrospect*, p. 140.
103. Penrose, *Picasso : His Life and Work*, p. 425.
104. *Ibid.*
105. Interview de Pierre Daix.
106. *Ibid.*
107. Parmelin, *Picasso Plain*, pp. 214-215.
108. Table ronde comprenant Eugenio Arias, Maya Picasso et Joseph Palau i Fabre, diffusée à Barcelone en décembre 1984.
109. *Ibid.*
110. Cabanne, *Pablo Picasso*, p. 475.
111. Parmelin, *Voyage en Picasso*, p. 39.
112. Cabanne, « Picasso et les joies de la paternité », *L'Œil*, nº 226, mai 1974, p. 10.
113. Daix, *Picasso Créateur*, p. 348.
114. Parmelin, *Picasso Plain*, p. 245.
115. *Ibid.*, p. 130.
116. *Ibid.*, p. 246.
117. Daix, *La Vie de peintre de Pablo Picasso*, p. 372.
118. Vauvenargues, *Maximes et Pensées*, p. 40.
119. Kootz, « The Reality Gap : Picasso », p. 22.
120. Cabanne, *Pablo Picasso*, pp. 492-493.

CHAPITRE XVI (pp. 597 à 624)

1. Apollinaire, *Le Poète assassiné*, pp. 115-116.
2. Parmelin, *Voyage en Picasso*, pp. 31-32.
3. *Ibid.*, p. 32.
4. *Ibid.*
5. *Ibid.*, pp. 33-34.
6. *Ibid.*, p. 35.

7. *Ibid.*
8. Brassaï, *Picasso and Company*, p. 271.
9. Penrose, *Picasso : His Life and Work*, p. 430.
10. Interview de Lionel Prejger.
11. Piot, « Décrire Picasso », p. 113.
12. Cooper, « Les déjeuners : un changement à vue », dans Galerie Louise Leiris, *Picasso : Le Déjeuner sur l'herbe, 1960-61* (non paginé).
13. Boggs, « The Last Thirty Years », dans Penrose and Golding, *Picasso in Retrospect*, p. 151.
14. Parmelin, *Voyage en Picasso*, p. 104.
15. Brassaï, *Picasso and Company*, p. 270.
16. Penrose, *Picasso : His Life and Work*, p. 434.
17. *Ibid.*, p. 433.
18. Penrose, Introduction, dans The Tate Gallery, *Picasso*, p. 8.
19. Interview de Françoise Gilot.
20. *Ibid.*
21. *Ibid.*
22. *Ibid.*
23. *L'Aurore*, 14 mars 1961, p. 1.
24. Interview de Françoise Gilot.
25. Penrose, *Picasso : His Life and Work*, p. 436.
26. *Ibid.*
27. Marion, « Pour ses 80 ans Picasso m'a dit », *France-Soir*, 19 octobre 1961.
28. Dupont, « Quand la vie se fait trop noire », *Paris Match*, 31 octobre 1986, p. 82.
29. *Ibid.*
30. Interview de Miguel Bosé, *Epoca*, décembre 1986, p. 40.
31. Kahnwiler, « Gespräche mit Picasso », dans Ashton, *Picasso on Art*, p. 82.
32. Interview de Maurici Torra-Bailari.
33. Schiff, « The *Sabines* Sketchbook », dans The Pace Gallery, *Je Suis le Cahier : The Sketchbooks of Picasso*, p. 185.
34. *Ibid.*, p. 186.
35. Parmelin, *Picasso Says*, p. 81.
36. *Ibid.*, p. 80.
37. *Ibid.*, p. 84.
38. *Ibid.*
39. *Ibid.*
40. Crespelle, *Picasso : Les femmes, les amis, l'œuvre*, p. 213.
41. Trustman, « Ordeal of Picasso's Heirs », *The New York Times Magazine*, 20 avril 1980, p. 43.
42. Parmelin, *Voyage en Picasso*, p. 31.
43. Interview de Françoise Gilot.

44. McKnight, *Bitter Legacy*, p. 102.
45. *Ibid.*, p. 157.
46. Interview de Françoise Gilot.
47. McKnight, *Bitter Legacy*, pp. 157-158.
48. *Ibid.*, p. 75.
49. Cocteau, « Picasso 1964, enquête », *Jardin des arts*, mars 1964, p. 7.
50. Richardson, « Trompe-l'œil », *The New York Review of Books*, 3 décembre 1964, p. 3.
51. Lord, lettre au directeur, *The New York Review of Books*, 28 janvier 1965, pp. 20-21.
52. Interview de Françoise Gilot.
53. Gilot and Lake, *Life with Picasso*, p. 367.
54. Documents du procès aimablement communiqués par Calmann-Lévy, éditeur en France de *Life with Picasso*.
55. Interview de Françoise Gilot.
56. « Quarante peintres déclarent : Françoise Gilot a trahi Picasso », *Arts*, nº 1003, 28 avril 1965, p. 28.
57. *Ibid.*
58. *Ibid.*
59. *Ibid.*
60. « Les communistes de Vallauris écrivent à Picasso » *Le Patriote de Nice*, 27 juin 1965, p. 5.
61. Lettre de Parinaud à Gilot, 15 mai 1965 (propriété de Françoise Gilot).
62. Interview de Françoise Gilot.
63. Lacroix, « Picasso : Ni Barbe-Bleue ni saint de vitail », *L'Intransigeant*, 24 juin 1965, p. 1.
64. Documents du procès aimablement communiqués par Calmann-Lévy, éditeur en France de *Life with Picasso*.
65. *Ibid.*
66. Interview de Françoise Gilot.

CHAPITRE XVII (pp. 625 à 652)

1. Interview de Manuel Blasco.
2. Cabanne, *Pablo Picasso*, p. 561.
3. Olano, *Picasso intimo*, p. 88.
4. Cabanne, *Pablo Picasso*, p. 527.
5. Brassaï, « The Master at 90 », *The New York Times Magazine*, 24 octobre 1971, p. 96.
6. Otero, *Forever Picasso*, p. 160.
7. *Ibid.*, p. 159.
8. Beaton, *Self Portrait with Friends*, p. 376.
9. Breton, *Anthologie de l'humour noir*, p. 319.
10. Interview d'Hélène Parmelin.

11. Malraux, *Picasso's Mask*, p. 78.
12. Cabanne, *Pablo Picasso*, p. 532.
13. *Ibid.*, p. 533.
14. Malraux, *Picasso's Mask*, p. 3.
15. Cabanne, *Pablo Picasso*, p. 533.
16. Otero, *Forever Picasso*, p. 75.
17. *Ibid.*, p. 81.
18. *Ibid.*, pp. 81-82.
19. *Ibid.*, p. 99.
20. Malraux, *La Tête d'obsidienne*, p. 9.
21. Leymarie, Préface, dans Grand-Palais-Petit-Palais, *Hommage à Pablo Picasso*, p. 1.
22. Interview de Josep Palau i Fabre.
23. Grenier, « Picasso et le mouvement surréaliste », in Fermigier, *Picasso*, p. 161.
24. Otero, *Forever Picasso*, p. 99.
25. Parmelin, *Picasso : Intimate Secrets of a Studio at Notre Dame de Vie*, pp. 67-68.
26. Malraux, *Picasso's Mask*, p. 76.
27. Whitman, *Come to Judgment*, p. 224.
28. Otero, *Forever Picasso*, p. 113.
29. *Ibid.*, p. 124.
30. Interview de Hélène Parmelin.
31. Otero, *Forever Picasso*, p. 135.
32. *Ibid.*, p. 191.
33. Galerie Beyeler, *Picasso : Works from 1932 to 1965* (non paginé).
34. Sartre, *No Exil (Huis clos)*, p. 47.
35. Gilot and Lake, *Life with Picasso*, p. 301.
36. Otero, *Forever Picasso*, p. 157.
37. Parmelin, *Voyage en Picasso*, p. 82.
38. Otero, *Forever Picasso*, p. 166.
39. Interview d'Inès Sassier.
40. Brassaï, « Picasso aura cent ans dans dix ans », *Le Figaro*, 8 octobre 1971, p. 31.
41. *Ibid.*
42. *Ibid.*
43. *Ibid.*
44. Malraux, *Picasso's Mask*, p. 70.
45. Schiff, *Picasso : The Last Years*, 1963-1973, p. 55.
46. Perls, « The Last Time I Saw Pablo », *Art News*, vol. 73, avril 1974, p. 40.
47. McKnight, *Bitter Legacy*, p. 98.
48. Lettre de Walter a Picasso. Archives de Georges Langlois.
49. *Ibid.*
50. *Ibid.*

51. Perls, « The Last Time I Saw Pablo », *Art News,* vol. 73, avril 1974, p. 37.
52. *Ibid.*
53. *Ibid.*, p. 38.
54. *Ibid.*, p. 41.
55. *Ibid.*
56. *Ibid.*
57. *Ibid.*
58. *Ibid.*
59. *Ibid.*, p. 40.
60. *Ibid.*, p. 42.
61. Interview de Georges Langlois.
62. *Ibid.*
63. *Ibid.*
64. *Ibid.*
65. *Ibid.*
66. McKnight, *Bitter Legacy,* p. 79.
67. Interview de Françoise Gilot.
68. *Ibid.*
69. Interview de Bernard Bacqué de Sariac.
70. Cabanne, *Pablo Picasso,* p. 569.
71. Interview de Matta.
72. Alberti, *Picasso : Le rayon ininterrompu,* pp. 23-24.
73. Parmelin, *Voyage en Picasso,* p. 62.
74. *Ibid.*, p. 63.
75. Brassaï, « Picasso aura cent ans dans dix ans », *Le Figaro,* 8 octobre 1971, p. 31.
76. *Ibid.*
77. *Ibid.*
78. *Ibid.*
79. Cabanne, *Pablo Picasso,* p. 558.
80. Parmelin, *Voyage en Picasso,* p. 142.
81. *Ibid.*
82. Cabanne, *Le Siècle de Picasso,* vol. 4, p. 243.
83. Brassaï, « The Master at 90 », *The New York Times Magazine,* 24 octobre 1971, p. 31.
84. Daix, *La Vie de peintre de Pablo Picasso,* p. 398.
85. Berger, *The Success and Failure of Picasso,* p. 181.
86. Daix, *Picasso Créateur,* p. 378.
87. Parmelin, *Voyage en Picasso,* p. 140.
88. *Ibid.*
89. *Ibid.*, p. 150.
90. *Ibid.*, p. 159.
91. *Ibid.*, p. 162.
92. *Ibid.*, p. 166.
93. *Ibid.*, p. 170.
94. *Ibid.*

95. *Ibid.*, p. 171.
96. *Ibid.*, p. 175.
97. *Ibid.*
98. Schiff, *Picasso : The Last Years*, 1963-1973, p. 36.
99. Parmelin, *Voyage en Picasso*, p. 36.
100. Bernal, « Alors Jacqueline l'enveloppa dans la grande cape noire », *Paris Match*, 21 avril 1973, p. 75.
101. McKnight, *Bitter Legacy*, p. 9.
102. Bernal, « Alors Jacqueline l'enveloppa dans la grande cape noire », *Paris Match*, 21 avril 1973, p. 76.
103. *Ibid.*
104. *Ibid.*
105. *Ibid.*, p. 117.

ÉPILOGUE (pp. 653 à 661)

1. Cabanne, « Picasso et les joies de la paternité », *L'Œil*, nº 226, mai 1974, p. 10.
2. Interview de Françoise Gilot.
3. Cabanne, *Pablo Picasso*, p. 567.
4. Trustman, « Ordeal of Picasso's Heirs », *The New York Times Magazine*, 20 avril 1980, p. 66.
5. *Ibid.*, p. 64.
6. McKnight, *Bitter Legacy*, p. 138.
7. *Ibid.*, p. 139.
8. Daix, *Picasso Créateur*, p. 387.
9. Jonson. « To the Memory of My Beloved, the Author Mr. William Shakespeare : and What He Hath Left Us », dans *The Complete Poetry of Ben Jonson*, p. 373.
10. Tugendhold, « French Pictures in the Shchukin Collection », dans McCully, ed., *A Picasso Anthology*, pp. 109-110.
11. Ayrton, *Golden Sections*, p. 99.
12. Leymarie, *Picasso : The Artist of the Century*, p. IX.
13. Camus, *Le Mythe de Sisyphe*, pp. 167-168.
14. *Ibid.*, pp. 166-167.
15. Malraux, *Picasso's Mask*, p. 258.
16. Schapiro, *Modern Art : 19th and 20th Centuries*, p. 134.
17. Leiris, *La Règle du jeu*, vol. 4, *Frêle Bruit*, p. 314.

Bibliographie

LIVRES - CATALOGUES - ESSAIS - THÈSES

ALBERTI, Rafael, *A Year of Picasso Paintings,* 1969, Harry N. Abrams, New York, 1971.

– *Lo que cante y dije de Picasso,* Editiorial Bruguera, Barcelona, 1981.

– *Picasso : le Rayon ininterrompu,* Cercle d'art, Paris, 1974.

ANDREU, Pierre, *Max Jacob,* Paris, Wesmael-Charlier, Paris, 1962.

APOLLINAIRE, Guillaume, *Apollinaire on Art : Essays and Reviews, 1902-1918,* Viking, New York, 1972.

– *Calligrammes : Poems of Peace and War, 1913-1916,* University of California Press, Berkeley, 1980.

– *Chroniques d'art, 1902-1918.* Présenté par L. C. Breunig, Gallimard, Paris, 1960.

– *The Cubist Painters : Aesthetic Meditations,* George Wittenborn, New York, 1962.

– *L'Œuvre du Marquis de Sade,* Bibliothèque des Curieux, Paris, 1909.

– *Œuvres complètes de G. Apollinaire.* Présenté par P. M. Adéma et M. Decaudin, 4 vol., Balland et Lecat, Paris, 1966.

– *Œuvres poétiques,* Gallimard, Paris, 1965.

– *Les Peintres cubistes,* Hermann, Paris, 1965.

– *The Poet Assassinated and Other Stories,* North Point Press, San Francisco, 1984.

– *Le Poète assassiné,* Au sans pareil, Paris, 1927.

– *Selected Writings of Guillaume Apollinaire,* Harvill Press, Londres, 1950.

ARAGON, Louis, *Anicet ou le panorama, roman,* Gallimard, Paris, 1972

– *Aragon, Poet of the French Resistance.* Présenté par Hannah

Josephson et Malcolm Cowley, Duell, Sloan and Pearce, New York, 1945.
ARCHER, W.G., *The Loves of Krishna*, Allen and Unwin, Londres, 1957.
Artcurial, Paris (mai-juillet 1985), *Les Noces catalanes : Barcelone-Paris, 1870-1970*. Introduction d'Henri-François Rey.
ASTHON, Dore, ed., *Picasso on Art : A Selection of Views*, Viking, New York, 1972.
AURIC, Georges, *Eluard, j'étais là*, Bernard Grasset, Paris, 1979.
AXELOS, Kostas, *Systématique ouverte*, Editions de Minuit, Paris, 1984.
AYRTON, Michael, *Golden Sections*, Methuen and Co, Londres, 1957.
AZÉMA, Jean-Pierre, *From Munich to the Liberation, 1938-1944*, Cambridge University Press, New York, 1984.
BAKER, William E., *Jacques Prévert*, Twayne Publishing, New York, 1967.
BALZAC, Honoré de, *Le Chef-d'œuvre inconnu*, Garnier-Flammarion, Paris, 1981.
BARON, Jacques, *L'An I du surréalisme*. Denoël, Paris, 1967.
BARR, Alfred H., Jr., *Picasso : Forty Years of His Art*. The Museum of Modern Art, New York, 1939.
– *Picasso : Fifty Years of His Art*, Arno Press, New York, 1980.
BARRETT, William, *Irrational Man : A Study in Existential Philosophy*, Doubleday & Co, New York, 1958.
BARZUN, Jacques, *The Energies of Art*. Harpet & Brothers, New York, 1956.
BATAILLE, Georges, *Death and Sensuality : A Study of Eroticism and the Taboo*, Walker and Co, New York, 1962.
– *Documents*, Gallimard, Paris, 1968.
– *Visions of Excess : Selected Writings, 1927-1939*. University of Minnesota Press, Minneapolis, 1985.
BEATON, Cecil, *Self Portrait with Friends : The Selected Diaries of Cecil Beaton, 1926-1974*. Présenté par Richard Buckle, Times Books, New York, 1979.
BEAUVOIR, Simone de, *La Force de l'âge*, Gallimard, Paris, 1960.
BECKER, Lucille F., *Louis Aragon*, Twayne Publishers, New York, 1971.
BELL, Clive, *Civilization and Old Friends*, University of Chicago Press, Chicago, 1973.
– *Since Cézanne*, Chatto and Windus, Londres, 1922.
BENJAMIN, Roger, *Matisse's « Notes of a Painter » : Criticism, Theory, and Context, 1891-1908*. University of Michigan Research Press, Ann Arbor, 1987.

BERGER, John, *The Success and Failure of Picasso,* Pantheon, New York, 1980.

BERLIN, Isaiah, *Against the Current : Essays in the History of Ideas,* Viking, New York, 1980.

BESNARD-BERNADAC, Maire-Laure, Michèle RICHET et Hélène SECKEL, *The Picasso Museum, Paris,* Harry N. Abrams, New York, 1986.

BESSON, Georges, *La Peinture française au XXe siècle,* Braun & Cie, Paris, 1949.

BILLY, André, *Avec Apollinaire : Souvenirs inédits,* La Palatine, Paris et Genève, 1966.

BLUNT, Anthony, *Picasso's « Guernica »,* Oxford University Press, New York, 1969.

– et Phoebe Pool, *Picasso : The Formative Years,* New York Graphic Society, Greenwich, Conn., 1962.

BOECK, Wilhelm, et Jaime SABARTÉS, *Picasso,* Flammarion, Paris, 1955.

BOIX, Esther et Richard CREUS, *El Siglo de Picasso,* Aynthamiento de Barcelona, Barcelone, 1981.

BRASSAI, *Picasso and Company,* Doubleday & Co, New York, 1966.

BREKER, Arno, *Paris, Hitler et moi,* Presses de la Cité, Paris, 1970.

BRENAN, Gerald, *The Spanish Labyrinth : An Account of the Social and Political Background of the Civil War,* Cambridge University Press, Cambridge, 1950.

BRETON, André, *Anthologie de l'humour noir,* Jean-Jacques Pauvert, Paris, 1966.

– *Nadja,* Gallimard, Paris, 1928.

– *Point du jour,* Gallimard, Paris, 1970.

– *Le Surréalisme et la peinture,* Brentano's, New York, 1945.

– *What is Surrealism? Selected Writings.* Présenté par Franklin Rosemont, Monad, New York, 1978.

BRINNIN, John MALCOLM, *The Third Rose : Gertrude Stein and Her World,* Addison-Wesley Publishing Co, Reading, Mass., 1987.

BROUDE, Norma et Mary D. GARRARD, *Feminism and Art History : Questioning the Litany,* Harper & Row, New York, 1982.

BUCKLE, Richard, *In the Wake of Diaghilev,* Holt. Rinehart & Winston, New York, 1982.

CABANNE, Pierre, *Pablo Picasso : His Life and Times,* William Morrow & Co, New York, 1977.

– *Le Siècle de Picasso,* 4 vol., Denoël, Paris, 1975.

CAMUS, Albert, *Le Mythe de Sisyphe,* Gallimard, Paris, 1942.

CANNAVO, Richard, *La Ballade de Charles Trenet*, Robert Laffont, Paris, 1984.
CARANDELL, José Maria, *Nueva guía secreta de Barcelona*, Sedray Ediciones, Barcelone, 1978.
CARCO, Francis, *L'Ami des peintres*, Du Milieu du Monde, Genève, 1944.
CASANOVA, Laurent, *Le Parti communiste, les intellectuels et la nation*, Editions Sociales, Paris, 1951.
CASSOU, Jean, *Picasso*, Braun & Cie, Paris, 1940.
– *Une vie pour la liberté*, Robert Laffont, Paris, 1981.
Centre Georges-Pompidou, Paris (22 novembre 1984-28 janvier 1985). *Daniel-Henry Kahnweiler : Marchand, éditeur, écrivain.*
– (22 novembre 1984-28 janvier 1985). *Donation Louise et Michel Leiris : Collection Kahnweiler-Leiris.*
– (4 novembre 1982-17 janvier 1983). *Paul Eluard et ses amis peintres :* 1895-1952.
CÉSAIRE, Aimé, *Lost Body*. Illustrations de Pablo Picasso. Georges Braziller, New York, 1986.
CHARLES-ROUX, Edmonde, *L'Irrégulière*, Bernard Grasset, Paris, 1974.
CHEVALIER, Denys, *Picasso : Epoque bleue et rose*, Flammarion, Paris, 1978.
CIRICI-PELLICER, Alexandre, *Picasso avant Picasso*, Pierre Cailler, Genève, 1950.
CIRLOT, Juan-Eduardo, *Picasso : Birth of a Genius*, Praeger, New York, 1972.
COCTEAU, Jean, *Correspondance avec Jean-Marie Magnan*, Pierre Belfond, Paris, 1981.
– *Entre Picasso et Radiguet*, Hermann, Paris, 1967.
– *Entretiens avec André Fraigneau*, Union Générale d'Editions, Paris, 1965.
– *The Journals of Jean Cocteau.* Edité par Wallace Fowlie, Criterion Books, New York, 1956.
– *La Machine infernale*, Bernard Grasset, Paris, 1934.
– *Œdipe-Roi : Roméo et Juliette*, Plon, Paris, 1928.
– *Le Passé défini*, Gallimard, Paris, 1983.
– *Le Rappel à l'ordre*, Librairie Stock, Paris, 1926.
COOPER, Douglas, *Picasso and the Theatre*, Cercle d'art, Paris, 1967.
COQUIOT, Gustave, *Cubistes, futuristes, passéistes*, Librairie Ollendorff, Paris, 1923.
COUTURIER, Marie-Alain, *Se garder libre*, Editions du Cerf, Paris, 1962.
– *La Vérité blessée*, Plon, Paris, 1984.
CRESPELLE, Jean-Paul, *Picasso and His Women*, Coward-McCann, New York, 1969.

– *Picasso : Les femmes, les amis, l'œuvre,* Presses de la Cité, Paris, 1967.
– *La Vie quotidienne à Montmartre au temps de Picasso, 1900-1910,* Hachette, Paris, 1978.
CROSSMAN, Richard, *The God That Failed,* Regnery Gateway, Chicago, 1983.
DAEDALUS, *Casagemas i el seu temps,* Barcelone, 1979.
DAIX, Pierre, *Picasso Créateur : La vie intime et l'œuvre,* Editions du Seuil, Paris, 1987.
– *La Vie de peintre de Pablo Picasso,* Editions du Seuil, Paris, 1977.
– et Georges BOUDAILLE, *Picasso, 1900-1906 : Catalogue raisonné de l'œuvre peint,* La Bibliothèque des Arts, Paris, 1966.
DALI, Salvador, *Comment on devient Dali,* Robert Laffont, Paris, 1973.
Dallas Museum of Art (11 septembre-30 octobre 1983). *Picasso the Printmaker : Graphics from the Marina Picasso Collection.* Catalogue Brigitte Baer.
DANZ, Louis, *Personal Revolution and Picasso,* Longmans, Green and Co., New York-Toronto, 1941.
DEHARME, Lise, *Les Années Perdues,* Plon, Paris, 1961.
DESCARGUES, Pierre, *Picasso,* Felicie, New York, 1974.
DIEHL, Gaston, *Derain,* Crown Publishers, New York, 1977.
– *Henri Matisse,* Editions Pierre Tisné, Paris, 1958.
– *Picasso,* Crown Publishers, New York, 1987.
DOMINGUIN, Luis Miguel, *Toros y Toreros,* Cercle d'art, Paris, 1961.
DOR DE LA SOUCHERE, Romuald, *Picasso in Antibes,* Pantheon, New York, 1960.
DORGELÈS, Roland, *Bouquet de Bohème,* Albin Michel, Paris, 1947.
DOSTOIEVSKI, Fedor, *Crime and Punishment.* Adapté par Yuri Lyubimov et Yuri Kariakin, Arena Stage, Washington, 1986.
DUBOIS, André-Louis, *Sous le signe de l'amitié,* Plon, Paris, 1972.
DUFOUR, Pierre, *Picasso, 1950-1968,* Skira, Genève, 1969.
DUNCAN, David Douglas, *Goodbye Picasso,* Grosset & Dunlap, New York, 1974.
– *The Silent Studio,* Norton, New York, 1976.
– *Viva Picasso : A Centennial Celebration, 1881-1981,* Viking, New York, 1980.
ELGAR, Frank et Robert MAILLARD, *Picasso,* Praeger, New York, 1957.
ELUARD, Paul, *A Pablo Picasso,* Trois Collines, Genève, 1944.
– *Lettres à Gala, 1924-1948,* Gallimard, Paris, 1984.

– *Pablo Picasso*, Philosophical Library, New York, 1947.
EHRENBURG, Ilya, *People and Life, 1891-1921*, Alfred A. Knopf, New York, 1962.
FAIRWEATHER, Sally, *Picasso's Concret Sculptures*, Hudson Hills Press, New York, 1982.
FARGUE, Léon-Paul, *Le Piéton de Paris*, Gallimard, Paris, 1939.
FELMAN, Shoshana, *Jacques Lacan and the Adventure of Insight : Psychoanalysis in Contemporary Culture*, Harvard University, Cambridge, 1987.
FERMIGIER, André, *Picasso*, Hachette, Paris, 1967.
FLANNER, Janet, *Men and Monuments*, Harper & Brothers, New York, 1947.
Fondation Pierre-Gianadda, Martigny (1981), *Picasso : Estampes, 1904-1972*, Catalogue de André Quenzi.
FOSTER, Joseph K., *Posters of Picasso*, Crown Publishers, New York, 1957.
Fundacio Picasso-Reventós, ed. *Homenatge de Catalunya a Picasso*, Fundacio, Barcelone, 1982.
Galerie Beyeler (novembre 1966-janvier 1967), *Picasso*, Bâle.
– (février-avril 1967), *Picasso : Works from 1932 to 1965*.
Galerie Louise Leiris (6 juin-13 juillet 1962), *Picasso : Le Déjeuner sur l'herbe, 1960-1961*, Paris.
GALLWITZ, Klaus, *Picasso : The Heroic Years*, Abbeville Press, New York, 1985.
GALTIER-BOISSIÈRE, Jean, *Mon Journal depuis la Libération*, La Jeune Parque, Paris, 1945.
GARAUDY, Roger, *D'un réalisme sans rivages : Picasso, St. John Perse, Kafka*, Plon, Paris, 1963.
GARCIA LORCA, Federico, *Deep Song and Other Prose*, New Directions, New York, 1980.
– *Lament for the Death of a Bullfighter*, William Heinemann, Londres, 1953.
– *Selected Letters*, Marion Boyars, New York, 1984.
GASMAN, Lydia, « Mystery, Magic and Love in Picasso, 1925-1938 : Picasso and the Surrealist Poets », Ph. D. dissertation, Columbia University, 1981.
GEDO, Mary Mathews, *Picasso : Art as Autobiography*, The University of Chicago Press, Chicago, 1980.
GEISER, Bernard, *Picasso : 55 Years of His Graphic Work*, Harry N. Abrams, New York, 1955.
GEORGE, Waldemar, *Pablo Picasso*, Editions de Valori Plastici, Rome, 1924.
GEORGES-MICHEL, Michel, *De Renoir à Picasso : les peintres que j'ai connus*, Arthème Fayard, Paris, 1954.
GÉRE, Charlotte, *Marie Laurencin*, Flammarion, Paris, 1977.

GIBON, Yves de, *Témoignages d'un rendez-vous manqué*, Paul Mari, Paris, 1980.

GIDE, André, *Journal*, 2 vol., Gallimard, Paris, 1961.

GILLEMINAULT, Gilbert et Philippe BERNET, *Les Princes des années folles*, Plon, Paris, 1970.

GILOT, Françoise, *An Artist's Journey*, Atlantic Monthly Press, New York, 1987.

– *The Fugitive Eye : Poems and Drawings*, Aeolian Press, San Diego, 1976.

– *Interface : The Painter and the Mask*, California State University, Fresno, 1983.

– *Paloma Sphinx*, Françoise Gilot, Paris, 1975.

– et Carlton LAKE, *Life with Picasso*, McGraw-Hill, New York, 1964.

– Gimpel, René, *Journal d'un collectionneur, marchand de tableaux*, Calmann-Lévy, Paris, 1963.

GIRAUDY, Danièle, *Picasso : La mémoire du regard*, Cercle d'Art, Paris, 1986.

GLEIZES, Albert, *Puissance du cubisme*, Présence, Paris, 1969.

GOETHE, J. W., *Faust*, Zbinden, Bâle, 1982.

GOLD, Arthur, et Robert FIZDALE, *Misia : The Life of Misia Sert*, Alfred A. Knopf, New York, 1980.

Grand-Palais, Paris (22 février-15 avril 1985), *Edouard Pignon*, Centre national des arts plastiques, Paris, 1985.

– (11 octobre 1979-7 janvier 1980), *Picasso : Œuvres reçues en paiement des droits de succession.*

Grand-Palais – Petit-Palais, Paris (novembre 1966-février 1967), *Hommage à Pablo Picasso.*

GROHMANN, Will, *Paul Klee*, Lund Humphries, Londres, 1954.

HABASQUE, Guy, *Le Cubisme*, Skira, Genève, 1959.

HAESSLY, Gaile Ann, « Picasso on Androgyny : From Symbolism through Surrealism », Ph. D. dissertation, Syracuse University, 1983.

HAGGARD, Virginia, *My Life with Chagall*, D. I. Fine, New York, 1986.

HANOTEAU, Guillaume, *Ces nuits qui ont fait Paris*, Arthème Fayard, Paris, 1971.

HEMINGWAY, Ernest, *The Dangerous Summer*, Charles Scribner's Sons, New York, 1985.

HILTON, Timothy, *Picasso*, Oxford University Press, Londres, 1975.

Hirschl & Adler Galleries, New York (16 janvier-27 février 1988), *Picasso : The Late Drawings*. Essai de Jeffrey Hoffeld, Harry N. Abrams, New York, 1988.

Hong Kong Museum of Art (12 décembre 1982-19 janvier 1983), *Picasso Intime : Collection Maya Ruiz-Picasso : The*

Centenary of the Birth of Picasso, Urban Council, Hong Kong, 1982.
HORODISCH, Abraham, *Picasso as a Book Artist,* World Publishing Co, Cleveland, 1962.
HUGO, Jean, *Avant d'oublier, 1918-1931,* Arthème Fayard, Paris, 1976.
Institute of Contemporary Arts, *Homage to Picasso on this 70th Birthday : Drawings and Watercolours since 1893,* Lund Humphries, Londres, 1951.
JACOB, Max, *Choix de lettres de Max Jacob à Jean Cocteau, 1919-1944,* Paul Morihien, Paris, 1949.
– *Chronique des temps héroïques,* Louis Broder, Paris, 1956.
– *Correspondance.* Présenté par François Garnier, 2 vol. Editions de Paris, Paris, 1953.
– *Lettres, 1920-1941.* Présenté par S. J. Collier, Basil Blackwell, Oxford, 1966.
– *Lettres à Marcel Béalu,* Editions Emmanuel Vitte, Lyon, 1959.
– *Lettres à Marcel Jouhandeau.* Présenté par Anne S. Kimball, Librairie Droz, Genève, 1979.
– *Lettres à Michel Levanti.* Présenté par Lawrence A. Joseph, Rougerie, Mortemart, 1975.
– *Lettres à Michel Manoll.* Présenté par Maria Green, Rougerie, Mortemart, 1985.
– *Lettres mystiques, 1934-1944, à Clotilde Bauguion,* Calligrammes, Paris, 1984.
– *Morceaux choisis,* Gallimard, Paris, 1936.
JAMES, Henry, *The Ambassadors,* Heritage Press, New York, 1963.
JANIS, Harriet and Sidney, *Picasso : The Recent Years, 1939-1946,* Doubleday & Co, New York, 1946.
JARRY, Alfred, *Gestes et opinions du Docteur Faustroll,* Bibliothèque Charpentier, Paris, 1911.
– *Œuvres complètes,* 8 vol., Gallimard, Paris, 1972.
– *The Supermale,* New Directions, New York, 1964.
JOHNSON, Paul, *Modern Times : The World from the Twenties to the Eighties,* Harper & Row, New York, 1983.
JONSON, Ben, *The Complete Poetry of Ben Jonson.* Présenté par William B. Hunter, New York University Press, New York, 1963.
JOSEPHSON, Matthew, *Life among the Surrealists,* Holt, Rinehart & Winston, New York, 1962.
JOUFFROY, Jean-Pierre, et Edouard RUIZ, *Picasso : De l'image à la lettre,* Messidor/Temps actuels, Paris, 1981.
JUNG, C.G., *The Collected Works of C.G. Jung,* Bollingen Series, William McGuire, vol. 15, Princeton University Press, Princeton, 1966.

KAHNWEILER, Daniel-Henry, *Confessions esthétiques*, Gallimard, Paris, 1963.
– *The Rise of Cubism*, Wittenborn, Schultz, New York, 1949.
– et Francis CRÉMIEUX, *My Galleries and Painters*, Viking, New York, 1961.
KAMBER, Gerald, *Max Jacob and the Poetics of Cubism*, Johns Hopkins University Press, Baltimore, 1971.
KAY, Helen, *Picasso's World of Children*, Doubleday & Co, New York, 1965.
KIKI, *The Education of a French Model*, Bridgehead Books, New York, 1954.
KOOTZ, Sam, « The Reality Gap : Picasso », mémoires inédits de Mrs. Sam Koots.
KRASOVSKAYA, Vera, *Nijinsky*, Schirmer Books, New York, 1979.
LACAN, Jacques, *The Four Fundamental Concepts of Psychoanalysis*, Norton, New York, 1978.
LAFFRANCHLE, Jean, *Louis Marcoussis*, Editions du Temps, Paris, 1961.
LANGSTON, Linda Frank, « *Disguised Double Portraits in Picasso's Work, 1925-1962* » Ph. D. dissertation, Stanford University, 1977.
LAPORTE, Geneviève, *Si tard le soir, le soleil brille*, Plon, Paris, 1973.
– *Sunshine at Midnight : Memories of Picasso and Cocteau*, Weidenfeld and Nicolson, Londres, 1975.
LAUTRÉAMONT, comte de (Isidore Ducasse), *Chants de Maldoror*, Allison and Busby, Londres, 1970.
LÉAUTAUD, Paul, *Journal littéraire*, vol. 16, Mercure de France, Paris, 1964.
LEE, Thomas Louis, « The Passion and Picasso », thèse, université de Louisville, 1969.
LEIGHTEN Patricia Dee, « Picasso : Anarchism and Art, 1897-1914 », Ph. D. dissertation, Rutgers University, 1983.
LEIRIS, Michel, *Manhood : A Journey from Childhood into the Fierce Order of Virility*, North Point Press, San Francisco, 1984.
– *La Règle du jeu, vol. 3, Fibrilles*, Gallimard, Paris, 1966.
– *La Règle du Jeu, vol. 4, Frêle Bruit*, Gallimard, Paris, 1976.
LEMAIRE, Anika, *Jacques Lacan*, Pierre Mardaga, Bruges, 1977.
LEYMARIE, Jean, *Picasso : The Artist of the Century*, Viking, New York, 1972.
– *Picasso : Blue and Rose Periods*, Harry N. Abrams, New York, 1954.

LIPPARD, Lucy R., *Dadas on Art,* Prentice-Hall, Englewoods Cliffs, 1971.
– *Surrealists on Art,* Prentice-Hall, Englewood Cliffs, 1970.
LIPTON, Eunice, « Picasso Criticism, 1901-1939 : The Making of an Artist-Hero », Ph. D. dissertation, New York University, 1975.
LOEB, Pierre, *Voyages à travers la peinture,* Bordas, Paris, 1946.
LORD, James, *Giacometti,* Farrar, Straus & Giroux, New York, 1985.
– *Où étaient les tableaux...* Mazarine, Paris, 1982.
Los Angeles County Museum of Art, *The Spiritual in Art : Abstract Painting, 1890-1985,* Abbeville Press, New York, 1986.
LOTTMAN, Herbert R., *The Purge,* William Morrow & Co, New York, 1986.
– *La Rive gauche,* Editions du Seuil, Paris, 1981.
MACKWORTH, Cecily, *Guillaume Apollinaire and the Cubist Life,* J. Murray, Londres, 1961.
MAC ORLAN, Pierre, *La Vénus internationale,* Gallimard Folio, Paris, 1966.
MALRAUX, André, *Picasso's Mask,* Holt, Rinehart & Winston, New York, 1976.
– *La Tête d'obsidienne,* Gallimard, Paris, 1974.
MARAIS, Jean, *Histoires de ma vie,* Albin Michel, Paris, 1975.
MARITAIN, Jacques, *Creative Intuition in Art and Poetry,* Meridian Books, New York, 1955.
Marlborough Fine Arts Gallery, Londres (mai-juin 1955), *Picasso : 63 Drawings, 1953-54; 10 Bronzes, 1945-53.* Introduction de Rebecca West.
MARX, Karl, et Frederick ENGELS, *Collected Works : Marx and Engels, 1845-47,* vol. 5, Lawrence & Wishart, Londres, 1976.
MATISSE, Henri, *Ecrits et propos sur l'Art,* Hermann, Paris, 1972.
– *Matisse on Art,* Edited by Jack D. Flam, E.P. Dutton, New York, 1978.
MAURIAC, François, *Bloc-Notes,* 5 vol., Flammarion, Paris, 1958-1971.
MAYER, Susan, « Ancient Mediterranean Sources in the Works of Picasso, 1892-1937 », Ph. D. dissertation, New York University, 1980.
MCCULLY, Marilyn, *A Picasso Anthology : Documents, Criticism, Reminiscences,* Princeton University Press, Princeton, 1982.
MCKNIGHT, Gerald, *Bitter Legacy : Picasso's Disputed Millions,* Bantam Press, Londres, 1987.

MELLOW, James R. *Charmed Circle : Gertrude Stein and Company*, Praeger, New York, 1974.
MELVILLE, Herman, *Pierre : or, the Ambiguities*, New American Library, New York, 1964.
MELVILLE, Robert, *Picasso : Master of the Phantom*, Oxford University Press, Londres, 1939.
The Metropolitan Museum of Art (7 mars-12 mai 1985), *Picasso Linoleum Cuts : The Mr. and Mrs. Charles Kramer Collection in the Metropolitan Museum of Art*, Random House, New York, 1985.
MINOTAURE, 4 vol. Reprint, Arno Press, New York, 1968.
Montreal Museum of Fine Arts (22 juin-10 novembre 1985), *Pablo Picasso : Meeting in Montreal.*
MOURLOT, Fernand, *Picasso Lithographs*, Boston Book and Art, Boston, 1970.
MUGNIER, abbé Arthur, *Journal de l'Abbé Mugnier*, Mercure de France, Paris, 1985.
MURDOCH, Iris, *The Fire and the Sun : Why Plato Banished the Artist*, Clarendon Press, Oxford, 1977.
Musée Cantini, Marseille (11 mai-31 juillet 1959), *Picasso*, Catalogue Douglas Cooper.
Museo Rufino Tamayo, Mexico City (novembre 1982-janvier 1983), *Los Picassos de Picasso en México : Una Exposición Retrospectiva*, Introduction William S. Lieberman.
Museum Het Kruithuis, Hertogenbosch (22 juin-11 août 1985), *Picasso Ceramics.*
The Museum of Modern Art, New York, (22 mai-16 septembre 1980), *Pablo Picasso : A Retrospective*, Catalogue William Rubin.
– (3 février-2 avril 1972), *Picasso in the Collection of the Museum of Modern Art*, Catalogue de William Rubin, Elaine L. Johnson, et Riva Castleman.
– « *Primitivism* » *in 20th Century Art : Affinity of the Tribal and the Modern*, 2 vol. Présenté par William Rubin, New York Graphic Society Books-Little, Brown & Co, Boston, 1984.
– (24 janvier-19 mars 1950), *The Sculptor's Studio : Etchings by Picasso*, The Museum of Modern Art, New York, 1952.
National Gallery of Art, Washington D.C. (2 novembre 1986-29 mars 1987), *Henri Matisse : The Early Years in Nice, 1916-1930.* Catalogue Jack Cowart and Dominique Fourcade, Harry N. Abrams, New York, 1986.
NERUDA, Pablo, *Memoirs*, Farras, Straus & Giroux, New York, 1976.
NIETZSCHE, Friedrich, *Thus Spoke Zarathustra*, Penguin Books, New York, 1978.

NIJINSKY, Vaslav, *The Diary of Vaslav Nijinsky*, Présenté par Romola Nijinsky, Simon and Schuster, New York, 1936.
NOCHLIN, Linda, *Impressionism and Post-Impressionism, 1874-1904 : Sources and Documents*, Prentice-Hall, Englewood Cliffs, N.J., 1966.
O'BRIAN, Patrick, *Picasso : Pablo Ruiz Picasso*, G. P. Putnam's Sons, New York, 1976.
ODAJMYK, Volodymyn Walter, *Jung and Politics*, New York University Press, New York, 1976.
OLANO, Antonio O., *Picasso intimo*, Editorial Dagur, Madrid, 1971.
OLIVIER, Fernande, *Picasso and His Friends*, Appleton-Century, New York, 1965.
– *Picasso et ses amis*, Librairie Stock, Paris, 1933.
ORY, Pascal, *Les Collaborateurs, 1940-1945*, Editions du Seuil, Paris, 1976.
OTERO, Roberto, *Forever Picasso : An Intimate Look at His Last Years*, Harry N. Abrams, New York, 1974.
OTTO, Walter F., *Dionysus : Myth and Cult*. Spring Publications, Dallas, 1981.
OXENHANDLER, Neal, *Max Jacob and Les Feux de Paris*, University of California Press, Berkeley, 1964.
OZENFANT, Amédée, et Charles JEANNERET, *La Peinture moderne*, G. Crès et Cie, Paris, 1927.
The Pace Gallery, New York, (2 mars-1r avril 1986), *Je suis le cahier : The Sketchbooks of Picasso*. Présenté par Arnold GLIMCHER et Marc GLIMCHER, Atlantic Monthly Press, New York, 1986.
– (30 janvier-14 mars 1981), *Picasso : The Avignon Paintings*.
PADRTA, Jirí, *Picasso : The Early Years*, Tudor, New York, 1960.
PALAU I FABRE, Josep, *Picasso en Catalunya*, Poligrafa, Barcelone, 1966.
– *Picasso : The Early Years, 1881-1907*, Rizzoli, New York, 1981.
– *Picasso vivent, 1881-1907*, Poligrafa, Barcelone, 1979.
– *El Secret de « Las Meninas » de Picasso*, Poligrafa, Barcelone, 1981.
PARMELIN, Hélène, *Aujourd'hui*, René Julliard, Paris, 1963.
– *Picasso : Intimate Secrets of a Studio at Notre Dame de Vie*, Harry N. Abrams, New York, 1966.
– *Picasso Plain*, St. Martin's Press, New York, 1963.
– *Picasso says*, Barnes and Co, South Brunswick, N.J., 1969.
– *Picasso : « The Artist and His Model », and Other Recent Works*, Harry N. Abrams, New York, 1965.

– *Picasso : Women, Cannes, and Mougins, 1954-63*, Weidenfeld and Nicolson, Londres, 1965.
– *Voyage en Picasso*, Robert Laffont-Opera Mundi, Paris, 1980.
PENROSE, Roland, *Picasso : His Life and Work*, University of California Press, Berkeley, 1981.
– *Portrait of Picasso*, Thames and Hudson, Londres, 1981.
– *Scrap Book, 1900-1981*, Rizzoli, New York, 1981.
– et John GOLDING, *Picasso in Retrospect*, Granada, Londres, 1973.
PEYRE, André, *Max Jacob quotidien*, José Millas-Martin, Paris, 1976.
Picasso e a Corunna, Conoce a tua Cidade, n° 1, Corunna : Axuncamento da Corunna, 1982.
PICASSO, Pablo, *The Artist by Himself : Self Portrait from Youth to Old Age*, St. Martin's Press, New York, 1980.
– *Carnet Catalan*. Introduction de Douglas Cooper, Berggruen, Paris, 1958.
– *Le Carnet des carnets*, Les Ateliers de Daniel Jacomet, Paris, 1965.
– *Carnet Picasso La Corunna, 1894-1895*. Introduction de Juan Ainaud de Lasarte, Gustavo Gili, Barcelone, 1971.
– *Carnet Picasso Madrid, 1898*. Introduction de Xavier de Salas, Gustavo Gili, Barcelone, 1976.
– *Carnet Picasso Paris, 1900*. Introduction de Roa M. Subirana, Gustavo Gili, Barcelone, 1972.
– *Le Désir attrapé par la queue*, Gallimard, Paris, 1945.
– *Desire Caught by the Tail*, Calder and Boyars, Londres, 1970.
– *Drawings*, Harry N. Abrams, New York, 1959.
– *Forty-nine Lithographs, Together with Honoré de Balzac's The Hidden Masterpiece, in the Form of an Allegory*, Lear, New York, 1947.
– *The Four Little Girls*, Calder and Boyars, Londres, 1970.
– *Gongora*, George Braziller, New York, 1985.
– *Œuvres*, 33 vol. Par Christian Zervos, Cahiers d'art, Paris, 1932-1978.
– *Picasso's Vollard Suite*. Introduction de Hans Bolliger, New York, Thames and Hudson, 1985.
– *Les Quatre Petites Filles*, Gallimard, Paris, 1968.
PIOT, Christine, « Décrire Picasso », thèse de doctorat, université de Paris I, Panthéon-Sorbonne, 1981.
POORE, Charles, *Goya*, Charles Scribner's Sons, New York, 1938.
POPPER, Karl, *Conjectures and Refutations*, Basic Books, New York, 1963.
POREL, Jacques, *Fils de Réjane*, Plon, Paris, 1951.

PORZIO, Domenico, et Marco VALSECCHI, *Understanding Picasso*, Newsweek Books, New York, 1974.
POULENC, Francis, *Moi et mes amis*, La Palatine, Paris, 1963.
PRABHUPADA, A. C. B., *Krishna*, Iskcon Press, Boston, 1970.
Prado Museum, *Guernica-Legado Picasso*, Madrid, Ministerio de Cultura, 1981.
PREVERT, Jacques, *Paroles*, Gallimard Folio, Paris, 1972.
QUENEAU, Raymond, *Bâtons, chiffres et lettres*, Gallimard, Paris, 1965.
QUINN, Edward, *Picasso : Photos, 1951-1972*, Barron's Educational Series, Woodbury, N.Y., 1980.
– *The Private Picasso*, Boston, Little, Brown & Co., 1987.
RADIGUET, Raymond, *Count d'Orgel*, Grove Press, New York, 1953.
RAMIÉ, Georges, *Picasso's Ceramics*, Viking, New York, 1976.
RAPHAEL, Max, *Proudhon, Marx, Picasso : Three Studies in the Sociology of Art*. Présenté par John Tagg, Atlantic Highlands, New Jersey : Humanities Press, 1980.
RAYNAL, Maurice, *Picasso*, G. Crès et Cie, Paris, 1922.
REESE, Lawrence L. Ruiz, « Scientific Analogies in Cubism, 3 Parts », Ph. D. dissertation, University of California, Los Angeles, 1981.
REVERDY, Pierre, *Note éternelle du présent : Ecrits sur l'Art, 1923-1960*, Flammarion, Paris, 1973.
– *Pablo Picasso*, Nouvelle Revue française, Paris, 1924.
RILKE, Rainer Maria, *The Selected Poetry of Rainer Maria Rilke*. Edité par Stephen Mitchell, New York, Vintage Books, 1984.
ROLLAND, Andrée, *Picasso et Royan aux jours de la guerre et de l'occupation*, Andrée Rolland, Royan, 1967.
ROY, Claude, *L'Amour de la peinture : Goya, Picasso et autres peintres*, Gallimard, Paris, 1956.
– « *Moi je* », Gallimard, Paris, 1978.
– *Picasso : La guerre et la paix*, Cercle d'art, Paris, 1954.
RUBIN, William, *Dada and Surrealist Art*, Harry N. Abrams, New York, 1968.
– *Dada, Surrealism and Their Heritage*, Museum of Modern Art, New York, 1968.
SABARTÉS, Jaime, *Picasso : An Intimate Portrait*, Prentice-Hall, New York, 1948.
– *Picasso : Documents iconographiques*, Pierre Cailler, Genève, 1959.
– *Picasso : Portraits et souvenirs*, L. Carré, Paris, 1946.
SACHS, Maurice, *Au temps du bœuf sur le toit*, Editions de la Nouvelle Revue critique, Paris, 1930.
– *La Décade de l'illusion*, Gallimard, Paris, 1950.

SALMON, André, *La Jeune Peinture française*, Société des Trente, Paris, 1912.
– *Modigliani : A Memoir*, G.P. Putnam's Sons, New York, 1961.
– *Montparnasse*, André Bonne, Paris, 1950.
– *Propos d'atelier*, G. Crès et Cie, Paris, 1922.
– *Souvenirs sans fin*, 3 vol., Gallimard, Paris, 1955-1961.
San Francisco Museum of Art (14 septembre-17 octobre 1948). *Picasso-Gris-Miró : The Spanish Masters of Twentieth Century Painting.*
SANOUILLET, Michel, *Francis Picabia et 391*, vol. 2, Eric Losfeld, Paris, 1966.
SARTRE, Jean-Paul, *No Exit and Three Other Plays*, Vintage Books, New York, 1955.
– *What Is Literature?* Philosophical Library, New York, 1949.
SCARPETTA, Guy, *L'Impureté*, Bernard Grasset, Paris, 1985.
SCHAPIRO, Meyer, *Modern Art : 19th & 20th Centuries : Selected Papers*, George Braziller, New York, 1979.
SCHIFF, Gert, *Picasso : The Last Years, 1963-1973*, George Braziller-Grey Art Gallery, New York, 1983.
SCHNEEDE, Uwe M., *Surrealism : The Movement and the Masters*, Harry N. Abrams, New York, 1973.
SHAPIRO, Theda, *Painters and Politics : The European Avant-Garde and Society*, Elsevier, New York, 1976.
SIGNORET, Simone, *La nostalgie n'est plus ce qu'elle était*, Editions du Seuil, Paris, 1976.
SILVER, Kenneth Eric, « Esprit de Corps : The Great War and French Art, 1914-1925 », Ph. D. dissertation, Yale University, 1981.
SORLIER, Charles, *Mémoires d'un homme de couleurs*, Le Pré aux clercs, Paris, 1985.
SOUPAULT, Philippe, *Ecrits sur la peinture*, Lachenal & Ritter, Paris, 1980.
SPIES, Werner, *Les Sculptures de Picasso*, Clairefontaine, Lausanne, 1971.
STAMBAUGH, Joan, *Nietzsche's Thought of Eternal Return*, Johns Hopkins University Press, Baltimore, 1972.
STEEGMULLER, Francis, *Apollinaire : Poet among the Painters*, Rupert Hart-Davis, Londres, 1963.
– *Cocteau*, Little, Brown & Co, Boston, 1970.
STEIN, Gertrude, *The Autobiography of Alice B. Toklas*, Vintage Books, New York, 1961.
– *Everybody's Autobiography*, Random House, New York, 1937.
– *Matisse, Picasso and Gertrude Stein with Two Shorter Poems*, Something Else Press, Millerton, N.Y., 1972.

– *Picasso,* Beacon Press, Boston, 1959.
STRAVINSKY, Igor, *Autobiography,* Simon and Schuster, New York, 1936.
– *Selected Correspondence of Igor Stravinsky.* Présenté par Robert Craft, Alfred A. Knopf, New York, 1982.
– and Robert Craft, *Expositions and Developments,* Doubleday & Co, New York, 1962.
SUBIRANA TORRENT, Rosa Maria, *The Picasso Museum of Barcelona,* Editorial Everest, Léon, 1975.
SUTTON, Denys, *André Derain,* Phaidon Press, Londres, 1959.
The Tate Gallery, Londres (27 avril-10 juillet 1983). *The Essential Cubism : Braque, Picasso and Their Friends, 1907-1920.*
– (6 juillet-18 septembre 1960), *Picasso,* Arts Council of Great Britain, Londres, 1960.
TAURINES-MÉRY, Blanche-Jean, *Des influences subies par Picasso,* Triquet-Robert, Paris, 1950.
THIRION, André, *Revolutionaries Without Revolution,* Cassell, Londres, 1976.
THOMAS, Denis, *Picasso and His Art,* Book Value International, Northbook, 1981.
TIERNEY, Neil, *The Unknown Country : A Life of Igor Stravinsky,* Robert Hale, Londres, 1977.
TREND, John Brande, *A Picture of Modern Spain : Men & Music,* Houghton Mifflin Co, Boston et New York, 1921.
TUCHMAN, Barbara W., *The Proud Tower : A Portrait of the World Before the War, 1890-1914,* Macmillan, New York, 1966.
TURKLE, Sherry, *Psychoanalytic Politics : Freud's French Revolution,* Basic Books, New York, 1978.
TZARA, Tristan, *Picasso et les chemins de la connaissance,* Skira, Genève, 1948.
UHDE, Wilhelm, *Picasso and the French Tradition,* Weyhe, New York, 1929.
VALLENTIN, Antonina, *Pablo Picasso,* Albin Michel, Paris, 1957.
– *Picasso,* Doubleday & Co, Garden City, N.Y., 1963.
– *This I Saw : The Life and Times of Goya,* Random House, New York, 1949.
VAN GOGH, Vincent, *Van Gogh : A Self-Portrait.* Présenté par W.H. Auden, Thames and Hudson, Londres, 1961.
VAUVENARGUES, marquis de, *Maximes et Pensées,* Editions André Silvaire, Paris, 1961.
VERDET, André, *Les Grands Peintres : Pablo Picasso,* René Kister, Genève, 1956.
VERLAINE, Paul, *Pablo Picasso au Musée d'Antibes,* Falaize, Paris, 1951.

– *The Sky Above the Roof,* Rupert Hart-Davis, Londres, 1957.
VIAN, Boris, *Manuel de Saint-Germain-des-Prés,* Chêne, Paris, 1974.
VITZ, Paul C., et Arnold B. GLIMCHER, *Modern Art and Modern Science : The Parallel Analysis of Vision,* Praeger, New York, 1984.
VLAMINCK, Maurice, *Paysages et personnages,* Flammarion, Paris, 1953.
– *Portraits avant décès,* Flammarion, Paris, 1943.
VOLLARD, Ambroise, *Souvenirs d'un marchand de tableaux,* Albin Michel, Paris, 1937.
WARNOD, Janine, *Washboat Days,* Grossman Publishers, New York, 1972.
WEBB, Peter, *The Erotic Arts,* New York Graphic Society, Boston, 1976.
WEILL, Berthe, *Pan! dans l'œil!,* Librairie Lipschutz, Paris, 1933.
WERTENBAKER, Lael, *The World of Picasso, 1881,* Time-Life Books, New York, 1967.
WHELPTON, Barbara, *Painter's Provence,* Johnson Publications, Londres, 1970.
WHITMAN, Alden, *Come to Judgment,* Viking, New York, 1980.
William Beadleston Fine Art, New York (31 octobre-14 décembre 1985), *Through the Eye of Picasso, 1928-1934 : The Dinard Sketchbook and Related Paintings and Sculpture,* Essa et John Richardson.
WISER, William, *The Crazy Years : Paris in the Twenties,* Atheneum, New York, 1983.

ARTICLES

ACOCA, Miguel, « Picasso-Super Compadre », *Washington Post,* 24 octobre 1971.
ALBERTI, Rafael, « Picasso et le peuple espagnol », *Europe,* nos 492-493, avril-mai 1970.
ALLARD, Roger, « Picasso », *Le Nouveau Spectateur,* 25 juin 1919.
APOLLINAIRE, Guillaume, « Les Jeunes : Picasso, peintre », *La Plume,* n° 372, 15 mai 1905.
– « Lettre inédite d'Apollinaire adressée à Picasso », *Cahiers d'art,* 22 année, 1947.
ARNOUX, Alexandre, et al., « Picasso 1964, enquête », *Jardin des arts,* n° 112, mars 1964.

ASHTON, Dore, « Sculpture : Pour faire une colombe il faut d'abord lui tordre le cou », *XXe siècle*, nº 30, juillet 1968.
BAURET, Gabriel, « *Les Demoiselles d'Avignon* : Manifeste du cubisme ? », *Europe*, nos 638-639, juin-juillet 1982.
BEGUIN, Albert, « L'Androgyne », *Minotaure*, 1938.
BERNAL, Pierre, « Alors Jacqueline l'enveloppa dans la grande cape noire », *Paris Match*, 21 avril 1973.
BERNIER, Rosamond, « 48, Paseo de Gracia », *L'Œil*, nº 4, 15 avril 1955.
BESSON, Georges, « Lettres à Pierre Betz », *Le Point*, vol. 7, nº 42, octobre 1952.
BLUMENKRANZ-ONIMUS, Noemi, « Picasso écrivain ou la revanche de la couleur », *Europe*, nos 492-493, avril-mai 1970.
BLUNT, Anthony, « Picasso in Rome and at Lyons », *Burlington Magazine*, nº 95, octobre 1953.
BOUVIER-AJAM, Maurice, « Picasso et les jeunes générations », *Europe*, nos 492-493, avril-mai 1970.
BRASSAÏ, « The Master at 90 : Picasso's Great Age Seems Only to Stir Up Demons Within », *The New York Times Magazine*, 24 octobre 1971.
– « Picasso aura cent ans dans dix ans », *Le Figaro*, 8 octobre 1971.
BRETON, André, « Picasso poète », *Cahiers d'art*, nos 7-10, 1935.
– « Le Surréalisme et la peinture », *La Révolution surréaliste*, 15 juin 1925.
BREUNIG, L.C., Jr. « Studies on Picasso, 1902-1905 », *Art Journal*, hiver 1958.
CABANNE, Pierre, « Picasso et les joies de la paternité », *L'Œil*, nº 226, mai 1974.
CACHIN, Marcel, « Picasso a apporté son adhésion au Parti de la Renaissance française », *L'Humanité*, 5 octobre 1944.
CARTER, Huntly, « The Plato-Picasso Idea », *The New Age*, vol. 10, nº 4, 23 novembre 1911.
CASSOU, Jean, « Le Rideau de *Parade* de Picasso au musée d'Art moderne », *La Revue des Arts*, janvier-février 1957.
CHALON, Jean, « Françoise Gilot passe du murmure au cri », *Le Figaro*, 18 mai 1963.
CHARLES, François, « Les Arts », *l'Ermitage*, nº 9, septembre 1901.
CHUTKOW, Paul, « Looking at the Painter's Provence », *The New York Times*, 24 août 1986.
COCTEAU, Jean, « Pablo Picasso : A Composite Interview », *The Paris Review*, été-automne 1964.
COHEN, Ronny, « Picasso's Late Work : Swan Song or Apotheosis ? », *Art-forum*, vol. 22, mars 1984.

« Les communistes de Vallauris écrivent à Picasso », *Le Patriote de Nice,* 27 juin 1965.
DADAULE, Jacques, « Les Colombes », *Europe,* nos 492-493, avril-mai 1970.
DAIX, Pierre, « Picasso et la morale », *Les Lettres françaises,* 17 juin 1965.
DALI, Salvador, « Les Pantoufles de Picasso », *Cahiers d'art,* nos 7-10, 1935.
DUPONT, Pepita, « Quand la vie se fait trop noire », *Paris Match,* 31 octobre 1986.
ELUARD, Paul, « Je parle de ce qui est bien », *Cahiers d'art,* nos 7-10, 1935.
– « Entretien sans complexe », *Plexus,* vol. 3, août-septembre 1966.
EVERLING, Germaine, « C'était hier : Dada... », *Les Œuvres libres,* n° 109, juin 1955.
FAGUS, Félicien, « L'invasion espagnole : Picasso », *La Revue blanche,* 15 juin 1901.
FARRELL, Barry, « His Women : The Wonder Is That He Found So Much Time to Paint », *Life,* 27 décembre 1968.
FERMIGIER, André, « La Prodigieuse Aventure de Picasso », *Le Nouvel Observateur,* n° 105, 16 novembre 1966.
FIFIELD, William, « Pablo Picasso – A Composite Interview », *The Paris Review,* vol. 8, n° 32, été-automne 1964.
F.K., « Picasso devant la caméra », *Jardin des arts,* n° 15, janvier 1956.
FOURNIER, Albert, « Ateliers et demeures de Picasso », *Europe,* nos 492-493, avril-mai 1970.
GAGNEBIN, Murielle, « Erotique de Picasso », *Esprit,* janvier 1982.
– « Picasso, iconoclaste », *L'Arc,* n° 82, 1981.
GAILLARD, P., « Pourquoi j'ai adhéré au parti communiste », *L'Humanité,* 29-30 octobre 1944.
GAY, Paul, « Lettre à une amie », *Le Point,* vol. 7, n° 42, octobre 1952.
GEORGE, Waldemar, « Les cinquante ans de Picasso et la mort de la nature morte », *Formes,* avril 1931.
– « L'Exposition Picasso », *L'Amour de l'art,* vol. 7, 1926.
– « Fair Play : The Passion of Picasso », *Formes,* avril 1930.
– « Grandeur et décadence de Pablo Picasso », *L'Art vivant,* n° 135, août 1930.
– « Picasso et la crise actuelle de la conscience artistique », *Chronique du Jour,* n° 2, juin 1929.
– « The Picasso Exhibition », *Formes,* mai 1932.
– « Picasso, par Maurice Raynal », *L'Amour de l'art,* vol. 2, 1921.

GILOT, Françoise, « Henri Matisse at Peace », *Art and Antiques,* octobre 1986.
– « Mano a Mano », *Art and Antiques,* octobre 1985.
GOMEZ DE LA SERNA, Ramon, « Le Toréador de la peinture », *Cahiers d'art,* n°s 3-5, 1932.
GONZÁLEZ, Julio, « Picasso Sculpteur », *Cahiers d'art,* n°s 6-7, 1936.
GOSLING, Nigel, « Picasso : The Greatest? », *Observer Review,* 15 avril 1973.
GRANVILLE, Pierre, « Marcoussis, poète du cubisme », *La Galerie des arts,* n° 18, juin-septembre 1964.
HENDERSON, Linda D., « A New Facet of Cubism : The " Fourth Dimension " et Non-Euclidean Geometry Reinterpreted », *The Art Quarterly,* vol. 34, hiver 1971.
HENRY, Hélène, « Max Jacob et Picasso : Jalons chronologiques pour une amitié : 1901-44 », *Europe,* n°s 492-493, avril-mai 1970.
JACOB, Max, « Souvenirs sur Picasso contés par Max Jacob », *Cahiers d'art,* n° 6, 1927.
– « Jacqueline et Pablo les mariés de l'au-delà », *Paris Match,* 31 octobre 1986.
JAHAN, Pierre, « Ma première rencontre avec Picasso », *Gazette des Beaux-Arts,* octobre 1973.
JOHNSON, Ron, « *The Demoiselles d'Avignon* and Dionysian Destruction », *Arts Magazine,* vol. 55, n° 2, octobre 1980.
– « Picasso's *Demoiselles d'Avignon* and the Theatre of the Absurd », *Arts Magazine,* vol. 55, n° 2, octobre 1980.
JUNOY, Josep, « L'Art d'en Picasso », *Vell i Nou,* vol. 3, n° 46, 1er juin 1917.
KAHNWEILER, Daniel-Henry, « Entretiens avec Picasso », *Quadrum,* novembre 1956.
– « Entretiens avec Picasso au sujet des *Femmes d'Alger* », *Aujourd'hui,* n° 4, septembre 1955.
– « Huit Entretiens avec Picasso », *Le Point,* vol. 7, n° 42, octobre 1952.
– « Le Sujet chez Picasso », *Verve,* vol. 7, n°s 25-26, 1951.
KAUFFMAN, Ruth, « Picasso's Crucifixion of 1930 », *Burlington Magazine,* vol. 3, septembre 1969.
KLADY, Leonard, « Return of the Centaur », *Film Comment,* vol. 22, n° 2, mars-avril 1986.
LACROIX, Jean-Paul, « Picasso : ni Barbe-Bleue ni saint de vitrail », *L'Intransigeant,* 24 juin 1965.
LAPOUGE, Gilles, « Les Maisons de Picasso », *L'Arc,* n° 82, 1981.
LEFEVRE, Frédéric, « Une heure avec M. Jean Cocteau », *Nouvelles Littératures,* 24 mars 1923.
LEIRIS, Michel, « Faire-part », *Cahiers d'art,* n°s 4-5, 1937.

LHOTE, André, « Chronique des Arts », *La Nouvelle Revue française,* août 1932.
– « Picasso », *La Nouvelle Revue française,* mars 1939.
LIEBERMAN, William S., « Picasso and the Ballet, 1917-1945 », *Dance Index,* vol. 5, n°s 11-12, novembre-décembre 1946.
Lord, James, « Giacometti and Picasso : Chronicle of a Friendship », *The New Criterion,* juin 1983.
MAC ORLAN, Pierre, « Rencontre avec Picasso », *Annales politiques et littéraires,* 15 juillet 1929.
MADAULE, Jacques, « Les Colombes », *Europe,* n°s 492-493, avril-mai 1970.
MARION, Sylvie, « Pour ses 80 ans Picasso m'a dit », *France-Soir,* 19 octobre 1961.
MELLOW, James R., « Picasso's Working Autobiography », *Art News,* vol. 85, été 1986.
MILHAU Denis, « Picasso, la réalité et le théâtre », *Europe,* n°s 492-493, avril-mai 1970.
MISFELDT, Willard E., « The Theme of the Cock in Picasso's Œuvre », *Art Journal,* vol. 28, n° 2, hiver 1968-69.
MORICE, Charles, « Exposition de MM. Picasso, Launay, Pichot et Girieud », *Mercure de France,* vol. 45, n° 156, octobre-décembre 1902.
MOUSSINAC, Léon, « Tous les arts », *Les Lettres françaises,* 25 novembre 1948.
MURRY, John Middleton, « The Art of Pablo Picasso », *The New Age,* vol. 10, n° 5, 30 novembre 1911.
NEWHOUSE, John, « An Air of Mystery », *New Yorker,* 30 décembre 1985.
NIETZSCHE, Friedrich, « I Myself Am Fate », *The London Times Literary Supplement,* 2 mars 1973.
PARROT, Louis, « Hommage à Pablo Picasso », *Les Lettres françaises,* septembre 1944.
– « Picasso au Salon », *Les Lettres françaises,* octobre 1944.
PEIGNOT, Jérôme, « Les premiers Picasso de Gertrude Stein », *Connaissance des arts,* n° 213, novembre 1969.
PENROSE, Roland, et Timothy HILTON, « Miró », *Art Monthly,* n° 68, juillet-août 1983.
PERLS, Frank, « The Last Time I Saw Pablo », *Art News,* vol. 73, avril 1974.
PERNOD, Pierre-Arnold, « Le chef-d'œuvre inconnu », *Europe,* n° 492-493, avril-mai 1970.
– « Picasso 1964, enquête », *Jardin des arts,* n° 112, mars 1964.
PICASSO, Pablo, « Lettre sur l'art, *Formes,* février 1930.
– « Pourquoi je suis communiste », *L'Humanité,* 29-30 octobre 1944.
– « Picasso change de modèle », *Radar,* 12 décembre 1953.

PIERRE-QUINT, Léon, « Doute et révélation dans l'œuvre de Picasso », *Documents*, n° 3, 1930.
PIGNON, Edouard, « Chez Picasso », *Le Point*, vol. 7, n° 42, octobre 1952.
PISCOPO, Ugo, « Un taureau est un taureau », *Europe*, nos 492-493, avril-mai 1970.
PREJGER, Lionel, « Picasso découpe le feu », *L'Œil*, n° 82, octobre 1961.
– « Propos sur l'Art », *Le Monde*, 13 avril 1973.
PUDNEY, John, « Picasso – A Glimpse in Sunlight », *The New Statesman and Nation*, 16 septembre 1944.
– « Quarante peintres déclarent : Françoise Gilot a trahi Picasso », *Arts*, n° 1003, 28 avril 1965.
RADCLIFF, Carter, « Art : Setting the Stage », *Architectural Digest*, mai 1984.
RAMIÉ, Georges, « Céramiques », *Verve*, vol. 7, nos 25-26, 1951.
– « The Contents of Picasso's Art », *Verve*, vol. 7, nos 25-26, 1951.
RAYNAL, Maurice, « Panorama de l'œuvre de Picasso », *Le Point*, vol. 7, n° 42, octobre 1952.
– « Picasso », *L'Art d'aujourd'hui*, n° 1, printemps-été 1924.
READ, Herbert, « Picasso's *Guernica* », *London Bulletin*, n° 6, octobre 1938.
– « Retouches pour un portrait », *Le Crapouillot*, n° 25, mai-juin 1973.
REVERDY, Pierre, « Solidarity of the Genius and the Dwarf », *Art News Annual*, n° 25, 1957.
– « Un œil de lumière et de nuit », *Le Point*, vol. 7, n° 42, octobre 1952.
– « The Revolutionary Artists », *The Craftsman*, vol. 20, n° 2, mai 1911.
RICHARDSON, John, « The Catch in the Late Picasso », *The New York Review of Books*, 19 juin 1964.
– « Picasso's Secret Love », *House and Garden*, octobre 1987.
– « Trompe-l'œil », *The New York Review of Books*, 3 décembre 1964.
– « Understanding the Paintings of Pablo Picasso », *The Age*, 22 décembre 1962.
– « Your Show of Shows », *The New York Review of Books*, 17 juillet 1980.
SABARTÉS, Jaime, « Couleur de Picasso : Peintures et dessins de Picasso », *Verve*, vol. 5, nos 19-20, 1948.
– « La Literatura de Picasso », *Cahiers d'art*, nos 7-10, 1935.
SAINT-JOHN, Jeffrey, « Judging the Art of Picasso », *Chicago Tribune*, 16 avril 1973.

SALMON, André, « Picasso », *L'Esprit nouveau,* nº 1, mai 1920.
SECKLER, Jerome, « Picasso Explains », *New Masses,* 13 mars 1945.
– « Shafts from Apollo's Bow : A Blast from the North », *Apollo,* octobre 1947.
SOLLERS, Philippe, « De la virilité considérée comme un des beaux-arts », *Art Press,* été 1981.
TAYLOR, Brandon, Douglas COOPER et Gary TINTEROW, « The Essential Cubism », *Art Monthly,* juin 1983.
– « Testimony against Gertrude Stein », *Transition,* nº 23, février 1935.
TILMAN, Pierre, « Le style c'est une infirmité », *Opus International,* nº 81, été 1981.
TRUSTMAN, Deborah, « Ordeal of Picasso's Heirs », *The New York Times Magazine,* 20 avril 1980.
TZARA, Tristan, « Picasso et la peinture de circonstance », *Le Point,* vol. 7, nº 42, octobre 1952.
VALLIER, Dora, « Braque, la peinture de nous », *Cahiers d'art,* nº 1, 1954.
WILDENSTEIN, Daniel, « Hommages à Picasso : Le peintre qui a eu le plus d'influence sur son siècle », *Gazette des Beaux-Arts,* octobre 1973.
ZAYAS, Marius de, « Picasso Speaks », *The Arts,* vol. 3, nº 5, mai 1923.
ZERVOS, Christian, « Conversation avec Picasso », *Cahiers d'art,* nºs 7-10, 1935.
– « Les dernières œuvres de Picasso », *Cahiers d'art,* nº 6, 1927.
– « Les dernières œuvres de Picasso », *Cahiers d'art,* nº 6, 1929.
– « Picasso à Dinard », *Cahiers d'art,* nº 1, 1929.
– « Projets de Picasso pour un monument », *Cahiers d'art,* nºs 7-10, 1929.

REMERCIEMENTS

En octobre 1981, Mort Janklow m'invita à déjeuner et me demanda si cela m'intéresserait d'écrire une biographie de Picasso. David McCulloch, m'expliqua-t-il, venait de décider de ne pas continuer la biographie de Picasso à laquelle il travaillait pour Simon and Schuster. J'ai depuis lors entendu bien des raisons qui l'ont poussé à cette décision, mais ce fut seulement lorsque mon livre était prêt pour l'imprimerie que j'appelai David McCulloch et lui posai directement la question. « Nous avons besoin de monstres dans notre vie mythique », répondit-il, « mais je n'en voulais pas un dans la mienne... En fin de compte, je ne voulais pas avoir Picasso comme compagnon de chambre pendant cinq ans ».

Je serai toujours reconnaissante à Mort Janklow de m'avoir lancée dans ce qui s'est révélé être un voyage remarquable, et à David McCulloch de sa décision de s'attaquer plutôt à Truman, même s'il y a eu bien des moments pénibles, au cours des cinq dernières années, durant lesquels je l'enviais. Dans ces moments-là, j'étais soutenue par le dévouement au projet de mes deux principaux aides documentalistes, Marcy Rudo et Guillaume Israel.

Le soir du réveillon du nouvel an 1987, Guil

mourut à trente-sept ans d'une crise cardiaque à Paris et, au moment où j'écris ces lignes, un mois plus tard, une partie de moi refuse encore d'y croire. Guil était devenu un élément important de ce livre et donc de ma vie. Il a apporté à son travail de recherche une détermination de surmonter tous les obstacles en même temps que son talent pour déterrer des renseignements importants, dont nous ne connaissions même pas l'existence, et un sens de l'humour contagieux. A la peine d'avoir perdu un ami et un collègue en qui j'avais confiance, s'ajoutait la douleur de savoir combien de promesses venaient à peine de commencer à se réaliser.

Vivant à Barcelone et parlant catalan aussi couramment qu'elle parle l'espagnol, Marcy Rudo a fait de la bibliothèque Picasso sur la *carrer* Montcada son second domicile, et du personnel du musée ses amis. Elle et moi leur sommes très reconnaissantes de leur aide. Lorsqu'elle n'était pas dans les caves du musée, Marcy sillonnait l'Espagne, recherchant et interviewant les parents, amis, enfants d'amis et amis d'amis de Picasso. Que ce soit dans les bibliothèques ou dans les conversations, elle découvrit les faits importants et de merveilleuses histoires qui contribuèrent de façon précieuse à façonner le livre. Pour tout cela, comme pour m'avoir fait connaître la Barcelone de Picasso et avoir été la plus délicieuse compagne durant notre tournée d'interviews dans le midi de la France, je suis profondément reconnaissante à Marcy.

Je suis reconnaissante aussi à tous ceux qui, dans des interviews pour le livre, ont donné si généreusement de leurs souvenirs et d'eux-mêmes. Ils comprennent :

Monique Agard, Eugenio Arias, Kostas Axelos, Brigitte Baer, Jacques Baron, Jacques Barra, Laurence Bataille, Madeleine Baudouin, François Bellet, Pierre Berès, Georges Bernier, Rosamond Bernier, Manuel Blasco, Claude Bleynie, Janot Bongiovani, Henri Cartier-Bresson, Henri Colpi, Aldo Crommelynck, Pierre Daix, Lydia Delektorskaya, Diane Deriaz, Jean Derval, Dominique Desanti, Gaston Diehl, Luis Miguel Dominguín, Roland Dumas, David Douglas Duncan, Dominique Eluard, Luciano Emmer, Fenosa, Francesco Fontbona, Pierrette Gargallo, Joan Gaspar, Miquel Gaspar, Bernard Gheerbrant, Gustau Gili, Françoise Gilot, Henriette Gomès, Raimon Noguera de Guzmán, Jany Holt, Maurice Jardot, Joyce Kootz, Georges Langlois, Sarah Schultz Lanver, Geneviève Laporte, Paule de Lazerme, Louise Leiris, Michel Leiris, William Lieberman, Raimon Llort, Florence Loeb, James Lord, Matta, Joan Merli, Jacques Mourlot, André Ostier, Alain Oulman, René Pallarès, Hélène Parmelin, Josep Palau i Fabre, Christine Piot, Wladimir et Ida Pozner, Lionel Prejger, Claude Renoir, Jacint Reventós, Alex et Carole Rosenberg, Mario Ruspoli, Bernard Bacqué de Sariac, Luc Simon, Gérard Sassier, Inès Sassier, Pilar Solano, Antonio Tamburro, Maurici Torra-Bailari, Gilbert et Lilette Valentin, André Verdet, Dina Vierny, Jaime Vilató, André Villers, et Maya Picasso Widmaier.

Les recherches et l'écriture de ce livre m'ont conduite dans bien des villes, sur deux continents, et dans chaque ville il y avait ceux qui se sont donné beaucoup de mal à faire de ce projet une réalité. A Paris, je suis reconnaissante à Philippe Guéguen, à Katharine Adamov et à Pascale Breton. A Barcelone, à Joan Espinach, qui devint notre expert officiel en histoire catalane aussi bien qu'en orthographe catalane. A Los Angeles, Danielle Israel et Karen Davidson transcrivirent des montagnes de cassettes d'interviews en français pendant que Chris Meeks supervisait le turbulent passage de mon stylo Mont-blanc dans mon ordinateur Kaypro. Christine Richards, mon assistante, a tout supervisé et s'est même installée à Houston, puis à Washington, apportant une inappréciable continuité à mon existence vagabonde. A Washington, elle tomba amoureuse et revint à Los Angeles mais pas avant d'avoir pris ses dispositions pour nous laisser, le projet Picasso et moi, entre les mains merveilleuses d'Amy Davis, qui, en un rien de temps, rassembla une nouvelle équipe comprenant Cleve Clamp, qui se chargea de nos Kaypros, et qui parvint même à persuader notre imprimante laser de coopérer avec notre ordinateur et de produire les accents français et espagnols convenables.

Quand vint le moment pour moi de partir avec les centaines de dossiers et de livres sur Picasso à Houston, Amy Davis m'accompagna et, pour cela comme pour tout son travail sur le livre, je la remercie du fond du cœur. C'est à Houston que le livre fut terminé et ce fut donc à Houston que la date de remise prévue, qui semblait confortablement éloignée, approcha de façon de plus en plus menaçante, que les week-ends finirent par être absorbés par les semaines et que les jours se prolongeaient par les nuits. Je ne saurais jamais assez remercier tous ceux qui m'ont aidée à respecter chaque délai successif. Sonja Walsh et Billie Redden ont veillé une nuit jusqu'à trois heures quarante-cinq du matin pour introduire dans l'ordinateur mes changements de dernière minute de façon que le manuscrit pût partir pour New York tôt le matin. Je remercie également Martha Braddy, Ana Mestre Brown, Charles Gibson, Kenn Kusbasik, Maria Murphy, Vickie Rylander et Dolores Vasquez qui ont retroussé leurs manches et se sont courageusement mis au travail; je remercie aussi Emily Balliw, Billie Fitzpatrick, Karen Haigler, Shannan Halwes, Karen Kossie, Allison

Leach, Lynn Weekes et Cornelia Williams de m'avoir aidée à la préparation finale sur les sources.

Je suis reconnaissante aussi à Bill Lieberman, président du département d'art du XXe siècle au Metropolitan Museum de New York, pour tous ses conseils, à Peter Marzio, conservateur du musée des Beaux-Arts de Houston et à sa femme, Frances, pour toute l'aide qu'eux-mêmes et le personnel du musée m'ont fournie. A Janis Ekdahl, de la bibliothèque du musée d'Art moderne de New York, et à Jacqueline Koenig, qui m'ont aidée à me constituer ma bibliothèque Picasso personnelle.

Durant les derniers mois, ma mère a surveillé les cuisines, nourrissant notre « équipe » Picasso et nous surprenant chaque jour avec de nouveaux petits plats. Ma sœur Agapi a continué, malgré les milliers de kilomètres qui pouvaient nous séparer, à être une précieuse source de sagesse et d'enthousiasme. Elles ont toutes deux, comme toujours, mon amour et ma gratitude.

Il est difficile de décrire quels privilèges et quelle bénédiction c'est d'avoir pour éditeur un homme qui n'est pas seulement un superbe professionnel, mais un grand ami avec qui l'on a développé au long des années des bases de confiance qui peuvent supporter tous les aléas d'une collaboration éditoriale. Ma reconnaissance envers Fred Hills pour la façon magistrale dont il m'a guidée et pour les innombrables façons dont il a amélioré le livre n'a d'égal que le pur plaisir que c'est de travailler avec lui. Fred et moi nous nous étions faits les dents ensemble sur *Callas*, aussi éprouvais-je un peu d'appréhension quand il me présenta à Burton Beals et fit de notre douillet duo éditorial un trio. Mais il ne nous fallut qu'un déjeuner avant que Burton et moi en fussions à finir chacun les phrases de l'autre. Au cours de conversations téléphoniques marathon ou lors de diverses réunions chez Simon and Schuster, le perfectionnisme de Burton et sa facilité à passer des heures à s'interroger sur un paragraphe, ou même une phrase difficile, tout à la fois m'inspiraient et m'entraînaient. A la fin, je savais que j'avais acquis non seulement un nouvel éditeur, mais un nouvel ami.

Ce fut un grand plaisir de retravailler, après bien des années, avec Alex McCormick, mon éditeur chez Weidenfeld and Nicolson à Londres. Ses conseils cette fois me parvinrent par courrier, par téléphone et par fax plutôt que personnellement, mais ils n'en étaient pas moins précieux et importants. Tous mes remerciements aussi à Angela Dyer, dont les utiles conseils ont été incorporés à la version finale, ainsi qu'à Leslie Ellen, Lynn Chalmers, Eileen Kaughlin et Kim Ruhe pour leur travail de correction et de lecture d'épreuves. Je suis reconnaissante à Jenny Cox, la talentueuse assistante de Fred Hill, de tout ce qu'elle a fait pour aider ce livre à voir le jour, et à Vincent Virga d'avoir trouvé un cahier d'illustrations qui donne une puissante expression aux thèmes qui sont au cœur du livre, ainsi que de tous les conseils précieux qu'il m'a donnés après avoir lu le manuscrit. Mes remerciements vont aussi à Marcella Berger, Marie Florio, Helen Niemirov et Karen Weitzman, du service des droits annexes chez Simon and Schuster, qui ont de façon si convaincante présenté le manuscrit final au reste du monde; à Frank Metz et à Fred Marcellino, pour avoir fait de la conception de la couverture une œuvre d'amour; à Eve Metz, pour l'imagination dont elle a fait preuve pour mettre en pages le livre lui-même; à Julia Knickerbocker et Ellen Archer, pour m'avoir tant facilité les choses dans ma tournée de promotion pour le livre; à David Wolper pour avoir acheté les droits de télévision du livre sur la foi d'une seule conversation et avant d'en avoir lu une page; et à Dick Snyder pour son enthousiasme sans défaut, ses conseils et son soutien. Je tiens à exprimer aussi mes remerciements à Peter Matson à New York et à Michael Sissons à Londres pour leur aide et leurs encouragements, ainsi qu'à Pat Kavanagh, Jane Brewster, Mitchell Lee Brozinsky et Rick Edelstein.

C'est Mort Zuckerman qui a lu le premier jet de ce livre, et je lui suis reconnaissante de tous ses conseils ainsi que des nombreuses façons par lesquelles, au long des années passées à travailler sur ce livre, ma pensée venait se cristalliser durant nos conversations. L'avant-dernière version a été lue par James Lord. Je lui suis profondément reconnaissante, non seulement de ses conseils et de sa générosité, mais du travail que lui-même a fait sur Giacometti et de notre conversation à Paris peu après que j'eus commencé ce livre – des trésors tout à la fois de renseignements et de compréhension auxquels je suis souvent revenue.

Aucune dose de gratitude ne pourra jamais combler l'immense dette que j'ai envers Bernard Levin. Il a lu chaque chapitre du premier jet puis a discuté avec moi chaque version suivante; il a ranimé mon courage; il était toujours là quand j'avais besoin de réfléchir à une idée ou une phrase; il discutait, il acquiesçait, il encourageait, et il apportait à la tâche sa passion des idées et de la langue anglaise.

Ce livre est dédié à mon mari. Au cours des deux dernières années, Michael a partagé tout à la fois ma vie et mon travail. Il a passé des nuits sans nombre à travailler à un bureau pendant que j'écrivais à un autre, comblant l'isolement qu'exige tout travail d'écriture par une tendre intimité qui m'apportait nourriture et réconfort. Il a écouté des pages que je venais d'écrire, lu et relu le manuscrit et, comme un coureur de marathon aguerri, m'a aidée à franchir le « mur » chaque fois que me semblait une épreuve d'être confrontée à une nouvelle page blanche, à une autre page couverte des commentaires de Fred en bleu et de Burton en vert ! Et malgré la ferveur avec laquelle il attendait une vie sans Picasso, il n'a jamais cessé de me pousser à revoir, réviser et retoucher jusqu'au dernier moment – et un peu au-delà.

CRÉDITS PHOTOGRAPHIQUES

3. Musée Picasso, Paris.
4. Pablo Picasso, *Conchita,* 1894, dessin d'un carnet de croquis, Musée Picasso, Barcelone/ARS.
5. Archives Lee Miller.
6. Pablo Picasso, *Jaume Sabartés Assis,* 1900, fusain et aquarelle sur papier, Musée Picasso, Barcelone (Donation Sabartés), 1960 /ARS.
7. Musée Picasso, Paris.
8. Archives Lee Miller.
9. Musée Picasso, Paris.
10. Pablo Picasso, août 1904, plume et encre de Chine, mine de plomb et aquarelle sur papier, Musée Picasso, Paris/ARS.
11. Pictorial Parade.
12. Pablo Picasso, *Les Demoiselles d'Avignon,* 1907, huile sur toile, The Museum of Modern Art, New York, acquis grâce au don de Lillie P. Bliss Bequest/ARS.
13. Musée Picasso, Paris.
15. Musée Picasso, Paris.
16. G. D. Hackett.
17. Archives Lee Miller.
18. G. D. Hackett.
19. Musée Picasso, Paris.
20. Pictorial Parade.
21. Archives Lee Miller.
22. Pablo Picasso, *Nu sur un divan noir,* 9 mars 1932, huile sur toile. Collection privée/ARS.
23. Pablo Picasso, titre à venir, 1937, encre de Chine et ripolin sur carton/ARS.
24. Archives Lee Miller.
25. Man Ray © ARS N.Y./Spadem, 1988.
26. Pablo Picasso, *La femme qui pleure,* 26 octobre 1937, huile sur toile. Collection privée. Archives Lee Miller/ARS.
27. Françoise Gilot.
28. Françoise Gilot.
29. Rapho/Photo Researchers.
30. Lee Miller Archives.
31. Paule de Lazerme.
32. Gjon Mili, *Life Magazine* © Time Inc.
33. Françoise Gilot.
34. Brian Brake/Photo Researchers.
35. Pablo Picasso, dessin au

crayon coloré au crayon, d'après un cahier à spirales. Numéro 165, p. 36, 2 août 1962. Reproduit d'après *Je Suis le Cahier. The Sketchbooks* of Picasso. Publié par The Atlantic Monthly Press/Pace Gallery 1986 The Pace Gallery. ©

36. Wide World Photos.
37. Pablo Picasso, *La Pisseuse,* 16 avril 1965, Musée national d'Art moderne, centre Georges-Pompidou, Paris/ARS.
38. Pictorial Parade.
39. Doisieau - Rapho / Photo Researchers.
40. Horst Tappe/Pictorial Parade.
41. Pablo Picasso, *Autoportrait,* 30 juin 1972, crayon et crayons de couleur, Tokyo, Fuji Television Co. Gallery, Ltd. /ARS.

Index

B

C

D

E

F

G

M

N

O

Q

R

S

Y

Z

NOTE SUR L'AUTEUR

ARIANNA STASSINOPOULOS HUTTINGTON est écrivain, conférencière, elle a également fait de la radio. Née en Grèce en 1950, elle est arrivée en Angleterre à l'âge de seize ans; elle a fait des études d'économie à Cambridge et, en 1971, est devenue présidente de la célèbre société de débats, la Cambridge Union. Son premier livre, *La Femme Femme*, publié en 1974, a été traduit en onze langues, dont le français. En 1978, elle publie son second livre, *After Reason*, un essai sur la politique et la culture. Sa biographie de Maria Callas est rapidement un best-seller international et l'on en fait actuellement un film. Elle est aussi l'auteur de *The Gods of Greece*, une célébration des dieux grecs, comme « guide vers des dimensions oubliées de la vie et de nous-mêmes ». Elle est mariée à Michael Huffington qui appartient à une famille de pétroliers du Texas, et elle se partage entre Houston au Texas et Santa Barbara en Californie.

Elle a depuis le mois de mai une petite fille, Christina.

Table

LE LIVRE DE POCHE

André Fermigier

Picasso

Illustré, n° 2669

On a parlé du mystère Picasso. Certaines de ses recherches ne cesseront jamais d'être des énigmes. Mais ce créateur aux énergies souvent passionnées ou furieuses a été aussi un homme torturé, versatile. A travers sa période bleue, sa période cubiste, puis au-delà des visions freudiennes et des figurations démoniaques de l'entre-deux-guerres, son œuvre, qui porte la marque d'une existence singulière, est aussi un témoignage exceptionnel sur l'évolution artistique et sur l'histoire contemporaine.

« Il a très bien traduit l'esprit profond de son époque, écrit Claude Lévi-Strauss, et, si j'avais une réserve à faire, ce serait qu'il l'ait trop bien traduit et que son œuvre constitue un témoignage parmi d'autres de cette espèce d'emprisonnement que l'homme s'inflige chaque jour davantage au sein de sa propre humanité; enfin que Picasso ait contribué à resserrer cette espèce de monde clos où l'homme en tête à tête avec ses œuvres s'imagine qu'il se suffit à lui-même. » Mais « le paradoxe sans fin de l'artiste nous ramène à la peinture elle-même. Et c'est par là que, par opposition aux jeunes générations si impatientes de rompre avec lui, Picasso aura justement été le dernier rempart de l'art qu'il a semblé bouleverser à plaisir ».

Par la pertinence des commentaires et l'abondance des illustrations, l'ouvrage de Fermigier apporte une contribution remarquable à la connaissance de l'homme que l'on a accusé de détruire la peinture et qui aura sans doute été le plus grand peintre de son siècle.

Dans Le Livre de Poche

Extrait du catalogue

Personnalités du spectacle, de la télévision...

Aldo, Jean-Mi, Ludo
Coluche à cœur et à cris

Baez Joan
Et une voix pour chanter...

Bouvard Philippe
Les fous rires des Grosses Têtes

Buffet Annabel
D'amour et d'eau fraîche

Castans Raymond
Marcel Pagnol

Charles-Roux Edmonde
L'Irrégulière *(vie de Coco Chanel)*

Closets François de
Toujours plus!

Delbée Anne
Une femme *(vie de Camille Claudel)*

Depardieu Gérard
Lettres volées

Desanti Dominique
Sacha Guitry, cinquante ans de spectacle

Deschamps Fanny
Monsieur Folies-Bergère

Devos Raymond
Sens dessus dessous

Dietrich Marlène
Marlène D

Dieuleveult Philippe de
J'ai du ciel bleu dans mon passeport

Douglas Kirk
Le Fils du chiffonnier

Girardot Annie
Vivre d'aimer

Goldmann Albert
John Lennon, une vie avec les Beatles

Hallyday Desta
Johnny, ses tendres années

Higelin Jacques
Lettres d'amour d'un soldat de vingt ans

Higham Charles
La Scandaleuse Duchesse de Windsor

Kahn Jean-François
Esquisse d'une philosophie du mensonge

Léotard Philippe
Portrait de l'artiste au nez rouge

Lever Maurice
Isadora *(vie d'Isadora Duncan)*

Mathieu Mireille
Oui, je crois

Mouloudji Marcel
Le Petit Invité

Ockrent Christine
et **Marenches** Alexandre de
Dans le secret des princes

Perret Pierre
Le « Nouveau » Petit Perret illustré par l'exemple
Laissez chanter le petit

Poivre d'Arvor Patrick
Les enfants de l'aube
Deux amants
La traversée du miroir
Les femmes de ma vie

Régine
Appelle-moi par mon prénom

Renaud Line
Les Brumes d'où je viens

Rihoit Catherine
Brigitte Bardot, un mythe français
Russell Ross
Bird *(vie de Charles Parker)*
Sabatier Patrick
Mon tour de vérité
Salgues Yves
Gainsbourg ou la provocation permanente
Signoret Simone
Adieu Volodia
Simon Yves
L'Amour dans l'âme
Transit-Express
Océans
Le Voyageur magnifique
Jours ordinaires et autres jours
Spada James
Grace *(vie de Grace Kelly)*
Todd Olivier
Jacques Brel, une vie
Vadim Roger
D'une étoile l'autre *(Brigitte Bardot, Catherine Deneuve, Jane Fonda)*
Vlady Marina
Vladimir ou le vol arrêté
Récits pour Militza
Zitrone Léon
Big Léon

IMPRIMÉ EN FRANCE PAR BRODARD ET TAUPIN
Usine de La Flèche (Sarthe).
LIBRAIRIE GÉNÉRALE FRANÇAISE - 6, rue Pierre-Sarrazin - 75006 Paris.
ISBN : 2 - 253 - 05633 - 2 30/6948/1